HERMENEUTIK DER HEILSGESCHICHTE

STUDIES IN THE HISTORY
OF
CHRISTIAN TRADITIONS

FOUNDED BY HEIKO A. OBERMAN †

EDITED BY

ROBERT J. BAST, Knoxville, Tennessee

IN COOPERATION WITH

HENRY CHADWICK, Cambridge
SCOTT H. HENDRIX, Princeton, New Jersey
BRIAN TIERNEY, Ithaca, New York
ARJO VANDERJAGT, Groningen
JOHN VAN ENGEN, Notre Dame, Indiana

VOLUME CXVIII

JULIA EVA WANNENMACHER

HERMENEUTIK DER HEILSGESCHICHTE

HERMENEUTIK DER HEILSGESCHICHTE

DE SEPTEM SIGILLIS UND DIE SIEBEN
SIEGEL IM WERK JOACHIMS VON FIORE

VON

JULIA EVA WANNENMACHER

BRILL
LEIDEN · BOSTON
2005

Draco magnus et rufus, from: Joachim of Fiore, *Liber figurarum*, Corpus Christi College, Oxford, ms. 255A, fol. 7r. *By Permission of the President and the Fellows of Corpus Christi College, Oxford.*

This book is printed on acid-free paper.

Library of Congress Cataloging-in-Publication Data

A C.I.P. record for this book is available from the Library of Congress.

ISSN   1573-5664
ISBN   90 04 13750 5

MEINER MUTTER
1924–2004

INHALTSVERZEICHNIS

TEIL I
UNTERSUCHUNG

TEIL II
EDITION

VERZEICHNIS DER ABBILDUNGEN

VORWORT

Die vorliegende Arbeit ist die leicht überarbeitete Fassung einer Dissertation, die im Wintersemester 2001/2002 von der Evangelisch-Theologischen Fakultät der Universität Erlangen-Nürnberg angenommen wurde.

Den Betreuern meiner Dissertation, Prof. Berndt Hamm und Prof. Kurt-Victor Selge, bin ich in vielfältiger Weise zu Dank verpflichtet. Dank gilt auch den inzwischen verstorbenen Gelehrten Marjorie Reeves und Dom Cipriano Baraut für ihre Gesprächsbereitschaft und die Anregungen, die sie mir bei mehreren Begegnungen gaben. Den Mitgliedern der Herausgeberkommission der *Opera omnia* Joachims von Fiore (Proff. K.-V. Selge, Robert E. Lerner, Alexander Patschovsky, Gian Luca Potestà und Roberto Rusconi), ferner Giovanni Alessio und dem *Centro Internazionale di Studi Gioachimiti* in San Giovanni in Fiore, Joachim Boekels, Betty C. Bushey, Christoph Egger, Prof. Eugène Honée, Matthias Kaup, Prof. Georg Kretschmar und Wolfgang Virmond danke ich für Hilfe, Interesse und Rat sowie dem unbekannten *reader* in den USA für mancherlei Hinweise. Den Mitarbeitern der Theologischen Zweigbibliothek der Humboldt-Universität zu Berlin gilt mein Dank ebenso wie vielen Mitarbeitern anderer Bibliotheken in Deutschland, Italien, Großbritannien, Belgien, Polen, Rußland, Spanien und Frankreich. Besonderer Dank gilt Joanne Snelling und dem Corpus Christi College in Oxford für die Erlaubnis zur Wiedergabe der Abbildungen aus dem Codex 255A des College. Prof. Robert Bast danke ich sehr herzlich für die Aufnahme meiner Arbeit in die von ihm herausgegebene Reihe der *Studies in the History of Christian Traditions*.

Berlin, im April 2004

EINFÜHRUNG

„Human beings in general can no more ignore their future than they can lose their past."[1] Mit diesen Satz beginnt Marjorie Reeves' bekannte Studie über den kalabresischen Abt und Ordensgründer Joachim von Fiore (ca. 1135–1202) und seine Nachwirkungen.[2] Die Sehnsucht des Menschen und sein Bemühen, das Kommende zu ergründen, sind „une dimension fondamentale de son existence."[3] Doch vor allem in christlich-abendländischer Weltsicht ist die Zukunft „der wahre Brennpunkt der Geschichte".[4] Denn „das Christentum ist ganz und gar und nicht nur im Anhang Eschatologie, ist Hoffnung, Aussicht und Ausrichtung nach vorne".[5] Die Zukunft selbst bietet dabei keinerlei Anhaltspunkte, die es ermöglichten, ihre Beschaffenheit zu bestimmen; sie konnte immer nur durch Analogieschlüsse und andere Anhaltspunkte aus der Vergangenheit und der Gegenwart vorausgesagt werden. Voraussagen der Zukunft sind mehr als Selbstzweck. Ihre Wirkung entfaltet sich vor allem in der eigenen Gegenwart und erstreckt sich bis in die Vergangenheit, zu deren besserem Verständnis sie verhelfen soll. Der Gedanke an das zukünftige Ziel der Zeit verleiht menschlichem Denken und Tun eine über seine unmittelbare Wirkung hinaus reichende Relevanz. Er verlängert es in die eschatologische Zukunft hinein und verschafft ihm eine überzeitliche Bedeutung, die der menschlichen Vergänglichkeit enthoben

---

[1] Marjorie REEVES, The Influence of Prophecy in the Later Middle Ages. A Study in Joachimism (Oxford 1969, neu London 1993) S. ix.

[2] Zur Biographie Joachims vgl. Herbert GRUNDMANN, Zur Biographie Joachims von Fiore und Rainers von Ponza, in: Herbert GRUNDMANN, Ausgewählte Aufsätze 2: Joachim von Fiore (MGH Schriften 25, Stuttgart 1957) S. 255–360, zuerst in: Deutsches Archiv für Erforschung des Mittelalters 16 (1960) S. 437–546.

[3] Georges MINOIS, Histoire de l'avenir (Paris 1996) S. 11, deutsch: Geschichte der Zukunft. Orakel, Prophezeiungen, Utopien, Prognosen (Düsseldorf – Zürich 1998) S. 25.

[4] Karl LÖWITH, Weltgeschichte und Heilsgeschehen: die theologischen Voraussetzungen der Geschichtsphilosophie (Stuttgart [1]1953, [8]1990) S. 25, original: Meaning in History (Chicago 1949).

[5] Jürgen MOLTMANN, Theologie der Hoffnung. Untersuchungen zur Begründung und zu den Konsequenzen einer christlichen Eschatologie (München 1964) S. 12.

ist.[6] Er ist weder esoterisch noch exotisch, sondern vielmehr ein elementarer Bestandteil christlicher Existenz und Hoffnung. Jede kirchliche Verkündigung ist von ihrem Gegenstand her eschatologisch ausgerichtet. Die existentielle Begegnung mit den Schriften des Alten und Neuen Testaments, deren Dimensionen den innerweltlichen Erkenntnis- und Erfahrungshorizont sprengen, gilt ihrem Leser „als Verheißung eines Neuen und als Hoffnung auf eine Zukunft aus Gott.“[7]

Vergangenheit und Zukunft des Menschen, dem Woher und Wohin seiner Geschichte, galt auch das Interesse Joachims von Fiore in hohem Maß. Sie zu untersuchen, gerät bei Joachim zu mehr als nur einer kurzen Geschichte der Zeit[8] oder einer historischen Standortbestimmung. Indem er seine eigene Gegenwart in den Kontext der Geschichte des Volkes Israel und der Kirche einordnet, gewinnt Joachim einen Überblick über den göttlichen Plan, gesehen aus der Perspektive und im Interesse eines überzeitlichen, an der Ewigkeit orientierten und für sie bestimmten Gottesvolkes. Dieses Bemühen war und ist der Christenheit nicht fremd, denn, so Friedrich Schleiermacher:

> Dieses, daß das Christentum in seiner eigentlichsten Grundanschauung am meisten und liebsten das Universum in der Religion und ihrer Geschichte anschaut, daß es die Religion selbst als Stoff für die Religion verarbeitet und so gleichsam eine höhere Potenz derselben ist, das macht das unterscheidendste seines Charakters, das bestimmt seine ganze Form.[9]

---

[6] Vgl. Karl Löwith, Weltgeschichte und Heilsgeschehen, S. 26: „Der eschatologische Gedanke vermag die Zeitlichkeit der Zeit zu beherrschen, die ihre eigenen Geschöpfe verschlingt, wenn sie nicht durch ein letztes Ziel sinnvoll begrenzt wird.“

[7] Jürgen Moltmann, Theologie der Hoffnung, S. 12.

[8] Stephen W. Hawking, Eine kurze Geschichte der Zeit. Die Suche nach der Urkraft des Universums (Hamburg 1991, original London 1988) traf in Anbetracht seines hochspeziellen Gegenstandes auf ungewöhnlich breites Interesse. Naturwissenschaftliche Antworten des Physikers auf die Grundfragen nach dem Woher und Wohin des Universums erschienen auch einem Leserkreis jenseits des Fachpublikums lesenswert, der sich sonst wohl weder mit physikalischer Grundlagenforschung noch mit philosophisch-theologischen Fragestellungen beschäftigte, und dokumentieren die Allgemeinheit dieser Grundfragen.

[9] Friedrich Daniel Ernst Schleiermacher, Über die Religion. Reden an die Gebildeten unter ihren Verächtern. Fünfte Rede (Berlin 1799) S. 293f., ed. Günter Meckenstock, Kritische Gesamtausgabe, Erste Abteilung: Schriften und Entwürfe, 2: Schriften aus der Berliner Zeit 1796–1799 (Berlin – New York 1984) S. 317, Z. 33–37.

Joachims Bemühungen sind daher auch mehr als bloße Apokalyptik, auf die sie manche seiner Nachfolger reduzierten. Er hat kein Interesse an der Herstellung eines möglichst grellen, dramatischen Bildes des Weltendes und seines paradiesischen Finales in ewiger Seligkeit, ein Szenario, das seit dem spätnachexilischen Judentum über Joachims Jahrhundert bis in unsere Zeit hinauf abwechselnd als schreckerfüllte Endzeit oder als kommendes tausendjähriges Friedensreich auf Erden gezeichnet wurde.[10] Die Beschäftigung mit Geschichte und Heilsgeschichte ist dabei keine unzulässige Vermischung, wenn Geschichte immer nur als Heilsgeschichte erfahren wird. Für eine von der Geschichte abgelöste Heilsgeschichte hat das Mittelalter bezeichnenderweise kein Wort. So ist Joachims Blick vollkommen selbstverständlich auf die Geschichte des dreieinigen Gottes mit den Menschen gerichtet, um damit ihren Ursprung und ihr Ziel, aber auch den eigenen Ort darin mit seinen Gefahren und Anforderungen zu erkennen. Mit dem eingangs zitierten Satz Marjorie Reeves' wird dieses Anliegen Joachims zu nichts weniger als einem Charakteristikum des Menschseins erklärt, beide Erkenntnisrichtungen dabei in enger, kausaler Verbundenheit.[11] Dieses Bestreben ist nicht rein rational, und es will es auch nicht sein. Wer Joachim zwanghaftes Ordnungsdenken

[10] Zur Geschichte der Apokalyptik vgl. etwa Wilhelm BOUSSET, Der Antichrist in der Überlieferung des Judentums, des neuen Testaments und der alten Kirche. Ein Beitrag zur Auslegung der Apokalypse (Göttingen 1895), und Walter SCHMITHALS, Die Apokalyptik. Einführung und Deutung (Göttingen 1973). Zur Apokalyptik im Mittelalter vgl. Norman COHN, Das Ringen um das Tausendjährige Reich (Bern 1961) [The pursuit of the Millennium, London 1957], Bernhard TÖPFER, Das kommende Reich des Friedens. Zur Entwicklung chiliastischer Zukunftshoffnungen im Hochmittelalter (Berlin 1964), Bernard McGINN, Visions of the End. Apocalyptic Traditions in the Middle Ages (Records of Civilisation. Sources and Studies 96, New York [1]1979, [2]1998), ders., Apocalypticism in the Western Tradition (Variorum Collected Studies, Aldershot 1994), Richard K. EMMERSON, Bernard McGINN (Hg.), The Apocalypse in the Middle Ages (Ithaca – London 1992), Richard K. EMMERSON, Ronald B. HERZMAN, The Apocalyptic Imagination in Medieval Literature (Philadelphia 1992), Peter DINZELBACHER, Die letzten Dinge. Himmel, Hölle, Fegefeuer im Mittelalter (Freiburg 1999). Eine neue Interpretation der Rolle der Apokalyptik in der westlichen Welt zeigt Johannes FRIED, Aufstieg aus dem Untergang. Apokalyptisches Denken und die Entstehung der modernen Naturwissenschaft im Mittelalter (München 2001).
[11] Die Frage, ob dabei das christlich-abendländische Weltbild unabdingbare Voraussetzung dieser Zukunftsorientiertheit ist oder nicht, wird vor allem auch von Karl LÖWITH, Weltgeschichte und Heilsgeschehen, diskutiert; auf sie kann hier nicht weiter eingegangen werden. Gewiß ist, daß unterschiedliche weltanschauliche Positionen auch eine unterschiedliche Antizipation des Kommenden bedingen. Ein Monopol des Christentums auf solche Antizipation soll jedoch nicht behauptet werden.

vorwirft, verkennt, daß in seiner Zeit notwendigerweise von einer solchen höheren, uns verborgenen Ordnung ausgegangen werden mußte. Die Frage nach der Sinnhaftigkeit menschlicher Existenz konnte gar nicht anders als im Zusammenhang mit dem von Gott vorherstimmten Ziel und Ende dieser Existenz gestellt werden. Das mystische Element, man könnte vielleicht sagen: das Mittelalterliche (obwohl das eine Begriffsdiskussion auslösen könnte, für die hier nicht der Ort ist) an Joachim kann vor dem Hintergrund dieser Herangehensweise, seiner Quellenarbeit und seines Abwägens leicht übersehen werden. Und doch ist es die Voraussetzung für *De septem sigillis*.

In einer Zeit, in der die manchmal bange, manchmal hoffnungsvolle Frage nach der Zukunft der Menschheit im dritten Millennium ebenso aktuell ist wie der problematische Umgang mit der Vergangenheit, ist Joachims Theologie der Geschichte, so alt und zeitverhaftet sie auch sein mag, von neuer Aktualität, wie das anhaltende Interesse an Person und Werk des Ordensgründers und an Apokalyptik, Millennium, Forschrittsgedanken, mit denen sein Name gewöhnlich in Verbindung gebracht wird, zeigt.[12] Die Schriften des Abtes aus dem entlegenen Silagebirge im Süden Italiens, die zwar nie ganz in Vergessenheit gerieten, jedoch weder von europaweiter Ausstrahlung waren, wie ein Menschenalter zuvor das Wirken des Zisterziensers Bernhard von Clairvaux, noch von solcher Breitenwirkung wie gut dreihundert Jahre später die Bewegung der Reformation, verdienen neue, sachgemäße Beachtung.[13]

---

[12] Ein postmoderner Anhänger des Abtes ist der italienische Philosoph Gianni Vattimo. Unter Berufung auf Joachim von Fiore hofft er auf ein künftiges Reich der Liebe, das am Ende des geschichtlichen Offenbarungsprozesses zutage treten werde. Zu Gianni Vattimo und Joachim von Fiore vgl. Matthias RIEDL, Säkularisierung als Heilsgeschehen: Gianni Vattimos postmoderne Eschatologie, in: Mathias HILDEBRANDT, Manfred BROCKER, Hartmut BEHR (Hg.), Säkularisierung und Resakralisierung in westlichen Gesellschaften. Ideengeschichtliche und theroretische Perspektiven (Wiesbaden 2001) S. 171–183.

[13] Eine Übersicht über die Werke Joachims von Fiore, ihre handschriftliche Überlieferung und vorhandene Editionen bietet Kurt-Victor SELGE, Elenco delle opere di Gioacchino da Fiore, Florensia 3/4 (1989/1990) S. 25–35, dasselbe: Repertorium fontium historiae medii aevi 6 (Rom 1990) S. 261–266; in Bezug auf authentische Werke Joachims überholt, doch als Übersicht über joachitische Schriften nach wie vor aktuell ist Marjorie REEVES, The Influence of Prophecy in the Later Middle Ages, S. 511–542. Mit „joachitisch" werden im Folgenden Ideen und Texte bezeichnet, die erst dem Nachwirken Joachims entstammen, „joachimisch" dagegen bezieht sich auf authentische Werke Joachims. Zu diesem Sprachgebrauch vgl. Matthias KAUP, *De prophetia ignota*. Eine frühe Schrift Joachims von Fiore (MGH Studien und Texte 19, Hannover 1998) S. 60, Anm. 309.

Obwohl kein authentisches Bild von ihm bekannt ist, hat Joachim viele Gesichter, spielt viele Rollen: als Exeget und Geschichtstheologe, als Seher in den Augen seiner Zeitgenossen oder als Vertreter einer möglicherweise veralteten, konservativen exegetischen Methode in der Polemik seiner Gegner. In der Göttlichen Komödie sieht Dante Joachim als eines von zwölf Lichtern, nämlich Theologen und Philosophen, die ihn selbst und Beatrice im vierten Kreis des *paradiso* umgeben,

> in den gar nichts mehr vom Schatten der Erde hineinreicht, in dem nur noch als strahlende Lichter im hellsten Licht die Seligen in einem tönenden Reigen die Ordnungen dieser höchsten Bereiche aufzeigen.[14]

Joachim wird hier als *di spirito profetico dotato* bezeichnet, eine Charakterisierung, die ihm in verschiedenen Kreisen schon früh zuteil wurde. Der Nachwelt galt er abwechselnd als der Häresie verdächtiger Ordensgründer oder als mystischer Gewährsmann einer endzeitlichen Heilszeit, als Prophet einer radikal neuen Weltsicht oder als Erfinder des geschichtlichen Fortschritts. Das Bild Joachims erscheint in neuen Farben und immer mehr Dimensionen wie das schillernd-geheimnisvolle Motiv eines Hologramms, das umso schwerer zu fassen scheint, je mehr man sich ihm nähert.

Geboren um das Jahr 1135, Sohn eines Notars im kalabresischen Celico, sollte Joachim zunächst für die Laufbahn eines königlichen Beamten bestimmt sein. Eine Reise ins heilige Land änderte diese Planung. Er wurde Mönch, dann Abt eines Klosters, begann zu schreiben und zog sich aus dem Orden und seinem eigenen Aufgabenfeld als Abt zurück, um in der Einsamkeit des Silagebirges als Eremit zu leben und schließlich seinen eigenen Orden zu gründen. Der Zisterzienserorden, dem er angehört hatte, drohte zunächst damit, ihn und seine Gefährten als *fugitivi* zu betrachten, scheint sich dann aber, nicht zuletzt aufgrund namhafter Förderer des neuen Ordens in seinen eigenen Reihen, mit der Existenz der unerwünschten Tochtergründung abgefunden zu haben. Die Geschichte des von Joachim gegründeten Florenserordens endet im 16. Jahrhundert, als seine Wiedervereinigung mit den Zisterziensern der eigenständigen Existenz ein Ende bereitet.

---

[14] Herbert Grundmann, Dante und Joachim von Fiore. Zu Paradiso X–XII, in: Herbert Grundmann, Ausgewählte Aufsätze 2: Joachim von Fiore (MGH Schriften 25, Stuttgart 1957) S. 166–210, zuerst in: Deutsches Dante-Jahrbuch 14 (1932) S. 210–256, dort S. 168 bzw. 213.

Schon die Chronisten des 12. Jahrhunderts überlieferten Episoden aus dem Leben Joachims von Fiore, die geeignet sind, zur Legende zu werden: wie Joachim der Kaiserin Konstanze befahl, bei der Beichte vor ihm zu knien, denn seine Autorität sei hier die höhere, wie Richard Löwenherz ihn in sein Winterlager rief, um sich von ihm etwas über den Ausgang seiner Mission im heiligen Land weissagen zu lassen, oder wie der nüchterne Staufer, Kaiser Heinrich VI., seine Prophetengabe lobte und seinen Weisungen demütig Folge leistete.[15] Joachims Vertrautheit mit der göttlichen Ordnung machte ihn ebenso wie sein Ruf als Seher zu einem gesuchten Politikberater in einer bange nach Regeln und Schemata fragenden Zeit.

Was Joachims Person und Aussagen aus der Perspektive der Nachwelt auszeichnete, war weniger die von seinen Zeitgenossen gerühmte Sehergabe oder seine Kenntnisse und Erfahrungen in Sachen Antichrist. Das herausragende Merkmal der Theologie des Joachim von Fiore scheint hier seine Drei-*status*-Lehre zu sein, derzufolge die ganze Geschichte entsprechend den drei Personen der göttlichen Trinität aufgeteilt wird. An sich ist diese Idee weder neu noch ausschließlich Joachim zu eigen. Doch ist Joachim der erste und für lange Zeit der einzige, der die Vorstellung der solchermaßen aufgeteilten drei weltgeschichtlichen *status* mit der Idee eines geschichtlichen Fortschritts verband, so daß nach der Offenbarung des Gottessohnes in Jesus Christus eine weitere, höhere Stufe der Erkenntnis zu erwarten sei, die mit der Person des heiligen Geistes in Verbindung gebracht wird.

Mit dem augustinischen Zeit- und Offenbarungsmodell verglichen, das nach dem Ereignis des Christusgeschehens nur noch eine Phase der Geduld und des Abwartens vorsieht, bis schließlich die Wiederkunft Christi und das Jüngste Gericht Mensch und Welt ein Ende bereiten und beide in eine höhere Daseinsform überführen, scheint dieses Modell eines innergeschichtlichen Aufwärtstrends geradezu revolutionär. Innerhalb irdischer Zeitrechnung gibt es nun die Perspektive einer Höherentwicklung, ein neues, dynamisches Element, das dem

---

[15] Vgl. Herbert Grundmann, Zur Biographie Joachims von Fiore und Rainers von Ponza, sowie Peter Csendes, Heinrich VI. (Darmstadt 1993) S. 102, 150–151, 188, 219. Die Begegnung mit Richard I. von England wird berichtet bei Roger of Howden, *Chronica*, ed. W. Stubbs (Rolls Series 51/3, London 1870) S. 75–79, *Gesta Regis Ricardi*, ed. W. Stubbs (Rolls Series 49/2, London 1867) S. 151–155, und Radulph of Coggeshall, *Chronicon Anglicanum*, ed. J. Stevenson (Rolls Series 66, London 1875) S. 67–71, vgl. John Gillingham, Richard I (New Haven – London 1999) S. 138f.

Menschen, dem es in Aussicht gestellt wird, neue Möglichkeiten eröffnet, ihm neue Qualifikationen beschert. Obwohl der Gedanke eines *profectus* des Gottesvolkes bereits im spätantiken Kirchenbild angelegt ist, ist das Postulat eines kommenden Geistzeitalters, dessen Kennzeichen eine höhere Stufe eines allgemeinen geistlichen Verständnisses ist, neu. Man könnte geradezu versucht sein (und hat es getan), die Idee einer Emanzipation des Menschen aus der Abhängigkeit vom Handeln Gottes bei Joachim zu postulieren. Der dritte *status* wurde so mit den verschiedensten Erwartungen gefüllt, mitunter waren sie politischer, bisweilen auch sozialer Natur. Joachims Vorstellung von einer fortschreitenden geistigen Erkenntnis wurde oft mißverstanden, er selbst zum unfreiwilligen Kronzeugen eines unter den unterschiedlichsten Vorzeichen stehenden Fortschrittsglaubens.[16] Leos Janaçek etwa postulierte ein künftiges Königreich ewiger Liebe, als dessen Propheten er Joachim sah.[17]

Solche kühnen Gedankenspiele in den Werken Joachims wiederzufinden fällt zunächst schwer. In seinen Werken präsentiert sich Joachim vor allem als Exeget, als profunder Kenner der Schrift und der langen exegetischen Tradition der Kirche. Doch das langersehnte irdische Millennium, als dessen Prophet und Gewährsmann Joachim gern gesehen wurde und wird, gewann mit dem Herannahen des dritten Jahrtausends an neuer Aktualität.[18] Was hat der Seher und

---

[16] Vgl. zur Geschichte dieser Entwicklung Marjorie REEVES, Warwick GOULD, Joachim of Fiore and the Myth of the Eternal Evangel in the nineteenth and twentieth centuries (Oxford [1]1987, [2]2001). So hat zwar beispielsweise Ernst Bloch eine Verbindung zwischen Marxismus und Joachimismus gesehen, doch ohne eine direkte Abhängigkeit zu konstatieren (ebd., S. 2). Andererseits konnte zu Beginn des 20. Jahrhunderts auch die Vorstellung eines dritten Reiches auf Joachim zurückgeführt werden (S. 1–4). Vgl. Ruth KESTENBERG-GLADSTEIN, The *Third Reich*: A Fifteenth-Century Polemic against Joachism, and its Background, in: Delno C. WEST (Hg.), Joachim of Fiore in Christian Thought. Essays on the Influence of the Calabrian Prophet 2 (New York 1975) S. 559–609, zuerst in: Journal of the Warburg and Courtald Institute 18 (1955) S. 245–295, umfassender zum Thema: Henri DE LUBAC, La postérité spirituelle de Joachim de Flore, 1: De Joachim à Schelling (Paris 1978), 2: De Saint-Simon à nos jours (Paris 1981), bes. S. 356–384, 434–450, sowie Karl LÖWITH, Weltgeschichte und Heilsgeschehen, Kap. 8: Joachim, S. 136–147, der besonders diesen Aspekt der Gedankenwelt und Wirkungsgeschichte Joachims von Fiore beleuchtet.
[17] Vgl. Marjorie REEVES, Warwick GOULD, Joachim of Fiore and the Myth of the Eternal Evangel in the nineteenth and twentieth centuries, S. 338f.
[18] Ein Beispiel dafür ist Burchard BRENTJES, Der Mythos vom dritten Reich. Drei Jahrtausende Traum von der Erlösung (Hannover 1997), der in groben Zügen Millenniumsvorstellungen von biblischen Texten über Joachim von Fiore bis zu modernen fundamental-islamistischen Strömungen nachzeichnet.

Schriftkundige einer längst vergangenen Epoche mitzuteilen? Die
Botschaft vom Fortschritt, einer positiven Fortentwicklung der menschlichen Gesellschaften, als deren erster Entdecker der Künder des dritten Zeitalters des Geistes oft gepriesen wurde, ist nicht erst seit dem
Ende der sozialistischen Staatsformen im Osten Europas in die Kritik
geraten. Daß bei stetig anwachsender Wissensmenge und andauerndem Erkenntnisfortschritt die menschliche Gesellschaft auch achthun-
dert Jahre nach Joachim von Fiore trotz verschiedener, wesentlicher
Fortschritte keiner entscheidenden qualitativen Höherentwicklung teilhaftig wurde, ist eine unbezweifelbare Tatsache. Die höhere Stufe
einer allgemeinen geistigen Erkenntnis, die der Kalabreser Abt erwartet hatte, ist ausgeblieben.[19] Seine kühnen Visionen scheinen durch
die vergangenen Jahrhunderte, die uns von ihm trennen, eigentlich
Lügen gestraft: die Menschheit ist durchaus noch dieselbe, es sind
keine vergeistigten, engelgleichen und gottnahen Mönche aus uns
geworden. Ist deshalb seine Botschaft entwertet, ist sie ihres Wahrheits-
gehalts entleert und kann nicht mehr als ein bloß rein akademisches
Interesse auslösen? Dann hätte nicht nur schon die Aufmerksamkeit
vergangener Jahrhunderte für Joachim und sein Denken längst erlahmt
sein müssen, sondern auch Joachim selbst hätte wohl kaum eine positive Weiterentwicklung annehmen können, wenn dabei von einer
pauschalen, allgemein eintretenden Erscheinung ausgegangen werden
sollte. Um dies anzunehmen, kannte der gar nicht so weltfremde

---

[19] Zwar „konnte es stiller werden in dem berühmten Streit, ob im Verlauf der
Kirchengeschichte ein Fortschritt und eine Entfaltung von der Urkirche oder ein
Abfall zu sehen sei." Die Überlegung, ob dennoch das Evangelium Jesu Christi eine
die Welt im Ganzen positiv verändernde Macht ausübe, deren Wirkung in den
Etappen der Kirchengeschichte erkennbar sei, wie auch im 20. Jahrhundert einige
Kirchengeschichtler annehmen, problematisiert Gerd TELLENBACH, Die abendländische Kirche des zehnten und elften Jahrhunderts im Ganzen der Kirchengeschichte,
in: Hubert MORDEK (Hg.), Aus Reich und Kirche. Studien zu Theologie, Politik
und Recht im Mittelalter. Festschrift für Friedrich Kempf zu seinem fünfundsiebzigsten Geburtstag und fünfzigjährigen Doktorjubiläum (Sigmaringen 1983) S. 128–130;
für ihn gilt: „Nicht das Nachrechnen der Ratschlüsse der göttlichen Vorsehung
macht die Kirchengeschichte zu Theologie. Was sollte das für ein Glaube sein, der
Menschen dazu befähigte?" (ebd. S. 130). So gibt er zu bedenken: "Was die Menschen
über Kirchen- und Heilsgeschichte denken und empfinden, ist historisch bedingt
und unterliegt dem geschichtlichen Wandel. Der Lauf der Jahrhunderte schafft darin
also große Distanzen. Sie zu überwinden und Vergangenes zu verstehen aus dem,
was über die Zeiten hinaus an Gemeinsamem vorhanden ist, obliegt der Arbeit des
Historikers.... Sein Selbst vermag er nicht auszulöschen. Es wäre auch keine brauch-
bare Erkenntnismethode. Aber er muß sich selbst ebenso in Frage stellen wie das
zunächst Ferne und Befremdende, mit dem er Kontakt gewinnen will" (ebd.; Literatur
zum Thema ebd. S. 127, Anm. 13).

Abt des in der Bergeinsamkeit des Silagebirges gelegenen Klosters
Welt und Menschen zu gut. Tatsächlich war es das ihm in den
Büchern des Alten und Neuen Testaments und der Kirchenväter
entgegenleuchtende geistige Verständnis, das ihn die Möglichkeit einer
allgemeinen, vollkommenen Erkenntnis als Kennzeichen einer nahen
Zukunft zuversichtlich erwarten ließ. Seine Schriften und die in ihnen
festgehaltenen Ideen sind es, die über all die Jahrhunderte hinweg
jene unauslöschliche menschliche Sehnsucht nach größerer Vollkommenheit, aber auch nach einem immerwährenden Reich des Friedens
und einer Glückseligkeit, die durchaus irdisch und diesseitig ist, wach-
halten und nähren.

Joachims eigene Aussagen sind anders, und in ihnen ist nichts zu
verspüren von dem sozialrevolutionären Aktionismus eines Thomas
Münzer oder der schwärmerischen Hoffnung der Philosophen und
Dichter des 19. und 20. Jahrhunderts. Was ihn von ihnen unter-
scheidet, ist zutiefst mittelalterlich. Bei Joachim steht nie nur der
Mensch allein, seine Interessen und Möglichkeiten, im Mittelpunkt,
sondern Gott und Mensch sind bei ihm untrennbar verbunden.
Joachim befindet sich dabei an einer Schnittstelle der Geschichts-
auffassung. Denn teilt seine Auffassung etwa noch Otto von Freising
oder Rupert von Deutz, so merkt man doch beispielsweise den
Berichten der englischen Chronisten über Joachims Gespräche mit
Richard Löwenherz oder Adam von Perseigne einiges Befremden
angesichts der Sichtweise Joachims an. Vollends im 13. Jahrhundert
hat die Geschichtsschreibung sich von der Bestimmung durch Gottes
Plan emanzipiert. Andererseits zeigen gerade auch die pseudonymen
Werke desselben Jahrhunderts, die sich durch die Autorität des Abtes
zu legitimieren suchen, daß man das Bewußtsein der eigenen geschichtlichen Rolle und Bedeutung in der jeweiligen konkreten Gegenwart
in seinen Schriften verankert sah. Das Interesse an Joachim von Fiore
ist in all den Jahrhunderten seit seinem Tod nie ganz erloschen, galt
es auch nur einer immer schemenhafter aus der Vergangenheit her-
vortretenden Figur. Nicht nur apokalyptische Gruppen, sondern auch
Vertreter der neuen Orden des 13. Jahrhunderts beriefen sich gern
auf Namen und Werk Joachims oder glaubten sich von ihm vorher-
gesagt. In der Tat ist es fraglich, was ohne das virulente Interesse
dieser Kreise, vor allem unter den jungen, nach geistiger Verwurzelung
suchenden Orden, aus dem echten Nachlaß Joachims geworden wäre.
Paradoxerweise bezogen sich die meisten seiner selbsternannten oder
von anderen so bezeichneten Nachfolger auf unter seinem Namen

kursierende, in Wahrheit jedoch pseudonyme Werke. Denn schon bald nach seinem Tod, vielleicht schon zuvor, kursierten nicht nur Joachims Werke in vielen Varianten und Entwicklungsstufen, an denen er selbst fortgesetzt tätig gewesen war, sondern auch pseudonyme Werke, die sich seiner Autorität bedienten, um ihre oft politischen Aussagen zu untermauern. So kannte beispielsweise Thomas Münzer, der sich explizit auf Joachim bezog, keines der Werke Joachims selbst, sondern nur den joachitischen Kommentar *Super Ieremiam*.[20] Noch vor gut hundert Jahren wurde erwogen, drei der Hauptwerke Joachims dem Kreis dieser pseudonymen Werke zuzuordnen,[21] und bis heute ist der tatsächliche Umfang seines authentischen Werkes nicht unumstritten.[22]

Von den drei Hauptwerken Joachims fehlen bis heute vollständige kritische Editionen, so daß die Nachdrucke der venezianischen Ausgaben des frühen 16. Jahrhunderts immer noch die einzige Zugangsmöglichkeit zu diesen Werken bieten.[23] Joachims geistesgeschichtlicher

---

[20] Vgl. Eugène HONÉE, The radical German reformer Thomas Müntzer (c. 1489–1525): The impact of mystical and apocalyptic traditions on his theological thought, in: Michael WILKS (Hg.), Prophecy and Eschatology (Studies in church history, Subsidia 10, Oxford 1994) S. 65–74, ebd. S. 68, Anm. 8. Möglicherweise kannte Thomas Münzer auch den joachitischen Kommentar *Super Esaiam*. Beide Texte stammen aus dem 13. Jahrhundert. Weit verbreitet waren auch die joachitischen *Vaticinia de Summis Pontificibus* des 14. Jahrhunderts, die in vielen Auflagen gedruckt wurden. Zu Thomas Münzer vgl. M. M. SMIRIN, Die Volksreformation des Thomas Münzer und der grosse Bauernkrieg (Berlin ¹1951, ²1956, zuerst Moskau 1947), Reinhard SCHWARZ, Die apokalyptische Theologie Thomas Müntzers und die Taboriten (Beiträge zur historischen Theologie 55, Tübingen 1977).

[21] Vgl. dazu Herbert GRUNDMANN, Studien über Joachim von Fiore (Beiträge zur Kulturgeschichte des Mittelalters und der Renaissance 32, Leipzig – Berlin 1927, Nachdruck Darmstadt 1975) S. 5.

[22] Dies betrifft inzwischen allerdings weniger die Hauptwerke Joachims als vielmehr kleinere Schriften, zu denen vielfach noch unsichere oder unrichtige Zuschreibungen den Leser verwirren. So wurde noch 1983 die Unechtheit von *De septem sigillis* behauptet, vgl. Delno C. WEST, Sandra ZIMDARS-SWARTZ, Joachim of Fiore. A Study in Spiritual Perception and History (Bloomington 1983) S. 99f., auch Joachims *Genealogia* (früher: *Epistula subsequentium figurarum*), ed. Gian Luca POTESTÀ: Die Genealogia. Ein frühes Werk Joachims von Fiore und die Anfänge seines Geschichtsbildes, Deutsches Archiv für Erforschung des Mittelalters 56 (2000) S. 55–101 wurde bis zu Stephen E. WESSLEY, A New Writing of Joachim of Fiore. Preliminary Observations, Florensia 7 (1993) S. 39–58 als nicht authentisch angesehen. Auch Joachims Autorschaft an der Entstehung des *Liber figurarum* ist noch nicht bis ins letzte geklärt, ebensowenig wie dessen ursprünglicher Umfang (sofern dies überhaupt möglich sein wird). Ähnliches gilt für andere, zum Teil nur fragmentarisch vorhandene oder unedierte Texte wie etwa *Apocalypsis nova* (mss. Dresden, Sächsische Landesbibliothek A 121 und Vat. lat. 4860) oder Teile des Codex Vat. lat. 3822.

[23] Es handelt sich um: Joachim von Fiore, *Concordia novi ac veteris testamenti* (Venedig

Standort innerhalb der vielfältigen theologischen Strömungen des 12. Jahrhunderts ist inzwischen mehrfach Gegenstand der Forschung geworden.[24] Neue Editionen ergänzen bereits früher erschienene Ausgaben verschiedener Werke Joachims.[25]

1519, Nachdruck Frankfurt/Main 1964), die von E. Randolph DANIEL (The American Philosophical Society, Philadelphia 1983) besorgte Ausgabe bietet die ersten vier Bücher (im folgenden *Concordia*), *Expositio super Apocalypsim* (Venedig 1527, Nachdruck Frankfurt/Main 1964, im folgenden *Expositio*) und *Psalterium decem chordarum* (Venedig 1527, Nachdruck Frankfurt/Main 1965). Im folgenden werden diese Werke jeweils nach der Venetianer Edition zitiert, ggf. im Vergleich mit der modernen Teiledition der *Concordia* und vorhandenen Handschriften. Von den beiden zuletzt genannten Werken sind Neueditionen im Rahmen einer kritischen Gesamtausgabe in Vorbereitung, die von einer internationalen Herausgeberkommission und in Zusammenarbeitet mit den MGH und dem Istituto Storico Italiano per il Medio Evo erarbeitet wird. Von dieser Gesamtausgabe erschienen bereits *Dialogi de prescientia Dei et predestinatione electorum*, ed. Gian Luca POTESTÀ, Ioachim Abbas Florensis Opera omnia IV (Opere minori), 1 (Fonti per la Storia dell'Italia Medievale. Antiquitates 4, Rom 1995), und *Tractatus super quatuor Evangelia*, ed. Francesco SANTI, Ioachim Abbas Florensis Opera Omnia V (Fonti per la Storia dell'Italia Medievale. Antiquitates 17, Rom 2002). Für Zitate aus Werken, von denen im Rahmen der Gesamtausgabe computerisierte Textversionen erstellt worden sind, wie *Psalterium*, *Expositio*, *Tractatus* und *Enchiridion*, wurden diese benutzt, für die *Concordia* der von Herbert Grundmann angefertigte Arbeitstext. In allen anderen Fällen entspricht die Schreibweise lateinischer Zitate derjenigen ihrer Quelle, das heißt im Fall von *De septem sigillis* der Leithandschrift, ansonsten derjenigen der benutzten Editionen.

[24] Vgl. Marjorie REEVES, Joachim of Fiore and the Prophetic Future (London 1976, neu Stroud/Gloucestershire 1999), Bernard McGINN, The Calabrian Abbot. Joachim of Fiore in the History of Western Thought (New York – London 1985), Ernesto BUONAIUTI, Gioacchino da Fiore. I tempi – la vita – il messaggio (Rom 1931), Kurt-Victor SELGE, Die Stellung Joachims von Fiore in seiner Zeit. Trinitätsverständnis und Gegenwartsbestimmung, in: Jan A. AERTSEN, Martin PICKAVÉ (Hg.), Ende und Vollendung. Eschatologische Perspektiven im Mittelalter (Miscellanea Medievalia 29, Berlin – New York 2002) S. 481–503, sowie die Bibliographien von Jeanne BIGNAMI ODIER, Travaux récents sur Joachim de Flore, Le Moyen Âge 58 (1950) S. 145–161, Francesco RUSSO, Bibliografia gioachimita (Biblioteca di Bibliografia Italiana 58, Firenze 1954), ders., Rassegna bibliografica gioachimita (1958–1967), Cîteaux. Commentarii Cistercienses 19 (1968) S. 206–214, Edmund MIKKERS, Neuere Literatur über Joachim von Fiore, Citeaux 9 (1958) S. 286–293, Morton W. BLOOMFIELD, Recent Scholarship on Joachim of Fiore and His Influence, in: Ann WILLIAMS (Hg.): Prophecy and Millenarism. Essays in Honour of Marjorie Reeves (Harbour/Essex 1980) S. 21–52, Valeria DE FRAJA, Gioacchino da Fiore: Bibliografia 1969–1988, Florensia 2 (1988) S. 9–59, Claudio CAPUTANO, Gioacchino da Fiore: bibliografia 1988–1993, Florensia 8/9 (1994/1995) S. 45–110 sowie (sehr unvollständig) Marco RAININI, Gioacchino da Fiore: bibliografia 1994–2001, Florensia 16/17 (2002/2003) S. 105–165.

[25] Vgl. S. 10, Anm. 23, *Opera omnia*, sowie Kurt-Victor SELGE, Elenco delle opere di Gioacchino da Fiore (Repertorium fontium historiae medii aevi). Den dort genannten Editionen sind hinzuzufügen: *Soliloquium*, ed. Pietro DE LEO, Una preghiera inedita di Gioacchino da Fiore, Rivista storica calabrese 9 (1988) S. 99–114, *Praephatio*

Nach wie vor jedoch kranken Untersuchungen des Werkes Joachims
nicht selten an den Folgen der spröden Unzugänglichkeit seiner
Texte, die durch die Editionslage noch verstärkt wird. So sind allgemeine Aussagen über Werk und Bedeutung Joachims viel häufiger
anzutreffen als gründliche Untersuchungen seiner Schriften oder gar
Einzeluntersuchungen unter bestimmten thematischen Gesichtspunkten
und zu speziellen Fragestellungen, die umfassenderen Antworten doch
eher vorangehen sollten und ihnen eine profundere Grundlage bieten könnten. Nur solche Arbeiten, die eine intensive Beschäftigung
mit den Texten Joachims, das heißt mit den Drucken von 1519 und
1527, vor allem aber auch mit den Handschriften, voraussetzen, können in der Folge auch tatsächliche und nicht nur vermeintliche
Antworten auf die Frage bieten, wer Joachim von Fiore wirklich war,
was er wollte und worin die Faszination, die von seiner Person immer
noch ausgeht, gründet.[26]

Eines der eigentümlichsten Werke Joachims ist seine kurze Schrift
De septem sigillis.[27] Aufgrund seiner Kürze, vor allem aber der tabel-
lenartigen Textgestalt ist *De septem sigillis* keiner Gattung mittelalterlicher Literatur eindeutig zuzuordnen. Obwohl sich *De septem sigillis*
in erster Linie auf die sieben Siegel des Buches bezieht, das der
Seher von Patmos im fünften Kapitel der Offenbarung beschreibt,
kann sich eine Untersuchung nicht auf die Exegese Joachims beschrän-
ken, denn seine Trinitäts- als Geschichtstheologie, die sich in dieser
Exegese niederschlägt und in ihr gründet, steht in ebenso engem

---

super Apocalipsin, ed. Kurt-Victor Selge: Eine Einführung Joachims in die Johannesapokalypse, Deutsches Archiv für Erforschung des Mittelalters 46 (1990) S. 85–131,
De ultimis tribulationibus, ed. Kurt-Victor Selge, Florensia 7 (1993) S. 7–35, *De prophetia ignota*, ed. Kaup, *Genealogia* (früher: *Epistula subsequentium figurarum*), ed. Potestà.

[26] Die Zahl der Arbeiten, die als Beispiel solcher Untersuchungen gelten können,
ist im Wachsen begriffen. Stellvertretend für andere, hier häufiger genannte Namen
sei an dieser Stelle vor allem die noch ungedruckte Dissertation von Axel Mehlmann,
*De unitate trinitatis. Forschungen und Dokumente zur Trinitätstheologie Joachims von
Fiore im Zusammenhang mit seinem verschollenen Traktat gegen Petrus Lombardus*
(Diss. masch. Freiburg 1991) genannt.

[27] *De septem sigillis*, ed. Marjorie Reeves, Beatrice Hirsch-Reich, The seven seals
in the writings of Joachim of Fiore. With special reference to the tract *De septem
sigillis*, Recherches de Théologie Ancienne et Médiévale 21 (1954) S. 211–247. (Im
folgenden wird bei jeder Nennung des Aufsatzes nur die jeweilige Autorin des entsprechenden Abschnittes genannt.) – Einen weiteren Textzeugen veröffentlichen
vergleichend Morton W. Bloomfield, Harold Lee, The Pierpont-Morgan Manuscript
of „De Septem Sigillis", Recherches de Théologie Ancienne et Médiévale 38 (1971)
S. 137–148.

Zusammenhang mit *De septem sigillis* wie die Gegenwarts- und Endzeit-vorstellungen des kalabresischen Abtes.

Zu den sechs Handschriften, die der Edition von 1954 als Textgrund-lage dienten, sind sechs weitere Textzeugen hinzugekommen. Im Ergebnis verändert dies zwar die Gestalt des Textes nur unwesentlich, aber es stellt ihn auf eine sicherere Grundlage und bestätigt von Marjorie Reeves und Beatrice Hirsch-Reich getroffene Entscheidungen.

In der Einleitung der Edition hat Marjorie Reeves vor einem hal-ben Jahrhundert einige der wichtigsten Fragen im Zusammenhang mit *De septem sigillis* und seiner Überlieferung bereits angesprochen. Dazu zählen etwa die Frage nach der Echtheit der Schrift und dem Zeitraum ihrer Abfassung, der Intention, mit der Joachim sie ver-faßte, und damit zusammenhängend nach ihrer Rolle innerhalb des Werkes Joachims und ihrem Verhältnis zu den anderen Schriften des Abtes.

Das Motiv der sieben Siegel und seine extensive Behandlung in den Werken Joachims ist untrennbar mit seiner Geschichts- und Trinitätstheologie verbunden. Entlang der Reihe der Siegel und ihrer in der Apokalypse verheißenen Eröffnungen öffnet sich für Joachim das zuvor verschlossene Buch der geheimen Offenbarungen. Auf der Basis der *concordia* zwischen dem alten und dem neuen Bund mit dem alten und dem neuen Volk Gottes offenbart sich der dreieinige Gott in seiner geschichtsmächtigen Wirksamkeit und führt sein Volk zur Erlösung. Joachims Geschichts- als Trinitätstheologie kondensiert in *De septem sigillis* zu einer Roadmap des ewigen Heils.

In einem tabellarischen Schema, das aus zwei parallelen Reihen mit je acht Abschnitten besteht, zeichnet Joachim die Geschichte des Gottesvolkes nach. Die sieben Siegel des Buches aus Offb. 5–8 wer-den dabei als Stationen der Geschichte Israels interpretiert. Auf der Grundlage des Konkordanzgedankens finden die Siegel ihre Ent-sprechung in den sieben Eröffnungen, die die Geschichte des neuen Gottesvolkes von der Urkirche bis zu ihrem in baldiger Zukunft erwarteten Ende darstellen. Diese Eröffnung der Siegel wird von der zweiten Person der Trinität vorgenommen. Sie öffnet nicht nur den Jüngern die Augen für das rechte Verständnis der Schrift und zeigt der Christenheit Israel als sein Urbild. Mit ihr beginnt, auf verbor-gene, geheimnisvolle Weise, der dritte *status* seine Wirksamkeit. Joachim, der Augustinus überwunden zu haben scheint, weiß sich hier eins mit ihm in seiner Auffassung jener tausend Jahre der Apokalypse, während derer der Christ die Macht des Bösen bereits gebunden weiß, die *civitas dei* mit der *civitas terrena* noch verbunden ist. Statt einer Ablösung des Augustinus propagiert Joachim in Wahrheit vielmehr eine mystische Überhöhung des Zeitschemas, das anderen so statisch erscheint, seine trinitarische Geschichtsschau eröffnet dem Weltbild der Christenheit eine neue Dimension. In seiner Darstellung der Siegel, die ihn fast durch alle seine Werke begleiten, hat seine Geschichts- als Trinitätstheologie den subtilsten Ausdruck gefunden.

Die Interpretationen anderer Exegeten sind ihm bekannt, doch trifft er unter den von ihnen angebotenen Möglichkeiten souverän eigene Entscheidungen. Von besonderer Bedeutung für seine Darstellung der Siegel sind die traditionellen Zeiteinteilungen, die von Joachim erstmals auf das Motiv der Siegel hin angewandt werden, und die von ihm modifizierte Einteilung der Apokalypse, mit der seine Darstellung der sieben Siegel unterlegt wird.

Außer der trinitarischen Zeiteinteilung ist dabei vor allem die seit Augustinus Allgemeingut gewordene Darstellung der Weltzeit als Entsprechung der Schöpfungstage zu nennen. Dabei erstrecken sich einzelne Tage durchaus über mehrere Siegel: die ersten fünf Tage (bis zur Sintflut, bis Abraham, David, der babylonischen Gefangenschaft bzw. der Ankunft Christi) entsprechen den sieben Siegeln, die den Zeitraum bis zur Geburt Christi beinhalten, der sechste Tag entspricht der Gegenwart der Christen von der ersten bis zur sechsten Eröffnung. Der siebte Tag entspricht dem siebten Siegel, ein achter Tag steht für die Ewigkeit.

Es ist leicht nachvollziehbar, warum Joachim zur Darstellung dieser Zeiteinteilung die tabellarische Form wählte. Sie ist ohne konkretes Vorbild in der exegetischen Literatur, steht aber in enger Beziehung zu den Darstellungen des *Liber figurarum*, dessen Bilder für Joachim zum wichtigen Ausdrucksmittel wurden. Sie ist schon darum als authentisch anzusprechen, weil Joachim in seinen Werken vielfach auf graphische Darstellungen verweist oder sie sogar in den Text einbaut. *De septem sigillis*, das von Joachim selbst im Text als eine *carta* bezeichnet wird, nimmt durch seine tabellarische Form eine Zwischenposition ein zwischen den Bildern des *Liber figurarum* und den übrigen Werken Joachims. Die Tabellenform ist dabei gewiß authentisch, denn in denjenigen der handschriftlichen Textzeugen, die auf sie verzichten, sind die einzelnen Teile regelmäßig durcheinandergebracht worden und oft nicht einmal vollzählig, so daß das Verständnis des Textes erschwert oder sogar unmöglich wird. Die ideale Wiedergabeform für *De septem sigillis* ist darum auch eine Tabelle oder zumindest eine zweispaltige Textedition.

In *De septem sigillis* ist Joachim, anders als in seinen Hauptwerken, kein Mann vieler Worte. In schmucklosen Sätzen zählt Joachim in den Siegeln Gestalten und Begebenheiten aus der Geschichte des Volkes Israel auf, denen er in den Eröffnungen ihre Ebenbilder aus der Geschichte der Kirche gegenüberstellt. Der Zeit der Patriarchen entspricht so die Zeit der Urkirche, den alttestamentlichen Propheten das aufkommende Mönchtum, der Trennung der Reiche Israel und Juda die Spaltung der Ost- und Westkirche. Zusätzlich werden den Ereignissen der Siegelöffnungen Teile der Apokalypse zugrundegelegt, in denen ihre Ereignisse vorabgebildet sind. Dabei ist keine dieser Bezugnahmen ohne den breiteren Hintergrund der exegetischen Tradition vollends verständlich, nichts in ihrer Anordnung ist zufällig oder willkürlich.

Durch einen Vergleich mit anderen Darstellungen derselben Motive oder Ereignisse in Joachims Werk lassen sich unterschiedliche Entwicklungsphasen und Bearbeitungen feststellen, die interessante Einblicke in Joachims Arbeitstechnik und eine relative Chronologie dieser unterschiedlichen Darstellungen innerhalb seiner Werke ermöglichen. Der Weg der beiden Völker, „which seems to march so continuously down the avenues of his mind",[28] ist hierzu vielleicht das hervorragendste Beispiel. Dennoch beschränkt sich Joachim bei der Auswahl des Materials, auf dem seine Geschichte der Zukunft gründet, nicht nur auf die Apokalypse. Bereits die ersten vier Zeiten der Kirche wurden den vier Tieren des Daniel'schen Nachtgesichts gleichgesetzt. Exegetisches Grundlagenmaterial für die Gegenwart und nahe Zukunft sind vor allem die späteren Bücher des Alten Testaments, die den Exegeten des Mittelalters vor fast unlösbare Probleme stellen. Die Bücher Judith und Esther, Nehemia und Esra als Folie der sechsten und siebten Siegelöffnung sind geeignet, auch den hochentwickelten Ordnungssinn Joachims beinahe zu überfordern. Denn jeder Ungenauigkeit abhold ist er ungemein bemüht, die zeitliche Abfolge und den historischen Rahmen von Judith und Esther festzustellen, zweifelsfreie Gewißheit über die Identität und das historische Umfeld der Verfolger Holofernes und Haman zu erlangen oder Klarheit darüber

---

[28] Marjorie REEVES, The seven seals in the writings of Joachim of Fiore, S. 231.

zu gewinnen, ob Esra als Verfasser des Esrabuches in Frage kommt oder nicht.

Der eigenwillige Charakter seiner wichtigsten literarischen Vorlage, der Apokalypse, begründet dabei die Komplexität seiner Exegese, zugleich aber auch ihre Traditionsverbundenheit wie ihre Zukunftsorientiertheit. War die Apokalypse eines der im Mittelalter meistgelesenen Bücher der Bibel,[29] so war und ist sie sicher auch ihr geheimnisvollstes.[30] Sie reiht sich nicht leicht ein in den Kreis jener Schriften, aus denen der Kanon der biblischen Bücher besteht. Schon die wechselvolle Geschichte ihres Eingangs in diesen Kanon belegt ihre Sonderstellung. Kein anderes Buch, das je geschrieben wurde, ist seit seiner Abfassung mit so großer Selbstverständlichkeit von Lesern der unterschiedlichsten Epochen und Lebenswelten als auf ihre eigene Situation hin geschrieben begriffen worden wie die Bücher des Alten und Neuen Testament. In besonderem Maß trifft dies auf

---

[29] Auf die Bedeutung der Apokalypse für die Exegeten des Mittelalters und besonders des 12. Jahrhunderts verweist Wilhelm KAMLAH, Apokalypse und Geschichtstheologie. Die mittelalterliche Auslegung der Apokalypse vor Joachim von Fiore (Eberings Historische Studien 285, Berlin 1935) S. 8, 61–64, 70–74. Zur Exegese der Apokalypse im Mittelalter vgl. auch Guy LOBRICHON, Conserver, réformer, transformer le monde? Les manipulations de l'Apocalypse au Moyen Âge Central, in: Peter GANZ (Hg.), The Role of the Book in Medieval Culture 2 (Turnhout 1986) S. 75–94. Zur Geschichte der Apokalypsenexegese vgl. S. 38, Anm. 5 (Lediglich für Augustinus schien dieses Interesse nicht zuzutreffen, der im Gegenteil die aufwühlende Rhetorik und verschlüsselte Bildsprache der Apokalypse ermüdend findet: Et in hoc quidem libro, cuius nomen est Apocalypsis, obscura multa dicuntur, ut mentem legentis exerceant, et pauca in eo sunt, ex quorum manifestatione indagentur cetera cum labore; maxime quia sic eadem multis modis repetit, ut alia atque alia dicere videatur, cum aliter atque aliter haec ipsa dicere vestigetur, De civitate Dei lib. XX, cap. 17, SL 48, S. 728f., Z. 48–53, PL 41, Sp. 683. Die betonte Nüchternheit, mit der Augustinus eschatologische Ereignisse behandelt, kann nur in bewußtem Kontrast zu dieser Beobachtung stehen. Eine detaillierte Auslegung einzelner Motive der Apokalypse muß Augustinus folglich wenig sinnvoll erschienen sein, man sucht sie bei ihm vergebens.)

[30] Diese Empfindung kommt so auch in dem Satz des Hieronymus, Epistola 53 ad Paulinum de studio scripturarum, CSEL 54, S. 463, Z. 9f., PL 22, Sp. 548f. zum Ausdruck, der, so Wilhelm BOUSSET, Die Offenbarung Johannis, Kritisch-exegetischer Kommentar über das Neue Testament begr. von Heinrich August Wilhelm MEYER (Göttingen [5]1896, [6]1906) S. 62, späterhin zum geflügelten Wort wurde: Apocalypsis tot habet sacramenta quot verba (wiederholt etwa in den Kommentaren zur Apokalypse des Primasius von Hadrumetum, SL 92, S. 3, Z. 53f., PL 68, Sp. 796A, Bruno von Segni, PL 165, Sp. 605A, Gottfried von Admont, PL 174, Sp. 146C, der Glossa Ordinaria, ed. Adolph RUSCH (Straßburg 1480/81, Nachdruck Turnhout 1992) vol. 4, S. 549, PL 114, Sp. 710B, Rupert von Deutz, PL 169, Sp. 826 und in einer Predigt des Petrus Damiani, Sermo 64 de sancto Joanne, PL 144, Sp. 869A).

das letzte und rätselhafteste Buch des biblischen Kanons zu, die Apokalypse. In der Tat ist diese Bezugnahme auf die Zeit und Umwelt des Lesers im Fall der Apokalypse naheliegender als bei anderen Büchern der Bibel, denn ihr Gegenstand ist die apokalyptische Zukunft, die so umfassend dargestellt ist, daß sie (weitgehend im Gegensatz zur jüdischen Apokalyptik) die Grenzen der Geschicke des eigenen Volkes hinter sich läßt und von geradezu kosmologischer Dimension wird. Ihre Voraussagen schienen nie überholt, sondern den Grenzen menschlichen Daseins weit entrückt. Allein das Thema der Apokalypse garantierte ihre Aktualität: Die Visionen des Sehers und ihre Erläuterungen sind ein Quell von Informationen von nie nachlassender Gegenwartsrelevanz. Sie beschäftigen sich mit der Endzeit, und solange die Erde steht, werden nie all ihre Prophezeiungen Erfüllung gefunden haben, denn anders als das Thema des Millenniums, das nach stattgehabtem Jahrtausendwechsel weder Furcht noch Hoffnung hervorzurufen vermag, oder andere mit konkreten Daten, Ereignissen oder Personen verbundene Erwartungen sind Informationen über das Weltende und die ihm unmittelbar vorangehenden Ereignisse, wie sie die Apokalypse enthält, von andauerndem Interesse. Die literarischen und erzählerischen Eigenschaften der Apokalypse, ihre gewaltigen Bilder, die Dynamik der Darstellung und die Dramaturgie der Ereignisse, aber auch der geheimnisvolle, viele Auslegungen zulassende Charakter des Textes mußten jeden sensiblen Leser geradezu magisch anziehen, indem Bereiche seines Inneren angesprochen werden, die weit jenseits der kognitiven Wahrnehmung liegen.

Das in ihr enthaltene Bild des siebenfach gesiegelten Buches war eine Vorstellung, die nur allzugut auf die Apokalypse selbst paßte. Von ihren Auslegern wurde darunter gewöhnlich allerdings die ganze heilige Schrift verstanden, deren rechtes Verständnis durch Christus eröffnet wird.[31] Im jüdisch-christlichen Kulturkreis stehen Erwartung

---

[31] Vgl. Hieronymus, *Commentaria in Danielem*, SL 75A, S. 938f., Z. 563–573, PL 25, Sp. 577, Primasius von Hadrumetum, *Commentarius in Apocalypsin*, lib. II, cap. 5, SL 92, S. 82, Z. 490–498, PL 68, Sp. 830BC, Gregor I, *Dialogi*, lib. IV, cap. 44 bzw. cap. 42 (die Kapitelzählung beider Editionen ist hier unterschiedlich), Sources Chrétiennes 265, S. 158, PL 77, Sp. 400D, und öfter, Rabanus Maurus, *Commentaria in Genesim*, PL 107, Sp. 577B, Prudentius von Troyes, *De praedestinatione*, PL 115, Sp. 1297D, Haimo, *Expositio in Apocalypsin*, PL 117, Sp. 1013C, Berengaudus (?), *Expositio in Apocalipsin*, PL 17, Sp. 812A, *Glossa ordinaria*, In Apocalypsin B. Johannis, ed. RUSCH, vol. 4, S. 554f. in marg., PL 114, Sp. 718A, Rupert von Deutz, *De sancta Trinitate et operibus eius*, CM 22, S. 915, Z. 8–17, PL 167, Sp. 837AB, Honorius Augustodunensis, *Expositio in Cantica canticorum*, PL 172, Sp. 367A, Richard von St.

der Zukunft und Verständnis der Gegenwart in einem tiefen, kausalen Zusammenhang, beide bedingen sich gegenseitig. Voraussetzung ist dabei ein Verständnis von Geschichte als Heilsgeschichte. Der Versuch, Zusammenhänge und Bedingtheiten zu verstehen, macht nur Sinn, wenn ihre Existenz vorausgesetzt wird. Alles Geschehen verweist auf ein Ziel, das jenseits der historischen Ereignisse liegt, und erhält von dort her seinen Sinn. Im Bewußtsein des westlich-abendländischen Menschen scheint dieser Konsens tief verwurzelt.[32]

Galt seit den ersten Jahrhunderten die Exegese der Apokalypse als probates Mittel, sich die verborgene Zukunft der Kirche zu erschließen, so hat sich dieser Weg dennoch nie als ein leicht gangbarer erwiesen. Auch Joachim blieben diese Schwierigkeiten nicht erspart. Im ersten Teil seines Apokalypsenkommentars berichtet Joachim von seinem Ringen um das rechte Verständnis der Schrift,[33] das sich ihm nicht durch erkenntnistheoretische Methoden, sondern nur durch Gebet und Meditation erschloß.[34] Die Erfahrung, daß wahre Erkenntnis nicht als Ergebnis intellektueller Anstrengung, sondern nur durch betende Betrachtung erlangt werden kann, ist eine Beobachtung, die für Joachims Leben und Werk grundlegend geworden ist.[35] Mit der Einsicht, daß diese Erkenntnis nicht auf eigener

---

Victor, *In Apocalipsim Johannis*, PL 196, Sp. 755A. Bei Victorin von Pettau, *Scholia in Apocalypsim Johannis*, PL 5, Sp. 328B, bedeutet das Buch lediglich das Alte Testament. Zu Augustinus vgl. S. 16, Anm. 29.

[32] Dies schlägt sich auch auf sprachlicher Ebene nieder, vgl. Karl Löwith, Weltgeschichte und Heilsgeschehen, S. 14f.: „Es ist wohl kein Zufall, daß unser Sprachgebrauch die Worte "Sinn" und "Zweck" sowie "Sinn" und "Ziel" vertauscht; es ist gemeinhin der Zweck, der die Bedeutung von "Sinn" bestimmt. Der Sinn aller Dinge, die nicht von Natur aus sind, was sie sind, sondern von Gott oder vom Menschen gewollt und geschaffen sind, bestimmt sich aus ihrem Wozu oder Zweck."

[33] *Expositio*, pars I, fol. 39rb: Etenim cum, decursis precedentibus libri huius capitulis, pervenirem ad locum istum (Offb. 1,10), tantam fateor difficultatem et quasi preter solitum perpessus sum angustias intellectus, ut, sentiens oppositum michi lapidem ab ostio monumenti, ebetatus subsisterem, et dans honorem Deo, qui pro velle suo claudit et aperit, relicto loco ipso intacto, ad sequentia pertransirem, servans difficultatem eandem universali magistro, ut ipse, qui aperuit librum et solvit septem signacula eius, cum sibi esset placitum, michi vel aliis aperiret.

[34] *Expositio*, pars I, fol. 39va: Cum ergo in supra scripta nocte simile aliquid contigisset, circa medium ut opinor noctis silentium et hora qua leo noster de tribu Iuda (vgl. Offb. 5,5) resurrexisse extimatur a mortuis, subito michi meditanti aliquid quadam mentis oculis intelligentie claritate percepta de plenitudine libri huius et tota veteris ac novi testamenti concordia revelatio facta est.

[35] Vgl. *Psalterium decem chordarum*, *Prologus*, fol. 227rb–va: Statui apud me die illo dicere michi aliquot psalmos ad honorem Spiritus sancti ob tante reverentiam et sollempnitatem diei, sperans donari michi aliquid in die ipso ab eo qui dat omnibus affluenter et non improperat (vgl. Jak. 1,5). Interea cum ingrederer oratorium

Leistung beruht, sondern dem in Gottesliebe, Ehrfurcht und Anbetung demütig versunkenen Menschen geschenkt wird,[36] rückt Joachim nicht nur in die Nähe der die Gnade als Motor der Gottesbeziehung betonenden Theologie der Reformatoren, sondern findet auch zwischen der eher ohne Erkenntnisstreben auskommenden Mystik eines Bernhard von Clairvaux und seiner Nachfolger einerseits und den nüchternrationalen Pariser Meistern der scholastischen Methode andererseits einen ganz eigenen Standort.[37]

---

et adorarem omnipotentem Deum coram sancto altari, accidit in me velut hesitatio quedam de fide trinitatis, ac si difficile esset intellectu vel fide esse tres personas unum Deum et unum Deum tres personas. Quod cum accideret timui valde et conterritus vehementer compulsus sum invocare Spiritum sanctum cuius sacra sollempnitas presens erat, ut ipse michi dignaretur ostendere sacrum misterium trinitatis in quo nobis promissa est a Domino omnis notitia veritatis (vgl. Kol. 2,2f.). Hec dicens cepi psallere ut ad propositum numerum pervenirem. Nec mora occurrit animo meo forma psalterii decacordi et in ipsa tam lucidum et apertum sacre misterium trinitatis, ut protinus compellerer exclamare: Quis Deus magnus sicut Deus noster? Tu es Deus qui facis mirabilia (vgl. Ps. 76,15), et illud: Magnus Dominus Deus noster et magna virtus eius, et sapientie eius non est numerus (vgl. Ps. 46,84). Zu den in beiden Werken geschilderten Erlebnissen, der sogenannten Oster- und Pfingstvision, vgl. zuletzt Kurt-Victor SELGE, Trinität, Millennium, Apokalypse im Denken Joachims von Fiore, in: Gioacchino da Fiore tra Bernardo di Clairvaux e Innocenzo III. Atti del 5° Congresso internazionale di studi gioachimiti. S. Giovanni in Fiore, 16–21 settembre 1999, a cura di Roberto RUSCONI (Opere di Gioacchino da Fiore: testi e strumenti 13, Rom 2001) S. 60, der die Pfingstvision als Vorbedingung der Ostervision auf 1184, die letztere aber als Grundlegung der „historischen Drei-Status-Hermeneutik" (ebd.) auf 1185 datiert.

[36] Die bedeutende Rolle, die die Liturgie des monastischen Lebensrhythmus und der dort stets präsente Lobpreis Gottes spielen, kann hier nur erwähnt, aber nicht weiter dargestellt werden. Auf sie geht Axel MEHLMANN, Confessio trinitatis. Zur trinitätstheologischen Hermeneutik Joachims von Fiore, in: Margot SCHMIDT, Fernando DOMÍNGUEZ REBOIRAS (Hg.), Von der Suche nach Gott. Helmut Riedlinger zum 75. Geburtstag (Mystik in Geschichte und Gegenwart. Texte und Untersuchungen 15, Stuttgart-Bad Cannstatt 1998) S. 83–108, bes. S. 88–91: Liturgie und Doxologie als Ursprung und Vollendung der Theologie Abt Joachims, ausführlich ein.

[37] Vgl. zu Joachims Standort innerhalb der geistigen Strömungen seiner Zeit Bernard McGINN, The Abbot and the Doctors: scholastic reactions to the radical eschatology of Joachim of Fiore, in: Delno C. WEST (Hg.), Joachim of Fiore in Christian Thought. Essays on the Influence of the Calabrian Prophet 2 (New York 1975) S. 453–471, zuerst in: Church History 40 (1971) S. 30–47, neu in: Bernard McGINN, Apocalypticism in the Western Tradition (Variorum Collected Studies, Aldershot 1994) IX, ders., Ratio and Visio: Reflections on Joachim of Fiore's Place in Twelfth-Century Theology, in: Gioacchino da Fiore tra Bernardo di Clairvaux e Innocenzo III. Atti del 5° Congresso internazionale di studi gioachimiti. S. Giovanni in Fiore, 16–21 settembre 1999, a cura di Roberto RUSCONI (Opere di Gioacchino da Fiore: testi e strumenti 13, Rom 2001) S. 27–46, Axel MEHLMANN, De unitate trinitatis, Kap. I: Zum geistig-geistlichen Profil der Person und Theologie Joachims von Fiore, S. 26–82, bes. S. 27–36: Sapientia monachorum: scire, ut diligatur, Kurt-Victor SELGE, Trinität, Millennium, Apokalypse im Denken Joachims von Fiore, S. 53f., ders., Die Stellung Joachims von Fiore in seiner Zeit, bes. S. 489–496.

Beide Positionen sind zu vielfältig und komplex, um mit knappen Worten angemessen behandelt zu werden. Weder die sogenannte monastische Theologie noch die scholastische sprach jemals nur mit einer Stimme, die sich noch dazu über Jahrzehnte hätte unverändert vernehmen lassen. Auch einfache Polarisierungen wie etwa die Gegenüberstellung von französischer Dialektik der Pariser Universitätstheologen und monastischer Theologie[38] des sogenannten Deutschen Symbolismus (ohnehin ein problematischer Begriff),[39] würden dem Sachverhalt nicht gerecht. In einem solchen vereinfachenden Schema

[38] Vgl. hierzu beispielhaft Jean LECLERCQ, Wissenschaft und Gottverlangen. Zur Mönchstheologie des Mittelalters (Düsseldorf 1963).

[39] Zu dieser „Gruppe konservativ-monastischer Geschichtstheologen" vgl. Horst Dieter RAUH, Das Bild des Antichrist im Mittelalter: Von Tyconius bis zum Deutschen Symbolismus (Beiträge zur Geschichte der Philosophie und Theologie des Mittelalters. Texte und Untersuchungen. Neue Folge 9, Münster [1]1973, [2]1998) – Zitat ebd. S. 165 – werden außer Rupert von Deutz und Gerhoch von Reichersberg auch Otto von Freising, der Ludus de antichristo und Hildegard von Bingen gezählt. Der Begriff des Deutschen Symbolismus, den Alois DEMPF, Sacrum Imperium (München – Berlin [1]1929, Darmstadt [2]1954) S. 229, im Jahr 1929 (als einen Gegenbegriff zur scholastischen Theologie der französischen Universitätstheologen) prägte, ist jedoch in vielerlei Hinsicht problematisch: vor allem da die Fiktion einer nationalen „Schule" in Deutschland und Frankreich schon aufgrund der stark divergierenden Auffassungen der den beiden Gruppen zuzurechnenden Persönlichkeiten unhaltbar wird, aber auch aufgrund der Tatsache, daß die Nationalitätenfrage im 12. Jahrhundert ohnehin eine ganz andere ist, als sie dieser Begriff nahelegt, und die Herkunft zwar möglicherweise ein Faktor, aber doch nur eben einer unter mehreren ist, der die Gedankenwelt der Theologen des 12. Jahrhunderts prägte. Auch wenn man die Sonderstellung Bernhards berücksichtigt, liegen doch Welten zwischen Petrus Lombardus, den Viktorinern oder Abaelard, ebenso wie zwischen Anselm von Havelberg, Rupert von Deutz (den Anselm kritisierte, vgl. Wilhelm BERGES, Anselm von Havelberg in der Geistesgeschichte des 12. Jahrhunderts, Jahrbuch für die Geschichte Mittel- und Ostdeutschlands 5 [1956] S. 54f. und ihn wegen seiner fülligen Gestalt boshaft verspottete, vgl. ebd., Peter CLASSEN, Gerhoch von Reichersberg [Wiesbaden 1960] S. 40, Anm. 22), Gerhoch von Reichersberg oder Hildegard von Bingen. Auf Anselms Abhängigkeit von Abaelard verweist Wilhelm BERGES, ebd., S. 56f. Vgl. zum Verhältnis Anselms zu Rupert Jay T. LEES, Anselm of Havelberg. Deeds into words in the twelfth century (Studies in the history of christian thought 79, Leiden – New York – Köln 1998) Part 1, Chapter 2C: The Attack on the Monks, S. 138–141. – Zur grundsätzlichen Problematik vieldiskutierter und sinnvoller, mitunter überstrapazierter, oft aber auch überstark in Kritik geratener Begriffe wie der „Renaissance des 12. Jahrhunderts" oder des „Deutschen Symbolismus" vgl. Berndt HAMM, Normative Zentrierung im 15. und 16. Jahrhundert, Zeitschrift für historische Forschung 26 (1999) S. 163–202, ebd. S. 163f.: „Begriffe der Geschichtsdeutung, so unentbehrlich sie sind, bekommen dann eine fatale Wirkung, wenn sie ihre Fragwürdigkeit verlieren, wenn man sich nicht mehr dessen bewußt ist, daß sie Gedankenkonstrukte sind, die der Vergangenheit übergestülpt werden, nicht aber Realitäten der Vergangenheit selbst oder Abbilder von Wirklichkeit. Bestenfalls können sie bestimmte Phänomene vergangenen Lebens besser erklären als andere Interpretamente."

könnte Joachim kaum angemessen verortet werden. Gewiß ist nur: die vielzitierte Renaissance des 12. Jahrhunderts wäre ärmer ohne ihn.[40]

Joachim ist allerdings nicht nur Leser, sondern auch Bewunderer des wortgewaltigen burgundischen Zisterziensers, dem seine Hochachtung mehr als jedem andern Theologen des 12. Jahrhunderts galt. Bernhard von Clairvaux (†1153) ist der einzige annähernd zeitgenössische Autor, den Joachim explizit und positiv erwähnt.[41] Doch die der Welt stärker entgegengesetzte Mystik Bernhards von Clairvaux, die mehr die mystische *unio* der Seele als die geistig-geistliche Erkenntnis Gottes und seines Heilswirkens erstrebte, entspricht ihm doch wohl um einiges weniger als der allerdings durch mehrere Jahrhunderte von ihm entfernte gottliebende Wissensdurst des großen Mönchspapsts, Gregor I. (590–604).[42]

---

[40] Den inzwischen oft problematisierten Begriff der Renaissance des 12. Jahrhunderts brachte Charles Homer HASKINS, The Renaissance of the 12th Century (Cambridge 1927) in die Diskussion ein, nach Hastings RASHDALL, The Universities of Europe in the Middle Ages 1 (Oxford ¹1895, ²1936). Vgl. Peter CLASSEN, Die geistesgeschichtliche Lage im 12. Jahrhundert. Anstöße und Möglichkeiten, in: Josef FLECKENSTEIN (Hg.), Peter Classen. Ausgewählte Aufsätze (Vorträge und Forschungen 28, Sigmaringen 1993) S. 327–346, zuerst in: Peter WEIMAR (Hg.), Die Renaissance der Wissenschaften im 12. Jahrhundert (Zürcher Hochschulforum 2, Zürich 1981) S. 11–32, Jean LECLERCQ, The renewal of theology, in: Robert L. BENSON, Giles CONSTABLE (Hg.), Renaissance and renewal in the twelfth century (Harvard 1982) S. 68–87, Elisabeth GÖSSMANN, Antiqui und Moderni im Mittelalter. Eine geschichtliche Standortbestimmung (Münchner Universitätsschriften NF 23, München 1974), wichtig, wenngleich im Einzelnen veraltet, ist Alois DEMPF, Sacrum Imperium.

[41] Zu Bernhards Bedeutung für Joachim von Fiore vgl. Axel MEHLMANN, *De unitate trinitatis*, S. 40f., Bernard McGINN, *Alter Moyses*: the role of Bernard of Clairvaux in the thought of Joachim of Fiore, in: John R. SOMMERFELDT (Hg.), Bernardus Magister. Papers presented at the Nonacentenary Celebration of the Birth of Saint Bernard of Clairvaux (Kalamazoo, Michigan 1990) S. 429–448, neu in: Bernard McGINN, Apocalypticism in the Western Tradition (Variorum Collected Studies, Aldershot 1994) XI. Joachim zitiert Bernhards Schrift *De consideratione* explizit im *Psalterium decem chordarum*, lib. I, fol. 232rb.

[42] Die Ansicht Axel Mehlmanns, der Joachim hier ganz an die Seite Bernhards stellt, kann bei genauerem Betrachten nicht unwidersprochen bleiben. Dies tut der positiven Einschätzung, ja Verehrung Joachims für Bernhard keinen Abbruch. Die Grundhaltung des liebenden, anbetenden Versenkens in Gott, das einem selbstgenügsamen und dabei schädlichen Wissensstreben vorzuziehen sei, ist beiden gemeinsam. Die an vielen Stellen vor allem im *Psalterium decem chordarum* an Bernhard erinnernde Sprache Joachims ist ein Zeuge dieser Haltung. Doch die empörte Verachtung, der beißende Spott Bernhards gegenüber der scholastischen Methode, daß er es für besser hielt, Holz und Steine predigen zu hören, statt sich über Lehrmeinungen auszutauschen, und geradezu behauptete, daß jede Lehrmeinung auf bloßer Beliebigkeit der sie Vertretenden beruhe, und die Diskussion darüber müßiges Herumspielen und törichter Allwissenheitsanspruch sei, der die Würde der Gottheit verletze (vgl. Peter SCHULTHESS, Ruedi IMBACH, Die Philosophie im lateinischen

An zwei Stellen in seinem Werk beschreibt Joachim solche in der Meditation und Versenkung in Gebet und Psalmodie erlebten Erfahrungen, bei denen sich ihm vorher vergeblich erstrebte Erkenntnisse in vollster Klarheit darboten. Es handelt sich um Schlüsselstellen in Joachims Werk.[43] In der Tat scheinen sie persönliche spirituelle Erfahrungen Joachims wiederzuspiegeln. Unklar ist jedoch nicht nur das Ausmaß literarischer Umgestaltung und stilisierender Überformung, denen die Visionsberichte bis zur vorliegenden Form unterlagen, sondern auch die Reihenfolge beider Visionen, ja sogar ihre Authentizität ist umstritten.[44]

Neben mehreren Elementen dieser Visionsberichte, bei denen es sich um Topoi eines bestimmten literarischen Genus ebenso wie um authentische Elemente der Erinnerung Joachims handeln könnte (wie die Erwähnung der mühsamen und ablenkenden Tagesgeschäfte), ist auch ein für Joachim sehr charakteristisches Merkmal auffällig, das in beiden Berichten zutage tritt, nämlich die stark bildhafte Darstellung des Geschauten und die Verknüpfung biblischer Texte mit geometrisch-figürlicher Formensprache.[45]

Mittelalter, Zürich 1996, S. 140–144, dort auch Quellen) – dies alles sind Züge, die mit Joachim unvereinbar sind. Die Methode Joachims, der so sorgsam abwog, Glaubensinhalte und bloße Meinungen unterscheidet, erstere erwägt und letztere durchaus auch kontrovers diskutiert, ist davon doch sehr verschieden. Die anscheinend noch nie zuvor festgestellte Ähnlichkeit der Haltung Joachims mit der Gregors I. beabsichtige ich andernorts näher zu untersuchen.

[43] *Psalterium decem chordarum*, *Prologus*, fol. 227rb–va (vgl. S. 18, Anm. 35), *Expositio*, pars I, fol. 39rb–va (vgl. S. 18, Anm. 34).

[44] Zur Diskussion um die zeitliche Abfolge und die Datierung der beiden Visionserlebnisse und ihres literarischen Niederschlags vgl. Gian Luca POTESTÀ, „Intelligentia scripturarum" und Kritik des Prophetismus bei Joachim von Fiore, in: Robert E. LERNER (Hg.), Neue Richtungen in der hoch- und spätmittelalterlichen Bibelexegese (Schriften des historischen Kollegs, Kolloquien 32, München 1996) S. 101 und ebd. Anm. 23f., vgl. zuletzt Kurt-Victor SELGE, Trinität, Millennium, Apokalypse im Denken Joachims von Fiore, S. 60, und ders., Die Stellung Joachims von Fiore in seiner Zeit, S. 499–501.

[45] Zweifellos wichtig ist, was Gian Luca POTESTÀ, „Intelligentia scripturarum" und Kritik des Prophetismus bei Joachim von Fiore, S. 101f., den „literarischen Aspekt" der Visionsberichte nennt, nämlich den Schritt vom persönlichen Erlebnis zum Endprodukt einer literarischen Tätigkeit nicht außer Augen zu lassen. Hierbei müßte dann auch der vollkommen andere Authentizitätsbegriff des Mittelalters thematisiert werden, was umso schwieriger ist, als das literarische Genre der Exegese solche Fragestellungen in der Regel nicht evoziert. Jedoch scheint es fragwürdig, ob man nur mit dem Hinweis auf den literarischen Aspekt der Visionserzählungen die Frage der Datierung und Reihenfolge der Visionserlebnisse so gänzlich außer Acht lassen kann. Joachim ist gewiß nicht „mit dem hundertjährigen Kalender in der Hand" zu verstehen (ebd. S. 102). Doch gerade in Anbetracht seiner imaginativen Denk-

In der hier fraglichen Visionserzählung beschreibt sich Joachim als Exeget der Apokalypse in einer aporetischen Situation. Die augenscheinliche Unmöglichkeit des Unterfangens, das gesiegelte Buch verstehen und erklären zu wollen, versperrte ihm den Zugang zu dessen Verständnis, so wie der Stein den Jüngern den Zugang zum Grab des Gekreuzigten versperrte. In der Osternacht jedoch wird Joachim gleichsam Zeuge der Auferstehung. Der Stein vor dem Grab behindert ihn nun nicht mehr, das vorher gesiegelte Buch offenbart sich ihm in all seiner Fülle, und nach einiger Zeit versteht er endlich die Zusammenhänge zwischen dem Auferstehungssonntag, dem Kommen des Geistes und dem gesiegelten Buch des Alten und Neuen Testaments, das der Sohn in seiner Heilstat eröffnete:[46] Die für Joachim konstituiven Elemente seiner Apokalypsenexegese, seiner Konkordanztheorie und seines Verständnisses der Rolle der Trinität und ihrer Personen in der Geschichte sind damit vollzählig, die Verbindung zwischen ihnen, ihr Zusammenspiel in der Komposition der Heilsgeschichte nun klar.[47] Am Sonntag der Auferstehung wurde der Stein vor dem Grab entfernt, der Joachim den Zugang zum Verständnis dieser Zusammenhänge verstellt hatte.

---

weise ist die Aufeinanderfolge der Offenbarungserlebnisse, gleich ob postuliert oder authentisch, jedenfalls nicht ohne Aussagekraft für seine Struktur der Heilsgeschichte.

[46] *Expositio*, pars I, fol. 39va: Cum vero post aliquantulum temporis, oportunitate percepta, parum id quod notaveram relegissem, perveni ad locum istum in quo et dicitur: Fui in spiritu in dominica die (vgl. Offb. 1,10), et tunc primo intellexi quid sibi vellet in misteriis id quod ait Iohannes: Fui in spiritu in dominica die, conferens mecum vel ea ipsa que acciderant vel ea que de ipso die scripta fore noscuntur, et quod inde inceperit spiritus excitatus a littera, et multa huic similia, que in hoc loco perstringere longum est. Hec est ergo dies quam fecit Dominus; exultemus et letemur in ea (vgl. Ps. 117,24), hec dies, in qua Christus resurrexit a mortuis, sublato magno illo lapide ab ostio monumenti (vgl. Mk. 16,3, Lk. 24,2, Joh. 20,1), hec dies, in qua aperuit discipulis suis sensum, ut intelligerent scripturas (vgl. Lk. 24,45). Der Zusammenhang zwischen der Auferstehung und der für den Abend desselben Tages bezeugten Emmauserzählung wird hier für Joachim von herausragender Bedeutung.

[47] Auf die Relevanz dieser heilsgeschichtlichen Perspektive verweist auch Axel MEHLMANN, *Confessio trinitatis*, S. 106: „Die heilsgeschichtliche Offenbarung ist für Joachim die grundlegende theologische Kategorie". Mit dem oft wiederholten Zitat 2. Kor. 3,6 *Littera enim occidit, spiritus autem vivificat* (nach Marjorie Reeves 36mal, tatsächlich sogar noch öfter) wird die existentielle Bedeutung deutlich, die die „trinitätstheologische Hermeneutik" (Axel MEHLMANN) Joachims über die intellektuelle hinaus hat. Dieser grundlegende Zug seines erkenntnisleitenden Interesses, der für Joachim so kennzeichnend ist und dessen Implikationen ihn und seine Zeit vielleicht mehr als jede andere Eigenheit mittelalterlicher Mentalität von der heutigen Denkweise trennt, ist (anders als bei der Betrachtung der Theologen seit der Reformation) noch kaum je in den Vordergrund des Interesses getreten.

Man mag versucht sein zu argumentieren, daß die Pfingstvision
entsprechend der gewöhnlichen Reihenfolge der drei göttlichen Personen doch nach derjenigen zu Ostern zu kommen habe, wie ja
auch die Offenbarung des kommenden Geistzeitalters die frühere
Offenbarung des Sohnes überbiete. Doch es entspricht nicht der
Vorstellungswelt Joachims, die trinitarischen Personen derart linear
und eindimensional zu denken. Sein Verständnis der sich allmählich
in der Geschichte offenbarenden Trinität entspringt und entspricht
seiner Vorstellung vom Lauf der Heilsgeschichte in den Dimensionen
von Zeit und Raum, an dem entlang Joachims Theologie Gestalt
gewinnt. Doch erst die Elemente der Ostervision schaffen über die
staunende Anschauung des dreieinigen Gottes hinaus eine wechselseitige Beziehung Gottes zum Menschen, seiner Welt und Geschichte,
die Joachim nun in der geschichtsmächtigen Heilstat des liebenden
Schöpfergottes erkennt. Als Geschichtstheologie wird Joachims Trinitätstheologie existentiell. Sie kann sich daher nur dem sehnsuchtsvoll liebenden Begreifen des Beters, nicht aber dem Erkenntnisstreben des
potentiell unbeteiligten Gelehrten eröffnen. Die Pfingstvision als Basis,
läßt die Ostervision deren Erkenntnisgehalt doch weit hinter sich.

Die ihm wohlvertrauten Methoden der exegetischen Tradition
gaben Joachim ein Werkzeug zur Hand, mittels dessen er, unter
Zuhilfenahme seiner Konkordienlehre und auf der Grundlage seines
Verständnisses der Personen der Trinität und ihrer geschichtsmächtigen Wirksamkeit, die Geschichte Gottes mit seinem Volk von seinem Anbeginn an bis zum Ende der Zeiten, ja sogar darüber hinaus,
an den Bildern der Apokalypse und besonders am Motiv der sieben
Siegel darstellen konnte. Indem er die sieben Siegel vor dem Auge
des Lesers löst, öffnet Joachim das gesiegelte Buch der Vergangenheit,
Gegenwart und Zukunft für die bedrängte Christenheit, als Hoffnung
für die zwischen allen Polen nach Orientierung suchende Kirche.

Wichtiger Bestandteil dieser Untersuchung ist auf diesem Hintergrund auch die Frage nach den Vorbildern Joachims in seiner
Darstellung der Siegel. Von allen Exegeten, die vor ihm die Apokalypse
kommentiert haben, kannte Joachim nicht wenige. Wie wird von diesen das gesiegelte Buch gedeutet, in welchen Punkten unterscheidet
sich Joachim von ihnen, wann könnte er von anderen abhängig sein,
und worin liegt das Besondere, Eigene seiner Darstellung? Die Frage
nach Joachims Quellen und seiner Bildung ist eine vieldiskutierte,
die gerade in letzter Zeit immer wieder in den Blick kommt, nachdem
die oft wiederholte Vermutung, daß Joachim lediglich Grundkennt-

nisse der exegetischen Methoden besessen und einige Standardliteratur gekannt habe, allmählich seltener erklingt.[48] Sie kann nur dann angemessen diskutiert werden, wenn zuvor Aussagen, Motive und Gedankengänge seiner Werke detailliert betrachtet und mit anderen Aussagen zum Thema verglichen werden. Der Text von *De septem sigillis* bietet dazu reichlich Gelegenheit.

Im folgenden sollen die einzelnen Siegel und ihre Eröffnungen dargestellt werden, ihr Inhalt und ihre Aussage sollen erläutert und mit Parallelstellen innerhalb Joachims Werk in Beziehung gesetzt werden. Damit soll nicht nur das Verständnis der im einzelnen oft schwierig zu verstehenden Siegel und *apertiones* erleichtert werden, sondern auch Gemeinsamkeiten und Unterschiede und damit Entwicklungen im Werk Joachims aufgezeigt werden. Zu Anfang eines jeden Absatzes erfolgt eine Paraphrase des lateinischen Textes der Siegel und Eröffnungen, die mit ihren Gegenständen bekannt macht. Darauf wird die Beschreibung der in den Siegeln geschilderten Ereignisse untersucht, und ihre Implikationen werden erläutert. Im Hinblick auf das Konzept, das *De septem sigillis* zugrunde liegt, und die dafür relevanten Geschichts- und Endzeitdarstellungen, aber auch viele einzelne in den Siegeln begegnende Figuren und Motive muß gefragt werden: Welche Parallelen oder Vorbilder gibt es? Auf welchem Modell der Geschichte beruht Joachims Darstellung, welche anderen hat er gekannt oder als Vorbilder benutzt? Dasselbe gilt für die Verwendung signifikanter Motive oder die Rolle wichtiger Gestalten: Wie werden sie von Joachim dargestellt, und welches sind seine Vorbilder? Nur wenn dieser Vergleich erfolgt, wenn also bekannt ist, welche Elemente seiner Darstellung der exegetischen Tradition entstammen und wie Joachim sie verwendet, läßt sich seine Interpretation der Siegel zwischen Kontinuität und Wagnis angemessen verstehen. Wenn, wie hier, die in den Siegeln dargestellte „Vergangenheit als rückwärtsgewandte Prophetie" verstanden wird,[49] dann gewinnt jede Interpretation dieser Vergangenheit eine neue, zukunftsrelevante

---

[48] Zuletzt spricht etwa noch Bernard McGinn, *Ratio* and *Visio*: Reflections on Joachim of Fiore's Place in Twelfth-Century Theology, S. 29 von Joachim als einem „outsider" des exegetischen Treibens und von „those rare cases when Joachim takes an interpretation from a previous authority". Joachims geringe Bildung sei autodidaktisch erworben worden, basierend auf den wenigen Büchern einer armen und abgelegenen Abtei (vgl. ebd.), und umfaßte lediglich „basic literacy and scribal training, but probably not much more", ebd. S. 28.

[49] Karl Löwith, Weltgeschichte und Heilsgeschehen, S. 15.

Bedeutung. Beispiele dafür, wie sie in dieser Vielfalt noch nie gezeigt wurden, muß eine gründliche Untersuchung von *De septem sigillis* geradezu notwendigerweise liefern. Sie kann damit nicht nur zur Erhellung dieses einen Textes beitragen, sondern auch für die Untersuchung der Quellen Joachims (nach seinem Bildungsweg forschen zu wollen, scheint in diesem Zusammenhang freilich allzu kühn) grundlegendes Material zur Verfügung stellen.

Leider gibt es zur Frage nach Joachims möglichen Vorbildern keine einfachen Antworten. Daß für eine Aussage Joachims kein Vorbild existiert, läßt sich ebensowenig beweisen wie die Vermutung, daß eine bestimmte Quelle von ihm benutzt wurde. In manchen Fällen kann jedoch gezeigt werden, daß sich in der exegetischen Literatur, soweit sie für diese Untersuchung herangezogen werden konnte, kein Vorbild für ein bestimmtes Motiv findet, oder aber daß Beispiele vorhanden sind, die aufgrund deutlicher Parallelen Joachim höchstwahrscheinlich als Vorbild dienten. Neben der Vorstellung vom Seher und Geschichtsphilosophen Joachim ist der gelehrte Exeget und Theologe allzusehr in den Hintergrund getreten. Es ist an der Zeit, Joachims Leistungen auf diesem Gebiet ins rechte Licht zu rükken oder vielmehr erst ans Licht zu bringen, damit ihm auch hier die Würdigung widerfährt, die ihm zukommt, und das Bild seiner Person und seines Werkes weiter vervollkommnet werden kann.

Einige herausragende (Zeit-)Punkte dieser Gesamtschau der Geschichte des Gottesvolks ziehen dabei besonderes Interesse auf sich. Einer dieser Fixpunkte ist das Ende dieser Geschichte. Wie wird es dargestellt, was muß die Kirche fürchten, was darf sie hoffen? Und worauf gründet sich die Furcht oder Hoffnung, von der Joachim kündet? Diese Überlegung führt zu einer weiteren Fragestellung, die bei einer Zukunftsprognose, die *De septem sigillis* ja in Teilen ist, nicht ausbleiben kann. Mit welcher Autorität spricht der Seher, wodurch legitimiert er sich, und mit welchem Selbstverständnis tritt er auf?[50]

Als Joachims ureigenste Botschaft gilt das von ihm verkündete kommende Geistzeitalter, das auf die Zeit des Vaters und des Sohnes folgen und eine neue Ära bedeuten wird. Findet sich dieser Gedanke

---

[50] Zu Joachims Legitimation, seinem Selbstverständnis als Exeget und dem Verhältnis zu seinen biblischen Quellen vgl. Kurt-Victor SELGE, Eine Einführung Joachims in die Johannesapokalypse, S. 92f., Gian Luca POTESTÀ, „Intelligentia scripturarum" und Kritik des Prophetismus bei Joachim von Fiore, S. 108f., 117–119.

in *De septem sigillis*, worauf gründet er sich dabei, und wie stellt sich dieses Zeitalter in der Geschichte des Gottesvolkes dar?

Um zwei weitere Punkte kreist das Interesse an *De septem sigillis*. Wie werden die Personen der Trinität darin abgebildet? Das von Joachim oft verwendete Motiv der Siegel und ihrer Eröffnungen,[51] an denen entlang er den Lauf der Heilsgeschichte (immer in enger, manchmal auch kontroverser Beziehung zu traditionellen Einteilungen der Weltzeitalter) nachvollzieht, ist ein zweisträngiges Schema, das linear verläuft und keinen Anhaltspunkt für die Existenz eines Dreiermotivs darin bietet.

Außer der Einteilung der Geschichte des Volkes Israel und der Kirche in den Siegeln und ihren Eröffnungen ist dabei die traditionelle Zeiteinteilung in acht Weltalter zu beachten. Sie geht auf platonische Ursprünge zurück und wurde, durch Augustinus rezipiert, zur Grundlage mittelalterlicher Geschichtsanschauung. Sie bezieht sich auf die sieben Tage der Schöpfungswoche, denen die sieben Tage der Weltenwoche entsprechen.[52] Der sechste Tag steht für die Gegenwart der Kirche seit Christus, der siebte in Entsprechung zur Ruhe Gottes nach der Schöpfung für die Sabbatruhe der Menschheit. Mit ihm beginnt der achte Tag der Ewigkeit. Die Grenzpunkte der sieben *aetates* sind Adam, Noah, Abraham, David, die babylonische Gefangenschaft, Christus und das Weltende. Innerhalb dieses Schemas

---

[51] Den Weg beider Völker in den Siegeln und ihren Eröffnungen „which seems to march so continuously down the avenues of his mind" erkannte Marjorie REEVES als ein Thema, das Joachim von den Anfängen seiner Entwicklung über deren verschiedene Stadien hinweg begleitet und sich mit ihnen wandelt, vgl. dies., The seven seals, S. 215f., bes. S. 231.

[52] Zur Weltalterlehre im Mittelalter vgl. Roderich SCHMIDT, Aetates mundi. Die Weltalter als Gliederungsprinzip der Geschichte, Zeitschrift für Kirchengeschichte 67 (1955/56) S. 289–317, bes. S. 288–298, zum Verhältnis christlicher Zeiteinteilungen zu ihren Grundlagen vgl. Bodo GATZ, Weltalter, goldene Zeit und sinnverwandte Vorstellungen (Hildesheim 1967) bes. S. 111–113, und Joseph RATZINGER, Herkunft und Sinn der Civitas-Lehre Augustins. Begegnung und Auseinandersetzung mit Wilhelm Kamlah, in: Walter LAMMERS (Hg.), Geschichtsdenken und Geschichtsbild im Mittelalter. Ausgewählte Aufsätze und Arbeiten aus den Jahren 1033 bis 1959 (Wege der Forschung 21, Darmstadt 1961) S. 55–75, zuerst in: Institut des Études Augustiniennes, „Augustinus Magister". Congrès International Augustinien, Paris, 21–24 Septembre 1954, 2 (Paris 1954) S. 965–979, zur späteren Geschichte der Weltalterlehre vgl. ders., Die Geschichtstheologie des heiligen Bonaventura (München 1959). Zu Augustinus vgl. außerdem Alois WACHTEL, Beiträge zur Geschichtstheologie des Aurelius Augustinus (Bonner historische Forschungen 17, Bonn 1960) bes. S. 48–78, und Kurt FLASCH, Augustin. Einführung in sein Denken (Stuttgart ¹1980, ²1994) S. 368–384, zu Quellen und Literatur zur Zeiteinteilung des Augustinus vgl. S. 206, Anm. 42.

spielen sich die in den ersten sechs Eröffnungen der Siegel geschilderten Ereignisse sämtlich in derselben *aetas*, nämlich der sechsten, statt, während die siebte Eröffnung mit der siebten *aetas* zusammenfällt, eine von Joachim auch zur weiteren Interpretation verwendete Koinzidenz.[53]

Falls nicht etwa angenommen wird, daß es sich bei *De septem sigillis* um ein sehr frühes Werk Joachims, entstanden vor dem „Durchbruch" zur trinitarischen Geschichtsschau,[54] oder gar um eine pseudonyme Schrift handelt,[55] so wirft dieser Befund Fragen auf, deren Beantwortung von weitreichender Konsequenz für die Beurteilung Joachims von Fiore sein könnte. Ist etwa die Trinität weniger konstituiv für Joachims Geschichtstheologie, als gemeinhin angenommen wird, oder liegt die Antwort tiefer? Wie viele Dimensionen hat die Schrift? Der Verfasser von *De septem sigillis*, der mehr in Bildern als in Worten denkt und darum seine Vorstellungen nicht einsträngiglinear fortentwickelt, sondern graphisch komponiert, dabei alle Dimensionen für sich erobernd, bietet eine verblüffende Antwort.

Ein wichtiger Aspekt der Rolle der Trinität ist die Frage nach der Bedeutung des Christusereignisses für die Heilsgeschichte in der Sicht Joachims von Fiore. In der Tat erscheint seine Christologie bis heute als problematisch für die Beurteilung der Lehre Joachims.[56] Welchen Einfluß hat die zu erwartende *intelligentia spiritalis*, das Kennzeichen des dritten *status*, auf die Rolle Christi und die Bedeutung seiner Erlösertat? Muß nicht befürchtet werden, daß sie damit in der Zukunft als überholt gelten müsse? Eine eingehende Untersuchung der Christologie Joachims soll und kann hier nicht erfolgen, doch einige Punkte können erhellt werden.

Gleiches, vielleicht mehr, kann für das Bild des joachimischen Antichristen geschehen. Anders als Joachims Christusbild taucht dieser

---

[53] Vgl. S. 219.

[54] Daß es sich bei *De septem sigillis* um ein frühes, keine Spuren trinitätstheologischer Geschichtskonzeption aufweisendes Werk handle, behauptet noch jüngst Bernard McGinn, wobei er sich irrtümlich auf Marjorie Reeves stützte, vgl. S. 57, Anm. 76.

[55] Vgl. S. 259–261.

[56] Giovanni Di Napoli, Gioacchino da Fiore: Teologia e cristologia, Aquinas 23 (1980) S. 1–51 bedarf in vielen Punkten der Ergänzung. Marjorie Reeves, Joachimist Christology and Progressive Revelation, in: Gioacchino da Fiore tra Bernardo di Clairvaux e Innocenzo III. Atti del 5° Congresso internazionale di studi gioachimiti. S. Giovanni in Fiore, 16–21 settembre 1999, a cura di Roberto Rusconi (Opere di Gioacchino da Fiore: testi e strumenti 13, Rom 2001) S. 317f. bietet einige grundlegende textbezogene, konzise und erhellende Aussagen zum Thema.

Begriff im Zusammenhang mit Joachims Theologie wie auch innerhalb seiner Werke und Lebensbeschreibungen nicht selten auf.[57] Ist
Joachim daher ein Vertreter einer eher unheilvollen Zukunftserwartung?
Für das Mittelalter war es nichts Ungewöhnliches, sich mit dem
Antichristen und seinem zukünftigen Auftreten zu beschäftigen. Was
läßt sich aus Joachims Behandlung dieses Themas, im Vergleich mit
der seiner Vorgänger, schließen? Eine Untersuchung seines Bildes
vom Antichristen darf deshalb nicht fehlen.

Eines der Stichworte, mit denen Joachim immer wieder in Verbindung gebracht wird, ist Chiliasmus. Chiliasmus bedeutet die
Erwartung eines tausendjährigen Friedensreichs am Ende, jedoch
noch innerhalb irdischer Zeitrechnung, eine Vorstellung, die seit der
Antike immer wieder Anhänger fand.[58] Läßt sich eine solche Erwartung
in Joachims Werk – und besonders in *De septem sigillis* – konkret
benennen, in welchem Verhältnis steht Joachim zu ihr und ihren
Anhängern?

Joachim war nicht nur weltabgewandter Mönch und Einsiedler,
sondern unterhielt teilweise nicht unbedeutende Beziehungen zu den
Mächtigen seiner Zeit. Der päpstlichen Kurie war er kein Unbekannter.[59] Auch mit dem staufischen Kaiserpaar Heinrich VI. und

---

[57] Zu dieser Fragestellung, die noch Herbert GRUNDMANN für vernachlässigbar
hielt, vgl. ders., Studien über Joachim von Fiore, S. 8f., vgl. Raoul MANSELLI, Il
problema del doppio Anticristo in Gioacchino da Fiore, in: Karl HAUCK, Hubert
MORDEK (Hg.), Geschichtsschreibung und geistliches Leben im Mittelalter. Festschrift
für Heinz Löwe (Köln – Wien 1978) S. 427–449, Robert E. LERNER, Antichrists
and Antichrist in Joachim of Fiore, Speculum 60 (1985) S. 553–570.
[58] Zum Thema vgl. Christoph Ulrich HAHN, Geschichte der Ketzer im Mittelalter
3 (Stuttgart 1850, Nachdruck Stuttgart 1968), Ernst SACKUR, Sibyllinische Texte
und Forschungen (Halle 1898, Nachdruck Torino 1963), Norman COHN, Das Ringen
um das Tausendjährige Reich, Robert E. LERNER, Joachim of Fiore's Breakthrough
to Chiliasm, Cristianesimo nella storia 6 (1985) S. 489–512, Bernard McGINN,
Apocalypticism in the Middle Ages: A Historiographical Sketch, Medieval Studies
37 (1975) S. 252–286, ders., Apocalyptic Spirituality (New York – Toronto 1979),
ders., Visions of the End, und ders., Awaiting an End. Research in Medieval
Apocalyticism 1974–1981, Medievalia et Humanistica New Series 11 (1982) S. 263–
289. Die Auseinandersetzung mit dieser Vorstellung durchzieht das ganze 20. Buch
in Augustinus. *De civitate Dei*, SL 48, S. 699–758, PL 41, Sp. 659–708, während
Hieronymus den Gedanken eines tausendjährigen Friedensreiches unter Christen
kategorisch und immer wieder als judaisierend verwirft, damit, so ders., *Commentaria
in Danielem* lib. II, cap. 7, SL 75A, S. 848, Z. 713f., PL 25, Sp. 534, cessat ergo
mille annorum fabula.
[59] Zu Joachims Begegnungen mit Lucius III., Urban III., Clemens III. und
Coelestin III. vgl. Herbert GRUNDMANN, Zur Biographie Joachims von Fiore und
Rainers von Ponza, zur Begegnung mit Lucius III. vgl. Matthias KAUP, *De prophetia ignota*, zum Verhältnis Innocenz' III. und seiner Vorgänger zu Joachim vgl.

Konstanze und dem sizilischen König Tankred von Lecce stand er in Verbindung,[60] traf auch den englischen König Richard Löwenherz.[61] Hat sich diese Vertrautheit mit dem politischen Weltgeschehen in seinem Werk niedergeschlagen? Falls ja, wie beurteilt Joachim Papst und Fürsten? Trägt *De septem sigillis* zu diesem Urteil etwas bei?[62]

Um zu einer abschließenden Betrachtung von *De septem sigillis* im Rahmen des Gesamtwerks Joachims von Fiore zu kommen, müssen diese und weitere Fragen, immer im Dialog mit den übrigen Schriften des Abtes und seinen möglichen literarischen Vorbildern, sorgfältig beantwortet werden. Ob sein Bild der Zukunft, wie immer wieder überlegt wurde,[63] optimistisch oder pessimistisch ist (Kategorien, die dem Abt aus dem Silagebirge im 12. Jahrhundert vermutlich eher

---

Christoph EGGER, Papst Innocenz als Theologe. Beiträge zur Kenntnis seines Denkens im Rahmen der Frühscholastik, Archivum Historiae Pontificiae 30 (1992) S. 55–123, ders., Joachim von Fiore, Rainer von Ponza und die römische Kurie, in: Gioacchino da Fiore tra Bernardo di Clairvaux e Innocenzo III. Atti del 5° Congresso internazionale di studi gioachimiti. S. Giovanni in Fiore, 16–21 settembre 1999, a cura di Roberto RUSCONI (Opere di Gioacchino da Fiore: testi e strumenti 13, Rom 2001) S. 129–162.

[60] Zu Joachims Beziehung zu Heinrich VI. und Konstanze vgl. Peter CSENDES, Heinrich VI., S. 102, 150–151, 188, 219, dort auch Quellen, zu Tankred vgl. Herbert GRUNDMANN, Zur Biographie Joachims von Fiore und Rainers von Ponza, S. 314f. bzw. S. 498f. Tankred von Lecce (um 1138–1194), illegitimer Sohn Herzog Rogers von Apulien und Enkel König Rogers II. von Sizilien, wurde nach dem Tod seines Onkels Wilhelm II. 1190 zum König von Sizilien gekrönt, unterlag jedoch im Kampf um die Durchsetzung seiner Herrschaft schließlich dem Staufer Heinrich VI., der den Thron Siziliens für seine Gattin Konstanze beanspruchte. Konstanze war nicht nur Tochter König Rogers II. und Tante des verstorbenen Wilhelm II. und damit die letzte legitime Angehörige des Herrscherhauses der Hauteville, sondern auch designierte Nachfolgerin des Königs. Nach Tankreds Tod und der Krönung Heinrichs zum König von Sizilien 1194 entledigte sich Heinrich rasch der noch übrigen normannischen Verwandten seiner Gemahlin. Vgl. Wolfgang STÜRNER, Friedrich II., Teil 1: Die Königsherrschaft in Sizilien und Deutschland 1194–1220 (Darmstadt 1992) S. 34, Christoph REISINGER, Tankred von Lecce (Kölner historische Abhandlungen 38, Köln – Weimar – Wien 1992), Hubert HOUBEN, Roger II. von Sizilien: Herrscher zwischen Orient und Okzident (Darmstadt 1997) S. 93, 175–178.

[61] Die Begegnung mit Richard I. von England wird berichtet bei Roger of Howden, *Chronica*, ed. W. STUBBS, Rolls Series 51/3, S. 75–79, *Gesta Regis Ricardi*, ed. W. STUBBS, Rolls Series 49/2, S. 151–155, und Radulph of Coggeshall, *Chronicon Anglicanum*, ed. J. STEVENSON, Rolls Series 66, S. 67–71, vgl. John GILLINGHAM, Richard I, S. 138f.

[62] Vgl. dazu besonders S. 130f. und S. 138–155.

[63] Vor allem in der englischsprachigen Literatur ist dies ein oft wiederholtes Motiv der Untersuchungen zu Joachims Endzeitvorstellungen, so auch bei Marjorie REEVES, The seven seals, S. 223–225, Morton W. BLOOMFIELD, Harold LEE, The Pierpont-Morgan Manuscript of „De Septem Sigillis", S. 137–139.

fern gelegen hätten), bedrohlich oder hoffnungsfroh, soll dabei ebenso deutlich werden wie Joachims Beurteilung seiner eigenen Gegenwart, aber auch die Quellen und Vorbilder, deren er sich bedient, und die Entwicklung, der dieses Bild unterliegt.

Eine der Aufgaben dieser Untersuchung ist die Einordnung von *De septem sigillis* in das Werk Joachims von Fiore. Eine Datierung der Schrift – soweit möglich – sowie die Klärung ihres Verhältnisses zu den anderen Schriften Joachims soll dabei angestrebt werden. Es ist bekannt,[64] daß die umfangreicheren Schriften Joachims ebenso wie sein literarisches Schaffen in seiner Gesamtheit keinesfalls einem monolithischen Block gleichen, dessen Aussagen statisch und unverrückbar sind, sondern daß Joachim mit diesen wie auch anderen seiner Werke über Jahre oder sogar Jahrzehnte hinweg – nicht immer kontinuierlich, sondern durchaus auch mit kürzeren oder längeren Unterbrechungen – beschäftigt war, sie teilweise bis zu seinem Tode immer wieder umschrieb, überarbeitete oder über weite Stecken hinweg neu gestaltete, in Einzelfällen auch angefangene Schriften unvollendet ließ, wenn ihre Fertigstellung ihm nicht mehr nötig schien. Über diese Prozesse sind wir unterrichtet durch Hinweise und Querverweise innerhalb seiner Werke, durch Vergleiche verschiedener, jedoch gleich authentischer Fassungen seiner Texte, durch die 1188 ergangene Aufforderung Papst Clemens' III., *Concordia* und *Expositio* nun endlich abzuschließen und vorzulegen,[65] und nicht zuletzt durch das „Testament" Joachims, in dem er seine Werke der römischen Kurie vorzulegen anordnet.[66]

Das Bewußtsein dieses Umstands kann nicht ohne Konsequenzen für die Methodik und die Ziele eines Vergleichs zwischen *De septem sigillis* und anderen Werken Joachims bleiben. Die Schrift, der die

[64] Zum Entstehungsprozeß der Werke Joachims vgl. Kurt-Victor SELGE, L'origine delle opere di Gioacchino da Fiore, in: Ovidio CAPITANI, Jürgen MIETHKE (Hg.), L'attesa della fine dei tempi nel medioevo (Annali dell'Istituto Storico Italo-Germanico in Trento, Quaderno 28, Trient 1990) S. 87–130, ders., Redaktionsprozesse im Skriptorium Joachims von Fiore: Das *Psalterium Decem Chordarum*, in: Stuart JENKS, Jürgen SARNOWSKY, Marie-Luise LAUDAGE (Hg.), Vera Lex Historiae. Studien zu mittelalterlichen Quellen. Festschrift für Dietrich Kurze (Köln – Wien – Weimar 1993) S. 223–245.

[65] Auf den Brief des Papstes verweist Joachim am Anfang der *Concordia*, fol. 1ra. Er ist abgedruckt zu Beginn der Venetianer Editionen von *Concordia* und *Expositio*, ediert zusammen mit der *Concordia* von E. Randolph DANIEL, S. 3.

[66] Das „Testament" Joachims ist am Anfang der Venetianer *Concordia* vor dieser abgedruckt (ebenso am Anfang der Venetianer *Expositio*) und wie der Papstbrief zusammen mit der *Concordia* von E. Randolph DANIEL ediert, ebd. S. 4–6.

folgende Untersuchung gilt, ist nicht im Vergleich mit einem einzigen Text oder wenigen anderen, zu einem bestimmten Zeitpunkt
entstandenen Werken zu beurteilen, sondern muß in Beziehung gesetzt
werden zu einem ganzen, in einem jahrzehntelangen Prozeß entstandenen System, das an Komplexität seiner Zusammensetzung kaum
zu überbieten ist und dessen Bestandteile in einem noch weitgehend
ungeklärten Verhältnis zueinander stehen.

Es wäre zu kurz gegriffen und im Ergebnis unbefriedigend, für
diese Ortsbestimmung lediglich bestimmte, besonders markante Punkte
des Denkens und der Entwicklung Joachim herauszugreifen und Texte
oder Teile von Texten danach zu beurteilen, ob ein bestimmter
Gedanke darin enthalten ist oder nicht, ob sich einzelne Motive dort
ebenfalls – schon, immer noch oder nicht mehr – finden. Aussagen,
die unterschiedlichen Phasen der schriftstellerischen Tätigkeit Joachims entstammen, können sich durchaus ergänzen und aufeinander
bezogen werden. Denn obgleich das Denken Joachims in seiner
Gesamtheit einem Gemälde oder einem plastischen Kunstwerk verglichen werden kann, an dem der Künstler über mehrere Jahrzehnte
hinweg in unterschiedlichen, von mehr oder weniger signifikanten
Marksteinen gekennzeichneten und voneinander abgetrennten Phasen
tätig ist, so ist doch der Urheber in all seinen Wandlungen immer
er selbst, und das Denken des frühen Joachim und seine Werke seit
den siebziger Jahre des 12. Jahrhunderts zeigen durchaus Züge, die
auch in den spätesten seiner Werke noch wiederkehren, und Beobach-
tungen und Erkenntnisse, die damals formuliert wurden, haben auch
zweieinhalb Jahrzehnte später ihre Gültigkeit nicht einfach durch das
Voranschreiten der Jahre verloren. Vielmehr hat Joachim das Gedan-
kengebäude, als dessen Teile seine Trinitäts- oder Geschichtstheologie,
seine Eschatologie, Christologie und Ekklesiologie (Begriffe, die so
als einzelne betrachtet dem 12. Jahrhundert ohnehin vermutlich vollkommen fremd erschienen wären) heute begriffen werden, mit uner-
müdlicher Geduld errichtet und vollendet. Wo es ihm nötig schien,
modifizierte er es oder setzte neue Akzente. Nie aber riß er bis auf
die Grundmauern ein, um für einen Neubau Platz zu schaffen, oder
nahm so radikale Veränderungen daran vor, die alles Frühere negiert
hätten. Nachdem er die Botschaft der Apokalypse und die geschichts-
wirksame Macht der göttlichen Trinität erkannt hatte, unternahm
Joachim das Wagnis, den Lauf der Welt zu ergründen, im Dialog
mit der Schrift und den Vätern, in immer größerem Maß aber auch
im Vertrauen auf die ihm geschenkte *intelligentia* in die verborgenen

Gründe der Schrift, die selbst ebensosehr Werkzeug wie Produkt seines Schaffens wird.

Die Erforschung seines Denkens muß diesen Sachverhalten Rechnung tragen, die einerseits zu Fehlschlüssen führen können, wenn etwa inkohärente Passagen früher oder später Texte Joachims zueinander in Beziehung gesetzt und dadurch zu Schlußfolgerungen gelangt wird, die der Intention Joachims niemals entsprochen haben. Dieselben Sachverhalte bieten jedoch auch faszinierende Möglichkeiten, um Einblicke in die Entwicklung seines Denkens gewinnen zu können, die sich in unterschiedlichen Phasen seines Werkes manifestiert. Die Entwicklung eines Motivs oder eines Gedankens kann so mitunter über eine lange Zeit hinweg beobachtet werden, was zum Verständnis des Verlaufs und der Ergebnisse solcher Entwicklungen, aber auch der Denk- und Arbeitsweise Joachims verhilft. Ist auch die Entstehung von *De septem sigillis* einem solchen Prozeß, wie er für andere Werke Joachims belegt ist, zu verdanken? Zu welchem Zeitpunkt der vielfältigen literarischen Produktion Joachims ist die Entstehung dieser Schrift denkbar? Welchen Zweck erfüllte sie innerhalb seines Schaffens, an welcher literarischen Form orientiert sie sich, welchem Adressatenkreis ist sie gewidmet? Denkbar ist auch, daß auf diese Fragen keine befriedigende Antwort gefunden werden kann, weil literarische Formen im Mittelalter zu fließend sind, um unbedingte Rückschlüsse auf die Bestimmung eines Textes zu erlauben, oder aber auch, weil der Leserkreis Joachims eine zu unbekannte Größe ist, deren Profil allzusehr im Dunkel liegt, um ihr ein bestimmtes Werk zuzuordnen. Es ist immerhin auffallend, daß bei der Mehrzahl der heute bekannten Zeugen *De septem sigillis* vor allem von Texten umgeben ist, die prophetischer Art sind, meist wenig umfangreich und oft in mehreren Fassungen und mit zahllosen, sinnentstellenden Varianten überliefert, und von Teilen des *Liber figurarum*. Für Jeanne Bignami Odier und Oswald Holder-Egger war dies ein Argument gegen die Authentizität von *De septem sigillis*, für Marjorie Reeves Grund zur Annahme, es handle sich um einen Teil oder Anhang des *Liber figurarum*.[67] Doch auch Voll- oder Exzerptfassungen der Hauptwerke Joachims sowie mehrere der kleineren Werke begegnen im Umfeld unseres Textes, so daß aus dem Handschriftenbefund allein keine eindeutigen Aufschlüsse über die Bestimmung von *De*

---

[67] Vgl. S. 259f.

septem sigillis oder seinen möglichen Adressaten- oder Leserkreis zu gewinnen sind.

Um das Werk zeitlich einzuordnen, muß es in Relation zu Parallelen im Werk Joachims gebracht werden. Sind seine Motive und Aussagen, seine Einteilung und die ihr zugrundeliegenden Vorstellungen in anderen Schriften des Abtes in ähnlicher Weise wiederzufinden, und wie verhalten sie sich zu dem dort Dargestellten? Nur so kann festgestellt werden, ob *De septem sigillis* im Verhältnis zu anderen Werken Joachims früher oder später einzuordnen, als Niederschlag einer ersten Überlegung oder als Ergebnis fortgeschrittener Entwicklungen zu verstehen ist. Nach Marjorie Reeves' Ansicht, die es zu überprüfen gilt, ist *De septem sigillis* ein Spätwerk Joachims.[68] Dabei kann auf bereits vorliegende Erkenntnisse über die Entstehungszeit anderer Werke Joachims, ihrer Bestandteile und unterschiedlichen Fassungen zurückgegriffen werden. Da es für *De septem sigillis* keinen *terminus ante quem* außer Joachims Todestag gibt, kann nur eine relative Chronologie das Ergebnis einer zeitlichen Einordnung sein, die inhaltliche Argumente aus dem Vergleich mit anderen Werken zu ihrer Begründung heranzieht. So kann *De septem sigillis* der Platz in Joachims Schaffen angewiesen werden, der ihm gebührt. Entlang der Reihe der Siegel und ihrer Eröffnungen entsteht das Bild der Heilsgeschichte, wie sie sich dank der trinitätstheologischen Hermeneutik des Abtes in den Schriften des Alten und Neuen Testaments und der Kirchengeschichte widerspiegelt, und erlaubt einen Einblick in die Vorstellungswelt Joachims von Fiore, die *De septem sigillis* in so eindrucksvoller Weise bezeugt.

---

[68] Marjorie REEVES, The seven seals, S. 230. Ihr folgt Robert E. LERNER, Antichrists and Antichrist in Joachim of Fiore, S. 567, Anm. 45, wo er *De septem sigillis* „a late work of Joachim's" nennt. Es ist bekannt, daß Joachim in der sogenannten *Praephatio* behauptet, die sieben Siegel *iam dudum in figuras converti* zu haben, ed. SELGE, Eine Einführung Joachims in die Johannesapokalypse, S. 92, Text S. 106, Z. 120f. Die Entstehung der sogenannten *Praephatio* kann zwischen 1188 und 1192 angenommen werden, ebd. S. 97, vgl. ders., L'origine delle opere di Gioacchino da Fiore, S. 124. Es kann mit Sicherheit behauptet werden, daß Joachim sich mit dem Motiv der Siegel und ihrer Eröffnungen bereits vor der Abfassung von *De septem sigillis* befaßte und es verschiedentlich verwendet und interpretiert; daß mit diesem Hinweis jedoch *De septem sigillis* gemeint ist, wird zu Recht nirgends behauptet. Denn bereits in der *Genealogia* (1176) und in *De prophetia ignota* (1184) beschreibt Joachim eine Siebenerreihe von Verfolgungen, vgl. Gian Luca POTESTÀ, Die Genealogia, S. 71f. und 95f., Matthias KAUP, *De prophetia ignota*, S. 31, Text S. 184–86, und auch der zweite Teil des dritten Buches der *Concordia*, fol. 38va–42ra, der sich mit den Siegeln und ihren Eröffnungen befaßt und noch in der Mitte der achtziger Jahre enstand, so Kurt-Victor SELGE, L'origine delle opere di Gioacchino da Fiore, S. 100f., kennt bereits das Modell der Siegel und ihre Eröffnungen.

TEIL I

UNTERSUCHUNG

TRADITIONELLE VORBILDER: DIE SIEBEN SIEGEL IN DER GESCHICHTE DER EXEGESE

a) *Ein Buch mit sieben Siegeln?*

Die sieben Siegel und ihre Eröffnungen sind ein in vielen Werken Joachims begegnendes Motiv.[1] Für Joachim scheint die Eröffnung der Siegel nicht nur Antwort auf die drängenden Fragen der Zeitgenossen nach der Zukunft und dem Ende der Welt zu verheißen.[2] In seiner Exegese der sieben Siegel verschmelzen konstituierende Elemente seiner Vorstellung der universalen Heilsgeschichte des dreieinigen Gottes und seiner Geschöpfe miteinander wie in einem Schnitt- und Brennpunkt.

De septem sigillis enthält in drangvoller Enge eine komprimierte Aufzählung von Namen, Ereignissen und biblischen Referenzen auf knappstem Raum. Außer einer Summe von Joachims Endzeitvorstellungen und vielen Elementen seiner Theologie schildert er darin in knappen Worten nicht weniger als den vollständigen Lauf der Geschichte, mit ihren wichtigsten Charakteren und Ereignissen bis zu ihrem in naher Zukunft bevorstehenden Ende.

Die Fülle der Vergleichsmöglichkeiten, mit denen Joachims Exegese zu vergleichen ist, scheint unüberblickbar, denn die Apokalypse gehörte zu den am häufigsten interpretierten Büchern des alt- und neutestamentlichen Schriftenkanons. Vor allem in Zeiten, in denen die Frage

---

[1] Eine Ausnahme hiervon bilden unter Joachims Werken nur *Dialogi de prescientia Dei et predestinatione electorum, Adversus Iudaeos*, ed. Arsenio FRUGONI (Fonti per la Storia d'Italia 95, Rom 1957), und *Psalterium decem chordarum*. – Teilweise als *bella* oder *persecutiones* begegnen die Siegel und ihre Eröffnungen in der *Genealogia [Epistula subsequentium figurarum]*, *De vita Sancti Benedicti et de officio divino secundum eius doctrinam*, ed. Cipriano BARAUT, Un Tratado inédito de Joaquin de Flore, Analecta Sacra Tarraconensia 24 (1951) S. 42–122, *Concordia novi ac veteris testamenti*, *De prophetia ignota*, *Enchiridion super Apocalypsim*, ed. Edward Kilian BURGER (Pontifical Institute of Medieval Studies. Studies and Texts 78, Toronto 1986), ed. Andrea TAGLIAPETRA, Gioacchino da Fiore sull'Apocalisse (Rom 1994), *Expositio*, *Praephatio super Apocalipsin*, *Tractatus super quattuor evangelia*, *De ultimis tribulationibus*, *Liber Figurarum*, ed. Leone TONDELLI, Marjorie REEVES, Beatrice HIRSCH-REICH, Il Libro delle Figure dell'abbate Gioacchino da Fiore 2 (Torino 1953).

[2] Diesen Aspekt betonte auch Marjorie REEVES, The seven seals, S. 211.

nach der Zukunft besonders dringlich gestellt wurde, galt ihr das
virulente Interesse der Schriftsteller der alten und mittelalterlichen
Kirche.

Das Motiv der sieben Siegel begegnet nicht nur in den Kommentaren zur Apokalypse, sondern auch in vielen anderen Werken
der Theologen vom Anbeginn der Kirche bis zu Joachim. Während
das gesiegelte Buch gewöhnlich als die heilige Schrift selbst interpretiert wird,[3] ihr Inneres und Äußeres die beiden Testamente, und die
Öffnung des Buches in der Heilstat Christi gesehen wird, werden
die Siegel, die das Buch noch verschließen, unterschiedlich gedeutet.

Grundsätzlich gibt es zwei Hauptwege der Interpretation, entweder als Zeitabschnitte der Welt- oder Kirchengeschichte oder als sieben Taten oder Stationen im Leben Christi. Daneben gibt es weitere
Interpretationsvarianten,[4] die jedoch keine langanhaltende Tradition
bildeten und auch bei Joachim nicht begegnen.

Obwohl die Exegese der Siegel nicht von ihrem Kontext losgelöst
zu denken ist, kann auf die wechselvolle Geschichte der Apokalypsenauslegung hier nur hingewiesen werden.[5] Die Untersuchung konzentriert sich hier auf die Geschichte der Exegese der sieben Siegel.

---

[3] Vgl. hierzu S. 17 und ebd. Anm. 31.
[4] So interpretiert Cassiodor, *Complexiones in Apocalypsin*, PL 70, Sp. 1409 die sieben Siegel als *septiformi spiritu*, der das Buch verschlossen hält, Pseudo-Alkuin, *De
septem sigillis*, PL 101, Sp. 1169A, als die sieben Gaben des Geistes, Alkuin, *Commentaria
in Apocalypsin*, PL 100, Sp. 1120BC, als *modi verborum*, Angelomus von Luxeuil,
Enarrationes in libros regum, PL 115, Sp. 245BC, als Schriftsinne. Für Ambrosius
Autpertus, *Expositio in Apocalypsin*, lib. III, cap. 5, CM 27, S. 232, Z. 19–22, Hinkmar
von Reims, *Explanatio in ferculum Salomonis*, PL 125, Sp. 822B, und Richard von St.
Victor, *In Apocalypsim Joannis*, PL 196, Sp. 701A symbolisiert ihre Siebenzahl die
Vollkommenheit der Schrift. Zu Pseudo-Alkuin vgl. E. Ann Matter, The Pseudo-
Alcuinian „De Septem Sigillis": an early latin Apocalypse exegesis, Traditio 36
(1980) S. 11–137. Zu Angelomus vgl. S. 45, Anm. 36. Zu seiner Interpretation der
Schriftsinne vgl. Beryl Smalley, The Study of the Bible in the Middle Ages, S. 41f.
Zu Erzbischof Hinkmar von Reims (†882) vgl. Max Manitius, Geschichte der lateinischen Literatur des Mittelalters 1 (München 1911) S. 339–354, zur *Explanatio in
ferculum Salomonis* S. 353f.
[5] Zur Geschichte der Exegese der Apokalypse vgl. Wilhelm Kamlah, Apokalypse
und Geschichtstheologie, Gerhard Maier, Die Johannesoffenbarung und die Kirche
(Tübingen 1981), Georg Kretschmar, Die Offenbarung des Johannes. Die Geschichte
ihrer Auslegung im 1. Jahrtausend (Calwer Theologische Monographien 9, Stuttgart
1985), Beryl Smalley, The Study of the Bible in the Middle Ages (Oxford ¹1940,
³1983) S. xxi verweist zur Geschichte der Exegese der Apokalypse auf Wilhelm
Kamlah. Zu beachten ist auch Wilhelm Bousset, Die Offenbarung Johannis, Kap. 4:
Die Geschichte der Auslegung der Apokalypse, dort S. 49–81, und Gerald Bonner,
Saint Bede in the tradition of western apocalyptic commentary, in: Gerald Bonner,
Church and Faith in the Patristic tradition (Aldershot 1996) XII, zuerst in: Jarrow
Lectures 1966 (Jarrow 1967) S. 1–29. Vgl. hierzu auch S. 16, Anm. 29.

b) *Die sieben Siegel als Abschnitte der Geschichte*

Schon bei Victorin von Pettau, dem ersten lateinischen Kommentator der Apokalypse,[6] werden die sieben Siegel auf die Historie bezogen, wobei er seine eigene Gegenwart – die diokletianische Verfolgung, die auch ihn im Jahr 303 zum Märtyrer werden ließ[7] – als die Zeit des sechsten Siegels auffaßt, das die *novissima persecutio* enthält.[8] In der griechischsprachigen Tradition nimmt Andreas von Cäsarea in ähnlicher Weise auf das Zeitgeschehen Bezug. Er schrieb im 6. Jahrhundert.[9] Bei ihm ist das sechste Siegel jedoch bereits die Zeit der Verfolgung des Antichristen. Die Auslegung der Siegel als Taten Jesu begegnet bei ihm ebenfalls.

Ähnlich wie Andreas' Kommentar im Osten fand der von Hieronymus bearbeitete Apokalypsenkommentar des Bischofs Victorin im Westen zahlreiche Nachahmer und hat, zusammen mit dem Kommentar des Donatisten Ticonius,[10] die exegetische Tradition der

---

[6] Vgl. zu Person und Werk Victorins Johannes HAUSSLEITER, Die Kommentare des Victorinus, Tichonius und Hieronymus zur Apokalypse, Zeitschrift für kirchliche Wissenschaft und kirchliches Leben 7 (1886) S. 239–257, ders., Beiträge zur Würdigung der Offenbarung des Johannes und ihres ältesten lateinischen Auslegers, Victorinus von Pettau. Rede zum Antritt des Rektorats der Universität Greifswald, in: Festreden der Universität Greifswald (1900), ders., Art. Victorinus, in: Albert HAUCK (Hg.), Realenzyklopädie für protestantische Theologie und Kirche 20 (Leipzig ³1908) S. 614–619, Martine DULAEY, Victorin de Poetovio. Premier exégète latin (Collection des Études Augustiniennes, Série Antiquité 39 und 40, Paris 1993), und Enrico NORELLI, Profezia e politica nella ricezione antica dell'Apocalisse: Ippolito e Vittorio di Petovio, Annali dell'Istituto storico italo-germanico in Trento 25 (1999) S. 315–346, bes. S. 333–343.

[7] Vgl. Martine DULAEY, Victorin de Poetovio, S. 12.

[8] Victorin von Pettau, *Commentarius in Apocalypsim*, Sources Chrétiennes 423, S. 82, Z. 2, CSEL 49, S. 77, Z. 3–5, PL 1, Sp. 135.

[9] Zu Andreas von Cäsarea vgl. Franz DIEKAMP, Das Zeitalter des Erzbischofs Andreas von Caesarea, Historisches Jahrbuch 18 (1897) S. 1–36.

[10] Zum Apokalypsenkommentar des Ticonius vgl. Kenneth B. STEINHAUSER, The Apocalypse Commentary of Tyconius: A History of its Reception and Influence (Frankfurt – Bern – New York 1987), Wilhelm BOUSSET, Die Offenbarung Johannis, S. 56–60, Johannes HAUSSLEITER, Die lateinische Apokalypse der alten Kirche, in: Johannes HAUSSLEITER, Theodor ZAHN (Hg.), Forschungen zur Geschichte des neutestamentlichen Kanons und der altkirchlichen Literatur 4 (Erlangen – Leipzig 1891) S. 1–224, und ders., Die Kommentare des Victorinus, Tichonius und Hieronymus zur Apokalypse. Zu Ticonius vgl. Traugott HAHN, Tichonius-Studien (Leipzig 1900). – Zur Namensform vgl. Johannes HAUSSLEITER, Die lateinische Apokalypse der alten Kirche, S. 12, Anm. 8: „Nur diese Form des Namens (sc. Ticonius), also weder Tichonius noch Tyconius, wie der Name gewöhnlich geschrieben wird, ist handschriftlich beglaubigt." Eine Neuedition des Kommentars ist seit längerem angekündigt, aber noch nicht erschienen.

Apokalypse auf Jahrhunderte hinaus bestimmt. Wie Victorin war auch Ticonius geprägt durch das persönliche Erleben der Verfolgung. Sein einflußreicher Kommmentar, geschrieben um 380,[11] gilt als verloren.[12] Er kann jedoch zu wesentlichen Teilen aus anderen, späteren Kommentarwerken rekonstruiert werden. Dazu zählt vornehmlich der Kommentar des spanischen Presbyters Beatus von Liébana aus dem 8. Jahrhundert,[13] in geringerem Maß auch der sehr verbreitete Kommentar des Primasius († um 552) von Hadrumetum, dem heutigen Sousse in Tunesien,[14] die 19 pseudoaugustinischen Homilien,

---

[11] Vgl. Wilhelm BOUSSET, Die Offenbarung Johannis, S. 58.

[12] Allerdings existiert mit dem sogenannten Turiner Fragment, aus dem Kloster Bobbio stammend, ein Text, der sehr wohl auf den des Ticonius zurückgehen könnte, *Tyconii Afri Fragmenta Commentarii in Apocalypsim*, Spicilegium Casinense 3 (Montecassino 1897) S. 261–331, und Francesco Lo BUE, The Turin Fragments of Tyconius' Commentary on Revelation (Cambridge 1963).

[13] Der Kommentar des Beatus, den Franz BRUNHÖLZL „die bedeutendste und merkwürdigste Erscheinung des achten Jahrhunderts" nennt, vgl. ders., Geschichte der lateinischen Literatur des Mittelalters 1. Von Cassiodor bis zum Ausklang der karolingischen Erneuerung (München 1975) S. 495, und ihm eine Neigung „zum Visionären" apostrophiert, ebd. S. 496, gewinnt seine Bedeutung weniger durch die eigene geistige Leistung als vielmehr durch die Kompilationsfreudigkeit seines Autors. Geschrieben in zwei oder drei Fassungen in den 70er oder 80er Jahren des 8. Jahrhunderts, enthält der Kommentar des Asturiers ausführliche Zitate aus Ticonius, die sich in derselben Form auch bei Beda wiederfinden. Beatus' Apokalypsenkommentar ist Etherius von Osma gewidmet, mit dem zusammen er später, wohl schon an den Apokalypsenkommentar anknüpfend, sich gegen Elipandus von Toledo, seinen Gegner im adoptianischen Streit, wendet. Der Kommentar war in Spanien weit verbreitet, wurde jedoch im übrigen Europa durch die Kommentarwerke Bedas und Ambrosius Autperts' an Bekanntheit weit übertroffen. Außer Ticonius und den bekannteren Autoren wie Augustinus und Hieronymus werden von Beatus auch Victorin, Primasius von Hadrumetum, Gregor von Elvira oder Apringius von Beja zitiert. Bemerkenswert an ihm ist sein ungewöhnlicher Bilderreichtum. Der Apokalypsenkommentar des Beatus ist ediert durch Henry A. SANDERS, Beati in Apocalipsim libri duodecim (Rom 1930), die Briefe, deren tatsächliche Autorschaft wohl eher Beatus allein als Beatus und Etherius gemeinsam zuzuschreiben ist, CM 59, PL 96, Sp. 893–1030. Vgl. zum Apokalypsenkommentar des Beatus Georg KRETSCHMAR, Die Offenbarung des Johannes, S. 122–127, Franz BRUNHÖLZL, Geschichte der lateinischen Literatur des Mittelalters 1, S. 495–499.

[14] Primasius von Hadrumetum verfaßte um das Jahr 540 einen *Commentarius in Apocalypsin*, SL 92, PL 68, Sp. 793–936. Vgl. zu Primasius Wilhelm KAMLAH, Apokalypse und Geschichtstheologie, S. 10, Johannes HAUSSLEITER, Die lateinische Apokalypse der alten afrikanischen Kirche, bes. S. 12f., ders., Leben und Werke des Bischofs Primasius von Hadrumetum. Schulschriften aus Bayern (Erlangen 1887), und ders., Drei Editiones principes des Apokalypsekommentars des Primasius, Theologisches Literaturblatt 25,1 (1904) Sp. 1–4, sowie Wilhelm BOUSSET, Die Offenbarung Johannis, S. 66, Georg KRETSCHMAR, Die Offenbarung des Johannes, S. 111f. Der Kommentar des Primasius rezipiert in weiten Teilen Ticonius. Er wurde im 8. Jahrhundert beispielsweise von Beda wie Ambrosius Autpert benutzt, vgl. Johannes HAUSSLEITER, Die lateinische Apokalypse der alten Kirche, ebd.

die Cäsarius von Arles (†542) zugeschrieben werden,[15] der kurze
Apokalypsenkommentar des Cassiodor († um 580),[16] der seltene
Kommentar des Apringius von Beja im heutigen Portugal aus dem
6. Jahrhundert[17] und derjenige Bedas (†735).[18]
Die besondere Bedeutung des Kommentars des Ticonius für das
Verständnis des Bildes der sieben Siegel liegt nicht nur darin, daß

---

[15] Ed. Germain MORIN, S. Caesarii Opera Omnia 2 (Maredsous 1942) S. 209–277,
und PL 35, Sp. 2417–2452 (hier zitiert nach PL). Sie „stützen sich durchaus schon
auf Tychonius, daneben auf Victorin", vgl. Wilhelm KAMLAH, Apokalypse und
Geschichtstheologie, S. 10, Anm. 7, und enthalten umfangreiche wörtliche Zitate
aus Ticonius, vgl. Georg KRETSCHMAR, Die Offenbarung des Johannes, S. 112f. Zur
Autorschaft der Homilien vgl. Germain MORIN, Le commentaire homilétique de
S. Cesaire sur l'Apocalypse, Revue Bénédictine 45 (1933) S. 43–61, und Roger
J. H. COLLINS, Art. Caesarius von Arles, TRE 7 (1981) S. 551–536, bes. S. 534.
[16] Cassiodor, Complexiones in Apocalypsin, PL 70, Sp. 1405–1418. Der kurze
„Kommentar" des Klostergründers von Vivarium nennt und zitiert außer Ticonius
auch andere Kommentatoren der Apokalypse, sogar bereits seinen Zeitgenossen
Primasius, die er im wesentlichen rezipiert, und hat „über Vivarium hinaus anscheinend nicht weitergewirkt", vgl. Georg KRETSCHMAR, Die Offenbarung des Johannes,
S. 110f.
[17] Zu Apringius von Beja vgl. Eckard REICHERT, Art. Apringius, in: Siegmar
DÖPP, Wilhelm GEERLINGS (Hg.), Lexikon der antiken christlichen Literatur (Freiburg
1998) S. 48. Der Apokalypsenkommentar des Apringius, geschrieben um 551 (andere
Datierung: zwischen 531 und 548, vgl. Gerald BONNER, Saint Bede in the tradition
of western apocalyptic commentary, S. 7) zitiert Ticonius teilweise wörtlich, aber
ohne Namensnennung, vgl. Georg KRETSCHMAR, Die Offenbarung des Johannes,
S. 112f. Er galt schon Beatus von Liébana 786 als verloren. Isidor von Sevilla kannte
ihn; daß jedoch sein Korrespondenzpartner, Bischof Braulio von Saragossa, bereits
um 651 intensiv nach einer Handschrift des Kommentars forschen ließ, läßt auf
eine bereits damals geringe Verbreitung schließen. Nur eine Handschrift davon ist
bekannt, nach der Apringius' Tractatus in Apocalypsin von Marius FÉROTIN (Apringius
de Béja. Son commentaire de l'Apocalypse, Paris 1900) ediert wurde.
[18] Beda aus dem Kloster Jarrow in Northumbrien, das er zeitlebens kaum ver-
ließ, beruft sich in seinem zwischen 703 und 709 entstandenen Frühwerk Expositio
Apocalypseos, SL 121A, PL 93, Sp. 129–206 ausdrücklich auf Ticonius, den er häufig
zitiert, vgl. Georg KRETSCHMAR, Die Offenbarung des Johannes, S. 118f., und den
er im Gegensatz zu Primasius achtungsvoll nennt, vgl. Gerald BONNER, Saint Bede
in the tradition of western apocalyptic commentary, S. 11. Auch Cyprian, Hieronymus,
Augustinus, Primasius und Gregor werden von ihm als Quellen genannt. Ohne ihn
zu nennen und vermutlich ohne direkte Kenntnis von ihm erlangt zu haben, zitiert
Beda auch Victorin. Wahrscheinlich gehören auch die Kirchengeschichte des Eusebius
in der Übersetzung Rufins, die pseudoaugustinischen Homilien Cäsarius' von Arles
sowie Texte Isidors von Sevilla zu seinen Quellen. Die Ticonius-Exzerpte Bedas
sind weitgehend identisch mit denen des Cäsarius und des Beatus, aber auch dem
Turiner Fragment der Ticonius-Texte, so daß wohl eine gemeinsame Vorlage anzunehmen ist, für Beatus und Beda möglicherweise Primasius. Zu Bedas Apokalypsenexegese vgl. Wilhelm BOUSSET, Die Offenbarung Johannis, S. 67. Zu Quellen und
Aufbau des Kommentars vgl. besonders Gerald BONNER, Saint Bede in the tradition of western apocalyptic commentary, allgemeiner: Ansgar WILLMES, Bedas Bibelauslegung, Archiv für Kulturgeschichte 44 (1962) S. 281–314.

die Interpretation des Ticonius durch die Vielzahl seiner Rezipienten,
zu denen bedingt auch Augustinus zu rechnen ist, maßgeblich wurde.
Wichtiger noch ist, daß er der Apokalypsenexegese all jene Möglichkeiten eröffnete, die in den folgenden Jahrhunderten bis hin zu
Joachim ihre Wirkung entfalteten. Die Auslegung des Ticonius ist
streng spiritualistisch (im Gegensatz zum realistischen Verständnis).
Sie verweigert sich jeder Bezugnahme auf konkrete historische
Persönlichkeiten und ist darum von zeitloser Gültigkeit. Wie Victorin
ist auch Ticonius ein Anhänger der Rekapitulationstheorie, derzufolge das in der Apokalypse Geschilderte nicht als chronologische,
lineare Abfolge von Ereignissen zu verstehen ist, sondern in ihr vielmehr dieselben Ereignisse wiederholt in immer neuen Bildern geschildert werden. Nur so kann in nur einem Teil der Apokalypse – wie
beispielsweise in den sieben Siegeln – die ganze Geschichte erblickt
werden. In seinem Buch der Regeln, das seine Bekanntheit der
Rezeption durch Augustinus verdankt, bringt Ticonius dieses System
zur Vollendung.[19]

c) *Die sieben Siegel als Taten oder Stationen im Leben Christi*

Der bedeutendste Zeuge der Taten-Christi-Interpretation der Siegel
ist Gregor I.[20] Das gesiegelte Buch ist bei ihm die Schrift, die *solus*

---

[19] Ticonius, *Liber de septem regulis*, PL 18, Sp. 15–66, zitiert bei Augustinus, *De
doctrina christiana*, lib. III, 30.42–37.56, SL 32, S. 102, Z. 1 – S. 116, Z. 47, PL 34,
Sp. 81–99, der die von dem früheren Donatisten aufgestellten Regeln in der Auseinandersetzung mit dessen ehemaligen Glaubensgenossen zum Einsatz brachte. Zur
recapitulatio in der Geschichte der Exegese der Apokalypse vgl. Wilhelm BOUSSET,
Die Offenbarung Johannis, S. 56–60, Wilhelm KAMLAH, Apokalypse und Geschichtstheologie, S. 10f., Gerhard MAIER, Die Johannesoffenbarung und die Kirche,
S. 114–129, bes. S. 123.

[20] Gregor I. (ca. 540–604, Papst ab 490), der „Mönchspapst", der vor allem
durch seine Hochschätzung und Beschreibung heiliger Männer in seinen *Dialogi*,
allen voran des Mönchsvaters Benedikt von Nursia, als Förderer von Kirche und
Klöstern beispielhaft wurde, hat über Jahrhunderte hinweg auch für sein schriftstel-
lerisches Werk Beachtung gefunden. Die Frage nach dem persönlichen Anteil Gregors
an der Entstehung der unter seinem Namen verbreiteten Schriften ist jedoch nach
wie vor nicht bis ins letzte geklärt. Erich CASPAR, dessen Studie über Gregor I.,
vgl. ders., Geschichte des Papsttums 2 (Tübingen 1933) S. 306–514, die bekannte-
ste Darstellung des frühmittelalterlichen „Musterpapstes" (ebd. S. 306) ist, nennt die
Dialogi gleichwohl das persönlichste der Werke dieses Papstes, der die Höhenzüge
der spätantiken christlichen Literatur in einer Mischung aus Bedauern und Realitätssinn
dem Christenvolk seiner von antiker Bildung weit entfernten Zeit angepaßt habe,
vgl. ebd. S. 401, während Johannes HALLER, Das Papsttum. Idee und Wirklichkeit

redemptor noster aperuit, qui homo factus, moriendo, resurgendo, ascendendo cuncta mysteria quae in eo fuerant patefecit.[21] Mehrere seiner Nachfolger, die seine Schriften verbreiteten und exzerpierten, zitierten dabei auch diesen Passus, so des Papstes Notar und Schüler Paterius,[22] außerdem Alulf von Tournai († um 1141),[23] Bischof Taio von Saragossa (651–683), der Nachfolger Bischof Braulios, des Adressaten der Briefe Isidors von Sevilla,[24] und schließlich im 9. Jh. Prudentius, der spanische Bischof von Troyes.[25] Fünf Stationen im Leben Christi in explizitem Zusammenhang mit der Öffnung der sieben Siegel, ohne jedoch die mangelnde Parallelität zu kommentieren, zählen später auch Abt Gottfried aus dem Kloster Admont in der Steiermark (†1165)[26] und der Pariser Exeget und Lehrer Hugo von St. Victor (um 1097–1141).[27] Hier ist die fünfte Station allerdings nicht auch

---

1 (Esslingen [1]1950, [2]1962) S. 295 ihm kritisch jede Größe aberkennt. Zu Gregors schriftstellerischem Werk vgl. Franz BRUNHÖLZL, Geschichte der lateinischen Literatur des Mittelalters 1, S. 50–59, zu den *Dialogi*, ihrem Inhalt, ihren Quellen und Vorbilder ebd. S. 56–58. Zur Apokalypse im Denken Gregors vgl. Georg KRETSCHMAR, Die Offenbarung des Johannes, S. 128.

[21] Gregor I, *Dialogi*, lib. IV, cap. 44 bzw. cap. 42 (die Kapitelzählung beider Editionen ist hier unterschiedlich) Sources Chrétiennes 265, S. 158, PL 77, Sp. 400D–401A.

[22] Paterius, *Expositio veteris ac novi Testamenti*, PL 79, Sp. 707D–708A.

[23] Alulf von Tournai, *Expositio Novi Testamenti*, PL 79, Sp. 1404AB. Vgl. zu Alulf Max MANITIUS, Geschichte der lateinischen Literatur des Mittelalters 3 (München 1931), S. 120–122.

[24] Taio von Saragossa, *Sententiae*, PL 80, Sp. 975A. Die drei Bücher der *Sententiae* sind sein Hauptwerk, im wesentlichen kompiliert aus Gregor und Augustinus. Es hat kaum Nachfolger gefunden. Vgl. zu Taio Franz BRUNHÖLZL, Geschichte der lateinischen Literatur des Mittelalters 1, S. 110.

[25] Prudentius von Troyes, *De praedestinatione*, PL 115, Sp. 1297CD. Prudentius, der eigentlich Galindo hieß und nach 843 Bischof von Troyes wurde, beteiligte sich 851 am Prädestinationsstreit. Zu seiner Schrift *De praedestinatione* und ihrer Rolle in der Kontroverse um die Lehren des Mönches Gottschalk und ihrer Erwiderung durch den irischen Gelehrten Johannes Eriugena am Hof Karls des Kahlen vgl. Franz BRUNHÖLZL, Geschichte der lateinischen Literatur des Mittelalters 1, S. 469f. Zu Person und Werk auch Max MANITIUS, Geschichte der lateinischen Literatur des Mittelalters 1, S. 344f. und 348.

[26] Gottfried von Admont, *Homiliae dominicales*, PL 174, Sp. 317BC. Gottfried von Vemmingen in Schwaben war seit 1138 Abt des Klosters Admont, in dem er die Hirsauer Reform einführte, und Freund des Rupertschülers Gerhoch, vgl. Rhaban HAACKE, Die Überlieferung der Schriften Ruperts von Deutz, Deutsches Archiv für Erforschung des Mittelalters 16 (1960) S. 407. Zu Gottfried vgl. Johann Wilhelm BRAUN, Art. Gottfried von Admont, in: Kurt RUH (Hg.), Die deutsche Literatur des Mittelalters. Verfasserlexikon 3 (Berlin – New York [2]1981) Sp. 118–123.

[27] Hugo von St. Victor, *Eruditio didascalia*, PL 176, Sp. 806AB. Zu Hugo von St. Victor Beryl SMALLEY, The Study of the Bible in the Middle Ages, Chapter 3: Hugh of St. Victor, S. 83–106; zur *Eruditio didascalia* ebd. S. 86f.; zu Hugos

die Gabe des Geistes, sondern schon die Himmelfahrt Christi bildet den Abschluß. Gänzlich ohne eine nähere Bestimmung des Inhalts einzelner Siegel spricht auch Ambrosius Autpertus (†784), Abt des Klosters San Vincenzo in der Nähe von Benevent, von der Erfüllung dessen, was geschrieben stand, in Christus, mit dem die Siegel eröffnet werden:[28] Die Siebenzahl der Siegel ist hier lediglich ein Symbol für die Vollkommenheit des Heilswerks.[29] Von einer ähnlichen Interpretation der Vierer- oder Fünferreihe, die für die Exegese Joachims Bedeutung gewinnt, wird später die Rede sein.[30]

Im frühen 7. Jahrhundert beschrieb Isidor von Sevilla (†636) den Inhalt des gesiegelten Buches *in quo bellum, egestas, mors, clamor interfectorum, finis quoque mundi notatur et saeculi,*[31] eine Aussage, die später mit beiden Varianten der Interpretation kombiniert werden wird,

---

schriftstellerischem Werk vgl. Max MANITIUS, Geschichte der lateinischen Literatur des Mittelalters 3, S. 112–118.

[28] Ambrosius Autpertus, *Expositio in Apocalypsin*, lib. III, cap. 5, CM 27, S. 232, Z. 16–22. Über das Leben des Ambrosius Autpertus, der ursprünglich aus der Provence stammte, ist wenig bekannt. Von seinem umfangreichen literarischen Werk ist vermutlich vieles verloren gegangen. Seine in zwei Arbeitsabschnitten zwischen 758 und 767 geschriebene *Expositio in Apocalypsin*, (lib. I–V CM 27, lib. VI–X CM 27A) rezipiert bekanntere und weniger bekannte Autoren und ist auch für die spätere Zeit recht einflußreich gewesen, vgl. Franz BRUNHÖLZL, Geschichte der lateinischen Literatur des Mittelalters 1, S. 64f. Bedeutend ist seine Einteilung der Apokalypse in zehn Teile. Sie ist dargestellt bei Wilhelm KAMLAH, Apokalypse und Geschichtstheologie, S. 20. Als seine Quellen nennt Ambrosius Autpertus Victorin/Hieronymus, Augustinus, Primasius und Gregor. Der Kommentar ist in den folgenden Jahrhunderten viel beachtet worden und hat die Exegese ähnlich nachhaltig wie der Apokalypsenkommentar Bedas beinflußt. Seine wichtigsten Rezipienten sind Alkuin, der Autor der unter dem Namen Haimos von Halberstadt gedruckten *Expositio in Apocalipsin B. Johannis*, PL 117, Sp. 937–1220, die *Glossa*, aber auch der freilich sehr selbständige Bruno von Segni im 11. Jahrhundert. Vgl. zu den Quellen des Apokalypsenkommentars des Autpertus Georg KRETSCHMAR, Die Offenbarung des Johannes, S. 130. Vgl. zu Person und Werk Johannes HAUSSLEITER, Art. Ambrosius Autpertus, in: Albert HAUCK (Hg.), Realenzyklopädie für protestantische Theologie und Kirche 2 (Leipzig ³1897) S. 308f.

[29] Dies auch bei Hinkmar von Reims oder Richard von St. Victor, vgl. S. 38, Anm. 4.

[30] Dabei faßt Joachim in der Beschreibung des ersten Siegels und seiner Eröffnung die Stationen im Leben Jesu als die Eröffnung der Siegel zusammen, vgl. S. 90.

[31] Isidor von Sevilla, *Prooemia in libros veteri ac novi testamenti*, PL 83, Sp. 178. Isidor von Sevilla „gilt . . . schon den Zeitgenossen als der größte Gelehrte der lateinischen Welt" und verdankte vor allem seinem umfangreichsten Werk, den zwanzig Büchern der *Etymologiae*, seinen Ruhm als Universalgelehrter. Sein (authentisches) exegetisches Werk ist von vergleichsweise geringem Umfang, doch wie die *Etymologiae* von breiter Nachwirkung. Zu Isidors literarischem Werk vgl. Franz BRUNHÖLZL, Geschichte der lateinischen Literatur des Mittelalters 1, S. 74–91.

indem sie entweder mit der Reihe der sieben Stationen des Lebens Jesu verknüpft wird oder aber die geschichtliche Dimension stärker ins Blickfeld rückt und damit gleichsam das Bild der Ereignisse an Schärfe gewinnt. Ein Schüler Isidors, Bischof Ildefons von Toledo, der gleichfalls in der ersten Hälfte des siebten Jahrhunderts schrieb, ergänzt die Reihe der Taten Christi der Zahl der Siegel entsprechend auf sieben.[32]

Ebenfalls auf der iberischen Halbinsel entstand ein kurzer Text mit dem Titel *De septem sigillis*, der diese gleichfalls auf die sieben Taten Christi bezieht und in der *Patrologia Latina* unter den echten und vermeintlichen Werken Alkuins abgedruckt wurde, vermutlich aber bereits im 7. oder sogar im 6. Jahrhundert entstanden ist.[33] Auch der Spanier Beatus kennt die sieben Taten Christi.[34] Im 9. Jahrhundert nennt sie der große Fuldaer Gelehrte und Alkuinschüler Rabanus Maurus († um 856), der daneben dennoch auch Isidors Inhaltsangabe des gesiegelten Buches zitiert.[35] Ihm gleicht wörtlich der Kommentar des Angelomus von Luxeuil aus dem 9. Jahrhundert: *Ipse enim librum aperuit et signacula illius solvit, qui nascendo, moriendo, resurgendo atque ad coelos ascendendo Scripturae sacrae nobis arcana patefecit.*[36] Ähnliche Äußerungen finden sich im selben Jahrhundert bei Paschasius

---

[32] Ildefons von Toledo, *De cognitione baptismisi*, PL 96, Sp. 120AB. Vieles von seinem Werk, das Franz BRUNHÖLZL, Geschichte der lateinischen Literatur des Mittelalters 1, S. 100, „zu den bedeutendsten den 7. Jahrhunderts" zählt, ist verloren gegangen. Zu Ildefons vgl. ebd. S. 99–103, zu *De cognitione baptismisi* ebd. S. 100.

[33] Pseudo-Alkuin, *De septem sigillis*, PL 101, Sp. 1169A–1170B. Vgl. E. Ann MATTER, The Pseudo-Alcuinian „De Septem Sigillis".

[34] Beatus von Liébana und Etherius von Osma, *Epistolae ad Elipandum*, CM 59, S. 86, Z. 3309–3337, PL 96, Sp. 963D–964AB und öfter.

[35] Rabanus Maurus, *Commentaria in Genesim*, PL 107, Sp. 577AB. Rabanus Maurus, seit 847 Erzbischof von Mainz, „war der angesehenste Theologe seiner Zeit" (Franz BRUNHÖLZL, Geschichte der lateinischen Literatur des Mittelalters 1, S. 326). Sein Werk ist in seltener Vollständigkeit erhalten. Von größter Wirksamkeit waren seine exegetischen Werke. „Allein schon wegen des Umfangs seiner Kommentare gehört Hraban zu den bedeutendsten Exegeten des Mittelalters" (ebd. S. 334). Zur Wirkungsgeschichte seines Genesiskommentars, verfaßt um 822 (ebd. S. 335), verspricht Franz Brunhölzl weitere Informationen, die jedoch nicht auffindbar sind. Vgl. zu Rabanus' Bibelkommentaren Max MANITIUS, Geschichte der lateinischen Literatur des Mittelalters 1, S. 290f.

[36] Angelomus von Luxeuil, *Commentarius in Genesim*, PL 115, Sp. 203B. Zu Angelomus, dessen Kommentare Franz BRUNHÖLZL, Geschichte der lateinischen Literatur des Mittelalters 1, S. 563 „originell, kenntnisreich und trotz kompilatorischer Methode lebhaft" nennt, vgl. Max MANITIUS, Geschichte der lateinischen Literatur des Mittelalters 1, S. 418–421, zum Genesiskommentar ebd. S. 420f.

Radbertus,[37] im 11. Jahrhundert bei Petrus Damiani (um 1107–1072)[38] und an der Schwelle zum 12. Jahrhundert bei Bruno von Segni (1049–1123).[39] Letzterer kennt jedoch das sechste und siebte Siegel auch als Zeit der Verfolgung und der Ruhe. Im 12. Jahrhundert bezeugen diese Interpretation Rupert von Deutz (†1130) in seinem Apokalypsenkommentar, der jedoch die sieben Siegel ebenfalls als die Zeiten der Kirche kennt,[40] Honorius Augustodunensis,[41] Alain de

[37] Paschasius Radbertus, *Expositio in Matheo*, CM 56, S. 12–14, Z. 365–433, PL 120, Sp. 39CD–41A. Paschasius, der, wie Alkuin, zeitlebens Diakon blieb, war kurze Zeit Abt des Klosters Corbie an der Somme, resignierte 849 und starb vermutlich um 865. Der Autor des großen Matthäuskommentars, „mit dem er die gelehrte Schriftstellerei aufnahm, [er] sollte sein Lebenswerk werden", so Franz BRUNHÖLZL, Geschichte der lateinischen Literatur des Mittelalters 1, S. 370, kompilierte sein Werk aus einer ungewöhnlich hohen Anzahl von Quellen, die längst nicht alle benannt werden, und urteilt souverän auch über zeitgenössische dogmatische Fragen. Insgesamt steht sein Werk auf einem literarisch wie theologisch äußerst hohen Niveau.
[38] Petrus Damiani, *Epistolae*, Ep. 170, MGH, Epistolae 2: Die Briefe der deutschen Kaiserzeit 4, S. 251, Z. 16–25 und lib. VIII, Epistola 10 ad Moricum, PL 144, Sp. 483B (dasselbe *Sermones*, Sermo 53 de Luca evangelista, PL 144, Sp. 805D–806A). Petrus Damiani war ab 1043 Prior des Klosters Fonte Avellana, seit etwa 1057 Kardinalbischof von Ostia, „Asket und Kirchenfürst". Er entfaltete kirchenpolitisch wie literarisch eine rege Wirksamkeit. Seine Schriften, meist Gelegenheitsschriften, die Anleitung zum geistlichen Leben sein wollen, aber auch seine Briefe sind als zeitgeschichtliche Dokumente ebenso bedeutend wie als Zeugnisse seiner bemerkenswerten Persönlichkeit. Zu Petrus Damiani vgl. Max MANITIUS, Geschichte der lateinischen Literatur des Mittelalters 3, S. 68–75. Zu Person, Werk und insbesondere zur Bedeutung der Briefsammlung vgl. Kurt REINDEL, Einleitung, in: ders. (Hg.), Die Briefe des Petrus Damiani 1 (München 1983) S. 1–31, bes. S. 9–13. Der Charakter der Briefe des Petrus Damiani ist ein durchaus literarischer. So hat er selbst ihren Wert sehr hochgeschätzt, zitierte aus früheren Briefen und schickte denselben Brief ganz oder in Teilen an mehrere Adressaten, so daß der Charakter seiner Briefe mehr durch ihre Funktion als Gelegenheitsschrift als ihre eigentliche Bestimmung charakterisiert werden kann. Redaktionell bearbeitete Sammlungen der Briefe entstanden noch im 11. Jahrhundert in Fonte Avellana.
[39] Bruno von Segni, *Expositio in Apocalypsim*, PL 165, Sp. 629C. Aus Asti gebürtig, Kanonikus in Siena, von Gregor VII. 1079 zum Bischof von Segni erhoben, später zum Abt von Monte Cassino, fiel Bruno unter Paschalis II. in Ungnade und kehrte nach Segni zurück. Brunos Hauptquellen sind Haimo, Ambrosius Autpertus und Beda, mit denen er allerdings sehr selbständig verfährt. In seinem Kommentar teilt er die Apokalypse in sieben Teile ein, wobei er die Siebenereinteilung Haimos, die wiederum auf der Zehnereinteilung des Autpertus beruht, modifiziert. Zum Apokalypsenkommentar Brunos von Segni vgl. Wilhelm KAMLAH, Apokalypse und Geschichtstheologie, S. 15–25; zu Person und Werk vgl. Max MANITIUS, Geschichte der lateinischen Literatur des Mittelalters 3, S. 49f.
[40] Rupert von Deutz, *Commentaria in Apocalypsim*, PL 169, Sp. 925D, 940AB. Zu Rupert vgl. John H. VAN ENGEN, Rupert of Deutz (Publications of the UCLA Center for Medieval and Renaissance Studies 18, Berkeley – Los Angeles – London 1983), Maria Lodovica ARDUINI, Rupert von Deutz (1076–1129) und der „Status Christiani-

Lille (um 1128–1202)[42] und Johannes von Würzburg, auch er ein Zeitgenosse Joachims von Fiore.[43]

Die Taten-Christi-Interpretation, die sonst stets mit der Herrschaft oder dem Gericht Christi endet, gibt es seit Bernhard von Clairvaux allerdings auch mit einer etwas anderen Akzentuierung, die die Menschlichkeit und das Leiden Christi betont: *Septem signacula sunt temporalis nativitas, legalis circumcisio, matris purgatio, fuga in Aegyptum, carnis necessitudo, baptismus, passio – vera quaedam humanitatis insignia.*[44] Eine ähnliche Betonung der Menschheit Christi (wenn auch anders interpretiert) findet sich in einer Predigt des mit Joachim ungefähr gleichaltrigen Petrus von Blois: *Fuit ergo vivum signaculum, ut non posset ejus divinitas comprehendi, dispensatio Virginis, corporis infirmitas, circumcisio, fuga in Aegyptum, fames in deserto, humilitas crucis, sepultura.*[45]

---

tatis" seiner Zeit (Beiheft zum Archiv für Kulturgeschichte 25, Köln – Wien 1987), Rhaban HAACKE, Die Überlieferung der Schriften Ruperts von Deutz, S. 397–436, und ders., Nachlese zur Überlieferung Ruperts von Deutz, Deutsches Archiv für Erforschung des Mittelalters 26 (1970) S. 528–540, Peter CLASSEN, Zur kritischen Edition der Schriften Ruperts von Deutz, Deutsches Archiv für Erforschung des Mittelalters 26 (1970) S. 513–527. Vgl. auch Max MANITIUS, Geschichte der lateinischen Literatur des Mittelalters 3, S. 127–135.

[41] Honorius Augustodunensis, *Expositio in Cantica Canticorum*, PL 172, Sp. 367A. Zu Honorius, dem geheimnisvollen Vielschreiber, der wahrscheinlich in Süddeutschland im 12. Jahrhundert lebte und schrieb, vgl. Max MANITIUS, Geschichte der lateinischen Literatur des Mittelalters 3, S. 364–376, zu seinem Hoheliedkommentar vgl. ebd. S. 370.

[42] Alain de Lille, *Distinctiones dictionum theologicalium*, PL 210, Sp. 837BC. Zu Alain de Lille, der wegen seiner legendären Gelehrsamkeit *Doctor universalis* genannt wurde, und seinen Werken (Poesie und Prosa) vgl. Max MANITIUS, Geschichte der lateinischen Literatur des Mittelalters 3, S. 794–809.

[43] Johannes von Würzburg, *Descriptio terrae sanctae*, PL 155, Sp. 1061CD. Johannes war vermutlich Presbyter in Würzburg. Seine Beschreibung des heiligen Landes erzählt von einer Pilgerreise, die er um 1160–70 unternommen hatte. Sie ist überaus detailreich und von nicht geringem historischen Wert. Vgl. Max MANITIUS, Geschichte der lateinischen Literatur des Mittelalters 3, S. 620–622.

[44] Bernhard von Clairvaux, *Sermones de diversis*, Sermo 57, S. Bernardi Opera 6/1, S. 286, PL 183, Sp. 680A.

[45] Petrus von Blois, *Sermones*, Sermo 21, PL 207, Sp. 621C. Petrus von Blois (um 1135 bis nach 1204) war Schüler oder zumindest Leser des Johannes von Salisbury, zeitweilig Lehrer des jungen Königs Wilhelm II. von Sizilien, später (unter Heinrich II. von England) Archidiakon von Bath und Kanzler des Erzbischofs von Canterbury. Unter Heinrichs Sohn Richard, dessen Gunst er wohl nicht besaß, begegnet er zuletzt als Sekretär der Königinmutter Eleonore. Mehrfach war er im Dienst Heinrichs an der päpstlichen Kurie. Zur Sammlung seiner Briefe wurde er von Heinrich II. aufgefordert. Zusammen mit seinen Predigten gehörten sie zu den für das Mittelalter wichtigsten Werken des Petrus von Blois. Zu Person und Werk vgl. Max MANITIUS, Geschichte der lateinischen Literatur des Mittelalters 3, S. 293–300.

Die Stationen des Lebens Christi werden jedoch auch durch andere Bilder der Apokalypse versinnbildlicht. Ohne Hinweis auf die sieben Siegel bezieht Gregor I. Geburt, Leiden, Auferstehung und Himmelfahrt Jesu auf die vier Lebewesen Offb. 4,6–8.[46] Im Apokalypsenkommentar des italienischen Abtes Ambrosius Autpertus[47] sowie in dem Kommentar, dessen Autor mit dem Namen Haimo bezeichnet wird,[48]

---

[46] Gregor I, *Homiliae in Hiezechihelem prophetam*, lib. I, Homilia 4, SL 142, S. 47, Z. 21–29, Sources Chrétiennes 327, S. 150, Z. 21–28, PL 76, Sp. 815BC: Ipse enim unigenitus dei filius veraciter factus est homo, ipse in sacrificio nostrae redemptionis dignatus est mori ut vitulus, ipse per virtutem suae fortitudinis surrexit ut leo. . . . Ipse etiam post resurrectionem suam ascendens ad caelos, in superioribus est elevatus ut aquila, wiederholt bei Alulf von Tournai, *Expositio Novi Testamenti*, PL 79, Sp. 1138AB, und Taio von Saragossa, *Sententiae*, PL 80, Sp. 789A. Für weitere Beispiele zur Auslegung der vier Wesen vgl. Heinz MEYER, Rudolf SUNTRUP, Lexikon der mittelalterlichen Zahlenbedeutungen (Münstersche Mittelalter-Schriften 56, München 1987) Sp. 388–391, vgl. S. 136, Anm. 26.

[47] Ambrosius Autpertus, *Expositio in Apocalypsin*, CM 27, lib. III, S. 222, Z. 79–85: Ut autem in ipsius Domini Iesu Christi peracta dispensatione, quam Evangelistae praedicant et adnuntiant, animalium formas ostendamus, ipse nimirum unigenitus Dei Filius, veraciter factus est homo, ipse in sacrificio nostrae redemptionis dignatus est mori ut vitulus, ipse per virtutem suae fortitudinis resurrexit ut leo, ipse etiam post resurrectionem suam ascendens ad caelos, in superioribus est elevatus ut aquila.

[48] Haimo, *Expositio in Apocalypsin*, PL 117, Sp. 1010AB, bes. 1010B: Significant quoque haec quatuor animalia ipsum Dominum Jesum Christum, qui natus ut homo, passus est ut vitulus, surrexit ut leo, ascendit super omnes coelos ut aquila. – Noch Wilhelm BOUSSET, Die Offenbarung Johannis, S. 69, nennt Haimo von Halberstadt (†834) als den Urheber dieses Kommentars, ebenso wie der Editor PL 117, Sp. 937–1220. Tatsächlich ist er wahrscheinlich Haimo von Auxerre zuzuschreiben, vgl. Franz BRUNHÖLZL, Geschichte der lateinischen Literatur des Mittelalters 1, S. 341, der „in den vierziger und fünfziger Jahren des neunten Jahrhunderts in Auxerre als Lehrer . . . tätig war" (ebd. S. 480), mindestens jedoch der bedeutenden Schule von Auxerre. Der tatsächliche Umfang des authentischen Werkes Haimos von Auxerre ist nur schwer auszumachen. Seine Schriften waren weit verbreitet, jedoch meistens ohne Angabe eines Verfassernamens, und wurden im 15. Jahrhundert von Johannes Trithemius Haimo von Halberstadt zugeschrieben, der jedoch tatsächlich wohl kein einziges exegetisches Werk verfaßt hat (ebd.). Außer dem Apokalypsenkommentar gehört ein Kommentar zu den paulinischen Briefen gewiß zu dem authentischen Werk des Haimo von Auxerre (ebd. S. 481). Bekannter als Haimo wurden sein Schüler Heiric (um 841 bis nach 876) und dessen Nachfolger Remigius von Auxerre († um 908), dem ebenfalls einige der unter dem Namen Haimos von Halberstadt erhaltenen Kommentarwerke zuzuschreiben sind (ebd. S. 488, vgl. Max MANITIUS, Geschichte der lateinischen Literatur des Mittelalters 3, S. 504–519, der die Bibelkommentare unter den Werken des Remigius aufzählt). So nennt auch Joachim von Fiore, *Expositio*, pars VII, fol. 210ra, *beatus Remigius* als den Urheber eines Gedankens, der in Haimos Kommentar zum 2. Thessalonicherbrief, PL 117, Sp. 781D–782A zu finden ist. Haimos Apokalypsenkommentar exzerpiert im wesentlichen den viel umfangreicheren Kommentar des Ambrosius Autpertus. Aus den von ihm vorgenommenen Kürzungen desselben resultiert eine auf Autpertus beruhende Einteilung der Apokalypse in nunmehr sieben Teile (beide vergleichend dargestellt bei Wilhelm KAMLAH, Apokalypse und Geschichtstheologie, S. 20). Zum

und in der *Glossa ordinaria*[49] wird in offensichtlicher Abhängigkeit voneinander diese Bezugnahme wiederaufgenommen.[50] Rupert von Deutz nennt zwar gleichfalls diese vier als Bild Christi, allerdings ohne sie einzelnen Stationen des Lebens Jesu zuzuordnen.[51] Auch Joachim steht in dieser Tradition: Ohne Bezugnahme auf die sieben Siegel vergleicht er in seinem Apokalypsenkommentar die vier Stationen des Lebens Jesu mit den vier Lebewesen.[52]

d) *Die Weiterführung der Zeitendeutung seit Beda Venerabilis*

Im frühen achten Jahrhundert gibt der englische Mönch Beda Venerabilis der Apokalypsenexegese neue Impulse, deren wichtigster die Einteilung der Apokalypse in sieben Bücher ist.[53] Sie ist richtungweisend für die Zukunft der Apokalypsenexegese geworden, der erst

---

Problem der Autorschaft der Werke Haimos vgl. auch Henri BARRÉ, Art. Haymon de Auxerre, Dictionnaire de Spiritualité ascétique et mystique 7/1 (Paris 1969) Sp. 91–97, bes. Sp. 93, Beryl SMALLEY, The Study of the Bible in the Middle Ages, S. 39, Franz BRUNHÖLZL, Geschichte der lateinischen Literatur des Mittelalters 1, S. 341. Zum Apokalypsenkommentar Wilhelm KAMLAH, Apokalypse und Geschichtstheologie, S. 14f.

[49] *Glossa ordinaria*, Apocalypsis B. Ioannis, ed. RUSCH, vol. 4, S. 555 in marg., PL 114, Sp. 718D.

[50] Das Abhängigkeitsverhältnis zwischen Ambrosius Autpertus, Haimo und der *Glossa* stellte bereits Wilhelm BOUSSET, Die Offenbarung Johannis, S. 69f., fest, mit einem Beispiel ebd. Anm. 3. Unbekannt blieb ihm dabei sein Vorbild Gregors, auf die diese bereits zurückgehen könnten, und das der (unmittelbareren) Nachfolger Gregors.

[51] Rupert von Deutz, *Commentaria in Apocalypsim*, PL 169, Sp. 914A.

[52] *Expositio*, pars I, fol. 26vb: In qua videlicet servi forma (vgl. Philipp. 2,7) secundum quod homo est, non secundum quod Deus, accepisse hanc a Patre apocalipsim describitur, revelationem scilicet misteriorum Dei – sic enim latine interpretatur –, quia nisi Dei filius homo fieret nascendo, vitulus in patibulo moriendo, leo ex mortuis resurgendo, aquila ad superos ascendendo, ea que de ipsius nativitate passione resurrectione nec non et in celum ascensione seu etiam de adventu Spiritus sancti scripta sunt revelari nequirent. – Bemerkenswerterweise betont Joachim zu Beginn seiner Apokalypsenauslegung auch ohne den Bezug zu den Siegeln herzustellen die Schlüsselrolle der zweiten Person der Trinität. Daß Joachim hier nicht originell ist, ist anzunehmen. Welches seine Quelle war, ist dagegen kaum mit Gewißheit zu sagen.

[53] Die zweite bedeutende Einteilung der Apokalypse, nämlich in zehn Teile, wurde nicht viel später von dem Abt Ambrosius Autpertus unternommen. Mit diesen beiden Autoren, Ambrosius Autpertus und Beda, ist den späteren Kommentatoren der Weg in die Zukunft bereitet (so auch Wilhelm KAMLAH, Apokalypse und Geschichtstheologie, S. 13, und Gerald BONNER, Saint Bede in the tradition of western apocalyptic commentary, S. 14). Zu Bedas Apokalypsenkommentar und seiner Einteilung vgl. S. 164f.

Joachim vergleichbar bedeutsame neue Impulse geben sollte. Doch auch Joachim hat zunächst Bedas Modell der sieben Stufen unverändert übernommen.[54] Im Zusammenhang mit der Interpretation der Siegel ist es jedoch zunächst von größerer Bedeutung, daß Beda, wie es seit Isidor wohl nicht geschehen ist, nun die Siegel historisch, und zwar auf die Zeiten der Kirche hin deutet: *In primo igitur sigillo decus ecclesiae primitivae, in sequentibus tribus triforme contra eam bellum, in quinto gloriam sub hoc bello triumphatorum, in sexto illa quae tempora ventura sunt antichristi, et paululum superioribus recapitulatis, in septimo cernit initium quietis aeternae.*[55] Die Tradition, in der Beda dabei steht, ist diejenige der victorinisch-ticonianischen Exegese, die dem Gedanken der *recapitulatio* folgend die Apokalypse so versteht, daß in ihr dieselben Ereignisse immer von neuem dargestellt werden.[56] Das sechste Siegel ist bei Beda eine Zeit der schlechthinnigen Verfolgung. Das siebte Siegel hingegen ist eine Zeit der Ruhe, wobei Beda sich interessanterweise auf Hieronymus bezieht und den von diesem postulierten Zeitraum von 45 Tagen thematisiert, der zwischen dem Tod des Antichristen und der Parusie zu erwarten sei.[57] Seit Hieronymus hat dieser Gedanke in den Gemütern der Gläubigen abwechselnd Freude und Abwehr hervorgerufen. Er konnte jedoch naturgemäß in jeder Auslegung der Siegel, die die konkret zu erwartende Zukunft vernachlässigte, keine Berücksichtigung finden. Die Frage nach dem Warum stellt Beda ausdrücklich dem göttlichen Wissen anheim, betont jedoch das Vor-

---

[54] Vgl. S. 164f. und ebd. Anm. 14–16.

[55] Beda, *Expositio Apocalypseos*, lib. I, SL 121A, S. 295, Z. 7–11, PL 93, Sp. 146D. Vgl. Wilhelm KAMLAH, Apokalypse und Geschichtstheologie, S. 21, Robert E. LERNER, Refreshment of the Saints. The Time after Antichrist as a Station for Earthly Progress in Medieval Thought, Traditio 32 (1976) S. 104.

[56] Zur *recapitulatio* vgl. oben S. 42.

[57] Beda, *Expositio Apocalypseos*, lib. I, SL 121A, S. 329–331, Z. 77–88, PL 93, Sp. 154BC. In seiner Exegese des Danielbuches (Dan. 12,11f.) stellt Hieronymus fest, daß zwischen dem Tod des Antichristen und der Parusie ein Zeitraum von 45 Tagen liegen müsse, der möglicherweise als *patientiae comprobatio* zu erklären sei, vgl. Hieronymus, *Commentaria in Danielem*, lib. IV, cap. 12, SL 75A, S. 943f., Z. 670–684, PL 25, Sp. 579CD. Obwohl Hieronymus dem Gedanken des Chiliasmus, der Interpretation der tausendjährigen Fesselung des Satans nach Offb. 20,2–6 als Periode irdischen Glücks, entschieden entgegentrat, öffnete er doch mit dieser Berechnung ähnlichen Vorstellungen Tür und Tor. Im Lauf der Jahrhunderte wurde seine Interpretation der 45 Tage als einer Geduldsprobe vielfach umgedeutet, so daß später von diesem Zeitraum als einem *refrigerium sanctorum* die Rede sein konnte, vgl. Robert E. LERNER, Refreshment of the Saints. Vgl. zu den 45 Tagen und der tausendjährigen Fesselung des Satans S. 206–209.

handensein dieses Zeitabschnitts in den Vorhersagen der Bibel. Die Funktion dieses Zeitraumes, durch den schließlich nicht zuletzt das Warten der Christen auf die ewige Seligkeit verlängert wird, versucht er, auch hierin Hieronymus folgend, als Geduldsprobe für die Gläubigen zu erklären, wenngleich er dies nicht mit letzter Sicherheit zu behaupten vermag. Bemerkenswert besonders im Hinblick auf Joachims Auslegung der Siegel in zwei parallelen Reihen ist dabei, daß Beda auf dem Boden der Rekapitulationstheorie im sechsten Siegel gleichzeitig mit der Weiterführung der früheren Darstellungsreihe bereits die nächste beginnen sieht:[58] das Überschneiden und Parallelführen der Epochen, das wir später bei Joachim in so starkem Maße sehen, hat in Beda ein frühes Vorbild.

Auf Beda beruft sich, als einer der ersten, Alkuin von York (†804), der in seiner Breitenwirkung bedeutendste Gelehrte am Hof Karls des Großen. In seinem Apokalypsenkommentar bezeichnet er zwar das sechste Siegel als bestimmt durch die Verfolgung des Antichristen, beschreibt jedoch allgemein die sieben Siegel nur kurz als *pugnas et triumphos ecclesie* enthaltend.[59] Ebenso allgemein thematisiert noch Richard von St. Victor (†1173) in seinem Apokalypsenkommentar die sieben Siegel als Gnaden und Verfolgungen der Kirche, die den Zweck haben, die Gläubigen für die kommende Trübsal zu festigen und durch die zu erwartende Beglückung zu stärken.[60]

---

[58] Beda, *Expositio Apocalypseos*, Praefatio, SL 121A, S. 223, Z. 16–23, PL 93, Sp. 130D–131A, und lib. II, SL 121A, S. 333, Z. 9–14, PL 93, Sp. 154C.

[59] Alkuin, *Commentaria in Apocalypsin*, PL 100, Sp. 1087. Noch stärker als auf Beda beruft sich der karolingische Exeget allerdings auf Ambrosius Autpertus. Außer diesen beiden nennt er auch Victorin, Hieronymus, Ticonius, Primasius und andere mehr als seine Vorgänger. Größere Wirkung denn als Exeget hatte Alkuin freilich mit seinen didaktischen und dogmatischen Werken. Als Exegeten blieben sein Vorgänger Beda und sein Schüler Rabanus Maurus bedeutender. Vgl. zur Apokalypsenauslegung Alkuins Wilhelm BOUSSET, Die Offenbarung Johannis, S. 69, Wilhelm KAMLAH, Apokalypse und Geschichtstheologie, S. 14. Zu Alkuin von York und seiner Bedeutung für die karolingische Erneuerung in der Literatur vgl. Franz BRUNHÖLZL, Geschichte der lateinischen Literatur des Mittelalters 1, S. 247–249, zu Alkuins Werk ebd. S. 268–288.

[60] Richard von St. Victor, *In Apocalipsin Johannis*, PL 196, Sp. 743CD. Beryl SMALLEY, The Study of the Bible in the Middle Ages, S. 106f. nennt die exegetischen Werke des Schotten, der als Subprior und Prior des Pariser Klosters erfolgreicher gewesen sei denn als Theologe, „mainly doctrinal", Richard selbst im Vergleich mit seinen beiden berühmten Brüdern „less scholarly than Andrew and less intellectual as Hugh", da er lieber das mit den Sinnen Erfaßbare beschrieb wie die Freuden des Hoheliedes und die Ästhetik eines Bau- oder Kunstwerkes, er Schönheit wie Häßlichkeit, Furcht und Freude in den Büchern der Bibel fand. Vgl. Max MANITIUS, Geschichte der lateinischen Literatur des Mittelalters 3, S. 118–120.

Interessante Vergleichsmöglichkeiten eröffnet ein weiterer Apokalypsenkommentar, der unter den Werken des Mailänder Bischofs
Ambrosius abgedruckt ist und bei dessen Verfasser es sich möglicherweise um dem im 9. Jahrhundert in Gallien lebenden Berengaudus
von Ferrières handelt, vielleicht aber auch um einen unbekannten
Autor des 12. Jahrhunderts.[61] Berengaudus dehnt den Zeitraum, auf
den die Siegel sich erstrecken, vom Beginn des Alten bis zum Ende
des Neuen Testaments und der zweifachen Ankunft Christi aus: *Apertio
igitur primi sigilli ad ea quae ante diluvium facta sunt, pertinet: secundum vero
sigillum ad patriarchas: tertium ad eos qui sub lege fuerunt: quartum autem ad
prophetas: tres vero apertiones, quae residuae sunt, ad novum Testamentum pertinent. Quinta apertio pertinet ad martyres: sexta ad Judaeorum dejectionem, et
gentium vocationem: septima ad adventum Christi pertinet.*[62] Die Gegenwart
ist die Zeit der Eröffnung des sechsten Siegels, doch sind die Abgrenzungen der einzelnen Phasen noch nicht konkret in der Geschichte
verankert. Das Erdbeben, das die Zeit des sechsten Siegels domi-
niert, wird hier nicht als Verfolgung der Christen, sondern als die
Vernichtung der Juden durch die Römer interpretiert. Die Zeit des
siebten Siegels als Zeit der Ruhe wird mit den sieben Tagen der
Schöpfung in Bezug gesetzt, die Ankunft Christi bedeutet zugleich
Inkarnation und – in dieser vorweggenommen – eine *spiritalis intelligentia*, die durch Christus den Gelehrten zuteil wird. Zugleich scheint
am Ende der Eröffnung des siebten Siegels etwas durch, das eine

---

[61] Zu Berengaudus' Kommentar vgl. Wilhelm BOUSSET, Die Offenbarung Johannis,
S. 70, zu Identität und Werk vgl. Derk VISSER, Apocalypse as Utopian Expectation
(800–1500). The Apocalypse Commentary of Berengaudus of Ferrières and the
Relationship between Exegesis, Liturgy and Iconography (Leiden – New York –
Köln 1996). Der Autor plädiert für eine frühe Datierung, die sich jedoch nicht
schlüssig beweisen läßt, da keine Handschrift eine Datierung im oder wesentlich
vor dem 12. Jahrhundert erzwingt. Andere Argumente sprechen für das 12. Jahrhundert
als Zeitpunkt seiner Entstehung, „allein daß man diese Auslegung auch ins 9.
Jahrhundert verlegt hat, zeigt doch, wie wenig sie an Verarbeitung der eigenen
Geschichte erkennen läßt", Georg KRETSCHMAR, Die Offenbarung des Johannes,
S. 150. Nur ein Kryptogramm gibt Hinweise auf den Namen des Autors dieses
Kommentars, doch früheste Zeugen schreiben ihn Ambrosius von Mailand oder
Berengar von Tours zu, vgl. Derk VISSER, Apocalypse as Utopian Expectation, S. 1.
Guy LOBRICHON, L'ordre de ce temps et les désordres de la fin: apocalypse et société,
du IXe à la fin du XIe siècle, in: Werner VERBEKE, Daniel VERHELST, Andreas
WELKENHUYSEN (Hg.): The Use and Abuse of Eschatology in the Middle Ages
(Leuven 1988) S. 221–241 datiert den Text auf ca. 1200. Er ist nach 1200 im
anglo-normannischen Raum häufig benutzt worden, hatte jedoch wenig oder keine
Nachwirkung. Trotz dieser offenen Fragen soll der unbekannte Verfasser hier mit
dem Namen des Berengaudus bezeichnet werden, um Unklarheiten zu vermeiden.
[62] Berengaudus (?), *Expositio in Apocalipsin*, PL 17, Sp. 812B.

Parallele bei Joachim finden wird: nach dem halbstündigen Schweigen (hier die *pax augusta* zur Zeit der Geburt Christi) erleidet die Christenheit die neronische Verfolgung. Da jedoch eigentlich bereits mit der Eröffnung des fünften Siegels die Zeit des Neuen Testaments beginnt, wird das Kommen Christi zweifach betrachtet: dort der unter den Menschen lehrende Christus, hier die eschatologische Bedeutung seines Kommens. So gibt es zweimal zwei Aspekte des siebten Siegels: einmal vertikal, wenn auf die Zeit des Friedens die des Unfriedens folgt, einmal horizontal, wenn das siebte Siegel die Zeit des irdischen Kommens Christi ist, gleichzeitig aber über sich hinaus auf eschatologische Ereignisse verweist. Dies scheint fast den späten Joachim (wenn auch noch nicht den von *De septem sigillis*) vorwegzunehmen, doch läßt Berengaudus die konkrete Ausgestaltung, das heißt heilsgeschichtliche Verankerung und historische Kontextualisierung, dieser eschatologischen Skizze vermissen, die für Joachim zunächst dadurch, daß er die Siegel und ihre Eröffnungen parallel führt, leichter möglich wird, und die Joachim zudem konsequent durchführt, indem er die Ereignisse, die dem ultimativen Ende der Geschichte vorausgehen, klar strukturiert und voneinander absetzt. In seiner großen Selbständigkeit ist der Kommentar des Berengaudus bemerkenswert, doch scheint er trotz einer nicht geringen Verbreitung und einer möglicherweise breiten Rezeption in den bildenden Künsten keine Nachahmer gefunden zu haben. Andere, vielgelesene Kommentare wie derjenige Haimos oder die *Glossa ordinaria* brachten zwar auch die sieben Siegel in Zusammenhang mit den Schicksalen der Kirche, doch kam dort seit den Kommentaren zunächst des Victorin-Hieronymus, des Ticonius und schließlich Bedas nichts wesentlich Neues hinzu, auch fehlt es etwa in der *Glossa* überhaupt an einer konsequenten Durchführung des Themas.[63] Ähnliches gilt für den Apokalypsenkommentar Haimos.[64] Die Auslegung bleibt hier, obwohl einzelne Elemente der historischen Bezugnahme durchaus vorhanden sind, doch ohne die Geschichte als roten Faden eher eine lockere Aneinanderreihung verschiedener Motive.

Im 12. Jahrhundert zitiert auch Rupert von Deutz aus Bedas Apokalypsenkommentar: *Et in primo quidem sigillo decus ecclesiae primitivae per equum album, in sequentibus tribus equis, rufo, nigro, et pallido, triforme*

---

[63] Vgl. *Glossa ordinaria*, Apocalypsis B. Joannis, ed. RUSCH, vol. 4, S. 555–559, PL 114, Sp. 721–725.
[64] Haimo, *Expositio in Apocalypsin*, PL 117, Sp. 1023–1034.

contra eam bellum paganorum, falsorum fratrum, et haereticorum. In quinto glo-
riam sub hoc bello coronatorum subtus altare Dei clamantium. In sexto, mala
illa quae tempore Antichristi ventura sunt. In septimo, et per illud quod factum
est, quasi media hora silentium, aeternae quietis intellexerunt initium, quae omnia
plenius a doctoribus nostris explanata sunt.[65] Daneben kennt Rupert aber
auch die Interpretation der Siegel als siebenfache Gabe des Geistes.
Seine bemerkenswerteste Neuerung ist die positive Bewertung des
halbstündigen Schweigens, die bei ihm eine deutliche Neuakzentuierung erhält.[66]

Eine Neuheit ist die konkrete Bezugnahme der Siegel auf die
Epochen der Kirchengeschichte, die in der Mitte des 12. Jahrhunderts
der weltgewandte Prämonstratenser Anselm von Havelberg (†1158)
vornahm.[67] Ausgehend von denselben traditionellen Elementen, die
sich in der *Glossa ordinaria* wiederfinden, füllte er die Siegel mit Leben.[68]
Am bedeutsamsten dabei ist die Tendenz einer allmählich – *paula-*
tim – geschehenden Offenbarung, die die neuartige Vorstellung einer
Aufwärtsentwicklung innerhalb des göttlichen Plans aufscheinen läßt.
Mit ihr ist der Punkt einer größtmöglichen Annäherung an Joachim
erreicht.

---

[65] Rupert von Deutz, *De sancta Trinitate et operibus eius* [*De operibus Spiritus sancti*],
CM 24, S. 1952f., Z. 572–580, Sources Chrétiennes 165, S. 170f., PL 167, Sp.
1682CD.

[66] Eine Tendenz hin zu einer positiven Interpretation konstatiert schon Robert
E. LERNER, Refreshment of the Saints, S. 110, allgemein für das 12. Jahrhundert.

[67] Anselm von Havelberg, *Dialogi*, lib. I, cap. 7–13, Sources Chrétiennes 118,
S. 68–119, PL 188, Sp. 1149B–1160C: De septem sigillis significantibus septem sta-
tus Ecclesiae. Vgl. zu Anselm Wilhelm BERGES, Anselm von Havelberg in der
Geistesgeschichte des 12. Jahrhunderts. Zu seiner Geschichtstheologie vgl. ebd.
S. 50–54, zur Gliederung Walter EDYVEAN, Anselm of Havelberg and the Theology
of History (Rom 1972), bes. S. 12–35, und Jay T. LEES, Anselm of Havelberg, bes.
Part 2, Chapter 2C: De una forma credendi, S. 172–224.

[68] Wilhelm KAMLAH, Apokalypse und Geschichtstheologie, S. 51, nimmt an, daß
die *Glossa* dabei zum Vorbild für Anselm wurde. Wiederholt wurde diese These von
Walter EDYVEAN, Anselm of Havelberg and the Theology of History, S. 22–24,
bestritten von Jay T. LEES, Anselm of Havelberg, S. 188, Anm. 82. Vermutlich ist
allein die textliche Ausgangsbasis, auf der Lees dieses Urteil fällt, nicht wirklich aus-
reichend. Einen weitergehenden Vergleich über die von Edyvean zitierten Texte
hinaus hat er nicht vorgenommen. Jedoch sind es weniger inhaltliche als vielmehr
äußere Gründe, die gegen eine Abhängigkeit Anselms von der *Glossa* sprechen: was
Beryl SMALLEY, Ralph of Flaix on Leviticus, in: dies., Studies in medieval thought
and learning. From Abaelard to Wyclif (London 1981) S. 49–96, dort S. 59 (zuerst
in: Recherches de théologie ancienne et médiévale 35 [1968] S. 35–82) für Ralph
von Flaix feststellt: [he] „wrote too early to use the *Gloss*, which spread from the
Paris schools in the second part of the twelfth century", dürfte noch nachdrück-
licher auch für den von Paris noch viel weiter entfernten Bischof von Havelberg
gelten, der bereits 1158 starb und so die *Glossa* keinesfalls mehr benutzen konnte.

e) *Die sieben Siegel bei Joachim von Fiore*

Joachim benutzt von den vorgenannten Interpretationsmöglichkeiten der Siegel nur diejenige, die die sieben Siegel als sieben Zeiten erklärt. Gewiß kennt auch er die Reihe der vier beziehungsweise fünf *opera Christi*, wobei in der am weitesten entwickelten (und damit vermutlich spätesten) Form ihres Auftretens das fünfte *opus* die dreifache Gabe des Geistes ist, die mit dem Beginn des Glaubens an Ostern und Pfingsten zur Dreizahl wird, die vier übrigen Werke somit zur Sieben ergänzend: *in primo manet nativitas, in secundo passio, in tertio resurrectio, in quarto ascensio ... in quinto, sexto et septimo donatio Spiritus sancti. Quare in quinto, sexto et septimo? Quia tribus vicibus datus est apostolis Spiritus sanctus, primo quando crediderunt in Christum, secundo in die Pasche* (vgl. Joh. 20,22), *tertio in die Pentecostes. Primo datus est ut preveniret, secundo ut cooperaretur, tertio ut perficeret. Qui enim sic non accipit Spiritum sanctum, perfectus Christianus esse non potest.*[69] Doch werden hier die fünf beziehungsweise sieben *opera* auf sieben *ordines* bezogen, nicht etwa auf die Siegel. Im ersten Teil der *Expositio* nennt Joachim die Stationen im Leben Jesu unter Bezug auf die Vierergruppe Mensch, Kalb, Löwe und Adler aus Offb. 4,6–8,[70] wie sie auch bei Gregor, Ambrosius Autpertus, Haimo und der *Glossa ordinaria* begegnet.[71] Auf die Reihe der vier oder fünf Taten Christi kommt Joachim zwar in vielen seiner Werke zurück,[72] ebenso wie auf die sieben Siegel, doch bringt Joachim nie die einzelnen Taten Jesu mit den Siegeln in Verbindung. Da er sich an einer Stelle, an der er die Stationen des Lebens Jesu aufzählt, wenn auch nicht unter Bezugnahme auf die sieben Siegel, explizit auf Gregor beruft,[73] dürfte diese oft verwendete Kombination ihm

---

[69] *Expositio, Liber introductorius*, fol. 17va, vgl. auch *Enchiridion*, ed. BURGER, S. 72, ed. TAGLIAPETRA, S. 280–282 (die Angaben Tagliapetras stimmen nicht vollständig mit denen Burgers überein, dessen Edition im weiteren als einzige zitiert wird).

[70] *Expositio*, pars I, fol. 26vb. Zur mittelalterlichen Exegese der vier Lebewesen vgl. S. 136, Anm. 26.

[71] Vgl. S. 48f.

[72] So etwa in *De vita sancti Benedicti, Concordia, Expositio, Praephatio, Tractatus* und *Enchiridion*.

[73] *Expositio*, pars I, fol. 48vb. Hier bezieht Joachim fünf Stationen des Lebens Jesu auf die vier Evangelien und die Apostelgeschichte. Das vermeintliche Gregor-Zitat (magnam habet lingua affinitatem cum verbo) geht zwar wahrscheinlich tatsächlich auf diesen zurück, vgl. Gregor I., *Homiliae in Evangelia*, Homilia 30, SL 141, S. 260f., Z. 128f., PL 76, Sp. 1223B: habet cognationem maximam lingua cum verbo (ebenso bei Paterius und Alulf von Tournai). Es wird jedoch von Joachim vermutlich eher nach Bernhard von Clairvaux zitiert, vgl. ders., *Sermones super Cantica*

wohl nicht entgangen sein. Gregor ist der in den Hauptwerken
Joachims am häufigsten zitierte Autor, lange vor Augustinus, Hieronymus oder Ambrosius. Doch trifft es gewiß auch auf Joachim zu, was
Wilhelm Kamlah von den Autoren des 12. Jahrhunderts feststellt,
dort speziell für Rupert: Man zitierte die Patres, doch man benutzte
die unmittelbareren Vorgänger.[74] Es ist ohnedies kaum anzunehmen,
daß Joachim, der die biblische Hermeneutik nicht nur dank seiner
intensiven Lektüre der Schrift und der *intelligentia spiritalis*, sondern
auch (wie zahlreiche Anspielungen auf die exegetische Literatur bezeugen) dank seiner Vertrautheit mit der altkirchlichen wie mittelalterlichen Exegese meisterlich beherrschte, eine derart häufig begegnende
Interpretation wie diejenige der Siegel als Taten Jesu übersehen haben
könnte.[75] Doch war die Vorstellung von den sieben Siegeln als
Stationen vom Anbeginn der Geschichte Israels bis hin zu der Zukunft
der Gläubigen für ihn zu umfassend, um noch weiteres daran darzustellen. Ihr volles Verständnis fand er in seiner Interpretation bereits
erreicht. In Joachims Darstellung der Siegel gibt es nicht nur die
Reihe der Siegel, sondern parallel zu ihr verläuft die Reihe ihrer
Eröffnungen, wobei nicht nur jedes Siegel mit dem vorangehenden
und folgenden Siegel und mit seiner Eröffnung in Berührung steht,
sondern auch die Eröffnungen durch die Ereignisse am Ende der
Reihe der Siegel erst begründet sind. Die Heilstat Christi ermöglicht
die Eröffnung der Siegel, in seiner Auferstehung liegt die Gegenwart
und Zukunft der Gemeinde Jesu, ja, indem Christus die Siegel eröffnet,
beginnt erst ihre Existenz. Das ist historisch gesehen selbstverständlich (erst das Verständnis der Jünger von Tod und Auferstehung Jesu
markiert den Beginn der nachösterlichen Gemeinde). Mit Bezug auf

---

Canticorum, Sermo 81, S. Bernardi Opera 1, S. 291, PL 183, Sp. 1176D: Et hoc
vobis liquido apparere jam arbitror, animam pro ingenita atque ingenua similitu-
dine, quae in his tam eximie claret, non parvam cum Verbo habere affinitatem,
sponso Ecclesiae Jesu Christo Domino nostro, qui est super omnia Deus benedictus in saecula. Amen. – Ebenso könnte es sich bei der gemeinsamen Quelle von
Joachim und Bernhard möglicherweise um ein Florilegium handeln, eine Form, in
der gerade Texte bekannter Autoren fragmentarisch verfügbar waren.
    [74] Vgl. Wilhelm KAMLAH, Apokalypse und Geschichtstheologie, S. 80, zu Joachim
die vorige Anmerkung.
    [75] Wie belesen und enzyklopädisch gebildet Joachim gerade als Exeget der
Apokalypse sei, betont auch Wilhelm BOUSSET, Die Offenbarung Johannis, S. 74.
Beispiele für diese These, die es wert wäre, eigens behandelt zu werden, sind gerade
in Joachims Apokalypsenkommentar äußerst zahlreich; eine Referenzliste zu ihrer
Belegung würde den hier gesetzten Rahmen sprengen. Wo Beispiele im Rahmen
dieser Untersuchung von Bedeutung sind, wird am jeweiligen Ort auf sie eingegangen.

die doppelte Reihe der Siegel und ihrer Eröffnungen ist es ein in dieser Konsequenz nie zuvor zu Ende gedachter Gedanke, der unerwartete Folgen für die Beurteilung der Trinitäts- und Geschichtstheologie Joachims, aber auch die Einordnung von *De septem sigillis* in das Werk Joachims nach sich zieht. Daß, wie oft vermutet wird, der Hauptgedanke der Geschichtstheologie Joachims das in naher Zukunft erwartete Geistzeitalter ist, das die Zeit des Sohnes vollkommen überbiete, und daß dieser für Joachims Theologie grundlegende Gedanke in *De septem sigillis* als einem zweisträngigen Schema, in dem sich jede Spur einer trinitarischen Geschichtstheologie vermissen lasse, noch keinen Niederschlag gefunden habe, scheint nur dann denkbar,[76] wenn man davon ausgeht, daß für Joachim die Öffnung der Siegel ausschließlich die Geschichte des Gottesvolks beinhaltet und dabei den Zusammenhang der Siegel und ihrer Eröffnung mit dem Leben, Leiden und Auferstehung des fleischgewordenen Gottessohnes übersieht: Durch die Heilstat des Gottessohnes werden die Siegel eröffnet, der den Inhalt der Siegel und den ihrer Eröffnungen in einen neuen Kausalzusammenhang stellt, erhält das zuvor linear-zweisträngige Geschichtsbild eine neue Dimension.

Für Joachim wurden die sieben Siegel zum bevorzugten Darstellungsmodus der Konkordanzvorstellung des Neuen und Alten Testaments: In der *Concordia* spricht er von Übereinstimmungen, *que in septem sigillis prioris testamenti et eorum apertionibus novi ... noscuntur.*[77] Was seine Ausgestaltung des Motivs der sieben Siegel bis in die Zukunft hinein möglich macht, ist die Anwendung dieser Konkordanztheorie. Was aber seine Interpretation der sieben Siegel in zwei parallelen Reihen (Siegel und Eröffnung) entstehen ließ und dieser Doppelreihe Struktur und Zusammenhalt verleiht, der über die Gestalt zweier lose zusammenhängender Aufzählungsreihen weit hinausgeht, ist bei seinen Vorgängern in keiner Weise vorausgebildet. Dennoch bedient

[76] So noch Bernard McGINN, The Calabrian Abbot, S. 34: „The short piece known as *De septem sigillis* summarizes the double persecutions of the two Testaments figured in the seven seals in a fashion so totally dependent on the pattern of two eras that it suggests this is an early work." Er verweist dabei auf Marjorie REEVES, The seven seals, S. 231. Tatsächlich bezeichnet Marjorie Reeves *De septem sigillis* im Gegenteil ausdrücklich als ein Spätwerk Joachims (ebd. S. 230), so daß McGinns Theorie sich nur aus einer Verlesung erklärt. Daß in *De septem sigillis* jeder Hinweis auf den dritten *status* fehle, wiederholt McGinn noch in der Neuauflage von Visions of the End. Apocalyptic Traditions in the Middle Ages (Records of Civilisation. Sources and Studies 96, New York ¹1979, ²1998) S. 131, Anm. 33.

[77] *Concordia, Praephatio,* fol. 4vb.

sich seine Exegese, ob ausgesprochen oder unausgesprochen, in vielen
Fällen und gerade für die theoretische Grundlegung seiner trinitarischen Geschichtsdarstellung in den Siegeln eben dieser exegetischen
Tradition, verwendet ihre Ergebnisse wie Steinchen eines Mosaiks
zur Komposition jener Bilder, die vor seinem inneren Auge schon
vorgezeichnet sind.

DAS ERSTE SIEGEL UND SEINE ERÖFFNUNG: GRUNDLEGUNG

a) *Die Ereignisse des ersten Siegels und seiner Eröffnung*

Das erste Siegel, der Beginn der Geschichte Gottes mit seinem Volk, beginnt mit der Volkwerdung Israels und beinhaltet die Erzählungen über die Patriarchen Abraham, Isaak und Jakob, ihre Kinder und Kindeskinder. Geschichte im Licht der Eschatologie ist Geschichte Gottes mit den Menschen nicht als Einzelwesen, sondern als Volk Gottes; sie beginnt darum hier nicht bereits mit der Schöpfung. Zug um Zug, Bild für Bild ersteht das Werden des Gottesvolks vor dem Leser. Der Aufenthalt der Kinder Israel in Ägypten und ihr Auszug unter Mose und Aaron mit der Verfolgung des Pharao und der Überschreitung des Schilfmeers ist die nächste Station, darauf folgt die Stiftung des Gesetzes am Berg Sinai, Moses und Aaron, die Wahl der zwölf Ersten und 72 Ältesten. Beschlossen wird das Siegel mit der Übernahme des Erbes, nämlich des verheißenen Landes, durch die fünf und sieben Stämme, und durch den Tod Josuas.

Zur Eröffnung des ersten Siegels gehört zunächst der Anfang des Lukasevangeliums und die Erzählungen über Zacharias und seinen Sohn Johannes, von dem Christus getauft wurde, über die Geburt und das Leiden Christi, die ersten zwölf Apostel und die 72 späteren Jünger, aber auch die Apostelgeschichte des Lukas. Dort wird von der Trennung der Gläubigen von der Synagoge berichtet, dem Kommen des heiligen Geistes und von Paulus und Barnabas, den beiden letzten Aposteln, die zu den ersten Aposteln der Heidenvölker wurden. Mit dem Tod des Evangelisten Johannes endet die erste Siegelöffnung. Auf sie bezieht sich der erste Teil der Apokalypse, in dem Johannes von seiner Vision am Herrentag erzählt, entsprechend der Geschichte gewordenen Offenbarung des Heilshandelns Gottes, die am Auferstehungstag des Herrn ihren Anfang nahm. Schließlich ist für die erste Siegelöffnung noch die Gründung der fünf Patriarchate und die der sieben Gemeinden zu nennen, die im ersten Teil der Apokalypse erwähnt sind.

b) *Grenzen und Charakterisierung des ersten Siegels*

Im *Liber introductorius* der *Expositio in Apocalypsin* wird das erste Siegel wie folgt geschildert: *Tempus primi sigilli ab Iacob patriarcha usque ad Moysen et Iosue.*[1] Wenige Zeilen danach wird diese Zeit genauer bestimmt: *In tempore primi sigilli habuit conflictum Israel cum Egiptiis, qui eum multis doloribus affligentes servitutis quoque vinculo compeditum tenebant, ita ut non liceret ei egredi ad explenda iussa Domini in desertum nec cessare ab operibus laterum que sibi indixerat rex Egipti.*[2] Der Unterschied zum Wortlaut von *De septem sigillis*, der das erste Siegel schon mit Abraham beginnen läßt, nicht aber erst mit dem dritten der Patriarchen, wird hier deutlich, indem hier nur auf die Situation des Konflikts Israels mit Ägypten rekurriert wird, der frühestens mit dem Zuzug der Sippe des greisen Jakob in das Land Gosen beginnt. Das Ende des ersten Siegels ist in *De septem sigillis* mit dem Tod Josuas, in der *Expositio* alternierend auch mit dem Moses' und Josuas und der Generation der Auswanderer markiert: *Perseveravit ergo primum sigillum usque ad obitum Iosue et universe generationis illius, que egressa est in patribus ex Egipto.*[3] Einige Seiten weiter läßt Joachim die Zeit des ersten Siegels schließlich ebenso wie in *De septem sigillis* mit Abraham beginnen.[4] Im Unterschied zu der ersten Erwähnung der Siegel ist hier von *tempora* anstelle von *conflictus* und *bella* als Inhalt der Siegel die Rede: So können auch Phasen der Geschichte des Volkes Israel in die Betrachtung einbezogen werden – wie etwa die doch jedenfalls nicht unbedeutende Zeit der Patriarchen –, die nicht vornehmlich durch kriegerische Auseinandersetzungen oder Glaubenskonflikte charakterisiert sind

---

[1] *Expositio, Liber introductorius*, fol. 6va. Der Apokalypsenkommentar Joachims, von dessen Einteilung im Zusammenhang mit Joachims Einteilung der Apokalypse die Rede sein soll, ist in eine Einführung und acht exegetische *partes* geteilt, die jedoch nicht in der vorliegenden Reihenfolge nacheinander entstanden, sondern der Arbeitsweise Joachims entsprechend in unterschiedlichen Phasen, so daß der späteste Teil nach jüngsten Erkenntnissen wahrscheinlich der *Liber introductorius* ist, der abschließend die verschiedenen früheren Einleitungen, die zum Teil separat überliefert sind, ersetzen sollte. Der *Liber introductorius* findet sich in der Venetianer Edition fol. 1ra–26va, die acht Teile des Kommentars fol. 26va–99rb (I), 99rb–123rb (II), 123rb–153ra (III), 153ra–177rb (IV), 177rb–191va (V), 191va–209vb (VI), 209vb–213rb (VII) und 213rb–224rab (VIII).

[2] *Expositio, Liber introductorius*, fol. 6vb. Beide Stellen finden sich ähnlich im *Enchiridion*, ed. BURGER, S. 32f.

[3] *Expositio, Liber introductorius*, fol. 7ra.

[4] *Expositio, Liber introductorius*, fol. 9vb.

und für die eine derartige Kennzeichnung daher unzutreffend wäre. Der Wechsel der Terminologie erleichtert also vor allem den Überblick über die Abläufe.[5]

Dieselbe Einteilung liegt zugrunde, wenn Joachim im zweiten Teil der *Expositio* von der Öffnung des ersten Siegels spricht, die Christus in seiner Auferstehung vornimmt und so den Schleier vor den Ereignissen des ersten Siegels, von Abraham bis zu den Geschichten von Josua und Kaleb, hinwegnimmt.[6] Dieser friedliche, im Vergleich mit den anderen Zeiten konfliktarme Charakter, den das erste Siegel, hier mit Abraham beginnend, aufweist, hat noch eine weitere Ursache und Bedeutung. Denn die vier ersten Siegel und ihre Eröffnungen,

---

[5] *Expositio, Liber introductorius*, fol. 3va thematisiert die *bella* Israels und der Kirche, fol. 4r die einzelnen *bella* Israels und nennt seine Kontrahenten. Fol. 6va–7rb zählt die Konflikte der Israeliten und die der Kirche als Siegel und Eröffnung. Fol. 16va nennt fünf *bella* der einzelnen *ordines* und einen sechsten, allgemeinen, der am sechsten Tag den Übergang zur Ruhe einleiten wird. Zwar ist in der *Expositio* auch außerhalb des *Liber introductorius* von Konflikten und Kriegen die Rede, doch begegnen sie sonst nicht als Synonym für eines der Siegel. Ihren tendenziell negativen Charakter verlieren die Zeiten der Siegel und mithin die gesamte Geschichte Israels und der Kirche dennoch nie. So kann Joachim in der *Expositio* dreimal explizit von den sechs *tempora laboriosa* sprechen, die den sechs Welttagen von Abraham bis Johannes dem Täufer oder den ersten sechs Teilen der Apokalypse entsprechen. Noch häufiger spricht er von den *labores* dieser Zeiten. Doch leidet das Gottesvolk nicht grundlos: Der Urheber jeder Prüfung ist der Allmächtige, ihr Ziel ist es, die Bußfertigkeit des Gottesvolks hervorzurufen und die Unbußfertigkeit der *reprobi* klar hervortreten zu lassen (*Expositio*, pars V, fol. 186va–b). *Tempora* jedoch steht gewöhnlich nicht allein, sondern bezeichnet zusammen mit einem Bezugswort beispielsweise die Zeiten des zweiten *status*, die Zeit eines Siegel oder einer Eröffnung, eine Maßnahme, die deutlich größerer Klarheit dient. Wenn Joachim so *Expositio, Liber introductorius*, fol. 4ra über das Bild der Siegel sagt: Erat enim, ut iam dixi, testamentum vetus ab Abraham patriarcha usque ad Christum septem signaculis involutum, quia septem specialia prelia temporibus et figuris distincta. In quibus ecclesiastica bella et spiritalia sanctorum prelia laboresque signantur, so stellt dies gewissermaßen den Ausgangspunkt seiner Überlegungen dar, demnach die Siegel als Ganze zwar für *prelia* stehen (nicht untypischerweise bedeutet Geschichte für Joachim im wesentlichen Kampf und Erwartung), doch dienen hier schon die unterschiedlichen Zeiten und Gestalten der Siegel als Unterscheidungsmerkmale, die als Gliederungshilfen verwendet werden. Eine (früh anzusetzende) Unterscheidung in Repräsentanten der Hoch- oder Übergangszeiten, wie sie Matthias KAUP, *De prophetia ignota*, S. 32 und öfter vornimmt, vor allem wenn es sich um politische, nicht geistliche Figuren handelt, halte ich hingegen für verzichtbar, zumal es Joachim meistens um letztere ging. Allgemein relativiert Joachim in *De septem sigillis* die Anwendbarkeit genauer Grenzlinien am Ende des fünften Siegels. Das dort angesprochene Modell von *initiatio* und *clarificatio* führt eine einschichtige Feldeinteilung, wie sie auf Joachims Geschichtstheologie vielfach noch angewandt wird, ad absurdum.

[6] *Expositio*, pars II, fol. 114ra.

so Joachim hier, gleichen den vier Tieren, die Daniel in seinen Nachtgesichten erblickt.[7] Sie steigen aus dem Meer herauf, um schreck-
lich zu wüten. Dem ersten Tier, einem Löwen mit Adlerflügeln,
werden jedoch die Flügel ausgerissen, so daß seine furchtbare Macht
gemindert wird,[8] das vierte wütet später um so wilder. Diese abge-
schwächte und im Vergleich schwächere Bedrohung, begründet in
der Schwächung des ersten Tieres, gilt für das erste Siegel in gleicher
Weise wie für seine Eröffnung. Der Zeit der Patriarchen entspricht
die Zeit der Urkirche: Beide sind durch eine besondere Nähe Gottes
zu den Menschen gekennzeichnet sind und enthalten eine längere
konfliktfreie Zeitspanne als die drei folgenden Siegel.

Hierzu paßt, daß in Offb. 6,1f. auf die Eröffnung des ersten Siegels
das Erscheinen des weißen Pferdes und seines Reiters folgt. Dieser
Reiter, der in der *Expositio* von Joachim wie anderen vor ihm vor
allem auf den siegenden Christus bezogen wird,[9] bedeutet für ihn
jedoch nicht nur die Verheißung des zukünftigen Sieges des Gottessohnes, sondern auf das erste Siegel bezogen stellt der Reiter des
weißen Pferdes vor allem eine Personifizierung des erfolgreichen Aus-

---

[7] *Expositio*, pars II, fol. 116ra: Illud vero in presenti loco memorandum existimo,
quod quatuor ille bestie, quas sese sanctus Daniel in visu noctis conspexisse describit, quatuor prelia ista designant, excepto quod in primo sigillo, ut Christi mentio
fieret, prima bestiarum suppressa est, quarta vero que terribilis erat, et dissimilis
ceteris, vgl. Dan. 7,1–12.
[8] *Expositio*, pars IV, fol. 163ra werden diese beiden Flügel als Sadduzäer und
Pharisäer gedeutet, die nach der Überwindung des Tieres durch das römische Heer
dem Verderben anheimfallen. – In der Tat verloren nach der Zerstörung des
Tempels bei der Einnahme Jerusalems durch Titus im Jahre 70 besonders die an
den Tempelkult gebundenen Gruppierung der Sadduzäer, aber nach dem Bedeu-
tungsverlust des Synhedriums und dem allgemeinen Zusammenbruch der Jerusalemer
Kultgemeinde auch die Pharisäer an Bedeutung zugunsten einer neuen Form jüdischer Frömmigkeit, vgl. Martin NOTH, Geschichte Israels (Göttingen [1]1950, [9]1981)
S. 395–399.
[9] *Expositio*, pars II, fol. 114ra: Equus albus cui presidet Christus ipse est primi-
tiva ecclesia, ipse est primitivus electorum exercitus. In der frühen Kirche bezeichnet Victorin von Pettau, *Scholia in Apocalypsim Johannis*, PL 5, Sp. 328D das weiße
Pferd als verbum praedicationis cum Spiritu sancto in orbem missum. Ihm folgt
wörtlich der unbekannte Autor der pseudoaugustinischen Homilien (Cäsarius von
Arles?), PL 35, Sp. 2426. Später identifizieren Haimo in seinem Apokalypsenkommentar, PL 117, Sp. 1124A, *Glossa ordinaria*, In Apocalypsin B. Johannis, ed.
RUSCH, vol. 4, S. 556f. in marg., PL 114, Sp. 721CD, aber auch Rupert von Deutz,
De sancta Trinitate et operibus eius [De operibus Spiritus sancti], CM 24, S. 1952, Z. 572f.,
Sources Chrétiennes 165, S. 170, PL 167, Sp. 1682CD, und Anselm von Havelberg,
Dialogi, lib. I, cap. 7, Sources Chrétiennes 118, S. 68f., PL 188, Sp. 1149C das
weiße Pferd als die (durch die Taufe reingewaschene) Kirche und seinen Reiter als
Christus. Vgl. S. 101, Anm. 12.

zugs des Volkes Israel und die ruhmreiche Einnahme des gelobten
Landes dar, parallel dazu in der Eröffnung des Siegels aber auch
die Konstituierung der ersten Gemeinde.[10] Noch ist kein Sieg erfoch-
ten – der Übergang über den Jordan, die Bewährungsprobe der
Gemeinde in der Verfolgung steht noch bevor –,[11] doch der Lauf
des weißen Pferdes und seines Reiters, der auszieht, um zu siegen
(Offb. 6,2), hat begonnen.

Unter dem Aspekt der Geschichtsmächtigkeit Gottes ist diese
Milderung des Schreckenscharakters des ersten Siegels vor allem
dadurch begründet, daß die Zeit der Eröffnung des ersten Siegels
bestimmt wird durch das Kommen des Gottessohnes, der das Licht
der Welt ist und dessen Schein sie nicht unberührt läßt. Für eine
ähnliche Charakterisierung des ersten Siegels gibt es jedoch keinen
vergleichbaren Anlaß. Die erste *apertio* gewinnt ihre Besonderheit –
die direkte Berührung des Göttlichen mit der Geschichte – nicht aus
ihrer parallelen Stellung zum ersten Siegel, sondern aus dem großen Ereignis, daß Gott Mensch wird, und aus dem besonderen
Verhältnis der ersten *apertio* zum Ende der Siegelreihe, das den Übergang vom Alten ins Neue Testament begründet.

Den zwölf Patriarchen und zwölf Aposteln folgen Moses und Aaron
wie zu ihrer Zeit Paulus und Barnabas. Als Nachfolger der Erstgenannten tritt Josua auf, auf Paulus und Barnabas folgt Johannes,
der jüngste der Apostel. Die Schilderung von *De septem sigillis* entspricht dabei vollkommen derjenigen der *Expositio*. Hinzu kommt dort
lediglich eine doppelte Entsprechung Johannes' durch Joseph und
Josua.[12] Indem Joseph einer der Patriarchen ist, so wie Johannes
einer der Apostel, ist diese Doppelung begreiflich. Da Josua zum
Haus Joseph gehört, liegt für Joachim diese Verschmelzung nahe.[13]
Das Ende des ersten Siegels wird durch den Tod Josuas markiert,
das Ende seiner Eröffnung durch den Tod des Evangelisten Johannes.
Die chronologische Orientierung der Siegel läßt es nicht zu, daß
Joseph zusammen mit Josua dem Apostel Johannes entspricht, da er

---

[10] *Expositio, Liber introductorius*, fol. 7ra–b.
[11] *Expositio, Liber introductorius*, fol. 7rb.
[12] *Expositio, Liber introductorius*, fol. 7rb; fol. 20va: Miro autem modo unus Iohannes habet concordiam cum duobus, Ioseph videlicet et Iosue, quia sicut Ioseph unus fuit de duodecim patriarchis, ita Iohannes unus fuit de duodecim apstolis. Et sicut Ioseph consurrexit pro Ioseph in tribu sua et divisit septem tribubus hereditatem, ita Iohannes septem ecclesiis spiritalem ut iam dixi hereditatem divisit.
[13] Vgl. *Expositio, pars I*, fol. 62va.

älter und zur Zeit der Landnahme längst Vergangenheit ist. Ausdrücklich spricht Joachim von dem Entschlafen des Evangelisten, womit er nicht nur seine Identität als die des Evangelisten (im Gegensatz zu dem Täufer) betont, sondern vor allem die Tatsache hervorhebt, daß der Evangelist die Apostelgeneration überlebte und erst später in Kleinasien, im Bereich der griechischen Kirche, starb.[14] Auch bezeugt das lange Leben des jüngsten Jüngers, dessen Ölmartyrium für Joachim nur mehr seine enge Verbindung mit dem heiligen Geist bestätigt,[15] seine gleichzeitige Zugehörigkeit zum zweiten

----

[14] Die Mehrheit der katholischen und apokryphen Quellen beschreibt die lange Wirkungszeit des Johannes in Ephesus. Die meisten berichten, daß er dort auch starb. Schon im Osterstreit mit Victor von Rom (180–198/199) berief sich Polykrates von Ephesus auf die Grablege des Johannes in Ephesus, wie Euseb bezeugt, vgl. Richard Adelbert Lipsius, Die apokryphen Apostelakten und Apostellegenden. Ein Beitrag zur altchristlichen Literaturgeschichte 1 (Braunschweig 1883) S. 348–354, 489–505. Für Joachim ist diese Tradition von besonderer Bedeutung, denn das Verbleiben des Evangelisten in Ephesus ist relevant für die Rolle, die die Gestalt des Johannes in Joachims Trinitätstheologie übernimmt. Dabei entspricht Johannes dem heiligen Geist, Petrus und Paulus aber Vater und Sohn, vgl. *Expositio, Liber introductorius*, fol. 21va–b. Allerdings ist *dormitio* nicht zwingend einem natürlichen Tod gleichzusetzen, da *Expositio, Liber introductorius*, fol. 25rb auch von der *dormitio* des Täufers die Rede ist, die bekanntlich keine friedvolle war. Den natürlichen Tod des Evangelisten betont Joachim ebd. fol. 26ra. *Expositio*, pars I, fol. 47va deutet Joachim an, daß Johannes vom Märtyrertod verschont blieb, wenn er auch ebd. fol. 77ra seine Gemeinschaft im Leiden mit Petrus hervorhebt.

[15] *Expositio*, pars III, fol. 145rb: Non enim preter causam misterii beatus Iohannes examinatus Rome missus est in dolio ferventis olei et tamen vivus exiens inde redditus est Ephesi, unde adductus fuerat. Nec ob aliam causam id factum esse reor, quam ut intelligamus monachorum ordinem, quem designat Iohannes, a Grecis pervenisse ad Latinos, qui tamen ubi manens aliquandiu apud eos liberabitur Spiritu sancto, ut vivat in Christo, revertetur ad eum populum, de quo venit ad nos, permansurus in eodem populo usque in finem. Die früheste unter den bekannten Erwähnungen des Ölmartyriums des Apostels findet sich bei Tertullian, *De praescriptione haereticorum*, cap. 36, Sources Chrétiennes 46, S. 138, Z. 13f., SL 1, S. 216f., Z. 12f., CSEL 70, S. 46, Z. 13–15, PL 2, Sp. 49B: Apostolus Joannes, posteaquam in oleum igneum demersus nihil passus est, in insulam relegatur. Ihr folgt Hieronymus, *Commentaria in Matthaeum*, lib. III, Sources Chrétiennes 259, S. 94, Z. 130–134, SL 77, S. 178, Z. 1074–1078, PL 26, Sp. 143C: Sed si legamus ecclesiasticas historias, in quibus fertur, quod et ipse propter martyrium sit missus in ferventis olei dolium, et inde ad suscipiendam coronam Christi athleta processerit, statimque relegatus in Pathmos insulam sit, und *Adversus Iovinianum*, PL 23, Sp. 247C: Refert autem Tertullianus, quod Romae missus in ferventis olei dolium, purior et vegetior exiverit, quam intraverit. Diese Formulierung, die auch Joachim übernimmt, scheint jedoch weniger Tertullian als vielmehr den apokryphen Johannesakten entnommen, die den Sammlungen des Leucius, des „Abdias" oder der *Passio Iohannis* des Melito von Laodikeia zugrundeliegen. Da Tertullian das Ölmartyrium in Rom, Leucius wahrscheinlich in Ephesus ansiedelt, schöpft Tertullian hier aus einer weiteren Quelle. Wie bekannt das Ölmartyrium des Apostels von der christlichen Antike bis ins Mittelalter hinein blieb, belegen Victor von Capua, *Catena in quatuor evangelia*, PL 68, Sp. 359B, Rabanus Maurus, *Commentaria in Matthaeum*, PL 107, Sp. 1032A, Beda,

und noch verborgenen dritten *status*, die er mit Christus gegenüber Johannes dem Täufer und Petrus gemein hat.[16]

c) *Zukunft in Zahlen: Eine relevante Rechnung*

Eines der beiden Textbeispiele, die Marjorie Reeves in ihrer Behandlung von *De septem sigillis* als bemerkenswert erwähnt, ist das Ergebnis des Wirkens dieser ersten großen Gestalten in der Geschichte des Volkes Israel und der Kirche: die Landnahme der fünf und sieben Stämme und die Gründung der fünf und sieben Ortskirchen.[17] Dieses Motiv, das innerhalb der Werke Joachims in verschiedenen Ausführungen begegnet, ermöglicht erstaunlich vielfältige Ausblicke auf die Entwicklung, Ausführung und schrittweise Veränderung seiner Geschichtstheologie.[18]

Expositio in Evangelium S. Matthaei, PL 92, Sp. 98B, Haimo, *Expositio in Apocalipsin*, PL 117, Sp. 1067B, die *Glossa ordinaria*, Evangelium secundum Matthaeum, ed. Rusch, vol. 4, S. 64 in marg., PL 114, Sp. 151A und Bruno von Segni, *Commentaria in Matthaeum*, PL 165, Sp. 240A. Zu den Apostelakten vgl. Richard Adelbert Lipsius, Die apokryphen Apostelakten und Apostellegenden, S. 131, 175, 409.

[16] *Expositio, Liber introductorius*, fol. 23rb. Die Statuszugehörigkeit Johannes' präzisiert Joachim *Expositio*, pars I, fol. 93ra, indem er erklärt, daß Johannes Paulus sowohl vorangeht als auch folgt, und er bezieht dies auf das Wirken der beiden in Jerusalem und Ephesus, wobei in Jerusalem Johannes, in Ephesus Paulus vorangeht. Diese schillernde Reihenfolge entspricht, was hier nicht explizit genannt wird, der in einem eigenen Kapitel behandelten trinitarischen Entsprechung beider als typologische Darstellungen des heiligen Geistes und des Sohnes, und den – hier ausdrücklich angeführten – wechselnden Machtverhältnissen der Stämme Benjamin und Joseph (fol. 62rb). – Allgemein ist darauf zu achten, daß der Unterschied zwischen den Parteien Petrus (römische Kirche) – Johannes (griechische Kirche); Petrus (*vita activa*) – Johannes (*vita contemplativa*), vgl. *Expositio*, pars II, fol. 103va; Petrus (Vater) – Paulus (Sohn) – Johannes (heiliger Geist); Petrus (zweiter *status*) – Johannes (zweiter und dritter *status*); Petrus (Hebräer) – Jakobus (Griechen) und Johannes (Lateiner), vgl. *Expositio*, pars III, fol. 137rb, recht verstanden wird und diese unterschiedlichen Deutungen nicht etwa in einer für Joachim unzulässigen Weise miteinander vermischt werden, die zu falschen Schlüssen oder Wertungen führen könnte: Quod enim in illo misterio Maria, hoc in isto Petrus designat, et quod in illo Petrus et Ioannes, hoc in isto Iacobus et Ioannes, *Expositio*, pars III, fol. 137va. Zu Petrus und Johannes vgl. auch S. 89, Anm. 87.

[17] Marjorie Reeves, The seven seals, S. 229.

[18] Für die symbolische Bedeutung der Zahlen fünf und sieben gibt es zahlreiche Beispiele, die auch Joachim kennt und oft nennt, wie etwa die sieben Gaben des Geistes, die fünf Sinne oder die Werke Christi. Es ist jedoch bislang kein anderes Beispiel dafür bekannt, daß die Zwölfzahl als Summe aus fünf und sieben thematisiert wird, zu der sich die fünf Patriarchate und die sieben Adressatengemeinden der Sendschreiben addieren oder als Summe aus fünf und sieben den Stämmen Israels parallelisiert werden, vgl. auch Heinz Meyer, Rudolf Suntrup, Lexikon der mittelalterlichen Zahlenbedeutungen.

Es mag auf den ersten Blick erstaunlich erscheinen, daß ein reines Rechenexempel, die Darstellung verschiedener Zahlengruppen in den Spalten einer Tabelle für mittelalterliches Denken Gottes Handeln in der Geschichte abbilden kann. Doch es ist nicht nur für Joachims Zeit beispielhaft, die den Zahlen symbolische Bedeutung innewohnen läßt und durch die in ihnen versinnbildlichten Gegenstände den Zahlen eine weit höhere Bedeutung als die eines bloßen Sinnbilds verleiht (Jacques Le Goff hat den mittelalterlichen Menschen als im Bann der Zahl stehend bezeichnet),[19] sondern gerade auch für Joachims eigenes Denken, das sich sehr oft in Bildern und graphisch-geometrischen Figuren abbildet und an ihnen entlang entwickelt.

In *De septem sigillis* wird als letztes Ereignis des ersten Siegels die Inbesitznahme des Erbes, nämlich des verheißenen Landes, durch fünf und sieben Stämme des Volkes Israel genannt, wobei fünf Stämme zuerst, sieben Stämme erst danach das Versprochene erlangen.[20] Parallel dazu steht am Ende der Geschehnisse, die für die Zeit der Eröffnung dieses Siegels genannt sind, die Gründung der fünf Hauptkirchen, nämlich der Patriarchate, und der sieben Gemeinden in Asien, der Adressaten der apokalyptischen Sendschreiben. Grundlage für diese Einteilung der zwölf Stämme des Volkes Israel sind die alttestamentlichen Erzählungen von der Inbesitznahme des verheißenen Landes.[21] Dort wird von der Landnahme der Stämme berichtet.

---

[19] Jacques Le Goff, Der Mensch im Mittelalter (Frankfurt 1996) S. 7. Zur Bedeutung von Zeitrechnung und Zahlen im Mittelalter vgl. auch Arno Borst, Computus – Zeit und Zahl im Mittelalter, Deutsches Archiv für Erforschung des Mittelalters 44 (1988) S. 1–82, darin über das 12. Jahrhundert S. 44f.

[20] Entsprechend zählt die Inbesitznahme des verheißenen Landes an Parallelstellen im Werk Joachims zu den Ereignissen des ersten Siegels. Zwar wird in dem mit *De primo signaculo* überschriebenen Absatz im zweiten Teil des dritten Buches der *Concordia*, fol. 38va–39rb nur die Gruppe der sieben Stämme mit der der sieben Kirchen verglichen, doch ist dieses Kapitel ohnehin keine vollständige Aufzählung der Ereignisse des ersten Siegels. Im *Enchiridion*, ed. Burger, S. 32, 35, endet das erste Siegel mit dem Tod Moses. Von fünf und sieben Kirchen ist auch im *Enchiridion* die Rede, ed. Burger, S. 81 (auch hier im Zusammenhang mit dem Jesajawort Kap. 19,18 von der *civitas solis*), jedoch nicht im Zusammenhang mit den Stämmen Israels oder dem Inhalt des ersten Siegels. In ähnlicher Weise wird die Aufteilung der Stämme *Expositio, Liber introductorius*, fol. 20vb thematisiert, allerdings ohne die Parallele der Kirchen und Bezugnahme auf die Siegel.

[21] Jos. 13–19 bzw. 22. Zu den biblischen Berichten über die Landnahme vgl. die grundlegenden Arbeiten von Carl Steuernagel, Die Einwanderung der israelitischen Stämme in Kanaan (Berlin 1901), Martin Noth, Das System der Zwölf Stämme Israels, Beiträge zur Wissenschaft vom Alten und Neuen Testament 4/1 (Stuttgart 1930, Nachdruck Darmstadt 1966), sowie die Fortentwicklung seiner Thesen

An neun Stämme und den halben Stamm Manasse sei das Land noch zu verteilen (Jos. 13,8). Die Stämme Ruben, Gad und der halbe Stamm Manasse sind zu diesem Zeitpunkt bereits im Besitz ihrer Gebiete (Jos. 13,9–32). Danach beginnt sich eine weitere Einteilung herauszukristallisieren: Die ersten Stämme, die namentlich als Empfänger weiteren Landbesitzes genannt werden, sind – außer Manasse, Ruben und Gad – Juda und Ephraim (Jos. 15–17). Schließlich wird anläßlich eines Landtags zu Silo festgestellt, daß sieben Stämme noch kein Land in Besitz genommen haben, die deshalb als säumig getadelt werden, wonach das Los zunächst für Benjamin fällt und daraufhin das zweite bis siebte Los an die übrigen Jakobssöhne Simeon, Sebulon, Issachar, Asser, Naphthali und Dan ergeht (Jos. 18–21).

Diesem Bericht entspricht Joachims Darstellung der Landnahme, wie er sie in der *Expositio* darlegt: *Filios autem Israel fuisse duodecim scripture divine auctoritate didicimus. Ut ergo propheticum illud compleretur in nobis, quinimmo ut testamentum sequens concordaret priori, eo ordine oportebat in testamento novo duodecim fundari ecclesias, quo duodecim quondam tribus Israel in possessionibus obtinendis distribute leguntur. **Ruben** sane et **Gad** et dimidia tribus **Manasse** citra fluenta Iordanis, ad plagam scilicet orientalem, reliqua vero pars **Manasse** cum **Effraim** et **Iuda** ex alia parte fluminis deputate sunt. Et tribus equidem quinque, que maiores inter ceteras videbantur, tam certo mediante termino possessionibus suis locate sunt, septem vero relique tribus, que necdum hereditatem acceperant, ut inter se sorte dividerent terram mandatum novissime perceperunt.*[22]

Zum Verständnis des alttestamentlichen Berichtes ist zu fragen, wie es zu diesen alternierenden Einteilungen in fünf und sieben oder aber neuneinhalb und zweieinhalb Stämme kommt. Die Einleitung der Landnahmeerzählung nennt neun Stämme und den halben Stamm Manasse, denen noch Landbesitz zuzuteilen ist (Jos. 13,8). Der Neueinsatz der Zuteilung bezeugt offenkundig die Erinnerung an eine andere, spätere Phase der Landnahme. Juda und das Haus

---

in: ders., Geschichte Israels, §§ 5–8, S. 55–104, Rudolf SMEND, Das Gesetz und die Völker. Ein Beitrag zur deuteronomistischen Redaktionsgeschichte, in: Hans Walter WOLFF (Hg.), Probleme biblischer Theologie. Gerhard von Rad zum 70. Geburtstag (München 1971) S. 494–509, dort S. 497–500. Zur Geschichte der Amphiktyoniethese vgl. Otto BÄCHLI, Amphiktyonie im Alten Testament. Forschungsgeschichtliche Studie zur Hypothese von Martin Noth (Theologische Zeitschrift, Sonderband 6, Basel 1977).

[22] *Expositio*, pars I, fol. 28ra.

Joseph bleiben in ihren Gebieten im Süden und Norden, die sie
bereits bezogen haben. Levi als Priesterstamm fällt kein Land zu
(Jos. 13,15.33). Gad, Ruben und eine Hälfte des Stammes Manasse
haben ihr Land bereits. Die sieben säumigen Stämme, denen erst
durch das Los ihr Land zufällt (Jos. 18,11–19.48), sind Benjamin,
Simeon, Sebulon, Issachar, Asser, Naphthali und Dan. Diese sieben
Stämme, denen die Inbesitznahme zum Zeitpunkt der erzählten
Begebenheit von Silo noch bevorstehen soll, sowie Gad und Ruben,
deren Landnahme zwar, getrennt von den vorgenannten, als abgeschlossen betrachtet wird, jedoch offensichtlich noch nicht so lange
zurückliegend und so endgültig wie die des Hauses Joseph (ohne die
zweite Hälfte Manasses) und des Stammes Juda, sind die neun, die
zusammen mit dem halben Stamm Manasse noch Land zugeteilt
bekommen sollen. Ohnedies ist das Zusammengehen der Rubeniter,
Gaditer und des halben Stammes Manasse eine häufig beschworene
Erinnerung, die wohl auf historische Konstellationen zurückgeht.[23]
Es gibt demnach mit großer Wahrscheinlichkeit zwei sich überschneidende Einteilungen der Stämme während der verschiedenen Stadien
der Landnahme, an die hier eine Erinnerung erhalten ist, wobei einmal Ruben, Gad und der halbe Stamm Manasse, einmal Juda,
Ephraim und die zweite Hälfte des Stammes Manasse eine Gruppe
bilden, deren Landnahme je einen abgeschlossen Prozeß bildet.
Dabei wird die Landzuteilung an Ruben, Gad und halb Manasse
als durch Mose vorgenommen geschildert und damit als früh pro-
klamiert, während später die Seßhaftigkeit Judas, Ephraims und halb
Manasses zwar als bereits seit langem eingetreten erscheint, sie aber
dennoch an Josua herantreten, um das ihnen zugefallene Los korrigieren zu lassen. Sie bilden damit eine spätere Schicht innerhalb
dieser ersten Gruppe, die zu Beginn der Landnahmeerzählung zu
den sieben hinzukommt, die noch keinen Landbesitz haben, beim
Neueinsatz der Landnahmeberichte aber zu den bereits Seßhaften
zählen. Sie stellen also eine Zwischengruppe dar, die näher zur
Gruppe derjenigen gehört, die als erste Land in Besitz nahmen,
innerhalb dieser Gruppe aber die späteren sind, während die übrigen sieben zuletzt mit einem einzigen Losvorgang und zur gleichen
Zeit ihre Grenzen festlegen.

Eine Wertung, welche der Phasen der Landnahme von höherer
Qualität als die andere erachtet wurde, lassen die biblischen Berichte

---

[23] Martin NOTH, Geschichte Israels, S. 62f.

nicht erkennen, wenn man nicht die Erwähnung des Säumens der zweiten Gruppe als solche auffaßt (Jos. 18,3). Zwar stellte diese letzte Losaktion Abschluß und Vollendung der Landverteilung dar, aber sie war in keiner Weise vollkommener als die früheren Vorgänge der Inbesitznahme einzelner Landesteile durch die verschiedenen Stämme.

Soweit bekannt, hat kein Kirchenschriftsteller vor Joachim den zwölf Stämmen und den unterschiedlichen Phasen der Landnahme ähnliche Überlegungen gewidmet, so daß die Bedeutung dieser Einteilung und der Folgerungen, die Joachim von ihr ausgehend vornimmt, als originäre Gedanken Joachims aufgefaßt werden können und darum in ihr ein für die Entwicklung seines Geschichtsbilds charakteristischer, weil authentischer und ursprünglicher Zug liegen muß.

Den zwölf Stämmen entsprechen in der Eröffnung des ersten Siegels fünf und sieben nicht weiter bezeichnete Kirchen, mit denen die fünf altkirchlichen Patriarchate und die sieben Gemeinden, die als Adressaten der apokalyptischen Sendschreiben angesprochen werden, gemeint sind. Auch eine solche Parallelisierung dieser beiden höchst unterschiedlichen Gruppierungen, gar in Verbindung mit der Landnahme der Stämme Israels, ist in der Kirchengeschichte und ihrer Historiographie und Deutung wohl ohne Beispiel. Anders als im Fall der zwölf Stämme gibt es keine übergreifende Einheit, die die Gruppe der fünf Kirchen und die der sieben Gemeinden in sich einschließt und miteinander in Bezug setzt. Bei den sieben kleinasiatischen Gemeinden handelt es sich um exegetisch-eschatologische, bei den Patriarchaten hingegen um rein historische Größen, die auf den ersten Blick nichts gemeinsam haben.[24] Auch nur die bloße

---

[24] Vittorio PERI, La Pentarchia: Istituzione ecclesiale, in: Bizanzio, Roma e l'Italia nell'alto Medioevo, Settimane di Studio del Centro Italiano di Studi sull'alto Medioevo 3–9 Aprile 1986 (Spoleto 1988) S. 209–311, S. 301 behauptet zwar die Apostolizität der späteren Patriarchate und der johanneischen Kirchen als die in Joachims Augen verbindende Gemeinsamkeit beider Gruppen. Doch anders als Vittorio Peri vermutet, steht bei Joachim die Autorität des Paulus als des Gemeindegründers und die Würde des hohen Alters der asiatischen Kirchen sowie die Angemessenheit ihrer Zahl dafür, daß sie den fünf Patriarchaten beigesellt werden, um sich mit ihnen zur vollkommenen Zwölfzahl zu vereinen, nicht jedoch eine explizite Berufung auf ihre Apostolizität, vgl. *Expositio*, pars I, fol. 28va: Quas videlicet ecclesias tam fundatoris dignitas quam misteriorum fides, tam auctoritas antiquitatis quam numerus cum supra nominatis quinque venerabiles fecit, ut scriptura compleretur et intelligeretur, que dicit: Constituit terminos gentium iuxta numerum filiorum Israel (Deut. 32,8). Dum enim quinque primis ecclesiis septem asiatice coniunguntur, duodecim profecto reperiuntur ecclesie, que tribubus duodecim singillatim conveniunt. Darüberhinaus wird in dem in der *Expositio* dreimal zitierten Jesajawort Kap. 19,18

Vorstellung einer eschatologischen Relevanz der geschichtsmächtigen Patriarchatssitze befand sich offensichtlich in einer Dimension, die jedem außer Joachim unbedingt verschlossen war.[25] Um die Sitze der Patriarchen als Vergleichsmoment oder gar, wie vermutet werden kann,[26] als bloße Vorläufer der kleinasiatischen Gemeinden zu sehen, bedurfte es eines umfassenden und weitausgreifenden Systems zur Erfassung der Geschichte und eines alles durchdringenden Gestaltungswillens, wie er so nur Joachims konsequenter Geschichtstheologie zu eigen ist.

In *De septem sigillis* gibt es keine Zuteilung einzelner Stämme zu den Kirchen, keine Höherwertigkeit der Siebenergruppe gegenüber der Gruppe der Fünf oder Einzeldarstellungen der Stämme oder Kirchen, sondern nur die Erwähnung der beiden Phasen der Landnahme und der Gründung der fünf Patriarchate und der sieben asiatischen Gemeinden, und zwar ohne jede Namensnennung der Mitglieder dieser unterschiedlichen Gruppen. Kann diese Darstellung

(vgl. S. 66, Anm. 20), in dem von dem fünf Städten Ägyptens die Rede ist, deren eine *civitas solis* genannt werden wird, die im Alten Testament bereits aufscheinende Bedeutung der Patriarchate und der besonderen Vorrangstellung eines der fünf vorausgesagt.

[25] Die Frage, ob Joachim das Werk des in Palermo lebenden byzantinischen Theologen und Juristen Neilos Doxapatros über die Rangfolge der Patriarchate kannte, kann noch nicht in letzter Konsequenz beantwortet werden. In diesem Werk des Byzantiners, das auf einen Auftrag Rogers II. zurückgeht und um 1143 verfaßt wurde, vertritt der Autor die These, daß Rom nach dem Verlust seiner politischen Bedeutung als Kaiserstadt seit dem Einfall der Goten seinen Primat an Konstantinopel verloren habe: Primat und Pentarchie mit rein politischer Begründung, vgl. Ferdinand R. GAHBAUER, Die Pentarchietheorie. Ein Modell der Kirchenleitung von den Anfängen bis zur Gegenwart (Frankfurter theologische Studien 42, Frankfurt 1993), S. 194–199. Erich CASPAR, Roger II. (1101–1154) und die Gründung der normannisch-sicilischen Monarchie (Innsbruck 1904, Nachdruck Darmstadt 1963) S. 471 nimmt an, daß Neilos' Werk auf die unmittelbare Nachwelt ohne merkbaren Einfluß blieb. Joachim hätte jedenfalls sowohl der Argumentation wie den Ergebnissen des Griechen entschieden widersprochen, zumal auch dessen erkenntnisleitendes Interesse ein ganz anderes war. Die gemeinsamen Elemente in den Überlegungen beider – die fünf Sinne als Vergleichsmoment der Patriarchate, das Festhalten an der Fünfzahl derselben trotz faktischem Schisma – waren hingegen Gemeingut ihrer Zeit, vgl. Ferdinand R. GAHBAUER, Die Pentarchietheorie, S. 199, 237–241. Vgl. auch Hubert HOUBEN, Roger II. von Sizilien, S. 108 und ebd., Anm. 9 (dort auch Literatur) und Erich CASPAR, Roger II., S. 346–349. – Noch weniger kann angenommen werden, daß kirchenrechtliche Erwägungen, wie sie dem *Decretum Gratiani* und seinen zeitgenössischen Vorläufern hätten entnommen werden können, auf Joachims Überlegungen eingewirkt hätten.

[26] Zur Überlegung, die Patriarchate als bloße Vorläufer der sieben kleinasiatischen Gemeinden zu betrachten, vgl. in diesem Kapitel S. 75–77.

an anderer Stelle in Joachims Werk wiedergefunden werden? Welche
Parallelen oder Unterschiede sind feststellbar?

In der Tat sind die Fünf- und Siebenzahl, die zwölf Stämme wie
die fünf und sieben Kirchen ein oft wiederholtes Motiv in Joachims
Werk, wobei sich, seiner üblichen Verfahrensweise entsprechend, sein
Thema wie bei einer musikalischen Komposition in verschiedenen
Durchführungen, mit unterschiedlicher Akzentuierung und alternie-
render Besetzung, doch immer unverwechselbar und von hohem
Wiedererkennungswert, dem Leser präsentiert. Im *Liber introductorius*
der *Expositio* erklärt Joachim die Bedeutung dieser Zahlenkombination,
wobei er das Bild des Menschen auf das der Kirche überträgt: *Notum
est omnibus qui sane sapiunt in quinque corporis sensibus et septem virtutibus
anime perfectionem hominis contineri, ita ut minus aliquid habeat exterior noster
homo a perfectione sua, si careat vel uno illorum quinque, et minus aliquid homo
noster interior, si careat aliquo illorum septem. Secundum hoc igitur voluit Deus
omnipotens diversos ordines ponere in ecclesia sua.*[27] Die Wendung *notum est
omnibus* verweist dabei nicht nur auf allgemein bekannte Basisdaten
der menschlichen Existenz wie das Vorhandensein von fünf Sinnen,
sondern auch darauf, daß es sich bei dem so Eingeleiteten um einen
bekannten Topos der Tradition handelt.[28]

Im ersten Teil der *Expositio* begegnet ein neues Zahlenpaar, das
sich nicht minder zur Vollkommenheit addiert: *Sunt enim quinque intelligentie generales, que propriis nominibus distinguntur, septem speciales.*[29] Andere
Paare sind die fünf und sieben Brote, die Jesus zur Speisung verwendet,[30] die fünf *opera* Christi und die sieben Gaben des Geistes.[31]
Oder es wird gesagt – in Anlehnung an die Zuordnung der Zahlengruppen zu Petrus und Johannes, von der noch die Rede sein wird –,

---

[27] *Expositio, Liber introductorius*, fol. 16vb. Parallel dazu *Enchiridion*, ed. BURGER,
S. 70. Auf die Zusammengehörigkeit der fünf „äußeren" Sinne und der sieben dort
so genannten *motiones mentis*, durch die der menschliche Geist die sieben Gaben des
Geistes im Empfang zu nehmen vermag, verweist Joachim auch im *Psalterium*, lib.
II, fol. 266va.

[28] Vgl. Heinz MEYER, Rudolf SUNTRUP, Lexikon der mittelalterlichen Zahlenbe-
deutungen, Sp. 404. Die Geschichte des Vergleichs der. fünf Sinne, die bereits seit
Aristoteles und Augustin eine festumrissene Größe bildeten, mit den fünf Patriarchaten
(unter besonderer Berücksichtigung griechischer Autoren) stellt Ferdinand R. GAHBAUER,
Die Pentarchietheorie, S. 239–242 vor. Ebd. S. 239, Anm. 854 verweist er auf
Maximus Confessor, der im Vergleich mit den klugen und törichten Jungfrauen
(Matth. 25,1–12) den fünf leiblichen Sinnen fünf geistliche gegenübergestellt habe.

[29] *Expositio*, pars I, fol. 26rb.

[30] *Expositio, Liber introductorius*, fol. 17vb, *Expositio*, pars I, fol. 29ra und öfter.

[31] *Expositio*, pars II, fol. 78rb.

daß, *si quinque principales ecclesie pertinentes ad Petrum quinque generales ordines addictos passioni, septem vero pertinentes ad Iohannem septem speciales ordines vite religiose deputatos designant.*[32]

Ein Gedanke, der in der exegetischen Literatur bekannt ist und Joachim möglicherweise als ein Ausgangspunkt seines Konkordanz-gedankens diente, mindestens aber einen Anknüpfungspunkt oder zusätzliches Motiv darstellt, ist der Vergleich der zwölf Jakobssöhne mit den zwölf geistigen Söhnen Christi, den Aposteln.[33] Von dieser personellen Konvergenz ausgehend oder mindestens in Kenntnis dieser Möglichkeit liegt der Gedanke an eine zwölffach vorhandene Größe als Entsprechung der Stämme nahe.

Die den fünf Patriarchaten entsprechenden Stämme bezeichnet Joachim so: *Ut dum singulis primis sua singula reddimus, ad concordiam sequentium ordinatius transire possimus. Fuit ergo Ruben primogenitus Lie; inter ancillarum filios primus extitit Gad. Manasse quoque et Effraim, gemine proli Ioseph, qui et ipse primogenitus Rachel fuit, data sunt primogenita inter patruos suos, ut ipsi hereditarent gratiam quam amisit Ruben, casti scilicet patris filii, quam incestus amisit. Iudam quoque commendat scriptura dicens illum fortissimum inter fratres, propter quod et super omnes principatum accepit. Habemus ergo de veteri quinque principales tribus, habemus et de Novo quinque principales ecclesias. Prima harum omnium Ierosolimitana est, secunda Antiochena, tertia Alexandrina, quarta Constantinopolitana, quinta Romana.*[34]

Für den Primat dieser Kirchen vor anderen, möglicherweise gleichzeitigen Gründungen beruft Joachim sich auf den Propheten Jesaja: *Pro eo autem quod ecclesie iste aliis ecclesiis preferende erant, previdens illas in spiritu Ysaias propheta: 'In die', 'inquit, illa erunt quinque civitates in terra Egipti loquentes lingua Canaan et iurantes per Dominum exercituum; civitas solis vocabitur una.*[35] Die bekannte, zunächst chronologische Reihenfolge der Patriarchate findet ihre Erklärung und Entsprechung in den

---

[32] *Expositio, Liber introductorius*, fol. 18ra.

[33] Die Beispiele dafür (bei Origenes, Hieronymus, Augustinus, Isidor, Alkuin, Beda, Rabanus, Rupert oder Honorius) sind Legion und müssen nicht im einzelnen aufgeführt werden. Einen Überblick bieten Heinz MEYER, Rudolf SUNTRUP, Lexikon der mittelalterlichen Zahlenbedeutungen, Sp. 624.

[34] *Expositio*, pars I, fol. 28ra–b.

[35] *Expositio*, pars I, fol. 28rb, darüber hinaus *Liber introductorius* 16vb, 18ra, vgl. Jes. 19,18 sowie S. 66, Anm. 20 und S. 69, Anm. 24. Die traditionelle Exegese dieser Stelle vergleicht die fünf *civitates* mit den fünf Sinnen oder dem Gesetz Gottes in den fünf Büchern Mose, vgl. Heinz MEYER, Rudolf SUNTRUP, Lexikon der mittelalterlichen Zahlenbedeutungen, Sp. 423.

Jakobssöhnen und ihren Schicksalen: *Ut enim Ruben primogenitus Israelis, ita Ierosolimitana ecclesia Christi . . . primogenita fuit. Sed sicut primogenitus Ruben . . . perdidit primogenita sua, ita Ierosolimitana ecclesia, quia prave scripturam interpretando quasi fedo semine verbi iudaizare fideles visa est, iure primogenita sua, que sibi ut primogenite debebantur, amisit. Data sunt autem Manasse et Effraim, hoc est Alexandrine et Constantinopolitane ecclesie. Ruben itaque Ierosolimitane, Gad Antiochene, Manasses Alexandrine, Effraim Constantinopolitane, Iuda sancte Romane coaptatur ecclesie. Repulit autem Dominus tabernaculum Ioseph et tribum Effraim non elegit, sed elegit tribum Iuda, montem Syon, quem dilexit. Hoc quid significet, satis evidens est.*[36] Doch beruht Joachims Behandlung der Patriarchate nicht nur auf konsequenter Anwendung mittelalterlicher exegetischer Methoden, sondern verrät auch Kenntnis zeitgenössischen Wissens und des aktuellen Meinungsstands über Werden und Anspruch einzelner Patriarchate. So folgert er zur Bedeutung der Position Konstantinopels: *Visum est prelatis ecclesiarum et etiam in conciliis statutum est, ut inter principales ecclesias Constantinopolitana sublimari debuisset essetque a Romana secunda, prima inter quatuor reliquas, tanquam consors et particeps sancte Romane ecclesie.*[37] In der Tat wurde die Autorität Konstantinopels als zweitwichtigster Gemeinde nach Rom durch die Konzilien von Konstantinopel im Jahr 381 und von Chalcedon im Jahr 451 gefestigt, das, wie Joachim wenige Zeilen früher andeutet, mit der Rolle als Kaiserstadt zwar die politische Vormachtstellung Roms übernahm, jedoch in jeder Hinsicht Tochter Roms und darum diesem nachrangig war.[38] Hier vertritt Joachim eindeutig römische Positionen, ebenso wie in der Frage der Behandlung Jerusalems,[39] das Joachim aufgrund seiner Entsprechung zu Ruben auf einen späteren Platz verweist, ebenso wie die römische Kirche die Anerkennung Jerusalems als Patriarchat auf dem Konzil von Chalcedon nur widerwillig duldete. Dies gilt auch für seine Bewertung

---

[36] *Expositio*, pars I, fol. 28rb.

[37] *Expositio*, *Liber introductorius*, fol. 17vb.

[38] Vgl. Ferdinand R. GAHBAUER, Art. Patriarchat 1, in: Gerhard MÜLLER (Hg.), TRE 26, (Berlin – New York 1996) S. 86, Friedrich DVORNIK, The Idea of Apostolicity in Byzantium and the Legend of the Apostle Andrew (Cambridge/Mass. 1958) S. 265f., Klaus HERBERS, Papst Nikolaus I. und Patriarch Photios. Das Bild des byzantinischen Gegners in den lateinischen Quellen, in: Odilo ENGELS, Peter SCHREINER (Hg.), Die Begegnung des Westens mit dem Osten, Kongreßakten des 4. Symposions des Mediävistenverbandes in Köln 1991 aus Anlaß des 1000. Todesjahres der Kaiserin Theophanu (Sigmaringen 1993) S. 51–74, dort S. 60f.

[39] Vgl. Wilhelm DE VRIES, Die Entstehung der Patriarchate des Ostens, Scholastik 37 (1962) S. 353.

der Patriarchate von Rom, Antiochien und Alexandrien als petrinische Sitze, ein Anspruch, der Joachim wohl bekannt ist, wenn er
Rom und Antiochien als unmittelbar, Alexandrien als durch die
Sendung des Markus mittelbar auf Petrus zurückgehende Gemeindegründungen nennt.[40] Das Schwergewicht, das die römische Kirche
der im 4. Jahrhundert entstandenen Tradition der petrinischen Sitze
beimaß und manche ihrer Päpste zeitweilig nur diese als echte
Patriarchate anerkennen ließ,[41] läßt sich hier noch spüren. Unbekannt
oder – dies ist wahrscheinlicher – inakzeptabel dagegen scheint ihm
die früher schon von den Päpsten Leo I. und Gregor I. abgelehnte
These der Apostolizität Konstantinopels,[42] die von Joachim nicht
erwähnt wird.[43]

Soviel zu Joachims Betrachtung der Historie der Patriarchate. Was
aber sagt er über ihre eschatologische Relevanz? Und was ist über
die sieben asiatischen Gemeinden zu sagen, die als Adressaten der
Sendschreiben einen ganz anderen Charakter als die Patriarchate
besitzen, diesen aber dennoch beigesellt werden?

Bei der Betrachtung des Themas der fünf und sieben Gemeinden
fällt noch eine zweite Einteilung auf, die die von Joachim oft genannten Aufteilung der Stämme Israels nach der Reichsteilung widerspiegelt, sowie ein weiteres Muster, das den zweieinhalb und neuneinhalb
Stämmen in der ersten alttestamentlichen Schilderung der Landnahme
entspricht. So wird die Zuordnung des halben Stammes Manasse zu
Alexandrien, die des Stammes Ephraim und der zweiten Hälfte
Manasses zu Konstantinopel mit der Reihenfolge der Landnahme
dieser Stämme begründet, die derjenigen der Gemeindegründungen
entspricht, und der Größe des beanspruchten Stammesgebiets beziehungsweise der Bedeutung des Bischofssitzes.[44] An anderer Stelle wird
diese Zuteilung auch geographisch erklärt, indem die sieben und
zehn, oder richtiger insgesamt neuneinhalb (was Joachim an dieser
Stelle jedoch nicht ausspricht) als in Asien befindliche Kirchen genannt
werden, deren zehnte vom Bosporus in zwei Teile geteilt wird.[45] Die

---

[40] *Expositio, Liber introductorius,* fol. 17vb, *Expositio,* pars I, fol. 28ra.
[41] Wilhelm DE VRIES, Die Entstehung der Patriarchate des Ostens, S. 353, Th.
PRESSEL, Art. Patriarchen der christl. Kirche, Realenzyklopädie für protestantische
Theologie und Kirche 11 (Gotha ¹1859) S. 200.
[42] Wilhelm DE VRIES, Die Entstehung der Patriarchate des Ostens, S. 353.
[43] Zur Bedeutung der Apostolizität für Joachim vgl. S. 69, Anm. 24.
[44] *Expositio,* pars I, fol. 28va.
[45] *Expositio,* pars I, fol. 63ra. Beide Stellen gehören zum ersten Teil der *Expositio,* der

Rolle Ephraims, aus dessen Nachkommenschaft der Urheber des
Schismas zwischen Juda und Israel sich erhob, fällt hier dem mit
Juda/Rom um die Vorherrschaft streitenden Konstantinopel zu.
Ebenso wird an dieser Stelle die besondere Verbindung Ephesus' zu
Rom dargestellt, die in der Treue Benjamins zu Juda ihr Vorbild
hat.[46] Es ist ein hervorragendes Beispiel für die enge Verbindung
von Konkordanzgedanke und Kirchengeschichte, wenn Joachim (unter
der Voraussetzung der Entsprechung des zuerst vom Los genannten
Stammes Benjamin mit der frühen Gründung der ephesinischen Gemeinde durch den Benjaminiten Paulus)[47] die Ereignisse des Oster-
streits Victors I. mit dem ephesinischen Bischof Polykrates mit der
Geschichte des Thronwechsels von dem Benjaminiter Saul auf den
zukünftigen König aus dem Stamm Juda unterlegt.[48] Als Folge des
jeweiligen Konflikts geht der Stamm Benjamin der Königsherrschaft
wie die Gemeinde zu Ephesus ihrer besonderen Stellung verlustig.
Doch was ist weiter über diese Sieben insgesamt und ihr Verhältnis
zur Gruppe der Fünf zu sagen?

Joachims Begründung für die Zusammenstellung zweier so ungleicher
Gruppen basiert auf einem Schriftzitat. Aufgrund ihres hohen Alters,
ihres Glaubens und der Würde, die ihnen durch die Bedeutung ihres
Gründers Paulus zukommt,[49] sollen diese sieben Gemeinden als ver-
ehrungswürdig gelten wie jene fünf, *ut scriptura compleretur et intelligeretur, que dicit: Constituit terminos gentium iuxta numerum filiorum Israel.*[50]

Das Bild der einzelnen sieben Gemeinden wie der sieben das Los
zuletzt empfangenden Stämme bleibt notwendig unscharf. Die biblischen Berichte bieten dem mittelalterlichen Exegeten kaum Material,
das einer typologischen Interpretation dieser sieben Stämme ent-
gegenkäme, Einzelüberlieferungen über sie sind Mangelware.[51] In

---

noch auf die Mitte der achtziger Jahre des zwölften Jahrhunderts zurückgeht, vgl.
Kurt-Victor SELGE, L'origine delle opere di Gioacchino da Fiore, S. 124, Anm. 83.
   [46] Ähnlich argumentiert Joachim im vierten Buch der *Concordia*, fol. 46va. Zur
Abfassungszeit des vierten Buches (vollendet 1188 oder eher 1190) vgl. Kurt-Victor
SELGE, L'origine delle opere di Gioacchino da Fiore, S. 107f., bes. Anm. 49, und
S. 113.
   [47] *Expositio*, pars I, fol. 50rb.
   [48] *Concordia*, lib. V, fol. 92rb–va.
   [49] Ihre Apostolizität dagegen behauptet Joachim nirgends, entgegen Vittorio PERI,
La Pentarchia: Istituzione ecclesiale, in: Bizanzio, Roma e l'Italia nell'alto Medioevo,
Settimane di Studio del Centro Italiano di Studi sull'alto Medioevo 3–9 Aprile 1986
(Spoleto 1988) S. 209–311, S. 301.
   [50] Deut. 32,8; vgl. *Expositio*, pars I, fol. 28va.
   [51] Der Grund dafür ist vermutlich der Umstand, daß sie zur Zeit der Vollendung

ähnlicher Weise sind die in der Apokalypse als Adressaten der Sendschreiben genannten Gemeinden als historische oder in anderem Zusammenhang bekannte Größen blaß und konturenlos. Genuin liegt ihre Bedeutung nicht in irgendeiner historischen Gegenwart, sondern sie reflektieren eine eschatologische Zukunft. Darum tut sich Joachim, wenn er in seinem Apokalypsenkommentar tatsächliche Befindlichkeiten oder Zusammensetzungen dieser Gemeinden sichtbar machen will, auch so schwer. Ihm ist jedoch klar (und er erläutert es am Beispiel der Nikolaiten),[52] daß es in den Sendschreiben nicht um einmal Geschehenes geht, sondern um Mahnung und Erleuchtung des Lesers, und daß weniger die Beleuchtung historischer Umstände als die Klärung der Intention einer solchen Erwähnung Ziel der Betrachtung zu sein hat. Das unscharfe Bild der sieben Stämme und der sieben Gemeinden ist darum kein Nachteil. Es ist keine Schwäche dieses Vergleiches, sondern kommt Joachims Intention eher entgegen, daß der Charakter der Fünfergruppe der Patriarchate und der der Siebenergruppe der asiatischen Gemeinden so grundsätzlich unterschiedlich sind. Eine ausführlichere Betrachtung der Rollen einzelner Gemeinden jedoch würde hier zu weit führen, da sie auch in *De septem sigillis* nur als Gruppe, nicht aber als einzelne begegnen. Es gilt nun vielmehr das Verhältnis der beiden Gruppen zueinander zu erhellen.

Es ist schon gesagt worden, daß in jedem Fall die Gruppe der Fünf der der Sieben zeitlich vorausgeht. Joachim nimmt dies zum Anlaß mehrerer unterschiedlicher Reflexionen. Von herausragendem Interesse ist hierzu die Zuordnung der beiden Gruppen zu Petrus und Johannes, wie Joachim sie verschiedentlich, nicht aber in *De septem sigillis* vornimmt.[53] Die beiden versinnbildlichen nicht nur den von Joachim häufig thematisierten Gegensatz der gegenwärtigen und der zukünftigen Kirche,[54] wobei diese die erstere ablösen wird. An

---

der Landnahme teilweise überhaupt nicht mehr als solche existierten, vgl. Martin Noth, Geschichte Israels, S. 87.

[52] *Expositio*, pars I, fol. 71vb.

[53] Besonders explizit geschieht dies *Expositio*, pars I, fol. 78rb.

[54] *Psalterium decem chordarum*, lib. II, fol. 265ra. Die Literatur zum Kirchenbegriff Joachims ist durchaus übersichtlich. An erster Stelle ist im hier interessierenden Zusammenhang Axel Mehlmann, *De unitate trinitatis*, zu nennen, ders., *Confessio trinitatis*. Obwohl zweifellos die Betrachtung von Johannes und Petrus als Symbolfiguren beider Kirchen nicht ohne trinitätstheologische Relevanz sind, kann doch hier nur auf die weiterführende Literatur und die Lektüre der entsprechenden Texte selbst verwiesen werden. Für die Betrachtung von *De septem sigillis* ist der genannte Themenkreis unergiebig und seine Behandlung führte zu weit. Vgl. zu Joachims

anderer Stelle[55] erwähnt Joachim den Wettlauf der beiden zum leeren Grab (Joh. 20,4–6), bei dem Johannes eher beim Grab anlangt, Petrus es jedoch als erster betritt und angesichts des leeren Grabes erster Zeuge der Auferstehung wird. Joachim sieht darin das Verhältnis der lateinischen zur griechischen Kirche bezeichnet: Zwar zuerst die griechisches Kirche zuerst in den Besitz der Wahrheit, doch erst die lateinische Kirche ergreift die Wahrheit und bringt sie zur Frucht. Nicht ganz selten nimmt Joachim in diesem Zusammenhang eine Zuweisung zu den als Elemente seiner Geschichtstheologie hinlänglich bekannten *status* vor. Diese zeitliche Abfolge hat bereits früher aufmerksame Betrachter gefunden. So schreibt Bernard McGinn:

> The most common way by which the abbot presents his view of the provisional status of the order is through the invocation of one of his most distinctive numerical symbols, the contrast between five and seven as forming the perfection of twelve. Throughout history, concords of five indicating a preliminary stage of preparation for sevens marking the fulfillment to be achieved in the third *status* show the importance of this pattern.[56]

Zwei Fragen resultieren aus dieser These. Zunächst, ist dieses Schema von Vorläufigkeit und Endgültigkeit konstituiv für das Motiv der Fünf und der Sieben, ist die Vorläufigkeit der Fünf und die Höherwertigkeit der Sieben tatsächlich in jedem Fall, also etwa implizit auch in *De septem sigillis*, gegeben? Und (wie immer die erste Frage beantwortet werden wird) welcher innere Zusammenhang besteht jeweils zwischen der Siebenergruppe und dem dritten *status*?

Zu den beiden bekannten Zwölfergruppen tritt eine weitere hinzu, deren Miteinbeziehung sich zur Klärung dieser Fragen als unerläßlich erweist. In *De vita sancti Benedicti*, das von ihm zwischen 1186 und 1188 verfertigt, jedoch nie abschließend bearbeitet wurde,[57] geht

---

Kirchenbild auch Christoph EGGER, Joachim von Fiore, Rainer von Ponza und die römische Kurie.

[55] *Expositio*, pars III, fol. 143rb, ähnlich *Concordia*, lib. IV, fol. 58ra.

[56] Bernard McGINN, *Alter Moyses*. The Role of Bernard of Clairvaux in the Thought of Joachim of Fiore, S. 436.

[57] Ed. BARAUT, Un Tratado inédito de Joaquin de Flore. Zum Text vgl. Stephen WESSLEY, „Bonum est Benedicto mutare locum": The Role of the „Life of Saint Benedict" in Joachim of Fiore's monastic reform, Revue Bénédictine 90 (1980) S. 314–328, ähnlich das erste Kapitel in: ders., Joachim of Fiore and Monastic Reform (American University Studies Series 7: Theology and Religion 72, New York 1990) sowie die aus dem Nachlaß veröffentlichte, unvollendete Einleitung Herbert Grundmanns zu diesem Text, Aus der Einleitung zu den *Opera minora*

Joachim gleichfalls auf die Zahlen fünf und sieben ein, die zusammen die vollkommene Zwölfzahl ergeben. Fünf und sieben stehen dabei zunächst auch hier für die fünf Sinne des Körpers und die sieben Gaben des Geistes.[58] Sie haben ihre Entsprechung aber in besonderer Weise in drei in der Geschichte auftretenden parallelen Gegensatzpaaren, von denen die ersten beiden auch in *De septem sigillis* begegnen: *Tribus duodecim in quinque et septem divise sunt, similiter et ecclesie totidem. Primo namque Ruben et Gad, Manasses, Efraim et Iuda, deinde septem tribus reliquam hereditatem acceperunt. In ecclesiis quoque simile aliquid, dignitate magis tempore, completum est: Ierosolimitana namque et Antiochena, Alexandrina, Bizanzea et Romana ecclesia, patriarchatus dicte sunt, post quas septem ecclesie asyatice dignitatem plurimam accepisse noscuntur, in spiritu tamen potius quam in littera.* **Sed et hic abbatias quinque iam tenemus pre manibus, que aliarum capita facte sunt**, *de septem vero usque modo nulla est manifesta cognitio.*[59]

Im Unterschied zu *De septem sigillis* und den bisher erwähnten Texten wird hier eine neue Relation zwischen den beiden Paaren hergestellt. In Übereinstimmung mit der Beobachtung Bernard McGinns wird das Vorangehen der Fünf als notwendig beschrieben, um der vollkommeneren Siebenzahl das Kommen zu ermöglichen. Joachim ist dabei bemüht, den fünf zisterziensischen Primarabteien ihre Würde und geistige Bedeutung keinesfalls abzusprechen. Jakob ist in *De vita sancti Benedicti* ähnlich dem Vater der zisterziensischen Bewegung, seinen Auszug vergleicht Joachim mit Abt Stephans Auszug nach Molesme.[60] Werden und Wirken der sieben Klöster, die noch folgen, läßt Joachim jedoch unausgeführt. Er verweist lediglich auf die Ereignisse bei der Inanspruchnahme des Erbes und die Geschicke der Jakobssöhne. Ein weiteres Beispiel der Zweiergruppe begegnet

---

Joachims von Fiore, Florensia 10 (1996) S. 117–153, vgl. dazu die Einleitung von Alexander Patschovsky, Gian Luca Potestà, L'*Introduzione* di Herbert Grundmann a un volume mai pubblicato si *Scritti minori* di Gioacchino, ebd. S. 111–116. Zur Datierung und weiteren Fragen vgl. Gian Luca Potestà, Gioacchino riformatore monastico nel *Tractatus de vita sancti Benedicti* e nella coscienza dei primi florensi, Florensia 6 (1992) S. 73–93 und Cosimo Damiano Fonseca, Gioacchino da Fiore tra riforma del monachesimo e attesa della fine, in: Gioacchino da Fiore tra Bernardo di Clairvaux e Innocenzo III. Atti del 5° Congresso internazionale di studi gioachimiti. S. Giovanni in Fiore, 16–21 settembre 1999, a cura di Roberto Rusconi (Opere di Gioacchino da Fiore: testi e strumenti 13, Rom 2001) S. 13–26.

[58] *De vita sancti Benedicti*, ed. Baraut, S. 53.
[59] *De vita sancti Benedicti*, ed. Baraut, S. 53.
[60] *De vita sancti Benedicti*, ed. Baraut, S. 21, 24, 28.

in den Darstellungen des *Liber figurarum*, der allerdings in einer Handschrift auch die Dreiergruppe bietet.[61]

Ähnlich beschrieb Joachim bereits im 1186 in Corazzo entstandenen zweiten Buch des *Psalterium decem chordarum* das Entstehen der fünf Patriarchate, in Entsprechung zu den fünf Stämmen, und fügt sodann die fünf zisterziensischen Mutterklöster hinzu, während den sieben Stämmen die sieben später gegründeten Kirchen entsprechen, die Entstehung von sieben Klöstern aber noch in der Zukunft liegt, denn solange Petrus (als Prototyp der apostolischen Gemeindegründung) wirkt, bleibt Johannes (mit dem die sieben asiatischen Kirchen in Verbindung gebracht werden) noch verborgen.[62]

Diese dritte Gruppe der fünf und sieben Klöster begegnet in *De septem sigillis* auffälligerweise nicht. Dafür könnte es mehrere mögliche und naheliegende Gründe geben. Wenn davon ausgegangen wird, daß es sich in beiden Fällen um authentische Arbeiten Joachims handelt, so bedarf dieser Unterschied einer Nachfrage, die mit dem Blick auf Joachims weiteres Werk beantwortet werden kann.

In der *Concordia* ist die Rede von den fünf und sieben Kirchen, denen Petrus und Johannes beigesellt werden, in Analogie zu den Stämmen.[63] Von den fünf zisterziensischen Klöstern ist auch hier die Rede. Von der Notwendigkeit der folgenden, vollkommeneren sieben ist Joachim hier jedoch offensichtlich nicht überzeugt, da er an der Zugehörigkeit der zisterziensischen Klöster zu dem *mysterium*, das er in den fünf und sieben Stämmen und Gemeinden ausgedrückt sieht, im Vergleich zu seiner früheren Auffassung nunmehr zweifelt:

Pro eo quod quinque tribus prime acceperunt hereditatem, et quinque principales ecclesie pertinentes ad Petrum precesserunt alias septem quas edificavit Iohannes, nescio si quinque principales abbatie ordinis Cisterciensis, que sunt matres non

---

[61] Marjorie REEVES, The Liber Figurarum of Joachim of Fiore, Medieval and Renaissance Studies 2 (1950) S. 77, vermutet, daß die Dreierkonstellation die ältere sei und Joachim später, weil er dem Eindruck einer allzu konkreten Vorstellung von Institutionen des dritten *status* keinen Vorschub leisten wollte, diese dritte Parallele aufgab.

[62] *Psalterium decem chordarum*, lib. II, fol. 267rb–va. Zum Entstehen dieses zweiten Buches im Rahmen der Werke Joachims vgl. Kurt-Victor SELGE, Die Stellung Joachims von Fiore in seiner Zeit, S. 496–498. Im Hintergrund dieser Zuordnung der Apostel Petrus und Johannes zu den fünf und sieben Kirchen steht hier natürlich ihre von Joachim noch öfter thematisierte Beziehung zur Kirche des Sohnes (Petrus) und des heiligen Geistes (Johannes), vgl. S. 89, Anm. 87.

[63] *Concordia*, lib. IV, fol. 57vb. Zur Abfassungszeit des vierten Buches der *Concordia* vgl. S. 75, Anm. 46.

paucarum abbatiarum, et tam in his nostris temporibus clare habite sunt in ecclesia dei, ad hoc magnum misterium pertinere queant.[64] Die Differenz an Würde und Bedeutung zwischen den ersten fünf und den darauffolgenden sieben minimiert Joachim durch den Hinweis auf die Bedeutung der Wüstenwanderung der Stämme, die gemeinsam erfolgt sei. Außerdem erinnert er an das Herrenwort, daß die Letzten die Ersten sein werden,[65] so wie die Juden die Botschaft als erste erhielten und als letzte annehmen, und ebenso wie Petrus, der als zweiter das Grab erreicht und es doch als erster betritt.[66] Der Idee eines noch folgenden, geistlich bedeutenderen Ordens, als der der Zisterzienser es ist, wird hiermit ihre Brisanz genommen, das Aufeinanderfolgen der Fünfer- und der Siebenergruppe bedingt keinen qualitativen Anstieg mehr. Dieser qualitative Anstieg, die Idee, daß die Gruppe der Sieben die der Fünf an Bedeutung übersteigt, ist in *De septem sigillis* an keiner Stelle mehr festzustellen.

Dieser Unterschied in der Bedeutung, gar der Wertigkeit der Fünf und der Sieben steht offensichtlich im Zusammenhang mit der Existenz einer dritten Parallelgruppe, der Gruppe der fünf und der sieben Klöster. Nur zu einer Zeit, in der Joachim noch fest davon überzeugt ist, daß entsprechend dieser bereits stattgehabten *concordia* auf die Gründung der fünf zisterziensischen Klöster eine neue und diese überbietende Gründung eines in sieben Klöstern bestehenden Ordens

---

[64] *Concordia*, lib. IV, fol. 57vb. – Die einen Satz zuvor geäußerte Annahme, daß zur Zeit des Erscheinens von Henoch und Elia zwölf Männer auszuwählen seien, die die Bekehrung der Juden zur Aufgabe haben, und den zwölf Stämmen und Kirchen entsprechende Klöster bestehen werden, veranlaßt Matthias KAUP, *De prophetia ignota*, S. 48, und ebd. Anm. 253, an ein Fortbestehen des Fünf-und-Sieben-Schemas in der Weise der Stämme und Kirchen zu glauben. Bei genauerem Hinsehen jedoch fällt zunächst auf, daß keineswegs von *zwölf* endzeitlichen Klöstern die Rede ist, sowie daß Joachim im Folgenden die endzeitliche Judenpredigt und ihre Ausführenden von dem *mysterium* der doppelten Zwölfzahl deutlich trennt. Der Themenkreis der dreimal zwölf Männer (Patriarchen, Apostel und endzeitliche *viri spirituales*, vgl. S. 84f.) und derjenige der zwei- oder dreimal zwölf Stämme, Kirchen und Klöster muß je gesondert betrachtet werden. Für die Behandlung des ersteren ist in einer Betrachtung von *De septem sigillis* jedoch weder Raum noch Anlaß. Zur zeitlichen Reihenfolge der hier relevanten Schriften Joachims vgl. S. 81, Anm. 67.

[65] *Concordia*, lib. IV, fol. 58ra; Matth. 20,16; Mk. 10,31; Lk. 13,30.

[66] *Expositio*, pars III, fol. 137va, 143rb, vgl. Joh. 20,2–4. Petrus, Johannes und Maria Magdalena, die in der nämlichen Reihenfolge das Grab erreichen und es in umgekehrter betreten, stehen an beiden Stellen der *Expositio* für Lateiner, Griechen und Juden, die das Evangelium nacheinander empfangen und es gleichfalls in umgekehrter Folge aufnehmen.

folgen wird, um die Zeichen der Zeit voranzubringen und die fortschreitende *intelligentia spiritalis* der innerhalb der Kirche nach Wahrheit
Suchenden voranzubringen, nur unter der Bedingung, daß also in
einem neuen, den alten überbietenden Orden eine neue, frühere
Einsicht überbietende Stufe der Erkenntnis erreicht werden könnte,
kann und muß Joachim einen qualitativen Fortschritt von der Gruppe
der Fünf hin zu der der Sieben annehmen. Unterließe er dies, so
entzöge er der postulierten Notwendigkeit dieser Neugründung den
Boden. Indem er diesen Fortschritt jedoch annimmt, gewinnt das
erste in der Reihe der Siegel und seine Eröffnung durch diese Höherentwicklung ein dynamisches Moment einer Bewegung nach außen,
die das Schema der Siegel zu sprengen scheint. Da es jedoch in der
Tat jede der beiden Alternativen innerhalb seines Werkes gibt und
sie zweifellos im Widerspruch zueinander stehen, muß das Verhältnis
der beiden Denkmodelle zueinander geklärt werden.

In *De vita sancti Benedicti* beschreibt Joachim sowohl den qualitativen
Anstieg von der Fünfer- zur Siebenergruppe als auch die dritte
Parallele in Gestalt der fünf Klöster, denen sieben zukünftige folgen
sollen. Gegenüber *De septem sigillis* oder dem oben erwähnten Passus
aus der *Concordia* ist hier die Zukunft jedenfalls anders akzentuiert.
Die Frage, ob die fünf zisterziensischen Klöster zum Schema der
Fünf- und Siebenzahl gehören, hat Joachim hier positiv entschieden.
Zu fragen bleibt, welches der beiden Modelle Joachim durch das
andere ersetzte, da jedenfalls unterschiedliche Ansichten über die
Ordensfrage und eine unterschiedliche Kontur und Akzentuierung
des Bildes des dritten *status* und der Zukunft daraus sprechen, die
die Annahme von beiden Modellen als nebeneinander existierend
ausschließen. Dabei ist das zweistufige Modell aus zwei Gründen als
das spätere anzusprechen. Zunächst entspricht dies der Beobachtung
einer Akzentverschiebung in Joachims Denken von der Klostertheo-
logie zu einer mehr universalen Geschichtstheologie, die die Rolle
eines noch zu erwartenden Ordens, der die Zisterzienser überbieten
solle, zugunsten eines allgemeineren geistlichen Fortschritts (der dann
auch die Zisterzienser in ungebrochener Größe, wenn auch ihrer ursprünglichen eschatologischen Bedeutung beraubt, beläßt) als Charakteristikum des erwarteten dritten *status* in den Hintergrund drängt.[67]

---

[67] Für die Datierung der Abfassung der genannten Werke bzw. Passagen, soweit
sie sich aus der Behandlung dieses Motives erschließen läßt, ergibt sich dabei in

Wie ist das Fehlen der beiden Klostergruppen und des qualitativen Fortschritts in *De septem sigillis* zu interpretieren? Man könnte
versucht sein zu argumentieren, daß auf dem Hintergrund der trinitarischen Geschichtsschau ein dreistufiges Modell jedenfalls als das
spätere, vollkommenere anzusehen sein müsse. Scheint es nicht dem
Prinzip einer in drei Stufen gedachten, fortschreitenden Offenbarung
innerhalb der Geschichte zu widersprechen, wenn Joachim in *De septem sigillis* lediglich zwei parallele und einander entsprechende Abfolgen
von Siegeln und Eröffnungen einteilt, ohne daß zu dem Bild der
Stämme und der Kirchen auch das Bild der Klöster Entsprechung
des dritten *status* hinzutritt? Denkbar wäre auch, daß in der tabella-
risch angeordneten Doppelreihe der Siegel und Eröffnungen einfach
kein angemessener Platz für die Gruppe der Klöster zu finden war.
Joachim dachte in Bildern und übertrug sein Denken in graphische
Vorstellungswelten. Doch entwickeln sich diese Bilder organisch, fast
von selbst, und man kann nicht ernsthaft annehmen, daß Joachim
den dritten *status* der Symmetrie zum Opfer gebracht haben würde,
und so die Vorstellungen, die in seinen *figurae* anschaulich werden
sollte, den graphisch-darstellerischen Anforderungen dieser *figurae*
anpaßte und nicht umgekehrt.

Wahrscheinlicher ist die Annahme einer Entwicklung hin zu einem
Perspektivenwechsel, mit dem sich Joachims Blick auf die Geschichte
und die Bedeutung der Klöster in ihr seit der Abfassung von *De vita
sancti Benedicti* veränderte. Von Bedeutung ist in diesem Zusammenhang
auch die inzwischen von Joachim vorgenommene eigene Ordens-
gründung, mit der der Wegfall der fünf gegenwärtigen (zisterziensischen) und der sieben zukünftigen Klöster innerhalb der *carta* der
Siegel und ihrer Eröffnungen in Verbindung steht. Denn obwohl es
eine unzulässige Vereinfachung wäre zu behaupten, Joachim habe
mit der Gründung des Florenserordens die sieben Klöster bereits als

---

der Weise einer relativen Chronologie folgende Reihenfolge: *De vita sancti Benedicti*,
Concordia (viertes Buch), *De septem sigillis*. Vom erstgenannten kann gesagt werden,
daß es zwischen 1186/7 und 1188 entstand, während das vierte Buch der *Concordia*
1188 oder eher 1190 vollendet worden sein könnte, vgl. Kurt-Victor SELGE, L'origine
delle opere di Gioacchino da Fiore, S. 107f., bes. Anm. 49, und S. 113. Der gedankliche Fortschritt, der sich in hier widerspiegelt, spricht vielleicht eher für einem dem
späteren der beiden Termine näheren Zeitpunkt. Die definitive Weiterentwicklung
in *De septem sigillis* läßt den Schluß zu, daß sie und mithin auch die Abfassung der
Schrift von einem späteren Zeitpunkt herrührt, der jedoch – allein von dieser Stelle
aus gesehen – ebenso relativ bald nach 1190 wie auch unmittelbar vor Joachims
Tod sein könnte.

verwirklicht betrachtet, ist ein Zusammenhang mit der veränderten Lebenssituation Joachims – als eines von der Behandlung als *fugitivus* des Zisterzienserordens Bedrohten[68] zum geachteten Ordensgründer – nicht von der Hand zu weisen. Zur Zeit der Abfassung von *De vita sancti Benedicti*, einer nicht unkomplizierten und von vielen Entscheidungen betroffenen Phase seiner Mönchsvita, war Joachim von der Thematik der Vervollkommnung des Ordenslebens und der Unvollkommenheit der bestehenden Situation auch der Zisterzienserklöster ganz anders beherrscht denn später als Abt eines von ihm begründeten Ordens. Damit soll keinesfalls angedeutet werden, daß Joachim etwa die Zisterzienser als grundsätzlich reformbedürftig ansah. Denn ein solchermaßen unvollkommenes Gemeinwesen hätte er niemals dem *mysterium* der beiden parallelen Stämme Israels oder gar der Patriarchate gleichrangig beigesellt. Vielmehr ist die Perspektive, aus der die Geschichte und in ihr besonders die Aufgabe des Mönchtums und der Klöster in den Blick genommen wird, in *De vita sancti Benedicti* eine ganz andere als in seinem späteren Werk. Für ersteres ist das Mönchtum, die Rolle der Zisterzienser und Joachims eigene Rolle in einer Zeit des Umbruchs, den er in *De vita sancti Benedicti* literarisch aus einem bloß persönlichen zu einem geschichtstheologischen gestaltet, in ungebrochener Kontinuität seit Benedikt und Bernhard, von zentraler Bedeutung. Zudem war dieses Werk, dem möglicherweise sogar die Rolle einer Selbstrechtfertigung zukam, im Gegensatz zu anderen Werken wie *De septem sigillis* kaum für Leser außerhalb des Klosters bestimmt. Dafür spricht auch der sehr unfertige, von Brüchen und abrupten Übergängen gezeichnete Zustand von *De vita sancti Benedicti*,[69] das Joachim, als er seiner nicht mehr bedurfte, anders als seine übrigen und zur Publikation bestimmten Werke keiner weiteren Bearbeitung unterzog. Er hatte sich fortentwickelt und mit diesem Abschnitt seiner Biographie auch *De vita sancti Benedicti* und manche der darin angesprochenen Themen und Positionen hinter sich gelassen.

Damit ist nicht etwa die Aufgabe und Bedeutung, die Joachim dem Mönchtum zuspricht, geringer geworden, vielmehr ist die neue

---

[68] Statuta Capitulorum Generalium Ordinis Cisterciensis 1, ed. Joseph Maria CANIVEZ (Bibliothèque de la Revue d'Histoire ecclésiastique 9, Louvain 1933) S. 154, Nr. 41, vgl. Gian Luca POTESTÀ, Raniero da Ponza *socius* di Gioacchino da Fiore, Florensia 11 (1997) S. 69–82, bes. S. 80–82.

[69] Vgl. Stephen WESSLEY, „Bonum est Benedicto mutare locum", S. 321.

Sichtweise – neben anderen bereits genannten Gründen – wesentlich auch ein Resultat unterschiedlicher Perspektiven. Der spätere
Joachim, der eine neue Akzentuierung der Gesamtgeschichte vornimmt, hat die Geschichte und in ihr auch das Mönchtum mit einem
universalen und weit umfassenderen Blick gesehen, als es Jahre zuvor
für ihn in seiner Situation zur Zeit der Abfassung von *De vita sancti
Benedicti* möglich und zweckmäßig war. Für den Klostergründer, der
noch dazu das Verlassen seiner Aufgaben als Abt zu rechtfertigen
hatte, der den symbolischen Schritt von den fünf zu den sieben
Stämmen und Kirchen beschreibt und literarisch einen ebensolchen
Fortgang und Aufstieg von den vorhandenen fünf Klöstern – womit
die zisterziensischen Hauptabteien gemeint sein sollen – zu sieben
in der Zukunft zu erwartenden vollzieht, den er in der Realität mit
seinem Weggang aus dem zisterziensischen Kloster und der Gründung
eines neuen Ordens im Ansatz nachvollzieht, ist die mönchische Welt
und Existenzform für sein Denken von zentraler Bedeutung. Für den
Abt und Gründer eines nunmehr bestehenden Ordens wendet sich
der Blick von diesem Einzelaspekt ab, sein Blick weitet sich und wendet nun der ganzen Geschichte des Gottesvolkes zu. So ist das Fehlen
der fünf und sieben Klöster in *De septem sigillis* vor allem in diesem
Blickpunktwechsel begründet. Wie kann dies im Einzelnen erklärt
werden, wo doch die eschatologische Relevanz der Mönche und des
Mönchtums weiter behauptet werden soll?

Parallel läßt sich eine Phase dieser Entwicklung von Joachims
Theologie auch in seinen Hauptwerken nachvollziehen. Zunächst ist
dabei jedoch auf eine andere Beobachtung hinzuweisen, die eine
Parallele zu den Gruppen der Stämme, Kirchen und Klöstern bietet, nämlich je zwölf Männer, die dem ersten, zweiten und dritten
status zuzuordnen sind.[70] Genauerhin handelt es sich im ersten *status*
um dreimal, im zweiten zweimal und im dritten einmal zwölf Männer.[71]

---

[70] *Concordia*, lib. IIb, fol. 22ra–b. Zu den zwölf Jakobssöhnen treten dabei im
ersten *status* die zwölf Stammesältesten der Wüste und jene zwölf Männer, die das
Land der Verheißung betraten, zu den Aposteln im zweiten *status* jene zwölf, die
durch Paulus den heiligen Geist empfingen (vgl. Apg. 19,5f.).

[71] *Concordia*, lib. IV, fol. 58rb: Porro in tertio statu non erant eligendi duodecim,
duodecim et duodecim, hoc est ter duodecim sicut in primo, nec bis duodecim sicut
in secundo, sed tantum duodecim secundum concordie veritatem. Warum dies so
ist, erklärt Joachim kurz zuvor fol. 58rab: Unde factum est, ut nonnulla scripta
inveniamus sub veteri testamento, quorum similia secundum concordiam desinunt
in secundo et tertio, nonnulla in secundo, quorum similia non inveniuntur in tertio. in primo enim statu electi sunt duodecim patriarche in veritate, duodecim vero,

Eine Unterteilung der Zwölf in kleinere Gruppen, wie sie bei den Stämmen, Kirchen und Klöstern vorgenommen wird, fehlt hier, es kann daher unter ihnen auch keine zeitliche oder qualitativen Unterschiede geben. Die drei bzw. zwei Zwölfergruppen des ersten und zweiten *status* entsprechen zwar den auf sie zurückgehenden Gemeinwesen der Stämme bzw. Kirchen (ohne daß hierbei den einzelnen Aposteln Kirchen zugeordnet werden), für die zwölf Männer des dritten *status* wird hingegen niemals eine korporative Entsprechung benannt. Allenfalls ist von einer unbenannten Zahl an *preclarissima monasteria* die Rede,[72] die den zwölf Stämmen und Kirchen entsprechen, und einer zukünftigen Entsprechung der sieben Stämme und der sieben asiatischen Kirchen, zur Zeit, da zu Beginn des dritten *status* die zwölf Gottesmänner zu den Juden predigen werden, einer zukünftigen Größe jedenfalls, über die nichts weiter gesagt wird, als daß sie diesen beiden vergangenen Gruppen der Sieben entspricht. Die ihnen Vorstehenden sind parallel zu setzen sind mit Josua und dem Evangelisten Johannes, nicht zufällig Protagonisten des ersten friedlichen Siegels und seiner Entsprechung, denen ein Abglanz des ewigen Friedens geschenkt wird.[73] An dieser Stelle scheint den beiden parallelen Strängen der Siegel und ihrer Eröffnungen noch eine

---

qui egressi sunt de Egypto, in typo duodecim apostolorum, sicut et duodecim, qui intraverunt terram promissionis, in typo eorum, qui futuri sunt in tertio statu. in secundo electi sunt duodecim apostoli in veritate, quorum typum tenuerunt duodecim principes, qui egressi sunt de Egypto; duodecim vero, quibus imposuit manus Paulus et acceperunt spiritum sanctum, nonnisi in typo eorum, qui futuri sunt.

[72] *Concordia*, lib. IV, fol. 57vb. Daß es sich dennoch auch hier um zwölf Klöster handeln müsse, schließt irrtümlich noch Matthias Kaup, vgl. S. 80, Anm. 64, richtig hierzu jedoch bereits Marjorie Reeves, Beatrice Hirsch-Reich, The *Figurae* of Joachim of Fiore (Oxford 1972) S. 89f.

[73] *Concordia*, lib. IV, fol. 58va. Eine ausdrückliche Übertragung der Fünf- und Siebenzahl auf die zisterziensischen Klöster und diejenigen einer von Joachim gegründeten oder noch zu gründenden Gemeinschaft findet darum nie statt; von einer Höherwendung von ersteren weg hin zu der letztgenannten, zunächst nur gedachten und später konkreten Größe wird an keiner Stelle seines Werkes die Rede sein, wie ja auch niemals der postulierte Orden der Zukunft konkret mit dem von Joachim persönlich zu Gründenden gleichgesetzt wird: Nie wird von einer möglichen Überschreitung und Ablösung der Zisterzienser durch den Orden Joachims gesprochen. *Concordia*, fol. 58rb hält Joachim zwar eine Entsprechung der fünf zisterziensischen Primarabteien und der fünf Stämme und Gemeinden für möglich. Kurz davor bekennt er jedoch, daß er nicht wisse, ob die fünf Zisterzienserklöster zu diesem *mysterium* gehörten (fol. 57vb), und erklärt wenig später (fol. 58vb), wegen der Kürze des zeitlichen Abstands und der mangelnden Kenntnis der zukünftigen Ereignisse keine präzisen Aussagen über die eschatologische Rolle des Zisterzienserordens wagen, sondern nur seine Rolle in der Gegenwart für den Leser späterer Zeiten kennzeichnen zu wollen.

dritte Parallele beigeordnet zu werden, das Dreierschema ist noch
nicht vollständig mit dem Zweierschema auf die mystische, überaus
subtile Weise verwoben, in der dies später, in *De septem sigillis*, unter
Verwendung der horizontalen Achse geschieht, die Anfang und Ende
miteinander verknüpft und beide Reihen miteinander in Beziehung
setzt. Der dritte *status* begegnet in diesem frühen Modell noch als
eine konkrete, dritte Parallelreihe neben der Abfolge der Siegel und
ihrer Eröffnungen, während in jener Vorstellung der Zeiten, wie sie
De septem sigillis widerspiegelt, das Zweier- und das Dreierschema auf
eine mystische Weise miteinander verwoben sind, wobei das Dreierschema im Zweierschema verborgen ist, der dritte *status* verborgen
schon seinen Anfang nahm, indem er mit dem Tod Christi begann.
Im Lauf der Entwicklung seines Denkens wird es für Joachims dritten *status* zum wesentlichen Charakteristikum, daß er (anders als die
beiden früheren *status*) im Geiste und den Augen unsichtbar beginnt.
Joachim benötigt in *De septem sigillis* keine neue, dritte Parallele mehr.
Denn nach seiner nunmehrigen Überzeugung ist der dritte *status* in
der Lebenswirklichkeit des Christen längst Gegenwart.[74]

---

[74] Die ausführliche Betrachtung des Motivs des fünf und sieben Stämme, Kirchen
und Klöster in *De septem sigillis* und parallelen Texten kommt zu einem anderen
Ergebnis, als es Marjorie Reeves in ihrer knappen Untersuchung der Schrift möglich war, vgl. dies., The seven seals, S. 230. In der Beurteilung der zeitlichen
Aufeinanderfolge der Dreier- und der Zweiergruppe der fünf und sieben Körperschaften
ergibt sich jedoch derselbe Befund, den sie in The *Liber figurarum* of Joachim of Fiore,
Medieval and Renaissance Studies 2 (1950) S. 77 für den *Liber figurarum* formulierte,
nämlich daß das Dreierschema durch das Zweierschema abgelöst wurde und darum
als früher anzusehen ist. Tatsächlich kann nun das Fehlen der dritten Zwölfergruppe
in *De septem sigillis* gegenüber ihrem Vorhandensein in anderen Entwürfen zum
Thema als Kennzeichen einer gedanklichen Weiterentwicklung gezeigt werden, die
Joachims Überlegungen genommen hatten, auch wenn das Fehlen der Gruppe der
fünf und sieben Klöster in *De septem sigillis*, die Marjorie Reeves aus dem Bild des
Adlers im *Psalterium decem chordarum* vertraut ist (lib. II, fol. 268r), von ihr nicht
audrücklich thematisiert wurde, vgl. dies., The *Liber figurarum* of Joachim of Fiore,
S. 78f. Das Motiv der fünf und sieben Stämme und Kirchen ist für sie dennoch
ein Kennzeichen eines mindestens latent vorhandenen dritten *status*. Denn aus der
Verbindung der fünf Kirchen mit Petrus und der der sieben mit Johannes, welcher
die Geistkirche des kommenden Zeitalters symbolisiert und darum der Petruskirche
überlegen ist, schließt sie, daß in dem Bild der fünf und sieben Körperschaften
immer ein Moment des qualitativen Aufstiegs enthalten sei, Kennzeichen des dritten *status* und damit Charakteristikum dieses Motivs: „From this Joachim develops
the idea that the five always represents the primary, the outer, the literal, the active,
whilst the seven symbolizes the secondary, the inner, the spiritual, the contempla-
tive . . . wherever this symbolism of the five and seven appears, it contains within
it, like a kernel of hidden meaning, the idea of a spiritual progression . . . from the
first and second *status* to the third." Dementgegen sollte nun deutlich geworden sein,

d) *Das Ende des ersten Siegels und seiner Eröffnung*

Mit dem Tod Josuas endet gewöhnlich das erste Siegel, während die Ereignisse seiner Eröffnung durch den Tod des Evangelisten Johannes beschlossen werden.[75] Joseph, der in der *Expositio* zusammen mit Josua als Entsprechung des Johannes auftritt, wird in *De septem sigillis* nicht genannt. Sein Auftreten in der *Expositio* ist möglich durch die notwendige *concordia* der einzelnen Personen, die in einem Grundriß der Geschichte keinen Platz hat. Bei der Beschreibung der Personen und Ereignisse, die in *De septem sigillis* dem ersten Siegel und seiner Eröffnung entsprechen, geht der dort nicht genannte Joseph, der dem heiligen Geist entspricht, Moses voran, der Christus entspricht, da ja Christus vom heiligen Geist gezeugt ist; daß Mose wiederum Josua dem Volk anempfiehlt, entspricht der Verheißung des heiligen Geistes durch Christus an die Jünger.[76] Joseph und Josua gemeinsam bezeichnen den heiligen Geist ebenso wie Johannes: *Sic igitur in uno Iohanne ostensum est mistice in testamento novo, quod et prius ostensum fuerat in duobus viris, Ioseph videlicet et Iosue.*[77] Jedoch begegnet auch in

---

daß durchaus nicht immer ein solcher qualitativer Anstieg von der einen zur anderen Teilgruppe impliziert wird, und daß die Behauptung von fünf Kirchen, von Petrus, den fünf Körpersinnen oder der leiblichen Kirche einerseits als inferior gegenüber andererseits den sieben Kirchen, Johannes, den sieben Gaben des Geistes oder der Geistkirche als überlegen in Joachims Augen vermutlich sogar höchst unzulässig wäre. Zudem läßt sich etwa bei der Gruppe der fünf Stämme keinerlei Minderwertigkeit gegenüber der der sieben behaupten, während der Vergleich nur der fünf und sieben Kirchen allzu wenig Substanz hat (die Hinzunahme der fünf und sieben Klöster liefert hierzu eine ungleich stabilere Basis, wird jedoch von Marjorie Reeves, vor allem aufgrund ihrer noch allzu eingeschränkten Textgrundlage und besonders vor Vorliegen der Edition von *De vita sancti Benedicti*, nicht erwogen). Noch in ihren Irrtümern ist die Klarsicht Marjorie Reeves' bemerkenswert, und die seitdem oft wiederholte Beobachtung, daß ein qualitativer Aufstieg mindestens optional im Motiv der fünf und sieben verborgen ist (wenn auch nicht essentiell und immer vorhanden wie behauptet), ist hier zum ersten Mal beschrieben. – Zur Fünf und Sieben vgl. auch Marjorie REEVES, Beatrice HIRSCH-REICH, The *Figurae* of Joachim of Fiore, S. 17–19 und S. 89f., wo die Gruppen der Klöster thematisiert werden, jedoch immer noch als der späteren Version des Themas angehörig. Ungelöst bleibt dabei natürlich, warum sich Joachim zwar noch in *De vita sancti Benedicti*, nicht mehr jedoch im vierten Buch der *Concordia* sicher ist über die Zugehörigkeit der Klöster zu diesem *mysterium*, ebd. fol. 57vb, wenn doch gerade sie das Kennzeichen der Weiterentwicklung des Themas sein sollte. Die in *De septem sigillis* begegnende Version des Themas, deren Betrachtung vermutlich hilfreich gewesen wäre, wird hier nicht erörtert.

[75] *Expositio, Liber introductorius*, fol. 7ra–b.
[76] *Expositio, Liber introductorius*, fol. 20vb–21ra.
[77] *Expositio, Liber introductorius*, fol. 21vb.

der *Expositio* die *concordia* zwischen Johannes und Josua ohne Joseph, wenn nämlich weniger ihre trinitarische Bedeutung als vielmehr ihre Rolle in der Geschichte thematisiert wird. So ist Josua es, der das Los initiiert, das den sieben Stämmen ihr Erbe zuspricht, so wie Johannes derjenige ist, der durch sein Buch den sieben Gemeinden die Sendschreiben zukommen läßt.[78] Mit dieser Betonung des Evangelisten Johannes wird deutlich, daß *De septem sigillis* die Gesamtkirche im Blick hat, denn nach dem Tode von Paulus und Barnabas übernimmt Johannes die Führungsrolle in der jungen Kirche, so wie Josua nach dem Hinscheiden der Brüder Mose und Aaron das Volk Israel leitet: *Obeuntibus autem Aaron et Moyse factus est princeps populi Iosue, et nichilominus Paulo et Barnaba euntibus ad regna celorum Iohannes evangelista in Asia spiritalem obtinuit principatum.*[79] Dem Erbe Petri entspricht hierbei das dem Kaleb zugefallene Los. Kaleb aber, dem Hebron von Mose als Erbbesitz zugesprochen wird,[80] ist wie David Angehöriger des Stammes Juda,[81] und so wie David von Hebron aus dieses Gebiet regieren wird,[82] so soll die petrinische Kirche mit Papst Silvester (314–335) die entscheidende Machtstellung innerhalb des Christentums erlangen.[83] Das Ungleichgewicht dieses Vergleichs (denn

---

[78] *Expositio, Liber introductorius*, fol. 20va, *Expositio*, pars I, fol. 62rb, parallel dazu *Concordia*, lib. IV, fol. 58va.

[79] *Expositio*, pars I, fol. 62rb.

[80] Jos. 14,6–14. Joachim schreibt freilich vom Los.

[81] Vgl. hierzu Num. 13,7; 34,19.

[82] Zu Hebron als Herrschaftssitz Davids vgl. 2. Sam. 2,11.

[83] *Expositio*, pars I, fol. 62rb–va: Sed et Caleph, qui erat de tribu Iuda, cuius socius fuerat Iosue, maxime autem in gratia et fide, data est in sortem Ebron, in quo processu temporis regnavit David, et nichilominus apostolo Petro, cuius specialis socius fuerat Iohannes, data est romana ecclesia, in qua quandoque papa Silvester totius regalis sacerdotii sollempnem obtinuit potestatem. – Der Ursprung dieser Überzeugung liegt in der sogenannten Silvesterlegende, die im ganzen Mittelalter Geltung hatte. In ihrem Kern auf das 5. Jahrhundert zurückgehend, entstand die sogenannte Konstantinische Schenkung, wie die *Actus Silvestri* nach einem ihrer Bestandteile genannt werden, vermutlich im 8. Jahrhundert. Sie wurde erst im 15. Jahrhundert durch Nikolaus von Kues und Lorenzo Valla als unecht erkannt. In ihrem ersten Teil, der *Confessio*, wird die sagenhafte Heilung und Bekehrung Kaiser Konstantins durch den Papst beschrieben. Die eigentliche *Donatio Constantini* enthält die Übertragung kaiserlicher (Gebiets-)Rechte auf den Papst, vor allem in Bezug auf die westlichen Gebiete Ostroms. Sie wurde bereits im 10. Jahrhundert in der päpstlichen Kanzlei verwendet und seit ihrer Verwendung durch Leo IX. 1053 bis ins späte Mittelalter häufig zitiert. Sie diente die vor allem als Begründung der weltlichen Herrschaft des Papstes über das Abendland und wird deshalb hier von Joachim als Begründung einer Herrschaft herangezogen, die derjenigen Davids entspricht und daher ebenso sakralen wie territorialen Charakter besitzt. Der Text der *Donatio Constantini* ist ediert von Horst FUHRMANN, Das Constitutum Constantini, MGH

Kaleb und Petrus scheinen ein an Bedeutung höchst ungleiches Vergleichspaar), das auch Joachim nicht unbemerkt bleibt, erklärt er so, daß zu seiner Zeit ja auch der seine Generation viele Jahre überlebende Johannes um vieles größer erschienen sein muß als Petrus, während aber das Licht der Johanneskirche, als deren Nachfolger Joachim die konstantinopolitanische Kirche ansieht,[84] in späterer Zeit viel weniger hell leuchtet, ja fast erlischt, so wie der Stamm Josephs, dem Josua entstammte, zur vollkommenen Bedeutungslosigkeit hinabsank,[85] während Juda, der Stamm Kalebs, als Stamm Davids später zu größter Bedeutung emporsteigen sollte.[86] Kaleb und Petrus tauchen in *De septem sigillis* nicht auf. In dieser Darstellung bedarf das Volk Gottes keiner Ätiologie. Mit dem Gegensatz Josua-Kaleb und Johannes-Petrus, mithin der lateinischen und der griechischen Kirche, hat sich Joachim an anderem Ort befaßt.[87]

e) *Der innere Zusammenhang: Die Siegelöffnung am Ostermorgen*

Anfang und Ende des ersten Siegels und seiner Eröffnung faßt Joachim in der *Expositio* in einem Satz zusammen, der dem in *De septem sigillis*

Fontes iuris 10 (München 1968). Vgl. Wilhelm LÉVISON, Konstantinische Schenkung und Silvester-Legende, in: ders., Ausgewählte Aufsätze. Aus rheinischer und fränkischer Frühzeit (Düsseldorf 1948) S. 390–465, zuerst in: Miscellanea Francesco Ehrle 2 (Roma 1924) S. 159–247, ders., Kirchenrechtliches in den Actus Silvestri, ebd. S. 466–473, zuerst in: Zeitschrift der Savigny-Stiftung für Rechtsgeschichte 46, Kanonistische Abteilung 15 (1926) S. 501–511, Horst FUHRMANN, Konstantinische Schenkung und Silvesterlegende in neuer Sicht, Deutsches Archiv für Erforschung des Mittelalters 15 (1959) S. 352–540, ders., Konstantinische Schenkung und abendländisches Kaisertum. Ein Beitrag zur Überlieferungsgeschichte des Constitutum Constantini, Deutsches Archiv für Erforschung des Mittelalters 22 (1966) S. 63–178, ders., Art. Konstantinische Schenkung, Lexikon des Mittelalters 5 (München – Zürich 1991) Sp. 1385–1387, dort auch Literatur. Zur Verbreitung des *Constitutum* vgl. Gerhard LAEHR, Die Konstantinische Schenkung in der abendländischen Literatur des Mittelalters bis zur Mitte des 14. Jahrhunderts (Eberings Historische Studien 166, Berlin 1926, Nachdruck Vaduz 1965), der für das 11. und 12. Jahrhundert zahlreiche Autoren nennt, die das *Constitutum* zitieren, und Horst FUHRMANN, Einfluß und Verbreitung der pseudorisidorischen Fälschungen (MGH Schriften 24, 1–3, Stuttgart 1972, 1973 und 1974), bes. 2, S. 354–407: Constitutum Constantini und pseudoisidorische Dekretalen: Der Weg der Konstantinischen Schenkung zu ihrer Wirksamkeit.

[84] *Expositio*, pars I, fol. 62vb.
[85] *Expositio*, pars I, fol. 92vb.
[86] *Expositio*, pars I, fol. 62va–b.
[87] So zum Beispiel *Concordia*, lib. IIIb (im Kapitel über das erste Siegel), fol. 38vb–39va. Joachim thematisiert das Verhältnis der lateinischen zur griechischen

Dargestellten fast vollkommen entspricht: *Tempore resurrectionis sue primum Dominus reseravit sigillum, quia quod summus ille patriarcha Abraam quod utique Ysaac et Iacob et filii ipsius Iacob patriarche duodecim quod summus etiam ille prophetarum Moyses et conflictus maximus Egiptiorum et rubri maris transitus et deserti, nec non et quod Iosue et Caleph, et quicquid in eorum temporibus gestum esse narratur, sub littere velamine contegebatur, a diebus Zacharie et Ioannis baptiste usque ad obitum sancti Ioannis evangeliste reddens pro veteribus nova Christus exhibuit revelata.*[88] Zwar ist in der Eröffnung des ersten Siegels in *De septem sigillis* nur von Geburt, Taufe und Leiden des Gottessohnes und von der Kirchengründung die Rede. Dies würde eher der im *Liber introductorius* gebrauchten Wendung entsprechen, daß das Leben Christi die Auflösung der Siegel bedeutet.[89] Die altüberlieferte Interpretation der Siegel als Taten Christi – von der Inkarnation bis zur Auferstehung, wie sie vielfältig in der Geschichte der exegetischen Tradition bezeugt ist –, hat hier Anklänge.[90] Doch der eigentliche Anstoß und die Möglichkeit zur Eröffnung der Siegel ist dennoch in der – am Ende der Reihe der Siegel erzählten und so gleichzeitig im Mittelpunkt und doch außerhalb der Geschichte angesiedelten – Auferstehung Christi zu sehen. Sie markiert Wende-

---

Kirche häufig und mit den unterschiedlichsten Akzentuierungen, nicht selten personifiziert in den Aposteln Petrus und Johannes. So wie Josua das Volk Israel in das gelobte Land führt, Kaleb es aber als erster betritt (*Concordia*, lib. V, fol. 85vb), so trifft auch Petrus erst später am leeren Grab ein als Johannes, betritt es jedoch als erster: wie die römische Kirche später vom Evangelium erreicht wird, anders als die griechische Kirche des Ostens in späteren Jahrhunderten jedoch treu daran festhält. Ebenso fehlt auch der griechischen Kirche die Erkenntnis des Sohnes, von dem der Geist ausgeht, weil Johannes das Grab nicht betrat, vgl. *Expositio*, pars III, fol. 143vb–144ra. Beide werden manchmal auch als die Kirchen des Sohnes und des heiligen Geistes dargestellt, so *Concordia*, lib. IIb, fol. 20va und *Expositio*, pars VIII, fol. 213va, in anderem Zusammenhang als Entsprechung zu Juda, zu dem Kaleb gehörte (*Concordia*, lib. IIIb, fol. 38vb), und Israel, dem Haus Josephs und Josuas (*Concordia*, lib. IIIb, fol. 38vb) mit ihrem Hauptstädten Jerusalem und Samaria (*Concordia*, lib. IIa, fol. 17va, lib. IIb, fol. 22vb und lib. IV, fol. 46rb, *Expositio*, pars III, fol. 142vb und 145vb). Auf die unterschiedlichen Implikationen dieser Interpretationen und ihrer Aussage zum Zeitpunkt ihrer Abfassung einzugehen, führte hier zu weit. Wichtig ist in jedem Fall, daß Ergebnisse und Interpretationen der verschiedenen Vergleichsmöglichkeiten nicht absolut zu setzen sind, wie etwa eine genuine Höherwertigkeit des Petrus gegenüber Johannes oder umgekehrt. Zur Kirchenspaltung und der Rolle der griechischen Kirche bei Joachim von Fiore vgl. Brett Edward WHALEN, Joachim of Fiore and the division of Christendom, Viator 34 (2003) S. 89–108.

[88] *Expositio*, pars II, fol. 114ra.
[89] *Expositio*, *Liber introductorius*, fol. 3vb.
[90] Vgl. S. 42–49.

punkt und Neuanfang der Geschichte des Gottesvolks, sie ist Ziel der Reihe der Siegel und Beginn ihrer Eröffnung in einem. Ihre doppelte, mystische Plazierung in *De septem sigillis* ist letztes, höchstes Ergebnis der geistigen Erkenntnis. Die Auferstehung Christi ist nicht einfach als Inhalt oder Teilmenge der Eröffnung des ersten Siegels zu sehen, wie der zitierte Satz der *Expositio* nahelegen könnte, sondern sie ermöglicht erst die Reihe der Eröffnungen und gibt der Geschichte Mittelpunkt und Sinn. In der graphischen Gestaltung von *De septem sigillis* hat Joachim dieser Erkenntnis in subtilster Form Ausdruck verliehen.

Die Reihe der Eröffnungen beginnt mit dem Neuen Testament. Sie folgt der Berichterstattung des Lukasevangeliums, das nicht erst mit der Geburt Christi beginnt, sondern auch die Ereignisse um Zacharias und das Auftreten des Täufers schildert. Geburt und Leiden Christi, die zwölf Jünger und 72 Ältesten gehören in dieses Siegel, aber auch die Geschicke der jungen Kirche, wie sie in der Apostelgeschichte erzählt werden: die Trennung von der jüdischen Glaubensgemeinschaft, die Gabe des heiligen Geistes, das Wirken der letzten der Apostel Paulus und Barnabas bis zum Tod des Evangelisten Johannes. Schließlich folgt auch die Gründung der fünf Kirchen – eine der Handschriften[91] nennt erläuternd die Patriarchate beim Namen – und der sieben, nämlich die Adressaten der apokalyptischen Sendschreiben im ersten Teil der Apokalypse.

Dieser erste Teil der Apokalypse steht, wie betont wird, in besonderem Bezug zur ersten Eröffnung, die ja von einer am Sonntag geschehenen Offenbarung spricht. Denn erst mit der Auferstehung des Herrn am Ostersonntag, dem ersten Herrentag, konnte diese Offenbarung, die den inneren Zusammenhang beider Testamente und damit die Struktur der Geschichte zu begreifen ermöglicht, geschehen. Joachim selbst aber wird zu Beginn des Ostertags einer neuen Erkenntnis teilhaftig, die plötzlich vor seinem geistigen Auge in aller Deutlichkeit ersteht,[92] und erkennt erst nach einiger Zeit,

---

[91] **P₁₀** (Paris, Bibliothèque Nationale Cod. lat. 11864).

[92] *Expositio*, pars I, fol. 39va: Cum ergo in supra scripta nocte simile aliquid contigisset, circa medium ut opinor noctis silentium et hora qua leo noster de tribu iuda resurrexisse extimatur a mortuis, subito michi meditanti aliquid quadam mentis oculis intelligentie claritate percepta de plenitudine libri huius et tota veteris ac novi testamenti concordia revelatio facta est, et nec sic recordatus sum supra scripti capituli, cur videlicet Iohannes dixerit: Fui in spiritu in dominica die (Offb. 1,10), et utrum pertineret ad rem, quod hec ipsa revelatio libri huius in die dominica facta esse narratur.

welche Bedeutung dem Zeitpunkt dieser Erkenntnis innewohnt.[93] Er
steht damit in direkter Nachfolge der Emmausjünger, denen Christus
am Abend des Auferstehungssonntags den Sinn der Schriften eröffnete.
Der Tag, an dem Christus den Stein vor dem Alten Testament hin-
wegwälzte, der Tag nämlich, an dem er den Jüngern das Verständnis
der Schrift eröffnete und derjenige, an dem Johannes „im Geiste"
war, sind die beiden direkten Vorläufer dieses dritten Herrentages,
an dem Joachim dank den Ereignissen der beiden früheren Sonntage,
der Auferstehung, die die Schrift erhellt, und der sonntäglichen Vision
des Johannes, erkennt, daß in dieser neuen Form der Erkenntnis die
Trinität der Gottheit, die Konkordanz der Schriften und die Mysterien
der Apokalypse ihm ihre Geheimnisse offenbaren.[94]

An dieser Stelle liegt ein Vergleich mit der Interpretation der
Siegel durch Anselm von Havelberg nahe, dem ersten geschichtstheologischen Ausleger der Siegel, als dessen Imitator man Joachim zu
begreifen versucht sein könnte.[95] Doch es wird deutlich, wie sehr sich
Joachim von Anselm unterscheidet. Wie zuvor Primasius, Beda und
Haimo faßt Anselm die Siegel als Epochen auf. Er versieht sie zwar
als erster mit einer gewissen Dynamik,[96] dennoch vollziehen sie in
seinen Augen eine einströmige, lineare Bewegung, die mit der Verkündigung des Evangeliums beginnt und mehr auf die Gegenwart
hin orientiert ist: jeder höhere Grad der Offenbarung, den die Kirche

---

[93] *Expositio*, pars I, fol. 39va: Cum vero post aliquantulum temporis, oportunitate
percepta, parum id quod notaveram relegissem, perveni ad locum istum in quo et
dicitur: Fui in spiritu in dominica die (Offb. 1,10) et tunc primo intellexi quid sibi
vellet in misteriis id quod ait Iohannes: Fui in spiritu in dominica die, conferens
mecum vel ea ipsa que acciderant vel ea que de ipso die scripta fore noscuntur,
et quod inde inceperit spiritus excitatus a littera, et multa huic similia, que in hoc
loco perstringere longum est.

[94] *Expositio*, pars I, fol. 39va: Hec est ergo dies quam fecit Dominus; exultemus
et letemur in ea (Ps. 117,24), hec dies, in qua Christus resurrexit a mortuis, sublato magno illo lapide ab ostio monumenti (vgl. Mk. 16,3, Lk. 24,2, Joh. 20,1), hec
dies, in qua aperuit discipulis suis sensum, ut intelligerent scripturas (Lk. 24,45).
Die Bedeutung der Wiedergabe dieser Erkenntnis in *De septem sigillis* ist auch für
Kurt-Victor SELGE, L'origine delle opere di Gioacchino da Fiore, S. 112 Indiz dafür,
daß als *terminus post quem* für die Abfassung von *De septem sigillis* nur ein Zeitpunkt
nach dem Ereignis der sogenannten „Ostervision" in Frage kommt, die auf das Jahr
1185 datiert wird, vgl. ders., Die Stellung Joachims von Fiore in seiner Zeit, S. 499.

[95] Daß Anselm von Havelberg in seiner Geschichtstheologie diejenige Joachims
vorbereiten helfe, nimmt auch Wilhelm BERGES, Anselm von Havelberg in der
Geistesgeschichte des 12. Jahrhunderts, S. 53, 57 an.

[96] Anselm von Havelberg, *Dialogi*, lib. I, cap. 7–13, Sources Chrétiennes 118, S.
68–119, PL 188, Sp. 1149B–1160C, vgl. Horst Dieter RAUH, Das Bild des Antichrist
im Mittelalter, S. 268–302.

erreicht, läßt die Vergangenheit hinter sich. Der zyklische Charakter
der Weltläufte, wie ihn Joachim zeichnet, der einen Höhepunkt an
Gottesnähe am Anfang dieser Geschichte und in aller Trübsal nicht
nur zuläßt, sondern sogar zur Vorbedingung hat, ist Anselms
Konzeption fremd. Seine geschichtstheologische Abhandlung der sieben Siegel ist weniger typologische Exegese, weniger auch Rekapitulation und Element einer Eschatologie als vielmehr konstruktive
Gegenwartskritik: das Verständnis einer Vergangenheit, in der *incre-
mentum* durch *varietas* der Kirche, die dem göttlichen Heilsplan folgend in der Auseinandersetzung mit inneren wie äußeren Gegnern
an Gestalten- und Ideenreichtum gewinnt, gezeigt wird, soll so hel-
fen, die gegenwärtige Lage der Kirche, ihren geschichtlichen Stand-
punkt innerhalb des Heilsplans zu begreifen, soll analog dem nach
dreimaliger Wiederholung bekannten Schema – nach Anselm befinden
wir uns zur Zeit des vierten Pferdes – die Identifizierung des *corpus
antichristi* sowie der möglichen Abhilfe verdeutlichen. Von der *vita
apostolica* der Urkirche ist diese Gegenwart dabei inhaltlich wie zeitlich vergleichbar weit entfernt wie von der Parusie und dem Beginn
des achten Tages. Nur als Perspektive ist dieser Fixpunkt dabei noch
wichtig, er gibt Orientierung. Doch ist er genausowenig gegenwär-
tig wie die Apostel es sind.[97] Die Personen der Trinität sind dabei
sehr wenig auf die Geschichte bezogen. Auch wenn Horst Dieter
Rauh das Schema Anselms pneumatologisch nennt, benötigt Anselm
die Person des heiligen Geistes mehr als göttlichen Gewährsmann,
um einen Fortschritt der Offenbarung nach der Menschwerdung des
Sohnes zu legitimieren, als daß irgendein inhaltlicher Bezug der dritten oder einer der beiden anderen Personen der Trinität in seinem
Schema, das ja auch erst mit der Menschwerdung des Sohnes beginnt,
zu behaupten wäre.[98] Wo bei Joachim die Geschichte des Schöpfers

---

[97] Vgl. Wilhelm Berges, Anselm von Havelberg in der Geistesgeschichte des 12.
Jahrhunderts, S. 53: „Die Uninteressiertheit, mit der die Aussagen der Apokalypse
über die zukünftigen Status der Kirche aufgezählt werden, schließt jede Neigung
zur Prognose oder zu apokalyptischer Schau aus, der freudige Optimismus, mit dem
die nächste Zukunft anvisiert wird, ist frei von dem Gefühl, vor einer neuen Erfüllung
der Zeiten zu stehen."
[98] Horst Dieter Rauh, Das Bild des Antichrist im Mittelalter, S. 275. Grundlegende
Unterschiede zwischen der Geschichtsgliederung Anselm und derjenigen Ruperts
von Deutz und anderer zeigt Jay T. Lees, Anselm von Havelberg, S. 178–182,
indem er die unterschiedliche Akzentuierung der Heilsgeschichte und ihrer Darstellungen beschreibt: „Is the emphasis on God's relation to the faithful in which
periodization is used to charter their progress to God? Or is the emphasis on the

mit seinen Geschöpfen ins Licht der Betrachtung rückt, universal,
weil es außer den beiden nichts gibt, fällt bei Anselm nur ein klei-
ner Lichtkegel auf die Kirche. Die Nähe zu den göttlichen Personen
bringt in Joachims Konzeption die Geschichte des Gottesvolks und
ihrer Darstellung erst zu ihrer vollen Entfaltung. Zwar verzichtet
Anselm hierzu auf die Heranziehung des Alten Testaments. Gemeinsam
ist Anselm und Joachim in ihrem jeweiligen Konzept der Siegelinter-
pretation nur das erkenntnisleitende Interesse, Erkenntnis über die
Ereignisse der Geschichte der Kirche, ihre nächste Zukunft und ihr
Ende zu gewinnen. Ihre Darstellung der Geschichte Israels ist dabei
Vehikel und nicht Ziel der Untersuchung, ihre Gliederung Hilfsstruktur,
schematischer Abriß und Beispiel für die Geschicke der Kirche, durch
die Apokalypse und als einem unter mehreren durch das Bild der
Siegel in der Auferstehung des Sohnes erschlossen, von der Trinität
begründet und beseelt.[99]

Die Verbindung zwischen Abraham und Zacharias am Anfang der
Siegel ergibt sich aus der *concordia* des Alten und Neuen Testaments.
Beide markieren den Beginn eines *cursus temporis*, nämlich des ersten
beziehungsweise des zweiten und dritten *status*, da ja das Neue Testament einen zwillingshaften Charakter besitzt.[100] Weil nun die Patriarchen Abraham, Isaak und Jakob ebenso wie Zacharias, Johannes der
Täufer und der Mensch Christus Jesus als Symbole der Trinität gelten, ist es möglich, alle drei jeweils als Anfangspunkt ihrer Zeit zu
betrachten,[101] aber auch jede der beiden Dreiergruppen kann als
Symbol eines *status* – und zwar hier des ersten und zweiten – gelten, deren Entsprechung, so folgert Joachim, im dritten *status* noch
aussteht.[102]

---

faithful's relation to God in which periodization is used to chart their progress
towards God? I would suggest that the more salvation is is seen to hinge on the
latter, the more we find a consciousness of history; for in this view the past will be
interpreted to understand the distinctness of the present and ourselves existing in
it, rather than to fathom a divine force operating on us" (ebd. S. 178).

[99] Dies entspricht den von Robert E. LERNER formulierten drei methodischen
Grundsätzen ('three big ideas') Joachims, die im Artikel Joachim von Fiore, TRE
17 (Berlin – New York 1988) S. 84–88 skizziert werden.

[100] *Expositio, Liber introductorius*, fol. 6va.

[101] *Expositio, Liber introductorius*, fol. 9va: Sed et pro eo quod Zacharias et Iohannes
Baptista et homo Christus Iesus figuram retinent Trinitatis, sicut et Abraham, Ysaac
et Iacob, ita communiter incipiendum est a tribus.

[102] *Expositio*, pars III, fol. 147vb: Tres magni patriarche electi sunt a Domino in
exordio primi status, Abraham scilicet, Ysaac et Iacob, quorum similes dati sunt
tres alii in exordio secundi, Zacharias, Ioannes baptista et homo Christus Iesus.

Johannes der Täufer hat in *De septem sigillis* eine doppelte Position: einmal am Ende des siebten Siegels, wenn er einige Zeit nach der Verfolgung des Antiochus, die einer friedvollen Zeit ihr Ende bereitet hatte, Christus vorausgeht, zum zweiten Mal zu Beginn der ersten Eröffnung zwischen Zacharias und Christus. Das Leiden Johannes' und Christi gehört zum sechsten Siegel. Mit ihm endet das letzte der *sex tempora laboriosa*, deren Reihe mit Abraham beginnt und mit dem Täufer endet.[103] Johannes kann jedoch als Sinnbild des zweiten *status* figurieren,[104] der zur Reihe der Eröffnungen gehört, wobei Christus den dritten *status* bezeichnet. Johannes ist der Anfang des Evangeliums, dessen Vollendung Christus ist,[105] er vertritt die Kinder der Kirche zwischen seinem Vater, der für die Väter des ersten, und Christus, der für die *viri spirituales* des dritten *status* steht. Wegbereiter Christi, bekennt er sich unfähig zur Lösung der Siegel, eine Aufgabe, die, so erinnert Joachim, Christus selbst vorbehalten bleibt.[106]

Geburt, Taufe und Leiden Christi sind in der ersten Eröffnung ohne die Auferstehung aufgeführt, vor allem weil hier Christus als Teil der Dreiergruppe Zacharias – Johannes der Täufer – Christus als Mensch zu sehen ist, die an vielen Stellen in Joachims Werk als Symbol der Trinität dient,[107] ebenso wie Abraham, Isaak und Jakob. Entsprechend parallel stehen hier beide Dreiergruppen des Siegels und seiner Eröffnung: Christus erscheint in einer Doppelrolle, seine Auferstehung erhält eine gesonderte Stellung, die sie aus den Ereignissen und Figuren der Eröffnung deutlich heraushebt. Wie dort dem letzten der drei Patriarchen die zwölf Jakobssöhne folgen, so folgen hier auf Christus seine Jünger.[108] Auch die 72 Ältesten, die den

---

[103] *Expositio*, pars II, fol. 115ra: Dicamus breviter due libre tritici ad duo pertinent testamenta, sicut et tres bilibres ordei ad illa sex tempora laboriosa, que in sex quoque diebus vel annis designata sunt, hoc est ab Abraam usque ad Iohannem baptistam.

[104] *Expositio*, pars I, fol. 82vb.

[105] *Expositio*, pars I, fol. 84ra.

[106] *Expositio*, pars II, fol. 110ra. Joachim interpretiert hier den Engel des Buches als Johannes den Täufer, der auf einen Mächtigeren vorausdeutet.

[107] *Expositio, Liber introductorius*, fol. 9va, Text S. 94 bei Anm. 101. *Expositio*, pars I, fol. 34vb nennt ebenso beide Dreiergruppen und verweist auf eine frühere Nennung der beiden, die sich aufgrund der Häufigkeit der Belegstellen nicht zweifelsfrei identifizieren läßt, vgl. *Expositio*, pars III, fol. 147vb, Text S. 94 bei Anm. 102. Im *Psalterium decem chordarum* kommt diese Kombination so nicht vor, wohl aber *Concordia*, lib. IIa, fol. 8ra und 18rb. Ebd. fol. 8vb werden beide Gruppen als Beginn des ersten bzw. zweiten *status* genannt. Vgl. auch S. 95, Anm. 108.

[108] Das zweite Buch des *Psalterium decem chordarum* nennt Abraham, Isaak und Jacob zusammen mit den zwölf Söhnen als Beginn des ersten, Zacharias, Johannes

Ältcstcn Israels entsprechen,[109] entstammen den Berichten des Lukasevangeliums (Lk. 10,1–24). Zwar ist hier nur von 70, nicht von 72
die Rede. Über Grund und Möglichkeit, diese Ungleichheit zu relativieren, hat Joachim in seinen Werken verschiedentlich referiert. Sie
ist zwar für seine Eschatologie nicht aussagelos, hier jedoch ohne
weitere Relevanz.[110] Dem Auszug aus Ägypten entspricht die Trennung
von der Synagoge, der Gabe der Gesetze die Ausgießung des heiligen Geistes.[111] Das Rote Meer, dem in *De septem sigillis* keine Entsprechung beigesellt wird, wird in der *Expositio* dem Jordan verglichen,

---

den Täufer und *homo* Christus Jesus als Beginn des zweiten *status*, fol. 266rb, ähnlich *Concordia*, lib. IIb, fol. 22vab.
   [109] Marjorie REEVES, The seven seals, S. 228 merkt zu dieser Stelle an, daß im
Alten Testament von 72 Personen nicht die Rede sei, und gibt als Beleg Num.
11,16.24. Es geht jedoch allein aus der von ihr hierzu zitierten Stelle *Concordia*, lib.
IIa, fol. 12ra hervor, daß Joachim auf ein anderes Bibelzitat anspielt, nämlich Exod.
24,1.9, wo von Nadab und Abihu und den 70 Ältesten die Rede ist, die mit Mose
und Aaron den Sinai hinaufsteigen, also 72 Ältesten. – Das von Marjorie Reeves
genannte Zitat aus *Expositio*, pars VII, trägt hier nicht zur Erhellung des Sachverhalts
bei, da dort fol. 220 etwas anderes erwogen wird, nämlich warum zu den jeweils
einmal 72 Personen des ersten und zweiten *status* nun zweimal 72, das heißt 144,
im dritten hinzutreten. Doch weist eine andere Stelle auf das fragliche Verfahren
der Schrift hin und bietet eine Erklärung, vgl. *Expositio, Liber introductorius*, fol. 15va:
Septuaginta seniores scriptura sacra fuisse commemorat, et tamen duo alii ad aliquid superaddi sunt, quia usus est divine scripture, ut minima queque in misteriis potioribus cedant. Ähnlich *Psalterium decem chordarum*, lib. II, fol. 263va–b: Quomodo
quadraginta diebus vel septuaginta senioribus additi sunt duo et duo, et tamen dies
quadraginta et seniores septuaginta potius quam dies quadraginta duo aut seniores
septuaginta duo scripti sunt, quatinus et alterius causa misterii extra fiant et alterius additi esse videantur, vgl. dazu *Psalterium decem chordarum*, Cod. Patavinus fol.
38vb, einen Passus, der nur von dieser Handschrift bezeugt wird: Noli autem mirum
ducere si, cum loquimur de quadragenario numero generationum in conpletione
sex ebdomadarum due superaddite inveniuntur, quia usus est scripturarum sanctarum, ut id quod superadditum esse videtur ad conpletionem misterii sub cardinali
numero intelligatur, secundum quod intelligitur septuaginta duo seniores sub numero
septuagesimo et quadraginta duo dies in quadragesimali misterio. Daß Joachim mit
dieser Zahlentheorie nicht allein war, beweisen Beda, *In Lucae Evangelium Expositio*,
lib. I, cap. 3, SL 120, S. 92, Z. 2883–2891 und Paschasius Radbertus, *Expositio in
Matheo*, lib. VIII, CM 56A, S. 837, Z. 1306–1309.
   [110] *Expositio, Liber introductorius*, fol. 22rb. Allgemein ist festzuhalten, daß in Erinnerung
an Gen. 10 die Vorstellung von einer Gesamtheit von 72 Völkern und Sprachen
existierte, an die sich 72 Bücher der Bibel, aber auch unter Bezug auf Lk. 1,10 72
Jünger wenden, um ihnen das Evangelium zu bringen, vgl. Heinz MEYER, Rudolf
SUNTRUP, Lexikon der mittelalterlichen Zahlenbedeutungen, Sp. 760f.
   [111] Dieser Vergleich spielt auf die vielzitierte Dualität von Geist und Buchstabe
(des Gesetzes) an, die hier bereits der Vergleich der ägyptischen Gefangenschaft mit
der Zeit vor der Trennung von der Synagoge vorbereitet, vgl. *Expositio, Liber introductorius*, fol. 6vb: Surrexit item pro patribus novus et spiritalis Israel, qui adversus
novos Egiptios Iudeos novum propter Spiritum iniret certamen; fol. 7ra: Sicut Moyses

in dessen Wasser Jesus getauft wird.[112] An seine Stelle tritt im dritten *status* das Feuer, das Elia entführt. Einzeldaten des dritten *status*
werden jedoch in *De septem sigillis* nicht aufgeführt. Näher an der
Interpretation des Roten Meers in *De septem sigillis* ist eine Deutung
der *Concordia*, die in den Wellen des Schilfmeeres die römischen
Heerfluten sieht, die die jüdische Kultusgemeinde ebenso unterge-
hen ließen wie das Meer die Ägypter.[113] *Concordia* und *Expositio* gemeinsam ist die Interpretation des Roten Meeres als Symbol des Todes
Jesu, der durch den Tod zur Auferstehung gelangt.[114] Auch dies fügt
sich zu den Ereignissen der ersten *apertio*. Da hier jedoch die Geschicke
Israels mit denen der Gläubigen verglichen werden, wird das Rote
Meer hier nur auf diese, nicht aber auf Christus bezogen. Die *Concordia*
enthält jedoch auch einen Vergleich der Durchquerung des Meeres
mit der Taufe, die die Gläubigen von den Ungläubigen trennt.[115]

Moses und Aaron, den Führern des Volkes Israel, entsprechen
Paulus und Barnabas, die als erste nicht nur den Juden, sondern
allen Völkern predigen. So ist ihr Wirken ebenso konstituiv für das
Werden des Gottesvolks wie dasjenige Moses' und Aarons für das
Werden Israels. Dieser Prozeß und damit das erste Siegel und seine
Eröffnung sind abgeschlossen am Ende des Wirkens Josuas für den
alten Bund und des Evangelisten Johannes im neuen.

Dem ideellen Werden beider Körperschaften, das ihren spirituel-
len Führern zu danken ist, folgt die Manifestation ihrer Glieder: die
Stämme empfingen ihr Erbteil, die Kirchen erfuhren ihre Gründung.
Die Stämme Israels empfingen das Land und mit ihm ihre Identität
als Volk Gottes, das Erbe der Kirchen hingegen ist ihre Botschaft.
Indem beide in der Geschichte ihren Ort gefunden haben, sind die
Grundlagen ihrer Geschichte gelegt, die Antagonisten stehen bereit:
der Kampf kann beginnen.

---

et Aaron precesserunt filios Israel egressuros de Egipto et progressuros in terram
Chananeorum, ita Paulus et Barnabas fidelem populum exiturum de sinagoga incre-
dula et transiturum ad provincias paganorum. Pugnavit Moyses pro libertate Israelis,
pugnavit et Paulus, ille ut cessaret servitus que erat in faciendis lateribus, iste ut
cessaret servilis lex que erat in operibus carnis, fol. 20va: synagoga Iudeorum, que
vocatur spiritaliter Egiptus.

[112] *Expositio*, pars I, fol. 57vb.
[113] *Concordia*, lib. IIa, fol. 18rb.
[114] *Concordia*, lib. IIIa, fol. 31va, *Expositio*, pars II, fol. 95va.
[115] *Concordia*, lib. V, fol. 62va.

DAS ZWEITE SIEGEL:
DIE BEWÄHRUNGSPROBE HAT BEGONNEN

a) *Paraphrase des Siegels und seiner Eröffnung*

Dem zweiten Siegel und seiner Eröffnung sind die kürzesten Absätze in der Reihe der Siegel und *apertiones* gewidmet. Dazu gehören die Kämpfe der Kinder Israel mit den Kanaanäern und anderen Völkern, die im Buch Josua und dem Buch der Richter beschrieben werden. Ihre Dauer erstreckt sich auf die Zeit zwischen Josua und David.

Ihnen stellt Joachim die Kämpfe der heiligen Märtyrer mit den Heiden in der Eröffnung des zweiten Siegels zur Seite, unter Verweis auf den zweiten Teil der Apokalypse. Dort ist – nach der Eröffnung der Siegel – von den Pferden, ihren Reitern und anderen Bildern die Rede, die verschiedene Arten der Verfolger darstellen.

b) *Orientierungshilfe auf dem Weg: Die Apokalypse als Leitfaden*

Das gesiegelte Buch wird also nicht nur auf die ganze Geschichte, sondern außerdem *spiritaliter* speziell auf diese Periode bezogen. An dieser Stelle seiner Exegese wird das ticonianische, durch Augustinus vermittelte Prinzip der Rekapitulation deutlich,[1] das Joachim hier so konsequent wie kaum ein anderer Autor des Mittelalters anwendet. Gleichzeitig ist es an der Zeit, sich Joachims Einteilung der Apokalypse zu vergewissern.[2]

Joachim wird hier wie im weiteren Verlauf von *De septem sigillis* jede der *apertiones*, das heißt Epochen der Kirchengeschichte, nicht nur mit einem bestimmten Abschnitt der Geschichte Israels in Bezug

---

[1] Zur Rekapitulationstheorie vgl. S. 42 und 50f.
[2] Joachim Einteilung der Apokalypse und ihre Behandlung in seinem Kommentar: pars I: Offb. 1,1–3,22 (vgl. *Expositio in Apocalypsin*, Editio Venetiana fol. 26va–99rb), II: Offb. 4,1–8,1 (fol. 99rb–123rb), III: Offb. 8,2–11,18 (fol. 123rb–153ra), IV: Offb. 11,19–14,20 (fol. 153ra–177rb), V: 15,1–16,17 (fol. 177rb–191va), VI: Offb. 16,18–19,21 (fol. 191vb–209vb), VII: Offb. 20,1–10 (fol. 209vb–213rb), VIII: 20,11–22,21 (fol. 213rb–224rab).

setzen, sondern gleichzeitig auch mit einem Teil der Apokalypse als desjenigen Mediums, das diese Perspektive eröffnet.

Die Pferde und ihre Reiter des zweiten Teils der Apokalypse, die Joachim bei der zweiten *apertio* in *De septem sigillis* nennt, können so dank des hermeneutischen Prinzips des Ticonius zum einen *specialiter* sämtlich auf das zweite Siegel und seine Eröffnung hin ausgelegt werden, wie es der Text von *De septem sigillis* nahelegt. Zum anderen kann jedoch gleichzeitig, so wie jedem der sieben Siegel eine der sieben Epochen der Kirchengeschichte zugeschrieben wird, ein jeder der vier Reiter auf je eins der ersten vier Siegel bezogen werden.

Natürlich haben sich auch vor Joachim andere Theologen um eine sinnvolle Einteilung der Apokalypse bemüht. Von nachhaltigster Wirkung war dabei die Einteilung, die Beda im 8. Jahrhundert der Apokalypse gab.[3] Sie gliedert die Apokalypse in sieben Teile. Joachim schließt sich ihr im wesentlichen an, so daß Abweichungen von der vertrauten Gliederung in seinem Apokalypsenkommentar erst ab dem sechsten Teil der Apokalypse auftreten.[4]

c) *Das zweite Siegel und seine Eröffnung: Inhalte und Grenzen*

Woraus besteht der Inhalt dieses zweiten Siegels und seiner Eröffnung? Der zweite Teil der Apokalypse, so Joachim in der *Expositio*, sei den Märtyrern zugehörig.[5] Ihre Widersacher sind die Heiden, deren ungestüme Kraft sich im Bild des Bären aus der Vision Daniels Dan. 7,5 widerspiegelt.[6] Die zwölf Stämme, aus denen das noch junge Volk Israels sich zusammensetzt, finden sich wieder in der Zusammensetzung der Märtyrerschar der 144000, die im 7. Kapitel der Apokalypse aus eben diesen Stämmen zusammengerufen werden. Sie

[3] Beda, *Expositio Apocalypseos*, SL 121A, PL 93, Sp. 129–206. Vgl. Gerald BONNER, Saint Bede in the tradition of western apocalyptic commentary, Ansgar WILLMES, Bedas Bibelauslegung, Archiv für Kulturgeschichte 44 (1962) S. 281–314, zu Bedas Einteilung der Apokalypse vgl. S. 164 und ebd. Anm. 14–16.
[4] Abweichungen und Entwicklungen von Joachims Einteilung der Apokalypse und seines Kommentarwerks werden darum ausführlicher im Kapitel zum sechsten Siegel behandelt.
[5] *Expositio, Liber introductorius*, fol. 23vb, *Expositio*, pars II, fol. 99rb–va.
[6] *Expositio*, pars IV, fol. 162vb–163ra: Secunda vero bestia . . . pre ceteris infidelibus seviebant, vgl. *Expositio, Liber introductorius*, fol. 24ra: In secundo ordo martirum designatus in vitulo cum cultoribus ydolorum, quos significat ursus.

werden vom Autor der Apokalypse selbst auf die 144000 Gläubigen
gedeutet.

An einer anderen Stelle nennt Joachim genauere Abgrenzungen
für den Zeitraum des zweiten Siegels und seiner Eröffnung. Wie in
De septem sigillis werden die Ereignisse der Bücher Josua und Richter
als die Kämpfe des zweiten Siegels bezeichnet. Zusätzlich gehören
für die *Expositio* Teile der Samuelbücher zum zweiten Siegel,[7] was
jedoch *sub silentio* unter der allgemeinen Voraussetzung, die Joachim
für die Dauer der Kämpfe im *Liber introductorius* genannt hat,[8] auch
für *De septem sigillis* anzunehmen ist, da die Berichterstattung über
König David erst in den Samuelbüchern anhebt. Die Eröffnung des
zweiten Siegels reicht bis an die Zeit Kaiser Konstantins I. (†337)
und Papst Silvester I. (314–335) heran. Dieser Papst wird dreimal
allein in der *Expositio* erwähnt und markiert jeweils den Wendepunkt
in der Geschichte der Kirche von der unterdrückten zur staatstra-
genden Religion, beispielhaft dargestellt am Verhältnis Kaiser
Konstantins zu Papst Silvester I., dessen Bild der Nachwelt vor allem
durch die sogenannte Konstantinische Wende und ihre mittelbaren
und unmittelbaren Folgen bestimmt war, so das Ansehen eines Papstes
traditionell überhöhend, dessen Amtsführung sich vermutlich in der
Realität durch keinerlei besondere Tatkraft oder Handlung auszeichnete.[9] Beide zusammen, Kaiser und Papst, treten in Joachims
Darstellung dem charismatischen Gottesliebling und ersten großen
König Israels, David, an die Seite. Dieser beschließt das zweite Siegel,
jener dessen Eröffnung. Die Regierung Konstantins bedeutet ebenso
wie die Königsherrschaft Davids einen nie wieder erreichten Höhepunkt.[10] Mit ihr ist im alten Bund das Heidentum der Kanaanäer
und Philister, im neuen Bund das der Griechen und Römer besiegt,
und dem Gottesvolk ist der Himmel nahe wie nie. Doch rasch beginnt
wieder der Niedergang des Gottesvolkes, das sich nach dem Sieg

---

[7] *Expositio*, pars II, fol. 114rb–va.

[8] *Expositio, Liber introductorius*, fol. 7rb.

[9] *Expositio*, pars I, fol. 62va,, pars II, fol. 114rb,, pars III, fol. 163va, *Concordia*,
lib. IIa, fol. 17va, lib. IV, fol. 44rb. Zur Silvesterlegende und zum *Constitutum
Constantini* vgl. S. 88, Anm. 83.

[10] Zwar wird vor allem in der *Expositio* Konstantin gewöhnlich als *terminus ante
quem* der Eröffnung des zweiten Siegels genannt. Dennoch ist es primär Papst
Silvester, als dessen *typos* König David zu gelten hat. Denn Gegenstand der Eröffnungen
der Siegel ist die *ecclesia*, nicht mehr ein politisches (König-)Reich. Das in der zweiten *apertio* Erreichte ist nicht mehr wie im zweiten Siegel die staatliche Selbständigkeit,
sondern *libertas* und *pax ecclesie*, vgl. *Concordia*, lib. IV, fol. 52rb und lib. V, fol. 66va.

über die äußeren Widersacher nun in der Zeit des dritten Siegels
und seiner Eröffnung seiner Gegner im Innern erwehren muß.

David, Silvester und Konstantin repräsentieren nicht die Mitte
einer Epoche, sondern den Übergang von einer zur nächsten, der
jedoch nicht in der Weise einer scharfen Abgrenzung gezeichnet
wird, eines Punktes, in dem das Alte endet und etwas Neues beginnt.
Vielmehr ist dieser Übergang seinerseits Schauplatz eines Geschehens
und hat eigene Repräsentanten. Gewöhnlich beinhaltet er eine Unterbrechung des Kampfes, eine Transformation der Situation der Kirche
mit einem nachfolgenden Wechsel ihrer Gegnerschaft. Faßt man die
Siegel und ihre Eröffnungen als Wellenbewegung auf, so entspricht
der Kamm dieser Wellen jeweils einem Höhe- oder Ruhepunkt in
der Geschichte des Gottesvolks, das Tal den dunklen Niederungen
des Unglaubens, der Verfolgung und Feindseligkeit, denen sich das
Gottesvolk ausgesetzt sieht.[11]

d) *Die apokalyptischen Reiter und ihre Pferde*

Die Verfolger des zweiten Siegels und seiner Eröffnung entstammen
in beiden Fällen der heidnischen Umgebung der Auserwählten. Die
Verfolger der Kirche sind in den apokalyptischen Pferden und ihren
Reitern dargestellt, einem ausdrucksstarken, in der Geschichte der
Exegese oft rezipierten Bild, das Joachim in *De septem sigillis* nicht
weiter ausmalt.[12] In seinem Apokalypsenkommentar geht Joachim

---

[11] Eine weitere allgemeine Beobachtung zum Charakter der Begrenzungen zwischen den einzelnen Siegeln, besonders jedoch des zweiten, die auch für *De septem
sigillis* als gültig anzusehen ist, gibt Joachim im *Liber introductorius* der *Expositio*, fol.
7rb: Sed neque illud silendum puto, quod cum bella Egiptiorum pertineant ad primum sigillum, Chananeorum ad secundum, nequaquam tamen bella secundi usque
ad initium temporis sui dilata sunt, sed manente adhuc tempore primi initiata sunt
in transitu bella secundi. Quod in aliis quoque signaculis observandum est.

[12] Auf näheres Eingehen auf die Geschichte der Exegese der Pferde und ihrer
Reiter kann hier verzichtet werden. Der Reiter des weißen Pferdes wird gewöhn-
lich als Christus, der des roten Pferdes als Nero gedeutet. Das schwarze Pferd erklärt
Anselm von Havelberg darüberhinaus als die Zeit der Ketzer der nachkonstantini-
schen Ära, das fahle als die Zeit der Heuchler, wobei jeweils eines der Pferde einem
der ersten vier Siegel zugeordnet wird, Anselm von Havelberg, *Dialogi* lib. I, Sources
Chrétiennes 118, S. 68–88, PL 188, Sp. 1149B–1154A, vgl. Horst Dieter RAUH,
Das Bild des Antichrist im Mittelalter, S. 276. Auch von Victorin von Pettau, *Scholia
in Apocalypsim Johannis*, PL 5, Sp. 328B–329B, und dem Autor der pseudoaugustinischen Homilien, PL 35, Sp. 2426f. wird das erste Pferd entsprechend gedeutet,
die weiteren mit geringen Variationen als zukünftige Kriege und Verfolgungen,

erwartungsgemäß näher auf diesen Teil der Vision des Sehers auf
Patmos ein. Er erläutert ausführlich, warum die Pferde als furchter-
regender dargestellt werden als ihre Reiter. Dies ist so, erklärt Joachim,
weil die Reiter die Regenten eines Volkes sind, das von ihnen gelenkte
Pferd das Volk. Durch Erziehung, Bildung und einen gewissen Abstand zum Niederen und Gemeinen ragen die Herrscher über die
Beherrschten hinaus. Letztere sind es, die zum ausführenden, akti-
ven Organ der Verfolgung werden, so wie die Knechte des Pilatus
nach dessen Urteil, jedoch ohne jeden Befehl dazu Jesus mißhandel-
ten, während Pilatus selbst sich abwandte.[13] Deshalb gleichen die
Häupter der Pferde denen eines Löwen, ihre Schweife bestehen aus
gefährlichen Schlangen. Mit dem Reiter des roten Pferdes identifiziert
Joachim das römische Reich, personifiziert in seinen Kaisern, denen
das Schwert und somit die Macht über die ganze bekannte Welt
gegeben war. Das rote Pferd ist das römische Heer, das durch seine
Eroberungen in Blut getaucht ist, derjenige jedoch, der das Schwert
reicht und den Reiter mit seiner tödlichen Macht ausstattet, ist der
Teufel selbst.[14] Für die anderen Pferde und Reiter wird innerhalb
des zweiten Siegels und seiner Eröffnung kein Äquivalent bezeichnet.

Die Pferde und ihre Reiter werden jedoch, dem Rekapitulations-
prinzip folgend, das diese doppelte Bezugnahme erlaubt, ja vor-
schreibt, außerdem jedes für sich den ersten vier Siegeln zugeordnet,
wobei dann der Reiter des weißen Pferdes Christus bedeutet, der
des schwarzen die Schar der Häretiker[15] und der des fahlen derjenigen
der Sarazenen oder Agarener und ihres Oberhaupts, Mohammed.[16]

Hungersnöte und Seuchen, das vierte gewöhnlich als der kommende Antichrist.
Ähnlich auch die *Glossa*, Apocalypsis B. Ioannis, ed. Rusch, vol. 4, S. 557 in marg.,
PL 114, Sp. 721C–722D. Rupert von Deutz erkärt das weiße Pferd als die Urkirche,
die anderen Pferde, die dem zweiten bis vierten Siegel entsprechen, als Heiden,
Heuchler und Häretiker, während das sechste Siegel der Zeit des Antichristen
entspricht, vgl. *De sancta Trinitate et operibus eius* [*De operibus Spiritus sancti*], CM 24,
S. 1952, Z. 572–578, Sources Chrétiennes 165, S. 170–172, PL 167, Sp. 1682D.
Berengaudus, der mutmaßliche Autor des Apokalypsenkommentars PL 17, deutet
die Pferde positiv, also das schwarze Pferd auf die *doctores* der dritten Zeit, ebd. Sp.
831A, das fahle auf die Propheten, ebd. Sp. 837D–838A.
   [13] *Expositio*, pars III, fol. 135va–b.
   [14] *Expositio*, pars II, fol. 114vb.
   [15] *Expositio*, pars II, fol. 114vb.
   [16] *Expositio*, pars II, fol. 116ra–b: Designat ergo equus pallidus cui presidet mors
id quod bestia quarta, hoc est gentem illam crudelem cuius detestanda gemmina
terre latitudinem occupasse dolemus. Nam quis tam recte mors appellari potuit
quam homo ille perditus Maometh qui tot milium hominum factus est causa mortis?

Parallel dazu erfolgt die Deutung der vier Tiere der Danielversion, die ebenfalls auf die ersten vier Siegel bezogen werden. Die Exegese der Reiter folgt dabei teilweise bereits bekannten Pfaden. Die Bedeutung dessen, der auf dem weißen Pferd reitet, liegt dabei auf der Hand. Ebenso hat die Erklärung des roten Pferdes und seines Reiters als das Reich der heidnischen römischen Imperatoren viele und frühe Vorgänger.[17] Die Deutungen des schwarzen und des fahlen Pferdes mit ihren Reitern, die Joachim in seinem Apokalypsenkommentar gibt, ebenso auch die der Tiere der Danielversion, können dem Leser von *De septem sigillis* erspart werden, da in *De septem sigillis* in den Bildern der Siegel und ihrer Eröffnungen zur Genüge erklärt werden kann, was zur Geschichte der Christenheit gehört und was ihrer noch harrt. Denn die Offenbarungen dessen, der die Siegel löst, öffnen damit einen Erkenntnishorizont, der sich über die ganze Geschichte spannt, ihren Zusammenhang aufzeigt und andere, einzelne Visionen und Bilder und ihre Aussage in seine umfassende Darstellung einordnet und umschließt.

---

[17] Vgl. S. 101, Anm. 12.

DAS DRITTE SIEGEL:
KONSOLIDIERUNG UND PRÜFUNG

a) *Paraphrase des Siegels und seiner Eröffnung*

Das dritte Siegel enthält die Kämpfe des Volkes Israel mit Syrern, Philistern und anderen Völkern, das Schisma, das unter Rehabeam, dem Sohn Salomos, das Königreich Israel in zwei getrennte Staaten aus zwei Stämmen Juda und zehn Stämmen Israel zerfallen läßt, deren letzterer goldenen Kälbern opfert und sich vom Haus des Herrn abwendet. Nach dem Tod Jerobeams, so Joachim hier, kehren die abtrünnigen Stämme wieder nach Jerusalem zu ihrem König zurück. Doch der Streit zwischen dem Haus Davids und dem Haus Joseph dauert vom Ende des Reiches Rehabeams bis zu Elia. Seine Geschichte wird erzählt in den Büchern Samuels und der Könige.

Parallel dazu erscheint in der *apertio* des dritten Siegels das Schicksal des neuen Gottesvolkes: Nach dem Rollenwechsel des Christentums von der verfolgten Sekte hin zur Staatsreligion, für den die Konstantinische Wende die Bedingungen schuf, muß sich die Christenheit nun mit ihren ideologischen Gegnern im Innern befassen, mit Goten, Vandalen und Langobarden, den zur arianischen Lehre bekehrten Ethnien, die beginnend mit dem 4. Jahrhundert die Halbinsel von Norden aus besiedeln und beherrschen, sowie „persischen Völkerschaften", die Joachim hier nicht näher bezeichnet.[1] Streiter des Gottesvolkes sind nun seine *doctores*, nicht mehr Apostel und Märtyrer. Die Auseinandersetzung ist primär theologischer, nicht politischer Natur, ebenso wie das in dieser Zeit auftretende Schisma zwischen

---

[1] Warum Joachim die Völker der Perser in der Mehrzahl erscheinen läßt, ist nicht eindeutig zu klären. Möglich wird ihm dies zunächst durch den gewaltigen zeitlichen und räumlichen Abstand, der ihn von den im Westen seither aus dem Blickfeld und im Dunkel der Geschichte verschwundenen Perserreich trennt, das zudem aus westlicher und also auch Joachims Sicht in den bald darauf den Okzident bedrängenden Heerscharen des Islam aufgeht und weiter an Kontur verliert. Andererseits könnte es sich um eine bewußte Parallelisierung der persischen Völker zu den *aliis gentibus* des Siegels handeln. Jedenfalls ist diese Wendung ohne Entsprechung in Joachims übrigen Werken. Es läge jedoch auch nahe, an einen an die Redewendung von den Medern und Persern der alttestamentlichen Zeit angelehnten Sprachgebrauch zu denken, da diese so auch von Joachim häufiger zitiert werden.

der griechischen und der römischen Kirche. Der arianische Irrglaube
überlebt diese Zeit bis ans Ende. Joachim vergleicht ihn mit der
Spaltung des alttestamentlichen Gottesvolkes, die, nachdem das Reich
Israel anders als das Reich Juda der Zentralisierung des Kultus nicht
folgte und darum der Götzendienerei bezichtigt wurde, bis zur babylonischen Gefangenschaft andauert. Diese Auseinandersetzung findet
sich dargestellt im dritten Teil der Apokalypse im Bild der sieben
die Posaune blasenden Engel.

b) *Inhalte und Grenzen des dritten Siegels und seiner Eröffnung*

Beginn und Ende dieser dritten Zeit sind nicht unmittelbar ersichtlich,
zumindest nicht, soweit es die Zeit der Eröffnung des dritten Siegels
betrifft. Für das Alte Testament ist der Zeitraum deutlicher: Nach
David als Repräsentant eines friedlichen Übergangs, der die Staat-
werdung Israels manifestiert, folgt eine Zeit der Kämpfe, die der
Konsolidierung des *status quo* dienen. Seine Gegner sind die fremden
Völker, die den Staat Israel umgeben. Anders als die arianische
Umgebung der Kirche Italiens bekennen sich diese Völker jedoch
nicht zum gleichen Gott. Im alten Bund folgt das Zerwürfnis im
Innern auf die äußere Konsolidierung im Kampf mit den Gegnern.
Für die Zeit der Kirche läßt sich diese Unterscheidung nicht mehr
vornehmen. Den äußeren Feinden des Alten Testaments, Syrern,
Philistern und „anderen Völkern", entsprechen für die Kirche die
Auseinandersetzungen mit den arianischen und „einigen persischen
Völkern", worauf im dritten Siegel das Schisma, in seiner Eröffnung
die Kirchentrennung folgt. Der häretische Irrglaube bestimmt im
neuen Bund dieses Siegel von Anfang an: Die Gegnerschaft der Goten,
Vandalen und Langobarden ergibt sich weniger aus politischer Oppo-
sition als vielmehr aus unterschiedlichen Glaubensauffassungen.

c) *Die Eröffnung des dritten Siegels im Licht der Apokalypse*

Die Zeit der Eröffnung des dritten Siegels umfaßt einen Zeitraum
großer politischer Erschütterungen. Zu ihr gehört die Einnahme Roms
durch die Westgoten Alarichs 410, die Eroberung Nordafrikas durch
die Vandalen 430, die Errichtung der Ostgoten- und später der
Langobardenherrschaft in Italien 493 und 568, das politische Erstarken

und die Vormachtstellung der Byzantiner unter Justinian I. (527–565), der den Goten- und Vandalenreichen ein Ende setzte, und die Abhängigkeit der römischen Kirche von Byzanz. Außerdem markiert diese Zeit den Beginn der Kirchentrennung, nachdem bereits von 484 bis 519 ein erstes Schisma, ausgehend von Felix I., die Kirchen des Ostens und des Westens getrennt hatte und sich die westliche Kirche auch später der östlichen Hegemonie entzog und besonders unter Papst Gregor I. (†604), der alte Primatsansprüche dem Osten gegenüber erneuerte, ihre Eigenständigkeit wiederzufinden begann.

Zur dritten *apertio* gehört jedoch auch die Erwähnung der „persischen Völkerschaften". Als deren Protagonist nennt Joachims in *Concordia* und *Expositio* meist Chosdroe von Persien, dort jedoch als das vierte Haupt des apokalyptischen Drachen.[2] Chosdroe II. (591–628) hatte im Jahr 614 Jerusalem zerstört und frevelhaft das Holz des Kreuzes entführt.[3] In der *Expositio* verschmilzt er als Repräsentant des vierten Siegels in dieser Funktion gewöhnlich mit Mohammed. Seine Position in der Reihe der Gegner ist jedoch variabel, so daß er bisweilen zum dritten, bisweilen zum vierten Siegel gezählt wird, manchmal den arianischen Völkern und manchmal Mohammed zeitlich näher steht. Die arianischen Völker dagegen werden auch in der *Expositio* als vor dem vierten Tier auftretend genannt.[4] Wie ist dieser Gegensatz zu erklären, und welche Rolle fällt dem Perserheer und seinem Anführer in Joachims Augen zu?

Über die zeitliche Abfolge der Ereignisse gibt es für Joachim keine Unklarheit. Nach den Auseinandersetzungen mit den Arianern, repräsentiert einerseits durch diejenigen Völker, die als Ergebnis der Völkerwanderung ihren neuen Siedlungsraum beherrschten und dort für den arianischen Glauben gewonnen worden waren, die West- und Ostgoten, Vandalen und Langobarden, andererseits aber auch durch Konstantius „Arianus" (337–361), den Sohn Konstantins I., beginnt, sich teilweise mit diesen überschneidend, im Osten die Auseinandersetzung mit dem Eroberungsbestrebungen des persischen Sassanidenreiches,[5] dessen Schah Chosdroe II. das Holz des wahren

---

[2] *Expositio*, *Liber introductorius*, fol. 10rb. Auch *Expositio*, pars III, fol. 163va gehört Chosdroe zu den Ereignissen um das vierte Tier, *Expositio*, pars VI, fol. 196va–b ist er die Alternative zu Mohammed als vierter der sieben Könige, die Offb. 17,9 erwähnt werden.

[3] *Concordia*, lib. IIb, fol. 24ra, *Expositio*, pars I, fol. 76rb.

[4] *Expositio*, pars IV, fol. 163va–b.

[5] Zur Geschichte und Bedeutung des Sassanidenreichs, das unter Chosdroe II.

Kreuzes als Beute in sein heidnisches Königreich entführt, bis es am 14. September 629 von dem siegreichen byzantinischen Kaiser Heraklios wieder aufgerichtet wird.[6] Doch schon zur selben Zeit beginnt der Eroberungszug des Islam, dem bis zur Mitte des 7. Jahrhunderts auch das durch dynastische Streitigkeiten zermürbte Sassanidenreich zum Opfer fällt und der schließlich erst vor Byzanz und dem Kernland des römischen Reiches aufgehalten werden kann. Seine Heerscharen wird man im Abendland als Sarazenen bezeichnen.[7] Sie bekehren die Perser zu ihrem Glauben, und auch diese folgen nun dem Banner des Halbmondes. Durch die vereinten Anstrengungen der Perser und ihrer muslimischen Bezwinger werden nunmehr in rascher Folge die byzantinischen Provinzen des Mittelmeerraums – Armenien, Ägypten, Nordafrika –, aber auch alte römische Provinzen wie die iberische Halbinsel für den Islam erobert. Dieser Verlust betrifft besonders das Eremitentum, das vor allem in diesen südlichen Landstrichen Verbreitung fand.[8] Die Eremiten sind jedoch die Vertreter der Kirche des vierten Siegels, und ihre Widersacher, die Sarazenen, gehören ebenso wie sie selbst zur Eröffnung des vierten Siegels. Die Perser hingegen haben in Joachims Darstellungen unterschiedliche Positionen, ihr Herrscher wird, wie wir gesehen haben, teilweise als vierter in der Reihe der sieben Könige dargestellt, ihr Zerstörungswerk teilweise schon als gegen die Eremiten der vierten Zeit gerichtet angesehen. In dieser Funktion sind sie gewöhnlich mit den Sarazenen und Mohammed als deren Haupt austauschbar und repräsentieren dann gewöhnlich eine andere, vorläufigere Variante des Zeitenmodells.[9] In dieser Variante kann

---

seine größte Machtentfaltung erfuhr, vgl. M. MORONY, Art. Sasanids, Encyclopaedia of Islam 9 (Leiden 1997) S. 70–83, bes. S. 79.

[6] *Expositio*, pars I, fol. 76rb. Auch in der *Concordia* wird Heraklios im fraglichen Zusammenhang verschiedentlich genannt, etwa lib. IIa, fol. 13vb, lib. V, 125ra, 134vb.

[7] Zu Ursprung, Bedeutung und Verwendung des Begriff Sarazenen vgl. C. E. BOSWORTH, Art. Saracens, Encyclopaedia of Islam 9, S. 27f.

[8] *Expositio*, pars III, fol. 130ra.

[9] Über das Verhältnis Chosdroe-Mohammed Alexander PATSCHOVSKY, Der heilige Kaiser Heinrich „der Erste" als Haupt des apokalyptischen Drachens: über das Bild des römisch-deutschen Reiches in der Tradition Joachims von Fiore, Florensia 12 (1998) S. 19–52, dort S. 21, 28. Die von ihm zitierte Stelle *Expositio, Liber introductorius*, fol. 10rb ist jedoch hier nicht zutreffend, da sie die zeitliche Abfolge beider, nicht aber ihre Austauschbarkeit feststellt. Die vermeintliche Beliebigkeit geht vielmehr auf den hier darzustellenden Wechsel in Joachims zeitlicher Zuordnung beider zurück, dessen Spuren in seinen Werken noch präsent sind.

daher Konstantius „Arianus", der dritte Sohn Konstantins I., als der
dritte König auftreten,[10] der als Anhänger des häretischen Presbyters
von Alexandrien zum Repräsentanten der Häretiker werden konnte.
In der *Concordia* vergleicht Joachim darum den arianischen Sohn des
großen Konstantin und seine Nachfolger mit dem ägyptischen Pharao
Schoschenk I., der im Jahre 992/21 die geschwächte Lage des geteil-
ten Staates zu seinen Gunsten ausnutzte und Rehabeams Staat hart
bedrängte, der alttestamentlichen Überlieferung nach vor allem zwischen Juda und Israel intrigierend und ihre Spaltung weiter voran
treibend.[11] Jede dieser Gestalten verkörpert nur eine Seite der
Bedrohung. Der byzantinische Kaisersohn ist zwar die Verkörperung
der Häresie, doch gleichzeitig fungiert er als Haupt des christlichen
Staatswesens. Die Perser und ihr König Chosdroe sind als Kreuzes-
räuber zwar Feinde des Glaubens, doch jedenfalls nicht speziell der
christlichen Gelehrten. Keiner der beiden Gegner verkörpert allein
den idealen Antipoden der Kirche des dritten Siegels. Weder der
arianische Herrscher in Byzanz, noch die Perser, die vor allem die
östlichen Regionen bedrohten, noch die arianischen Völkerschaften
aus dem Norden, die die eigentliche römische Kirche ungeschoren
ließen, so daß wechselseitige Missionierungsversuche im großen Stil
unterblieben, hätten den Bestand der römischen Kirche ernsthaft
bedrohen können. Das Wesen ihrer Bedrohung liegt vielmehr darin,
daß ihre Mannigfaltigkeit, ihr Zusammenwirken und die politische
und theologische Unruhe jener Zeit die Fundamente des Glaubens
ins Wanken zu bringen suchten. Auch um der Schaffung dieser
Fundamente willen, die besonders durch die Synoden gelegt wurden, ist die Eröffnung des dritten Siegels die Zeit der Gelehrten. Da
jedoch das Modell der Siegel und ihrer Eröffnungen nicht mit solcher expliziten Notwendigkeit wie eine Exegese der apokalyptischen
Tierhäupter die Protagonisten der einzelnen Bedrängnisse personifizieren
und beim Namen nennen muß, kommt Joachim hier ohne einen
solchen Protagonisten aus. Stattdessen läßt er die Schlachtreihen der
Gegner und die Ergebnisse ihrer Tätigkeit, nämlich den Beginn des
Schismas und das Vorspiel einer neuen Bedrängnis von außen, für
sich selbst stehen.

Für die Komplexität der vierfachen Gegnerschaft (Goten, Vandalen,
Langobarden, Perser) und die Tatsache, daß Joachim hier keinen

---

[10] *Expositio, Liber introductorius*, fol. 10rb, *Expositio*, pars VI, fol. 196va.
[11] *Concordia*, lib. IV, fol. 51vb–52ra; 1. Kön. 14,25–28.

einzelnen Fremdherrscher nennt, gibt es jedoch außer den äußeren
historischen Begebenheiten einen inneren, wichtigeren Grund, den
Joachim in der *Expositio* verdeutlicht.[12] In der Apokalypse erläutert
ein Engel dem Exulanten auf Patmos die geheimnisvolle Vision der
Frau und des purpurnen siebenköpfigen, zehnfach gehörnten Tieres,
das sie trägt. Die sieben Häupter entsprechen jedoch nicht einfach
sieben aufeinanderfolgenden Königen. Dies würde schon damit kol-
lidieren, daß ja auch mit den zehn Hörnern Könige gemeint sind.
Die zeitliche Abfolge der sieben Häupter entnimmt Joachim dem
Bericht über die nächtliche Vision Daniels Dan. 7,1–12. Das dritte
der vier Tiere des Nachtgesichtes, von denen bereits beim ersten
und zweiten Siegel die Rede war,[13] gleicht einem Panther, hat vier
Vogelflügel und vier Köpfe, während das vierte, schrecklichste über
zehn Hörner verfügen wird. Daß die Zeit des dritten Tieres des
Danielbuches und seiner vier Häupter, die zusammen dem dritten
Haupt in Offb. 17 entsprechen, vorüber ist, entnimmt Joachim wiederum der Apokalypse. Noch in der *Expositio* nennt Joachim die
Häupter der apokalyptischen Tiere mit gewissen Schwankungen,[14]
die sicher durch sein persönliches Erleben der politischen Bewegungen
seiner Zeit bedingt sind, beim Namen. So variiert etwa auch die
Einschätzung der islamischen Usurpatoren oder auch die des staufischen
Herrscherhauses und seiner Politik, mit dessen Angehörigen Joachim
bekanntlich mehrfach persönlich und sehr erfolgreich in Beziehung
trat.[15] Es liegt nahe, daß Joachim nach mehrfachen wieder aufgege-
benen Festlegungen auf verschiedene Personennamen unter dem
Eindruck seiner persönlichen Erfahrung der bewegten Politik in seiner süditalienischen Heimat gegen Ende seines Lebens und zumal
in einem derart kurzen, summarischen Text wie *De septem sigillis*, der
Modellcharakter nicht nur im Ergebnis, sondern gewiß auch seiner
Absicht nach besitzt, auf sämtliche mehrfach modifizierten Einzeliden-
tifizierungen der Häupter und der Tiere verzichtete und sich auf
sicheren Boden begab, indem er die großen Linien des eschatologischen Dramas zeichnete und die Konturen etwa des sechsten oder

---

[12] *Expositio*, pars VI, fol. 196va; vgl. Offb. 17,9.

[13] Vgl. S. 61f. und S. 99.

[14] Das dritte Haupt des Drachen Offb. 12 ist *Expositio, Liber introductorius* fol. 10rb
Konstantius „Arianus" und seine Nachfolger. Als die vier Häupter des dritten Tiers
Dan. 7 nennt *Expositio*, pars IV, fol. 163rb Griechen, Goten, Vandalen, Langobarden.
Ähnlich faßt *Expositio*, pars VI, fol. 196va das dritte bis sechste Haupt des Tieres
Offb. 17 als die arianischen Völker zusammen.

[15] Vgl. das Kapitel zum fünften Siegel, bes. S. 139 und ebd. Anm. 42.

gar des siebten der Opponenten nicht mehr mit den Zügen eines
Saladin oder eines anderen der mehr zeitnahen Widerchristen füllte.[16]
Sein Blick auf die Vergangenheit ist jedoch klar: das dritte Siegel
findet seine Eröffnung in Goten, Vandalen, Langobarden und Persern.

d) *Die Ankündigung der Posaunen: Der Atem einer neuen Zeit*

Die Erwähnung der Posaunen der Engel am Ende der dritten *apertio*
scheint zunächst dem Verständnis dieser dritten Zeit wenig hilfreich,
denn erwartungsgemäß deutet Joachim sie im Apokalypsenkommentar
im wesentlichen mit dem Hinweis auf die Posaunen Jerichos.[17] Und
doch erklärt Joachim die Engel und ihr Blasen als das wesentlichste,
charakteristischste Ereignis dieses dritten Teils der Apokalypse, denn
die Engel und die mit ihnen verbundenen Konflikte sind das Kennzeichen dieses dritten Teils und damit auch der Eröffnung des dritten
Siegels.[18] Gerade die Vielzahl der Gegner, hier noch um die Perser
vermehrt, findet so ihren Sinn.[19] Noch eine weitere Implikation verbirgt sich in diesem Bild. Denn was, fragt Joachim, ist der Klang,
der aus ihren Instrumenten erschallt? Ist nicht auch der Geist ein
Hauch wie der Atem, den das Instrument benötigt? Die Engel bereiten in ihrem Spiel den Ausgang der *intelligentia spiritalis* vor, die aus
ihren Instrumenten hervorgehen wird.[20] Etwas Neues bereitet sich

---

[16] Zu Saladin als Exponent zeitgenössischer Bedrohung der Kirche vgl. S. 188,
236f. und ebd. Anm. 14.

[17] *Expositio*, pars III, fol. 123rb–va.

[18] *Expositio*, pars III, fol. 123va–b.

[19] *Expositio*, pars III, fol. 123va spielt Joachim auf die Vielzahl der (Lehr-)ausein-
andersetzungen an, die neque in tertia parte, preterquam de angelis tubis canenti-
bus et eorum conflictibus beschrieben werden, wobei die Engel den Priestern Israels
verglichen werden, die Jericho umschritten, und den Gelehrten der Kirche.

[20] *Expositio*, pars III, fol. 127va: Parant se autem ut tubis canant, cum spiritalem
intelligentiam que est similis flatui procedenti ex tuba, qualiter illam pronuntiare
debeant, in tuba littere formant. Sicut enim, ut iam diximus, flatus ex tuba, ita de
corde littere spiritalis progreditur intellectus. Vertieft wird dieser Gedanke *Expositio*,
pars I, fol. 40va–41ra (dort allerdings bezogen auf die Posaune Offb. 1,10) begleitet von einer Darstellung der *tuba*, wie sie ähnlich auch in den joachitischen
Praemissiones, etwa in den Codices lat. 4959, fol. 2r und Ross. 552, fol. 32 der
Biblioteca Apostolica Vaticana gezeigt wird. Marjorie REEVES, The *Figurae* of Joachim
of Fiore, S. 124, stellt fest, daß Joachims symbolische Verwendung des Instruments
für das Mittelalter singulär ist. Ebd. Anm. 19 verweist Marjorie Reeves auf eine
Expositio, pars III, fol. 127va nah verwandte Parallelstelle in einer Predigt Joachims,
an der er nun die sieben posaunenspielenden Engel nennt und mit den Siegeln verbindet, vgl. Joachim von Fiore, *Sermo in die paschali*, ed. Ernesto BUONAIUTI: Scritti
minori di Gioacchino da Fiore (Fonti per la Storia d'Italia 78, Roma 1936) S. 105.

vor. Bisher lebte die Kirche aus dem Licht, das noch aus der Zeit der Apostel durch die Zeit der Märtyrer bis in die der *doctores* hinüberschien. Mit dem Hauch des Geistes, der die *intelligentia spiritalis* eröffnet und so auf die Ereignisse der vierten Siegelöffnung vorausweist, beginnt eine neue Zeit.

DAS VIERTE SIEGEL:
WELTFLUCHT UND DRANGSAL

a) *Paraphrase des Siegels und seiner Eröffnung*

Das vierte Siegel ist die Zeit Elias, Elisas und der Prophetenjünger und die Zeit der Kämpfe mit König Hasael und den Königen der Assyrer gegen die Kinder Israel. Sie wird beschrieben im zweiten Buch der Könige von den Tagen Elias und Elisas bis zur Zeit Jesajas und König Hiskias von Juda. Ihre Entsprechung findet sie in der Zeit der Jungfrauen und Einsiedler, das heißt des aufkommenden Mönchtums der östlichen Hemisphäre, dargestellt in der Apokalypse viertem Teil im Bild der wie Elia in die Wüste fliehenden Frau,[1] die wie dieser dreieinhalb Jahre in der Verborgenheit weilt, der Zeit aber auch der Sarazenenkämpfe, die das in der Apokalypse (Offb. 13,1–9) aus dem Abgrund heraufsteigende Tier mit sieben Köpfen und zehn Hörnern präfiguriert.

b) *Exegetische Grundlagen: Drache und Jungfrau*

Die Kapitel der Apokalypse, auf die sich die Eröffnung des vierten Siegels bezieht,[2] gehören zu den schwierigsten und geheimnisvollsten des ohnehin nicht rätselarmen Buches. In der Tradition und Geschichte der Exegese boten sie Anlaß zu vielfachen Erklärungen, die in manchen Fällen auch neue Fragen nach sich zogen: Die beiden apokalyptischen Zeugen, die mit kosmischen Symbolen überladen-bedrohlich geschmückte Schwangere, die ein Drache bedroht, das vielköpfige

---

[1] Offb. 12,1–6. Einen guten Überblick über die mittelalterliche Exegese des betreffenden Abschnitts anhand zumeist (in dieser Form) unedierter Textzeugen aus Kommentaren von Beda bis Petrus Cantor bietet Guy Lobrichon, La femme d'Apocalypse 12 dans l'exégèse du haut Moyen Âge latin (760–1200), in: Dominique Iogna-Prat, Éric Palasso, Daniel Russo (Hg.), Marie. Le culte de la vierge dans la société médiévale (Paris 1996) S. 407–439.

[2] Offb. 11,19–14,20. Die Eröffnung des Siegels wird beschrieben Offb. 6,7f. In seinem Apokalypsenkommentar behandelt Joachim diesen vierten Teil fol. 153ra–177rb.

und hörnerbewehrte Tier aus dem Abgrund und viele andere Bilder der Apokalypse sind Basis und Ausgangspunkt einer Flut erklärender und mitunter auch weiter verwirrender Literatur geworden. Gleichzeitig heben mit dem Auftauchen des apokalyptischen Tieres Offb. 13,1 und dem ersten Auftritt der Sarazenenheere zwei Themenkreise an, die das weitere Schicksal des Gottesvolkes bis zum Ende seines irdischen Weges begleiten und entscheidend beeinflussen werden. Das vierte ist nicht nur zahlenmäßig das mittlere der Siegel und hat insofern eine Scharnierwirkung, als einerseits in ihm das letzte und schrecklichste der vier Tiere des Daniel'schen Nachtgesichtes wütet[3] und gleichzeitig das Wirken des apokalyptischen Tieres seinen Anfang nimmt.[4] Das Wirken des letzten der vier Tiere der Danielvision ist außer durch seine Schrecklichkeit auch dadurch von den anderen unterschieden, daß es sich nicht nur über die Zeit des vierten Siegels, sondern auch über die der beiden folgenden Siegel erstreckt. In den Siegeln ist mit dem Tier das Assyrerreich gemeint.[5] In den *apertiones* der Siegel entspricht ihm die seit dem Auftreten des Islam nicht enden wollende Bedrohung durch die Sarazenen, die in ethnischer Vielfalt und geographisch breiter Ausdehnung die Christenheit und vor allem das Mönchtum in seinen mannigfachen Ausprägungen bedrängt.[6] Diese Bedrohung ist in der Apokalypse dargestellt im

---

[3] Dan. 7,1–12. Den Kampf der vier Tiere der Danielvision mit den vier Lebewesen der Apokalypse und den *ordines*, für die sie stehen, subsummiert Joachim *Expositio, Liber introductorius*, fol. 24ra: Pugnant autem specialiter ad invicem, preter id quod omnibus commune est, leo scilicet et leena, vitulus et ursus, homo et pardus, aquila et bestia illa quarta, que iuxta Danielem prophetam dissimilis erat ceteris et terribilis nimis.

[4] Die Identität des vierten der Tiere des Daniel, dem gleichfalls zehn Hörner zugeschrieben werden (Dan. 7,7) und des apokalyptischen Tieres mit sieben Köpfen und zehn Hörnern führt Joachim *Expositio*, pars IV, fol. 163va–b aus: Hec vero quarta bestia indomabilis fuit, ut licet apparuerit ad tempus humiliata et quasi mortua, quam iterum magnificata sit et ad devorandum parata, plus timere est quam exprimere. Hec igitur est illa bestia, quam sanctus Daniel nominat terribilis nimis (vgl. Dan. 7,7), Iohannes vero tam ipsam quam tres alias comprehendit sub uno habente septem capita, et in uno eorum cornua decem (vgl. Offb. 13,1).

[5] Vgl. *Expositio*, pars II, fol. 116va: Nam et regnum illud Assiriorum, per quod quarta persecutio completa est in populo Israel, usque ad tempus sexti signaculi perstitit in rigore, ita ut in diebus principis Holofernis, magni militie regis Assiriorum, feratur idem rex Assiriorum etiam humane modum nature fastu superbie excessisse predicans seipsum regem solum Deum quoque et Dominum universe terre.

[6] *Expositio, Liber introductorius*, fol. 24ra: In quarto ordo virginum designatus in aquila cum gente sarracenorum, designata in bestia terribili, occupante Syriam et partem Asie, Africam pariter et Egiptum, in quibus maxime partibus sacre virgines et heremite suo tempore crebruisse leguntur, *Expositio*, pars II, fol. 116va: Sicut

Bild des fahlen Pferdes, das der Seher von Patmos erblickt, dessen Reiter der Tod ist.[7] Tod und Verderben sind personifiziert in ihm, dem Gründer der islamischen Religionsgemeinschaft, Mohammed.[8]

c) *Exkurs: Aus der Geschichte Israels und seiner Nachbarn*

Für Joachim bildet der Inhalt des vierten Siegels die Folie, auf der sich dem Konkordanzprinzip gemäß der Inhalt der Eröffnung des Siegels schon abbildet.[9] Ohne die Kenntnis dieser Zeit, soweit sie auch Joachim zu eigen war, ist folglich auch seine Darstellung der Ereignisse des vierten Siegels und seiner Schlußfolgerungen für die Eröffnung des Siegels nicht verständlich. Es beginnt mit der Zeit Elias und Elisas und endet mit Jesaja und Hiskia.[10]

Nach der Teilung des Reiches Davids und Salomos unter dessen Nachfolgern 926 v. Chr., nach den Anfechtungen durch die Nachbarvölker in der Zeit des Schismas erlebte Israel eine Zeit zunehmender äußerer Anfeindungen, die schließlich zunächst in einem

---

quartum animal, hoc est heremiticus ordo, in diversis generibus monachorum propagatus est, ita et bestia quarta in diversis sectis hominum impiorum. – Daß unter den Erscheinungsformen des Christentums gerade das Mönchtum dem Islam fremd und unverständlich erschien, spiegelt sich auch *Expositio*, pars III, fol. 130ra, wo Joachim die Keuschheit der Mönche und Nonnen der weltlich-sinnlichen Orientiertheit des Islam gegenüberstellt, der seinen Anhängern nach ihrem Tode höchste Sinnenlust verspricht. Nicht einmal der Jude, nicht die heidnischen Philosophen, auch nicht Häretiker wie Sabellius oder Arius lehrten Vergleichbares. Joachim bedauert die dieser Versuchung Ausgesetzten und hofft, daß zumindest geistliche Unversehrtheit bewahrt werden konnte.

[7] *Expositio*, pars II, fol. 116ra: Designat ergo equus pallidus, cui presidet mors, id quod bestia quarta, hoc est gentem illam crudelem cuius detestanda gemina terre latitudinem occupasse dolemus; vgl. Offb. 6,8.

[8] *Expositio*, pars II, fol. 116ra–b: Nam quis tam recte mors appellari potuit quam homo ille perditus Maometh qui tot milium hominum factus est causa mortis? – Dazu ist zu bemerken, was Joachim allgemein über das Verhältnis Pferd-Reiter festhält, daß nämlich das Pferd und damit das jeweilige Volk es ist, das im Blut der Unterdrückten watet, während der Reiter sich in größerer Distanz zu dem Geschehen befindet, vgl. S. 102.

[9] *Expositio*, pars II, fol. 116ra: Scimus autem quod sub quarto sigillo in typo quarti belli ecclesiastici quarta tribulatio secuta est sub veteri testamento, cum videlicet post bella Syroriorum Assiriorum reges superbi depopulantes populum qui dicebatur Israel, relicta sola tribu Iuda cum Levi et Beniamin, decem tribus in Assirios transtulerunt. Huius sigilli apertio tunc in ecclesia completa est cum impiissima gens Agarenorum de vagina habitationis sue educta plurimas Grecorum devastavit ecclesias.

[10] *Expositio, Liber introductorius*, fol. 6va, 9vb, *Concordia*, lib. IIIa, fol. 26rb.

Sieg der Assyrer über Israel gipfelten. Hasael von Aram, der etwa gleichzeitig mit Jehu von Israel den Thron usurpierte, spielte unter diesen Bedrängern der Mitte des 9. vorchristlichen Jahrhunderts eine weitere Hauptrolle.[11] Die Auseinandersetzungen mit Damaskus bilden jedoch nur das Vorspiel der Ereignisse, die mit dem Expansionswillen und siegreichen Vorstoß der assyrischen Großmacht über die Kleinstaaten des nahen Ostens, unter ihnen auch Israel und Juda, hereinbrechen. Das Verhältnis der Syrer zu den Assyrern ist dem der Perser und Sarazenen vergleichbar. Beide Male erfolgt der Angriff der feindlichen Macht zweimal in dichter Folge aus der nämlichen geographischen Richtung, beide Male wird dabei die geringere Macht von der stärkern überrollt und so ihr Angriff durch einen noch gewaltigeren ersetzt.

d) *Syrien und Assyrien in der Sicht Joachims von Fiore*

An der Stelle in *De septem sigillis*, die über diese Ereignisse berichtet, ist ein Ungleichgewicht, eine Störung der symmetrischen Harmonie, für dieses vierte Siegel und seine Eröffnung zu vermerken. Bei strenger Anwendung des Konkordanzprinzips hätte entweder die Streitmacht der Syrer und damit König Hasaels wie die der Perser der christlichen Zeitrechnung in das dritte Siegel hineingehört, oder aber stattdessen

---

[11] Ein Teil der Handschriften von *De septem sigillis* nennt Hasael König der Assyrer, während andere von Kämpfen sprechen, die dieser mit dem oder den Königen der Assyrer geführt habe. Die erstgenannte Version beruht auf einer Verwechslung von Syrien und Assyrien. In den langanhaltenden Auseinandersetzungen Israels mit Hasael, der sich den Thron von Damaskus eroberte, hat hingegen tatsächlich die noch im Anfang ihres Expansionsbestrebens begriffene Großmacht Assur unter Salmanassar III. noch als ein Zünglein an der Waage fungiert, dessen Agieren die militärische Stärke der Aramäer phasenweise lähmte und so dem Staat Israel und in der Folge auch Juda zu einer letzten Atempause vor dem endgültigen Übergriff des nunmehr übermächtigen Assyrien verhalf. Hat Joachim tatsächlich beide Völker verwechselt? In der exegetischen Tradition gibt es dafür kein Beispiel. *Concordia*, lib. IIIb, fol. 40va jedenfalls wird dem Unterschied beider Rechnung getragen, wenn Joachim eine zeitliche Aufeinanderfolge der Kämpfe mit Hasael und derjenigen mit Assyrien deutlich macht. Auch an denjenigen Stellen der *Expositio*, an denen von Syrien und Assyrien die Rede ist, wird deutlich, daß die Rede von zwei unterschiedlichen Staatsgebilden ist, deren Verhältnis Joachim demjenigen der Perser und der Sarazenen vergleicht: Die Kämpfe mit der schwächeren Macht – Syrien beziehungsweise Persien – gehen denjenigen mit der überlegenen – Assyrien und die Sarazenen – voran (*Expositio, Liber introductorius*, fol. 7rb).

die Kämpfe des Sassanidenreichs wie Hasael zum vierten.[12] Es kann
angenommen werden, daß Joachim zu dem Schluß kam, daß hier
die Historie ihn zu dieser Störung der symmetrischen Form seiner
Geschichtsdarstellung zwang, indem einerseits die Perser zeitlich und
typologisch mehr in die dritte *apertio* gehören, während die Syrer
Hasaels der existentiellen Bedrohung zuzurechnen sind, der Israel
und Juda zur Zeit der aufkommenden assyrischen Großmacht bereist
ausgesetzt waren, so daß hier die parallelen Verhältnisse Syrien-
Assyrien und Perser-Sarazenen schließlich gegeneinander verschoben
wurden. Die Einordnung dieser Ereignisse und der Nachvollzug ihrer
Entwicklung in Joachims Werk kann hier wie so oft das Werden und
Wandeln seines Denkens exemplarisch dokumentieren.

Auch in der *Expositio* variiert die Einordnung Syriens in das System
der Siegel beziehungsweise der Zeiten: Werden in einer Aufzählung
der Kriege die Kämpfe mit den Syrern als dritte genannt,[13] so stehen sie an zwei anderen Stellen in enger zeitlicher Nähe zu den
Assyrerkriegen, die die vierte Verfolgung Israels darstellen.[14] Im *Liber
introductorius* werden dabei die Syrer mit den Persern, die Assyrer mit
den Sarazenen verglichen, wobei jeweils die schwächere Macht vor-

---

[12] Dem entspricht die Darstellung der Ereignisse, wie sie sich noch in Joachims
Hauptwerken regelmäßig beispielsweise mit der Einordnung des Sassanidenherrschers
Chosdroe II. als eines der Drachenhäupter verbindet, *Expositio, Liber introductorius,*
fol. 10rb: Quartum caput draconis fuit Chosroe rex Persarum, *Expositio,* pars IV,
fol. 163va: Qui dixit michi: hec bestie magne quatuor regna consurgent de terra.
Suscipient autem regnum sancti Dei altissimi et obtinebunt regnum usque in seculum et in seculum seculorum (vgl. Dan. 7,16–18). Si hystorias ecclesiasticas diligenter notamus, cum iam moderata esset persecutio Arrianorum, et etiam in quibusdam
deleta, inchoante Chosroe rege Persarum, qui in persecutione orientali precesset
Mohameth et sucessores eius, persecutio ipsius secte secuta est tam immanis, ut
revera non hominum, sed bestie cuiusdam terribilis esse putaretur, presertim cum
ipsius error non aliqua ratione humana videatur esse munitus, sed solo detestandi
furore mendacii et tirannica armorum potestate defensus, *Expositio,* pars VI, fol.
196vb: Et reges septem sunt (vgl. Offb. 17,9)...Quartus Mohameth, vel potius
Chosroe rex Persarum, *Concordia,* lib. IIb, fol. 25ra: Quod regnum samarie datum
est in manu Azaelis regis Syrie, aut quod ecclesia orientalis tradita est in manu cosroe regis persarum, designat futuram calamitatem, quam passurus est populus
Christianus in fine huius status secundi, quando et calcabunt gentes civitatem sanctam mensibus quadraginta duobus, fol. 24ra: Completis hic ab ozia generationibus
quadraginta et a Constantino augusto generationibus decem ecclesia orientalis tradita est in manum cosroe regis persarum, ita ut cesis populis et desolatis ecclesiis
etiam crux dominica duceretur in Persidem. Zu Chosdroe, Sassaniden und Persern
aus der Sicht Joachim von Fiore vgl. S. 105–108.
[13] *Expositio, Liber introductorius,* fol. 4ra.
[14] *Expositio, Liber introductorius,* fol. 7rb und *Expositio,* pars II, fol. 116ra.

angeht.[15] Das Ergebnis der Kämpfe ist die Zerschlagung und Hinwegführung der zehn Stämme, wie sie Joachim auch in *De septem sigillis* am Anfang des fünften Siegels als etwas Vergangenes beschreibt.[16]

Die Ereignisse des Schismas, das im dritten Siegel das Gottesvolk in zwei Staaten zerfallen läßt und in seiner Eröffnung die Kirchenspaltung präfiguriert, finden in den parallelen Ereignissen des vierten Siegels und seiner Eröffnung ihre Fortführung. In der *Concordia* vergleicht Joachim den Assyrerkönig Tiglatpileser III. (745–727 v. Chr.) mit einem nicht namentlich genannten Araberfürsten, der *per successionem perfidie* von Mohammed abstammt.[17] So wie Tiglatpileser die Stämme Ruben, Gad und halb Manasse mit sich führt und von ihrem ererbten Landbesitz entfernt, so zerstören die Nachfolger Mohammeds mit dem Willen und nach dem gerechten Urteil Gottes zuerst die Patriarchate Jerusalem, Antiochien und Alexandrien. Nachdem schließlich die zehn Stämme nach Assyrien überführt wurden, bleibt nur Juda übrig;[18] die abtrünnigen Stämme werden von dem

---

[15] *Expositio, Liber introductorius*, fol. 7rb: In tempore sigilli quarti, preeuntibus Syrorum preliis, successerunt bella Assiriorum, pro quibus in ecclesia Christi, preeuntibus bellis Persarum, orta sunt bella Agarenorum.

[16] *Expositio*-Text S. 114 bei Anm. 9, vgl. *De septem sigillis*: Sub hoc quinto tempore cessabunt prelia Assiriorum datis X tribubus in manibus eorum. . . .

[17] *Concordia*, lib. IV, fol. 49va. Diese Figur, von Joachim hier nur angedeutet, erscheint mehr als ein (später wieder aufgegebenes) Postulat denn als konkrete Gestalt. In der Tat folgte zwar auf die kurzweilige Erstarkung des Christentums im Orient, die der Sieg des Kaisers Heraklios (610–641) über die Perser ermöglichte und 629 mit der Kreuzaufrichtung besiegelte (ein Ereignis, das auch Joachim erwähnt, der Heraklios' Namen verschiedentlich nennt, vgl. S. 106f. und ebd. Anm. 6), der rasche Siegeszug des Islams über den gesamten vorderen Orient hinweg, in dessen Folge die Patriarchate Jerusalem, Antiochia und Alexandria durch diese Niederlage ebenso wie durch das Zunehmen innerkirchlicher Auseinandersetzungen und dogmatischer Streitigkeiten nacheinander rasch in Bedeutungslosigkeit versanken. Als Mohammeds Nachfolger ist dabei zweifellos das Kalifat der Umaiyaden und Abassiden anzusehen. Eine unter diesen herausragende Persönlichkeit, die auch in der Geschichtsschreibung des Westens Profil gewann, ist jedoch nicht bekannt. Auch die von Joachim als Meselmut bezeichnete Figur kommt hierfür wegen der zeitlichen und geographischen Gegebenheiten nicht in Frage. Ohne nähere Identifizierung spricht bereits Herbert GRUNDMANN, Neue Forschungen über Joachim von Fiore (Marburg 1950) S. 49 von einem „Almohadenfürsten Melsemutus (oder Mesemothus)". Nach Sabine SCHMOLINSKY, Der Apokalypsenkommentar des Alexander Minorita. Zur frühen Rezeption Joachims von Fiore in Deutschland (MGH Studien und Texte 3, Hannover 1991) S. 83, könnte es sich um den Gründer der Almohadenbewegung, Ibn Tumart, handeln, der um die Wende des 11. zum 12. Jahrhunderts lebte, oder um einen Nachfolger desselben, vgl. Alexander PATSCHOVSKY, Der heilige Kaiser Heinrich „der Erste" als Haupt des apokalyptischen Drachens, S. 30f., bes. Anm. 39, vgl. J. F. P. HOPKINS, Art. Ibn Tumart, Encyclopaedia of Islam 3 (Leiden – London 1971) S. 958–960.

[18] *Concordia*, lib. I, fol. 4rb, *Expositio*, pars II, fol. 116ra.

überlegenen Sieger Assur absorbiert,[19] ebenso wie in den Zeiten der Kirche die griechischsprachige Christenheit von den Arabern überrannt wird und beide Kulturen sich vermischen, während Juda und das lateinische Abendland auch in der Bedrängnis unangetastet bleiben.[20] Doch das Ende dieser Kämpfe gehört bereits zu den Ereignissen des fünften Siegels und seiner Eröffnung.

Zum vierten Siegel gehört auch eine kurze Phase des Friedens, den das Königreich Israel unter Jerobeam II. zwischen den Bedrängnissen durch die Syrer Hasaels und den Assyrern unter Tiglatpileser für einige Zeit findet.[21] In der Tat fallen der Tod Jerobeams und die Thronbesteigung Tiglatpilesers, die das Ende der Friedensperiode markieren, möglicherweise sogar ins gleiche Jahr, nämlich 745 v. Chr. Dieser Frieden, der vornehmlich Israel und nur in der Folge und zum geringeren Teil auch Juda zugute kam, wird von Joachim in allen späteren Darstellungen vom (friedlichen) Übergang zwischen zwei Phasen des Kampfes mitten in die vierte Zeit hinein verlegt, Hasael und die Assyrer werden als Konfliktpartner unmittelbar aneinandergereiht. Die Feindschaft mit Hasael nimmt kein Ende, sondern nur die Intensität und Bedeutung seiner Gegnerschaft wird angesichts der überwältigenden Bedrohung beider Kontrahenten durch die assyrische Großmacht in den Hintergrund gedrängt. So verliert in einer Gesamtschau der Ereignisse die kurze Friedenszeit, die nur die Ruhe vor dem Sturm war, in der Rückschau an Bedeutung, so daß sie in *De septem sigillis* nicht mehr erwähnt, die Zeiten der Kämpfe mit Hasael und Assyrien können hier ganz als *tribulationes* gedeutet werden.

In der *Concordia* werden die Ereignisse der Königszeit von der Regierung Salomos bis zu der Hiskias zusammenfassend beschrieben als eine Zeit mäßiger politischer Stabilität unter den Herrscherhäusern David für das Haus Juda und den schneller wechselnden Usurpatorendynastien des Königreiches Israel.[22] Gegen Ende dieser Zeit hat

---

[19] *Expositio, Liber introductorius*, fol. 7rb: Absortum est per Assirios regnum Samarie, translatis ex ea decem tribubus propter iniquitates suas. Verumptamen civitates Samarie replete sunt semine alieno, gentibus advenis et adulterinis.

[20] *Concordia*, lib. IV, fol. 50rb. Den vorläufigen Abschluß dieser Entwicklung und seine Gründe beschreibt Joachim ebd. fol. 50rb–va so: Sic maxima multitudo Grecorum commixta fuit quondam et est usque ad presens cum populo Sarracenorum, ita ut lingua eorum utantur et moribus; Latinos vero non sunt absorbere permissi, eo quod dominus protexerit Latinam ecclesiam a furore ipsorum, haud dubium quod pro gloria Christi sui, ne forte dicant in gentibus: ubi est dominus eorum?

[21] *Concordia*, lib. I, fol. 5rb.

[22] *Concordia*, lib. IIa, fol. 15rb.

der Staat Israel, den der Assyrerkönig Salmanassar V. und sein
Nachfolger Sargon II. 722/721 v. Chr. zerschlugen, als politische
Größe bereits aufgehört zu existieren, während sich Juda (was Joachim
freilich unerwähnt läßt) 733 v. Chr. unter König Ahas freiwillig dem
gegen beide Gegner zu Hilfe gerufenen Tiglatpileser unterwarf. Letzter
Höhepunkt beider Dynastien ist die Regierungszeit des Königs Hiskia
von Juda (725–697), Sohn des Königs Ahas, der den Jerusalemer
Zentralkult wiederherstellt, die exzentrischen Kultorte zerstört, die
politische Abhängigkeit von Assur und seinem König Sanherib mit
der Unterstützung des Propheten Jesaja und im Vertrauen auf Gott
trotz ungünstiger Ausgangssituation aufkündigt und die Eigenständigkeit des Kleinstaats Juda erfolgreich behauptet. Nach dem im Jahr
705 v. Chr. eingetretenen Tod Sargons II., der ein Machtvakuum
entstehen ließ, gab es im syrisch-palästinischen Großraum an mehreren Orten Widerstandsbestrebungen gegen das assyrische Königreich
und seinen neuen König Sanherib (705–681), unter denen diejenigen Judas eine führende Rolle eingenommen haben müssen. Doch
davon später.[23]

e) Ohnmacht und Läuterung: Die Erfahrung der Prophetie

In der Zeit des vierten Siegels tritt zum erstenmal ein Phänomen
auf, dessen Bedeutung und Eigenart in dieser Phase der Geschichte
Israels so gut wie an kaum einem anderen Gegenstand studiert werden kann und dessen Charakteristika auch Joachim in seiner Geschichtsdeutung der *apertiones* seiner Siegel wiederaufnimmt: die Prophetie.[24]
Während Israel politisch zum Spielball der Mächte verkommt, treten aus der Mitte des Volkes Männer auf den Plan, die ebenso kühn
wie unmißverständlich den Schlüssel der Ereignisse als in ihren
Händen befindlich deklarieren – den Plan Gottes, der durch ihren
Mund zu seinem Volk spricht und dessen Handeln sich in den
Ereignissen manifestiert, die vor den Augen der Welt als Eroberungs-
züge und Machtausweitung heidnischer Fremdvölker erscheinen, einen

---

[23] Vgl. S. 131–135.
[24] Vgl. Gerhard von Rad, Theologie des Alten Testaments 2: Die Theologie der
prophetischen Überlieferungen Israels (München ¹1960, ²1961) S. 186–198: Das
Neue in der Prophetie des 8. Jahrhunderts.

Plan, den der Allmächtige durch das Wort seiner Propheten dem auserwählten Volk kundtut. Ohne es zu wissen, sind die mächtigen Fremdvölker nichts als Werkzeuge des Gottes Israels, das damit zum Mittelpunkt der Weltgeschichte wird, so wie seinerseits Joachim in dieser Tradition die islamische Eroberung als Indienstnahme der Heiden durch Gott interpretiert. Ziel und Absicht all der in der Welt handelnden Mächte und Kräfte ist die Erziehung des Gottesvolks, das Einwirken auf dieses ist alleiniger Grund des Existenzrechts der Völker. Gerade in der Situation einer absoluten Übermacht der Aggressoren, nach einer Phase der Konsolidierung des Gottesvolkes und seiner Selbstfindung und Bewußtwerdung, was ebenso auf Israel und Juda wie auch auf das christliche Abendland des späten ersten Jahrtausends zutrifft, ist diese Wendung ein ebenso kühner wie notwendiger Schluß, um den Zusammenbruch des erworbenen Status quo und die Infragestellung des politischen Selbstbewußtseins zu verwinden, den die Exklusivität des Gottesverhältnisses ermöglicht. Versteht man Prophetie in diesem Sinne als Erklärung der Ereignisse aus der Sicht der Ewigkeit und im Angesicht ihres Ziels, so wird nachvollziehbar, daß Joachim kaum Gegenargumente dafür gesehen haben mag, sich selbst als zeitgenössisches Äquivalent alttestamentlicher Prophetie zu betrachten.[25]

Die Macht der Bedränger, die im vierten Siegel die auf die Syrer folgenden Assyrer sind und in seiner Eröffnung die auf die Perser folgenden Sarazenen, wird am Ende dieses Siegels und seiner Eröffnung gebrochen, ohne daß allerdings seitens des Gottesvolkes ein entscheidender Sieg über sie errungen worden wäre. Mehr oder weniger leise und ohne viel Zutun einer anderen Hand als der des allmächtigen Lenkers der Weltläufte räumen die heidnischen Bedränger das Schlachtfeld der Heilsgeschichte und machen der nächsten, umfassenderen Bedrohung Platz.

---

[25] Gleichwohl wird von Joachim über Prophetie als über etwas Vergangenes gesprochen. Das Auftreten der alttestamentlichen Propheten, die Gesichte der Apokalyptiker sind nicht wiederholbar, im Gegenteil, sie werden durch die fortschreitende Erkenntnis der Gläubigen über Vergangenheit und Zukunft weit überholt und sind von der *spiritalis intelligentia* seiner eigenen, Joachims, Gegenwart wie auch von der in Christus geschehenen Offenbarung längst in den Schatten gestellt. Zum Selbstverständnis Joachims als Nachfolger der Propheten vgl. Gian Luca POTESTÀ, „Intelligentia scripturarum" und Kritik des Prophetismus bei Joachim von Fiore.

f) *Die Konkordanz der Verfolger: Propheten, Perser und Prüfungen*

Bei der Eröffnung des vierten Siegels nennt Joachim in *De septem sigillis* als Verfolger des Gottesvolks die Sarazenen, hier ohne die Perser hinzuzufügen, die er in *De septem sigillis* definitiv der dritten *apertio* zuordnet, und ohne die Nennung eines Herrschernamens. Der Zerstörung des Staates Israel durch die Assyrer wird der Ansturm der Sarazenen auf den von Konstantinopel beherrschten östlichen Mittelmeerraum verglichen, obgleich hier nur die geistliche Macht (und auch diese nicht nur Gänze), nämlich die östlichen Patriarchate, zerstört wird, während die weltliche Herrschaft Konstantinopels bestehen bleibt, im alten Bund hingegen die politische Existenz dieser Teilmenge des Gottesvolks zugrunde geht.[26] Hier wird einmal mehr die Relevanz der Grundlegungen des ersten Siegels und seiner Eröffnung deutlich, die Konzentration der Betrachtung auf das Gottesvolk und seine Entsprechung, nämlich die Kirche, nicht aber die Königreiche des Abendlandes. Doch auch der Unterschied zwischen der politischen und der geistlichen Größe, die die Siegel einerseits und ihre Eröffnungen andererseits zum Gegenstand haben, tritt deutlich hervor.

Ausführendes Organ dieser neuen Verfolgung der vierten *apertio* sind Mohammed und seine Nachfolger. Ihre Ausläufer setzen sich bis zur Eröffnung des sechsten Siegels fort.[27] Ebenso wie die Assyrer

---

[26] *Concordia*, lib. IIIb, fol. 40vb–41ra.

[27] Keinesfalls fehlen deshalb jedoch der Eröffnung des fünften und sechsten Siegels eigene Verfolger, wobei schon der Bedränger des fünften Siegels genuin anders geartet, nämlich aus dem Inneren des Abendlandes heraus operierend, sein wird, vgl. *Concordia*, lib. IIIb, fol. 41rb: Quamvis enim sub apertione quarti sigilli fecerit equus iste tot mala super terram, nichilominus tamen ferocitas ipsius usque ad signaculum sextum perseverat, etsi non desit alia clades inter utrumque tempus pertinens ad apertionem quinti sigilli, sub quo non tam barbarica clade quam veluti civili scismate laniatur ecclesia, *Expositio*, pars II, fol. 116va: Quantum ergo capere queo, persecutio huius bestie quarte a quarti quidem signaculi apertione incepit, sed usque ad quintam et sextam in sua tirannide perseverat. Et quod dictum est de ea in quarta parte: Vidi unum de capitibus eius quasi occisum ad mortem, et plaga gladii eius curata est (Offb. 13,3), videmus in gente ista cotidie consumari. Nam que visa est aliquando cecidisse, nunc videmus eam erectam in sublime collium quoque et montium transcendere summitates. Nam et regnum illud Assiriorum, per quod quarta persecutio completa est in populo Israel, usque ad tempus sexti signaculi perstitit in rigore, ita ut in diebus principis Holofernis, magni militie regis Assiriorum, feratur idem rex Assiriorum etiam humane modum nature fastu superbie excessisse predicans seipsum regem solum Deum quoque et Dominum universe terre.

das Volk Israel fortgeführt haben, so daß es sich mit ihnen ver-
mischte und in ihnen aufging, so haben sich die Griechen des Ostens
mit den Sarazenen vermischt, ein Sammelbegriff, wie Joachim bekannt
ist,[28] den er in *De septem sigillis* nicht näher erklärt.[29] Protagonisten
der Kirche dieser Zeit sind die Mönche beider Lebensformen, des
koinobitischen wie des eremitischen Mönchtums, deren hauptsächliche Ansiedlungsorte, wie Joachim weiß, besonders die der als Einsiedler
lebenden Mönche, vom Ansturm des Islam betroffen und für das
Christentum verloren waren.[30]

Wichtiger als die äußeren Bedränger, die hier ungleich konturen-
loser erscheinen als die der früheren Siegel, sind für Joachim in *De
septem sigillis* die Propheten Elia und Elisa und die Prophetensöhne
der Königsbücher als Repräsentanten des vierten Siegels.[31] Elia, der

---

[28] *Concordia*, lib. IV, fol. 49vb.

[29] Alternativ zu Sarazenen werden in *Expositio* und *Concordia* oft auch die nicht
weiter erklärten *Agareni* genannt, eine Bezeichnung, die Joachim synonym verwendet. Früheste Zeugen der beider Namen sind Eusebius und Sozomenos, deren grie-
chisch geschriebene Geschichtswerke durch die lateinischen Bearbeitungen Rufins
(Eusebius) bzw. Cassiodors/Epiphanius' (zusammen mit den Geschichtswerken des
Theodorus Lector und des Socrates als *Historia tripartita*, CSEL 71, PL 67, Sp.
879–1214, im westlichen Europa Verbreitung fanden. So nennt beispielsweise Gregor
I. Sozomenos als seine Quelle; benutzt hat er ihn jedoch vermutlich in der Übersetzung des Epiphanius, vgl. *Historia tripartita*, Praefatio Editoris S. VIII. Beispiele
für die weitere Verwendung dieser Bezeichnung finden sich bei Isidor von Sevilla,
Beda, Alkuin, Rabanus Maurus, Haimo, der *Glossa ordinaria* und anderen. Eusebius
und Sozomenos, später Rabanus, die *Glossa*, Haimo, aber auch noch Petrus Lombardus
und Abaelard erklären, daß es sich dabei um den richtigen Namen der von Ismael
abstammenden Hagarssöhne handle, die sich, um sich fälschlicherweise als legitime Söhne Abrahams auszugeben, nach Sara als Sarazenen bezeichneten. Joachim
verwendet beide Begriffe alternierend, geht jedoch auf keine dieser Etymologien ein.
Vgl. zu Ursprung und Bedeutung beider Begriffe C. E. Bosworth, Art. Saracens,
Encyclopaedia of Islam 9, S. 27f. Ein Beispiel der polemischen Verwendung der
mittelalterlichen Etymologie der „Sarazenen" in der Mitte der 80er Jahre des 12.
Jahrhunderts beschreibt Hannes Möhring, Saladin und der dritte Kreuzzug
(Frankfurter Historische Abhandlungen 21, Wiesbaden 1980) S. 136f.

[30] *Expositio*, pars III, fol. 130ra. Alexander Patschovsky, Der heilige Kaiser
Heinrich „der Erste" als Haupt des apokalyptischen Drachen, S. 41, Anm. 69,
findet die Verbindung der Jungfrauen mit der Sarazenenzeit unverständlich. Doch
sind zunächst mit Jungfrauen keineswegs nur junge und weibliche Personen gemeint,
sondern keusch Lebende jeden Alters und beiderlei Geschlechts, so daß darunter
das im wesentlichen im Eremitentum sich ausbildende Mönchtum des Ostens verstanden werden konnte, das freilich gerade zur Zeit der Sarazenen thematisiert wird.
Zum andern ist dabei der Bezug auf den vierten Teil der Apokalypse und das dort
Berichtete von Bedeutung, wo die vor dem Drache in die Wüste fliehende Frau
dort einem Kind das Leben schenkt, das allgemein mit der Kirche in Beziehung
gesetzt wird, für Joachim eine Wiedergeburt der Kirche mit dem Anfang der Kirche
des dritten *status*.

[31] Sie werden etwa auch *Concordia*, lib. IIIa, fol. 25vb so aufgeführt.

bei Joachim wie in der apokalyptischen und geschichtstheologischen Literatur des Mittelalters überaus häufig genannt wird,[32] begegnet hier nicht in dem bekannten eschatologischen Kontext,[33] in dem er gewöhnlich im Zusammenhang mit der endzeitlichen Bekehrung der Juden und als einer der beiden in der Apokalypse prophezeiten Zeugen auftritt,[34] sondern als Prophet des Volkes Israel in der Königszeit und als *typos* des mönchischen Einsiedlers, eine Charakterisierung, die dennoch erwartungsgemäß mit der endzeitlichen Rollenbeschreibung Elias nicht ohne Zusammenhang ist.

Elias Lebenszeit wurde bereits im dritten Siegel, dort als *terminus ante quem*, genannt. Als Quelle der geschilderten Ereignisse wurde dort auf die Bücher Samuels und der Könige verwiesen. Für die Zeit des vierten Siegels wird das vierte Buch der Könige als Zeitrahmen genannt. Aus den Ereignissen um Elia, Elisa und die Prophetensöhne wird in *De septem sigillis* nur die Wüstenflucht und das dreieinhalbjährige Verborgenbleiben Elias hervorgehoben, die in der Eröffnung des Siegels der Flucht und dem Verborgensein der in der Apokalypse genannten Schwangeren verglichen werden. Schließlich reicht die Zeit des vierten Siegels bis zur Wirkungszeit Jesajas, wie sie gleichfalls im vierten Buch der Könige beschrieben wird, und bis zur Regierungszeit Hiskias (725–697) von Juda.[35] Eine ähnliche Eingrenzung des vierten Siegels nimmt auch die Auflistung der Siegel im *Liber introductorius* der *Expositio* vor, in der Elia und Elisa als Anfang, Jesaja und Hiskia als Ende des vierten Siegels genannt werden.[36] Eine andere Einteilung, die in der *Concordia* genannt wird und älter ist, nennt noch die beiden Einsiedlerpropheten als zur *consummatio* des

---

[32] Maria Magdalena WITTE, Elias und Henoch als Exempel, typologische Figuren und apokalyptische Zeugen. Zu Verbindungen von Literatur und Theologie im Mittelalter (Frankfurt/Main 1987) S. 18–34, 186–215.

[33] Die Vorstellung von einem endzeitlichen Auftreten Elias begegnet bereits in der jüdischen Apokalyptik, zu der die christliche nicht wenige Berührungspunkte aufweist, vgl. Wilhelm BOUSSET, Der Antichrist in der Überlieferung des Judentums, des Neuen Testaments und der alten Kirche, S. 136–139.

[34] Offb. 11,3f. Zur Exegese dieser Verse, für die regelmäßig Elia als einer der beiden Zeugen genannt wird, vgl. Wilhelm BOUSSET, Der Antichrist in der Überlieferung des Judentums, des Neuen Testaments und der alten Kirche, S. 136–139, Maria Magdalena WITTE, Elias und Henoch als Exempel, typologische Figuren und apokalyptische Zeugen, S. 187f. Für Joachim ist der Themenkomplex der beiden Zeugen ein zu umfangreicher und zu bedeutender, um im Rahmen einer Sachanmerkung abgewandelt werden zu können, auch gehört er inhaltlich nicht zum vierten Siegel und seiner Eröffnung und wird deshalb hier nicht weiter behandelt.

[35] Zur Regierungszeit Hiskias vgl. S. 131f. und ebd. Anm. 11.

[36] *Expositio, Liber introductorius*, fol. 6va, ähnlich fol. 9vb.

dritten Siegels gehörig, während das vierte Siegel mit ihnen anhebt und bis zur Zeit Jesajas und Hiskias andauert.[37] Im dritten Buch der *Concordia* thematisiert Joachim ausführlich das vierte Siegel,[38] das von der Auffahrt Elias bis zu Hiskia von Juda dauert und dessen Eröffnung in der Zeit Kaiser Justinians anhebt und bis zu den Päpsten Gregor (III.) und Zacharias (741–752) fortdauert, mit denen schließlich das fünfte Siegel beginnt, nachdem das Patrozinium der römischen Kirche von Byzanz weggenommen und *Carolo francorum principi* und seinen Nachfolgern zuerkannt wird.[39] Hier sind Elia und Elisa noch mehr im Übergang vom dritten zum vierten Siegel angesiedelt als speziell im letzteren. Späterhin verlagert sich das Schwergewicht der Bedeutung der beiden jedoch zum vierten Siegel hin, der Zeit der Mönche und des vierten Teils der Apokalypse, zu dem das Bild der in die Einsamkeit Fliehenden gehört, die Elia entspricht.[40]

g) *Die geheime Saat: Die Anfänge des Mönchtums*

Wichtige Hinweise auf die exegetischen Grundlagen von Joachims Schilderung der vierten Zeit der Kirche in der *apertio* des vierten Siegels sind der Vergleich der dreieinhalb Jahre, die sich Elia verborgen hält, und der zweiundvierzig Monate, die sich die Gebärende aus Offb. 12 vor dem Drachen verbirgt, und die Erwähnung des aus dem Abgrund heraufsteigenden Tieres mit sieben Häuptern und zehn Hörnern Offb. 13,1. Beide stehen in engem Bezug. Die in die Wüste Fliehende wird, da ihre Flucht der Weltflucht der späteren Eremiten und Gottessucher entspricht, als Prototyp der Märtyrer

---

[37] *Concordia*, lib. IIIa, fol. 26rb.

[38] *Concordia*, fol. 40rb–va.

[39] Die Identität des Genannten ist nur auf den ersten Blick uneindeutig, da es sich jedenfalls um einen Zeitgenossen der kurz zuvor genannten Päpste handeln muß, was nur auf Karl Martell (714–741), nicht aber auf seinen Enkel Karl den Großen zutrifft. Zur Identitätsfrage des bei Joachim *Carolus* Genannten an ausgewählten Stellen seines Werkes und der Sekundärliteratur vgl. bereits Matthias KAUP, *De prophetia ignota*, S. 32–38. Zu Karl Martell und der Rolle der Franken als Nachfolger der Byzantiner vgl. S. 129, Anm. 4, S. 141 und S. 148, Anm. 81.

[40] Dazu gehört der Hinweis auf die Parallele zwischen den der Frau geschenkten Flügeln Offb. 12,14 und der Himmelfahrt des Elia ebenso wie die Verbindung zwischen diesen Flügeln, die auf das vierte der vier Lebewesen aus Offb. 4,7 hinweisen, das ebenso wie Elia den Jungfrauen und Einsiedlern entspricht, vgl. *Expositio*, pars IV, fol. 153rb. Auf diesen Zusammenhang verweist Joachim auch, wenngleich weniger explizit, so doch nicht weniger nachdrücklich *Expositio*, pars I, fol. 75rab.

angesehen. Diese Vorstellung begegnet bereits in der jüdischen Apokalyptik und wird, wie dort auf die jüdische Gemeinde, so auch seit
den frühesten christlichen Auslegern der Apokalypse auf die Kirche
gedeutet, die hier geboren wird.[41] Mehr zu den exegetischen Deu-
tungsgrundlagen für die Zeit des vierten Siegels findet sich, wie nach
dem Hinweis auf die Apokalypse in der *apertio* des Siegels unschwer
zu erraten ist, in der *Expositio* zum vierten Teil der Apokalypse.[42]
Dort erklärt Joachim, daß die Ereignisse des vierten Tages der Schöpfung, an dem Sonne, Mond und Sterne erschaffen wurden, die der
vierten *aetas* der Welt, in der Elia, Elisa und die Prophetenjünger
auftreten, und der vierte Teil der Apokalypse, in dem von der in
die Wüste fliehenden Gebärenden die Rede ist, in der vierten Zeit
der Kirche und dem Aufkommen des Mönchtums ihre Entsprechung
und Vollendung finden. Die Einteilung der Weltzeit in *aetates* entspricht dabei derjenigen des Augustinus, wie sie im 22. Buch *De
civitate Dei* vorgenommen wird: Das vierte Zeitalter ist dasjenige von
David bis zur babylonischen Gefangenschaft, während das sechste
schließlich die Gegenwart der Christen bedeutet.[43] Elisas Tätigkeit
entspricht der Benedikts,[44] des Vaters des abendländischen Mönchtums,

---

[41] So *Expositio*, pars IV, fol. 157va. Vgl. Wilhelm BOUSSET, Der Antichrist in der
Überlieferung des Judentums, des Neuen Testaments und der alten Kirche, S.
145–147. Zur Exegese des Bildes der fliehenden Schwangeren vgl. auch Guy
LOBRICHON, La femme d'Apocalypse 12 dans l'exégèse du haut Moyen Âge latin
(760–1200).

[42] *Expositio*, pars IV, fol. 153ra–177rb.

[43] Augustinus, *De civitate Dei*, lib. XXII, cap. 30, SL 48, S. 865, Z. 124 – S. 866,
Z. 148, PL 42, Sp. 804. Im hier fraglichen Zusammenhang ist interessant, daß
Joachim am Anfang des vierten Teils der *Expositio*, fol. 153ra darauf verweist, daß
das vierte Weltzeitalter das des Elia ist, während ihm in der vierten Zeit der Kirche
(die selbst wiederum der vierte Teil der sechsten *aetas* ist) der *ordo heremiticus* entspricht. Vgl. zur Zeiteinteilung des Augustinus Alois WACHTEL, Beiträge zur Geschichtstheologie des Aurelius Augustinus, bes. S. 48–78, allgemein Roderich SCHMIDT,
Aetates mundi. Die Weltalter als Gliederungsprinzip der Geschichte.

[44] An Literatur zu Joachims Benedikt-Bild, wenn auch gewöhnlich unter Bezugnahme
auf seine Frühschrift *De vita sancti Benedicti*, ed. BARAUT, herrscht kein Mangel, vgl.
Henri DE LUBAC, Exégèse médiévale. Les quatres sens de l'Écriture 2,1 (Paris 1961)
S. 448–451, Stephen E. WESSLEY, „Bonum est Benedicto mutare locum", ders.,
Joachim of Fiore and Monastic Reform (Kap. 1 zum Thema des vorgenannten
Aufsatzes) und Sandra ZIMDARS-SWARTZ, The Third *Status* in *De Vita Sancti Benedicti*
and Other Minor Writings Attributed to Joachim of Fiore, in: L'età dello Spirito
e la fine dei tempi in Gioacchino da Fiore e nel Gioachimismo medievale. Atti del
II Congresso Internazionale di Studi Gioachimiti. San Giovanni in Fiore – Luzzi –
Celico. 6–9 Settembre 1984. A cura di Antonio CROCCO (San Giovanni in Fiore
1986) S. 345–355.

insofern nämlich die Prophetenjünger, denen Elisa in Jericho vorsteht, den Äbten der 12 Klöster, die Benedikt gründet, entsprechen, eine von Joachim mehrfach vorgenommene Typologisierung.[45]

Wenn bekannt ist, welche Bedeutung dem benediktinischen Mönchtum und seinen Anfängen in der Geschichte innerhalb Joachims von der Trinität geprägter Geschichtsvorstellung zukommt, welche Rolle ferner Elia und, in kaum geringerem Maße, auch Benedikt selbst in Joachims trinitätstheologischen Spekulationen zugeteilt wird (beide stehen dort regelmäßig für die dritte Person der Trinität),[46] muß das vierte Siegel und seine Eröffnung unbedingt als besonders bedeutungsvoll in der joachimischen *consecutio temporum* angesehen werden. Es überrascht darum nicht, daß diesem mittleren der sieben Siegel und *apertiones* (läßt man den achten Abschnitt, der von gänzlich anderer Beschaffenheit ist als die Siegel selbst, beiseite) eine Art Scharnierfunktion zugeteilt wird. Gleichwohl tut dies der geraden Linie der Siegel keinen Abbruch, ebensowenig wie die *recapitulatio* der Hermeneutik nicht dazu verführen kann, die Geschichte Gottes und seines Volks als immerwährenden Kreislauf statt auf ein Ziel hin orientiert zu sehen. Zwei Dinge sind festzuhalten, die den Verlauf der Siegel und noch mehr ihrer Eröffnungen entscheidend prägen: ein Ende und ein Neuanfang, eine neue Phase der Verfolgungen, indem mit dem letzten der vier Tiere der Danielvision die Gruppe der ersten vier Konflikte ihren Abschluß und das Ausmaß der Verfolgungen seinen vorläufigen Höhepunkt erreicht, während gleichzeitig mit dem Beginn des dritten *status* eine neue Dimension in der

---

[45] *De vita sancti Benedicti*, ed. BARAUT, S. 21, *Expositio*, pars IV, fol. 156ra: In corona stellarum duodecim, patres spiritales, quibus fratrum obtemperat multitudo, quorum typum tenuit Heliseus, qui quondam fratrum multitudini prefuit in Iericho. (2. Kön. 2) Inde est quod beatus Benedictus, quem ex equo concordie respicit Heliseus, duodecim monasteriis que construxit eiusdem numeri abbates preposuit. Vgl. dazu Gregor I, *Dialogi*, lib. II [*Vita Sancti Benedicti*], cap. 3, Sources Chrétiennes 260, S. 148–150, PL 66, Sp. 140C: Cum sanctus vir diu in eadem solitudine virtutibus signisque succresceret, multi ab eo in eodem loco ad omnipotentis Dei sunt servitium congregati: ita ut illic duodecim monasteria cum omnipotentis Jesu Christi Domini opitulatione construeret, in quibus statutis Patribus duodenos monachos deputavit.

[46] *Psalterium decem chordarum*, lib. II, fol. 253rb–va: Ordo monachorum initiatus est ab Helia vel potius, pro ratione temporis, a sancto Benedicto, fol. 253va: ordo contemplantium [pertinet] ad Spiritum sanctum, horum autem initiatio facta est ab Helia et Ysaia.... Quia vero idem Spiritus procedit a Filio, oportebat tertium statum habere ordinem suum, qui tamen esset unus cum precedente ad honorem creatoris Spiritus, cuius initiatio in sancto Benedicto occidentalium monachorum institutore precessit.

Geschichte Raum greift. Die einsame Wüstengeburt der Kirche des dritten *status* im Angesicht des Drachen, das Wüten des vierten Tieres der Danielgesichte, das neu gezeichnet ist in dem apokalyptischen Tier aus dem Abgrund der Johannesvision,[47] stellen die Weichen neu und eröffnen den letzten, großen Kampf.

---

[47] Zur Identität beider vgl. S. 113, Anm. 4.

DAS FÜNFTE SIEGEL: DIE SCHALEN DES ZORNS

a) *Paraphrase des Siegels und seiner Eröffnung*

In dieser Zeit hören die Assyrerkämpfe auf, nachdem die zehn Stämme in Assyrerhand gelangt sind und das Reich Juda Bestand unter Hiskia gewann, der das Haus Gottes reinigen läßt und den Dienst der Leviten wiederherstellt, damit Israel seinen Herrn wiederfindet. Dies geschieht zur Zeit der Propheten Jesaja, Hosea, Micha, Zephanja, Jeremia und anderer heiliger Männer, die die Schalen mit Gottes Zorn über den Sünden des Volkes ausgossen, und zwar von der Zeit Jesajas an bis zur babylonischen Gefangenschaft, während die Propheten Juda, Ägypten, Babylon und den benachbarten Völkern kommendes Unheil vorhersagen. Dies aber ist *in spiritu* nicht auf diese selbst bezogen zu verstehen, sondern auf andere, ähnliche Völker zu beziehen.[1] Abschließend werden die Verfolger des fünften Siegels genannt: es sind Necho von Ägypten und Nebukadnezar von Babylon, dessen Sieg über Juda in der Verschleppung zur babylonischen Gefangenschaft gipfelt.

Ebenso reich an dramatischen Ereignissen ist die Zeit der Eröffnung des fünften Siegels. Beide, Siegel und Eröffnung, bilden – auch abgesehen von einem erklärenden, allgemeinen Zusatz in der Eröffnung des Siegels, der deshalb nicht zum eigentlichen Textbestand zu rechnen ist (wenngleich nicht ohne Grund inmitten der fünften *apertio* positioniert)[2] – die längsten Abschnitte innerhalb der Reihe der Siegel

---

[1] Was mit diesem Satz gemeint ist, da doch in jedem Fall die Ereignisse der Siegel über sich selbst hinaus verweisen, kann im folgenden gezeigt werden, vgl. S. 155f. Es entspricht nun nicht mehr einfach Babylon einem Volk oder Staat der neuen *dispensatio* so wie noch in den Siegeln zuvor, sondern die feindlichen Exponenten des fünften Siegels finden sich in ein und derselben Gruppe seiner Eröffnung wieder: Die Namen der Völker entfalten in dieser Zeit *in spiritu* eine neue Bedeutung.

[2] *Et sciendum est . . . in limitibus suis.* P[10] plaziert diesen Abschnitt, anders als die übrigen Zeugen, nicht inmitten des Textes der fünften *apertio*, sondern am Ende des entsprechenden Tabellenabschnitts quer über die Spalte des Siegels und seiner *apertio* hinweg. Zwar handelt es sich dabei (entsprechend anderen, klärenden Zusätzen oder Textverbesserungen der Handschrift) eher um eine interpretatorische Freiheit des Kopisten oder seiner Vorlage als um einen Element der authentischen Textgestalt, dennoch entspricht die Hinzufügung allgemein anzuwendender Verstehenshilfen an

und Eröffnungen. Das Schisma, das Juda von Israel wie die lateinische Kirche des Westens von der griechischen des Ostens trennt und
das im dritten Siegel und seiner Eröffnung seinen Anfang nahm, ist
hier bereits Geschichte geworden, die Trennung der beiden Gottes-
völker von Israel wie von der Ostkirche längst vollzogen. Wege und
Schicksale beider Gruppen gehen getrennte, weit voneinander entfernte Wege, wobei Israels Geschick wie das der byzantinischen
Kirche zusehends aus dem Blickfeld gerät und beide in den Kriegswir-
ren und der anschließenden Hegemonie der Assyrer beziehungsweise
der islamischen Übermacht im östlichen Mittelmeerraum dem Blick
entzogen werden. In der Eröffnung des fünften Siegels ist von der
griechischen Kirche des Ostens nicht mehr die Rede.[3] Ebenso wie
zu seiner Zeit Jerusalem, wird die lateinische Kirche des Westens als
alleiniger Vertreter des Gottesvolks in ihrer Existenz bestätigt.[4] Sie
ist Hort geistlicher Autorität und Ausgangsort geistlicher Männer,
die wie die Propheten des Alten Testaments eifern und den Zorn
Gottes über seinem Volk ausgießen.

Joachim beschränkt sich bei der Beschreibung dieser Vorgänge in
auffallender Zurückhaltung auf Schriftzitate und zeichnet das Bild
dieser Zeit mit Versatzstücken alttestamentlicher Prophetenrede und
unter Hinweis auf Motive des fünften Teils der Apokalypse.[5] Das

---

scheinbar zufälliger Position durchaus Joachims üblichen Verfahren. So ist auch
hier anzunehmen, daß Joachim diesen allgemeinen Hinweis jedenfalls an einem Ort
aussprach, an dem er ihm mehr als an anderen wichtig erschien, nämlich zu einem
Zeitpunkt, an dem in der Nähe der eigenen Gegenwart die Frage der Grenzen und
Übergänge der Zeiten besonderes Gewicht erhielt.
[3] Dies begründet Joachim *Expositio, Liber introductorius*, fol. 7va–b (vgl. *Enchiridion*,
ed. Burger, S. 36) mit der Kontaminierung der zehn Stämme bzw. der orientali-
schen Kirche durch Umgang und Vermischung mit ihren Besiegern. Jerusalem und
Juda dauern fort in der lateinischen Kirche des Westens, Samaria in der griechischen Kirche des Ostens. Das römische Reich entspricht Babylon, das konstantinopolitanische Ägypten. Zur Zeit des fünften Siegel greifen Babylon und Ägypten Juda
an, so wie nun die weltlichen Fürsten die Kirche bedrängen. Als Beginn dieser
Entwicklung wird die Zeit Heinrichs I. angenommen, bei dem es sich, wie Alexander
Patschovsky, Der heilige Kaiser Heinrich „der Erste" als Haupt des apokalyptischen Drachens, nachweist, um Kaiser Heinrich II. (†1024) der gewohnten Zählung
nach handelt. In *De septem sigillis* macht Joachim jedoch deutlich, daß die Ausführenden
der Verfolgung nicht nur die Erben des deutschen Kaisertums sind.
[4] *Concordia*, lib. V, fol. 69ra nennt Joachim die Zeit Karl Martells als Endpunkt
der Periode der griechischen Kirche und deutet damit den Grund einer Entwicklung
an, die er auch ebd., lib. IIIb, fol. 40rb–va beim Übergang von der vierten zur
fünften *apertio* beschreibt, nämlich die Hinwendung der römischen Kirche zu den
Karolingern. Vgl. S. 141f.
[5] Nach der bei Joachim gültigen Einteilung umfaßt der fünfte Teil Offb. 15,1–16,17.

Psalmwort 149,7 mit seinen pluralischen Adressaten ist dabei ebenso programmatisch wie die charakteristische Verbindung des Auftauchens der *viri spiritales* mit dem faktischen Verschwinden Samarias/Konstantinopels aus dem Blickfeld der Geschichte des Gottesvolks. Die *viri spiritales*, Anknüpfung an die Frühzeit des Mönchtums in der Eröffnung des vierten Siegels und als Vorausabbildung der Mönche des dritten *status* konstituierendes Moment seines Geschichtsbildes, sind schon seit Joachims Schrift *De prophetia ignota* Bestandteil seiner Konzeption der Heilsgeschichte.[6] Ihr Auftauchen geschieht jedoch nicht isoliert und zusammenhanglos, sondern es entspricht dem Wirken der Propheten des fünften Siegels und findet seine Vorläufer im Einsiedlermönchtum der vierten *apertio*, so wie die in der Eröffnung des fünften Siegels genannten Propheten ihre Vorläufer in Elia und Elisa haben.

b) *Vertrauter Feind: Die Erziehung zum Heil*

Im Vergleich mit den vorigen Siegeln und Eröffnungen haben sich die Fronten verschoben oder erscheinen vielmehr verwischt: Nicht mehr ein oder mehrere Gegner treten gegen das Volk Gottes auf den Plan, sondern der Zorn Gottes selbst ergießt sich – ja, über wen? Das klare Profil das Gottesvolkes wie das seiner Gegner der vorigen Siegel und ihrer Eröffnungen ist verschwunden. Die einzige Namensnennung, die im Text der fünften *apertio* zu finden ist, ist die der *principum Teothonicorum*. Dennoch hat Joachim jedoch offenkundig keine einfache Dämonisierung des Kaisertums und seiner Ansprüche im Sinn. Außer der Miteinbeziehung anderer, ungenannter weltlicher Mächte sprechen dafür zwei Belege: Die von diesen Fürsten ausgehende *tribulatio* wird *civilis* genannt, was jedoch allein noch keine Minderung der Qualität dieser Bedrängnis ist, in der sich die Kirche nunmehr findet. Vorher schon wird gesagt, daß diese selbstverschuldete Bestrafung *non quidem gladio ferri, sed gladio verbi spiritalis*[7] vorgenommen wird, die abgebildet ist im fünften Teil der Apokalypse: Das zweite Argument gegen eine Verurteilung des Kaisertums ist die starke Betonung der Verursacherrolle der Kirche als Urheber der

---

[6] Zur Rolle der *viri spiritales* in *De prophetia ignota* vgl. Matthias KAUP, *De prophetia ignota*, S. 39. Der heilsgeschichtliche Kontext fehlt dort.
[7] Die Anspielung auf Eph. 6,17 begegnet bei Joachim in vergleichbaren Kontext sonst nicht.

eigenen Bedrängnis, die nunmehr keineswegs in einer äußeren Verfolgung besteht. Die Antwort auf die Frage, worin sie jedoch tatsächlich besteht, läßt spannende Einblicke in Joachims Gegenwartsempfinden erhoffen, dessen Beschreibung er sich so vorsichtig annähert: das Einordnen jener Faktoren, die sich als bestimmend noch für die eigene Gegenwart erweisen, die Erforschung des Befindens der unmittelbaren Vergangenheit und ihrer Charaktere im fünften Siegel ist problematischer als die Beurteilung und Beschreibung des bereits Historie Gewordenen.[8] Die Schwierigkeit der Aufgabe, ohne erforderlichen zeitlichen Abstand zu einer angemessenen Sicht eines Abschnitts der Geschichte zu gelangen, ist keineswegs modern und scheint Joachim hier sehr bewußt sein. Dennoch verlieh mehr als alle anderen Faktoren dieser Mut zur Annäherung der Exegese an die eigene Zeit Joachims Apokalypsenkommentar die Bedeutung, die ihm schon zur Zeit seiner Abfassung, aber auch während der folgenden Jahrhunderte in den Augen seiner Leser zukam.[9]

c) *Exkurs: Der historische Schauplatz des fünften Siegels*

Aufgrund der Konkordanz zwischen der Zeit des Volkes Israel und der Zeit der Kirche läßt die Betrachtung des Siegels Parallelen in seiner Eröffnung erwarten. Der Zeitraum, in dem die im fünften Siegel geschilderten Ereignisse stattfinden, ist einigermaßen klar umrissen. Historischer Ausgangsort ist die Situation nach dem faktischen Ende des Staates Israel[10] und die Regierungszeit Hiskias von Juda

---

[8] Daß die fünfte *apertio* bereits die eigene Gegenwart berührt, verdeutlicht *Expositio*, *Liber introductorius*, fol. 6vb: Apertio quinti, ex eo usque ad presentes dies, in quibus, initiata apertione sexta, percutienda est nova Babilon, ebd. fol. 9vb: Apertio quinti, usque ad presens. Apertio sexti, nuper initiata, in paucis annis vel diebus consummationem accipiet, *Expositio*, pars II, fol. 117va: Constat autem quod post quintum sigillum in cuius extremitate nos sumus restat adhuc martirum pugna.

[9] Wilhelm BOUSSET bemerkte dazu: „Seit Ticonius ist Joachim der erste Ausleger, der die Apokalyse wieder als ein Buch betrachtete, das wesentlich für seine Gegenwart geschrieben sei", Die Offenbarung Johannis, S. 86.

[10] Nach den Kriegshandlungen, die auf den Hilferuf des Königs Ahas von Juda an Tiglatpileser III. gegen die Koalition Pekachs von Israel und Rasyan von Damaskus folgten, geriet der Nordstaat in der sechsten Dekade des 8. Jahrhunderts in Abhängigkeit von Assyrien. Kaum ein Jahrzehnt später unternahm der von Tiglatpileser eingesetzte König Hosea von Samaria den Versuch einer Auflehnung gegen Assur, wurde aber 722 um die Zeit des Regierungswechsels von Salmanassar V. zu Sargon II. besiegt, die israelitische Oberschicht wurde deportiert, und der Staat Israel hörte

(725–697) am Ende des 8. Jahrhunderts v. Chr.[11] In einem einzigen, langen und atemlosen Satz ergießt sich in *De septem sigillis* der Strom der Ereignisse wie der Inhalt der Schalen der Apokalypse. Sein hauptsächlicher Gegenstand sind jedoch keine konkreten Geschehnisse, sondern die Prophetenrede ist das hauptsächliche Ereignis dieses fünften Siegels. Auch die Namen der Propheten kennzeichnen den Zeitraum, den das fünfte Siegel hier umschließt. Jesaja, Hosea und Micha wirkten ungefähr gleichzeitig, ebenso Zephanja und Jeremia. Ihr Wirkungszeitraum, von den Tagen Jesajas an bis zur babylonischen Gefangenschaft, oder vielmehr ihre Gerichtsworte an Juda, Ägypten, Babylon und andere, benachbarte Völker sind der Gegenstand des fünften Siegels. Dieser Zeitraum reicht bis in die Zeit der Eroberung Jerusalems hinein, die besonders der Prophet Jeremia am Ende der im Buch Jeremia beschriebenen Ereignisse schicksalhaft miterlebt. Doch in Joachims Sicht ist eher der Inhalt dieser Reden, nicht aber tatsächlich stattgehabte Ereignisse der Inhalt der zorngefüllten Schalen, Gottes Antwort auf die Unreinheit und Sünde des Volkes. Zum ersten Mal ist das leidende Gottesvolk nicht mehr nur unschuldiges Opfer, sondern selbst die Ursache des Unheils, von dem es betroffen wird. Und dieses Unheil ist mehr als nur die Verfolgung eines Necho oder Nebukadnezar: es ist der Zorn Gottes selbst.

Im fünften Siegel weitet sich so, wie beschrieben, der Blick von Juda auf seine Nachbarvölker. Es ist die Zeit nach dem assyrischen Thronwechsel im Jahre 722; Israel hat aufgehört zu existieren.[12] Nachdem Sargon II. (722–705) als Usurpator den assyrischen Thron bestiegen hatte, bildeten sich in Mittelpalästina verschiedene antiassyrische Koalitionen, die Sargon seit 720 sukzessiv zu zerschlagen begann. Judas unmittelbare Nachbarstaaten wurden dabei nach und nach zu Vasallen der assyrischen Großmacht. Nach dem Tod Sargons und der Thronbesteigung seines Sohnes Sanherib (705–681) wurde

---

auf zu existieren. Den Abschluß dieser Entwicklung beschreibt *Expositio, Liber introductorius*, fol. 7rb: Verumptamen civitates Samarie replete sunt semine alieno, gentibus advenis et adulterinis.

[11] Über die Eckdaten der Regierungsdauer Hiskias herrscht nach wie vor eine gewisse Unsicherheit, vgl. dazu Herbert DONNER, Geschichte des Volkes Israel und seiner Nachbarn in Grundzügen 2. Von der Königszeit bis zu Alexander dem Großen (Göttingen 1986) S. 321, Anm. 20.

[12] Zu Sargon II. und dem Ende des Staates Israel vgl. auch S. 119 und S. 131, Anm. 10.

König Hiskia von Juda zur treibenden Kraft einer neuen antiassy-
rischen Koalition, die trotz ägyptischer Unterstützung von Sanherib
leicht niedergeschlagen wurde und im Falle Judas den Eintritt in ein
höheres Stadium der Vasallität zur Folge hatte. Vor dem Hintergrund
dieser Zeit geschieht die territoriale Wiederherstellung Judas, vor
allem aber die sogenannte Kultusreform Hiskias, deren Kernstück 2.
Kön. 18,4 berichtet wird. Wie für Joachim, so ist schon für den
Autoren des deuteronomistischen Geschichtswerks[13] die Königsherrschaft Hiskias zusammen mit der Zeit Josias, als dessen Vorläufer
Hiskia gilt, von besonderer Bedeutung: Sie ist eine letzte große
Blütezeit Judas und des Jahwekults.[14] Die für Joachim verehrungs-
würdige Erinnerung an die Regierung Hiskias markiert in *De septem
sigillis* wie sonst auch die Zeit des Übergangs vom vierten zum fünf-
ten Siegel.[15] Die Zeit Hiskias ist der Grenzstein, von dem an die
Zeit des fünften Siegels ihren Lauf nimmt.[16] Auf Hiskia folgen Manasse

---

[13] Die heute weitgehend akzeptierte These, daß die Bücher Deuteronomium, Josua,
Richter, 1. und 2. Samuel und 1. und 2. Könige ihre literarische Gestalt und ihren
theologischen Gehalt einer bewußten, umfassenden Redaktion der Exilszeit verdanken, geht zurück auf Martin NOTH, Überlieferungsgeschichtliche Studien (Tübingen
¹1943, ³1967). Einen guten Überblick bietet Norbert LOHFINK, Bilanz nach der
Katastrophe. Das deuteronomistische Geschichtswerk, in: Josef SCHREINER (Hg.),
Wort und Botschaft. Eine theologische und kritische Einführung in die Probleme
des Alten Testaments (Würzburg 1967) S. 196–208; detaillierter und mit ausführlicher Bibliographie Wolfgang ROTH, Art. Deuteronomistisches Geschichtswerk/
Deuteronomistische Schule, TRE 8 (1981) S. 543–552. Vgl. auch Moshe WEINFELD,
Deuteronomy and Deuteronomic School (Oxford 1972), J. Alberto SOGGIN, Der
Entstehungsort des Deuteronomistischen Geschichtswerkes. Ein Beitrag zur Geschichte
desselben, Theologische Literaturzeitung 100 (1975) Sp. 3–8.
[14] Vgl. Herbert DONNER, Geschichte des Volkes Israel und seiner Nachbarn in
Grundzügen 2, S. 331–333 und Christoph LEVIN, Joschija im deuteronomistischen
Geschichtswerk, Zeitschrift für die alttestamentliche Wissenschaft 96 (1984) S. 351–371.
[15] *Concordia*, lib. IIIa, fol. 36va: Inter quartum et quintum signaculum Yesaye et
Ezechie regis Iuda memoria recolitur veneranda, quorum alter qui propheta erat
typum gerebat sancti spiritus, utpote qui per eum manifestius loquebatur; alter, qui
rex erat et regum proles, veri regis Christi Iesu retinebat mysterium.
[16] Vgl. *Expositio, Liber introductorius*, fol. 6va, 9vb; *Concordia*, lib. IIIa, fol. 26rb, lib.
IIIb, fol. 40rb. Auf die bedeutende Rolle, die Hiskia auch in Joachims trinitätstheologischen Überlegungen zukommt und die zu untersuchen bisher niemand unternommen hat, kann auch hier über ihre bloße Erwähnung hinaus nicht eingegangen
werden (vgl. *Concordia*, lib. IV, fol. 44ra), ebenso der Einfluß der Hiskia auf sein
Bitten hin zuteil gewordenen 15 zusätzlichen Lebensjahre, vgl. 2. Kön. 20,1–11,
auf Joachims *Concordia*, vgl. dort lib. IIa, fol. 15va, 16va, lib. IV, fol. 50ra–b. Nach
Concordia, lib. IIIa, fol. 37ra schließlich bedeuten die fünfzehn Lebensjahre 15
Tugenden, nämlich sieben Gaben des Geistes, Demut, Geduld, Glaube, Hoffnung
und Liebe, schließlich *operatio, lectio und psalmodia*, eine sonst für die Zahl 15 weder
in diesem Zusammenhang noch allgemein bekannte Deutung. *Concordia*, lib. IV, fol.
50rb bedeuten jene 15 Jahre 15 Generationen, die zwischen der Bedrängnis durch

und Amon und schließlich Josia (639–609), dessen Untadeligkeit der
Deuteronomist in schärfstem Kontrast zur negativen Beurteilung der
beiden erstgenannten zeichnet. Auch für Joachim spielt Josia eine
wichtige Rolle.[17] In ihrer Zeit war die josianische Reform, die viel
durchgreifender war als die Hiskias, Ausdruck einer Emanzipa-
tionspolitik, die Josia gegenüber Assur betrieb, das nach dem um
630 erfolgten Tod Assurbanipals mehr und mehr einem sterbenden
Riesen glich.

Die weiteren Ereignisse beschreibt Joachim in der *Expositio* so: *In
tempore sigilli quinti, preeuntibus aliquantis Egiptiorum preliis, cum adhuc super-
esset aliquid de procellis Assiriorum, secuta sunt in tribu Iuda certamina Caldeorum,
per que et Iudeorum regnum dissipatum est, sicuti – ut iam dixi sub sigillo
quarto – absortum est per Assirios regnum Samarie, translatis ex ea decem tribubus propter iniquitates suas.*[18] Joachim weiß gut Bescheid: In der Tat
bewog das Ende der assyrischen Oberhoheit nach dem Fall Ninives
durch die Babylonier und Meder unter Nabopolassar im Jahr 612
Necho II. von Ägypten (610–595), den zweiten Pharao der „bedeutenden und tatkräftigen" 26. Dynastie,[19] einen Versuch zu unterneh-
men, mit einem Sieg über die neuen Aggressoren die assyrische
Vorherrschaft durch die ägyptische zu ersetzen. Diesem Versuch fiel
609 Judas König Josia zum Opfer, dem sein jüngerer Sohn Joahas
auf dem Thron nachfolgte. Wir werden sehen, in welchen Ereignissen
bei der Eröffnung des Siegels Joachim das Schicksal Josias wiederfindet.[20] Durch den Sieg des babylonischen Kronprinzen Nebukadnezar über die ägyptische Streitmacht 605 wurde der ägyptische
Vorstoß noch im gleichen Jahr unterbunden. Bei dem erfolgreichen
Feldherrn handelte es sich um einen Sohn Nabopolassars (625–605),

---

die Sarazenen und der endzeitlichen Bedrängnis durch die Völker vergehen werden. Das Psalmwort 149,7 – in *De septem sigillis* Kennzeichen der *apertio* des fünften
Siegels – gerät dabei in einen endzeitlichen Kontext, ein Zeichen, daß diese Berechnung einer früheren Entwicklungsstufe zuzurechnen ist.

[17] *Expositio, Liber introductorius*, fol. 5rb und *Concordia*, lib. IIa, fol. 10rb markiert
Josia den Anfang des zweiten *status*. Gleichzeitig wird er darin Benedikt verglichen,
so *Concordia*, lib. IIa, fol. 9va, ebd. fol. 10va: ab Ozia namque initiatum est testam-
tum novum, quod confirmatum est in Christo, ne prius videreter deficere vetus
quam novum seminatum et radicatum germinaret velut ex humo et produceret fruc-
tum; ebd. fol. 10vb bezeichnet Josia den *ordo clericorum*. Zu Josia als Entsprechung
Papst Leos IX. vgl. S. 146f.

[18] *Expositio, Liber introductorius*, fol. 7rb.

[19] Herbert Donner, Geschichte des Volkes Israel und seiner Nachbarn in Grundzügen 2, S. 360.

[20] Vgl. S. 146f.

des Begründers der chaldäischen Dynastie von Babylon.[21] Er regierte das babylonische Großreich als Nebukadnezar II. bis zu seinem Tod 562 v. Chr. In seine Regierungszeit fällt nicht nur der endgültige Sieg über Ägypten, sondern auch die Einnahme Jerusalems 587. Doch zunächst noch behielt Necho von Ägypten die Kontrolle über Palästina, machte aus Juda einen tributpflichtigen Vasallen Ägyptens und setzte den Bruder des Joahas, Eljakim, unter dem Namen Jojakim (608–598) als neuen König ein.[22] Dieser Neuordnung der Verhältnisse fielen auch die kultischen Neuordnungen, die Josia unternommen hatte, zum Opfer. Im Jahr 605 schließlich löste die babylonische Oberhoheit die ägyptische in Juda ab, dessen versuchter Abfall unter Jojakims Sohn Jojachin 598 zur Belagerung und Einnahme Jerusalems führte.[23] In der Zeit nach der Deportation des Königs und der Elite des Landes, die auf diesen Versuch folgte, und unter der Herrschaft des von Nebukadnezar eingesetzten Königs Zedekia (598/7–587/6) vergingen für Juda die letzten Jahre seiner staatlichen Existenz, über denen die Drohworte Jeremias als neues Menetekel standen. Vergeblich auf ägyptische Hilfe hoffend, erlebte Juda nach einem letzten Versuch, seine Selbständigkeit zurückzuerlangen, im Jahr 587 v. Chr. nach der Belagerung Jerusalems das Ende seiner staatlichen Existenz. Wie stellt sich im Widerschein dieser Berichte die Zeit der Eröffnung des fünften Siegels für Joachim dar?

d) *Der Sitz Gottes: Anspruch und Wirklichkeit der gegenwärtigen Kirche*

Gehörte, so Joachims Apokalypsenkommentar, den vier vorigen Zeiten der Kirche jeweils ein *ordo* an, nämlich *apostolorum, martirum, doctorum* und *virginum*, in denen sich die Gemeinde Christi in den Siegeln personifiziert fand,[24] so bietet die Tradition hier keine Vorlage, auf

---

[21] Herbert DONNER, Geschichte des Volkes Israel und seiner Nachbarn in Grundzügen 2, S. 363.

[22] *Concordia*, lib. IV, fol. 53rb beschreibt diese Ereignisse.

[23] Herbert DONNER, Geschichte des Volkes Israel und seiner Nachbarn in Grundzügen 2, S. 373, dort Anm. 20 Literatur.

[24] *Expositio, Liber introductorius*, fol. 24ra: In primo nempe tempore sexte etatis conflixit ordo apostolicus assimilatus leoni cum synagoga Iudeorum, quam designat leena. In secundo ordo martirum designatus in vitulo cum cultoribus ydolorum, quos significat ursus. In tertio ordo doctorum designatus in homine cum populo arriano, quem significat pardus. In quarto ordo virginum designatus in aquila cum gente Sarracenorum, designata in bestia terribili, occupante Syriam et partem Asie,

die hin projiziert werden könnte.[25] Den vier apokalyptischen Wesen Offb. 4,6–8, nämlich Löwe, Kalb, Mensch und Adler,[26] die die *ordines* versinnbildlichen und jedes einen der vier ersten Teile der Apokalypse bezeichnen, wird von Joachim der Sitz Gottes als fünftes hinzugefügt.[27] Ihr Widerpart sind jene vier Tiere Dan. 7,1–8, die Daniel erschienen sind. Sie aber sind die Mauern, die die himmlische Stadt an allen vier Seiten umschließen. Vom äußeren Kreis der vier Wesen wenden sich die Ereignisse nun dem Inneren dieses Kreises zu. Joachim zeichnet ein mutiges, Fragen heischendes Bild: Die Kirche der Gegenwart als Sitz Gottes! Auch mit diesem Motiv nähert sich der Lauf der Geschichte seiner apokalyptischen Vollendung. Gleichzeitig, so Joachim,[28] weitet sich der Blick des Betrachters. Die Ereignisse der Siegel gelten nun nicht mehr nur ihren Protagonisten, den einzelnen *ordines*. Zwar habe es beispielsweise in der ersten Zeit nicht nur Apostel gegeben, sondern auch Märtyrer, Gelehrte und Eremiten, doch war die Betrachtungsweise dort eine andere.[29] So wie der Sitz Gottes im Zentrum der vier Tiere steht, so handelt der *ordo* der fünften Zeit für alle.

Zur Beschreibung dieses *ordo* dient das von Joachim hier zitierte Psalmwort: *Ecce quam bonum et quam iocundum habitare fratres in unum.*[30]

Africam pariter et Egiptum, in quibus maxime partibus sacre virgines et heremite suo tempore crebruisse leguntur.

[25] Allerdings ist auch die Reihe der *ordines*, wie sie Joachim nennt und den Eröffnungen der Siegel folgend anordnet, in der theologischen Litaratur ohne Vorbild, wenn auch einzelne der *ordines* behandelt werden.

[26] Zur Auslegung der vier Wesen vgl. Heinz Meyer, Rudolf Suntrup, Lexikon der mittelalterlichen Zahlenbedeutungen, Sp. 388–391. In engem Zusammenhang zu den vier geflügelten Lebewesen Ez. 1,5–28 werden sie gewöhnlich als Zeichen der Evangelien, der Evangelisten oder der Heilstaten Christi (Menschwerdung, Passion, Auferstehung und Himmelfahrt) verstanden, manchmal auch in Kombination (Honorius, Rupert), seltener als die *ecclesia* als Ganze oder die *perfecti* in ihr (Alkuin, Rabanus, Gregor). Vgl. S. 48, Anm. 46 und S. 55, Anm. 70f.

[27] *Expositio, Liber introductorius*, fol. 17va: Horum autem primus (sc. ordinum) designatus est in leone, secundus in vitulo, tertius in homine, quartus in aquila, quintus in throno Dei, *Expositio*, pars V, fol. 177va: Sed et sicut prima pars ascribitur primo animali, hoc est leoni, quia de Christo et pastoribus agitur in ea, secunda vitulo, quia de martiribus, tertia homini, quia de doctoribus, quarta aquile volanti, quia de virginibus et heremitis, ita quinta pars, de qua modo agere cepimus, sedi omnipotentis Dei ascribenda est.

[28] *Expositio*, pars V, fol. 177vb.

[29] Warum es in jeder der fünf ersten Zeiten, die zwar jede für sich durch einen *ordo* gekennzeichnet sind, dennoch auch Vertreter der anderen gibt, erklärt Joachim ausführlich in der *Praephatio super Apocalypsin*, ed. Selge, S. 119f., vgl. ebd. S. 94f.

[30] Ps. 132,1, *Expositio*, pars V, fol. 177va–b. Zur Wirkungsgeschichte dieses Verses trug bereits Augustinus bei, der in seiner *Enarratio in Psalmos*, In Psalmum 132, SL

Seine Verwendung an dieser Stelle hat einen tieferen Grund. Denn Joachim benutzt dieses Psalmwort regelmäßig als Bild des fünften *ordo* und der Vereinigung der vier vorigen, stets unter Bezugnahme auf die Ausgießung des heiligen Geistes.[31] Mit den im Psalmvers genannten Brüdern sind daher alle diejenigen gemeint, deren Protagonisten bereits in den vorigen vier *tempora* hervortraten. Sie finden sich wieder in einem zweiten Element der Tradition, auf das Joachim im Folgenden Bezug nimmt,[32] nämlich die wohlbekannte Reihe der Taten Christi, die als Geburt, Leiden, Auferstehung und Himmelfahrt Christi und Ausgießung des Geistes bekannt sind.[33] Einem jeden der vier *ordines* entspricht eine der vier ersten Taten, der fünfte aber entspricht der Ausgießung des Geistes. Dazu gehört auch der zweite Halbvers des Psalmwortes, der zur weiteren Erhellung des Bildes dieses fünften Ordens beiträgt: *sicut unguentum in capite quod descendit in barbam, barbam Aaron.*[34] Damit kann, so Joachim, nichts anderes als das Salböl der Könige Israels gemeint sein, und unter Bezugnahme auf die zweckgebundene Salbung Jehus[35] und die Salbung Jesu mit dem heiligen Geist durch den Vater stellt Joachim eine Verbindung zur Ausgießung des Zornes Gottes her: *Igitur aperte liquet, quod ad*

40, S. 1926–1935, PL 37, Sp. 1729–1738 überlegt, wer – außer den Mönchen – mit den *fratres* des Verses gemeint sein könnte. Unter anderem wird das Psalmwort auch von Bernhard von Clairvaux häufig zitiert, vgl. aus einer Vielzahl von Zitaten *Sermones super Cantica canticorum*, Sermo 11, S. Bernardi Opera 1, S. 55, PL 183, Sp. 824C (als Prophetenwort), Sermo 23, Opera 1, S. 142, PL 183, Sp. 887B, Sermo 29, Opera 1, S. 204, PL 183, Sp. 930A, *Sermones de diversis*, Sermo 92, Bernardi Opera 6/1, S. 347, PL 183, Sp. 715A (ebenfalls als Prophetenwort), *Sermones super Cantica*, Sermo 73, Opera 2, S. 234, PL 183, Sp. 1135B, aber auch in den Briefen Bernhards, im 12. Jahrhundert öfter auch bei Gerhoch von Reichersberg, Petrus Cantor und Petrus Lombardus.

[31] So besonders *Expositio, Liber introductorius*, fol. 17rb. Ebd. fol. 19ra–b wird dasselbe Zitat ebenso auf die allgemeine Kirche bezogen, ähnlich fol. 20ra, wo auf die beiden Brüder Manasse und Ephraim Bezug genommen wird, die in den Trinitätsbildern Joachims regelmäßig für den heiligen Geist stehen. *Expositio*, pars I, fol. 78vb scheint ohne die Kenntnis dieser Zusammenhänge lediglich eine Ermahnung an die Adresse zeitgenössischer Mönche zum rechten Leben beabsichtigt zu sein. Tatsächlich aber verdichtet sich mit diesem Psalmwort der Zusammenhang zwischen dem Bild der Kirche der Gegenwart, dem beginnenden dritten *status* und der dritten Person der Trinität. Ein ähnlicher Bezug zwischen Jakob als Lieblingssohn der Rebekka und dem *ordo quiescentium* einerseits und der in dem Psalmwort erhobenen *unitas* andererseits wird *Concordia*, lib. V, fol. 82rb hergestellt.

[32] *Expositio*, pars V, fol. 178ra.

[33] Vgl. S. 42–49.

[34] Ps. 132,1, *Expositio*, pars V, fol. 178ra.

[35] Zu Jehus Salbung, ihrer Absicht und ihren Konsequenzen vgl. 1. Kön. 19,15–17 und 2. Kön. 9f.

Spiritum sanctum et ad eius effusionem pertinet zelus Dei, qui vocatur et ira.[36] Diese Verbindung ist auch der Grund, weshalb sich der Zorn Gottes in der Zeit der Eröffnung dieses fünften Siegels so konzentriert ergießt: denn die Sünden wider den Geist werden weder hier noch in der künftigen Welt je vergeben.[37] Die Schalen des Zorns, von deren Übergabe (Offb. 15,7) und Ausgießung im fünften Teil der Apokalypse (Offb. 16,1–17) berichtet wird, geben der *tribulatio* dieser fünften Zeit ihren besonderen Sinn.

e) *Die weltliche Macht, oder: Wo ist Babylon?*

Um welche Zeit handelt es sich? Und warum diese Zurückhaltung, diese Ersetzung konkreter historischer Gestalten oder Phänomene durch die bilderreiche Sprache vor allem des Alten Testaments? Nur im letzten Satz, nach der Erläuterung zum graphischen Schema und der Überlappung seiner Inhalte, ergeht ein konkreter Hinweis auf die Akteure der fünften Verfolgung: neben einigen der *principum mundi* sind es besonders die Fürsten der *Teothonicorum*, die die Kirche bedrängten, nicht jedoch aus sich selbst, sondern um ihrer, der Kirche, Sünden willen.[38]

Hier begegnet wieder das Charakteristikum der Prophetie, das bereits im vierten Siegel auffiel:[39] die bedrohenden und scheinbar überwältigend mächtigen Gegner des Gottesvolkes sind in Wahrheit nichts als Werkzeuge in Gottes Hand, ihre Existenzberechtigung

---

[36] *Expositio*, pars V, fol. 178ra.

[37] *Expositio*, pars V, fol. 178rb (unter Bezugnahme auf Matth. 12,32). Daran schließt sich an, wenn Joachim wenig später der Reihe der Taten Christi die Reihe der in ihnen exemplifizierten Tugenden dar- und diesen wiederum die Laster entgegenstellt, deren fünftes der Haß ist, der nicht vergeben werden kann, vgl. *Expositio*, fol. 178vb. Der Endpunkt beider Entwicklungen ist nun erreicht: In quinto itaque loco datur perfectio sanctitatis electis, sicut econtrario consumatio iniquitatis iniquis (ebd.). Beides, der unvergebbare Haß und die Sünde wider den heiligen Geist, werden auch weiterhin in der Erläuterung zum fünften Teil der Apokalypse thematisiert.

[38] Zu bemerken ist, daß in einigen der Handschriften statt *ipsius ipsi* steht, in anderen hingegen, die im wesentlichen einer späteren Texttradition angehören, *suis*, die Sünde also offenbar den Verfolgern, nicht den Verfolgten zugeschrieben wird. Richtig haben den Text nur *D, Mi* und *O*. Die von Alexander PATSCHOVSKY, Der heilige Kaiser Heinrich „der Erste" als Haupt des apokalyptischen Drachens, S. 40, Anm. 66, gebotene Textgestalt ist auch hinsichtlich des *rabie* zu korrigieren, das tatsächlich nur *NY*, und zwar anstelle eines *et*, hat.

[39] Vgl. S. 119f.

im Licht der Geschichte allein die Unbotmäßigkeit der zu Strafen-
den, an deren letztendlichem Heil mitzuwirken Aufgabe ihrer Verfolger ist.[40]

Die hier in den Blick kommende Überlegung, ob Joachim dem
deutschen und besonders dem staufischen Kaisertum freundlich oder
feindlich gegenüberstand, ist eine vieldiskutierte Frage.[41] Sie kann
keineswegs einfach unter Verweis auf bestehende Gegensätze zwischen Papsttum und (staufischem) Kaisertum im 12. Jahrhundert einerseits und auf die unbestreitbare Papsttreue Joachims andererseits
entschieden werden.[42] Die *libertas ecclesiae* ist ein auch für Joachim
wichtiger Begriff, die zweifelsfrei zu behaupten und zu verteidigen
ist und den er nicht ohne Grund gerade als Streitobjekt der Kämpfe
der fünften Zeit nennt.[43] Es ist nicht nur die Erinnerung an den
Investiturstreit, die hier wachgerufen wird.[44] Noch naheliegender ist
es, an die Auseinandersetzung zwischen Friedrich I. Barbarossa und
den Päpsten seiner Zeit zu denken, vor allem aber die wortgewaltige

[40] Diesen Aspekt betont auch Alexander Patschovsky, Der heilige Kaiser Heinrich
„der Erste" als Haupt des apokalyptischen Drachens, S. 40.
[41] Auf sie hat schon Wilhelm Bousset, Die Offenbarung Johannis, S. 85, Anm.
2 hingewiesen.
[42] Das Verhältnis zwischen Joachim und Kaiser Heinrich VI. beispielsweise war
eher von gegenseitiger Achtung geprägt: Es ist bekannt, daß der gewöhnlich nicht
kirchenfreundlich gesinnte Heinrich VI. Joachim hoch schätzte, seinen Rat suchte
(und erhielt) und sogar seinen Bitten willfuhr, vgl. Herbert Grundmann, Zur Biographie
Joachims von Fiore und Rainers von Ponza, S. 316–320 bzw. S. 501–504, 536–538,
Peter Csendes, Heinrich VI. (Darmstadt 1993) S. 102, 150–151, 188, 219. Ähnliches
wird von Kaiserin Konstanze berichtet, Herbert Grundmann (Hg.), Lucas von
Cosenza: Vita Ioachimi, in: Zur Biographie Joachims von Fiore und Rainers von
Ponza, S. 356 bzw. S. 543, nach Daniel Papebroch, Acta Sanctorum Maii 7 (Leiden
1688) S. 94.
[43] *Expositio, Liber introductorius,* fol. 7vb.
[44] In Tat entstammt der Begriff der *libertas ecclesiae* der Zeit des Investiturstreits.
Er gewann jedoch besonders im 12. und 13. Jahrhundert an Bedeutung, wobei eine
Bedeutungserweiterung von der rein politischen Implikation zur (kirchen-)rechtlichen
Ebene, aber auch ins Feld der Heilsgeschichte stattfand; vgl. dazu Gerd Tellenbach,
Libertas. Kirche und Weltordnung im Zeitalter des Investiturstreits (Forschungen
zur Kirchen- und Geistesgeschichte 7, Stuttgart 1936). Zur Genese und Bedeutung
der *libertas* bei Gregor VII. vgl. Uta-Renate Blumenthal, Gregor VII. Papst zwi-
schen Canossa und Kirchenreform (Darmstadt 2001) S. 249f., 258 (dort auch
Literatur), zur Ausdehnung des Begriffs auf die Gesamtkirche unter Gregor vgl. ebd.
S. 278–281. – Als Gegenbegriff hierzu könnte der Terminus *sacrum imperium* genannt
werden, der 1157 in der staufischen Kanzlei zuerst formuliert wurde, jedoch auf
Vorformen karolingischen Ursprungs zurückgeht und einen keineswegs neuen Anspruch
in sich birgt, vgl. Gottfried Koch, *Sacrum Imperium.* Bemerkungen zur Heranbildung
der staufischen Herrschaftsideologie, Zeitschrift für Geschichtswissenschaft 16 (1968)
596–614, dort S. 598 und 603.

Polemik späterer Jahrzehnte, als besonders zwischen Friedrich II. und Gregor IX. der Gegensatz zwischen Papst und Kirche sich dergestalt verschärft hatte, bis die Verwendung eschatologischer Kategorien als Mittel der Polemik so geläufig geworden war, daß Papst und Kaiser sich wechselseitig als den endzeitlichen Widersacher des Gottesreiches bezeichneten und verdammten.[45] Dabei ist mit einiger Sicherheit anzunehmen, daß beide Antagonisten sich dieser Argumentationsebene nicht nur als einer Waffe der Staats- und Kirchenpolitik bedienten, sondern durchaus auch selbst in diesen Kategorien dachten, die Selbststilisierung als endzeitliche Lichtgestalt und Retter der Kirche nicht nur politischer Propaganda diente, sondern auch und gerade dem eigenen Wunschprofil jedes der Kontrahenten entsprach. Immer wieder wird seitdem diese Polemik wie auch die antiklerikale Reformbestrebung radikaler Bettelordensangehöriger auf joachimisches Gedankengut zurückgeführt. Dennoch hat sich Joachim selbst entschieden zurückgehalten mit Hinweisen auf konkrete Personen, die als Haupt- und Nebenchargen des endzeitlichen Dramas eine Rolle spielen sollten. Nicht nur der Papst, auch die weltlichen Herrscher seiner eigenen Gegenwart konnten vor solchen Zuweisungen Joachims (deren Kenntnisnahme zu Joachims Lebzeiten ohnehin fraglich gewesen wäre) zur einen oder anderen Seite weitgehend sicher sein. Ohnehin ist anzunehmen, daß diese Zuschreibungen eher als eine Frucht ihrer eigenen Zeit als ein spätes Resultat des Denkens Joachims von Fiore und seiner Geschichtstheologie anzusehen sind.[46]

---

[45] Zur polemischen Verwendung des Antichristbegriffs in der Auseinandersetzung zwischen Friedrich II. und Gregor IX. vgl. detailliert Hans Martin SCHALLER, Endzeit-Erwartung und Antichrist-Vorstellungen in der Politik des 13. Jahrhunderts, in: Festschrift für Hermann Heimpel zum 70. Geburtstag am 19. September 1971, Zweiter Band (1972) S. 924–947, neu in: Stauferzeit. Ausgewählte Aufsätze (MGH Schriften 38, Hannover 1993) S. 25–52, besonders S. 935–938 bzw. 38–41, ferner Wolfgang STÜRNER, Friedrich II., Teil 2: Der Kaiser 1220–1250 (Darmstadt 2000) S. 470–480, Joseph FELTEN, Papst Gregor IX. (Freiburg 1886) S. 262, 322, 332.

[46] Bekannt ist auch die Entgegnung Richards I. im Winter 1190/91 in Messina, als er Joachim auf dessen Ausführungen über den Antichrist erwiderte, daß es sich bei dem laut Joachim bereits in Rom Lebenden zweifelsfrei um Papst Clemens III. handele, seinen eingeschworenen Gegner. Die Begegnung Richards mit Joachim ist überliefert bei Roger von Hoveden, *Chronica*, ed. W. STUBBS, Rolls Series 51/3, S. 75–79, danach auch in Rogers *Gesta Regis Ricardi*, zuerst Benedikt von Peterborough zugeschrieben, ed. W. STUBBS, Rolls Series 49/2, S. 151–155, und Radulphus von Coggeshall, *Chronicon Anglicanum*, ed. J. STEVENSON, Rolls Series 66, S. 67–71. Vgl. Herbert GRUNDMANN, Zur Biographie Joachims von Fiore und Rainers von Ponza, S. 315–316 bzw. S. 499–501, und John GILLINGHAM, Richard I, S. 138f. Beispielhaft scheint bei diesem Gespräch vorgezeichnet, daß das gedankliche Modell als Teil

Das historische Verhältnis zwischen dem römischen Papst und dem zunächst fränkischen Kaisertum, das sich anfänglich von freundlicher Begünstigung des Papstes durch den Kaiser bis zur Bedrängnis des ersteren durch das zweite wandelte, vergleicht Joachim dem zunächst freundschaftlichen Verhältnis Babylons zu Hiskia von Jerusalem,[47] dem er in der *Concordia* Papst Zacharias (741–752) vergleicht,[48] mit dessen Hilfe und Bestätigung das fränkische Hausmeiertum die Königsherrschaft der Merowinger nicht nur faktisch, sondern schließlich auch nominell ablöste. Bereits 739 hatte Gregor III. an Karl Martell eine dringende Bitte um Verteidigung gegen die Langobarden gerichtet, die 751 mit der Eroberung Ravennas dem byzantinischen Exarchat ein Ende bereiteten.[49] Noch im gleichen Jahr wurde nach der Absetzung Childerichs III. Pippin III., der Sohn Karl Martells, durch Papst Zacharias zum König der Franken gesalbt, eine Entwicklung, die wenig später bestätigt wurde mit der erneuten Salbung des Karolingers und seiner Söhne und der Ernennung Pippins zum *patricius Romanorum* durch Stephan II.,[50] so daß die in den vergangenen Jahrzehnten locker gewordene und sich in der Tat in der Bedrängnis durch die Langobarden als wenig hilfreich erweisende Bindung an das byzantinische Kaiserreich nominell und faktisch durch die an

---

seiner Eschatologie von Joachim vorgezeichnet, von den Zuhörern jedoch mit konkreten Bildern ausgemalt und zum Mittel politischer Propaganda oder Polemik verwendet wird.

[47] *Concordia*, lib. IIIb, fol. 41rb: Fuit enim rex Babilonis, cuius primo facta est mentio in libro Regum, amicus Ezechie, nec minus primi reges Francorum amici pontificum Romanorum. Vgl. 2. Kön. 20,12f.

[48] *Concordia*, lib. IIIb, fol. 41rb: Apertio quinti signaculi inchoata est a diebus Zacharie pape, qui respicit in concordia Ezechiam regem Iuda. A diebus denique pape Zacharie ceperunt reges Francorum Romanum imperium optinere.

[49] Zu Karl Martell bei Joachim von Fiore vgl. S. 124, Anm. 39, S. 129, Anm. 4, S. 148f. und ebd. Anm. 81.

[50] Joachims Kenntnis dieses Titels bestätigt sich in der *Intelligentia super calathis*, ed. Pietro DE LEO, Gioacchino da Fiore. Aspetti inediti della vita e delle opere (Biblioteca di storia e cultura meridionale. Studi e testi 1, Soveria Mannelli 1988) S. 135–148, dort S. 138. Da es sich eigentlich um einen byzantinischen Hoftitel handelte, wurde er von Pippin nie ausdrücklich geführt und von Karl dem Großen nach 800 nicht mehr benutzt. Die zeitgenössischen Implikationen dieses Titels und seine Bedeutung, die sich im einzelnen vor allem aus den Urkunden ergeben können, können jedoch für das Hochmittelalter nicht unbedingt als bekannt vorausgesetzt werden. Der von Matthias KAUP, *De prophetia ignota*, S. 35 hier verwendete Begriff des Patroziniums (der wohl Joachims Begriff des *patrocinatus* nachempfinden soll, womit jedoch gewöhnlich der heilige Schutzpatron einer Kirche gemeint ist) scheint dagegen eher die Übergabe eines Amtes zu implizieren und überinterpretiert womöglich auch Joachim.

das fränkische Haus ersetzt wurde, Ereignisse, die Joachim als Schluß-
punkte der Eröffnung des vierten Siegels beschreibt.[51]

Als Babylon wird das nunmehr römisch genannte Reich der Kaiser
von jenseits der Alpen im fünften Siegel aber nicht nur in historischer Parallelisierung bezeichnet, sondern Babylon heißt mit ihm die
abendländische Christenheit des zwölften Jahrhunderts für Joachim,
vor allem deshalb, weil der größere Teil ihrer Angehörigen nunmehr
tatsächlich Babylon, nicht mehr aber Jerusalem zuzurechnen ist.[52]

Durch die Verbindung des König- und Kaisertums in Personalunion
und die daraus resultierende Verknüpfung lokaler Herrschaft mit uni-
versalem Herrschaftsanspruch sind die Verhältnisse, die Joachim in
der *apertio* des fünften Siegels zu erklären hat, nicht so einfach gelagert
wie die vergleichsweise klare Polarität der Freund-Feind-Verhältnisse
der vorigen Siegel und ihrer Eröffnungen.[53] Indem das römische
Reich, in dessen Schutz und als dessen innerer Zusammenhalt das
Christentum die abendländische Welt für sich gewinnen konnte, nunmehr in einen Gegensatz zu der inner- und doch überweltlichen
Instanz, dem Papsttum, eintrat, sind einfache Schwarz-Weiß-Bilder
für Joachim weniger als jemals zuvor anwendbar. Das Phänomen,
daß nur mit einigem Abstand zu ihnen Dinge klar erkennbar werden, bei direkter Nähe sich dem Auge jedoch nur unklar und mit

---

[51] *Concordia*, lib. IIIb, fol. 40rb–va. Zum Thema vgl. Erich CASPAR, Pippin und
die römische Kirche. Kritische Untersuchungen zum fränkisch-päpstlichen Bunde
im VIII. Jahrhundert (Berlin 1914), Peter CLASSEN, Karl der Große, das Papsttum
und Byzanz. Die Begründung des karolingischen Kaisertums (Beiträge zur Geschichte
und Quellenkunde des Mittelalters 9, Sigmaringen 1985), Odilo ENGELS, Zum päpstlich-fränkischen Bündnis im 8. Jahrhundert, in: Dieter BERG, Hans-Werner GOETZ
(Hg.), Ecclesia et regnum. Beiträge zur Geschichte von Kirche, Recht und Staat
im Mittelalter. Festschrift für Franz-Josef Schmale (Bochum 1989) S. 21–38, vgl. zur
Situation gegen Ende dieser Entwicklung Johannes LAUDAGE, Gregorianische Reform
und Investiturstreit (Erträge der Forschung 282, Darmstadt 1993), bes. S. 76f.

[52] *Concordia*, lib. IIIb, fol. 41rb: Et sciendum, quod sub quinto signaculo facta est
primo mentio de Babilone, nimirum quia multitudo Christianorum que a principio
ecclesie pro maiori quantitate bonorum dici iure poterat Ierusalem iam nunc pro
infinita numerositate malorum dicenda est pocius Babilon, quamvis nec tunc defue-
rint, qui pertinerent ad Babilonem, nec modo qui pertineant ad Ierusalem, de quorum numero sunt illi de quibus in apertione quinti sigilli dictum est in libro
Apocalypsis: vidi sub altare dei animas interfectorum propter verbum dei et propter testimonium quod habebant.

[53] Dies kommt auch am Ende des vorangehend zitierten Absatzes zum Ausdruck,
indem Joachim hier die für ihn an wichtigen Stellen bezeichnende Erinnerung an
den allein allwissenden Gott wiederholt: . . . Deus ipse melius novit, qui solus intel-
ligit cogitationes humanas, et qua quisque intentione in rebus dubiis dirigatur,
Concordia, lib. IIIb, fol. 41va.

verwischten Konturen darbieten, ist Joachim nur allzu bekannt. Gottes Volk jedoch, dies gewiß, ist nunmehr in der Nachfolge Judas und in deutlicher Parallelität zu den Bildern der Vergangenheit die abendländische Kirche. Der Feind dieses Gottesvolkes ist mehr denn jemals die eigene Fehlbarkeit, die ihm entweder in innerer Zerrüttung oder als äußere Bedrängnis entgegentritt. Die tatsächliche Identität des Bedrängers als bloßes Instrument in der Hand des Allmächtigen tritt dabei deutlicher in den Vordergrund als in früheren Fällen, seine innerweltliche Identität ist vergleichsweise unbedeutend. Die Übermacht und Schlechtigkeit des äußeren Gegners erscheint so in einem neuen Licht. Sein Handeln wird dabei um nichts weniger verurteilt, der Grund dieses Handels liegt jedoch deutlicher als jemals zuvor in den Taten seines Opfers.

f) *Kaiser und Reich in der Darstellung Joachims von Fiore*

In der *Concordia* nennt Joachim die Namen derjenigen, die diese Epoche der Öffnung des fünften Siegels charakterisieren.[54] Der Name Heinrichs „I." als ihres Exponenten begegnet dabei mehrfach. Mit dem Titel *imperator alamannorum* bezeichnet Joachim regelmäßig den gewöhnlich als Heinrich II. bezeichneten Kaiser.[55] Die Nennung eines *Henrici Theotonicorum regis* dagegen bezieht sich eindeutig auf Heinrich III.[56] Joachim unterscheidet sehr wohl bei der Verwendung dieser Bezeichnungen und verfährt dabei entsprechend den zu seiner Zeit üblichen Gewohnheiten.[57] So erklärt er einmal, daß auf die Franken die Alamannen gefolgt seien,[58] und erläutert die Kontinuität dieser Sukzession an anderer Stelle, indem er auf die fränkische Herkunft

---

[54] *Concordia*, lib. IIIb, fol. 41rb: Sane circa finem surrexit rex alius in Babilone per quem humiliata est valide superbia Ierusalem secundum quod et nunc a diebus Henrici primi imperatoris Alamannorum, quibusdam intricatis questionibus angustatur ecclesia.

[55] So zum Beispiel *Expositio, Liber introductorius*, fol. 7vb, *Concordia*, lib. IIIb, fol. 41rb.

[56] Deutlich *Concordia*, lib. IV, fol. 53vb: angustia, quam a diebus . . . Leonis pape et Henrici Theotonicorum regis tolerantes portavimus.

[57] Vgl. Carlrichard BRÜHL, Deutschland und Frankreich. Die Geburt zweier Völker (Köln – Wien ¹1990, ²1995) S. 236, vgl. zur Verwendung der Begriffe *Teutonia* und *Alamannia* und ihrer Ableitungen ebd., Kap. 3, Die linguistische Komponente, §3: Deutschland als Teutonia und Alamannia, S. 234–242.

[58] *Concordia*, lib. IV, fol. 45vb.

Konrads II. (†1039) verweist.[59] Die offenbar negative Charakterisierung von Konrads unmittelbarem Vorgänger erscheint zunächst
auffällig. Denn es kann in der Tat auf den ersten Blick verwundern
und eine gewisse Unvereinbarkeit suggerieren, wenn Joachim mit
Heinrich II. ausgerechnet den heiliggesprochenen Monarchen auf
dem Kaiserthron mit den Attributen einer feindlichen Großmacht
auszustatten scheint.[60] Wer Leben und Herrschaft des letzten Kaisers
des sächsischen Hauses betrachtet, kann nicht umhin, eine ungefähre
Vorstellung zu bekommen von der unerbittlichen Herrscherhand, mit
der der Nachfolger Ottos III., geleitet nicht nur von Machtstreben,
sondern vor allem auch von einem daraus resultierenden ungeheu-
ren Verantwortungsbewußtsein für die in seinem Schutz befindliche
Christenheit, den Stand der Kirche zu heben und ihre Angelegen-
heiten zu ordnen sich anschickte.[61]

Daß das Wirken dieser Hand schon zu ihrer Zeit nicht überall
bereitwillig erfahren wurde, ist nicht weiter erstaunlich. Nicht nur in
ihrem Glaubenseifer erlahmte Klöster und Mönche haben sie zu
spüren bekommen.[62] Die Aufgabe, mit der Heinrich sich betraut sah,
hatte viel mehr als nur die Behebung einzelner Mißstände zum Ziel.
Der rastlose Kaiser sah sich, zumal gegen Ende seines Lebens, immer
unmittelbarer mit der zwischen ihm und seiner ewigen Seligkeit
stehenden Aufgabe betraut, nichts weniger als das gesamte abendländische Kirchenwesen zu betreuen und zu beschützen und, wo
nötig, auch zu reformieren. Es ist daher nachvollziehbar, daß man
ihn schon bald als „Totengräber" der *libertas ecclesiae* ansehen konnte.[63]
Zwei Interessengruppen, die wie Kirche und Kaiser dasselbe Ziel

---

[59] *Concordia*, lib. IV, fol. 52ra: Sane quia Alamannorum regnum a regno Francorum
derivatum agnoscitur, cum utique Conradus, qui imperavit post Henricum succes-
sorem tertii Otthonis natione francus fore noscatur, ita miro modo commixtio
quedam facta est inter regnum et regnum, ut vix discerni queat inter precedentis
finem et initium subsequentis. Zur Herkunft Konrads II. vgl. S. 151f. und ebd.
Anm. 94.

[60] Vgl. zum Bild Heinrichs II. bei Joachim und in der joachitischen Literatur
Alexander PATSCHOVSKY, Der heilige Kaiser Heinrich „der Erste" als Haupt des
apokalyptischen Drachens.

[61] Vgl. Stefan WEINFURTER, Heinrich II. (1002–1024), Herrscher am Ende der Zeiten
(Regensburg 1999) S. 185, 146. Zu Heinrichs Verhältnis zur Kirche vgl. Hartmut
HOFFMANN, Mönchskönig und *rex idiota*. Studien zur Kirchenpolitik Heinrichs II.
und Konrad II. (Monumenta Germaniae Historica, Studien und Texte 8, Hannover
1993).

[62] Stefan WEINFURTER, Heinrich II., S. 182f.

[63] Alexander PATSCHOVSKY, Der heilige Kaiser Heinrich „der Erste" als Haupt
des apokalyptischen Drachens, S. 23; vgl. auch ebd. Anm. 18. Zum Begriff der
libertas ecclesiae vgl. S. 139 und ebd. Anm. 44.

verfolgen, jedoch mit unterschiedlichen Ansätzen und aus anderer
Perspektive, müssen notgedrungen, gerade je ernstgemeinter ihr Eifer
ist, um so eher und heftiger miteinander in Konflikt geraten. Bei
einer längeren Lebens- und Regierungszeit des von Jugend an kranken Kaisers wäre dieser Konflikt vielleicht in aller Härte ausge-
brochen. So begnügten sich die Historiographen seiner Zeit damit,
das Bild der nach seinem Tod bedächtig sich einpendelnden Seelen-
waagschale zu zeichnen[64] – die Heiligkeit Kaiser Heinrichs, die vor
allem im Jahrhundert nach seinem Tode intensiv betrieben wurde
und ihn in den Augen der Nachwelt eher mit den Attributen eines
sanftmütigen Mönches sehen ließ als denen eines macht- und selbst-
bewußten Imperatoren, war keine, die der Nachwelt nicht mehrere
Sichtweisen seiner Persönlichkeit offen ließ.

In seinem Aufsatz zum Bild Kaiser Heinrichs bei Joachim und in
der joachitischen Literatur hat Alexander Patschovsky darauf hingewiesen, daß die Unterscheidung zwischen Kaiser- und Königstitel im
Mittelalter ebensogut durchgehalten werden konnte wie auch nicht.[65]
Nach der heute üblichen Zählung ist der letzte Liudolfinger der
zweite seines Namens, nach seinem Urgroßvater König Heinrich I.
(†936), dessen Sohn Otto I. „der Große" als erster nicht nur die
Obermacht über das Langobardenreich in Italien, sondern 962 auch
die Kaiserkrönung durch Papst Johannes XII. in Rom erlangte.
Durch die Einverleibung Norditaliens in das Reich, die Anerkennung
durch das byzantinische Kaisertum, als deren Unterpfand Kaiserin
Theophanu, Gattin Ottos II., zu gelten hatte, war das Kaisertum in
der Folge eine auch bis Süditalien hin unübersehbare Größe geworden. Ein Grund mehr also für Joachim, seine Zählung der Heinriche
mit dem letzten Sachsenkaiser zu beginnen, nicht aber bereits mit
dem ersten Heinrich, der der letzte der deutschen Könige war, dessen Machtausdehnung sich noch nicht bis über die Alpen erstreckte,
und der letzte ohne die Kaiserkrone. Joachims Verfahren erscheint
hier also durchaus stringent.

Heinrich „I." wird von Joachim zweimal König der Alamannen
genannt. Die Alamannen sind für ihn die Nachfolger und Erben des
Frankenreichs.[66] Als König *Theotonicorum* wird erst Heinrich III. (†1156)

---

[64] Stefan WEINFURTER, Heinrich II., S. 272.
[65] Alexander PATSCHOVSKY, Der heilige Kaiser Heinrich „der Erste" als Haupt
des apokalyptischen Drachens, S. 23.
[66] *Concordia*, lib. IV, fol. 52ra; Text S. 144 bei Anm. 59.

bezeichnet,[67] dessen Name mit der Synode von Sutri verbunden ist
(1046), der sich um die Reform der Kirche im 11. Jahrhundert
bemüht war und durch seine Eingriffe in innerkirchliche Angelegen-
heiten der Nachwelt, insbesondere dem 12. Jahrhundert, darum selbst
als Ketzer und Simonist galt.[68] Nach der Absetzung Gregors VI.
1046 betrachtete der Kaiser die Mitwirkung an der Papstwahl als
sein gutes Recht, und erst unter dem Lothringer Friedrich von Montecassino, als Papst Stephan IX. (1057–1058), gewann die von Leo IX.
(Brun von Toul, 1049–1054) begonnene Reform auch dahingehend
an Boden, daß Papst Stephan IX. seine Wahl offenkundig nicht als
von der Zustimmung des deutschen Kaisers abhängig betrachtete.[69]

Mit der Bezeichnung Heinrichs als König *Theotonicorum* folgt Joachim
dem Sprachgebrauch, der seit Mitte des 11. Jahrhunderts üblich
wurde. Zunächst programmatisch verwendet, diente der Begriff Papst
Gregor VII. (1073–1085) als „Kampftitulierung" im Investiturstreit,
die schon rein nominell die Ansprüche des Kaisertums in seine
Schranken weisen sollte.[70] Unter Gregors Nachfolgern wieder aufgegeben, hatte sich die Bezeichnung jedoch schon soweit eingebürgert,
daß sie auch seitens der Kaiser selbst Verwendung fand. Erneut
begegnet sie verstärkt in der Kanzlei Innocenz' III. und von da an
regelmäßig.[71]

Joachim beurteilt auch Heinrich III. nicht erkennbar negativ, ebensowenig wie den von ihm eingesetzten Papst Leo IX. in der 36.
Generation, der gegen Gottes Ratschluß gegen die Normannen in
den Kampf zieht und von ihnen besiegt wird, gleichwie Josia durch
Necho von Ägypten.[72] In der darauffolgenden 37. Generation wird

---

[67] *Concordia*, lib. IV, fol. 53vb, Text S. 143 bei Anm. 56.

[68] Vgl. Bernhard SCHIMMELPFENNIG, Das Papsttum (Darmstadt 1996) S. 147. Zu
Heinrich III. und der Synode von Sutri vgl. Gerd TELLENBACH, Libertas. Kirche
und Weltordnung im Zeitalter des Investiturstreits, S. 212–217, zu seiner Kirchenpolitik
und ihrer Beurteilung S. 206–210, bes. S. 209.

[69] Vgl. Johannes LAUDAGE, Gregorianische Reform und Investiturstreit, S. 23, 88.
Über die Wahl Gregors, die bereits zeitgenössische Ansicht, daß er Simonist sei,
und das Vorgehen Heinrichs III. bei seiner Absetzung vgl. Gerd TELLENBACH,
Libertas. Kirche und Weltordnung im Zeitalter des Investiturstreits, S. 212; zur Wahl
Stephans IX. ebd. S. 225f.

[70] Vgl. Carlrichard BRÜHL, Deutschland und Frankreich, S. 220–227. Die Vorgeschichte des Investiturverbots und des Kirchenbanns, mit dem der Papst Kaiser
Heinrich IV. 1076 belegte, beinhaltet vom Papst inkriminierte Bischofseinsetzungen
in Norditalien. Zum Geschehen vgl. Uta-Renate BLUMENTHAL, Gregor VII., S. 178–181.

[71] Vgl. Carlrichard BRÜHL, Deutschland und Frankreich, S. 234.

[72] *Concordia*, lib. IV, fol. 52va–53ra. Zu Josia vgl. S. 134f., zur (1) Darstellung
Joachims Herbert GRUNDMANN, Kirchenfreiheit und Kaisermacht um 1190 in der

der rechtmäßige Herrscher auf dem Thron Judas nach Ägypten hinweggeführt, während an seiner Statt ein neuer Herrscher eingesetzt
wird: Jojakim ersetzt Josia.[73] Ebenso wird Papst Gregor (VII.) von
den Normannen in Salerno festgehalten, während Gilbert von Ravenna
(†1100) als Papst Clemens (III.) den Papstsitz einnimmt.[74] Das Ägypten
des fünften Siegels ist dabei nicht mit dem des ersten zu verwech-
seln, ebensowenig wie die jüdische Gemeinde, aus der die Kirche
im ersten Siegel hervorgeht, irgendeine Ähnlichkeit mit den Feinden
der Kirche des fünften Siegels besitzt. Die Parallelisierung der
Verfolgung Nechos mit den verlorenen Kampf Leos gegen die
Normannen ist hier wenn nicht aufgegeben, so doch zu einer ver-
nachlässigbaren Größe geworden,[75] weil schließlich auch die Normannen, Fremdvölker auf dem Boden der Halbinsel ebenso wie
Jahrhunderte zuvor die Goten, Vandalen und Langobarden, eine
bloß äußere Gefahr darstellen, während das Ausmaß der Bedrohung
der Kirche durch das Kaisertum der Ottonen, Salier und Staufer
über die äußere Feindschaft weit hinausgeht. So kann auch das Exil
Papst Gregors VII. in seinem letzten Ponifikatsjahr und die Erhebung
Gilberts von Ravenna zum Gegenpapst 1084 (der wenig später
Heinrich IV. in Rom zum Kaiser krönte) wesentlich als Ergebnis
der Synode von Brixen 1080 und damit mittelbar der Politik des
Saliers Heinrichs IV. betrachtet werden.

g) *Die bedrängte Kirche: Zwischen Ägypten und Babylon*

Die wechselnden Identitäten „Ägyptens" zählt Joachim in der *Concordia*
auf: zuerst entspricht ihm das *regnum iudeorum*, womit das Judäa der
Zeitenwende gemeint ist. Dem Reich des ägytischen Schwiegervaters
des Salomo entspricht dabei das Konstantinopel des großen Kaisers
Konstantin, das nach seinem Abfall zum arianischen Glauben unter

---

Sicht Joachims von Fiore, in: Herbert GRUNDMANN: Ausgewählte Aufsätze 2: Joachim
von Fiore (MGH Schriften 25, Stuttgart 1957) S. 361–402, dort S. 380f., zuerst
in: Deutsches Archiv für Erforschung des Mittelalters 19 (1963) S. 353–396, dort
S. 373f.

[73] Vgl. *Concordia*, lib. IV, fol. 53rb und S. 134f.

[74] *Concordia*, lib. IV, fol. 52vb, 53rb; vgl. fol. 52va. Vgl. Johannes LAUDAGE,
Gregorianische Reform und Investiturstreit, S. 44f.

[75] *Concordia*, lib. IV, fol. 53ra; vgl. Herbert GRUNDMANN, Kirchenfreiheit und
Kaisermacht um 1190 in der Sicht Joachims von Fiore, S. 380f. bzw. S. 373f.,
Anm. 334.

Konstantins Sohn Konstantius „Arianus" (337–361) dem feindlichen
Reich des Söldnerführers und Pharaos Schoschenk verglichen wird,
der 922/21 v. Chr. Rehabeams Jerusalem bedroht.[76] So wie der
Pharao den flüchtigen Jerobeam schützt, so begünstigt das byzanti-
nische Kaisertum den arianischen Irrglauben.[77] Anders, ausführlicher
noch (und weiterführender) als dort, jedoch auch mit deutlich anderer
Akzentuierung referiert Joachim in einem kurzen exegetischen Text,
der *Intelligentia super calathis* genannt wird,[78] zunächst das wechselvolle
Verhältnis Judas und Ägyptens von Freundschaft zur Zeit Salomos,
Ausbruch von Feindseligkeiten unter Rehabeam bis zur Bedrohung
unter Niederlage durch Pharao Schoschenk.[79] Er vergleicht dieses
Verhältnis dabei mit dem Verhältnis der Kirche zu Konstantinopel:
von staatlicher Begünstigung der Kirche bis zur Auseinandersetzung
mit dem Arianismus, wobei dessen Verteidiger, vor allem Eusebius
von Nikomedien (†342), als neuer Rehabeam fungieren, und schließlich zur Annahme des häretischen Irrglaubens durch Kaiser Valens
(368–378) in der dreizehnten Generation der Zeit der Kirche. Konstantius „Arianus" erscheint in diesem Zusammenhang mehr als irre-
geleitetes Staatsoberhaupt denn als Vorkämpfer der Häresie. Über
die Zugehörigkeit des Kaisertums zu Jerusalem oder Ägypten ent-
scheidet hier die Haltung des jeweiligen Kaisers.[80] In der *Intelligentia
super calathis* führt Joachim an dieser Stelle eine neue Zeiteinteilung
ein: die Zeit der Kirche bis Julian (361–363) ist die Zeit Jerusalems,
die Zeit bis zu Karl Martell[81] ist die Zeit Ägyptens, in der die weltlichen Fürsten in der Kirche Einfluß zu nehmen beginnen. Sie beginnt
mit der Zeit Konstantins und Silvesters und endet mit dem fränkischen Hausmeier in der 24. Generation. Danach beginnt die Zeit
der Babylonier und Chaldäer. Ähnlich wie die Zeit der Ägypter

---

[76] *Concordia*, lib. IV, fol. 51vb, vgl. 1. Kön. 14,25–28, Martin NOTH, Geschichte
Israels, S. 218f.
[77] *Concordia*, lib. IV, fol. 52ra.
[78] Ed. DE LEO. Zu dieser Schrift vgl. Herbert GRUNDMANN, Kirchenfreiheit und
Kaisermacht um 1190 in der Sicht Joachims von Fiore.
[79] *Intelligentia super calathis*, ed. DE LEO, S. 135f.
[80] *Intelligentia super calathis*, ed. DE LEO, S. 137.
[81] Anders als an der betreffenden Stelle der *Concordia* ist *Carolus* in der *Intelligentia
super calathis* eindeutig als Karl Martell identifizierbar. In der *Expositio* wird *Carolus*
gleichfalls als Zeitgenosse Papst Zacharias' genannt, was für diesen Fall ebenso eindeutig Karl den Großen ausschließt. Zu Karl Martell in der Sicht Joachims von
Fiore vgl. S. 124, Anm. 39, S. 139, Anm. 4 und S. 141. Zur Identifikation Karl
Martells an ausgewählten Stellen in Joachims Werk vgl. auch Matthias KAUP, *De
prophetia ignota*, S. 32–38.

scheint sie zunächst freundlich zu sein. Wie Hiskia Geschenke aus Babylon empfing, so verhielt sich zunächst auch das von jenseits der Alpen sich ausdehnende neue Machtzentrum Rom und dem Papst gegenüber freundlich.[82] So kann, ohne damit von vornherein eine negative Beurteilung zu implizieren, das fränkische Kaisertum von Anbeginn an als neues Babylon *in spiritu* bezeichnet werden.[83]

In der 38. Generation der *Concordia* bedrängt in Heinrich V. das wiedererstandene Babylon die Kirche, indem der Kaiser Papst Paschalis II. 1111 in Sankt Peter gefangensetzt.[84] Danach folgt für Juda die Zeit König Zedekias, der für seinen gefangengenommenen Neffen Jojachin regiert, für die Kirche aber das Schisma zwischen Victor IV. (den Joachim, unter Verweigerung des Papstnamens, mit seinem früheren Namen Oktavian bezeichnet) und Alexander III.[85]

Mit dieser Generation beginnt die Herrschaft der Chaldäer.[86] Ihnen, in *Concordia* wie *Expositio* als Ausführende der *persecutio* bzw. des *bellum quintum* genannt,[87] entsprechen bei Joachim immer die Nachfolger der Karolinger, die „neuen Chaldäer", zu denen überzugehen die Kirche gezwungen ist wie Juda zur Gefangenschaft.[88]

Die Position, die Joachim bereits zur Zeit der Abfassung der *Intelligentia super calathis* und der entsprechenden Passagen der *Concordia* einnimmt – beide werden von Herbert Grundmann auf 1187/88 (*Concordia*) bzw. Frühjahr 1191 (*Intelligentia super calathis*) datiert[89] – hat sich bezüglich der Aufgaben der Kirche und ihres Auftrags in der

---

[82] Vgl. *Concordia*, lib. IV, fol. 41rb; Text S. 141 bei Anm. 47f.

[83] *Intelligentia super calathis*, ed. De Leo, S. 138f.

[84] *Concordia*, lib. IV, fol. 52va, 53rb, vgl. Herbert Grundmann, Kirchenfreiheit und Kaisermacht um 1190 in der Sicht Joachims von Fiore, S. 366 bzw. S. 358.

[85] *Concordia*, lib. IV, fol. 53rb–va, vgl. Herbert Grundmann, Kirchenfreiheit und Kaisermacht um 1190 in der Sicht Joachims von Fiore, S. 366 bzw. S. 358. Vgl. zu dieser Stelle Raoul Manselli, Il problema del doppio Anticristo in Gioacchino da Fiore, S. 430.

[86] *Concordia*, lib. IV, fol. 52ra: Liquet quod omnes reges vel imperatores, qui regnaverunt in populo Latino, usque ad tricesimam septimam generationem regibus Egypti assimilati sunt, ceteri qui secuti sunt eos, regibus Babilonis.

[87] *Concordia*, lib. IIIa, fol. 26ra, *Expositio, Liber introductorius*, fol. 4ra.

[88] Zuerst beispielsweise in seiner Auslegung der *Prophetia ignota*, vgl. Herbert Grundmann, Kirchenfreiheit und Kaisermacht um 1190 in der Sicht Joachims von Fiore, S. 385 bzw. S. 378, ed. Kaup, *De prophetia ignota*, vgl. auch *Concordia*, lib. V, fol. 123vb und öfter.

[89] Herbert Grundmann, Kirchenfreiheit und Kaisermacht um 1190 in der Sicht Joachims von Fiore, S. 385 und S. 402 bzw. S. 378f. und S. 396. Vgl. zur Datierung des vierten Buches der *Concordia* Kurt-Victor Selge, L'origine delle opere di Gioacchino da Fiore, S. 113.

Welt nicht geändert. Lediglich die Perspektive hat sich in *De septem sigillis* geweitet. Nicht mehr die konkrete Situation ist im Blick, in der ebensolche Entscheidungen von den Verantwortlichen getroffen werden müssen, sondern er betrachtet die Zeit der fünften *apertio* nunmehr von einem höheren Blickpunkt aus. Ihre Aussage ist jedoch ebenso klar wie die früheren. Die „Verfolgung" der römischen Kirche während der fünften *apertio* ist primär keine äußere – Joachim bezeichnet sie in *De septem sigillis* als *persecutio . . . civilis* –, und jede neue Bedrückung geschieht um der Sünden der Kirche willen. Obwohl von aller Verfolgung und Trübsal, die die Kirche erleiden muß wie einst Israel, gesagt werden kann, daß sie nicht ohne Gottes Zustimmung oder gar entgegen seinem Ratschluß geschieht, gibt diese Aussage doch der Verfolgung und dem Verfolger des fünften Siegels einen neuen Akzent. Zum ersten Mal ist davon die Rede, daß im Leiden der Kirche nicht nur Gottes unabänderlicher Plan erfüllt wird, sondern daß sie sich dieses Leiden vielmehr selbst zugezogen hat: Mit der Eröffnung des fünften Siegels wird Exegese zum Instrument der Kritik an der Kirche des 12. Jahrhunderts.[90]

---

[90] Im Laufe des 12. Jahrhunderts hatte sich bei einigen Schriftstellern geradezu eine Tradition der Hofkritik herausgebildet, die sich von innen heraus und durchaus nicht nur als Kritik von außen gegen das Treiben weltlicher Höfe, sondern auch gegen die Kurie wandte, vgl. Wilhelm BERGES, Anselm von Havelberg in der Geistesgeschichte des 12. Jahrhunderts, S. 42f. Zu ihren Exponenten gehörte außer Johannes von Salisbury und Anselm von Havelberg auch Bernhard von Clairvaux. Zu Johannes von Salisbury und seinem Werk vgl. Max MANITIUS, Geschichte der lateinischen Literatur des Mittelalters 3, S. 253–264. Von einfacher Herkunft, studierte Johannes von Salisbury in Paris und Chartres, hörte Abaelard, Wilhelm von Conches und Gilbert von Poitiers. Er war befreundet mit Bernhard von Clairvaux und Thomas Becket, den er ins Exil begleitete und dessen Heiligsprechung er betrieb. Er starb hochgeachtet 1180 als Bischof von Chartres. Seine Kritik des Hoflebens findet sich im ersten Teil seines 1159 geschriebenen, Thomas Becket gewidmeten Hauptwerks *Polycraticus*, CM 118, PL 199, Sp. 379–822, mit dem er den Freund zu Bedacht und Mäßigung ermahnt. Mit Anselm und Bernhard verbindet ihn die herausragende Position, die er innerhalb des Geisteslebens seiner Zeit und Umgebung innehatte und die hohe Achtung, die er wie diese bereits zu Lebzeiten besaß. Es handelte sich also keinesfalls um außenstehende, mißgünstige Kritiker, sondern um hochstehende Persönlichkeiten, denen Weitblick und Konstruktivität in ihren Äußerungen eigen war. Dies trifft auch auf Bernhard von Clairvaux zu, der im ersten und vierten Buch seiner zwischen 1148 und 1153 entstandenen und an Papst Eugen gerichteten Schrift *De consideratione*, die auch Joachim vertraut war, das weltliche Treiben, Rechtshändel und Prunksucht der Kurie als des Papstamtes und seines Inhabers unwürdig brandmarkt, vgl. Peter DINZELBACHER, Bernhard von Clairvaux (Darmstadt 1998), S. 339–351, Max MANITIUS, Geschichte der lateinischen Literatur des Mittelalters 3, S. 125: „Das Werk ist von einem Manne geschrieben, der überall den tiefsten Einblick in die Welt gewonnen hatte und in der ganzen abendländischen Welt in der höchsten Geltung stand. . . . Es gehörte eine so übermächtige

Das neue Ägypten und das neue Babylon/Chaldäa, Normannen und Kaiserreich halten die Kirche umklammert als Folge ihrer eigenen Sünde. Vom Zeitpunkt der ersten Vermischung von Kirche und weltlicher Macht an ist das Recht nun nicht mehr ungeteilt auf der Seite der Kirche, der Feind befindet nicht mehr außerhalb derselben. Schon zum Zeitpunkt der Abfassung dieser Passagen der *Concordia* hatte Joachim keine einfachen Lösungen parat, die es erlaubt hätten, ein für allemal Widerstand oder Nachgiebigkeit als richtig anzusehen.[91]

Das letzte Reich der Ägypter, mindestens das letzte derjenigen, die im Blickfeld Joachims und seiner Geschichte des Gottesvolkes stehen, nämlich das Reich Pharao Nechos, wird in der *Concordia* dem *regno Francorum* zugeordnet. Die es bedrängenden Assyrer entsprechen dabei den Sarazenen.[92] Dem Frankenreich folgt schließlich das alamannische, was Joachim mit der Herrschersukzession Konrads II., der auf Otto III. und Heinrich II. folge, begründet.[93] Zweierlei wird daran deutlich, nämlich zunächst, wie bewußt auch Joachim die Gefahr der Namensverwechslung war (in der Tat sind seine Namensnennungen durch beigefügte Erklärungen an Deutlichkeit mindestens für mittelalterliche Verhältnisse vermutlich kaum zu übertreffen). So wurde hier von Joachim offensichtlich bedacht (wie die Bezugnahme auf die fränkische Nation bezeugt), daß mit dem Salier Konrad die Nachfolge des kinderlosen Heinrich II. auf einen Urenkel Konrads

---

Persönlichkeit dazu, um ... dem Haupt der Kirche dergleichen Wahrheiten in aller Ruhe und Gelassenheit zu sagen." Ohne daß Joachim vergleichbar einflußreich gewesen wäre oder prägend für das Geistesleben seiner Zeit, stand er dennoch in der Tradition dieser bewußt konstruktiven Kritik. Die weitverbreitete Schrift des berühmten Zisterziensers zitiert Joachim explizit im *Psalterium decem chordarum*, lib. I, fol. 232rb. (Das meistens von konkreten Auseinandersetzungen bestimmte, eher schwierige und von enttäuschten Hoffnungen auf Anerkennung und Einflußmöglichkeiten geprägte Verhältnis des Propstes von Reichersberg zur Kurie läßt es eher nicht zu, Gerhoch in diese Reihe der sachlichen und wohlmeinenden Kritiker einzubeziehen, da seine Positionen äußerst situationsabhängig und daher oft wechselnd sind, seine Kritik gewöhnlich mit konkreten Erwartungen verbunden und er selbst für eine konstruktive Kritik viel zu sehr persönlich betroffen war, vgl. Peter CLASSEN, Gerhoch von Reichersberg, S. 173–192 und S. 273–300.)

[91] Vgl. *Concordia*, lib. IV, fol. 53va: Utrum autem huiuscemodi occasione amiserit aliquid ecclesia de libertate sua apud filios Babilonis nove, videat ipsa que novit melius quid patiatur. – Zu dieser Stelle vgl. Herbert GRUNDMANN, Kirchenfreiheit und Kaisermacht um 1190 in der Sicht Joachims von Fiore, S. 366f. bzw. S. 359, vgl. zur Datierung dieser Passagen ebd., S. 367 bzw. S. 359.

[92] *Concordia*, lib. IV, fol. 52ra: Sane ultimum regnum egyptiorum, quod ascribitur Necaoni, assimilatum est regno Francorum, quod viriliter pugnavit contra novos Assyrios, hoc est Sarracenos, cui successit ad extremum imperium Alamannorum.

[93] *Concordia*, lib. IV, fol. 52ra; Text S. 144 bei Anm. 59.

des Roten von Lothringen überging, des ersten bedeutenden Exponenten des salischen Hauses, das mit diesem eine Kontinuität zum fränkischen Reich herstellte.[94] Doch wichtiger als diese von Joachim mit einer gewissen Selbstverständlichkeit vorgetragene Überlegung ist eine zweite Beobachtung, die die hier noch explizit verwendete Zuordnung der Identitäten der alttestamentlichen Völker betrifft: Die hier noch begegnende Deutung Ägypten-Frankenreich bzw. Assyrer-Sarazenen begegnet so später nicht mehr. Die von Joachim hier beschriebene *commixtio* schafft neue Polaritäten.

In der *Intelligentia super calathis* listete Joachim als nacheinanderfolgend die Zeit Jerusalems, Ägyptens und Babylons auf.[95] Bei der unterschiedlichen Betrachtung der Behandlung Jerusalems, Ägyptens und Babylons und ihrer Entsprechungen in der neuen *dispensatio* in *Concordia*[96] und *Intelligentia super calathis* wird eine Weiterentwicklung deutlich, die zwischen der Abfassung beider stattgefunden hat. Wenn, wie Herbert Grundmann darlegt, die *Intelligentia super calathis* in einer bestimmten historischen Situation abgefaßt wurde und auf die *Concordia* oder zumindest doch auf das hier in Frage kommende vierte Buch

---

[94] Konrad der Rote (†955), Herzog von Lothringen, ist die erste bedeutende Persönlichkeit des mittelrheinischen Herrschergeschlechtes der Salier und somit der Exponent einer Herrscherkontinuität, die auf das fränkische Reich zurückverweist. Der Name Salier selbst geht wohl zurück auf einen Hauptstamm der Franken und bezeichnete im 7./8. Jahrhundert eine der führenden fränkischen Adelsfamilien, deren italienischer Zweig zeitweilig sogar Könige stellte. Bereits vor der Zeit seiner Königsherrschaft fällt das salische Haus durch ein ausgeprägtes dynastisches Bewußtsein auf, das solche Kontinuitäten gern betont hat, vgl. Stefan WEINFURTER, Herrschaftslegitimationen und Königsautorität im Wandel: Die Salier und ihr Dom zu Speyer, in: Stefan WEINFURTER (Hg.), Die Salier und das Reich 1: Salier, Adel und Reichsverfassung (Sigmaringen 1991) S. 55–96, Tilman STRUVE, Die Salier und das römische Recht (Stuttgart 1999), Egon BOSHOF, Die Salier (Stuttgart ¹1987, ⁴2000). Die sicher nicht exotische, sondern im Gegenteil als Ergebnis dieses herrschaftlichen Selbstverständnisses vermutlich weit verbreitete Anschauung, daß Konrad II. fränkischer Nation sei, wird auch von Otto von Freising bezeugt, der Konrad explizit als *natione francus* und Nachfahr Konrads des Roten bezeichnete, vgl. *Ottonis episcopi Frisingensis Chronica sive Historia de duabus civitatibus* VI, 28, ed. A. HOFMEISTER (MGH SS rer. Germ., München 1912) S. 291, ed. Walter LAMMERS (Ausgewählte Quellen zur deutschen Geschichte des Mittelalters. Freiherr vom Stein-Gedächtnisausgabe 16, Darmstadt 1961) S. 472, hier nach: Dieter MERTENS, Vom Rhein zur Rems. Aspekte salisch-schwäbischer Geschichte, in: Stefan WEINFURTER (Hg.), Die Salier und das Reich 1: Salier, Adel und Reichsverfassung (Sigmaringen 1991) S. 221f. und ebd. Anm. 5.

[95] *Intelligentia super calathis*, ed. DE LEO, S. 138f., vgl. S. 148f., zum Inhalt vgl. Herbert GRUNDMANN, Kirchenfreiheit und Kaisermacht um 1190 in der Sicht Joachims von Fiore, S. 369 bzw. S. 361f.

[96] *Concordia*, lib. IV, fol. 52rb.

derselben als bereits fertiges zurückblickt,[97] so läßt sich ihm folgend die Richtung dieser Entwicklung auch weiterhin nachvollziehend bestimmen.

In der *Concordia* erklärt Joachim, daß unter den Entsprechungen dieser drei Völker nicht mehr einzelne Völker mit ihren unterschiedlichen Eigenschaften zu verstehen sind, sondern daß es sich um Angehörige eines Volkes handelt, zwischen denen durch die Gnade Christi nach gut und böse unterschieden wird, oder unter den Bösen nach der Art und Schwere ihrer Sünde. Die *Intelligentia super calathis*, ihrem Charakter als einer Gelegenheitsschrift entsprechend, folgt hier einer klar abgegrenzten Intention. Das in der *Concordia* noch ausstehende Urteil wird in der *Intelligentia super calathis* klar ausgesprochen: Die Verteidigung der *libertas ecclesia* durch Alexander III. (†1181) und seine Nachfolger, zur Zeit der Abfassung der *Intelligentia super calathis* vermutlich Coelestin III., gegen das Reich und seine Exponenten, nunmehr personifiziert in Heinrich VI. (†1197),[98] kann in beiden

---

[97] Zur Datierung der *Intelligentia super calathis* und des vierten Buchs der *Concordia* bei Herbert Grundmann vgl. S. 149.

[98] Zu der Identifizierung der Exponenten beider Lager vgl. Herbert GRUNDMANN, Kirchenfreiheit und Kaisermacht um 1190 in der Sicht Joachims von Fiore, S. 366–368 bzw. S. 359–361. Es wird (S. 385f. bzw. 378–380) davon ausgegangen, daß Joachim in der *Concordia* eine Konfliktsituation beschreibt, die unter Papst Alexander III. ihren Anfang nimmt und vor dem Tod Urbans III. 1187 den Endpunkt ihrer Entwicklung erreicht, da nach diesem Papst mindestens Verhandlungen über den Frieden zwischen Papst und Kaiser geführt wurden, die eine Entspannung der Lage zuließen. Der Tod Urbans wird darum als *terminus ante quem* für die Abfassung dieser *Concordia*-Passage angenommen. Seine Nachfolger, der nur zwei Monate amtierende Gregor VIII. und Clemens III. (1187–1191), waren bemüht, den Frieden herbeizuführen. Das Ende dieser Phase der Hoffnung und Verhandlungen trat mit dem Tod Friedrich Barbarossas 1190 ein (1189 war auch Wilhelm von Sizilien gestorben, dessen mit dem Kaisersohn Heinrich vermählte Erbin zunächst zugunsten Tankred von Lecces übergangen wurde), und mit ihm neue Ungewißheit über den weltlichen Verhandlungspartner, dessen zukünftige Identität und Haltung, während die kurzen Amtszeiten der beiden Päpste seit Urban III. auch auf Seiten der Kirche ihrerseits keine allzu kontinuierliche Politik zuließen. Erst mit der Papsterhebung Coelestins III. (1191–1198) und der unmittelbar darauf folgenden Kaiserkrönung des im selben Frühjahr erst südwärts gezogenen Staufers Heinrich VI. durch den Papst zu Ostern 1191, die der Hoffnung auf friedliche Koexistenz beider Mächte neue Nahrung gab, war diese Ungewißheit und damit die bange Furcht vor neuen Konflikten beseitigt. Die Zeitspanne zwischen Heinrichs Zug über die Alpen im Februar 1191 und seiner Krönung durch den neuen Papst gilt darum Grundmann als der wahrscheinlichste Zeitraum für das Entstehen der Schrift. Ein Gegenbild zu den meist eher positiven Darstellungen der beiden Päpste Clemens und vor allem Coelestin entwirft Karl WENCK, Die römischen Päpste zwischen Alexander III. und Innozenz III. und der Designationsversuch Weihnachten 1197, in: Papsttum und Kaisertum. Festschrift Paul Kehr (München 1926, Neudruck Aalen 1973) S. 415–474,

Fällen nur gegen den Ratschluß Gottes erfolgen. Dieses Urteil steht in engem Zusammenhang zur Lage der Kirche der späten 80er und frühen 90er Jahre des 12. Jahrhunderts. Joachims Schlußfolgerung lautete damals: Ist Gottes Wille die Demütigung des Gottesvolkes, so heißt dem Gegner widerstehen Gott widerstehen. Diese konkrete Situation ist ein knappes Jahrzehnt später nicht mehr gegeben, auch nicht mehr die Entscheidungsnot.[99] De septem sigillis gibt keine konkreten Verhaltensmaßregeln.

Reflektiert, abgeklärt und vor allem aus der größeren Distanz einer geweiteten Perspektive erscheint das Bild der Machtfaktoren in Joachims Gegenwart, wie es sich in Teilen der Expositio und auch in De septem sigillis darstellt.[100] Der fünften apertio in De septem sigillis gibt

---

dort S. 432–456, in dem die Geldgier und das diplomatische Ungeschick Clemens III. thematisiert werden (S. 438), der Wankelmut und die Haltlosigkeit Coelestins III., der „kein Gefühl für die Würde des apostolischen Stuhls zu haben" schien, ebd. S. 447, der seine Legaten beleidigen ließ, ebd., und allenfalls zu passivem Widerstand in der Lage war, ebd. S. 342. In einer ähnlichen Situation habe sich Gerhoch von Reichersberg zwanzig Jahre zuvor mit seinem Rat an den Papst gewandt (S. 419). Eine Konsolidierung der Situation konnte jedoch erst eintreten, als nach Coelestins Tod entgegen seinem ausdrücklichen Wunsch der junge und begabte Lothar von Segni als Innocenz III. das schwere Amt übernahm.
[99] Vgl. dazu Herbert GRUNDMANN, Kirchenfreiheit und Kaisermacht um 1190 in der Sicht Joachims von Fiore, S. 392f. bzw. S. 386: „Zu Lebzeiten Joachims kam aber nie wieder nach den Anfängen Coelestins III., trotz aller späteren Spannungen in seinem Verhältnis zum Kaiser, die römische Kurie und die Kirche in eine Lage, in der sie sich zu entscheiden gehabt hätte zwischen Waffenkampf für die Freiheit der Kirche und Fügsamkeit gegenüber dem 'König von Babylon'."
[100] Raoul MANSELLI, Il problema del doppio Anticristo in Gioacchino da Fiore, S. 432, bemerkt zur Frage der Identität von Babylon in der Expositio im Gegensatz zur Concordia: „Non che, ovviamente, Gioacchino abbia cambiato le sue idee, ma ha le trasposte in una dimensione diversa, nella quale il momento essenziale, per rimanere nella terminologia gioachimita, è l'articolazione dell'età del Figlio . . ." Manselli nimmt an, daß Joachim von seiner geschichtstheologischen Konzeption in der Concordia, in der Babylon im ersten der beiden Kämpfe des sechsten Zeitalters besiegt werden soll, damit gleichzeitig das dritte Zeitalter und den Anfang des Eschatons markierend, zu einer mehr weltlich-konkretisierenden Darstellung Babylons in der Expositio gelangt sei. Die Expositio bedeute daher eher einen Rückschritt, weg vom trinitarischen Konzept der Geschichte und hin zu einer linearen Siebenerreihe von Ereignissen der Kirchengeschichte. Auch unter Absehung von neueren Ansätzen zu einer Chronologie der überaus komplexen Werke Joachims, über die noch keine abschließenden Urteil möglich sind, ist dieser Ansatz problematisch und scheint allzu eindimensional gedacht. Auch im Bewußtsein, daß zwischen der Abfassung der entsprechenden Passagen der beiden großen Werke die Situation der Entstehung der Intelligentia super calathis statthatte und die daraus möglichen Lehren ziehen ließ, und im Blick auf die jeder einfachen Etikettierung von Gegnern abholde Behandlung des Themas in De septem sigillis sollte bedacht werden, wie vielschichtig Joachims Denk- und Darstellungsweise ist, die keinesfalls außerstande oder nicht willens war, das Wirken des dreieinigen Gottes und seine Offenbarung in der Geschichte ohne

Joachim keinerlei Anhaltspunkte mit, die Hinweise auf eine konkrete historische Situation zuließen und somit den Zeitraum der Abfassung zu bestimmen erlaubten. Obwohl die *apertio* des fünften Siegels innerweltliches Geschehen abbildet, weist sie doch über ihre eigene Zeit hinaus. Sie will nicht der Gegenwart Verhaltensweisen nahelegen, sondern ein tieferes Verständnis der Heilsgeschichte ermöglichen.

h) *Ankunft in der Gegenwart: Das neue Jerusalem sucht seine Identität*

In einem auf die ersten fünf Teile der Apokalypse zurückblickenden Absatz der *Expositio*, den er dem sechsten Teil seines Kommentarwerks vorausschickt und mit dem er die Zukunftsperspektiven der beiden *civitates* Jerusalem und Babylon ausleuchtet,[101] erklärt Joachim kurz, was er im Vorangehenden behandelte: traten in den ersten vier Teilen der Apokalypse (Offb. 1,1–14,20) die Gegner jeweils einzeln auf und entsprachen jeder für sich einem der vier in Daniels nächtlicher Vision beschriebenen Tiere, so treten sie im fünften gemeinsam auf den Plan. Ihnen gegenübergestellt sind die vier Lebewesen aus Offb. 4,6–8, die den Thron Gottes umgeben wie die Mauern die himmlische Stadt. Die Kirche, die Jerusalem *in spiritu* ist, begegnet ihrem Widerpart, dem neuen Babylon.[102] Nicht mehr einzelne

---

eine ausschließliche Präsenz des Dreierschemas durch die Epochen der Kirchengeschichte bis zur Gegenwart hin zu entdecken. Das neue Babylon von *De septem sigillis*, das erst bei seiner Zerstörung im sechsten Siegel und seiner Eröffnung explizit thematisiert wird, nicht aber schon in der fünften *apertio*, bietet viele Interpretationsmöglichkeiten.

[101] *Expositio*, pars VI, fol. 191va–b: Quinque precedentibus partibus diligenter inspectis, secundum quod notare curavimus in summa libri, invenimus quatuor generales ordines, designatos in quatuor animalibus, habuisse conflictum cum quatuor bestiis quas scribit Daniel, singuli per singula tempora specialiter, et tamen omnes simul ab ipso principio generaliter; deinde in quinto tempore sedem Dei, hoc est ecclesiam generalem, que dicta est in spiritu Ierusalem, cum ecclesia malignantium, que vocatur Babilon, quatenus completis quinque preliis istis recipiat utraque civitas in successione sue prolis secundum opera sua, et appareat quid differat inter iustos et impios, non modo in futuro seculo, verumetiam in hac vita presenti.

[102] An dieser Stelle ist an die oft zitierte Interpretation des Hieronymus von Jerusalem als *visio pacis* zu erinnern, die auch Joachim mehrfach nennt, vgl. Hieronymus, *Liber interpretationis Hebraicorum nominum [De nominibus hebraicis]*, CClat 72, S. 121, Z. 9f., PL 23, Sp. 873f, und öfter, häufig auch bei Augustinus, Cassiodor, Ambrosiaster, Beda, Gregor I, Primasius, Ambrosius Autpertus, Isidor von Sevilla, Paschasius Radbertus, Alkuin, Rabanus Maurus, *Liber Quare*, Aelried von Rievaulx, Gottfried von Admont, Heiric von Auxerre, Bruno von Segni, Berengaudus (?), Balduin von Ford, Haimo, Bernhard von Clairvaux, Gerhoch von Reichersberg, Rupert von

Völker treten gegeneinander an wie einst Israel gegen Ägypten, oder in den ersten Eröffnungen die Gemeinde Christi gegen einen fest umrissenen Gegner, sondern die beiden *civitates* sammeln ihre Bürgerschaften aus Gerechten und Ungerechten aller Völker. Deshalb werden im fünften Siegel *in spiritu* andere Völker angeredet als diejenigen, von denen vordergründig die Rede ist.[103] An dieser Stelle wird deutlich gesagt, daß dieser Kampf nicht erst in der Zukunft stattfindet, sondern schon in der Gegenwart begonnen hat. Hierauf kann der erläuternde Absatz in der Eröffnung des fünften Siegels bezogen werden, in dem darauf hingewiesen wird, daß die Grenzen der Zeitabschnitte keine festgefügten sind und ihr Ablauf sich nicht einfach oder (innerhalb einer graphischen Darstellung) vertikal verlaufend aufeinanderfolgend vollzieht, sondern gemäß dem vielzitierten Schema von *initiatio*, *clarificatio* und *fructificatio* sich die *initiatio* des einen Zeitabschnitts bereits seit dem Höhepunkt der vorangehenden Zeit vorbereiten kann. Die Vielzahl der im fünften Siegel (in *De septem sigillis* und an den hierzu interessierenden Parallelstellen) auftretenden Völker und ihre auf den ersten Blick verwirrend erscheinenden Zusammenhänge – von den Ägyptern der Siegel an ihren jeweils unterschiedlichen Orten, den Kanaanäern, Philistern, Syrern, Assyrern bis hin zu den Babyloniern und Chaldäern und ihren Entsprechungen – bekommt nun einen Sinn. Die mögliche Befürchtung, daß sogar Joachim in der Vielzahl seiner über Jahre hindurch getanen Äußerungen über sie den Überblick verloren haben könnte, erweist sich damit als gegenstandslos. Im fünften Siegel formieren sich alle Parteien, aus denen sich das endzeitliche Jerusalem und das endzeitliche Babylon

---

Deutz, Petrus von Blois, *Glossa ordinaria*, Joachim von Fiore, *Expositio*, pars I, fol. 90vb, *Concordia*, lib. IIIb, fol. 39ra, lib. V, fol. 94vb–95rb. Dabei wird der Unterschied zwischen Joachims und Augustins Verständnis der himmlischen Stadt besonders deutlich, indem für Joachim die Verschmelzung der Kirche mit der himmlischen Stadt als zu erstrebendes Ziel genannt wird, während für Augustinus die himmlische Stadt gänzlich jenseitig ist und ihr nur das liebende Sehnen des Christen nahezukommen vermag. Peter BROWN, Saint Augustine, in: Beryl SMALLEY (Hg.), Trends in Medieval Political Thought (Oxford 1965) S. 1–21, ebd. S. 18 konstatiert in Augustins Rede von der himmlischen Stadt: „an acute awareness of the actual condition of man in this *saeculum*; and a yearning for a city far beyond it. Augustine never overcame this dichotomy. And for this reason, his most considered refelctions on political society, as they appear in the *City of God*, are no more than the anxious questioning of a shadow; they are a hint of a full peace and of a full realization of hidden loves, in the Heavenly Jerusalem, whose name signifies 'Visio pacis'.“
    [103] Vgl. S. 128.

rekrutieren, zu ihrem letzten Kampf, dessen Beginn Joachim bereits miterlebt. Es fällt nicht schwer, sich dazu die politische Situation in den Jahren nach dem Tod Heinrichs VI. (1197) und Konstanzes (1198) und dem Beginn des Pontifikats Innocenz' III. (1198–1216) vorzustellen, als der Süden Italiens im Brennpunkt eines Konfliktes widerstreitender Interessen lag und einer ungewissen Zukunft entgegenzugehen schien. Dennoch vermeidet Joachim in der fünften *apertio* in *De septem sigillis* jeden konkreten Hinweis auf historische Personen oder Gegebenheiten. Wer Jerusalem ist, wer Babylon, das wird sich nun herausstellen. Die Karten für das letzte, große Spiel sind neu gemischt. Für die Zeitgenossen ist es verwirrender denn je, herauszufinden, wer in welches Lager gehört und bei welcher der weltlichen Parteien Gott sein Volk finden will. Doch die Konturen der himmlischen Stadt, ihre Mauern und geschmückten Tore leuchten schon durch das Dunkel hindurch.

DAS SECHSTE SIEGEL:
BABYLONS KAMPF UND UNTERGANG

a) *Paraphrase des Siegels und seiner Eröffnung*

Zu diesem Siegel gehört das babylonische Exil und die Zerstörung Babylons, die beiden Verfolgungen der Kinder Israel, die in der Geschichte Judiths und dem Buch Esther berichtet werden,[1] aber auch der Wiederaufbau des Tempels und der Stadtmauern. Der Zeitpunkt, zu dem dies geschieht, ist mit der in Dan. 9,25 begegnenden Junktur *angustia temporum* bezeichnet, die auf die Kürze dieses Zeitraums verweist, aber auch die Bedrängnis dieser Zeit wachruft. Im Kontext des Danielbuchs bezeichnet sie die kurze Zeitspanne unmittelbar vor dem Ende der von Daniel geschauten Zukunftsvision, die mit der Rückführung nach Jerusalem ihren Anfang nimmt und auf die zukünftige Ankunft des Gesalbten des Herrn und den Wiederaufbau von Tempel und Stadtmauern hinblickt.

Von der Eröffnung des sechsten Siegels wird gesagt, daß mit ihr

---

[1] Judith und Esther begegnen bei Joachim auch in anderem Zusammenhang, nämlich gemeinsam mit Tobias und Hiob als die vier *historiae speciales*, als deren Gegenstück die *historia generalis* anzusehen ist, die von den Vätern bis zu Esra linear voranschreite, vgl. *Expositio, Liber introductorius*, fol. 2vb–3ra. Diesen vier Büchern, von denen die beiden mittleren, nämlich Judith und Tobias, bei den Juden geringeres Ansehen genießen als die beiden äußeren, entsprechen die vier Evangelien, die sämtlich kanonisch sind, wobei die beiden mittleren, Markus und Lukas, im Gegensatz zu Matthäus und Johannes nur Apostelschüler, nicht aber Apostel Jesu Christi und Augenzeugen seiner Taten sind. Der *generalis historia* entspricht die Schilderung der Apokalypse. Joachim vergleicht dabei die biblischen Bücher mit den Rädern des Ezechiel (ähnlich schon *Enchiridion*, ed. BURGER, S. 10f.). Denselben Sachverhalt beschreibt Joachim *Concordia*, lib. V, fol. 113va, nachdem zuvor fol. 113ra bereits Hiob, Judith, Tobias und Esther die Reihe der Taten Christi, nämlich Geburt, Leiden, Auferstehung und Himmelfahrt, zugeordnet wurden. Ihren besonderen Charakter, der eine Betrachtung ähnlich der der anderen Bücher des Alten Testaments erschwert, erklärt Joachim ebd. fol. 112vb: Quas videlicet hystorias idcirco dicimus speciales, quia nec ceteris hystoriis per quasdam genitivas successiones, que ab Adam usque ad Neemiam continuationem habent, adherere noscuntur, nec aliqua inter se confederatione uniuntur, sed unaqueque – ut ita dixerim – a se incipit et in se consummatur. In anderem Zusammenhang thematisiert Joachim die vier erzählenden Bücher und die vier Evangelisten in *De vita sancti Benedicti*, ed. BARAUT, S. 47f., interessanterweise jedoch nicht in *Tractatus super quattuor evangelia*.

die geistliche Gefangenschaft des geistlichen Jerusalem begonnen habe, bis das neue Babylon zerschlagen werden wird, wie es im sechsten Teil der Apokalypse beschrieben ist. Der Zeitenwechsel in diesem Satz macht deutlich, daß es sich bei der Exilierung des geistigen Jerusalem um einen Zustand handelt, der noch andauert, während sein Ende – die Zerschlagung des neuen Babylon – noch aussteht.

Das neue Babylon ist das Volk, das christlich genannt wird und es doch nicht ist, denn in Wahrheit ist handelt es sich um die Synagoge des Satans. Die wahren Christen dagegen werden die beiden Verfolgungen überstehen, deren eine derjenigen des Holofernes entspricht, des Feldherrn Nebukadnezars, des Königs der Assyrer, die zweite jedoch der des Haman. Damit sind erneut die im Text des Siegels angesprochenen Bücher Esther und Judith thematisiert.

Unterdessen werden jedoch viele der Gläubigen die Krone des Martyriums erlangen, und die heilige Stadt wird wieder aufgebaut werden. Sie ist die Kirche der Erwählten, und die Zeit ihres Wiederaufbaus entspricht der *angustia temporum* zur Zeit Serubbabels, Jesuas, Esras und Nehemias, unter denen jenes alte Jerusalem getröstet wurde. Schließlich wird der Teufel, Urheber alles Bösen, in dieser Zeit im Abgrund gefangengesetzt werden, damit er nicht weiterhin die Völker verführt, bis zum festgesetzten Zeitpunkt seiner Loslösung.

b) *Die neue Situation: Exegese der Zukunft*

Zum ersten Mal in der Reihe der Siegel werden die Exponenten seiner Eröffnung durch keinerlei konkrete Hinweise auf Personen oder Ereignisse dieser Zeit bezeichnet. Ihre Identität erhellt allein mit jenen Mitteln der Erkenntnis, die demjenigen, der die Eröffnung der Siegel verfolgt und die Zeichen der Zeit zu lesen weiß, zur Hand gegeben sind. Obwohl Joachim die Väter, vor allem Gregor I., Augustinus und Hieronymus, kennt und sich vielfach auf sie beruft, ist seine wahre und höchste Autorität die Schrift, ihr Gewährsmann der Geist. Darin ist das Verhältnis des Exegeten zu Bibel und Tradition hier demjenigen Ruperts von Deutz nicht unähnlich.[2] Die *concordia*

---

[2] Zum Schriftzugang und zur Exegese Ruperts im Vergleich mit anderen Kommentatoren vgl. John H. VAN ENGEN, Rupert of Deutz, S. 67–72, bes. S. 71: „He had an unusual genius for linking scriptural images together and then to the larger history of salvation, and took insatiable delight in discovering new spiritual meanings.

der sechsten Eröffnung mit der Zeit des sechsten Siegel und der
darin enthaltenen Verfolgungen der Kinder Israel und der Blick auf
den sechsten Teil der Apokalypse eröffnen den Blick in die unmittelbare Zukunft.

In dem im Kapitel zum fünften Siegel bereits zitierten Satz der
Expositio verkündet Joachim, was nach den vorausgehenden fünf Teilen der Apokalypse von dem nun folgenden Abschnitt des Buches
und der Geschichte erwartet werden darf: Babylon wird den Lohn
seines Irrtums erhalten, Jerusalem den Lohn seiner Mühe, und es
soll gezeigt werden, wie unglücklich die Söhne der Welt und jene,
die im Fleische wandeln, sind.[3] So darf der Eröffnung des sechsten
Siegels mit Spannung entgegengesehen werden, denn die Heilsgeschichte strebt mit ihr nicht nur ihrem Höhepunkt entgegen, sondern verläßt nun sogar den Bereich der erlebten Geschichte und
eröffnet das Feld der Prophetie und Verheißung, der Furcht und
Hoffnung in neuen, bisher unmöglichen Dimensionen.[4] Auch die
Erwähnung des Teufels in der Eröffnung des Siegels, dessen Offb.
20,2 beschriebene Fesselung hier angekündigt wird, ist ein Kennzeichen dieser neuen, kosmologischen Dimension, die über das Schicksal
des Gottesvolkes allein hinausblickt. Für sie gibt es im Text des
Siegels keine Parallele. Nun wird Joachims Talent als Exeget und
Seher in einmaliger Weise auf die Probe gestellt, denn versagt seine
der *intelligentia spiritalis* geschuldete Sehergabe, so straft sich seine
Konzeption selbst Lügen und entleert damit auch die Interpretation
des Vorangegangenen ihrer Sinnhaftigkeit.

Beyond his astounding command of Scripture and the received tradition, what stands
out most is his great sense of liberty with respect to that tradition." Der dritte Teil
in Ruperts umfänglichem Werk *De sancta Trinitate et operibus eius*, geschrieben zwischen 1112 und 1116, stellt den ersten Versuch dar, das Wirken des Geistes in der
Geschichte zu erfassen und darzustellen, das mit seinen Gaben das Leben des
Christen bis in die Gegenwart hinein prägt und bestimmt, vgl. ebd. S. 92–94.

[3] *Expositio*, pars VI, fol. 191va–b (Text S. 155 bei Anm. 101).

[4] Daß eine Unterscheidung zwischen „profaner" und Heilsgeschichte für Joachim
undenkbar und daher unzulässig wäre, kann vorausgesetzt werden. Der Unterschied
zwischen denjenigen Teilen der Heilsgeschichte, die bereits Vergangenheit und
darum Historie und denjenigen, die zwar ebenso Heilsgeschichte, aber noch zukünf-
tig und darum nur zu erschließen waren, dürfte Joachim hingegen kaum je aus
dem Blickfeld geraten sein, wie gerade seine Bemühungen um Erklärung des
Verhältnisses von *initiatio* und *fructificatio* bzw. *clarificatio* zeigen. Lediglich eine moderne
und darum im Rahmen dieser Untersuchung unerläßliche Terminologie könnte
unversehens darüber hinwegtäuschen und muß darum um so präziser angewandt
und dabei stets auf ihre Anwendbarkeit überprüft werden.

Geschichte als Heilsgeschichte – und nur so ist sie für Joachim denkbar – kann nur im Blick auf das Ganze verstanden werden. Jede Momentaufnahme dieser Geschichte erklärt sich nur in der kosmologischen Dimension der in der Heilsgeschichte wirksamen göttlichen Trinität und ihres sich darin entfaltenden Plans, der das Gottesvolk schrittweise aus dem Dämmern der Gottesahnung bis in das helle Licht der vollkommenen Erkenntnis, der Liebe und des Einsseins mit seinem Schöpfer hineinführt.

In der Reihe der Siegel, die sich ohnehin nicht einmal auf den ersten Blick durch besondere Uniformität auszeichnen, ragt dieses sechste Siegel jedoch auch in anderer, noch auffallenderer Weise hervor.[5] Gab es auch in früheren Siegeln und ihren Eröffnungen durchaus inhomogene Gruppen von Verfolgern, die sich allerdings immer in einer einzigen Heimsuchung des Gottesvolkes funktional verbanden, so ist hier zum ersten und einzigen Mal von zwei Verfolgungen die Rede. Joachim selbst weist im in der *Expositio* darauf hin, daß hier *aliquid interest, quod notari oporteat. Quinque sane illorum uniformia sunt, sextum et septimum dissimilia. Sunt enim simplicia quinque, sextum duplex, septimum sabbatizat.*[6] Die *tribulatio* des Gottesvolks ist beide Male (in Siegel und *apertio*) eine zweifache, das auserwählte Volk muß sich zweimal in je besonderer Weise im Leiden bewähren. Damit beinhaltet das sechste Siegel und seine Eröffnung im Vergleich mit ihren Vorgängern eine Kulmination des Schreckens.

c) *Die doppelte Verfolgung der sechsten Zeit*

Mit welcher Begründung, und, falls vorhanden, nach welchen Vorbildern definiert Joachim die Verfolgung des sechsten Siegels als eine zweifache? Diese auffällige Besonderheit hat bereits früher aufmerksame Betrachter gefunden. Sie wird von Joachim öfter mit der doppelten Mannasammlung der Kinder Israel in der Wüste am Vortag des Sabbats begründet, die den Sabbat von der Mühe des

---

[5] Diese Besonderheit, die die kosmologische Dimension dieses Siegels und seiner Eröffnung ausmacht, teilt das sechste Siegel mit dem sechsten der Weltalter augustinischer Einteilung, in dem in Erfüllung geht, was in den vorigen verkündet wurde, und das sie deshalb an Bedeutung überragt, vgl. Alois WACHTEL, Beiträge zur Geschichtstheologie des Aurelius Augustinus, S. 60f.

[6] *Expositio, Liber introductorius,* fol. 4ra.

Sammelns freihalten sollte.[7] Das Motiv der beiden Scheffel wurde
bereits vor Joachim verwendet, um damit die Gegenwart und Zukunft
des Gottesvolks zu verdeutlichen, indem der Tag vor dem Sabbat
der Wüstenwanderer mit dem sechsten Tag der Weltwoche verglichen wird, der dem Sabbat des Gottesvolks vorangeht, und für den
vorbereitet zu sein das Gebot der Stunde ist.[8] Joachim modifizierte
es lediglich, indem er den Inhalt der Scheffel der Kinder Israel als
Verfolgungen definierte, die das Volk Israel und nach ihm das
Gottesvolk zu erleiden hat, und vor allem, indem er den Vortag des
Sabbats der Weltwoche der augustinischen *aetates*-Vorstellung durch
das sechste *tempus* bzw. Siegel und die sechste Siegelöffnung aus-
tauschte, um mittels der Übertragung des umfassenderen Schemas

---

[7] Exod. 26,22: In die vero sexta collegerunt cibos duplices, id est duo gomor per
singulos homines, vgl. *Praephatio super Apocalipsin*, ed. SELGE, S. 111f., Z. 239–261
sowie zahlreiche Stellen im *Enchiridion, Expositio, Liber introductorius*, fol. 4rb–5ra (fol.
9rb dienen die beiden Scheffel Manna als Beleg für den gleichzeitigen Beginn des
sechsten und des siebten *status*), *Psalterium decem chordarum*, lib. II, fol. 271rb, *Concordia*,
lib. IIIa, fol. 38rb (hierauf folgt das siebte, friedvolle Zeitalter), mit Bezug auf den
zweiten *status*, bis zu dessen Ende alle Mühe abgeschlossen sein soll, und die sechs
Weltzeitalter *De vita sancti Benedicti*, ed. BARAUT, S. 58 und 65. Zur Datierung vgl.
Kurt-Victor SELGE, L'origine delle opere di Gioacchino da Fiore, bes. S. 103, 113.
In *De ultimis tribulationibus* werden die beiden Scheffel Manna interessanterweise nicht
erwähnt. Da die Schrift als nach 1195 abgefaßt gilt (so zuletzt Kurt-Victor SELGE,
Die Stellung Joachims von Fiore in seiner Zeit, S. 495, und ebd. Anm. 44) und
damit jedenfalls deutlich der trinitarischen Geschichtsschau in ihrer bereits reiferen
Form verpflichtet ist, wird dieser Umstand die hier für die Verwendung des Manna-
Motivs nachzuzeichnenden Entwicklungen bestätigen.
[8] Vgl. Beda, *Commentaria in Pentateuchum*, Explanatio in secundum librum Mosis,
PL 91, Sp. 315CD, Bruno von Segni, *Expositio in Pentateuchum*, PL 164, Sp. 268C:
Die enim sexta duplum colligitur, quia die septima non invenitur. Nam et nos modo
parare debemus, unde post hanc vitam in sabbatismo vivere valeamus. Vgl. besonders auch Balduin von Ford, Erzbischof von Canterbury und Zeitgenosse Joachims,
Tractatus de sacramento altaris, Sources Chrétiennes 94, S. 510: Spem vitae aeternae
per justitiam fidei ab exordio mundi per quinque aetates usque ad Christum omnes
justi habuerunt; et haec est unum gomor quod per singulos dies usque ad sextam
colligitur. A nobis autem in sexta aetate, quasi sexto die ante sabbatum, hoc est
ante requiem animarum, duo gomor colliguntur; quia vitae aeternae spem habemus et pignus, sed et ipsum auctorem et consummatorem fidei nostrae Jesum
Christum, qui in sacramento altaris nobis cum est usque ad consummationem saeculi. (. . .) Quamvis enim Christus nostra refectio sit in praesenti vita et in sacrificio
altaris manducetur, nondum tamen usque ad satietatem nos reficit; sed hoc man-
ducandi modo, quo interim sumimus, ad vitam aeternam capessendam praepara-
mur; et quasi alterum gomor in hac sexta die colligimus, ut in septimo die, id est
in sabbato animarum, usque ad satietatem reficiamur. Sexta autem die unum gomor
colligitur et consumitur; alterum colligitur et servatur. (Gian Luca POTESTÀ, Die
Genealogia, S. 71 scheint dagegen anzunehmen, daß die Anwendung dieses Motivs
auf die Geschichte neu ist und erstmals bei Joachim vorkommt.)

der sieben Tage auf die sieben *tempora* der Kirche, die im Alten Testament durch die *concordia* vorabgebildet sind, den sechsten dieser sieben Welttage, der mit Christus begonnen hat und noch andauert, näherhin zu unterteilen und zu bestimmen.[9]

Noch eine weitere Überlegung führte zu dieser Einteilung, die der sechsten zwei, der siebten Zeit jedoch keine Verfolgung zuordnet. Ein Vers aus dem Buch Hiob, *In sex tribulationibus liberabit te, et in septima non tanget te malum*, wird von Joachim mehrfach explizit im Hinblick auf die Geschichte der Kinder Israel und der Kirche interpretiert,[10] deren siebte Zeit jeweils frei von jeder Verfolgung sein soll, weshalb in der sechsten zwei Verfolgungen stattfinden müssen, die freilich dieser Vers als eine interpretiere. Joachim läßt auch mit dieser Interpretation nicht etwa nur seiner Phantasie und Kombinationsgabe freien Lauf. Auch hier stützt er sich auf das Beispiel eines berühmten Vorgängers, nämlich Gregors I., der in seinen *Moralia in Iob* diesen Vers ähnlich interpretiert.[11] Auch Bernhard von Clairvaux

---

[9] Aufschlußreich hierzu ist *Expositio*, pars IV, fol. 169ra–b, wo Joachim die Bedeutung der Zahl 666 als die Gesamtheit der Weltzeit von Adam bis zum Ende der *bestia* erklärt, wobei 600 für die sechs Weltzeitalter steht, 60 für die sechs *tempora* des sechsten dieser *aetates*, in dem der Drache schlimmer als zuvor wütet, sechs aber für die 42 Monate, während der das elfte Horn Dan. 7,25 regieren wird. Zur mittelalterlichen Zeiteinteilung vgl. Roderich SCHMIDT, Aetates mundi, Die Weltalter als Gliederungsprinzip der Geschichte.

[10] Hiob 5,19, vgl. *De vita sancti Benedicti*, ed. BARAUT, S. 46, und *Praephatio super Apocalipsin*, ed. SELGE, S. 113, Z. 275–282.

[11] Gregor I, *Moralia in Iob*, lib. VI, cap. 26, SL 143, S. 316, Z. 9–13, PL 75, Sp. 753BC: In sex itaque nos tribulationibus Dominus liberat, ne nos in septima malum tangat, quia per paternae pietatis eruditionem praesentis vitae labore nos atterit, sed in adventu judicis a verbere abscondit; ut tanto tunc ad salutem certiores exhibeat, quanto nunc nos flagella durius secant. – Die *Moralia in Iob* gehörten „seit der frühen Karolingerzeit zum Grundstock jeder mittelalterlichen Bibliothek und bewahrten ihren Rang und Einfluß durch alle Jahrhundert des Mittelalters", so Franz BRUNHÖLZL, Geschichte der lateinischen Literatur des Mittelalters 1, S. 53, und waren auch Joachim wohlvertraut, zitiert er sie doch allein in *De vita sancti Benedicti*, dem das erste der beiden Zitate des Hiob-Verses entstammt, mehrfach (ed. BARAUT, S. 82, 113, 116), und Gregor I. zählt zu den von ihm häufig explizit genannten Autoren. Zur Rezeption Gregors im 12. Jahrhundert vgl. auch René WASSELYNCK, La présence des *Moralia* de S. Grégoire le Grand dans les ouvrages de morale du XIIᵉ siècle (à suivre), Recherches de théologie ancienne et médiévale 35 (1968) S. 197–240, und ders., La présence des *Moralia* de S. Grégoire le Grand dans les ouvrages de morale du XIIᵉ siècle (fin), Recherches de théologie ancienne et médiévale 36 (1969) S. 31–45. Der Gedanke einer endzeitlichen doppelten Verfolgung, die als Vorbote der ewigen Strafe des Gerichts empfunden wird, scheint jedoch noch früher vorhanden gewesen zu sein, vgl. Cassiodor, *Expositio Psalmorum*, Ps. 36, SL 97, S. 341, Z. 701–717, PL 70, Sp. 270B.

war diese Interpretation nicht unvertraut.[12] Als Schriftbeweis für Charakter und Inhalt des sechsten und siebten Siegels bzw. der sechsten und siebten Zeit Israels und der Kirche hat sich Joachim dieses Verses und seiner früheren Interpreten jedoch nur in einer bestimmten Phase seines schriftstellerischen Werks bedient, die in die zweite Hälfte der achtziger Jahre fällt.[13] Es kann angenommen werden, daß der Autor von *De septem sigillis*, der auf die Bezugnahme auf die beiden Scheffel verzichtet, in seinem letzten Lebensjahrzehnt seine Methodik so vervollkommnet und verfeinert hatte, daß er dank seines komplexen Systems im Zusammenwirken von *concordia*, der Exegese der Apokalypse mittels des bekannten Instrumentariums der Ticonius- und Victorinschule und vor allem der trinitarischen Interpretationsstruktur sein Bild der Geschichte des trinitarischen Gottes und seiner immer vollkommeneren Offenbarung vor seinem Volk auch ohne weitere Hilfsmittel schlüssig und vollkommen darstellen konnte und ihm der Hinweis auf die beiden Scheffel daher verzichtbar erschien.

Mit einem weiteren Schritt läßt Joachim im sechsten Siegel das bekannte Feld der Exegese vollkommen hinter sich. Die von ihm neu vorgenommene Einteilung der Apokalypse weicht zum ersten Mal von der seit Beda gebräuchlichen ab.[14] Denn erstreckt sich dort der sechste Teil von Offb. 18,1 bis 20,15, so läßt Joachim in der *Expositio* mit Offb. 20,1 bereits den siebten Teil beginnen,[15] der sechste endet mit 19,21.[16] Dabei sind sowohl die Gründe, die Joachim zu diesem

---

[12] Bernhard von Clairvaux, *Sermones de diversis*, Sermo 18 (De gaudio spirituali), S. Bernardi Opera 6/1, S. 159, PL 183, Sp. 583C, Sermo 28 (De eo quod legitur in Iob 5,19), Opera 6/1, S. 207, PL 183, Sp. 618D–619A.

[13] Für den Zeitraum der Abfassung von *De vita sancti Benedicti* und der *Praephatio* vgl. Kurt-Victor SELGE, L'origine delle opere di Gioacchino da Fiore, bes. S. 112f., 124. Für die Abfassung der *Praephatio* wird dort der Zeitraum von 1188 bis 1192 angenommen, wobei jedoch auch eine etwas frühere Abfassung etwa in der Mitte der achtziger Jahre nicht ausgeschlossen ist.

[14] Beda, *Expositio Apocalypseos*, SL 121A, PL 93, Sp. 129–206. Vgl. zu Bedas Einteilung Wilhelm KAMLAH, Apokalypse und Geschichtstheologie, S. 21f., und R. GRYSON, Beda Presbyteri Expositio Apokalypseos, Introduction, Chapitre III: Les divisions, S. 133–151; vergleichend über diejenige Joachims Wilhelm BOUSSET, Die Offenbarung Johannis, S. 67, 74. Zu Beda als Exeget und seiner Einteilung der Apokalypse Gerald BONNER (allerdings in hohem Maß auf Kamlah beruhend), Saint Bede in the tradition of western apocalyptic commentary, bes. S. 14, Ansgar WILLMES, Bedas Bibelauslegung. Joachims Einteilung der Apokalypse wird S. 98, Anm. 2, beschrieben.

[15] *Expositio*, pars VI, fol. 191va–209vb, bzw. pars VII, fol. 209vb–213rb.

[16] Vgl. zur Einteilung der Apokalypse bei Beda und Joachim Gian Luca POTESTÀ,

Eingriff bewegten, als auch die Konsequenzen, die aus seiner neuen
Einteilung resultieren, von Interesse. Denn wenn die in der Apokalypse dargestellten Visionen des Johannes die Ereignisse der Zukunft
vorabbilden, dann bedingt eine neuartige Einteilung der Apokalypse
in der Folge auch eine neuartige Sichtweise dieser Zukunft.[17]

d) *Exegetische Grundlagen: Heiden, Heldinnen und Reformer*

Die biblischen Quellen, die außer der Apokalypse für das sechste
Siegel und seine Eröffnung heranzuziehen sind, bieten trotz oder
vielmehr gerade wegen ihrer Vielfalt keinen einfachen Zugang zum
Verständnis beider Zeiten. Diese Problematik ist auch Joachim nicht
verborgen geblieben.[18] Die romanhaften Erzählungen von Judith und

---

Die Genealogia, S. 72, Anm. 75f. Die dort beschriebene Einteilung, die für Beda
wie für die *Genealogia* Joachims gelten soll, weist mehrere Fehler auf: Irrtümlich wird
dort behauptet, daß die Einteilung der Apokalypse in der *Genealogie* derjenigen Bedas
auch noch im fünften und sechsten Teil folge. Der fünfte umfasse bei beiden Offb.
15,1–17, was schon deshalb nicht möglich ist, weil das fünfzehnte Kapitel der
Apokalypse nur acht Verse hat. Gemeint ist vermutlich Offb. 15,1–16,17, was zwar
für Joachims *Genealogia* zuträfe. Bei Beda hingegen umfaßt der fünfte Teil Offb.
15,1–17,18, also gut ein Kapitel mehr. Die Angaben für den sechsten Teil der
Apokalypse sind ebenfalls unzutreffend: dieser soll bei beiden, so Potestà, Offb.
18,1–20,10 umfassen. Tatsächlich endet der sechste Teil bei Beda erst 20,15 und
beginnt bei Joachim in der *Genealogia* (wie auch in der *Expositio*) bereits 16,18. Zwar
ist die Einteilung der Apokalypse nach der *Genealogia* derjenigen Bedas nicht unähnlich, aber doch keinesfalls mit ihr identisch, wobei die von Potestà aufgeführte
Einteilung jedenfalls für keinen der beiden Texte zutrifft und zudem die Kapitel-
und Verseinteilung der Apokalypse selbst nicht übereinstimmt. (Auch daß S. 73,
Anm. 77 als Beleg für die Einteilung der *Glossa ordinaria* nicht diese selbst genannt
wird, beeinträchtigt das Vertrauen in die Ergebnisse des Textes. Mindestens die
allerdings unbefriedigende Form der *Glossa*, wie sie in der Edition von Jean Paul
Migne, PL 113f. geboten wird, hätte hierzu in der vom Autor benutzten elektro-
nischen Form der Patrologia Latina – vgl. Gian Luca Potestà, Die Genealogia
S. 69, Anm. 60 – konsultiert werden können. Statt dessen beruft er sich auf die
Untersuchung Sabine Schmolinskys zu Alexander Minorita, die an der genannten
Stelle selbst wiederum statt der *Glossa* nur Wilhelm Kamlah zitiert. Sind die Quellen
so unzugänglich?)

[17] Zu den Konsequenzen dieser Neueinteilung vgl. S. 184f.

[18] *Concordia*, lib. IV, fol. 55rb–va: Sed et omnia que scripta sunt in libro Hesdre,
ita videntur esse confusa, ut nesciatur quid quando et quomodo gestum sit, nisi tantum quod alia post alia eo ordine quo scripta sunt accidisse creduntur. Non enim
dicit scriptura quot annis regnaverit Nabucodonosor rex, aut quot annis vixerit post
excidium Ierusalem, quot annis regnaverit in Babylone aut quo ordine sive tempore, quot Balthasar aut Darius sive Cyrus, et alii quos scriptura commemorat, sed
neque in cuius tempore istorum regum, qui regnaverunt in Babylone peracta sit
hystoria Iudith aut Hester, aut si ille fuit Artaxasses sive Assuerus, binominus enim

Esther, die beide spät ihren Platz in dem alttestamentlichen Kanon bzw. seiner Umgebung fanden, die Bücher Esra und Nehemia, deren Aussage und historischer Gehalt hinter vielschichtigen Bearbeitungen und Uminterpretationen späterer Zeiten fast verloren scheint, sowie das nicht explizit herangezogene, jedoch durch die wörtliche Bezugnahme in *De septem sigillis* auf den Visionsbericht Dan. 9,25 im Siegel und seiner Eröffnung hier nicht weniger wichtige Danielbuch scheinen den Blick auf Gehalt und Ablauf des sechsten Siegels und seiner Eröffnung durch die Vielzahl der in ihnen enthaltenen Motive und Aussagen eher zu verstellen, anstatt Erkenntnishilfen zu bieten.

Die Vertreter des Gottesvolkes in ihren Erzählungen und Berichten, die Vielzahl der Könige der Fremdvölker von Nebukadnezar bis zu Kyros und seinen Nachfolgern in ihren unterschiedlichen, zum Teil einander widersprechenden Darstellungen nahm Joachim zu Hilfe, um sein Bild des sechsten Siegels und der ihm entsprechenden Zeit, der als der unmittelbar bevorstehendsten die dringendsten Anfragen an sein Bild der Siegelöffnung gegolten haben müssen, zu zeichnen.

Dieses Bild eröffnet sich dem Leser von *De septem sigillis* jedoch nicht unmittelbar, sondern bedarf eingehender Betrachtung. Zu den besonderen Umständen der Eröffnung des sechsten Siegels, die bereits aus dem Zukunfts- und Endzeitcharakter der betroffenen Zeitabschnitte resultieren, und der zusätzlichen Schwierigkeit, die sich daraus ergibt, daß Joachim hier in Teilen das Feld der Tradition verläßt, kommt als dritter Faktor die Fülle der biblischen Bezüge im sechsten Siegel hinzu. Das wechselseitige Verhältnis dieser biblischen Bezüge ist dabei ebenso zu bestimmen die Rolle der einzelnen Figuren und Motive im Rahmen von *De septem sigillis*. Nicht minder schwierig sind die Probleme, vor die sich der Exeget der Bücher Judith, Esther, Nehemia, Esra und Daniel im fraglichen Zusammenhang gestellt sieht. Denn das Instrument der *concordia*, das Joachim und mit ihm dem Leser zur Eröffnung des Siegels an die Hand gegeben ist, präsentiert sich hier als eine zweischneidige Waffe. Die Unterschiedlichkeit der literarischen Gattungen dieser Bücher, ihr teilweise romanhafter, teilweise programmatisch überfärbter Inhalt sowie – im Fall Daniels – der Mischcharakter des erzählenden, visionären und

---

fuit, cuius uxor erat Hester, qui misit Hesdram scribam in Ierusalem aut ille ipse qui misit Neemiam; ita ut confusis omnibus tempore confusionis confundatur pariter et intellectus, et nesciatur pro certo quid quando aut quo tempore gestum sit.

apokalyptischen Buches machen es schwer, ein eindeutiges Bild aus ihnen zu gewinnen.

Um ein klareres Bild des sechsten Siegels zu gewinnen, empfiehlt es sich, wie bereits in den früheren Kapiteln zunächst die historischen Gegebenheiten, auf die sich Joachim hier bezieht, zu untersuchen. Dies bedeutet nicht, daß dabei Joachims von der unseren vollkommen unterschiedliche Ausgangssituation außer Acht gelassen werden soll. Natürlich las Joachim die Bücher der Bibel anders. Aber er las sie und beschäftigte sich mit ihnen, und eben dies zu tun, wenn auch unter Berücksichtigung der unterschiedlichen Ausgangspositionen, ist die naheliegendste Etappe auf dem Weg zu Joachims Verständnis von der Zeit des sechsten Siegels und seiner Eröffnung.

e) *Exkurs: Judith und Esther – Zeit und Umfeld*

Judith und Holofernes, der Feldherr Nebukadnezars, und Esther und Haman werden im Text des sechsten Siegels und seiner Eröffnung als Exponenten der beiden Kämpfe vorgestellt, die Frauen als Vertreter des Gottesvolks, die Männer als Aus- und Anführer der Verfolgung. Judith und Holofernes werden dabei als Zeitgenossen König Nebukadnezars (605–562) dargestellt. Doch da andererseits im Buch Judith eindeutig nachexilische Verhältnisse geschildert werden, müßte die Regierungszeit des hier Nebukadnezar genannten Königs wesentlich später gedacht werden. Falls die Begebenheiten, von denen im Buch Judith berichtet wird, tatsächlich auf eine im Kern historische Erzählung zurückgehen, könnten Ereignisse aus den Jahren um 350 v. Chr. den geeigneten Rahmen dafür gebildet haben. Als Entstehungszeitraum für das Buch Judith ist die Mitte des zweiten vorchristlichen Jahrhunderts anzunehmen, ähnlich wie für das Buch Esther. Beide Frauen werden in den Erzählungen zu Exponentinnen einer geradezu vorbildlichen Vorstellung des jüdischen Volkes und seiner Frömmigkeit.[19]

---

[19] Oft wiederholt wird die Erklärung des Namens Judith als *laudans, aut confitens* oder als Personifizierung Judäas bei Hieronymus, *Liber interpretationis Hebraicorum nominum [De nominibus hebraicis]*, SL 72, S. 67, Z. 18, PL 23, Sp. 825, unter anderem von Isidor von Sevilla, *Etymologiae*, PL 82, Sp. 286A, Rabanus Maurus, *De universo*, PL 111, Sp. 66A. Beide Frauen stehen ferner für die bedrängte und sich verteidigende Kirche, vgl. Hieronymus, *Commentaria in Sophoniam*, SL 76A, S. 655, Z. 6–8, PL 25, Sp. 1337B, Isidor von Sevilla, *Allegoriae Sacrae Scripturae*, PL 83, Sp. 116A, (nur Judith) Rabanus Maurus, *Expositio in librum Judith*, PL 109, Sp. 559AB. Daß

Die einzige historisch faßbare Gestalt des Buches Esther ist der persische König Xerxes I., dort Ahasveros genannt, der 486–465 v. Chr. regierte. Wenn von Mardochai Esth. 2,6 jedoch gesagt wird, daß er unter Nebukadnezar aus Jerusalem hinweggeführt worden sei, so muß Xerxes folglich als einer der nächsten Nachfolger Nebukadnezars gedacht sein, da ja sonst Mardochai längst nicht mehr am Leben oder zumindest von wahrhaft biblischen Alter sein müßte. Damit ist klar, daß hier die historische Perspektive einigermaßen verkürzt erscheint, ebenso wie im Buch Daniel, wo Belsazar als Sohn Nebukadnezars geschildert wird, während doch in Wahrheit erst Nabonid (556–539) sein Vater war. Bei Nabonid handelt es sich um den Begründer der auf diejenige Nebukadnezars folgenden Dynastie, die nach Nebukadnezar noch drei weitere Könige gestellt hatte, bevor Nabonid als letzter König des neubabylonischen Reiches den Thron bestieg. Seinem Sohn und zeitweiligen Mitregenten Belsazar schließlich blieb dies verwehrt. Denn im Jahr 539 machte die Einnahme Babylons durch den persischen König Kyros II. (559–530) dem neubabylonischen Reich ein Ende und markierte den Beginn des persischen Zeitalters. Kyros und seine Nachfolger Kambyses II. (530–522), Dareios I. Hystaspes (522–486), Xerxes I. und Artaxerxes I. Longimanus (465/4–425) bestimmten die Geschicke des vorderen Orients während der folgenden beiden Jahrhunderte, bis unter den Nachfolgern des zuletzt genannten Königs das persische Reich zusehends gegen Ägypten und Griechenland zusehends an Boden verlor und unter Dareios III. Kodomannos (337–331) von Alexander dem Großen im Jahre 333 vernichtend geschlagen wurde. In welcher Zeit Joachim die Ereignisse des Estherbuchs ansiedelt und warum, wird noch zu zeigen sein.[20]

Daß die Erzählung auf einer mythologischen Grundlage beruhe, wenn nämlich Haman als das Chaoswesen der elamitischen Götterwelt, der auch Vasthi zuzuordnen ist, verstanden wird, Mardochai und Esther jedoch als Schöpfergott Marduk und Muttergöttin Ischtar der

Judith bei Joachim wie in der exegetischen Literatur vor und außer Joachim auch als Modell keuscher Frömmigkeit angeführt wird (*Concordia*, lib. IIb, fol. 23vb), spielt im hier interessierenden Zusammenhang keine nennenswerte Rolle. Das „Motiv der sich in Bedrängnis behauptenden Keuschheit" bezeichnet Erich ZENGER, Art. Judith/Judithbuch, TRE 17 (Berlin – New York 1993) S. 406 als „für den in hellenistischer Zeit aufkommenden antiken Roman typisch".

[20] Vgl. in diesem Kapitel Abschnitt *h) Der unauslöschliche Haß: Die Verfolgung des Haman*, S. 177–184.

babylonischen Götterwelt, muß nicht zwingend angenommen werden. Denn so wenig diese Etymologie ein für allemal von der Hand zu weisen ist, muß doch berücksichtigt werden, daß auch vollkommen gebräuchliche Namen im Spiel sein könnten, wenn nämlich Esther auf dem persischen Wort für Stern beruht, während Mardochai lediglich ein theophorer Personenname ist, vergleichbar mit Namen auf -el oder die nicht minder zahlreichen Verbindungen mit Jahwe im Hebräischen. Einen solchen theophoren Namen trug auch etwa der Sohn und nächste Nachfolger Nebukadnezars Evilmerodach (Amel-Marduk, 562–560). Überhaupt war der Kult des Gottes Marduk unter den Nachfolgern Nebukadnezars eine der entscheidendsten politischen Größen, dessen Machtstreben zu innenpolitischen Spannungen und dessen Geringschätzung vor allem durch Nabonids Sohn Belsazar zum endgültigen Machtverlust der einst so mächtigen Dynastie führte.[21]

Das Buch Esther diente zweifellos von Anfang an und nicht erst sekundär als Ätiologie des Purimfestes, das vielleicht tatsächlich in Susa, im Buch Esther Ort des Geschehens, entstand und auf ein babylonisch-persisches Fest zurückgehen könnte. Erzählungen, die das Leben der Juden im Exil schilderten, ihren Erfolg, aber auch den Neid und die Ränkespiele, denen sie ausgesetzt waren und die sie erfolgreich meisterten und als deren bekanntestes Beispiel die Danielerzählung Dan. 1–6 gelten kann, werden sich im Diasporajudentum naturgemäß großer Beliebtheit erfreut haben.

Beide Erzählungen jedoch, die von Judith wie die über Esther, gehören in ihrer im Alten Testament beziehungsweise seinen Apokryphen vorliegenden Form zur Gattung des historischen Romans, in dem sich historische Ereignisse zwar abbilden, der jedoch zentral keine Darstellung dieser Ereignisse beabsichtigt. Für die Einordnung der Zeit des sechsten Siegels ist die Nennung Judiths, Esthers und Mardochais daher wenig hilfreich. Doch die Betrachtung der historisch faßbaren Persönlichkeiten und ihrer Darstellung scheint zunächst kaum vielversprechender.

---

[21] Vgl. Herbert DONNER, Geschichte des Volkes Israel und seiner Nachbarn in Grundzügen 2, S. 365–368.

f) *Der Blick aus der Ferne: Darstellungen des Mittelalters*

Jener Nebukadnezar, dessen Feldherr Holofernes ist, wird von Joachim
in der Eröffnung des sechsten Siegels erstaunlicherweise als König
der Assyrer bezeichnet. Dabei ist der historische Nebukadnezar nicht
nur kein Assyrer, sondern im Gegenteil sogar der Sohn des Eroberers
des assyrischen Großreiches. Nebukadnezars Vater Nabopolassar war
im Jahr 612, also einige Jahre vor dem Regierungsbeginn seines
Sohnes, im Verein mit den Medern unter ihrem König Kyaxares in
Assyriens Hauptstadt Ninive eingezogen und hatte dem assyrischen
Großreich ein Ende bereitet. Doch Joachims scheinbar irrtümliche
Bezeichnung Nebukadnezars als Assyrer geschieht nicht ohne Grund
und hat viele Vorbilder. Die historische Überlieferung war nicht so
lückenhaft, daß das Mittelalter die verwirrenden Angaben der biblischen Bücher einfach hätte übernehmen können. Vielmehr sahen
sich mittelalterliche Exegeten durchaus mit der oft unlösbar schei-
nenden Aufgabe konfrontiert, die Nachrichten der Schrift und die
scheinbar präzisen Zeitangaben im Buch Esther und die Namensnennungen in den Büchern Judith und Daniel mit dem historisch
Verbürgten in Einklang zu bringen.

Im 12. Jahrhundert galt Nebukadnezar vor allem auch für Rupert
von Deutz als der Fürst Babylons schlechthin,[22] desjenigen Babylon
nämlich, das Eponym und geistige Heimat für alle Feinde der
Gläubigen ist, von Haman, der das jüdische Volk vom Erdboden
hinwegzufegen trachtete, über Antiochus bis hin zu Nero, der Schmach
des römischen Reiches,[23] und es galt als Symbol für die Gefangenschaft
der Gläubigen in der Welt.[24] Allgemein vertraut war die Gleichsetzung
Nebukadnezars mit dem Teufel.[25]

---

[22] Vgl. Rupert von Deutz, *Commentaria in duodecim prophetas minores*, PL 168, Sp.
231B.
[23] Vgl. Rupert von Deutz, *Commentaria in duodecim prophetas minores*, PL 168, Sp.
231BC. Als Vorläufer Neros gilt Nebukadnezar auch Gerhoch von Reichersberg,
Expositio in Psalmos, PL 194, Sp. 17.
[24] Vgl. Rupert von Deutz, *De sancta Trinitate et operibus eius*, CM 23, S. 1711,
Z. 634–614, PL 167, Sp. 1477B: Sed et ceteri omnes prophete fere in omnibus
quae loquuntur circa illam Babylonis captivitatem versantur, non quod illam tantummodo peccatori comminentur populo, sed quod illa typus fuerit captivitatis, qua
universaliter omnes homines in hujus mundi Babylone sub spirituali Nabuchodonosor
exsulamus; unde non nisi per poenitentiam, quam omnes prophetae concorditer
praedicant, et per Christi gratiam liberandi sumus.
[25] Vgl. Haimo, *Commentaria in Isaiam*, PL 116, Sp. 792A, ders., *Enarratio in duodecim prophetas minores*, PL 117, Sp. 60D: Spiritualiter ista quae de Nabuchodonosor

In seiner Auslegung des zwölften Kapitels der Apokalypse, in der er den göttlichen Heilsplan beschreibt, der mit dem Ausgang des Wortes an Abraham anhob und in der Schwangeren der Apokalypse versinnbildlicht wird, zählt Rupert von Deutz die sieben Reiche auf, mit denen Satan versucht, diesen Plan zunichte zu machen, und nennt darin an dritter Stelle die beiden Reiche der Assyrer und Babylonier, die Samaria und Juda den Untergang brachten, und an vierter das der Perser und Meder, unter denen Haman die Juden zu vernichten suchte.[26] Man könnte versucht sein anzunehmen, daß für das Mittelalter die Verhältnisse und Polaritäten des vorderasiatischen Raums um die Mitte der ersten vorchristlichen Jahrtausends schlichtweg räumlich und zeitlich so fern waren, daß es aus mittelalterlicher Sicht nur noch zwei Positionen gab, nämlich für oder wider das Gottesvolk, das doch tatsächlich nur ein Spielball der Mächte war und mehr oder minder am Rande der großen Ereignisse positioniert einmal mehr, einmal weniger unter dem Kriegsspiel der Mächtigen zu leiden hatte. Doch beide Annahmen wären mindestens für einen Teil der mittelalterlichen Exegeten, zu dem auch Joachim zu rechnen ist, gleichermaßen unzutreffend. Während für die Entstehung des Buches Judith angenommen werden kann, daß sein Verfasser keinesfalls wahllos und unkritisch Namen anhäufte, sondern sich ihrer als einer literarischen Technik bediente, um „den Machterweis Jahwes auf einem imposanten theatrum mundi spielen zu lassen",[27] überlegten mittelalterliche Exegeten mit einer keineswegs

---

dicuntur, possunt referri ad diabolum, ders., *Expositio in Apocalipsin*, PL 117, Sp. 1108C: Nabuchodonosor, id est diabolum, Paschasius Radbertus, *In lamentationes Jeremiae*, lib. IV, CM 85, S. 303, Z. 1843–1845, PL 120, Sp. 1233C, *Glossa ordinaria*, Liber Judith, ed. Adolph RUSCH, vol. 2 (Straßburg 1480/81, Nachdruck Turnhout 1992) S. 343 in marg., PL 113, Sp. 731D, Rupert von Deutz, *De sancta Trinitate et operibus eius*, In Danielem, CM 23, S. 1740, Z. 84–89, PL 167, Sp. 1501D, ders., *De victoria verbi Dei*, lib. VI, cap. 7, MGH Quellen zur Geistesgeschichte des Mittelalters 5, S. 190f., PL 169, Sp. 1342CD und Honorius Augustodunensis, *Speculum ecclesiae*, PL 172, Sp. 855A.

[26] Vgl. Rupert von Deutz, *Commentaria in duodecim prophetas minores*, PL 168, Sp. 530A. Als fünftes und sechstes Reich folgen die Makedonier oder Griechen und das Reich der Römer, während dessen Christus geboren wird, als siebtes folgt darauf das Reich des Antichristen. Diesen Gedanken entwickelt Rupert noch öfter, vor allem auch *Commentaria in Apocalypsim*, PL 169, Sp. 1066B–D. Ähnlich interpretiert auch Gerhoch von Reichersberg, *Commentarius aureus in Psalmos et cantica ferialis*, PL 193, Sp. 1433f., die sieben Häupter des Tieres Offb. 17,9f.

[27] Erich ZENGER, Art. Judith/Judithbuch S. 405. Das Buch Judith entstand gewiß in nachexilischer, spätpersisch/frühhellenistischer Zeit, wahrscheinlich um 150 v. Chr., vgl. ebd. S. 406. Es wurde früh mit dem Chanukkafest in Verbindung gebracht,

unkritischen Herangehensweise, wie sich die Angaben der Judith-erzählung mit den Nachrichten über die in Frage kommende Zeit in Einklang bringen lassen. Denn da im Buch Judith Nebukadnezars Feldherr sich anschickt, die aus dem Exil zurückgekehrten Juden anzugreifen, und Nebukadnezar selbst als König der Assyrer in dem (612 zerstörten) Ninive regiert, während eine jüdische Kultusgemeinde zu Jerusalem erst fast hundert Jahre später angesprochen werden kann, als das babylonische und erst recht das assyrische Reich längst besiegt worden waren, bestand auch für spätantike und mittelalter-liche Exegeten Erklärungsbedarf. Schon Eusebius findet dafür eine einfache Lösung, indem nämlich Nebukadnezar als Pseudonym für Kambyses II. erklärt wird, und dient damit mehreren mittelalter-lichen Exegeten als Beispiel.[28] Unter Kambyses existierte in der Tat

---

ist aber deuterokanonisch, d. h. nur im griechischen Kanon enthalten, ebd. S. 407, obwohl es möglicherweise auf ein hebräisches Original zurückgeht.

[28] Eusebius von Cäsarea, Die Chronik des Hieronymus (d. i., in der Übersetzung des Hieronymus, da die Chronik nur in dieser und einer armenischen Übersetzung, nicht aber im griechischen Original erhalten ist), ed. Rudolf Helm (Die Griechischen Schriftsteller der ersten Jahrhunderte 47, Eusebius, Siebenter Band, Berlin 1956) S. 104, scheint diese Interpretation als eine geläufige Ansicht zu kennen: Cambysen aiunt ab Hebraeis secundum Nabuchodonosor vocari, sub quo Iudith historia conscri-bitur. Ihm folgt Rabanus Maurus, *Expositio in librum Judith*, PL 109, Sp. 541D: Quidam quaerendum putant, historia Judith quo tempore, quibusve sub regibus edita fuerit; ob hoc maxime, quia ipsi reges in historia notati sunt, hoc est, Arphaxad et Nabuchodonosor, apud eos qui Assyriorum vel Medorum historias conscripsere, in ordine regum utriusque regni inserti non reperiuntur, ebd. Sp. 543C–D: Caeterum Eusebius in Chronicis suis asserit Cambysem filium Cyri, qui post patrem triginta annis regnantem octo annis in Perside regnavit, ab Hebraeis secundum Nabucho-donosor vocari, sub quo Judith historia conscripta sit. Sed quia ipsa historia Arphaxad dicit esse regem Medorum, et Nabuchodonosor regem Assyriorum, qui regnaret in Ninive, ipsumque Nabuchodonosor superasse regem Medorum, et obtinuisse eum, non invenio quomodo regnum Assyriorum a Medis atque Persis destructum atque vastatum rursus praevaluerit ipsis Medis, si Cambyses Nabuchodonosor esse intel-ligatur, nisi forte dicamus quod ipse Cambyses, quia gentes finitimas impugnare et Aegyptum superasse describitur, cum regnum Assyriorum atque Persarum eo tem-pore unitum erat, aliquem regem, nomine Arphaxad, in Media repugnantem vicerit, ac suo imperio subjugaverit. Sed ad hanc opinionem sequendam neminem invitum trahimus, eligat quisque quod sibi utile videatur tantum ut sensus ejus veritati non discordet. – Ähnlich die *Glossa ordinaria*, Liber Judith, ed. Rusch, vol. 2, S. 357 in marg., PL 113, Sp. 739A: Notare debet lector, utrum opinio vera sit, quod Cambises filius Cyri a plerisque iste Nabuchodonosor dictus sit, qui Persis, Medis et Assyriis imperavit, Honorius Augustodunensis, *De imagine mundi*, PL 172, Sp. 175C: Cambyses, qui et Nabuchodonosor, ders., *Gemma animae*, PL 172, Sp. 725C. Ihrer Ansicht widerspricht schon Sulpicius Severus, der Ochos, den er den zweiten Nachfolger des Artaxerxes nennt (was jedoch unter keinen Umständen zutreffen kann, gleich-gültig welcher König namens Artaxerxes gemeint ist), als den König der Judicherzählung annimmt, vgl. *Chronica*, lib. II, cap. 14, Sources Chrétiennes 441, S. 258, Z. 13–16, CSEL 1, S. 69f., PL 20, Sp. 137B.

eine wiedererstandene Kultusgemeinde in Jerusalem. Der Name
Kambyses taucht bei Joachim weder in *De septem sigillis* noch an
anderer Stelle auf, um als Erklärung für die doppelte Identität des
Nebukadnezar zu dienen. Nebukadnezar, König der Assyrer und des
Holofernes, König Babylons und Abbild des Fürsten dieser Welt
scheint von Joachim ebenso häufig wie wahllos verwendet worden
zu sein. Tatsächlich?

g) *Nebukadnezar und Holofernes in der Sicht Joachims von Fiore*

In *De vita sancti Benedicti* ist Nebukadnezar derjenige, der das Assyrerreich, das bereits seit dem vierten Siegel besteht, zu neuer Größe
bringt.[29] Er ist das Haupt des vierten Tieres der Vision Dan. 7 und
zugleich das scharlachrote Tier aus Offb. 17, dessen siebtes Haupt
das neuerstarkte Sarazenenvolk ist, das zur Zeit Papst Urbans fast
verloschen schien, nun aber die Christenheit erneut bedrängt.[30] Es
kämpft einmal gegen Babylon, das am Ende dieses Kampfes besiegt
wird, zum anderen gegen die Kirche, die am Ende überwindet.
Joachim betont ferner,[31] daß nicht Nebukadnezar selbst, sondern
Holofernes es ist, den Judith fällt, denn der Feldherr ist jener elfte
König Dan. 7,24, der *tempus et tempora et dimidium temporis* regieren
wird, über ihm aber steht der Vater der Lüge (nach Joh. 8,44), der
erst am Ende zerstört werden wird. Das Bild ist hier unklar, denn
im Danielbuch ist nach dem elften König die Rede von keinem weiteren Zerstörer; überhaupt wirkt die betreffende Passage in *De vita
sancti Benedicti* noch ungeschliffen.

Im zweiten Buch der *Concordia* wird Holofernes, der Feldherr des
Königs der Assyrer, als Haupt jener Verfolgung genannt, die derjenigen entspricht, deren Dauer Offb. 11,2 mit 42 Monaten angegeben wird. Auf die Verfolgung des Holofernes folgt die des Haman,

---

[29] *De vita sancti Benedicti*, ed. Baraut, S. 53.
[30] Gemeint ist Urban II. (1088–1099), während dessen Pontifikat nicht nur die
Mauren auf der iberischen Halbinsel zurückgedrängt wurden, sondern vor allem
auch der erste Kreuzzug ausgerufen wurde und Gottfried von Bouillon am 15. Juli
1099 Jerusalem eroberte. Zum inneren Zusammenhang der Geschehnisse auf beiden Schauplätzen vgl. Hans-Eberhard Mayer, Geschichte der Kreuzzüge (Stuttgart – Berlin – Köln ¹1965, ⁹2000) S. 23f., 31–34. Zu Urbans Rolle im Vorfeld
der Kreuzzüge vgl. ebd., S. 13f., und ebd. Anm. 5 (dort auch Literatur), zum
Verlauf und zum Ende des Kreuzzugs vgl. ebd. S. 40–59.
[31] *De vita sancti Benedicti*, ed. Baraut, S. 49.

ebenso wie der genannten 42monatigen Verfolgung diejenige des sogenannten Antichristen folgen wird.[32] Nebukadnezar wird nicht erwähnt.

Im dritten Buch der *Concordia* ist Nebukadnezar Ausführender der Verfolgung bei Judith, während für Esther zwischen dem König, unter dem die Verfolgung stattfand, und der Person des Verfolgers selbst unterschieden wird.[33]

Auch noch im zuletzt abgefaßten, fünften Buch der *Concordia* ist Holofernes jener elfte König Dan. 7,24f., sein Monarch der Teufel, der ja aber – anders als bei Nebukadnezar und Holofernes – über den Fall seines Dieners hinaus wirken müßte.[34] Beide Gestalten werden hier ganz nahe an den letzten großen Kampf und an das Ende der Zeiten herangerückt. Für die Verfolgung des Haman bleibt hier kein Raum mehr. Gleichfalls im fünften Buch der *Concordia*[35] ist Nebukadnezar eines der Häupter des scharlachroten Tieres Offb. 17, die zehn Könige der Apokalypse sind die Könige der Meder, die Babylon zerstörten, der elfte aber, der nur Dan. 7 genannt wird, ist Haman. Joachim erklärt, daß mit den Medern, die Babylon durchbohrten, die Perser gemeint seien (die 539 Babylon einnahmen), und ihre zehn Könige.[36] Nach der Verfolgung des elften König wird nun ein neuer Haman vorausgesagt, den Joachim mit dem Hinweis auf die Dan. 8 geschilderte Vision des Widders und des Ziegenbocks

---

[32] *Concordia*, fol. 24va.

[33] *Concordia*, fol. 41va (im Abschnitt über das sechste Siegel).

[34] *Concordia*, fol. 118vb.

[35] *Concordia*, fol. 128rb.

[36] Das persische Großreich hatte in der Tat zehn Könige: von Kyros bis Dareios III. Kodomannos, den Alexander der Große 331 besiegte. Joachim ist regelmäßig bemüht, zwischen Medern und Persern zu unterscheiden, was für das Mittelalter eher ungewöhnlich ist. Denn seit der Antike werden Meder und Perser häufig zusammen aufgeführt, eine Praxis, die den historischen Gegebenheiten eher zuwiderläuft. Eher schon könnten Babylonier und Meder zusammen genannt werden, da diese beiden Völker noch bei der Eroberung Ninives 612 (unter Nebukadnezar und Kyaxares) zusammenwirkten. Der letzte medische König wurde im Jahr 550 vom persischen König Kyros II. entthront. Dieser, der erste der achämenidischen Großkönige, gehörte einem Geschlecht an, das sich zuvor lange in Lehnsabhängigkeit von den Medern befunden hatte, bis schließlich Kyros 549 seine Hauptstadt Ekbatana einnahm. Nach dem Niedergang des persischen Großreichs wurde Medien zur Zeit der Seleukiden schließlich parthisch (Apg. 2,9 werden Meder und Parther gemeinsam genannt) und im dritten nachchristlichen Jahrhundert wiederum persisch. Im Alten Testament wird darum Persien oft medisch-persisch oder sogar nur medisch genannt (Dan. 5,28, Esth. 10,2; Jer. 51,11): der Name des unterlegenen Volkes drängte sich seinem Besieger nachhaltig auf.

erklärt, die dem Gesicht der elf Hörner unmittelbar angeschlossen ist. Was jenem schrecklichen König betrifft, dessen Reich am Ende dieser Vision angekündigt wird, ist sich Joachim jedoch nicht sicher, ob die genannten Ereignisse bereits eingetroffen sind oder noch eintreffen werden:[37] Die Reihe der Verfolger ist hier nun fast vollständig, ihre Schlachtordnung in Joachims Augen noch ungewiß.

In all diesen Konzepten wird trotz des langen Zeitraums, der zwischen der Abfassung der ersten und der letzten der betreffenden Passagen liegt, von einem Modell ausgegangen, das von demjenigen in *De septem sigillis* noch substantiell unterschiedlich ist. Am deutlichsten wird dies im vierten Buch der *Concordia*, in dem Joachim die Generationen Israels parallel zu denen der Kirche auflistet und in der 41. Generation die Geschichte Judiths zu verorten versucht.[38] Anders als für frühere Generationen in der Geschichte Israels, ist der genaue Umfang der Geschehnisse der 40. Generation unklar. Sie endet mit Jojachin und Zedekia. Doch beide sind nicht, wie die Könige Israels vor ihnen, mit dem Tod vom Thron geschieden, sondern wurden ja weggeführt und starben im Exil zu einem unbekannten Zeitpunkt, daher ist unbekannt, ob der Fall Babylons sich noch zu Lebzeiten ihrer Generation ereignete. Wenn, so Joachim, die Verfolgung der Judithterzählung sich abspielte, bevor Zedekia (587), der König von Juda, oder gar Jojachin (598) nach Babylon gekommen waren, dann entspricht die Verfolgung jener Generation, die unter der Türkenherrschaft begann (womit die Herrschaft der islamischen Völkerschaften subsummiert wird), derjenigen, die unter Nebukadnezar, König der Assyrer, geschah und im Buch Judith enthalten ist. Wenn sie, wie meist angenommen, sich später ereignete, dann entspricht

---

[37] *Concordia*, lib. V, fol. 128rb–va.

[38] Die Vorläufer dieser Generation sind wie folgt: In der 37. Generation Israels wird Josia nach Ägypten weggeführt und durch Jojakim ersetzt, in der Kirche regieren (1073–1099) die Päpste Gregor (VII.), Victor (III.) und Urban (II.). Die 38. Generation bestimmten Heinrich V. und Papst Paschalis (erwähnt ist die Gefangennahme des Papstes durch den Kaiser 1111). Mit dieser 38. Generation beginnt die Herrschaft der Chaldäer. In der 39. Generation regiert Jojachin nach seinem Vater Jojakim, wird nach Babylon weggeführt und durch seinen Onkel Zedekia ersetzt. In der Kirche der 39. Generation ist das große Schisma zwischen Oktavian und Alexander (III., 1159–81). Die 40. Generation der Kirche erlebt den Frieden zwischen Kaiser (Friedrich I.) und Papst Alexander. Der Frieden beginnt zu bröckeln unter den Päpsten Lucius (III., 1181–1185) und besonders Urban (III., 1185–1187, *Concordia*, lib. IV, fol. 55va–b). Die 40. Generation Israels fällt teils in die letzte Zeit der Freiheit in Jerusalem, teils in die Zeit der Gefangenschaft in Babylon.

das Böse, das durch diesen König geschah, dem Anfang all jener
Übel, die dem endzeitlichen Widersacher zuzuschreiben sind.[39]

In der 41. Generation, die dem Tag des Leidens Christi entspricht,[40] hatte Israel keinen König, und die Macht der Finsternis
war angebrochen. Dies war die Zeit Sealthiels, Sohn Jojachins und
Vater Serubbabels. Wurde sein Vater, König Jojachin, von Jerusalem
nach Babylon geführt, sein Sohn aber von Babylon nach Jerusalem,
so sei anzunehmen, daß er selbst sein Leben in Babylon begann und
beendete, zumal von keinem Aufenthalt Sealthiels in Jerusalem berichtet wird.[41] Serubbabel, dem Sohn Sealthiels, entspricht die 42.
Generation. Wann innerhalb der 41. Generation die Verfolgung der
Juditherzählung stattgefunden habe, sei ungewiß. Die Geschichte
Esthers ereignete sich zur Zeit Serubbabels, also ist auch hier in der
Kirche eine große Verfolgung zu erwarten, die Dan. 8,24 beschreibt.[42]
Wann die 42. Generation jedoch beginnt, ist dem Wissen Gottes
anheimgestellt.[43]

Eine andere Methode zur Bestimmung der zeitlichen Relation und
Funktion der Verfolger als die *concordia* in dem Werk, das nach ihr
benannt ist, wendet Joachim in seinem Apokalypsenkommentar an.

Im *Liber introductorius* der *Expositio* wird klar (und nur hier in der
Expositio thematisiert Joachim beide ausdrücklich), daß die Verfolgungen
unter Nebukadnezar und Artaxerxes dem sechsten Siegel zuzurechnen sind. Weiterhin wird deutlich, daß die Ausführenden jeweils nicht
die Herrscher selbst sind, sondern Holofernes, der Feldherr des
Assyrerkönigs Nebukadnezar, und Haman der Agagite, und daß die
zweite Verfolgung nach der ersten beginnt, gemäß Offb. 17,9f: *Septem reges . . . unus est, et unus nondum est*, nach dem Einsetzen der zwei-

---

[39] *Concordia*, lib. IV, fol. 55vb–56ra. Den endzeitlichen Kontext verdeutlicht Joachim
durch das Zitat 2. Thess. 2,7, wo von dem Wirken des letzten großen Widersachers
die Rede ist.

[40] Nicht nur hier in den ersten Büchern der *Concordia* wird explizit deutlich, daß
die Lebenszeit Jesu hier noch ganz in die Zeit des sechsten Siegels fällt, entsprechend der augustinischen Einteilung der Weltzeitalter analog zu den Tagen der
Schöpfung, vgl. *Concordia*, lib. IIIa, fol. 25va, fol. 37ra–vb: Das Kommen des Sohnes
und des Geistes fallen in diese Zeit, wie ja auch das Wirken der Propheten Ezechiel,
den bereits Papst Gregor mit Christus verglichen habe, und Daniel zum sechsten
Siegel gehört, ebd., lib. IV, fol. 42ra.

[41] *Concordia*, lib. IV, fol. 55vb.

[42] Beide Verfolgungen finden jedenfalls in der 41. Generation statt. In diesem
Zusammenhang verweist Joachim *Concordia*, lib. IV, fol. 56rb auf die Verkürzung
der sechsten Zeit hin. Die 42. Generation ist die Zeit des Sabbats.

[43] *Concordia*, lib. IV, fol. 56rb.

ten jedoch beide ihr Wirken vereinigen, um ihr Ziel zu erreichen.[44] Zehn Könige werden am Ende der sechsten Eröffnung gewütet haben, entsprechend dem mächtigen König der Meder, der Babylon zerstörte,[45] wobei Joachim durchaus für möglich hält, daß die Zehnzahl lediglich zur Verdeutlichung ihrer Macht dient. Doch für das elfte Horn und mit ihm den elften König bedarf es einer darüber hinausgehenden Erklärung. Mit der Verfolgung des Antiochus ist noch eine weitere Verfolgung zu erwarten, die Joachim hier in der *consummatio* des sechsten Siegels ansetzt: *Porro persecutionis ultime, que facta est sub Antiocho priusquam Dei Filius veniret in mundum, alia est causa misterii.*[46]

Nebukadnezar und Holofernes haben hier ihren endgültigen Ort gefunden, den sie auch in *De septem sigillis* behaupten. Nebukadnezar ist der Herrscher, Holofernes aber der Ausführende der ersten Verfolgung des sechsten Siegels. Die zweite Verfolgung des sechsten Siegels aber steht noch aus.

h) *Der unauslöschliche Haß: Die Verfolgung des Haman*

Nach der Verfolgung des Holofernes und (in *De septem sigillis*) vor der letzten Verfolgung geschieht die des Haman.[47] Haman, im Buch Esther Agagite, also Sohn bzw. Nachfahr des Amalekiterkönigs Agag

---

[44] Vgl. *Expositio, Liber introductorius*, fol. 4ra–va, 7vb–8ra.

[45] *Expositio, Liber introductorius*, fol. 5ra beschreibt Joachim, wie zur Zeit des sechsten Siegels die Meder aus ihrem Kerker befreit werden, um Babylon zu zerstören, wobei ihr König Darius zusammen mit Kyros in Babylon regiert.

[46] *Expositio, Liber introductorius*, fol. 5ra. Zur Erklärung dieses schwierigen Sachverhalts, den die biblischen Bücher, so Joachim, nicht hinreichend belegen, dient die Einschaltung der beiden Abschnitte über die drei *status* und die beiden *assignationes concordiae*. Zu ihr gehört auch die in der vorigen Anmerkung erwähnte Notiz über die Rolle der Meder.

[47] Tatsächlich ist auch diese Konzeption nicht von Anfang an bei Joachim vorhanden. So ist beispielsweise in seiner frühen Einführung in den Apokalypsenkommentar, die unter dem Titel *Praephatio* überliefert ist, noch ein anderes Modell vorhanden, bei dem die zweite Verfolgung des sechsten Siegels diejenige des Antiochus, in der Eröffnung des Siegels die des Antichristen. Die Verfolgung des Haman entfällt gänzlich, und das siebte Siegel ist frei von jeder Verfolgung, vgl. *Praephatio*, ed. SELGE, S. 115: Sextum autem signaculum percussionem Babilonis continet et iteratam Assiriorum persecutionem, quam liber continet, qui vocatur Judith, pro quibus sexto ecclesie tempore similia fore complenda sexta pars libri manifeste demonstrat. Secuta est sub eodem signaculo Antiochi seva tempestas; sequetur in ecclesia tribulatio Antichristi, que omnibus preliis dabit finem. [Apercio septimi sigilli] Septimum signaculum finem legi imponit, septima apertio cuncta docet esse completa.

genannt,[48] der 1. Sam. 15 als Sauls Gegenspieler auftritt, wird schon
damit als Erbfeind Israels gekennzeichnet. In der *Concordia* zitiert
Joachim die bekannte Interpretation des Namens Haman als *iniqui-
tas*.[49] Zu den vielen Unsicherheiten, die die Berichterstattung der
Schrift bedinge, gehöre die Identität des Königs der Esthergeschichte,
nämlich ob es sich um denselben handele, der Esras und Nehemias
Sendung veranlaßt habe.[50] Zur Zeit Serubbabels jedenfalls sei sie
schon Vergangenheit gewesen.[51]

Eusebius von Cäsarea nimmt als Herrscher der Esthererzählung
Artaxerxes II. Mnemon (404–359/8) an und verwirft die Meinung,
es habe sich um Artaxerxes I. Longimanus (465/4–425) gehandelt.[52]
Doch genau dieser Ansicht ist Joachim: Denn Mardochai gehöre
nach der Schrift zu dem Kreis derer, die Nebukadnezar mit Jojachin
598 deportiert habe, könne also geradezu unmöglich fast zweihun-
dert Jahre später noch am Leben sein, gar Hofdienst tun und eine
heiratsfähige Nichte haben.[53] Er nimmt an, daß Esra und Esther
Zeitgenossen waren, der Beginn der Geschichte Esras jedoch vor der
Esthers gewesen sei.[54] Der Hinweis auf die Zeit des Kyros, dessen
Edikt im ersten Esrabuch enthalten sei[55] und der zusammen mit dem

---

[48] Esth. 3,1.10; 8,3; 9,6.24. Wie auch Rabanus Maurus angibt, geht die Erklärung
für Hamans Herkunft *de stirpe Agag* als Nachfahre des Amalekiterkönig auf Josephus
zurück, vgl. Flavius Josephus, *Antiquitates Iudaicae*, lib. XI, ähnlich Rabanus Maurus,
Expositio in librum Esther, PL 109, Sp. 652C.

[49] *Concordia*, lib. V, fol. 121rb. Sie geht zurück auf Hieronymus, *Epistola 22 ad
Eustochium de custodia virginitatis*, CSEL 54, S. 173, Z. 10, PL 22, Sp. 408, ders.,
Epistola 53 ad Paulinum de studio scripturarum, CSEL 54, S. 461, Z. 19f., PL 22, Sp.
548, und wird unter anderem von Isidor von Sevilla, *Etymologiae*, PL 82, Sp. 233A,
Rabanus Maurus, *Expositio in librum Esther*, PL 109, Sp. 635C und ders., *De universo*,
PL 111, Sp. 109A und Petrus von Blois, *De divisione et scriptoribus sacrorum librorum*,
PL 207, Sp. 1055A zitiert.

[50] *Concordia*, lib. IV, fol. 55rb–va.

[51] *Concordia*, lib. IV, fol. 56rb.

[52] Eusebius, Die Chronik des Hieronymus, GCS 47/7, S. 110.

[53] *Expositio, Liber introductorius*, fol. 4rb, vgl. Esth. 2,6. Ähnlich argumentiert Sulpicius
Severus, *Chronica*, lib. II, cap. 12f., Sources Chrétiennes 441, S. 250f., Z. 3–14,
S. 256, Z. 46f., CSEL 1, S. 67f., PL 20, Sp. 135D, 136D–137A.

[54] *Expositio, Liber introductorius*, fol. 4rb.

[55] *Expositio, Liber introductorius*, fol. 7vb: Ut enim legimus in libro Esdre, quod etiam
libri Regum in extrema sui parte commemorant, primo anno quo Cyrus Persa reg-
nare cepit, et utique, ut doctores dicunt, una pariter cum Dario Medo qui percus-
sit Baltasar et regnum eius et primus de genere Medorum regnasse legitur in
Babilone, universo regno suo scribi fecit edictum, ut quicumque esset in eo de semine
Iudeorum velletque ascendere in terram Iuda ad restaurandam domum Dei quam
succenderant Caldei, ascenderet ad eam secure accepta licentie libertate, et ceteri
de locis suis, unusquisque prout vellet et posset subsidia libere ministraret, vgl. Esr.
1,1–4 und 6,3–5.

Meder Darius das babylonische Großreich besiegt habe,[56] durch dessen Vernichtung die Rückkehr der Kinder Israel erst ermöglicht wird, und die nachfolgende Zeit Esras macht die unglückliche Lage deutlich, in denen sich der mittelalterliche Denker wie vor ihm die antiken Historiographen befunden haben: ist doch mit der Erwähnung des Kyrosediktes bereits die Rückkehr aus dem Exil vorauszusetzen, während andererseits die Esthererzählung, die nach den Begebenheiten des Buches Esra spielen soll, noch von der Situation der Exulanten, jedoch nunmehr am persischen Hof, auszugehen hat. Die Juditherzählung dagegen, die vor dem Estherbuch zu spielen hat, setzt schon spätnachexilische Verhältnisse voraus. Der Versuch, diese Sachverhalte zusammenhängend darzustellen, ohne geradezu den biblischen Quellen offen zu widersprechen, bringt notwendig bruchstückhafte Ergebnisse und offene Fragen mit sich. Daß die Geschichte Esthers von Esra aufgeschrieben worden sei,[57] erwähnt Joachim auffallenderweise nicht, wenngleich er diese These schon aufgrund der Berühmtheit ihrer Vertreter mit großer Wahrscheinlichkeit kannte. Vermutlich unterließ er ihre Erwähnung mit gutem Grund: Denn sie wird unwahrscheinlich, wenn gleichzeitig angenommen wird, daß die Geschichte Esras der Esthers um einiges voranging. Andererseits würde er ihr doch kaum offen widersprochen haben.[58]

---

[56] Vgl. *Expositio, Liber introductorius*, ebd. – Die auch von Joachim offenbar mit einer gewissen Zurückhaltung wiederholte Annahme, Kyros habe mit dem Meder Darius zusammen die Babylon erobert, mutet zunächst merkwürdig an, da zwar Nebukadnezar II. gemeinsam mit dem Meder Kyaxares 612 Assyriens Hauptstadt Ninive eroberte, der Perser Kyros II. hingegen 550, also vor dem Kyrosedikt, seinerseits das medische Reich unter Astyages vielmehr erobert und eingenommen hatte. Mit dem Meder Darius, der im Danielbuch genannt ist, dem Bezwinger des Belsazar, und der der Sohn eines Xerxes, Vorfahr eines Kyros sein soll, könnte Dareios I. Hystaspes (522–486) gemeint sein, der Nachfolger des Kambyses, mit dem eine neue Dynastie der achämenidischen Großkönige begann, falls es sich nicht überhaupt um eine Namensverwechslung handelt (der allerdings auch lange nach Belsazar regierte). Die beiden späteren Herrscher dieses Namens kommen weder für diese Stelle noch für Joachim im *Liber introductorius* in Betracht. Daß Meder und Perser zusammen Babylon einnahmen, wird etwa auch bei Hieronymus, *Commentaria in Esaiam*, SL 73, S. 202, Z. 63f., PL 24, Sp. 189C, angegeben.

[57] Augustinus, *De civitate Dei*, lib. XVIII, cap. 36, SL 48, S. 631, Z. 4–6, PL 41, Sp. 596. Vor Augustinus wurde diese Meinung bereits von Eusebius von Cäsarea vertreten, vgl. ders., Die Chronik des Hieronymus, S. 110, 117. Vgl. Isidor von Sevilla, *Etymologiae*, PL 82, Sp. 233A, Rabanus Maurus, *De universo*, PL 111, Sp. 109A.

[58] Im *Liber introductorius* der *Expositio*, fol. 4ra wird Esra als möglicher *terminus ante quem* für das Ende der sechs Siegel genannt. Danach stellt Joachim Überlegungen über die zeitliche Reihenfolge Esras und Esthers an und kommt zu dem Schluß kommt, daß es zulässig sei, Esra als Abschluß der sechs Siegel zu sehen, vgl. ebd. fol. 4rb.

Im Laufe ihres Fortlebens gewann die Geschichte Esthers in noch viel größerem Umfang als die Judiths an dramatischer Größe und eschatologischer Relevanz. Die universale Bedrohung, die durch Hamans Plan, das ganze Volk der Juden mit einen Mal zu vernichten, über dem auserwählten und doch so hilflosen Volk schwebt, hallt noch Jahrhunderte lang nach und kann doch von christlichen Schriftstellern so grotesk umgedeutet werden, daß Haman als die Personifizierung des blutgierigen jüdischen Volkes aufgefaßt wird, das schließlich sogar Jesu Leben und das seiner Jünger und Apostel anzutasten wagte.[59] Seine Grausamkeit, die ihn den Untergang des gesamten jüdischen Volkes wünschen läßt, ist sein hervorstechendster Wesenszug.[60] Zum Reich der Meder und Perser, das, wie nach Hieronymus auch Rupert von Deutz annimmt, in Daniels Nachtgesichten als zweites der vier Tiere erscheint,[61] die den Seher ängstigten,[62] gehört diese Grausamkeit des Haman als die Exemplifizierung der schrecklichen Macht des Tieres.[63] Das Reich der Meder und Perser, dem Haman angehört, ist aber auch das vierte Haupt des roten Drachens, der in Offb. 12 die in die Wüste fliehende Frau und ihr Kind bedrängt,[64] und das vierte Haupt des siebenköpfigen Tieres

---

[59] So Rabanus Maurus, *Expositio in librum Esther*, PL 109, Sp. 652C: Potest et per Aman istum Agagiten, quem Josephus de stirpe Amalec esse editum narrat, Judaeorum populus sanguinolentus figurari, qui prophetas occiderunt, et ipsum Dominum prophetarum atque apostolos ejus interficere non timuerunt. Ähnlich die *Glossa ordinaria*, Liber Esther, ed. Rusch, vol. 2, S. 362, die Haman als Typos des Mörders der Propheten und ihres Herrn und seiner Apostel zeichnet. (Eine vergleichbare Aussage findet sich in der *Glossa*-Ausgabe der PL nicht.)

[60] Vgl. Rupert von Deutz, *Commentaria in duodecim prophetas minores*, PL 168, Sp. 193C.

[61] Hieronymus, *Commentaria in Danielem*, SL 75A, S. 839–841, Z. 492–530, PL 25, Sp. 529A–D, Rupert von Deutz, *Commentaria in duodecim prophetas minores*, PL 168, Sp. 193CD, und öfter, ebenso Petrus Comestor, *Historia scholastica*, PL 198, Sp. 1454B. Es würde zu weit führen und den Umfang des Textes beträchtlich anschwellen lassen, wollte man hier auch die Umgebung des jeweils mit dem Meder- und Perserreich identifizierten Tieres bzw. Tierhauptes kennenlernen, obgleich gerade auch dieser Vergleich einen weiteren Überblick gewährte. Vielleicht genügt es zu bemerken, daß in den meisten Fällen und Anordnungen nach dem Reich der Meder und Perser Hamans noch ein weiteres kommt, in dem Antiochus gleichzeitig herrscht und Haupt und Initiator der Verfolgung ist, danach aber das römische Reich, das bis jetzt andauere, und nach diesem das des Antichristen.

[62] Vgl. die Beschreibung des Visionserlebnisses Dan. 7,1.

[63] So bei Rupert von Deutz, *Commentaria in duodecim prophetas minores*, PL 168, Sp. 193C. Mehrfach bezeichnet Rupert Haman auch als ein Ebenbild des Teufels, vgl. *De victoria verbi Dei*, lib. VIII, cap. 24, MGH Quellen zur Geistesgeschichte des Mittelalters 5, S. 268, PL 169, Sp. 1395B.

[64] Vgl. Rupert von Deutz, *Commentaria in Cantica canticorum*, CM 26, S. 92f., Z. 300–327, PL 168, Sp. 901B.

Offb. 13, dessen zu Tode getroffenes Haupt auf wundersame Weise wiederersteht.[65] Für Gerhoch ist dasselbe Reich der vierte der sieben Könige, die Offb. 17,10 nennt.[66] Angefangen hat dieses Reich, so Joachim, mit der Ermordung Belsazars, des Königs der Chaldäer und Sohnes Nebukadnezars, durch Darius, König der Meder und Perser, der zusammen mit Kyros, dem König der Perser, herrschte.[67] Joachim bezeichnet Haman als Makedonier[68] und Zeitgenossen Nebukadnezars, des Assyrerkönigs. Mit ihm habe die Verfolgung der Makedonier eingesetzt, da ja auch Alexander (der gleichwohl nicht in der Reihe der Verfolger auftaucht) und Antiochus Makedonier gewesen seien.

Joachims Anschauung geht dabei auf einen Vers des Estherbuchs zurück, der ursprünglich nicht zum ursprünglichen, kanonischen Textbestand gehörte. Zusammen mit anderen, ähnlichen Zusätzen steht er in der Vulgata seit Hieronymus als Esth. 16,10 am Ende des kanonischen Buches; in der Lutherbibel finden sich diese Zusätze unter den Apokryphen. Haman wird darin als Makedonier bezeichnet, der heimlich den Seleukiden angehört, während die Angehörigen des jüdischen Volkes als pro-persisch eingestellt geschildert werden. Anders als auf Elemente des ebenfalls diesen apokryphen Zusätzen zugehörigen Traums Mardochais, in dem Mardochai und Haman als Drachen geschildert werden,[69] gehen die Exegeten des Estherbuchs auf diese Aussage gewöhnlich nicht ein. Für Joachim hingegen gewinnt dieser Vers besondere Bedeutung. Mit ihm als Grundlage wird die zweite Verfolgung des sechsten Siegels, deren Akteur Haman ist, zur makedonischen Verfolgung. Damit nimmt Joachim eine Attributierung vor, die die zweite Verfolgung des sechsten Siegels aufgrund der jahrhundertealten Verknüpfung des Makedoniers Antiochus mit der Figur des Antichristen nun auch ohne Antiochus selbst zur Vorausabbildung der endzeitlichen Verfolgung des Antichristen lassen werden kann. Antiochus als Prototyp der endzeitlichen Verfolgung wird

---

[65] Vgl. Rupert von Deutz, *De glorificatione Trinitatis*, PL 169, Sp. 62C–63A.

[66] Vgl. Gerhoch von Reichersberg, *Commentarius aureus in Psalmos et cantica ferialis*, PL 193, Sp. 1433f.

[67] *Expositio*, *Liber introductorius*, fol. 7vb; vgl. Dan. 5,30f. Chaldäisch nannte man die Dynastie der babylonischen Herrscher, der auch Nebukadnezar angehörte, nachdem mit Nebukadnezars Vater Nabopolassar (625–605) die südbabylonischen aramäischstämmigen Chaldäer die Macht über das neubabylonische Großreich übernommmen hatten.

[68] *Concordia*, lib. IV, fol. 55rb, *Expositio*, *Liber introductorius*, fol. 4ra, 8ra.

[69] Die Erwähnungen dieses Traums sind in der exegetischen Literatur des Mittelalters in der Tat überaus häufig.

so über das sechste Siegel hinaus in das siebte verschoben. Der Verfolgung des Antiochus entspricht in *De septem sigillis* nicht mehr die endzeitliche Verfolgung des Antichristen, die die zweite Verfolgung des sechsten Siegels ist. Diese Rolle übernahm Haman. Die Verfolgung des Antiochus, die letzte Verfolgung im Alten Testament ist, entspricht einer parallelen zukünftigen Verfolgung. Bei dieser künftigen, letzten Verfolgung aber handelt es sich nicht um die des Antichristen (die zu dieser Zeit bereits Vergangenheit sein wird), sondern um eine noch spätere, die die des Antichristen überbietet.

Durch die von Joachim vorgenommene Neuinterpretation des Haman als Makedonier, Vorgänger des Antiochus und alttestamentliches Vorbild des Antichristen, ist der Auftritt des Antiochus selbst und seiner endzeitlichen Entsprechung also gewissermaßen um ein Siegel bzw. eine Eröffnung weiter nach hinten verschoben worden. Die exegetische Grundlage dafür findet Joachim in Esth. 16,10. Kein Exeget und Geschichtstheologe vor ihm scheint diesen Vers bemüht zu haben. Nicht ohne Grund: Denn niemand vor Joachim hat eine weitere Verfolgung nach derjenigen am Ende der sechsten Zeit angenommen, niemand vor ihm hat die siebte, friedvolle Zeit mit dem Schatten einer Verfolgung zu verdunkeln gewagt. Darum ergab sich auch noch nie zuvor die Notwendigkeit, bereits die zweite Verfolgung des sechsten Siegels mit den Attributen des Antichristen zu versehen, wie Joachim es hier, unter Berufung auf Esth. 16,10, tut.

Es handelt sich dabei um eine Entwicklung, die sich in Joachim Werk bereits lange vor der endgültigen Darstellung seiner Sicht dieser Abläufe in *De septem sigillis* abzeichnete. Sie klingt an, wenn Joachim in der *Concordia* den Zerstörungswillen und die schreckliche Macht der Assyrer und Makedonier, die das jüdische Volk in seiner Existenz bedrohen, beschreibt,[70] und auf den Zusammenhang zwischen der Verschwörung Hamans und dem Reich Alexanders, dem Haman angehört, hinweist.[71] Doch die Verschwörung mißlingt, das Reich der Perser bleibt bestehen, und Babylon – verkörpert durch Nebukadnezar, dessen Feldherr Holofernes bereits der Judith unterlag – wird besiegt.

Über das zeitliche Verhältnis der beiden Verfolgungen des sechsten Siegels und seiner Eröffnung ist Joachim nicht zu jedem Zeitpunkt

---

[70] *Concordia*, lib. V, fol. 64rb–va.
[71] *Concordia*, lib. IV, fol. 55rb.

derselben Meinung gewesen. In der *Concordia* wird noch von zwei nacheinander stattfindenden Verfolgungen ausgegangen, zwischen denen dem Gottesvolk eine kurze Pause gegönnt wird.[72] An anderer Stelle thematisiert Joachim die Zeitspanne zwischen den beiden Verfolgungen noch stärker und bezeichnet sie als *remedium*.[73] Auch in Teilen des Apokalypsenkommentars geht Joachim noch von diesem Modell aus, das ein Aufatmen der Gläubigen ermögliche.[74] Verbirgt sich hier Joachims Rezeption des Gedankens vom *refrigerium sanctorum*? Denn dies wäre wohl die einzige Form, in der Joachim diese Vorstellung in sein System integriert haben könnte. Darüberhinaus gibt es in ihm dafür keinen Raum. In der Tat legt Joachims Wortwahl diese Vermutung nahe. In einem früheren Stadium der Entwicklung, als es in *De septem sigillis* sichtbar wird, hat Joachim offensichtlich auf diese traditionelle Vorgabe reagiert, indem er die Zeit des *refrigerium* als Unterbrechung zwischen den beiden Verfolgungen des sechsten Siegels, denen der damaligen Sichtweise nach keine weitere folgte, interpretierte. In einem Modell, das keine Nacheinanderreihung der beiden Verfolgungen, keine Unterbrechung der Trübsal durch eine friedliche Zeit mehr vorsah, sondern beide Verfolgungen eine Zeitlang nebeneinander darstellte, ist der Gedanke des *remedium* an dieser Stelle offenkundig aufgegeben. Die überirdische Qualität des *refrigerium* findet sich erst wieder, wenn auch mit einer anderen als der traditionellen Begründung, zur Zeit des siebten Siegels und seiner Eröffnung.[75]

---

[72] *Concordia*, lib. IIIb, fol. 41vb: Verum quia tempus sextum duplex esse prediximus, liquet quod inter duas tribulationes futurum est haud dubium spatium quantulecunque pacis, ut, qui poterunt prioris pertransire supplicia, queant resumptis viribis tollere sequentem. Von einer friedvollen Phase zwischen den beiden Verfolgungen, denen jeweils eine Sabbatzeit folgt, ist auch *Psalterium*, lib. II, fol. 271rb die Rede.

[73] *Concordia*, lib. IIIa, fol. 25vb.

[74] *Expositio*, pars VI, fol. 196vb: Porro inter sextam persecutionem et aliam que erit sub illo rege de quo dicitur: et unus nondum venit (Offb. 17,10), futurum est breve temporis spatium ad respirationem fidelium, deficiente in persecutione Babilonis imperio.

[75] Zum *refrigerium sanctorum* vgl. Robert E. LERNER, Refreshment of the Saints, S. 116–118, der noch annimmt, daß Joachims Gedanke einer endzeitlichen Friedenszeit in der Eröffnung des siebten Siegels auf der Berechnung des Hieronymus und seinen mittelalterlichen Rezipienten beruhe, vgl. auch S. 50 und ebd. Anm. 57 und S. 206f. Die vermutlich einzige Form, in der Joachim diesen Gedanken jedoch tatsächlich rezipierte, scheint sich hier zu finden; als Vorbild für die Friedenszeit des siebten Siegels und seiner Eröffnung tritt er jedenfalls nicht in Erscheinung.

Auch im *Liber introductorius* der *Expositio* ist keine Ruhephase zwischen den beiden Verfolgungen der sechsten Zeit vorgesehen: Die Herrschaft des siebten Königs nach Offb. 17,10 beginnt, bevor die des sechsten zu Ende ist. Er ist derjenige, von dem Daniel spricht: *Surget rex impudens facie ... et supra quam credi potest universa vastabit.*[76] Der Text von *De septem sigillis* gibt keine Anhaltspunkte dafür, von welchem Modell hier auszugehen ist. Jedenfalls ist von keiner Phase des Friedens zwischen den Verfolgungen die Rede, so daß eher anzunehmen ist, daß Joachim hier das dem Bild von *De septem sigillis* nähere Modell des *Liber introductorius* gewählt haben würde, hätte die Notwendigkeit einer detaillierten Bestimmung der Abfolge der Verfolgungen bestanden.

i) *Der Untergang Babylons im sechsten Siegel und seiner Eröffnung*

Zentrales Ereignis des sechsten Siegels, das auch für seine Eröffnung von großer Bedeutung sein wird, ist die in *De septem sigillis* zu Beginn des sechsten Siegels angekündigte Zerstörung Babylons. Gleichwohl ist mit ihr für das Gottesvolk noch nicht das Ende aller Trübsal gekommen. Mit Blick auf die danach geschilderten Ereignisse könnte man versucht sein, eher das Gegenteil anzunehmen, gewinnen doch nach dem Ende Babylons die Bedrohungen eine noch universalere Dimension. Doch die Zerstörung der dominierenden politischen Macht bedeutet in jedem Fall für die ihr Unterworfenen einschneidende Veränderungen. Sie ist elementarer Bestandteil des sechsten Siegels[77] und des sechsten Teils der Apokalypse, wie Joachim auch in seinem Kommentar zu Beginn dieses sechsten Teiles erwähnt.[78] Die Bedeutung

---

[76] *Expositio, Liber introductorius,* fol. 8ra–b, vgl. Dan. 8,23f. An dieser Stelle des *Liber introductorius* wird allerdings auch noch davon ausgegangen, daß alle drei Verfolgungen, die des Holofernes, des Haman und des Antiochus, zur Zeit des sechsten Siegels stattfinden, eine Vorstellung, die nur als Übergangsmodell angesehen werden kann, und die sogar von der oben angeführten Stelle des fünften Buches der *Concordia* als überholt angesehen werden kann, an der der Danielvers auf den Verfolger nach Haman gedeutet wird, allerdings ohne eine Zuordnung der Verfolger auf die Zeiten der Siegel, die eindeutige Rückschlüsse auf die Reihenfolge der Abfassung beider Passagen zuließe. Im Hinblick auf eine endgültige Datierung des *Liber introductorius* kann hier festgehalten werden, daß jedenfalls ein deutlicher Abstand in der Entwicklung von hier bis zu *De septem sigillis* festzustellen ist.
[77] *Concordia,* lib. I, fol. 5rb, lib. IIIa, fol. 37vb, lib. IIIb, fol. 41va, *Expositio, Liber introductorius,* fol. 6vb, 7vb, 9vb, 16ra.
[78] *Expositio,* pars VI, fol. 191vb.

seiner Neueinteilung der Apokalypse für Joachim wird dabei deutlich.[79] Indem er den sechsten Teil der Apokalypse mit Offb. 16,18 beginnen läßt, unmittelbar nach dem Ausgießen der siebten Schale, und die darauf folgenden Ereignisse – das Erdbeben und den Zerfall Babylons – mit Gericht über die große Buhlerin und ihrer endgültigen Aburteilung (Offb. 17,1–19,10) und in der Folge mit der Niederlage des Tiers und des falschen Propheten Offb. 19,11–21 verbindet, schafft Joachim eine große Sinneinheit, in der die letzte Schlacht und Niederlage Babylons, aber auch der darauf folgende Kampf und sein Ende zusammengefaßt und enthalten sind.[80]

Von der Einnahme Babylons durch Kyros 539 v. Chr. und dem Ende des neubabylonischen Reiches war bereits die Rede. Mehr Fragen wirft die Zerstörung des neuen Babylon auf, die in *De septem sigillis* als futurisch geschildert wird. Über die Identität seiner Bevölkerung läßt Joachim keinen Zweifel. Nicht etwa eine politische Größe, ein Reich oder einer der Großen seiner Zeit ist es, den Joachim mit dem neuen Babylon identifiziert, sondern diejenigen, die sich mit dem Namen Christi schmücken, in Wahrheit jedoch der Synagoge des Satans angehören. Dies verneint einerseits jede Zuweisung an eine bestimmte historische Größe, schließt jedoch auch keinen einzelnen Vertreter einer solchen aus. Keinesfalls ist in *De septem sigillis* mit dem neuen Babylon das staufische Herrscherhaus, das Sarazenenreich oder der Islam selbst, noch gar die Kirche oder bestimmte, festgefügte Gruppierungen innerhalb derselben gemeint.

Einmal allerdings nimmt Joachim eine Identifizierung des neuen Babylon vor, die auf bestimmte historische Personen und Ereignisse gemünzt zu sein scheint.[81] Ohne diese Passage vorschnell als prostaufisch zu deuten, sollte sie doch im Blick behalten werden, wenn es

---

[79] Zu Joachims veränderter Einteilung der Apokalypse vgl. S. 98, Anm. 2 und S. 164f.

[80] In den Einteilungen der Apokalypse nach Haimo, Ambrosius Autpertus und Beda, aber auch Bruno von Segni wird die Beschreibung der Ereignisse um die Niederlage Babylons jeweils unterschiedlich in mehrere Abschnitte aufgeteilt, vgl. Wilhelm KAMLAH, Apokalypse und Geschichtstheologie, S. 20f.

[81] *Expositio*, pars V, fol. 190va: Si autem aque huius fluminis quod vocatur Eufrates, populi sunt et gentes et lingue (Offb. 17,15) que parent romano imperio, siquidem civitas romana ipsa est nova Babilon, quid est quod ad effusionem phyale siccantur aque eius, nisi quia pro eo quod ipsi qui presunt non suscipiunt correctionem, iusto omnipotentis Dei iudicio debilitantur vires eorum, ut deficientibus exercitibus suis non sit qui resistat regibus et tirannis, qui – sicut in sexta parte plenius continetur – venturi sunt ad percutiendum regnum ipsius Babilonis?

gilt, Joachims Urteil über Kaiser und Reich im Verhältnis zum Papsttum zu beurteilen. Insgesamt erinnert einiges darin an Konstellationen, die Joachim zur Abfassung seiner kurzen Schrift *Intelligentia super calathis* veranlaßten und die auch in der Eröffnung des fünften Siegels thematisiert wurden. Dabei geht es immer um das rechte Verhalten der Kirche Christi und ihrer Mitglieder im Umgang mit weltlicher Macht in ihren verschiedenen Erscheinungsformen (wobei bei weitem nicht immer nur an das aus deutscher Forschersicht vorrangige Kaisertum zu denken ist), ein Problem, das in ähnlicher Situation etwa auch Gerhoch von Reichersberg zu eindringlichen Ratschlägen an die Adresse der Kurie veranlaßt hatte.[82] Immerhin wird wenig später in der *Expositio* der Überwinder Babylons mit dem elften König Dan. 7,24 identifiziert, was auch einer eindeutig prostaufischen Interpretation widersprechen würde.[83] Nicht zu vergessen sind auch innerkirchliche Kontroversen, die einerseits dogmatischer Art sind (über welche schon viel gesagt wurde),[84] andererseits aber auch die im 12. Jahrhundert zusehends Raum greifende und nicht zuletzt in Innocenz III. auf dem Papstthron ihre Verkörperung findende Bedeutung der Rechtsgelehrsamkeit.[85] – An anderer Stelle sieht sich Joachim als Mitglied einer Schar von Exulanten, deren „Babylon", das die Kirche zur Magd erniedrigt hat, ihnen den Lobpreis verbietet, bis der von den Chaldäern zerstörte Tempel aus lebendigen Steinen (in Anspielung auf 1. Petr. 2,5) wiederaufgebaut werden wird.[86] Die Kirche erwartet dann eine so freudige Zeit, wie es sie seit den Tagen Konstantins nicht wieder gegeben habe.[87]

---

[82] Vgl. Karl WENCK, Die römischen Päpste zwischen Alexander III. und Innozenz III. und der Designationsversuch Weihnachten 1197, S. 419.

[83] *Expositio*, pars VI, fol. 196vb.

[84] Vgl. etwa die entsprechenden Kapitel bei Axel MEHLMANN, *De unitate trinitatis*, sowie zuletzt Robert E. LERNER, Joachim and the Scholastics, in: Gioacchino da Fiore tra Bernardo di Clairvaux e Innocenzo III. Atti del 5° Congresso Internazionale di studi gioachimiti. S. Giovanni in Fiore, 16–21 settembre 1999, a cura di Roberto RUSCONI (Opere di Gioacchino da Fiore: testi e strumenti 13, Rom 2001) S. 251–264.

[85] Ohne die Persönlichkeit Innocenz' darauf einengen zu wollen, trägt seine Person doch diesen neuen Strömungen Rechnung, die bereits in der Mitte des 12. Jahrhunderts innerhalb der Kirche Geltung fanden und Gerhoch von Reichersberg, aber auch vor ihm Bernhard von Clairvaux zu empören, mindestens im Fall Gerhochs weitgehend ungehörten Appellen „gegen die Neuerungen dieser Zeit" an die Kurie veranlaßten, vgl. Winfried STELZER, Gelehrtes Recht in Österreich. Von den Anfängen bis zum frühen 14. Jahrhundert (Mitteilungen des Instituts für Österreichische Geschichtsforschung, Ergänzungsband 26, Wien – Köln – Graz 1982) S. 13f.

[86] *Expositio*, pars VI, fol. 203ra–b.

[87] Konstantin hat hier wohl als Eponym einer Zeit zu gelten, in der Kirche und

Die wahre Identität des neuen, gegenwärtigen Babylon, so Joachim in *De septem sigillis*, ist die Synagoge des Satans, ein Begriff aus Offb. 2,9 und 3,9, der dort beide Male auf vorgebliche Juden bezogen wird. Ebenso erklärt Joachim das neue Babylon im sechsten Teil der *Expositio*.[88] Im vierten Teil der *Expositio* bezeichnet Joachim Herodes als Vorsteher der *synagoga sathane*, die das Gegenbild zur Kirche darstellt, deren Fürst Petrus ist.[89] Es ist schwer vorstellbar, daß Joachim zum Zeitpunkt der Abfassung von *De septem sigillis* mit dem neuen Babylon allzu konkrete Zuweisungen hätte verbinden wollen. Angesichts der Perspektiven, die der Autor von *De septem sigillis* vor sich sah, die nach der Zerstörung des neuen Babylon eine neue, noch allgemeinere Verfolgung, eine letzte Ruhe und Verfolgung und den Beginn einer genuin anderen Zeit, die die Ewigkeit ist, vor sich sah, erscheint die Konzentration auf menschliche Personifizierungen des Gegners als unzulässige Engführung. Eine konkrete einflußreiche, durch einen gemeinsamen Nenner verbundene Gruppe, sämtlich bloß vorgebliche Christen, die durch die Hand einer noch mächtigeren Gemeinschaft, die dem Kyros des Alten Testaments entspricht, mit einem Schlag ausgelöscht werden könnte, ist schwer denkbar. Ebensowenig ist anzunehmen, daß Joachim hier beispielsweise gegen eine mehr oder weniger festgefügte Gruppe theologischer Gegner derart schwere Anschuldigungen ins Feld führte, obwohl er in theologischen Auseinandersetzungen durchaus auch hart verurteilen konnte.

Die Bezeichnung Babylons als Gegenpol Jerusalems, verkörpert durch die wahre Kirche und ihre Gegner, benötigte keine derart gesuchten Identifizierungen zu ihrer Untermauerung. Dazu war sie viel zu sehr Allgemeingut der mittelalterlichen Typologie.[90] Zu erinnern

---

Staat, beide auf einem Höhepunkt ihrer Entfaltung, sich in einem den Augen der Nachwelt idealen Verhältnis befanden, personifiziert in Kaiser und Papst (Silvester), um der Christenheit der späteren Jahrhunderte die Früchte ihrer Verbindung in der *Donatio Constantini* und den sie umgebenden Dokumenten zu schenken. Zur *Donatio Constantini* vgl. S. 88, Anm. 83. – Die Vermutung, daß mit dem zeitgenössischen Babylon bestimmte Kreise um die römische Kurie, aber auch das weltliche Treiben in der Stadt Rom gemeint sein könnte, äußerte Raoul MANSELLI, Il problema del doppio Anticristo in Gioacchino da Fiore, S. 431. Zur Tradition der Hofkritik des 12. Jahrhunderts vgl. S. 150, Anm. 90.

[88] *Expositio*, pars VI, fol. 201rb–va. Ähnlich in einer früheren Einleitung in den Apokalypsenkommentar, in der Joachim mit Babylon die Namenschristen bezeichnet, vgl. Kurt-Victor SELGE, Eine Einführung Joachims in die Johannesapokalypse, S. 130.

[89] *Expositio*, pars IV, fol. 158vb.

[90] Vgl. Augustinus, *De civitate Dei*, lib. XVII, cap. 16, SL 48, S. 581, Z. 60–62, PL 41, Sp. 550: Ipsa est Hierusalem edem modo spiritaliter ... Eius inimica est

ist in diesem Zusammenhang auch an die auch von Joachim zitierte
Erklärung Babylons als *confusio*, die auf Hieronymus zurückgeht.[91]

Die Gewohnheit, Gegner mit dem universalen, eschatologischen
Widersacher gleichzusetzen, wie sie einige Jahrzehnte im 13.
Jahrhundert zum üblichen Sprachgebrauch der Polemik gehört, kann
für Joachim noch nicht vorausgesetzt werden. Am wahrscheinlich-
sten ist, daß nach den Amtszeiten der Päpste zwischen Alexander
III. und Coelestin III., als mit der Wahl des jungen, aber gewiß über
die Kurie hinaus als vielversprechend bekanntem Lothar von Segni
zum neuen Papst, dazu nach dem Tod Heinrichs VI. 1197 und dem
Schwächerwerden der sarazenischen Herrschaft nach dem Tod Saladins
1193 im Osten des Mittelmeerraums die bisherigen Machtfaktoren,
die die Kirche zu bedrängen vermochten, abgelöst schienen, nach
zwei Jahrzehnten der Krise und Konsolidierung der Befindlichkeit
der Kirche die alten Gefahren nicht mehr drohten und in der
Rückschau ihre umfassende Bedrohlichkeit verloren.

---

civitas diaboli Babylon, quae confusio interpretatur, vgl. Paschasius Radbertus, *In
lamentationes Jeremiae*, CM 85, S. 303, Z. 1839–45, PL 120, Sp. 1233C: Nam ab
initio saeculi quae tantummodo colliguntur civitates et aedificantur: quarum una
Jerusalem, altera vero Edom aut Babylon: una earum quae plangit cum propheta,
et dolet et parturit; altera vero quae nescit in quibusdam suorum cur plangatur,
siquidem unam earum Christus aedificat; alteram vero diabolus, qui quam saepe
in prophetis, Nabuchodonosor vocatur. Et Babylon illa est civitas perditorum, quae
inebriat omnem terram vino iniquitatis suae, Haimo, *Expositio in Apocalypsin*, PL 117,
Sp. 1108C, Rupert von Deutz, *De sancta Trinitate et operibus eius*, CM 23, S. 1711,
Z. 634–641, PL 167, Sp. 1477B, ders., *De victoria verbi Dei*, lib. VI, cap. 8, MGH
Quellen zur Geistesgeschichte des Mittelalters 5, S. 190, PL 169, Sp. 1343A:
Nabuchodonosor rex illius Babylonis diabolum signavit principem mundi, ac pos-
sessorem aeternae confusionis. Babylon illa et Hierusalem terrena imaginem sive
similitudinem nobis demonstrant in semetipsis duarum partium universae creaturae
rationalis, quarum una civitas Dei viventis, altera dicitur et est civitas diaboli.
[91] *Expositio*, pars VI, fol. 195va, vgl. Hieronymus, *Liber interpretationis Hebraicorum
nominum [De nominibus hebraicis]*, SL 72, S. 62, Z. 18, PL 23, Sp. 775, zitiert bei
Augustinus, *Enarrationes in Psalmos*, In Psalmum 64, SL 39, S. 823, Z. 1f., PL 36,
Sp. 773, ders., *De civitate Dei*, lib. XVI, cap. 4, SL 48, S. 504, Z. 22, PL 41, Sp.
482, und ebd., lib. XVII, cap. 16, SL 48, S. 581, Z. 62, PL 41, Sp. 550, außerdem bei Haimo, *Expositio in Apocalypsin*, PL 117, Sp. 1108C und Rupert von Deutz,
De victoria verbi dei, lib. VI, cap. 8, MGH Quellen zur Geistesgeschichte des Mittelalters
5, S. 190, PL 169, Sp. 1343A.

j) *Die Zeit des Wiederaufbaus*

Babylons Ende ist die Voraussetzung für ein anderes, wichtiges Ereignis des sechsten Siegels und seiner Eröffnung, nämlich der Wiedererrichtung des Tempels und der Restauration des Jerusalemer Kultus. Serubbabel, Jesua, Esra und Nehemia sind die Exponenten jener Zeit, die Joachim in der Eröffnung des Siegels nennt. Jesua und Serubbabel werden Esr. 3,2 genannt, als sie den Altar des Herrn wiederherstellen.[92] In der *Expositio* beschreibt Joachim die Ereignisse, die dem Tempelbau vorausgehen, nämlich das Edikt des Kyros, das die Rückkehr nach Jerusalem ermöglichte.[93] Die kurz vor dieser Zeit stattfindenden Verfolgungen, die in den Büchern Judith und Esther geschildert werden, markieren dabei den Abschluß der assyrischen und den Beginn der makedonischen Verfolgung. Der Tod Esras oder Nehemias, die Zeit Serubbabels oder auch die Ereignisse um Esther kommen dabei als mögliche Endpunkte des sechsten Siegels in Frage.[94]

Der Wiederaufbau des Tempels und der Mauern Jerusalems wird in den Büchern Esra und Nehemia geschildert.[95] In der Rezeption der Esra-Geschichte, die zweifellos auf eine historische Figur und deren Wirken zurückgeht, wird deren Wirken immer schon wesentlich auf religiöse Bereiche bezogen.[96] Die Verbindung der Person Nehemias mit der Esras mag dabei künstlich sein. Denn vermutlich begann die Wirkungszeit Esras um ein halbes Jahrhundert später als

---

[92] Joachim zitiert diesen Vers *Concordia*, lib. IIIa, fol. 37vb; die Namen Jesua, Serubbabel, Esra und Nehemia werden in *Concordia* und *Expositio* ansonsten eher selten genannt.

[93] *Expositio, Liber introductorius,* fol. 7vb–8ra.

[94] *Expositio, Liber introductorius,* fol. 4rb. Vgl. S. 179 und ebd. Anm. 58.

[95] Beide Bücher sind Teile des chronistischen Geschichtswerkes oder weisen zumindesten enge Verwandtschaft mit diesem auf. Ihre Berichterstattung umspannt einen Zeitraum vom Edikt des Kyros im Jahr 538 über die Fertigstellung des zweiten Tempels (515), die Wirkungszeit Nehemias und Esras selbst bis zur Regierungszeit eines Artaxerxes, womit vermutlich eher Artaxerxes II. Mnemon (404–359/8) als Artaxerxes I. Longimanus (465/4–425) gemeint ist; Artaxerxes III. Ochos (359/8–338) hingegen kommt kaum in Frage. Die Interpretation der Rolle des „Statthalters" Serubbabel im ersten Teil gestaltet sich überaus schwierig. Die einleitende Datierung des Edikts „im 1. Jahr des Kyros" Esr. 1,1 ist jedenfalls mehr ein theologisches als ein historisches Datum; allenfalls ist an das erste Regierungsjahr von Kyros als König von Babylonien als Rechtsnachfolger Nebukadnezars gedacht.

[96] Zu den Problemen, die mit dem Versuch, ein Bild Esras und seiner Tätigkeit zu gewinnen, verbunden sind, vgl. Rolf Rendtorff, Esra und das „Gesetz", Zeitschrift für die alttestamentliche Wissenschaft 96 (1984) S. 165–184, bes. S. 165 und 183.

die Nehemias, nämlich mehr oder weniger kurz vor dem Beginn des vierten vorchristlichen Jahrhunderts (möglicherweise 398 v. Chr.), diejenige Nehemias dagegen im zweiten Drittel des fünften, also etwa zur Regierungszeit von Artaxerxes I. Longimanus (465/4–425). Ihn hält auch Joachim für den Herrscher der Zeit Esras und Mardochais.[97]

Die *angustia temporum*, die zur Zeit des Errichtung des zweiten Tempels herrscht, wird von den mittelalterlichen Auslegern des Danielbuches unterschiedlich verstanden, so daß damit entweder ein Hinweis auf die bedrängte Situation des unterdrückten und abhängigen Volkes der Tempelbauer gegeben sei,[98] auf ihre Furcht,[99] aber auch auf den bevorstehenden Tod Christi und die erneute Zerstörung des Tempels.[100] Doch vorerst lassen der erfolgte Wiederaufbau des Tempels und der himmlischen Stadt und die angekündigte Fesselung des Teufels am Ende der sechsten *apertio* die Zukunft in einem goldenen Licht erscheinen. Furcht und Hoffnung einer bedrängten Gegenwart warten auf ihre Erlösung.

---

[97] Zu Artaxerxes I. Longimanus als Herrscher der Zeit Esras und Esthers vgl. S. 178.

[98] Andreas von St. Victor, *Expositio super Danielem*, cap. 9, CM 53F, S. 98f., Z. 654–659.

[99] Petrus Comestor, *Historia scholastica*, PL 189, Sp. 1460A.

[100] Hieronymus, *Commentaria in Danielem*, SL 75A, S. 887f., Z. 571–592, PL 25, Sp. 552AB, Petrus Venerabilis, *Adversus Iudeorum inveteratam duritiam*, cap. 4, SL 58, S. 75, Z. 258–265, PL 189, Sp. 564A.

DAS SIEBTE SIEGEL UND DAS ENDE DER GESCHICHTE: DIE APOTHEOSE VON LEID UND SIEG

a) *Die Geschehnisse des Siegels und seiner Eröffnung*

In dieser siebten Zeit hörten die Geschichten und Prophetien auf, und dem Volk Gottes ist eine Sabbatruhe gewährt worden, Frieden für die Juden bis zur Zeit des Königs Antiochus. Nicht lange nach dem Ende dieser Verfolgung kam, angekündigt durch seinen Boten Johannes, Gottes eingeborener Sohn zur Welt, damit er auf Erden geschaut werde und unter den Menschen wandle.

Die Eröffnung dieses siebten Siegels liegt noch in der Zukunft, wird jedoch sehr bald geschehen. Dann werden die Eröffnungen der Siegel ebenso aufhören wie die Bemühung um das Verständnis des Alten Testaments, und für das Volk Gottes wird wahrhaft ein *sabbatismus* anbrechen. Und in jenen Tagen wird Gerechtigkeit und eine Fülle des Friedens herrschen, der Herr wird regieren von Meer zu Meer und seine Heiligen mit ihm, bis zum verborgenen Ende jener Zeit, an dem der Teufel aus seinem Kerker befreit werden und jener schlechteste aller Menschen regieren wird, der Gog genannt wird, über den im Buch Ezechiel so vieles geschrieben steht. All dies steht in Bezug zu dem Apostelwort Hebr. 4,9, so daß am Ende der Sabbatruhe jene Verfolgung stattfinden wird, nach welcher zuerst Elia erscheinen, dann aber der Herr zum jüngsten Gericht kommen wird, wie es in aller Klarheit im siebten Teil der Apokalypse steht,[1] in vollster Übereinstimmung mit allen Zeichen und Siegeln des Alten Testaments.

b) *Exkurs: Zeit und Umfeld des siebten Siegels*

Joachim referiert die Ereignisse seit dem Tod Alexanders des Großen aus geistlicher Sicht *Concordia*, lib. V, fol. 129ra–vb. Die Schwierigkeit der Quellenlage ist ihm bekannt.[2] Über das Schicksal des Volkes

---

[1] Nach Joachims Einteilung Offb. 20,1–10.
[2] *Expositio, Liber introductorius*, fol. 15ra: Eodem modo a Zorobabel et Neemia usque

Israel zur Zeit des Seleukidenherrschers Antiochus IV. Epiphanes
(175–164 v. Chr.), von dem hier die Rede ist, erzählt das gegen
Ende des zweiten oder in der ersten Hälfte des ersten vorchristlichen
Jahrhunderts entstandene 1. Makkabäerbuch. Weitere wichtige Quellen
Joachims für diese Zeit sind die Werke des Flavius Josephus, aber
auch das 2. Makkabäerbuch. Nach dem Tod Alexanders des Großen
323 hatten sich im vorderen Orient die beiden großen Diadochenreiche
konsolidiert, wobei Palästina zunächst dem ägyptischen Reich der
Ptolemäer zugefallen war. Nach langen kriegerischen Auseinandersetzungen jedoch nahmen die mit den Ptolemäern um die Vorherrschaft streitende Seleukiden unter Antiochos III. um 200 v. Chr.
die Provinz Syrien ein, zu der Judäa, Samaria, Galiläa, Idumäa und
Asdod gehörten. Da proseleukidische Kreise in Jerusalem diesem
Machtwechsel seit langem entgegengearbeitet hatten, verhielt sich der
neue Machthaber zunächst sehr wohlwollend gegenüber der Hypar-
chie Judäa und der Jerusalemer Tempelgemeinde. Die Auseinandersetzungen, in die sich das um den Machterhalt ringende Seleukidenreich
vor allem mit der römischen Militärgewalt verwickelt fand, führten
jedoch im Umfeld der Priesterschaft in Jerusalem wiederholt zu tumul-
tuösen Zuständen, die der Rivalität zwischen konkurrierenden Familien
und ihren Anhängern entsprangen, bis Antiochos IV. Epiphanes die
Stadt zweimal militärisch eroberte, mit verschiedenen Maßnahmen
dem thoratreuen Judentum den Kampf ansagte und schließlich 167
v. Chr. über dem Altar des Tempels einen Zeusaltar errichten ließ.
Dies löste den Makkabäeraufstand aus, benannt nach einem der fünf
Söhne des hasmonäischen Priesters Mattathias, der gemeinsam mit
seinen Söhnen der seleukidischen Herrschaft den Kampf ansagte.
Einer ihrer Siege schloß die Wiedereinweihung des Tempels 164
v. Chr., zu deren Gedächtnis das Chanukkafest gefeiert wird. Zwar
zeigte sich die seleukidische Seite nach dem Tod des Epiphanes zu
einem Kompromiß bereit, doch Teile der Aufständischen hatten
nichts weniger als die endgültige Beseitigung der hellenistischen
Herrscher zum Ziel. Aus ihrer Gruppe ging schließlich, begünstigt
durch Thronwirren der Seleukiden, die Dynastie und Herrschaft der

---

ad Iohannem Baptistam neque per regum cronicam neque per patrum genealogiam
annorum summa distincta est. Sed neque gesta aliquorum usque ad Iohannem
Baptistam eo modo quo antea scripta sunt, preterquam libri Machabeorum, qui
teste sancto Ieronimo extra canonem sunt, donec omnipotens Dei sermo de regalibus sedibus (vgl. Weish. 18,15) adveniret. Vgl. *Enchiridion*, ed. BURGER, S. 53.

Hasmonäer hervor, beginnend mit Johannes Hyrkanos I. (135/4–104),[3]
die erst der römische Feldherr Cn. Pompeius Magnus 63 v. Chr.
beendete. Als dem römischen Senat verbündeter König gelangte der
Idumäer und Hasmonäerfeind Herodes mit römischer Militärhilfe
auf den Thron, den er von 37–4 v. Chr. innehatte. Politisch talen-
tiert und nicht glücklos agierend, hatte er doch mehr Gegner als
Freunde und galt beinahe allen Kreisen im Lande als Innbegriff alles
Hassens- und Verabscheuenswerten. Sein Erbe teilten die Römer
unter seinen Söhnen auf, wobei Judäa und Jerusalem jedoch bereits
6 n. Chr. römischen Prokuratoren unterstellt wurde. Der Landesherr
Jesu wurde Herodes Antipas, den erst 39 n. Chr. Kaiser Caligula
absetzte und nach Gallien verbannte. Dies ist die Zeit, von der das
siebte Siegel berichtet.

c) *Die Verdichtung der Heilsgeschichte*

Der innere und zeitliche Zusammenhang der einzelnen Abschnitte
des Textes von *De septem sigillis* wird immer gedrängter, je weiter sich
der Text seinem Höhepunkt und Ende zuneigt. Mehrere Faktoren
wirken zusammen, um diesen nicht zufälligen Effekt steigender Dichte
und Intensität zu erzielen. Zunächst fehlt hier im Vergleich zu den
ersten Siegeln der zeitliche Abstand zu den Geschehnissen der
Siegelöffnung. Dort befand sich Joachim in größerer Distanz zu dem
Beschriebenen, die ihm ermöglichte, klare und eindeutige Zäsuren
zu erkennen. Diese Zäsuren mußten nicht erst von Joachim definiert
werden, sondern sind teilweise beinahe ebenso alt wie die Geschichten
der Väter oder der Jünger selbst. Spätestens in Joachims eigener
Gegenwart konnten sie bereits auf ehrwürdige Tradition wie die des
Augustinus zurückblicken. Die Situation des sechsten und siebten
Siegels und ihrer Eröffnungen ist gänzlich anders. Vollends der Exeget
sieht sich mit Schwierigkeiten ungeahnten Ausmaßes konfrontiert,
denn im Vergleich mit der Zeit der Patriarchen und ihrem Niederschlag
im Alten Testament ist die nunmehr gänzlich veränderte exegetische
Grundlegung durch die unsichere Quellenlage der persischen, die
Wirren und Unbilden der hellenistischen Zeit so komplex wie nur
möglich. Die charakteristische Verkürzung in der Darstellung der

---

[3] Über die Hasmonäerzeit und ihr Ende vgl. *Enchiridion*, ed. BURGER, S. 62.

Zeit, ein Mittel, dessen sich bereits das Danielbuch bediente, tut ein übriges hinzu, um die drangvolle Dichte der Ereignisse zu vermehren. Bei der alttestamentlichen Schilderung dieser Ereignisse ist zu berücksichtigen, daß sie nicht nur miteinander auf komplizierteste verflochten, sondern auch mit der prophetisch-eschatologischen Dimension sowohl der alttestamentlichen als auch der endzeitlichen Gegenstände eng verwoben sind. Die Versuchung, diese prophetisch-eschatologische Dimension von der historischen trennen zu wollen und beide je für sich zu betrachten, steht dem Verständnis Joachims dabei mehr denn je im Weg. Denn wenn Geschichte als Heilsgeschichte verstanden wird, die auf das Heil zuläuft und in ihm mündet, dann sind alle Dinge und Ereignisse auf dem Weg dorthin mit diesem Heil in Bezug zu setzen. Sie alle sind, ob adversativ oder förderlich, nur Meilensteine auf diesem Weg und gewinnen von seinem Ziel her Sinn und Berechtigung.

Diese Verdichtung, die Joachim an mehreren Stellen seines Werkes mit der Zeit der letzten Verfolgung in Verbindung bringt, sei sie nun in der sechsten oder bereits in der siebten Zeit, hat ihre exegetische Grundlage nicht nur im Danielbuch, sondern vor allem in dem Herrenwort Matth. 24,21f.: *Erit enim tunc tribulatio magna, qualis non fuit ab initio mundi usque modo neque fiet, et nisi breviati fuissent dies illi non fieret salva omnis caro, sed propter electos breviabuntur dies illi.* In *De septem sigillis* findet sie ihren Niederschlag auch auf der sprachlichen Ebene, denn anders als in den früheren Siegeln werden in den beiden letzten Siegeln und dem nachfolgenden Absatz Ereignisse mehrfach aufeinander bezogen, so daß sich der Inhalt der einzelnen Sätze und Absätze überschneidet.[4]

Nicht zufällig entspricht dies einer anderen in den Siegeln enthaltenen Ebene, nämlich dem Modell der drei *status*: auch sie folgen nicht einfach nacheinander, sondern überschneiden sich in einem Schema von *initiatio* und *clarificatio*, wobei der dritte *status* nicht nur bereits beginnt, während der zweite noch andauert, sondern fast von Anbeginn an verborgen darin enthalten ist. Diese Überlegung, die

---

[4] Beispielsweise werden die Fesselung des Satans, die Verfolgungen des Antiochus und diejenige Gogs, die Auferstehung der Toten und die Tröstung Jerusalems in diesen sechs Absätzen von *De septem sigillis* mehrfach erwähnt, so daß eine Betrachtung der Ereignisse, wie sich Joachim darstellen, sich sinnvollerweise weniger in einzelnen Sinnabschnitten entlang der Siegel und ihrer Eröffnungen und des nachfolgenden Schlußsatzes bewegt als vielmehr an diesen Zeitläuften und den in ihr begegnenden Figuren und Ereignissen orientiert.

Joachim nicht selten thematisiert, eröffnet ein wesentliches Element für das Verständnis von *De septem sigillis*, das über die Wahrnehmung einer zweisträngigen Tabelle hinaus eine dritte, fast räumliche Dimension der Siegel und ihrer Eröffnungen erahnen läßt. Erst diese Erkenntnis ermöglicht die Öffnung der Siegel, indem mit ihrer Hilfe eine Brücke vom Ende der Siegel zum Beginn der Eröffnungen geschlagen werden kann, über den langen Graben, den erst die Erlösungstat Christi überwindet, mit der der dritte *status* seinen Anfang nimmt. Die mögliche Erwägung, daß in *De septem sigillis*, einem dualen Modell, nur der Gedanke der *concordia*, nicht aber auch schon die Trinitätstheologie Joachims ihren Niederschlag findet, ist mit dieser Erkenntnis unhaltbar.

Aus einem weiteren Grund empfiehlt sich eine Zusammenschau der letzten Absätze. Zwar ist ihr Inhalt vordergründig in geringerem Maß als derjenige der früheren Teile von *De septem sigillis* auch Gegenstand der Exegese, doch gewinnt andererseits die Apokalypse als exegetischer Leitfaden der Siegelöffnung hier noch größeres Schwergewicht, als es bereits zuvor in den Eröffnungen der vorangehenden Siegel der Fall war. Dies geschieht zum einen aufgrund der weniger breiten textlichen und historischen Basis der letzten Siegel, zum anderen als Konsequenz der von Joachim gewählten, neuen Einteilung der Apokalypse und der aus ihr resultierenden Zuteilung ihrer Kapitel und Verse zu den einzelnen Teilen von *De septem sigillis* und zu den dort geschilderten Phasen der Geschichte, Gegenwart und Zukunft.

d) *Die Antizipation apokalyptischer Schrecken: Das Bild des Antiochus*

Der Verfolger des siebten Siegels ist Antiochus, dem in der Eröffnung des Siegels die endzeitliche Verfolgung des Gog gegenübergestellt wird. Im achten Abschnitt am Ende der Eröffnungen wird die Entsprechung beider wiederholt. Antiochus IV. Epiphanes (175–164 v. Chr.) ist dabei nicht schon am Beginn des siebten Siegels anzusetzen, sondern mit ihm endet die Zeit des Friedens, mit der das Siegel beginnt und die mit fast überirdischen Attributen beschrieben wird. Die eschatologische Kontextualisierung des Antiochus IV. Epiphanes als Typos des endzeitlichen Antichristen, die auch bei Joachim begegnet, stammt bereits aus der jüdischen Apokalyptik.[5]

---

[5] Vgl. Martin NOTH, Geschichte Israels, S. 355f. In diesem Zusammenhang ist

Auch Cyprian von Karthago sieht in Antiochus den Antichristen.[6] Hieronymus vergleicht beide,[7] unterscheidet jedoch regelmäßig Antiochus von dem zu erwartenden Antichristen, vor allem indem er die Herrschaftsdauer des Antiochus (nämlich die Zeit der Tempelentweihung) mit drei Jahren von der des Antichristen mit dreieinhalb Jahren, wie sie Dan. 7,25 (und Offb. 13,5) angegeben wird, unterscheidet.[8] Doch geht aus Hieroymus' Danielkommentar deutlich hervor, daß die Gleichsetzung oder wenigstens der Vergleich des Antiochus mit dem Antichristen, dem Hieronymus allerdings widerspricht, gewöhnlich auch aufgrund dieser Parallele, nämlich der zumindest vergleichbar langen Herrschaftsdauer beider, vorgenommen wird. Auch für Adso von Montier-en-Der ist Antiochus, zusammen mit Nero und Domitian, ein Vorläufer des Antichristen.[9] Gottfried von Admont sieht in Antiochus ein Sinnbild des Antichristen.[10] Für Heiric von Auxerre sind Antiochus und Nero typische *reprobi*.[11] Auch Bernhard sieht ihresgleichen noch in seiner Gegenwart: *Qualem sacra historia describit Antiochum fuisse vel Herodem, quales etiam multos hodieque non legere sed lugere et videre licet.*[12]

---

es erstaunlich, daß Wilhelm Bousset, Der Antichrist in der Überlieferung des Judentums, des neuen Testaments und der alten Kirche, Teil 2, Kap. 6: Das Sitzen im Tempel, S. 104–108, nach der Feststellung, daß dieses Element in der Geschichte des Antichristbildes sich weder durch die Bezugnahme auf Nero noch auf Caligula, noch aus irgendeiner Figur nach der Zerstörung des Tempels 70 n. Chr. erklären ließe, fragt: „Sind wir überhaupt imstande, diesen merkwürdigen Zug der Antichristsage aufzuhellen?" (ebd. S. 106), und nicht auf den naheliegenden Gedanken kommt, eine Verbindung zwischen der „Idee einer gottfeindlichen, Gott aus seinem Tempel verdrängenden dämonischen Macht" (ebd. S. 108) und der Erinnerung an die Entweihung des Tempels durch Antiochus IV. Epiphanes im Jahr 167 v. Chr. herzustellen, die diesen Zug des jüdischen Antichristbildes begründet haben wird.

[6] Cyprian von Karthago, *Epistola ad Fortunatum de exhortatione martyrii*, cap. 11, SL 3, S. 206, Z. 115f., PL 4, Sp. 669A.

[7] Hieronymus, *Commentaria in Danielem*, SL 75A, S. 772, Z. 23f., PL 25, Sp. 491B.

[8] Hieronymus, *Commentaria in Danielem*, SL 75A, S. 943f., Z. 670–684, PL 25, Sp. 579CD, und ebd. SL 75A, S. 855f., Z. 879–904, PL 25, Sp. 537A–C. Vgl. S. 207, Anm. 44.

[9] Adso von Montier-en-Der, *De ortu et tempore antichristi*, CM 45, S. 22, Z. 9–12, PL 101, Sp. 1292A. Vgl. Horst Dieter Rauh, Das Bild des Antichrist im Mittelalter, S. 154. Zu Adso (um 920–992) vgl. Max Manitius, Geschichte der lateinischen Literatur des Mittelalters 2 (München 1923) S. 432–442.

[10] Gottfried von Admont, *Homiliae in diversos Scripturae locos*, Homilia 16, PL 174, Sp. 1132D–1133A: Sed et hoc nomine Antiochi, homo ille peccati, filius perditionis Antichristus potest intelligi.

[11] Heiric von Auxerre, *Homiliae per circulum anni*, pars aestiva, Homilia 40, Z. 157.

[12] Bernhard von Clairvaux, *Sententiae*, Ser. 3, Sententia 127, S. Bernardi Opera 6,2, S. 251, Z. 10–12, [Sermo in Canticum B. Virginis Marie] PL 184, Sp. 1126A.

Rupert von Deutz betont zwar auch die Verbindung von Antiochus und Satan,[13] doch in seinem Abriß der Heilsgeschichte hat Antiochus seinen Platz in der Vergangenheit als fünfter in der Reihe der Könige, die Offb. 17,10 genannt werden.[14]

Für Joachim steht Antiochus, der den *sabbatismus* des siebten Siegels beendet, in der Nachfolge des Haman, der ja wie Antiochus Makedonier gewesen sei.[15] Nach ihm endet das siebte Siegel, ebenso wie nach Gog dessen Eröffnung.[16] Er ist schrecklicher als seine Vorgänger, ebenso wie der im sechsten Teil der Apokalypse angekündigte König wilder sein wird als seine Vorgänger.[17] In der *Expositio* wird hier eine weitere Verfolgergestalt eingeführt, indem nämlich Antiochus an das Ende des ersten und der in der Schrift angekündigte Verwüster an das Ende des zweiten *status* plaziert wird, also ans Ende des siebten Siegels beziehungsweise an einen hier (innerhalb des Systems der Siegel) nicht näher bezeichneten Ort, während Gog, der hier als *ultimus antichristus* bezeichnet wird, am Ende des dritten *status* positioniert wird.

In *De septem sigillis* taucht der Begriff des Antichristen nicht auf. Doch die Vielzahl der Verfolgerpersönlichkeiten, die die Zukunft des Christen bevölkern und das Ende der Heilsgeschichte in einem düsteren Licht erscheinen lassen wollen, erfordert nähere Erläuterungen. Begriff und Gestalt des Antichristen haben eine lange Geschichte, und auch die Bezugnahmen bei Joachim von Fiore und seinen Nachfolgern sind zahlreich. Joachim galt und gilt als eine Autorität in Sachen Zukunft. Bei der Betrachtung seiner Version der Heilsgeschichte, ihrer positiven oder negativen Implikationen kann daher eine Untersuchung seines Antichristbegriffs nicht fehlen.

---

[13] Rupert von Deutz, *De glorificatione Trinitatis*, PL 169, Sp. 63A.

[14] Rupert von Deutz, *Commentaria in Apocalypsim*, PL 169, Sp. 1066CD, ders., *Commentaria in duodecim prophetas minores*, PL 168, Sp. 535D–536A und ders., *Commentaria in Cantica canticorum*, lib. IV, CM 26, S. 93, Z. 324, PL 168, Sp. 901C, ebenso Gerhoch von Reichersberg, *Commentarius aureus in Psalmos et cantica ferialis*, PL 193, Sp. 1433D–1434A.

[15] *Expositio, Liber introductorius*, fol. 8ra; vgl. Esth. 16,10; zu Joachims Herleitung dieser Erkenntnis und seinen Folgerungen vgl. S. 181f.

[16] *Expositio, Liber introductorius*, fol. 9ra.

[17] *Expositio, Liber introductorius*, fol. 10ra; Joachim zitiert hierzu als Beleg Offb. 17,10 und Dan. 8,24.

e) *Der Antichristbegriff in Eschatologie und Gegenwartssicht
Joachims von Fiore*

Thema und Begriff des Antichristen in christlich-jüdischer Weltsicht
waren während zweier Jahrtausende von großer Brisanz und kaum
je nachlassenden Faszination,[18] und auch im 20. Jahrhundert noch
wurde der ursprünglich eschatologische Begriff zur polemischen
Charakterisierung theologischer oder (kirchen-)politischer Gegner verwandt.[19] Für das Mittelalter wäre etwa der Streit zwischen Friedrich
II. und Gregor IX.,[20] aber auch anderen Protagonisten des Konflikts
zwischen *regnum* und *sacerdotium* beispielhaft zu nennen. Zwar wird
der Antichrist in *De septem sigillis* nicht genannt. Doch im Zusammenhang mit der Frage nach positiver oder negativer Antizipation
der Zukunft, die gerade mit Bezug auf *De septem sigillis* öfter gestellt
wurde,[21] und im Blick auf die Vorstellung und Beschaffenheit des
von Joachim prophezeiten kommenden Zeitalters des heiligen Geistes

---

[18] Zum Antichristbegriff und der Geschichte seiner Entwicklung vgl. Thomas de
MALVENDA, De Antichristo libri XI (Rom 1604), Wilhelm BOUSSET, Der Antichrist
in der Überlieferung des Judentums, des neuen Testaments und der alten Kirche,
Daniel VERHELST, La préhistoire des conceptions d'Adson concernant l'Antichrist,
Recherches de Théologie ancienne et médiévale 40 (1973) S. 52–103, Horst Dieter
RAUH, Das Bild des Antichrist im Mittelalter, ders., Eschatologie und Geschichte
im 12. Jahrhundert: Antichrist-Typologie als Medium der Gegenwartskritik, in:
Werner VERBEKE, Daniel VERHELST, Andreas WELKENHUYSEN (Hg.), The Use and
Abuse of Eschatology in the Middle Ages (Leuven 1988) S. 333–358, Bernard McGINN,
Portraying Antichrist in the Middle Ages, ebd., S. 1–48 und Barbara KÖNNEKER,
Der Antichrist, in: Ulrich MÜLLER, Werner WUNDERLICH (Hg.), Dämonen, Monster,
Fabelwesen (Mittelalter Mythen 2, St. Gallen 1999) S. 544–531. Die Entwicklung
des Begriffs über Joachim von Fiore hinaus kann hier nur andeutungsweise in den
Blick kommen, nämlich in der Abgrenzung gegenüber einer Antichrist-Typologie,
die erst in der Folgezeit, nicht aber bereits für Joachim behauptet werden kann.
[19] Die bekanntesten Beispiele der Deutung politischer Gegner als des Antichristen
waren etwa die bekannte Polemik gegen Napoleon in den Befreiungskriegen –
ein Niederschlag dieses Bildes findet sich noch bei Theodor FONTANE, Vor dem
Sturm – oder die entsprechende Charakterisierung Hitlers nach dem Ende des zweiten Weltkriegs. Aber auch als Instrument der Kultur- und Zeitkritik gegen den Geist
der Aufklärung oder zum ideologischen Unterbau der Weltkriegsideologien fast aller
am ersten Weltkrieg beteiligten Nationen wurde das Bild des Antichristen bemüht.
Noch zu Anfang unseres Jahrhunderts vermutet Hans PREUSS, Der Antichrist (Berlin
1909) S. 46 in der Verbindung von sozialer Bewegung und atheistischer Evolutionslehre
ein weiteres antichristliches Reich.
[20] Zur polemischen Verwendung des Antichristbegriffs in der Auseinandersetzung
Friedrichs II. und Gregors IX. vgl. S. 140 und ebd. Anm. 45.
[21] Vgl. Marjorie REEVES, The Seven Seals, S. 223, Morton W. BLOOMFIELD,
Harold LEE, The Pierpont-Morgan Manuscript of „De Septem Sigillis", S. 138f.

ist seine Konzeption der Rolle des endzeitlichen Widersachers in der eschatologischen Zukunft von entscheidender Bedeutung.

Bei der Beschäftigung mit dem joachimischen Antichristen soll allerdings weder an eine (für Joachim ohnehin nicht nachweisbare) polemische Anwendung des Begriffs gedacht werden, noch ist in ihrer Folge das einseitig-düstere Bild eines Weltuntergangsszenario zu skizzieren. Joachim war weder ein eifriger Verwender derartiger Polemik (die gleichwohl auch seinen Zeitgenossen nicht unvertraut war),[22] noch betätigt er sich in seinen Werken vornehmlich als Prophet einer nahenden Universalkatastrophe.

Die eschatologische Rolle des Antichristen und seiner Exponenten in Joachims Sicht des apokalyptischen letzten Kapitels der Heilsgeschichte markiert mit jedem seiner Auftritte Zäsuren und Neueinsätze dieser Geschichte. Anhand der Betrachtung des Antichristen kann in besonderer Weise deutlich werden, inwiefern Joachims Apokalyptik und Geschichtstheologie sich von traditionellen Konzepten unterscheidet und welche Elemente er ihnen entnimmt, und welche Wege die Entwicklung von Joachims Eschatologie bis hin zu *De septem sigillis* nimmt. Die Lebendigkeit und Entwicklungsfähigkeit seines Denkens, die es ermöglicht, innerhalb seiner Werke, oft sogar innerhalb eines einzigen Werkes Einblicke in solche Prozesse zu nehmen, die beredte Zeugnisse der unermüdlichen gestalterischen Kraft seines Geistes sind, hat in der Genese seiner Darstellung der letzten Akte der Heilsgeschichte und der in ihr tätigen Kräfte besonderen Niederschlag gefunden. Sollte Joachims Neueinteilung der Geschichte der Zukunft, ihre Neuorientierung vom Statischen zum Progressiven sowie die für alle Zeiten aufregende Vorstellung einer irdischen Phase der Glückseligkeit, die durch Joachims zu erwartenden dritten *status* ihre Verankerung im Zukunftsbild der Gläubigen erfährt, anhand der Darstellung dieser kosmischen Geschichte in den sieben Siegeln von traditionellen Konzepten abweichen, oder sollte das dort Dargestellte sich in einzelnen Stadien der Entstehung der *opera* Joachims unterschiedlich wiederfinden, so läßt sich dies exemplarisch am Bild des oder der Antichristen und seinem Auftreten zeigen. Wie wird er dargestellt? Reicht sein dunkler Schatten in die Ewigkeit hinein, oder wird

---

[22] Bernhard von Clairvaux bezeichnete während des Schismas von 1130 Anaklet II. als den Antichristen, den es zu entlarven gilt. Verschiedentlich wird von ihm auch Peter Abaelard (Ep. 336) so bezeichnet, vgl. Peter DINZELBACHER, Bernhard von Clairvaux, S. 71, 141, 240.

vielmehr sein schreckliches Wirken vom dem schließlichen Sieg des Gottessohnes und dem Morgenglanz der Ewigkeit überstrahlt? Verleiht seine dominierende Gestalt und Macht der Erwartung der Zukunft einen grundsätzlich pessimistischen Zug, wie Joachims virulentes Interesse an seinem Erscheinen annehmen ließe, oder ist er lediglich Repräsentant und Bestandteil einer lediglich temporären Verfolgung, deren baldiges Ende absehbar und vorbestimmt ist?

Zum Thema gibt es bislang mehrere, zum Teil gegensätzliche Aussagen. Herbert Grundmann erklärte, bei der Behandlung der Werke und Ideen Joachims den Themenkreis des Antichristen ausgelassen zu haben, da Joachim zu diesem „kaum ein einziges neues Motiv" hinzugefügt habe.[23] Daß, wie wenig später betont wird, der Antichrist und sein Umfeld in Joachims Werken bedeutenden Raum einnehmen und gerade diese Elemente seiner Apokalyptik in der Folgezeit häufig und nicht folgenlos rezipiert wurden, verlegt die Bedeutung der joachimischen Apokalyptik und Antichristvorstellungen allein in die Rezeptionsgeschichte und läßt unerklärt, warum Joachims Endzeitauffassungen für die Folgezeit so bedeutend wurden. Es wäre dann ausschließlich auf den Einfluß seiner Person und ihrer Bedeutung zurückzuführen, wenn sich spätere Zukunftstheoretiker auf einen Gewährsmann berufen, der tatsächlich lediglich als Kompilator längst festgelegter Auffassungen angesehen werden könnte.

Dies wäre eine mögliche Annahme im Falle eines Schriftstellers, der bisher weitverstreutes und unzugängliches Material in einer konzisen, verständlichen Weise aufarbeitet. So sehr Joachim, wie gerade seine Exegese der sieben Siegel zeigt, als gründlicher Kenner der exegetischen Tradition anzusehen ist, so muß ihm doch der Ruhm eines leicht lesbaren Kompilatoren in Sachen Antichrist versagt bleiben, denn kurz, leicht zugänglich und übersichtlich sind seine Werke im allgemeinen nicht zu nennen. Zudem fehlte es gerade in diesem Fall keineswegs an einer solchen zusammenfassenden Darstellung, da die wesentlichen Züge des Antichristen vielfach und nicht zuletzt in der bekannten „Biographie" des Antichristen aus der Feder des Abtes Adso festgehalten und nachzulesen waren.[24] Warum also wurden

---

[23] Herbert GRUNDMANN, Studien über Joachim von Fiore, S. 8f.

[24] Adso von Montier-en-Der, *De ortu et tempore antichristi*. Die Schrift, so Max MANITIUS, Die Geschichte der lateinischen Literatur des Mittelalters 2, S. 433, „hat insofern Wichtigkeit, als sie die späteren mittelalterlichen Vorstellungen vom Antichrist beherrscht hat".

seine Antichristanschauungen für die Zeitgenossen und Nachfolger so bedeutend?

Robert Lerner bietet zwei Antworten, nämlich daß Joachim in der Tat bereits zu Lebzeiten einen Ruf als ausgewiesene Kapazität zum Thema Antichrist genossen habe, das ihn wie kein anderes beschäftigt zu haben schien, und daß (bei einem Vergleich mit der mittelalterlichen Tradition vom Antichristen) Joachims eigene Theorie sich in vielerlei Hinsicht als „enormously innovative, daring, and subtle" herausstellt.[25] Nach der von Herbert Grundmann getroffenen Feststellung ist dies eine einigermaßen überraschende Aussage, nicht jedoch, wenn man die gestaltende Durchdringungskraft der Geschichtskonzeption Joachims bedenkt, die mit einem unvergleichlichen Gestaltungswillen alles erfassend die Einzeldaten der Heilsgeschichte zu einem in sich schlüssigen Gesamtbild neuzuordnen bestrebt ist. Doch wie geht Joachim im Fall des Antichristen vor, und wie behandelt er die Vorgeschichte seines Motivs?

f) Der Antichrist in der Überlieferung: Traditionelle Konzepte

Wer sich mit dem im Mittelalter vielzitierten Topos des Antichristen befaßt, kommt nicht umhin, sich mit der Pluralität und Komplexität des Begriffs auseinanderzusetzen, die zunächst auf dem Gegensatz des einen und der vielen Antichristen beruht, der bereits in den neutestamentlichen Schriften anklingt. So kennt Paulus 2. Thess. 2,3–4 einen zukünftigen Opponenten Christi, der in den letzten Tagen das Böse, Widergöttliche schlechthin symbolisiert, jedoch nicht als Antichrist bezeichnet wird. Der Begriff Antichrist in beiden Numeri begegnet im ersten und zweiten Johannesbrief, wo von dem Antichristen als endzeitlichem Verführer die Rede ist (2. Joh. 1,7), aber auch von vielen Antichristen, die das Kennzeichen dieser Endzeit sind (1. Joh. 2,18), sowie davon, daß jeder, der die göttlichen Personen leugnet, als Antichrist anzusehen sei (1. Joh. 2,22). Daher ist dem Begriff des Antichristen von Anbeginn an eine gewisse Mehrdimensionalität zu eigen: Dem eschatologischen Antichristen wurden von Anfang an Namensvettern in der gegenwärtigen Welt gegenübergestellt. Beide Dimensionen haben in der mittelalterlichen Geistesgeschichte eine

---

[25] Robert E. LERNER, Antichrists and Antichrist in Joachim of Fiore, S. 553.

Rolle gespielt, wobei Beschreibungen der irdischen Antichristen immer eine Abschattung des eschatologischen Dramas in sich tragen, indem das überzeitliche Böse auch in den bloß zeitlichen Widerchristen in den Augen ihrer Zeitgenossen Funken schlägt.

Obwohl unter allen biblischen Büchern die Apokalypse zweifellos die Vorstellungen vom Antichristen am meisten anregte, begegnet dieser Begriff dort nicht, ebensowenig wie in *De septem sigillis*. In der Apokalypse nehmen *bestia* und Drache, Gog und Magog, in *De septem sigillis* Antiochus und Gog, Drache und Teufel die Stelle des endzeitlichen Feindes ein, dabei den Boden für spätere Kontroversen über Rolle, Identität und wechselseitige Beziehungen der einzelnen eschatologischen Gestalten erst vollends bereitend.

Biblische Grundlagen für die Gestaltung des Bildes eines endzeitlichen Feindes bieten außerdem die Propheten Jesaja, Ezechiel und Daniel, für die verschiedene Elemente der Geschichte zu Bestandteilen eines Modells des Eschatons werden. Aus dem Buch Jesaja rührt die Vorstellung des aus dem Norden kommenden Gottesfeindes, wo Assur der Gegner ist, den Gott vernichten wird. Die Propheten Ezechiel, der den Kampf von Gog und Magog symbolisch auf das Überzeitliche hin ausweitet, und Daniel, dessen Visionen dem Mittelalter und nicht zuletzt Joachim unendlich viele Teilchen eines Mosaiks liefern, das immer neu zu deuten sein wird, fügen weitere Züge des Bildes hinzu. Ungemein treffend charakterisiert das zuerst von Marjorie Reeves und Beatrice Hirsch-Reich benutzte Bild des Kaleidoskops Joachims Umgang mit vorfindlichen Figuren, Motiven und Zahlen, die er immer wieder neu anordnet und so immer wieder ein neues Bild entstehen läßt.[26]

Das mittelalterliche Bild des Antichristen verdankt sich im wesentlichen den genannten Texten des Alten und Neuen Testaments. Hinzu treten einzelne Motive aus jüdisch-hellenistischen Antichristsagen.[27] Nachdem einzelne Züge dieses Bildes schon in früheren Jahrhunderten hervortraten,[28] schreibt um die Mitte des 10. Jahrhunderts Abt Adso von Montier-en-Der auf Bitten der westfränki-

---

[26] Vgl. Marjorie REEVES, Beatrice HIRSCH-REICH, The *Figurae* of Joachim of Fiore, S. 21.

[27] Vgl. Wilhelm BOUSSET, Der Antichrist in der Überlieferung des Judentums, des neuen Testaments und der alten Kirche, S. 112 und öfter.

[28] Hier sind etwa die Tiburtinische Sibylle des 4. und die Schrift des Pseudo-Methodius aus dem 7. Jahrhundert zu nennen, vgl. zu beiden Ernst SACKUR, Sibyllinische Texte und Forschungen (Halle 1898, Nachdruck Torino 1963), zu Methodius Marc LAUREYS, Daniel VERHELST, Pseudo-Methodius, *Revelationes*: Textgeschichte und

schen Königin Gerberga einen *libellus* mit dem Titel *De ortu et tempore antichristi*,[29] dessen Phänomen und drohende Übel er entsprechend den Gepflogenheiten seines Jahrhunderts[30] mehr mit den Mitteln einer vom biblischen Text fast gänzlich abgelösten Typenlehre als denen der Exegese zu fassen versucht. Die Komplexität der Figur des eschatologischen Widersachers bleibt dabei weitgehend unberücksichtigt, eine Differenzierung der einzelnen Bilder etwa des Tieres, des Drachen oder Gogs und Magogs wird nicht vorgenommen.

Das lebhafte Interesse des hohen und späteren des Mittelalters am Antichristen hat zunächst den überaus konkreten Grund, Ziel und Zukunft der Kirche und der Welt zu ergründen, zweitens aber auch die Absicht, den schon in der jeweiligen historischen Gegenwart agierenden Antichristen identifizieren zu wollen. Beide Wünsche beziehen ihre Motivation aus der unbezweifelten Annahme, daß das Ende der Welt nahe sein, denn nur unter dieser Prämisse ist auf eine Tätigkeit des eschatologischen Antichristen in der Welt zu schließen, mit der das Bestreben der Christen, auf dieses Ende gefaßt und vorbereitet zu sein, nach Möglichkeit zu hintertreiben sucht. Auf eine detaillierte Ausgestaltung des endzeitlichen Dramas als vorletztem Kapitel der Heilsgeschichte wird für gewöhnlich eher verzichtet, der Schwerpunkt liegt auf einer religiösen Ausdeutung der vorfindlichen Historie und ihrer Fortsetzung in der Zukunft. Seit dem Investiturstreit wird dabei häufig die eschatologische Figur des Antichristen zum Instrument der Zeitkritik umfunktioniert, eine Praxis, die einerseits die eschatologische Dimension preisgibt, andererseits jedoch gerade durch sie an Gewicht gewinnt. Denn sie verlängert auch bloß zeitkritische Äußerungen in die bald zu erwartende Parusie hinein, stellt

---

kritische Edition. Ein Leuven-Groninger Forschungsprojekt, in: Werner VERBEKE, Daniel VERHELST, Andreas WELKENHUYSEN (Hg.), The Use and Abuse of Eschatology in the Middle Ages, S. 112–136, Michael KMOSKO, Das Rätsel des Pseudomethodius, Byzantion 6 (1931) S. 273–296, und Otto PRINZ, Eine frühe abendländische Aktualisierung der lateinischen Übersetzung des Pseudo-Methodius, Deutsches Archiv für Erforschung des Mittelalters 41 (1985) S. 1–23. Vgl. Daniel VERHELST, La préhistoire des conceptions d'Adson concernant l'Antichrist, Hans-Werner GOETZ, Endzeiterwartung und Endzeitvorstellung im Rahmen des Geschichtsbildes des früheren 12. Jahrhunderts, in: Werner VERBEKE, Daniel VERHELST, Andreas WELKENHUYSEN (Hg.), The Use and Abuse of Eschatology in the Middle Ages, S. 306–332, Bernard McGINN, Portraying Antichrist in the Middle Ages, ebd. S. 1–48, Guy LOBRICHON, L'ordre de ce temps et les désordres de la fin: apocalypse et société, du IXe à la fin du XIe siècle, ebd. S. 221–241.
[29] Zu Adso und seiner Schrift vgl. S. 196, Anm. 9 und S. 200, Anm. 24.
[30] Vgl. Beryl SMALLEY, The Study of the Bible in the Middle Ages, S. 44f.

den bloß menschlichen Opponenten in überzeitlichem Zusammenhang in die Nähe des schlechthinnigen Widersachers, ja des Bösen an sich.

In den Bereich des eschatologischen Antichristen gehört hinein, wenn Joachim angesichts der Vielzahl der Antichristen fragt, *quis sit ille de quo dicit apostolus: Nisi venerit discessio primum et revelatus fuerit filius perditionis.*[31] Joachim verweist hier auf den roten Drachen der Apokalypse (Offb. 12,1.3–4), nennt dessen sieben Häupter mit Namen und verweist auf deren letztes als den von Paulus vorausgesagten Sohn des Verderbens. Welche Fragestellungen, welche Akzentuierung kannten seine Vorläufer?

Bereits in der Frühzeit der christlichen Exegese haben die einzelnen Schriftsteller unterschiedliche Akzente gesetzt. So hat etwa Tertullian mehr die eschatologischen Aspekte des Antichristen im Blick,[32] während Cyprian von Karthago stärker die menschlichen Antichristi im Visier behält.[33] Victorin von Pettau identifiziert den zukünftigen Antichristen mit dem roten Drachen Offb. 12.[34] So kennt ihn auch Augustinus. Doch indem in seinen Augen das Böse ein Defekt im Sinne eines Fehlens ist, hat sich jede Form von Dualismus und jeder Gedanke einer ernstzunehmenden Macht des Bösen im Grunde erledigt, verliert der Gedanke des eschatologischen Antichristen an Schärfe und Brisanz. Ebenso sind für Hilarius von Poitiers und Ambrosius von Mailand Antichristen Leugner der Gottessohnschaft Christi und Häretiker,[35] für Ambrosius besonders Sabellius und

---

[31] *Expositio, Liber introductorius*, fol. 10ra, vgl. 2. Thess. 2,3.

[32] Allerdings begegnet bei Tertullian auch das Moment der Verleugnung Christi als Kennzeichen menschlicher Antichristi, ebenso wie die Gleichsetzung von Häretikern mit dem Antichristen, doch selbst diese Kennzeichnungen sind bei ihm stärker eschatologisch ausgerichtet als beispielsweise bei Cyprian. Die Beispiele für beide Verwendungsweisen bei Tertullian sind fast zahllos zu nennen – sie ziehen sich durch das ganze Schrifttum Tertullians –, doch im einzelnen wenig markant. Vgl. ders., *De resurrectione carnis*, cap. 25, SL 2, S. 953, Z. 1–25, CSEL 47, S. 61, PL 2, Sp. 830D–831A.

[33] Cyprian von Karthago, *Epistola ad Jovinianum*, PL 3, Sp. 1083BC: Unde et nos intelligere et cogitare debemus, si Dei inimici, et qui antichristi sunt nominati, Domini gratiam dare non possunt, ideo nos qui sumus cum Domino, et Domini unitatem tenemus, ut pro ejus dignitate suppeditantes, sacerdotium ejus in Ecclesia gerimus, quaecumque adversarii et ipsius generis hostes, et antichristi faciunt, reprobare, removere, et abjicere, et pro profanis habere debemus: iisque qui ab errore et perversitate veniunt, verae et ecclesiasticae fidei omnino cognitionem dare, divinae potentiae mysterium, et unitatis, et fidei, et veritatis.

[34] Victorin von Pettau, *Scholia in Apocalypsin Joannis*, PL 5, Sp. 336f.

[35] Hilarius von Poitiers, *De Trinitate*, lib. VI, cap. 42, SL 62, S. 246f., Z. 1–21, PL 10, Sp. 191AB. Hilarius kennt allerdings auch einen singularen Antichristen, doch der Zusammenhang mit der Leugnung der Gottessohnschaft fehlt nie.

Arius,[36] während das endzeitliche Drama bei ihnen eher in die Ferne gerückt scheint.

Eschatologisch-geschichtstheologisches Interesse läßt einige Jahrhunderte später der Autor eines möglicherweise im 9. Jahrhundert geschriebenen Apokalypsenkommentars, bei dem es sich vielleicht um den in Gallien schreibenden Berengaudus handelt,[37] erkennen, wenn er entlang der augustinischen Zeiteinteilung in *etates*, die er *partes* nennt, den Antichristen im siebten Teil dieser Geschichte lokalisiert und dort auch die Bekehrung der Juden durch die beiden apokalyptischen Zeugen und deren Untergang während des dreieinhalbjährigen Wütens des Antichristen ansiedelt.[38] Kennzeichen dieser Epoche ist jedoch der Kampf gegen den Verfolger, den Antichristen, der durch das aus dem Abgrund steigende Tier symbolisiert wird. Für Berengaudus ist, wie für Joachim, das siebte Drachenhaupt der Antichrist, ebenso der Schwanz des Drachen, während er den Drachen selbst als den Teufel bezeichnet.[39] An anderer Stelle nennt er das siebenköpfige Tier aus dem Meer den Antichristen, dessen Köpfe die sieben Todsünden sind. Doch nimmt er dabei stets eine säuberliche Unterscheidung des Antichristen und Satans vor. Ebenso ist er auch bemüht, zu erklären, warum der Böse einerseits durch den Hauch des Mundes Christi getötet wird,[40] während doch andererseits berichtet wird, daß er lebendig ins Feuer geschickt werden wird.[41] Der Grund dafür liegt, so Berengaudus, in seiner *malitia*, die ihn überlebt: die Schlechtigkeit als die Essenz des Antichristen ist es, die den Feuertod erleidet. Doch vor dem Ende des Bösen und seinem

---

[36] Ambrosius, *Expositio Evangelii secundum Lucam*, SL 14, S. 351f., Z. 200–225, bes. Z. 220f., CSEL 32,4, S. 462, Z. 14 – S. 463, Z. 17, bes. S. 463, Z. 12, PL 15, Sp. 1809AC: omnes sunt Antichristi qui prava nos interpretatione seducunt.

[37] Zu Berengaudus vgl. S. 52 und ebd. Anm. 61.

[38] Berengaudus (?), *Expositio in Apocalypsin*, PL 17, Sp. 766–928.

[39] Die vielfältigen Deutungsmöglichkeiten der Häupter und Hörner des Tieres und des Drachen können hier nicht eingehender besprochen werden, da dies die Miteinbeziehung der vollständigen Geschichtsschau und aller in ihr handelnden Personen erforderte, die von Joachim und seinen Vorgängern als Elemente und Marksteine dieser Geschichtsschau angesehen werden. Überdies spielt auch die körperliche Erscheinung des eschatologischen Bestiarums zwar, wie sich von selbst versteht, in Joachims *Expositio in Apocalysin* eine Rolle, doch kommt die Darstellung in *De septem sigillis* weitgehend ohne ihre Zuhilfenahme aus. Vgl. zu ihr Bernard McGINN, Portraying Antichrist in the Middle Ages.

[40] Berengaudus (?), *Expositio in Apocalypsin*, PL 17, Sp. 928C, vgl. 2. Thess. 2,8.

[41] Offb. 10,9. – Er übersieht dabei, daß zwar bei Paulus offenkundig vom Antichristen, in der Apokalypse jedoch von Satan selbst die Rede ist, eine Erklärung also mithin obsolet.

letzten Kampf, zu dem Satan von seinen Banden gelöst werden wird, verspricht der Kommentar des Berengaudus ohne nähere Details des zeitlichen Ablaufs der Ereignisse und Gestalten dieser Endzeit den Gläubigen eine letzte irdische Zeit des Heils, tausend Jahre Glückseligkeit. Wir werden sehen, wie es zu dieser Annahme kommen konnte.

g) *Die Entdeckung des Millenniums: Die wiedergefundene Zeit*

Nach dem spätestens seit Augustinus vertrauten Denkmodell wurde unmittelbar nach dem Wüten des Antichristen die Parusie erwartet.[42] Dementgegen nimmt Hieronymus nach dem Wüten des Antichristen eine Zeit des Regiments der Heiligen an, ohne daß dabei sofort vom Weltende und -gericht die Rede ist.[43] Außerdem vertritt er die Annahme eines 45tägigen Schweigens nach dem Tod des Antichristen, die bei ihm interessanterweise mehr wie ein als allgemein bekannt vorausgesetzter Topos denn als eine eigene Neuentdeckung oder -berechnung eingeführt wird. Die biblischen Ursprünge dieses Gedankens liegen nicht in der Apokalypse, sondern in Dan. 12,11f. Die Zahl 45 ergibt sich aus der Differenz von 1290 Tagen

---

[42] Die Zeitenlehre des Augustinus findet sich in einer Predigt des Jahres 393 (Sermo 259, PL 38, Sp. 1196 1201, bes. cap. 2, ebd. Sp. 1197f.), in der Augustinus traditionell-christliche Elemente wie die Vorstellung von sechs aufeinanderfolgenden Weltaltern entsprechend den sechs Tagen der Schöpfung mit dem aus platonistischer Ideenwelt herrührenden Gedanken einer erzieherischen Aufwärtsbewegung verknüpft. Auf diese Zusammenhänge, die das gewohnte Bild einer in der Sicht des Augustinus statischen Offenbarungssituation verrücken könnten, macht Kurt FLASCH, Augustin. Einführung in sein Denken, S. 377 aufmerksam. – Der *locus classicus* der Weltalterlehre nach Augustinus ist jedoch *De civitate Dei* lib. XXII, SL 48, S. 805–866, PL 41, Sp. 751–804. Weitere Stellen nennt Alois WACHTEL, Beiträge zur Geschichtstheologie des Aurelius Augustinus, S. 58, Anm. 39. Die früher noch rezipierte Vorstellung der tausendjährigen Friedensherrschaft fehlt, ebd. S. 74, vgl. Kurt FLASCH, ebd. S. 397. (Kurt Flasch ist in hohem Maß abhängig von Alois Wachtel, was jedoch die spärlichen und meist kritischen Hinweise auf das Werk des Vorgängers kaum vermuten lassen). Vom innerweltlichen zum innerpersönlichen Ereignis gewandelt, so Augustinus, bringt der siebte Tag uns zu uns selbst, der achte zur vollkommenen Vereinigung mit Gott. Zu den Schöpfungstagen vgl. Johannes ZAHLTEN, Creatio mundi. Darstellungen der sechs Schöpfungstage und naturwissenschaftliches Weltbild (Stuttgarter Beiträge zur Geschichte und Politik 13, Stuttgart 1979). Zum Geschichtsbild des Augustinus vgl. Alois WACHTEL, ebd., bes. Kap. 5: Zur Epochengliederung des Geschichtsverlaufs, S. 48–78. Zur Zeiteinteilung im Mittelalter vgl. S. 27f.

[43] Hieronymus, *Commentaria in Danielem*, SL 75A, S. 826, Z. 157f., PL 25, Sp. 521C: Nulli enim dubium, quin post Antichristum sancti regnaturi sint.

als Dauer der Schreckenszeit Dan. 12,11 und jenen 1335 Tagen, die es nach Dan. 12,12 bis zum Ende noch abzuwarten gilt. Diese Differenz ist es, die allen künftigen Chiliasmusvorstellungen den Boden bereitet.[44]

Augustinus ist bei seiner Behandlung dieser letzten Dinge sorgfältig darauf bedacht,[45] keiner solchen Annahme Nahrung zu geben, um sämtliche Chiliasmusvorstellungen kategorisch auszuschließen – ein Anzeichen dafür, als wie wenig exzentrisch die Berechnungen, als deren Zeuge Hieronymus uns begegnet, auch für die Zeitgenossen des Augustinus bereits galten.[46] Darum spricht auch Augustinus, wenn von der Zeitspanne, nach der die Loslösung Satans zu erfolgen hat, die Rede ist, von *modico tempore* und nicht konkret von tausend Jahren.[47] Denn Begriff und Vorstellung des Chiliasmus rühren tatsächlich nicht von der kühnen Kalkulation des Danielexegeten, sondern von der in Offb. 20,2–6 beschriebenen Vorstellung des Regiments der Heiligen während der tausend Jahre, in denen Satan gebunden liegt. Besonders in Zeiten der Verfolgung und Bedrängnis hatte dieser Gedanke umso größere Bedeutung für Geschichtsverständnis und Zukunfsterwartung der Christen.[48] Doch da diese Phase unbestreitbar noch vor dem

---

[44] Hieronymus, *Commentaria in Danielem*, SL 75A, S. 943f., Z. 671–684, PL 25, Sp. 579CD. Wie so oft bezieht sich Hieronymus auf Porphyrius, der diese Zeit als Symbol des Sieges des Judas Makkabäus über Antiochus ausgelegt habe, er kritisiert jedoch diese Ansicht, da die Dauer der Herrschaft des Antiochus nur mit drei Jahren, nicht hingegen mit dreieinhalb anzugeben sei, und deshalb nicht in Betracht kommt. Zur Herschaftsdauer des Antiochus vgl. Hieronymus, ebd., SL 75A, S. 855f., Z. 879–904, PL 25, Sp. 537A–C und oben S. 196; zu den 45 Tagen des Hieronymus und ihrer Rezeption bei Joachim vgl. S. 222–224 und 235.

[45] Augustinus, *De civitate Dei*, lib. XX, PL 41, SL 48, S. 699–758, PL 41, Sp. 659–708. Über *De civitate Dei*, lib. XX und die Haltung des Augustinus zum präsentischen Himmelreich vgl. Wilhelm Kamlah, Ecclesia und regnum Dei bei Augustin, Philologus 93 (1938) S. 248–264.

[46] Erträglich scheint Augustinus die Vorstellung einer tausendjährigen Sabbatzeit nur, wenn sie sich auf geistige Freuden bezieht, und er gesteht sogar, einst selbst dieser Idee angehangen zu haben, vgl. ders., *De civitate Dei*, lib. XX, cap. 7, SL 48, S. 709, Z. 31–34, PL 41, Sp. 667: Quae opinio esset utcumque tolerabilis, si aliquae deliciae spirituales in illo sabbato adfuturae sanctis per Dominum praesentiae crederentur. . . . Nam etiam nos hoc opinati fuimus aliquando. Vgl. hierzu Wilhelm Kamlah, Ecclesia und regnum Dei bei Augustin, S. 250f.

[47] Vgl. Augustinus, *De civitate Dei*, lib. XX, cap. 13, SL 48, S. 723, Z. 58–61, PL 41, Sp. 677–679, bes. Sp. 679: ut annos mille, id est, annos omnes suos, quaeque pars habeat diversis ac propriis prolixitatibus finiendos, ampliore sanctorum regno, breviore diaboli vinculo.

[48] Vgl. dazu Alois Wachtel, Beiträge zur Geschichtstheologie des Aurelius Augustinus, S. 75: „Es ist daher begreiflich, wenn der Chiliasmus fast die durchgängige Meinung der abendländischen Kirchenväter gewesen ist."

Gericht und dem Anbruch der Ewigkeit liegt, mußte der Anschein einer allzu großen irdischen Seligkeit verhindert werden, deren Behauptung Augustinus lediglich als *quasdam ridiculas fabulas* hätte ansehen können.[49]

Denn diese tausend Jahre sind in Wahrheit, so Augustinus, die Gegenwart der Christen, die bereits mit Christus auferstanden sind und sich so mit dem, der die Welt bereits überwunden hat, in ruhiger und gewisser Erwartung der zweiten Auferstehung befinden,[50] ein vergleichsweise ernüchternder Gedanke mit moralisierender Tendenz, der ganz offensichtlich im Interesse tätiger Nachfolge Christi steht, im Gegensatz zu konsequenzenloser Spekulation. Zwar kann Hieronymus' Behauptung eines Zeitraums von 45 Tagen, den er nach dem Fall des Antichristen als gegeben ansieht, Augustinus nicht unbekannt geblieben sein,[51] denn er zitiert Hieronymus' Danielkommentar, ohne jedoch diesen Gedanken zu erwähnen.

Konsequent handelt Augustinus am Ende seiner Betrachtung der letzten Dinge schließlich die Ereignisse der einzelnen Akte des endzeitlichen Dramas in einer Liste ab, die von der Nüchternheit eines Waschzettels ist und in der – wie wir es Jahrhunderte später methodisch ebenso bei Joachim finden – sorgsam zwischen dem, was sicher gewußt wird, nämlich den Ereignissen selbst, und dem, was nur vermutbar bleibt, nämlich die Art und Weise ihres Ablaufs, unterschieden wird.[52] Offen bleiben also lediglich Details des zeitlichen Ablaufs, jedoch läßt seine Darstellung der letzten Dinge offenkundig und nicht

---

[49] Augustinus, *De civitate Dei*, lib. XX, cap. 7, SL 48, S. 708, Z. 4, PL 41, Sp. 666f.
[50] Augustinus, *De civitate Dei*, lib. XX, cap. 7, SL 48, S. 710, Z. 52 – S. 712, Z. 134, PL 41, Sp. 668f. Problematisiert wird hier konsequent die Bindung des Satans, die ja die völlige Abwesenheit des Bösen in der gegenwärtigen Welt implizierte und insofern eine gewisse Unvereinbarkeit des Millenniums mit der gegenwärtigen Zeit impliziert. Augustinus erklärt diese Abwesenheit mit der relativen Bindung durch die in Christus erfolgte Erleuchtung jener Völkerschaften, zu denen die Kunde des Erlösers bereits gedrungen ist, eine etwas merkwürdig anmutende Bezugnahme auf Offb. 20,3–7.
[51] Augustinus, *De civitate Dei*, lib. XX, cap. 23, SL 48, S. 742f., Z. 43–53, PL 41, Sp. 695.
[52] Augustinus, *De civitate Dei*, lib. XX, cap. 30, SL 48, S. 757f., Z. 165–174, PL 41, Sp. 708: In illo itaque iudicio vel circa illud iudicium has res didicimus esse venturas, Heliam Thesbiten, fidem Iudaeorum, Antichristum persecuturum, Christum iudicaturum, mortuorum resurrectionem, bonorum malorumque diremptionem, mundi conflagrationem ejusdemque renovationem. Quae omnia quidem ventura esse credendum est; sed quibus modis et quo ordine veniant, magis tunc docebit rerum experientia, quam nunc ad perfectum hominum intelligentia valet consequi.

absichtslos jede zeitnahe Brisanz und Aktualität vermissen, um allem
Spekulativem und Schwärmerischen, das er als Neigung seiner Zeitgenossen sehr wohl gekannt haben wird, zugunsten eines im Hier
und Jetzt gelebten Christentums Boden und Nahrung zu entziehen.
Entsprechend taucht der Antichristbegriff bei Augustinus gewöhnlich
ausschließlich im Zusammenhang mit dem Häresievorwurf auf.
Dennoch war es Geschichtsbild des Augustinus, auf dessen Einteilung
basierend und sich konsequent von ihr weg entwickelnd Joachims
Geschichtsschema beruht.

h) *Die Macht des Bösen und das Ende der Zeiten*

Die Hauptaufgabe bei der Identifizierung des oder der endzeitlichen
Antichristen ist die Unterscheidung zwischen den Begriffen des Sohnes
der Verderbnis, des Satans, des Antichristen, des Tieres, des Pseudopropheten, des Drachen und nicht zuletzt Gog und Magog. Letztere
sind dem alttestamentlichen Begriffskatalog entnommen; ihre dortige
Bedeutung ist hier irrelevant. Interessante Besetzungsmöglichkeiten,
teilweise sogar von Augustinus genutzt, bieten die elf Könige des
Danielbuches, die sieben Häupter des Drachens und die sieben
Häupter und zehn Hörner des Tieres. Nicht zuletzt gehören zum
traditionellen Antichristbild und verwandten Themenkomplexen auch
die Zugehörigkeit des Antichristen zum Stamme Dan,[53] die unterschiedlichen Bedeutungen der Himmelsrichtungen Norden und Süden
und der Gegensatz zwischen Rom und Babylon sowie das Bild der

---

[53] Sie ist vielfach belegt und begegnet beispielsweise bei Ambrosius von Mailand,
De benedictionibus patriarcharum, PL 14, Sp. 684A, Primasius, *Commentarius in Apocalypsin*,
SL 92, S. 169, Z. 91, PL 68, Sp. 867D: De tribu enim Dan Antichristus traditur
nasciturus, Gregor I, *Moralia in Iob*, lib. XXXI, cap. 24, SL 143B, S. 1580, Z. 25–42,
PL 76, Sp. 596CD, Isidor von Sevilla, *Allegoriae sacrae scripturae*, PL 83, Sp. 107A,
Beda, *Expositio Apocalypseos*, lib. I, SL 121A, S. 313, Z. 58, PL 93, Sp. 150BC,
Alkuin, *Commentaria in Apocalypsin*, PL 100, Sp. 1148CD, Rabanus Maurus, *De universo*, PL 111, Sp. 44D–45A, Angelomus von Luxeuil, *Commentarius in Genesim*, PL
115, Sp. 238C, Haimo, *Expositio in Apocalypsin*, PL 117, Sp. 1037D, Bruno von Segni,
Expositio in Pentateuchum, PL 164, Sp. 228D, Rupert von Deutz, *De sancta Trinitate et
operibus eius, In Genesim*, CM 21, S. 557, Z. 1350–1352, PL 167, Sp. 557AB, ebenso
bei Richard von St. Victor, Honorius Augustodunensis' *Elucidarium* sowie den griechischen Auslegern. Vgl. zu ihrer Herkunft und Geschichte Wilhelm BOUSSET, Der
Antichrist in der Überlieferung des Judentums, des neuen Testaments und der alten
Kirche, S. 112–115.

tausendjährigen Fesselung Satans, der 45tägigen *requies* nach der letzten Verfolgung und des halbstündigen himmlischen Schweigens. Man
gewinnt leicht den Eindruck, „letzte" Verfolgungen, „größte" Trübnisse
und ihre immer schrecklicher werdenden Protagonisten lieferten sich
zum Ende der Geschichte hin mit den Phasen des umfassenden
Friedens und irdischen Glücks der Heiligen Gottes ein Wettrennen
gegen die Zeit. Die wechselseitige Zuordnung dieser Begriffe erlaubt
dabei eine höchst variable Benutzung des Instrumentariums. Die für
Berengaudus schon genannte Unterscheidung zwischen Antichrist und
Satan ist eines der wenigen fast unwidersprochenen Kontinua in der
Geschichte der Tradition des Antichrist. Lediglich die Identität des
Antichristen als eigenständig handelnde Verkörperung des Bösen oder
als bloßes Werkzeug erscheint unterschiedlich, wobei ersteres eine
Parallelkonstruktion zur Geburt des Gottessohnes darstellt, während
letzteres der eschatologischen Macht ihre größte Bedrohlichkeit nimmt.

Für die geschichtstheologische Interpretation erscheint dabei die
Abstammung des Antichristen vom Stamm Dan eher irrelevant. Sie
wird auch von Joachim, der andernorts die Stämme Israels nicht
unreflektiert läßt, nicht thematisiert. Anders Gog und Magog: Nachdem
ihre alttestamentliche Bedeutung längst der Vergessenheit anheimge-
fallen war, bieten sie neue Interpretationsmöglichkeiten und bilden
so für die Betrachtung der Heilsgeschichte ein überaus wichtiges Ver-
satzstück der Zukunft. Generell herrscht in der exegetischen Tradition
Konsens darüber, daß es sich hier um die vom Antichrist verführ-
ten Völker handelt, die auf die Initiative desselben hin das Gottesvolk
bedrängen. Rom und Babylon gewinnen an Aussagekraft, je näher
die Interessen des Interpreten an der Zeitgeschichte und ihrem
Endzeitcharakter liegen. Beispielhaft dafür ist die Antichristdarstellung
und die Deutung der sieben Häupter bei Victorin von Pettau, der
als Zeitzeuge der diokletianischen Verfolgung, der er schließlich selbst
zum Opfer fallen sollte, eine konkretere Endzeiterwartung hegte als
Jahrzehnte nach ihm der Bischof von Hippo: *Septem capita septem reges
Romanorum ex quibus et antichristus est.*[54]

Denn je näher man sich dem Ende der Zeiten fühlt, desto bedeutender wird die Deutung konkreter zeitgenössischer Personen und
ihrer zugehörigen Orte als eschatologische Bühne und Rollenzuweisung.
Ebenso gewinnt die nördliche Himmelsrichtung an zeitgeschichtlicher

---

[54] Victorin von Pettau, *Scholia in Apocalypsin Joannis*, PL 5, Sp. 336B.

Brisanz, wenn mit dem Kommen des eschatologischen Feindes aus dem Norden eine politische Meinung ausgedrückt werden kann, auch wenn sie ihrem Sinn nach auf die Lage des Stammesgebietes der Daniter zurückzuführen ist und entsprechend meistens im Zusammenhang damit begegnet.[55] Apokalyptik und Apokalypsenauslegung gewinnen durch derartige Aktualisierung zusätzlich zu ihrem Charakter als Exegese der heiligen Schrift den einer historischen Interpretation und gleichzeitig nicht selten den einer politischen Äußerung.

Nicht viele nehmen sich des eschatologischen Bestiariums so liebevoll-detailfreudig an wie Berengaudus. Für Rabanus Maurus schon stellten sich die Dinge verwirrender – oder wäre flexibler der passendere Begriff? – dar: *Bestia quippe pro locis accipienda est, nunc diabolus, nunc antichristus, nunc ipsa civitas impia.*[56] Noch weniger Neigung zeigen die meisten der mittelalterlichen Exegeten, Besetzung und Reihenfolge der Auftritte des endzeitlichen Dramas zusammenhängend festzulegen.[57] Seit Augustinus galten die Ereignisse des Eschaton als festgelegt, aus ihnen ergaben sich keine Konsequenzen für die Gegenwart oder nahe Zukunft mehr, insofern auch der Abschied von der Naherwartung vollzogen wurde. So ist diese mühevolle Unterscheidung für viele Theologen keine Notwendigkeit, die Erläuterung der einzelnen Phasen der Geschichte kein zukunftsrelevantes Desiderat.

---

[55] Gregor I, *Moralia in Iob*, lib. XXXI, cap. 24, SL 76, S. 1580, Z. 27–51, PL 76, Sp. 596CD, Rabanus Maurus, *De universo*, PL 111, Sp. 44D–45A, Rupert von Deutz, *De sancta Trinitate et operibus eius*, *In Genesim*, CM 21, S. 557, Z. 1350–1352, PL 167, Sp. 557AB.

[56] Rabanus Maurus, *Commentaria in Ezechielem*, lib. XIII, PL 110, Sp. 877D.

[57] Eine Ausnahme ist etwa auch der sogenannte Ambrosiaster, ein spätantiker Autor, der in seinen *Commentaria in Epistolam ad Corinthios Primam*, CSEL 81,2, S. 183f., Z. 24–1, PL 17, Sp. 270C ebenso konzis wie präzise eine solche Chronologie erstellt: Hoc enim fiet post annos mille, quibus hic regnabit salvator, exstincto Antichristo, cum Satanas dimittetur de carcere suo ad seducendas gentes Gog et Magog. – Die Werke des Ambrosiaster, die schon Hieronymus, Augustinus oder Pelagius wohl bekannt waren, wurden im Mittelalter zu den Werken des Bischofs Ambrosius von Mailand gezählt. Erst Erasmus widerlegte diese Ansicht. Unbekannt ist, ob die Bezeichnung „Ambrosiaster" auch auf Erasmus zurückgeht. Die Identität des Verfassers, zu dessen Werken Kommentare zu allen Paulusbriefen außer dem Hebräerbrief sowie *Quaestiones in Veteri et novi testamenti* zählen, ist umstritten. Er lebte wohl zur Zeit des Papstes Damasus (366–384), seine Schriften zeichnen sich durch „rationale, am Text orientierte Exegese unter fast völligem Verzicht auf Allegorie" aus. Typologie ist ihm geläufig. Er legt Wert auf Trinitätstheologie, ist theologisch äußerst eigenständig und weist bemerkenswerte Kenntnisse u. a. des Judentums auf, vgl. Wilhelm GEERLINGS, Art. Ambrosiaster, in: Siegmar DÖPP, Wilhelm GEERLINGS (Hg.), Lexikon der antiken christlichen Literatur (Freiburg 1998) S. 12–13.

Anders für die Exegeten der Ticoniusschule, zu denen in letzter Konsequenz auch Joachim zählt. Wie Victorin ist Ticonius ein Anhänger
der spiritualistischen Auslegung der Apokalypse.[58] Die dem Exegeten
vorliegenden Texte aus Daniel, Ezechiel und der Apokalypse werden dabei kombiniert und in Harmonie gebracht, um ein möglichst
vollständiges Bild der Endzeit entstehen zu lassen. Zusätzlich können die Bücher der Schrift nicht nur linear, sondern nach der von
Ticonius aufgestellten sechsten seiner Regeln, der der *recapitulatio*,
auch zyklisch ausgelegt werden.[59] Daß Hieronymus, der Victorin
kannte und bearbeitete, Ticonius und seine exegetischen Methoden
unbekannt waren, ist durch das auffällige Fehlen der *recapitulatio* wahrscheinlich,[60] während er ansonsten doch stark der spiritualistischen
Auslegungsweise zuneigt, die realistische Deutungen – etwa die des
Antichrist als Nero, die noch Victorin nennt – ablehnt.

Vermittelt durch Augustinus und Isidor, konnten die ticonianischen Regeln auch bei dem großen englischen Exegeten des ausge-
henden siebten und beginnenden achten Jahrhunderts, Beda, ihre
Wirkung entfalten.[61] Beda vergleicht die sechs Tage der Schöpfung
mit den augustinischen *aetates* und bezieht sie auf die Weltgeschichte.[62]
Der Abend des sechsten Tages, der das Erscheinen Christi brachte,
wird dabei die schlimmste Verfolgung sehen, der siebte Tag die
Ruhe, die dem achten vorangeht.[63] Mehrfach erwähnt er die Dauer
der Verfolgung des Antichristen (und nur dieser als einziger Protagonist
des endzeitlichen Schattenkabinetts wird erwähnt), die er mit Hieronymus, Augustinus und anderen Autoritäten der exegetischen Tradition
auf dreieinhalb Jahren festlegt.[64] Ebensowenig wie Hieronymus zwei-

---

[58] Vgl. Wilhelm Bousset, Die Offenbarung Johannis, S. 58.
[59] Zu Ticonius und dem Buch der Regeln vgl. S. 40–42 und ebd. Anm. 19.
[60] So Wilhelm Bousset, Die Offenbarung des Johannes, S. 61.
[61] Vgl. Ansgar Willmes, Bedas Bibelauslegung, S. 301, zu Bedas Apokalypsenauslegung vgl. S. 41, Anm. 18.
[62] Vgl. Gerald Bonner, Saint Bede in the tradition of western apocalyptic commentary, S. 11f. Zu den Schöpfungstagen vgl. Johannes Zahlten, Creatio mundi.
[63] Beda, *De temporum ratione*, cap. 10: De hebdomada aetatum saeculi, SL 123B,
S. 310–312, bes. S. 311f., Z. 42–49, PL 90, Sp. 339A–340C. Auch Gerald Bonner,
Saint Bede in the tradition of western apocalyptic commentary, S. 14, bezeichnet
Beda in *De temporum ratione*, geschrieben um 725, als den Übermittler des augustinischen, in seinem Fall von Isidor von Sevilla übernommenen Weltalterschemas.
[64] Hieronymus, *Commentaria in Danielem*, SL 75A, S. 878, Z. 416, PL 25, Sp. 548A,
Beda, *De temporum ratione*, cap. 69: De temporibus Antichristi, SL 123B, S. 538f.,
Z. 1–58, PL 90, Sp. 573D–574A. Zu den Zweifeln des Augustinus über diese

felt auch Beda keine Sekunde daran, daß nach der Verfolgung des Antichristen eine Friedenszeit dem jüngsten Gericht und dem Beginn der Ewigkeit vorausgeht.[65] Dieser Übergang wird dabei nicht durch irgendeine Zäsur eingeleitet wie etwa durch eine neuerliche Verfolgung, vielmehr beginnen das jüngste Gericht und der augustinische achte Tag unmittelbar nach dieser Friedenszeit, so daß in beiden Fällen nur von einer unterschiedlichen Qualität beider Phasen, nicht aber von einer wirklichen Zäsur die Rede sein kann. Der Abschied vom augustinischen Modell findet hier, trotz des Vorhandenseins der Vorstellung einer irdischen *requies*, wie sehr immer Augustinus dieselbe auch verworfen hätte, noch nicht statt.

i) Agmina Antichristi: *Traditionelle Interpretationen von Gog und Magog*

In der Eröffnung des siebten Siegels nennt Joachim den Verfolger, der nach der Befreiung des Satans wütet, Gog, den schlechtesten aller Menschen, und beruft sich dabei auf den Propheten Ezechiel. Jede eschatologische Interpretation von Gog und Magog beruft sich auf Offb. 20,7. Dort wird beschrieben, wie der wieder befreite Satan nach seiner tausendjährigen Gefangennahme die Völker von den vier Enden der Erde verführt, nämlich Gog und Magog. Aus dem Buch Ezechiel stammt die Information, daß Gog aus dem Norden hereinbrechen wird (Ezech. 38,14f.). Die christlichen Exegeten haben Gog und Magog mit unterschiedlichen Völkerschaften identifiziert. Die symbolisch-etymologische Interpretation des Hieronymus als *tectum* bzw. *de tecto* war dabei sicher wenig hilfreich und hat in der Geschichte der Exegese zunächst zu mehr oder weniger hilflosen Erklärungsversuchen Anlaß gegeben.[66] Manche Exegeten bringen Gog und Magog mit dem Gen. 10,2 erwähnten Sohn Japhets in Verbindung,

---

Zeitspanne und ihre angemessene Interpretation vgl. *De civitate Dei*, lib. XX, cap. 13, SL 48, S. 722f., PL 41, Sp. 678f.

[65] Zur Genese und Geschichte des später in der *Glossa ordinaria* so genannten *refrigerium sanctorum*, das Hieronymus in seiner Danielexegese entfaltet und das die Referenzstelle dieser Friedenszeit nach dem Wüten des Antichristen darstellt, vgl. auch Robert E. LERNER, Refreshment of the Saints. Zum *refrigerium* bei Joachim von Fiore vgl. S. 183 und abb. Anm. 75.

[66] Hieronymus, *Liber interpretationis Hebraicorum nominum [De nominibus hebraicis]*, SL 72, S. 131, Sp. 30, PL 23, Sp. 881f.

was gut zu seiner erklärten Herkunft aus dem Norden paßt.[67] Auf Ambrosius geht die Definition von Gog und Magog als Goten zurück,[68] die von Hieronymus skeptisch betrachtet und durch die Bezugnahme auf die Skythen ersetzt wurde.[69] Beide Deutungsmöglichkeiten sind dem Mittelalter bekannt. Später werden etwa auch die Hunnen oder die Normannen als die drohenden Fremdvölker angesehen.[70] Nicht alle Exegeten können sich mit der Vorstellung anfreunden, ein konkretes Volk mit den eschatologischen Heerscharen des Antichristen zu identifizieren. Bereits Ambrosiaster denkt dabei an *daemones*, von Satan nach dem Fall des Antichristen zum Kampf gegen die Heiligen verführt.[71] Augustinus weist die Interpretation als Skythen wie auf jedes andere konkrete Volk zurück.[72] Haimo versteht unter ihnen *omnia membra sua*, nämlich des Teufels.[73] Bereits Beda, später aber auch Bruno von Segni und nach ihm die Theologen des sogenannten deutschen Symbolismus verstehen unter Gog und Magog ihrer Interessenlage entsprechend nicht mehr konkrete Fremdvölker, sondern die ebenso konkreten Feinde der Kirche, offene und versteckte

---

[67] Hieronymus, *Hebraicae quaestiones in Genesim*, In Gen. 10,21, SL 72, S. 11, Z. 17–24, PL 23, Sp. 1000A, Isidor von Sevilla, *Historia de regibus Gothorum, Wandalorum et Suevorum*, PL 83, Sp. 1059A und Rabanus Maurus, *Commentaria in Genesim*, PL 109, Sp. 527A.

[68] Ambrosius, *De fide [ad Gratianum Augustum]*, lib. II, cap. 16, CSEL 78, S. 105, Z. 14f., PL 16, Sp. 588A: Gog iste Gothus est, quem iam videmus exisse.

[69] Hieronymus, *Commentaria in Esaiam*, lib. X, SL 73, S. 399, Z. 89–91, PL 24, Sp. 353B, vgl. ders., *Quaestiones Hebraice in Genesim*, SL 72, S. 11, Z. 12, PL 23, Sp. 999B. Gleichwohl steht er auch dieser neuen Bezugnahme nicht ganz unvoreingenommen gegenüber, die er mitunter nur als die Meinung der Juden und *iudaizantes* wiedergibt, der er sich nicht anschließt, sondern einer typologisch-ekklesiologischen Deutung den Vorzug gibt, die an Ketzer und andere Gegner der Kirche denkt und damit eher der ticonianischen Schule entspräche.

[70] Christian von Stablo, *Expositio in Matthaeum*, PL 106, Sp. 1456AB. Christian von Stablo, dem erst Johannes Trithemius den Beinamen Druthmarus beilegte, stammte aus Aquitanien und war in der zweiten Hälfte des 9. Jahrhunderts als Lehrer in Stablo tätig (die Angabe Trithemius' PL 106, daß er in Corbie gelebt habe, ist falsch). Sein um 865 verfaßter Matthäuskommentar entsprang seiner Lehrtätigkeit und zeichnet sich weniger durch neues Material als vielmehr durch die besondere Klarheit der sehr umfassenden Darstellung aus. Vgl. Franz BRUNHÖLZL, Geschichte der lateinischen Literatur des Mittelalters 1, S. 383f., 562f., der hier lediglich Max MANITIUS, Geschichte der lateinischen Literatur des Mittelalters 1, S. 431–433, wiedergibt.

[71] Ambrosiaster, *Commentaria in epistolam ad Corinthios primam*, CSEL 81,2, S. 184, Z. 1, PL 17, Sp. 270C. Zu Ambrosiaster vgl. S. 211, Anm. 57.

[72] Augustinus, *De civitate Dei*, lib. XX, cap. 11, SL 48, S. 720, Z. 11–16, PL 41, Sp. 676f.

[73] Haimo, *Expositio in Apocalypsin*, PL 117, Sp. 1187C.

Gegner des Glaubens.[74] Denn in einem Europa, das bis an seine Grenzen dem christlichen Glauben huldigt und dessen Theologen die fernen Kämpfe gegen Sarazenen oder Tataren gleichermaßen weit entfernt scheinen, ist der eschatologische Feind mehr und mehr der Feind im Innern, die offenen und verdeckten Gegner der Kirche, Häretiker und Heuchler. Der entscheidende Grund ihrer Gegnerschaft ist auch im Fall der Heiden nicht mehr politischer, sondern religiöser Natur. Hier kommt endlich die mysteriöse Deutung des Hieronymus zu Ehren, indem *tectum* nun als das Dach verstanden wird, unter dem sich die versteckten Gegner verbergen, die Heuchler, während die offenen Gegner *detecto* ihres Schutzes beraubt oder freiwillig aus ihrer Deckung gekommen sind, die Häretiker, Heiden oder Juden.[75] Für Gerhoch von Reichersberg handelt es sich dabei um zwei in der Gegenwart unterschiedlich operierende Heerscharen des Antichristen,[76] wodurch jedes Interesse für die genaue Reihenfolge des Ablaufs der eschatologischen Ereignisse, bei der ja der Fall des Antichristen dem Auftreten Gogs und Magogs vorausgeht, zugunsten der allgemeingültig-zeichenhaften Bedeutung zurücktritt.

j) *Die Eröffnung des siebten Siegels:*
Der große Sabbat und der letzte Verfolger

Um das Verhältnis Joachims zu seinen Vorgängern in der Behandlung des Antichristmotivs und die Entwicklung seines Antichristbilds darzustellen, ist zu fragen: Wie stellt Joachim den Ablauf der letzten Phasen des eschatologischen Dramas vor dem Endgericht dar, in welchem Kontext tritt darin der Antichrist auf, und um wen handelt es sich dabei?

Allgemein wird als Charakteristikum joachimischer Eschatologie angesehen, daß es in ihr eine Phase irdischen Glücks und Fortschritts

---

[74] Beda, *Expositio Apocalypseos*, lib. III, SL 121A, S. 511, Z. 99f., PL 93, Sp. 193A, Bruno von Segni, *Expositio in Apocalypsim*, PL 165, Sp. 715A.

[75] Rupert von Deutz, *Commentaria in Apocalypsim*, PL 167, Sp. 1184BC, Gerhoch von Reichersberg, *Commentarius aureus in Psalmos et cantica ferialia*, PL 193, Sp. 892CD.

[76] Es handelt sich jedoch nicht um zwei verschiedene Antichristi, wie Horst Dieter RAUH, Das Bild des Antichrist im Mittelalter, S. 443 irrtümlich annimmt, sondern um deren Heere; im anderen Fall würde dies eine erstaunliche Abweichung von der Tradition bedeuten, die Gerhoch sicher schon deshalb nicht unternommen hätte, weil ihm die Reihenfolge der Akte des endzeitlichen Dramas weniger wichtig war als dessen überzeitliche Bedeutung.

vor dem endgültigen Ende der Zeiten gibt, eine Vorstellung, die orthodoxen Theologen stets ein Greuel war. Ihre Grundlage ist die joachimische Drei-Zeiten-Lehre, derzufolge es nach dem Zeitalter des Vaters und des Sohnes einen dritten *status*, den des heiligen Geistes, noch innerhalb irdischer Zeitrechnung zu erwarten gilt, den Raoul Manselli vorsichtig mit dem Kommen des Antichristen als dem Anfangsmoment des eschatologischen Zeitalters identifiziert.[77] Doch um welche der beiden beschriebenen exegetischen Begründungen einer irdischen Friedenszeit handelt es sich für Joachim, und ist dies wirklich das wesentlich Andere und Bedeutsame innerhalb der Geschichts- und Endzeitvorstellung Joachims?

Der Zeitraum von tausend Jahren, die während des Regiments der Heiligen Satan gebunden verbringt und der auf Offb. 20 zurückgeht, und derjenige von 45 Tagen, der sich für Hieronymus in seiner Danielexegese ergibt, werden in der Tradition gewöhnlich alternierend behandelt, nicht jedoch aufeinanderfolgend. In denjenigen Darstellungen des Eschatons, die sich für die Traditionen der Auslegung als prägend erwiesen, wie denen des Augustinus oder Hieronymus, findet sich nirgendwo ein Modell des zeitlichen Ablaufs der letzten Dinge, das beide integriert und somit eine Reihenfolge der letzten Verfolgungen und der friedlichen Intervalle, die vor dem Weltende anzusetzen sind, nahelegt. So war Joachims *De septem sigillis* ein Novum oder sogar ein mehr als tausendjähriges Desiderat, das, aus allen Quellen schöpfend, die der Christenheit zur Verfügung stehen (im wesentlichen sind dies Daniel und die Apokalypse, dazu Ezechiel, aber auch andere, ungenannte Überlieferungen) ein kompaktes Bild der Zukunft zeichnet, ein *Cento*, das mit wenigen Strichen und in knappsten Sätzen doch alle Elemente dieser Zukunft skizziert und nicht nur linear, sondern auch in ihren jeweiligen kosmologisch-historischen Zügen anordnet.

Der Begriff des *sabbatismus*, mit dem die tausendjährige Friedenszeit in *De septem sigillis* bezeichnet wird, ist zitiert nach Hebr. 4,9, wo damit gleichfalls ein Zustand gemeint ist, der gleichzeitig präsentisch und futurisch ist und dem Ruhetag Gottes nach der Schöpfung nachgebildet ist. Auch Augustinus verwendet ihn zur Beschreibung des Zustandes der Gläubigen an jenem siebten Tag nach den sechstau-

---

[77] Raoul MANSELLI, Il problema del doppio Anticristo in Gioacchino da Fiore, S. 431.

send Jahren der Mühe, die seit der Erschaffung Adams vergangen sind.[78] Er ist das siebte Zeitalter, das dem ersten Sonntag entspricht, an dem Gott nach der Schöpfung ausruhte, und in ihm wird Gott auch den Seinen Ruhe schenken. Für Bruno von Segni beschreibt er die Seligkeit nach diesem Leben, kann jedoch ebenso schon auf die Zeit des siebten Siegels bezogen werden.[79] Auch bei Gerhoch von Reichersberg findet der *sabbatismus* bereits *reprobatis reprobis* statt.[80]

Joachim von Fiore beschreibt in seinem Apokalypsenkommentar einen dreifachen Sabbat, der *ante legem, sub lege* und *sub gratia* stattfindet, nämlich unter den Kindern Israel von Jakob bis Mose in Ägypten, von Malachias bis zu Johannes dem Täufer und – in der Zukunft – von der Fesselung des Satans bis zum Ende der Welt.[81] Nur die beiden letzten Sabbatereignisse, nämlich am Ende der Reihe der Siegel und am Ende der ihrer Eröffnungen, werden in *De septem sigillis* erwähnt, während das Vorhandensein des ersten Sabbats *ante legem* allenfalls im ersten Siegel aus dessen Parallelstellung zur ersten *apertio* und den darin geschilderten Ereignissen implizit vorhanden sein könnte. Zur Beschreibung der Zeit des letzten Sabbats werden in der *Expositio* die nämlichen Worte wie in *De septem sigillis* gewählt: *cessaverunt historie et prophetie*, die dort den Sabbat des siebten Siegels beschreiben.

Ein gemeinsames Kennzeichen dieser drei Sabbattage ist das Schweigen, am ersten das Schweigen jener Sabbatnacht, in der sich die Kinder Israel für den Auszug rüsteten und in der um Mitternacht

---

[78] Augustinus, *De civitate Dei*, lib. XXII, cap. 30, SL 48, S. 865f., Z. 124–140, PL 41, Sp. 804: Ipse etiam numerus aetatum, veluti dierum, si secundum eos articulos temporis computetur, qui in Scripturis videntur expressi, iste sabbatismus evidentius apparebit, quoniam septimus invenitur: ut prima aetas tanquam dies primus sit ab Adam usque ad diluvium, secunda inde usque ad Abraham, non aequalitate temporum, sed numero generationum: denas quippe habere reperiuntur. Hinc jam, sicut Matthaeus evangelista determinat, tres aetates usque ad Christi subsequuntur adventum, quae singulae denis et quaternis generationibus explicantur: ab Abraham usque ad David una, altera inde usque ad transmigrationem in Babyloniam, tertia inde usque ad Christi carnalem nativitatem. Fiunt itaque omnes quinque. Sexta nunc agitur, nullo generationum numero metienda, propter id quod dictum est: Non est vestrum scire tempora, quae Pater posuit in sua potestate (Apg. 1,7). Post hanc tanquam in die septimo requiescet Deus, cum eumdem septimum diem, quod nos erimus, in se ipso Deo faciet requiescere.

[79] Bruno von Segni, *Expositio in Pentateuchum*, PL 164, Sp. 268C, ders., *Expositio in Apocalypsim*, PL 165, Sp. 638A.

[80] Gerhoch von Reichersberg, *Commentarius aureus in Psalmos et cantica ferialia*, PL 193, Sp. 1773B.

[81] *Expositio, Liber introductorius*, fol. 14vb.

der Herr die Erstgeburt Ägyptens fällte,[82] am zweiten das Schweigen der Quellen in der Zeit zwischen dem Wiederaufbau in Jerusalem und der Zeit des Täufers, am dritten jedoch das Schweigen, das im Himmel herrschen wird.[83] Doch erst nach einer weiteren Verfolgung steht das Ende der Zeiten bevor.

Könnte aber das Vorhandensein von nur zwei Sabbaten in *De septem sigillis* den Verdacht begründen, daß hier ein Modell der Sabbate vorliegt, das älter und vorläufiger ist als eines, bei dem wie in der *Expositio* drei Sabbate aufgezählt werden? Und erlaubt dies gar irgendwelche Rückschlüsse auf die Entstehung von *De septem sigillis* als vor oder nach Joachims Entwicklung seiner Trinitätstheologie? Ist *De septem sigillis* darum möglicherweise gar doch ein zweisträngiges, die trinitarische Geschichtsschau noch nicht reflektierendes Schema?[84]

Dazu ist zunächst vor allem das Motiv der zwei oder drei Sabbate in seinen unterschiedlichen Ausgestaltungen zu untersuchen. Nur,

---

[82] Joachim bezieht sich dabei nicht auf den Bericht vom Auszug im Buch Exodus, bei dem das Motiv des Schweigens nicht explizit erwähnt wird, sondern auf Weish. 18,13–16, wo der Tod der Erstgeburt mit dem Ausgang des Wortes Gottes in einen heilsgeschichtlichen Zusammenhang gebracht wird: De omnibus enim non credentes propter veneficia, tunc cum fuit exterminium primogenitorum, spoponderunt populum Dei se esse cum enim quietum silentium contineret omnia, et nox in suo cursu medium iter haberet, omnipotens sermo tuus de caelo a regalibus sedibus, durus debellator in mediam exterminii terram prosilivit gladius acutus insimulatum imperium tuum portans, et stans replevit omnia morte, et usque ad caelum adtingebat stans in terra. Vgl. Exod. 11,4f., 12,15f. 29. Die Wirkungsgeschichte dieser Stelle mit Blick auf ihre geschichtstheologische Interpretation könnte überaus interessant verlaufen.

[83] *Expositio, Liber introductorius*, fol. 3ra, 15ra–b. Das himmlische Schweigen findet hier noch vor dem Fall Babylons statt, also in der Eröffnung des sechsten Siegels. Die dritte Sabbatzeit, zu der der Wiederaufbau des neuen Jerusalem in Angriff genommen wird, ist weit freudenreicher als die beiden früheren. Von einer vollständigen Fesselung des Satans kann jedoch auch hier keine Rede sein, vgl. ebd. fol. 15vb: Ceterum sex partes communiter se habent ad laboris certamina, septima vero pars distincta est et separata a sex partibus libri, quamvis numerus annorum incarcerationis Sathane videatur secundum partem ad secundi status tempora pertinere. Ähnlich ebd. fol. 15vb–16ra: Non enim simul totus incarceratus est, sed per singulum quinque temporum secundi status singulum draconis caput debellatum est, et in sexto tempore duo simul, ita ut non habens de reliquo, in quo exerceat vires suos, cogatur usque ad finem seculi, quod erit tempus caude ipsius, sine spe perpetrande malitie incarceratus manere; et secundum hoc mille anni omne tempus quod decursum est a resurrectione Domini designare videntur usque ad tempus Gog, non quia mille anni erunt tantum, sed quia millenario numero annorum numerositas designatur. Bei der nur teilweisen Fesselung des Satans weiß sich Joachim mit Augustinus eins, vgl. S. 208, Anm. 50. Eine ähnliche Beschreibung dieses Sabbats findet sich *Concordia*, lib. IIa, fol. 14vb.

[84] Ähnliche Vermutungen äußerte noch jüngst Bernard McGinn, vgl. S. 57, Anm. 76.

wenn sich dabei herausstellt, daß tatsächlich ein Zusammenhang zwischen dem dreifachen Sabbat und der trinitarischen Geschichtsschau besteht, wäre ein solcher Schluß überhaupt zulässig.

In der Mehrzahl der Schriften Joachims, die den Sabbat erwähnen, wie außer der *Expositio* und der *Concordia* etwa auch *De vita sancti Benedicti*, die sogenannte *Praephatio* und *De ultimis tribulationibus*, kommt dieser nur als der Sabbat am Ende der Heilsgeschichte vor, der entweder dem siebten Tag der Weltwoche und gleichzeitig dem dritten *status* oder dem siebten Abschnitt dieses siebten Weltzeitalters entspricht. Daß der Sabbat dergestalt sowohl den sechs vorangegangenen *aetates* als auch den sechs Zeiten des zweiten *status* als siebte Zeiteinheit hinzugefügt wird und somit gleichzeitig siebte *aetas* wie siebte *apertio* ist (zum Vergleich: die sechste *aetas* umschließt die ersten sechs Siegelöffnungen), versinnbildlicht das gleichzeitige Hervorgehen des heiligen Geistes, dem der dritte *status* zugehört, aus dem Vater und dem Sohn: der dritte *status* als Sabbat des zweiten.[85] Von drei (trinitätstheologisch verwendeten) Sabbaten ist hier nicht die Rede.

Verschiedentlich nennt Joachim sieben Sabbate, von denen der Kirche je einer in jedem der Siegel zuteil wird. Im *Liber introductorius* der *Expositio* bemüht sich Joachim, verschiedene Arten der Sabbate zu beschreiben und zu unterscheiden. Trinitätstheologische Anklänge gibt es nur bei einem der drei, nämlich dem Sabbat am Weltenende, der dem dritten *status* entspricht. Doch weder bei dem erwähnten ersten Sabbat der Kinder Israel in Ägypten, noch beim zweiten, dem des Volkes Israel vor der Zeitenwende, werden derartige Beziehungen aufgezeigt, etwa dergestalt, daß der erste Sabbat dem Vater oder der zweite dem Sohn zugeschrieben würde.[86]

---

[85] *Expositio, Liber introductorius*, fol. 12ra: Si enim primus status specialiter ascribitur Patri, secundus Filio, tertius Spiritui sancto, quid convenientius esse potuit quam ut status ille, qui pertinet ad Spiritum sanctum, et respectu sex etatum mundi et respectu sex temporum secundi status sabbatum esse videatur, ut per hoc unus idemque Spiritus a Patre Filioque eius procedere intelligatur?

[86] Ähnlich die Sabbatauffassung, die im *Psalterium* zum Ausdruck kommt, vgl. ebd. lib. II, fol. 271rb. Dort begegnet nicht nur eine Sabbatauslegung, die fünf Schriftsinnen folgt, sondern es wird in zwei unterschiedlichen Textüberlieferungen der Sabbat der sechsten *aetas* augustinischer Zeiteinteilung verschieden gedeutet. Auf die Unterschiede braucht hier nicht weiter eingegangen zu werden. Gemeinsam ist beiden Varianten, daß sie die beiden Verfolgungen der sechsten Zeit, die den beiden Scheffeln Manna der Wüstenwanderung entsprechen, jeweils als von einer Friedenszeit abgelöst sehen. Das Modell der unterbrochenen Verfolgung entspricht dabei dem der *Concordia* und frühen Teilen der *Expositio*, während der *Liber introductorius* der *Expositio* zwei sich überschneidende Verfolgungen kennt, vgl. S. 184. Die zweite Verfolgung der sechsten

Die einzige Dreiergruppe, die dem dreifachen Sabbat zugeordnet wird, heißt *ante legem, sub lege, sub gratia*.[87] Den Personen der Trinität ist diese Dreiergruppe jedenfalls nicht zuzuordnen: Denn die Zeiten *ante legem* (die Jahre Israels in Ägypten) und *sub lege* (von Malachias bis zu Johannes dem Täufer) gehören beide zum Alten Testament, also zur Zeit des Vaters, während die Zeit *sub gratia* erst mit dem Sohn beginnen kann, so daß also der ersten Person der Trinität zwei Zeiten zuzuordnen wären, während die dritte Person leer ausgehen müßte. Dennoch findet auch dieser dritte Sabbat während der Einkerkerung des Satans statt. Über den Beginn dieses Sabbats gibt es bei Joachim unterschiedliche Aussagen. In den letzten Teilen der *Expositio* wandelt sich Joachims Einteilung der drei Sabbate, indem nun nach einem ersten Sabbat der zweite einerseits an dem Tag, an dem der Herr im Grab ruhte, beginnt, *secundum plenitudinem* jedoch erst mit dem Untergang des Tieres und des Pseudopropheten, also bereits Teil des Eschaton ist.[88]

Es gibt jedoch mehrere Gründe, wieso dieser zweifache Beginn des Sabbats, der eine Parallele mit dem zweifachen Beginn des dritten *status* aufweist, von Joachim wieder aufgegeben wird. Zunächst müßten mit diesem doppelten Beginn des dritten Sabbats gewissermaßen (angefangen mit dem Sabbat Israels in Ägypten) letztlich vier Sabbate behauptet werden, von denen der erste ohne trinitätstheologische Relevanz wäre, die anderen nicht. Andererseits müßte auch die eschatologisch-geschichtstheologische Ausdeutung eines trinitätstheologischen Sabbatbildes Probleme aufwerfen, da doch der Sabbat der siebten Zeit, auf den Auferstehungssonntag und achter Welttag erst noch folgen müssen, nicht auch gleichzeitig das Kennzeichen des dritten *status* sein kann – für Joachim, dem Disharmonien innerhalb seines bis in letzte durchgestalteten Bildes der Heilsgeschichte unannehmbar waren, eine keinesfalls gangbare Möglichkeit. So ist begreiflich, wenn Joachim sich endlich dazu entschließt, den beiden Sabbaten am Ende des siebten Siegels und seiner Eröffnung zwar eschatologische, nicht aber trinitätstheologische Bezüge mitzugeben, und gleichzeitig den Sabbat der Kinder Israel beim Auszug aus

---

Zeit ist dabei im *Psalterium* noch als die letzte Verfolgung anzusehen, der folgende Sabbat von keiner Aussicht auf eine weitere Verfolgung getrübt, die die siebte *aetas* und Zeit von der achten und der Ewigkeit trennt, ist also jedenfalls früher als vergleichbare Modelle der *Expositio* und *De septem sigillis*.

[87] *Expositio, Liber introductorius*, fol. 14vb.

[88] So *Expositio*, pars VII, fol. 211rb, und öfter.

Ägypten in *De septem sigillis* aufgibt, weil ihm jeder eschatologische (wie auch trinitätstheologische) Bezug fehlt. Eine umgekehrte Entwicklung der Darstellung auf dem Weg hin zu einem transparenten und überschaubaren Bild der Heilsgeschichte wäre hingegen kaum erklärbar. Indem Joachim den dritten *status* als den Sabbat des zweiten bezeichnet, wobei der verborgene Anfang des dritten *status* gleichzeitig mit dem des zweiten zu sehen ist, nämlich im Heilswerk Christi, findet alles Folgende in der Tat *sub gratia* statt, und zwar je nach seiner Statuszugehörigkeit in der Verborgenheit oder *secundum plenitudinem*, einmal nur *populo Dei* wie im siebten Siegel, einmal *revera* wie in seiner Eröffnung. Im achten Abschnitt von *De septem sigillis* aber – und dies spricht für die Aufgabe der Gleichsetzung zwischen einer Dreierreihe der Sabbate und der *status* – wird auch dieser letzte Sabbat überboten. Indem Joachim den Schritt von der siebten zur achten Stufe geht, läßt er das Modell des dreifachen Sabbats (und die im *Liber introductorius* noch vorhandene Gleichsetzung des Sabbats mit dem dritten *status*) hinter sich. Denn der dritte *status* ist mehr als nur ein Sabbat.

Noch ein weiteres Argument spricht gegen den Gedanken, daß *De septem sigillis* eine frühere Stufe der Entwicklung des Sabbatmodells repräsentierte, als sie in der *Expositio* enthalten ist. Denn auf dem gedachten Weg von einem zwei- hin zu einem dreigliedrigen Sabbatmodell wäre es in jedem Fall der dritte, letzte Sabbat, der, entsprechend der trinitarischen Geschichtseinteilung, als letzter hinzukommen müßte. In *De septem sigillis* fehlt jedoch nicht etwa der dritte, sondern nur der erste der drei Sabbate, der im ersten Siegel stattfinden müßte.

Die trinitätstheologische Auslegung der Weltsabbate unterliegt einer nachvollziehbaren Entwicklung: im siebten Teil der *Expositio* und in *De ultimis tribulationibus* noch vorhanden,[89] wird sie im *Liber introductorius*, dem jüngsten Teil des Apokalypsenkommentars, schließlich modifiziert und in *De septem sigillis* vollständig aufgegeben.

Der Weg vom dreifachen zum zweifachen Sabbat ist gerade auf dem Hintergrund der trinitätstheologischen Geschichtsschau und der Entwicklung zu ihr hin unausweichlich. Es ist allerdings eine beliebte Methode, frühere oder spätere Phasen im Werk des Abtes allein

---

[89] *De ultimis tribulationibus*, ed. SELGE, S. 25f. Joachim spricht hier nur noch davon, daß *tempus illud beatum* (zu Beginn der siebten *aetas*) *in sabbatum* werde, während dessen das Volk Gottes sicher wohnt, *cessantibus expositoribus*, ähnlich wie mit dem Propheten Malachias die Prophetie zu Ende ging.

daran erkennen zu wollen, ob zwei- oder dreigliedrige Muster darin
erkennbar sind, doch Joachims Denken war keineswegs so eindimensional, wie diese Faustregel nahe legen möchte, sondern bedarf
differenzierterer Darstellung. Aus dem in *De septem sigillis* nur zweifachen Sabbat läßt sich ebensowenig wie aus anderen, hier nur mit
einer Parallele in Siegel und Eröffnung begegnenden Motiven schlies-
sen, daß es sich darum bei *De septem sigillis* um eine zweisträngige,
trinitätstheologische Überlegungen noch nicht enthaltende Darstellung handeln müsse. Schließlich ergänzt Joachim auch auf dem
Höhepunkt der Entwicklung seiner trinitätstheologischen Erwägungen
nicht etwa beispielsweise die Konkordanz der beiden Testamente um
ein drittes Element. Es scheint im Gegenteil fast so, als werde der
dritte *status* und sein verborgener Beginn in Joachims Vorstellung
immer subtiler, je länger sich Joachim mit dem Problem seiner
Darstellung befaßte.

Eine ähnliche komplexe Entwicklung wie der Sabbatgedanke erfährt
auch die Gestalt des letzten Verfolgers in der Eschatologie Joachims
von Fiore. Seine Aussagen über das Auftreten des Antichristen nach
dem *sabbatismus* sind vielfältig und schwer zu überblicken. Die
Darstellung der Figur des Antichristen nimmt in Joachims Werk breiten Raum ein. In fast jeder seiner Schriften, außer etwa *De articulis
fidei* oder einzelner der *Sermones*, ist von ihm die Rede. Nach Herbert
Grundmanns Erkenntnis entspricht seine Interpretation der üblichen
Auffassung: am Ende der Zeiten wird eine schreckliche Verfolgung
über die Kirche hereinbrechen, der nach einer Ruhezeit von unge-
wisser, jedoch keinesfalls langer Dauer mit der Wiederkunft Christi
die Auferstehung der Toten und das jüngste Gericht folgen werden.
Gewiß ist, daß Joachim diese traditionellen Konzepte und alle oder
doch sicher die meisten ihrer Elemente bekannt waren. Zum Millen-
niumsgedanken bezieht er sich in der *Expositio* auf Augustinus, dem
zufolge das Jahrtausend mit der Auferstehung Christi seinen Anfang
genommen hat.[90] Seit Hieronymus gibt es in der christlichen
Eschatologie die bereits erwähnte Anschauung, daß der Vernichtung
des Antichristen durch den Messias das jüngste Gericht nicht unmittelbar auf dem Fuße folgt, sondern dazwischen ein Zeitraum von 45

---

[90] *Expositio*, pars VII, fol. 211ra, Augustinus, *De civitate Dei*, lib. XX, cap. 7, SL
48, S. 709f., PL 41, Sp. 667f. Vgl. Alois WACHTEL, Beiträge zur Geschichtstheologie
des Aurelius Augustinus, S. 79.

Tagen liegt,[91] der anfänglich als weitere Prüfung, diesmal der Geduld, später jedoch als eine Zeit der Erquickung gedeutet wird.[92] Zwar findet die Vorstellung einer Ruhephase zwischen dem Wüten des Antichristen und der Wiederkunft Christi in der Konzeption des Augustinus keine Erwähnung, doch wird sie bis zum Ende des 12. Jahrhunderts fester Bestandteil christlicher Eschatologie. In den Hauptwerken Joachims, aber auch in *De septem sigillis* finden die 45 Tage in dieser Form keine Erwähnung.[93] Die Zeit irdischen Glücks nach der Verfolgung des Antichristen wird durch keine Zeitangabe konkretisiert, wenn sie auch deutlich nach Wochen, nicht nach Jahren gezählt werden wird. Dieser Auffassung neigen jedoch auch bereits einige seiner Vorgänger zu, indem sie die 45 Tage als nicht irdischer Zeitrechnung entsprechend deuten, wodurch ein Zeitraum von unbekannter Dauer gedacht werden kann. Obwohl Joachim wie Beda und Haimo diese oft wiederholte Interpretation kannte, wie aus einem Zitat in der *Expositio* hervorgeht,[94] so ist sie für die Entwicklung seiner Eschatologie keinesfalls das entscheidende Element, als das man versucht sein könnte sie mißzuverstehen.[95] Denn auf den von Hieronymus angegeben Zeitraum von 45 Tagen Dauer geht Joachim in

---

[91] Zur Berechnung dieser 45 Tage vgl. S. 206f.

[92] Hieronymus, *Commentaria in Danielem*, lib. IV, cap. 12, SL 75A, S. 943f., Z. 670–684, PL 25, Sp. 579CD. Zur Genese und Fortentwicklung dieses Gedankens in der Geschichte der Exegese vgl. Robert E. LERNER, Refreshment of the Saints.

[93] In einem frühen Werk, der *Genealogia* [*Epistula subsequentium figurarum*], wird besonders deutlich, daß Joachim mehr als nur die gängigen Meinungen und Interpretationen dieser These kannte: Sapientes interpretantur mensem pro die, alii annum, alii seculum, ut XLV dies, qui leguntur in Daniele, XLV menses vel annos significent vel secula vel annorum curricula maiora vel minora, ed. POTESTÀ, S. 93, Z. 39–41, ed. BIGNAMI ODIER, S. 225, was, so wird vermutet, möglicherweise auf Joachims Kenntnis jüdischer Gelehrsamkeit endlich konkrete Rückschlüsse zuläßt, vgl. in seiner Einleitung Gian Luca POTESTÀ, S. 69, vgl. Kurt-Victor SELGE, Die Stellung Joachims von Fiore in seiner Zeit, S. 494, Anm. 43.

[94] *Expositio*, pars VII, fol. 210ra: Beatus quoque Remigius incertum esse docens spatium temporis quod erit post casum antichristi, destruens et ipse opinionem illorum qui putant cum casu ipsius antichristi, transire tempora secularia, et omnino instrare consumationem seculi, ignorantes quod dies novissimus, seu finis mundi non sit semper accipiendus pro ultimo articulo finis mundi, sed magis pro tempore finis. Zu Joachims auf den ersten Blick verwirrender Autorenangabe vgl. S. 48, Anm. 48.

[95] Dies gilt auch und gerade entgegen der neuerdings verstärkt ins Feld geführten Behauptung von Joachims jüdischen Quellen für die Uminterpretation dieser 45 Tage. Obwohl eine gewisse Vertrautheit mit jüdischer Gelehrsamkeit, unter anderem vermittelt durch das Werk des Petrus Alphonsi, für Joachim durchaus angenommen werden kann, so dürfte sie doch kaum über die noch näher zu untersuchende Vertrautheit mit den Werken des Flavius Josephus, den Joachim explizit nennt, und

keinem seiner späteren Werke mehr ein. Obwohl Joachim in der
Genealogia den Namen des Hieronymus als des Urhebers dieser Berechnung nicht erwähnt, kann daraus nicht geschlossen werden, Joachim
habe Hieronymus nicht gekannt. Denn an der von Joachim mit großer Sicherheit bezeichneten Stelle des Jesajakommentars Haimos[96]
beruft dieser sich ausdrücklich auf Hieronymus, wie es vor und nach
Haimo viele andere bekannte Autoren, meist ebenso wörtlich, getan
haben.[97] In *De septem sigillis* dagegen ist bereits in der Eröffnung des
sechsten Siegels nach den beiden großen Verfolgungen und dem
Martyrium vieler die Rede vom Aufbau des neuen Jerusalem und
schließlich von der Gefangensetzung des Teufels bis zum vorbestimm-
ten Zeitpunkt seiner Loslösung. Die Eröffnung des siebten Siegels
quod futurum est in proximo ist von dem Regiment der Heiligen geprägt,
vom Aufhören aller Mühe der Auslegung, entsprechend der Zeit der

---

einigen vergleichsweise eher oberflächlichen Informationen hinausgehen. Die allerdings spannende These, daß Joachims Endzeitvorstellungen in jüdischem Denken
ihren Ausgangspunkt haben, tritt jedoch bei genauerem Hinsehen zurück hinter der
in seinen Werken nachvollziehbaren Entwicklung eines sich allmählich immer umfassender gestaltenden Bildes, dessen Motive im wesentlichen dem allgemeinen Traditions-
gut christlicher Exegese entnommen sind, und dies aufgrund einer weit höheren
Kenntnis dieser Traditionen, als Joachim allgemein immer noch zugestanden wird.
Im hier angesprochenen Fall dürfte die Beobachtung genügen, daß Joachim die traditionellen Motive zwar kannte, aber mit fortschreitender Entwicklung seiner eigenen Konzeption hinter sich läßt.
[96] Haimo, *Commentaria in Isaiam*, PL 116, Sp. 834BC: Nam quod non statim
exstincto Antichristo universale sit venturum judicium, Daniel propheta testatur: qui
in ultima suae prophetiae visione regni illius acta describens, cum ejusdem regni
tempora mille ducentis nonaginta diebus, id est, tribus semis annis comprehende-
ret, repente intulit: Beatus, qui exspectat et pervenit ad dies mille trecentos triginta
quinque (vgl. Dan. 12). Quem versiculum beatus Hieronymus ita exponit: Beatus,
inquit, qui interfecto Antichristo, dies supra numerum praefinitum quadraginta quinque praestolatur: quibus est Dominus in sua majestate venturus. Quare autem post
interfectionem Antichristi quadraginta quinque dierum silentium sit, divinae scien-
tiae est: nisi forte dicamus quod dilatio regni comprobatio patientiae sanctorum est.
Vgl. auch ders., *Expositio in epistolam II ad Thessalonicenses*, cap. 2, PL 117, Sp. 781D–
782A: Notandum quia non statim veniet Dominus ad judicium, ubi fuerit Antichristus
interfectus, sed, sicut ex libro Danielis intelligimus, post mortem illius concedentur
electis ad poenitentiam dies quadraginta quinque. Quantulumcunque vero spatium
temporis sit usquequo Dominus veniet, penitus ignoratur. Vgl. Hieronymus, *Commentaria
in Danielem*, lib. IV, SL 75A, S. 943, Z. 671–676, PL 25, Sp. 548BC.
[97] Beda, *De temporum ratione*, cap. 96: De temporibus Antichristi, SL 123B, S. 539,
Z. 50–58, PL 90, Sp. 574D–575A, ders., *Expositio Apocalypseos*, lib. I, SL 121A,
S. 329–331, Z. 78–88, PL 93, Sp. 154C, Rabanus Maurus, *In honorem sanctae crucis*,
lib. I, fig. 22, CM 100, S. 174, Z. 29–39, PL 107, Sp. 237D, Hinkmar von Reims,
De praedestinatione, PL 125, Sp. 280BC. Auf ihn bezieht sich zweifellos auch Rupert
von Deutz, *De victoria verbi Dei*, lib. XIII, cap. 15, MGH Quellen zur Geistesgeschichte
des Mittelalters 5, S. 420, Z. 4–12, PL 169, Sp. 1497B.

Geburt Christi, bis am Ende dieser bereits mit fast himmlischen Attributen versehenen Periode der Teufel aus seinem Kerker befreit werden wird und jener *homo pessimus*, Gog, regieren wird. Nach dieser, der ultimativen, Verfolgung, die der des Antiochus entspricht und dem Leiden Christi, kommt in einem achten Absatz die Zeit der Auferstehung der Toten und der Tröstung Jerusalems, und mit ihr endet die Geschichte der zeitlichen Welt. Ein eindeutiges Bild, – zunächst. Zwei parallele Verfolgungen im sechsten Siegel, denen wiederum die Restauration der Kirche hinzugefügt wird, so wie im alten Bund die Verfolgungen der Bücher Judith und Esther dem Bericht des Wiederaufbaus der Bücher Esra und Nehemia zugeordnet werden. Das *agens* der doppelten Verfolgung der sechsten Siegelöffnung wird nicht genannt. Ein Anzeichen für seine Identifizierung ist die Nennung des Holofernes und des Haman, bezeichnend deshalb, weil es sich beiden um Diener ihrer Herren handelt, nicht um die jeweiligen Herrscher der Fremdvölker selbst. Soviel ist klar, daß es sich bei den Ausführenden dieser Verfolgungen nicht um Satan selbst handeln kann. Obwohl es der Teufel selbst ist, der gefangengesetzt und später losgelassen wird, so ist dennoch gewiß, daß es sich bei den Verfolgern keineswegs um den Teufel selbst handeln kann, sondern um seine Werkzeuge unbekannten Namens.

Deutlicher ist hier die *Concordia*. Der Verfolgung des Holofernes und ihrer futurischen Parallele folgt jeweils die Verfolgung des Haman und ihre zukünftige Entsprechung, die endzeitliche Verfolgung, die von manchen als die des Antichristen angesehen werde.[98] Ist dieser Formulierung bereits Zweifel an der traditionellen Konzeption anzumerken? In ihrer Aussage weicht diese Stelle jedoch von der traditionellen Eschatologie, wie sie etwa auch Beda vertritt, die eine doppelte Verfolgung des sechsten Zeitalters ebenso wie eine finale Verfolgung durch den Antichristen kennt, von einer Ruhephase unterbrochen, in nichts ab.[99] Auch im fünften Buch der *Concordia*, das ein knappes Jahrzehnt später abgeschlossen wurde als die früheren Teile,[100] entspricht die Reihenfolge der Verfolgungen der traditionellen, im zweiten Buch notierten Anschauung, daß in der sechsten noch zu

---

[98] *Concordia*, lib. IIb, fol. 24rb.
[99] Dies entspricht der Annahme, daß die ersten vier Bücher der *Concordia*, die bereits 1183 begonnen wurde, spätestens 1188 bereits vorlagen. vgl. Kurt-Victor SELGE, L'origine delle opere di Gioacchino da Fiore, S. 112.
[100] Vgl. ebd. S. 124.

erwartenden Zeit die Verfolgung durch den Antichristen zu erwarten ist.[101] Die Zeit des irdischen Sabbats wird nach der Verfolgung des Antichristen erwartet.[102] Durchweg wird hier die Verfolgung des Antichristen als Bestandteil der sechsten Zeit angesehen, die dem sechsten Teil der Apokalypse entspricht. In aller Deutlichkeit bezieht Joachim die Verfolgung des Antichristen auf die Zeit des sechsten Siegels.[103] Schließlich kommt er auf die Verfolgung der siebten Zeit der Kirche zu sprechen, die durch den König geschieht, der von den meisten als Antichrist angesehen werde.[104] Wenig später bezeichnet er den elften König als in der Zeit des Antichristen auftretend, womit immerhin eine Identität beider zweifelsfrei ausgeschlossen wird.[105] Bald darauf begegnet schließlich die aus *De septem sigillis* und der christlichen und jüdischen Tradition bekannte Parallelisierung des Antiochus mit dem Antichristen.[106] Schließlich wird auch die hier nicht näher zu erörternde Bekehrung der Juden als nach der Ankunft des Antichristen zu erwarten beschrieben:[107] So wie der König des Nordens, Antiochus, dem König des Südens gegenübersteht,[108] so auch Christus dem Antichristen, Gott dem Teufel. Letzteres würde für eine Interpretation zugunsten der Gottessohnparallele sprechen. Der Gleichsetzung des Antichristen mit Satan selbst widerspricht Joachim jedoch entschieden, da ja der Antichrist *ex homine et per hominem* geboren sei, mithin also auch in der Parallelisierung der Sohnschaft ein Lügner.[109] Wie in einem Haus wohnt der Teufel im Antichristen.[110] Dafür, daß nach der ersten großen Verfolgung eine Zeit der Gerechtigkeit und des Friedens zu erwarten ist, nach der die Bekehrung der Juden erfolgt, ohne daß sofort das Ende der Welt

---

[101] *Concordia*, lib. V, fol. 106rb–va.
[102] Ebd. fol. 106vb, 109rb.
[103] *Concordia*, lib. V, fol. 124va.
[104] *Concordia*, lib. V, fol. 126rb.
[105] *Concordia*, lib. V, fol. 127va.
[106] *Concordia*, lib. V, fol. 128vb. Zu Antiochus vgl. S. 195–197.
[107] *Concordia*, lib. V, fol. 131ra.
[108] *Concordia*, lib. V, fol. 132ra. Unklar ist hier, ob damit Judas Makkabäus, Hauptfigur der Makkabäerkriege und Onkel des nachmaligen Regenten Johannes Hyrkanos I., gemeint ist, oder das gleichzeitig das Seleukidenreich bekämpfende Königreich der Parther, das unstreitig im Osten liegt. Es scheint, daß Joachim hier der Analogie Konzessionen machte. Wenig später jedoch (fol. 132va) bezieht Joachim sich eindeutig auf Judas Makkabäus.
[109] *Concordia*, lib. V, fol. 132rb.
[110] *Concordia*, lib. V, fol. 132rb.

hereinbricht, argumentiert Joachim ebenso einfach wie kühn: warum sollte etwas, das einmal gesagt ist, nicht zweimal vorkommen?[111] Zumal, wie er mit merkbarer Vorsicht hinzufügt, keiner der Gelehrten dieses unmittelbare Hereinbrechen der Ewigkeit behauptet habe, wobei er gleichwohl verschweigt, daß sich eben dies für viele von selbst verstand und so auch ohne explizite Erläuterung der allgemeinen Überzeugung entsprach. So wie der vorösterlichen die österliche Zeit folgt, die in der Ausgießung des Geistes gipfelt, so folgt der sechsten *aetas* augustinischer Terminologie, die mit dem Fall des Antichristen endet, eine österliche Zeit, in der der heilige Geist die Gläubigen erfüllen wird.[112] Von zwei Verfolgungen, die beide Phasen trennen, ist hier nicht die Rede. Eine gewisse Ambivalenz, gelegentlich auch Zurückhaltung zeigt sich, wenn von Gog als einem der Akteure des endzeitlichen Dramas die Rede ist. In der *Concordia* wie in *De septem sigillis* ist Gog der letzte Verfolger am Ende der Zeiten, bevor die Auferweckung der Toten und das letzte Gericht stattfinden.[113] Ebenso wird er im fünften Buch der *Concordia* in Zusammenhang mit den letzten Dingen genannt, jedoch *quod quo ordine consummandum sit Deus melius novit*.[114] Mehrfach spricht Joachim dort auch von dem paulinischen *filius perditionis*, der die eschatologische Verfolgung inszeniert, deren Dauer mit dreieinhalb Jahren beziffert wird. Der Zeitpunkt ihres Beginns jedoch, dem das Ende des römischen Reiches vorausgehen wird, ist unbestimmt.[115] So wie Absalom tückisch das Reich seines Vaters David usurpiert, so wird der Sohn der Verderbnis sich im Tempel niederlassen[116] und als Gottes Sohn ausgeben, um die Herrschaft zu erlangen. Im fünften Buch wiederum wird ein neuer

---

[111] *Concordia*, lib. V, fol. 132va–b.

[112] *Concordia*, lib. V, fol. 133ra: Consumato tempore quadragesimali quod reputatur in sextum diem, sequetur tempus paschale in quo effusum est super apostolos donum spiritus sancti, in ipso scilicet die pasche qui cum septem ebdomadis suis reputatur in sabbatum, licet sollemnius et plenius in die pentecostes, quia videlicet consummato hoc tempore laborioso quod dicitur sexta etas – hoc est ab adventu primo domini usque ad ruinam Antichristi – sequetur quasi tempus paschale quod reputabitur in sabbatum, in quo habundantius effundetur super electos dei spiritus de excelso, et erit pax et veritas in universa terra.

[113] *Concordia*, lib. IV, fol. 56va.

[114] *Concordia*, lib. V, fol. 126rab.

[115] *Concordia*, lib. V, fol. 75ra.

[116] Auch dies ist ein Topos traditioneller Antichristvorstellungen, vgl. Wilhelm Bousset, Der Antichrist in der Überlieferungs des Judentums, des neuen Testaments und der alten Kirche, S. 104–108, vgl. oben S. 195, Anm. 5.

Haman als der endzeitliche Sohn des Verderbens erwartet,[117] was der Parallelisierung der Leiden unter Holofernes und Haman mit den Leiden Johannes' und Jesus' entspricht. Ist nun dieser neue Haman der endzeitliche Antichrist, der letzte und größte Verfolger, der zu erwarten ist?

k) *Der wahre Antichrist*

Die volle Bedeutung des Wortes „Antichrist" bei Joachim ist nicht unmittelbar ersichtlich. Wenn man von der Annahme ausgeht, daß es sich hierbei um eine Gestalt handelt, die das irdisch Böse schlechthin verkörpert, mithin eine Abschattung des Satans, der niemand gleichkommt als nur der Satan selbst und die alle anderen an Verderbnis und von ihr ausgehendem Verderben übertrifft, muß man in die Irre gehen. So ist auch die Schlußfolgerung Raoul Mansellis, daß nach dem Fall des ersten Antichristen mit Gog der wahre Antichrist zu wirken beginnt, nicht wirklich überzeugend. Denn wenn nach einem ersten, weniger schrecklichen Antichristen, der gleichwohl einzig die Gattungsbezeichnung trägt, der wahre Antichrist zu erwarten ist, der jedoch nicht mit diesem Namen bezeichnet wird, so ist entweder die joachimische Terminologie unzutreffend, die dem wirklichen Antichristen geradezu seinen Namen vorenthält, oder die Frage bedarf schlichtweg einer weiteren Klärung. Ebensosehr klingt nach einer Verlegenheitslösung, wenn Robert Lerner annimmt, Joachim habe sich nach dem Verbrauchen des ersten Antichristen mit Gog einen zweiten aufgebaut, wobei der erste Antichrist zwar der wahre und eigentliche Antichrist ist, jedoch nicht der letzte und schlimmste. Bedurfte Joachim aber einer Verlegenheitslösung?

Auf die Frage des Verhältnisses Gog-Antichrist gibt Joachim verschiedene, zum Teil widersprüchliche Antworten, manchmal handelt es sich bei Gog um den Antichristen selbst, manchmal um seinen Heerführer, ebenso wie die Verfolgung des sechsten Siegels mitunter durch Holofernes, dann wieder durch Nebukadnezar vorgenommen wurde. Der Versicherung, daß Gog der Antichrist sei, folgt mehrfach die Erklärung, daß die Schrift mehrere Antichristi verheiße, so daß Gog, in dem sich das Wirken des losgelassenen Satan

---

[117] *Concordia*, lib. V, fol. 121rb.

manifestiert, sehr wohl Antichrist genannt werden kann, ohne daß er damit der endzeitliche Antichrist ist oder diesen überbietet. Denn stärker als der Antichrist ist nur Satan selbst; undenkbar darum, daß der letzte große Verfolger hinter diesen zurückgeht.[118]

So nimmt für Joachim Gog den Platz des letzten Antichristen ein, eine endzeitliche Figur, die zu einem bestimmten Zeitpunkt in der Geschichte kurz vor ihrem Ende hervortritt und deren Kampf durch die Person desjenigen, der hinter ihm steht, nämlich Satan selbst, eschatologischen Charakter hat. Das Motiv des Antichristen jedoch, das schillernd und mehrdeutig durch die Geschichte geistert, wird von Joachim schlußendlich zugunsten einer genaueren Übersicht über Lauf und Ziel der Heilsgeschichte aufgegeben. In *De septem sigillis* taucht sein Name darum nicht mehr auf. Es ist Satan, der rote Drache, der jedesmal in den Verfolgern der Kirche von Anbeginn ihrer Geschichte wie in den Gegnern des Volkes Israel wirkt, und dessen letztes verzweifeltes Aufbäumen nach der Niederlage all seiner Häupter in der Verführung und Indienstnahme Gogs besteht, verkörpert im Schwanz des Drachen.[119]

Die Unterscheidung zwischen dem einen, endzeitlichen Antichristen und den vielen Antichristen, die in der Endzeit auftreten, ist zunächst völlig eindeutig und scheint dies auch für Joachim zu sein. Doch besteht für Joachim ein engerer Zusammenhang als nur die beiden gemeinsame Bezeichnung. Sein Zeitverständnis ist eines, in dem eine klare Trennung zwischen eschatologischen Ereignissen, zwischen dem noch zu Erwartenden in der Heilsgeschichte und dem bereits Stattgehabten so nicht existiert. Für Joachim hat die Endzeit schon begonnen, die ersten der sieben Häupter des Drachen sind bereits Vergangenheit, denn das Eschaton reicht in die Geschichte hinein.

---

[118] So wird *Expositio*, pars VII, fol. 210vb ausdrücklich festgestellt, daß der letzte Kampf schlimmer ist als die beiden vorigen, die denjenigen des sechsten Siegels entsprechen.

[119] Eine Zusammenfassung dieser Ereignisse bietet *Expositio, Liber introductorius*, fol. 11ra: Illud opinari non est contra fidem, ne forte ipse diabolus in assumpto homine operetur prius occulte in filiis diffidentie, mittens bestiam et reges terre et pseudoprophetas ad decipiendos si fieri potest etiam electos (Mk. 13,22, vgl. Matth. 24,24), et quia eisdem victis et superatis non poterit prevalere, coartatus nimis potentia Christi, retrahat se ad barbaras nationes, manens incarceratus apud illos per aliquot dies vel annos agente interim otium et sabbatum ecclesia Dei, et rursum post pacem illam ducat secum seductum Gog et exercitum eius et faciat omne malum quod scriptum est in libro Ezechielis prophete. Quocunque autem modo istud se habeat, erit tamen tribulatio ista veluti in extremo articulo et in cauda draconis, quia capita iam contrita erunt in temporibus suis.

Vergangenheit, Gegenwart und Zukunft sind keine aufeinanderfolgenden Abschnitte der Zeit, in die hie und da ihr Schöpfer erlösend oder bestrafend eingreift, sondern alles ist Heilsgeschichte. Von der Überzeugung des Augustinus, daß der tausendjährige Zeitabschnitt, während dessen Satan gebunden verharrt und die Heiligen mit Christus regieren, für die Gläubigen bereits angebrochen ist, hat sich Joachim auch auf dem Gipfel seiner Erkenntnis keinesfalls gelöst.

DER ACHTE TAG: DIE FÜLLE DER ZEIT

a) *Die Vollendung: Der achte Tag*

Beleg für diese zunächst erstaunlich anmutende Behauptung ist *De septem sigillis* selbst. Der schwierigste und unverständlichste Abschnitt in der Reihe der Siegel und ihrer Eröffnungen ist derjenige, der in der Reihe der Siegel auf das siebte Siegel folgt, parallel zu dem achten Abschnitt in der Reihe der Eröffnungen, der dem augustinischen achten Anbeginn der Ewigkeit entspricht. Scheinbar werden in ihm die Begebenheiten der ersten Siegelöffnung, aber auch einige der Ereignisse, die üblicherweise in Zusammenhang mit dem jüngsten Gericht aufgeführt werden, vorweggenommen:

Nachdem die Geschichten des Alten Testamentes und das Leiden des eingeborenen Gottessohnes, der unter das Gesetz getan wurde, damit die unter dem Gesetz gerettet würden, vollendet waren, kam die Zeit der Auferstehung, zu der auch viele Körper der Heiligen, die schliefen, erweckt worden sind, in Anspielung an Matth. 27,52. Über dieser Schar der Gläubigen ergoß sich die Fülle des Friedens, und erfüllt vom heiligen Geist erkannte sie die Herrlichkeit, von der der Prophet spricht: Kein Auge hat gesehen, Gott, außer dir, was du bereitet hast denen, die dich lieben (Jes. 64,4).

Auch der achte Abschnitt am Ende der Siegelöffnungen weist auf überirdische Ereignisse hin: Wenn die Begebenheiten des Neuen Testaments und jene allergrößte Verfolgung in den Tagen des Gog, die der des Antiochus entspricht und dem Leiden Christi, beendet sein werden, dann wird die Zeit der Auferstehung der Toten kommen und die Zeit der Tröstung des himmlischen Jerusalem, das zu jener Zeit durchflossen sein wird von dem Fluß des lebendigen Wassers, ein Bild aus Offb. 21,6, wie es geschrieben steht im achten Teil der Apokalypse, nach Joachims Einteilung Offb. 20,11–22,21, und es wird ewige Freude herrschen in ihr.

b) *Die Symmetrie der Heilsgeschichte*

Bei einem linearen Zeitverständnis, das entlang der Reihe der Siegel zu ihren Eröffnungen fortschreitet, wäre dieser achte Abschnitt am

Ende der Reihe der Siegel überflüssig, ja störend. Seine einzige
Existenzberechtigung scheint er in Joachims Symmetriebedürfnis finden, das den achten Tag der Weltwoche am Ende der Siegelöffnungen
nicht ohne Parallele sehen möchte. Sowohl Ereignisse, die zur Eröffnung des ersten Siegels zu gehören scheinen, als auch die Auferstehung
der Toten werden darin vorweggenommen (wohingegen in der ersten
Eröffnung des Siegels ja erst von der Geburt Christi berichtet werden wird), und in einer Vorwegnahme gar der Ewigkeit ist von einer
Fülle des Friedens und überirdischer Herrlichkeit die Rede.

Bei einer chronologischen Darstellung der Geschichte des Volkes
Israel und der Kirche wäre dieser Abschnitt zum mindesten irritie-
rend. Weder am Ende des Alten Testaments noch nach dem Leiden
und Tod Jesu Christi scheint eine solche Phase lokalisierbar. Hat
Joachim hier zu einer Verlegenheitslösung Zuflucht genommen, um
die Symmetrie seines Gedankengebäudes – der parallelen Achterreihe –
nicht zu zerstören? Der vertikalen Linie der Siegel und ihrer Eröffnungen scheint hier eine horizontale Linie hinzugefügt zu werden.
Zum Verständnis dieser Stelle ist auf die Zeiteinteilung des Augustinus
und seine Erklärung der tausendjährigen Fesselung des Satans zurück-
zukommen. In den vielfältigen theologischen Auseinandersetzungen
seiner Zeit war Augustinus bemüht, die chiliastischen Hoffnungen,
die einige seiner Zeitgenossen an diese Stelle der Apokalypse knüpf-
ten, in ein Verständnis überzuleiten, das dem Christen das Begreifen
der eigenen Situation als bereits im Wartezimmer des Eschaton
begreiflich machen sollte, statt zu schwärmerischer Erdenferne zu
verleiten. Joachim hat sich auch auf dem Höhepunkt seiner trinitarischen Geschichtsdeutung weniger denn je von Augustinus entfernt.
Er glaubt ihn vielmehr gerade erst richtig zu verstehen: Die Harmonie
zwischen altem und neuen Bund liegt in dieser Vertikale begründet,
die Ereignisse, die in diesem Absatz geschildert werden, legen den
Grund für den Zusammenhang zwischen Siegel und Eröffnung. In
De septem sigillis hat Joachim ein tieferes Verständnis der augustinischen Zeiteinteilung und der Erklärung des Augustinus von der tausendjährigen Friedensperiode gewonnen: Indem Christus den Tod
besiegt, beginnt für die Gläubigen die eschatologische Zukunft. Die
Zeit der Auferstehung ist gekommen – nicht nur die des Sohnes ist
gemeint –, und für alle, die in Christus von den Toten auferstanden sind, beginnt schon jetzt eine Zeit des Friedens.[1]

---

[1] Mit der Auferstehung der Toten, die mit Christus regieren, ist Überwindung

Wenn Joachim deshalb in der *Expositio* die Erklärung des Augustinus wiederholt, daß mit tausend Jahren einfach eine lange Zeit gemeint sein sollte,[2] eine Erklärung, die trotz des Problems der Parusieverzögerung im 12. Jahrhundert wesentlich nötiger ist als in der Spätantike, so wiederholt er damit keineswegs eine Erkenntnis, die von ihm entweder längst aufgegeben ist oder noch aufzugeben sein wird. Versteht Joachim die tausendjährige Gefangenschaft Satans also ebenso wie Augustinus, so daß auch für ihn von einer erneuten, noch zu erwartenden Friedenszeit nicht die Rede sein kann?

Die Methode der *recapitulatio* ermöglicht Joachim die Erkenntnis, daß einerseits *secundum partem* das Millennium im ganzen Zeitalter des Sohnes stattfindet, das heißt von der Auferstehung bis zu Gog, andererseits aber die Fesselung des Satans speziell am Ende des sechsten Siegels geschehen wird, in jener Zeit also, in der nach dem Ende der beiden bis dahin größten Verfolgungen eine Zeit des Friedens beginnt, wobei jedoch keinesfalls an einen Zeitraum von tausend Jahren gedacht werden kann.[3] Joachim, der annimmt, daß er Augustinus – auf der Grundlage der Apokalypse und des von diesem selbst überlieferten exegetischen Regelwerks – erst recht versteht, gelangt in Wahrheit zu einem trinitarisch überhöhten Augustinismus. In augustinischer Terminologie bleibend, *etas septima in qua magnum illud sabbatum futurum est et secundum partem incepit ab illo sabbato, quo requievit Dominus in sepulchro, et secundum plenitudinem sui a ruina bestie et pseudoprophete*,[4] also nach der Eröffnung des sechsten Siegels zu Beginn derjenigen des siebten. Tod und Auferstehung Christi markieren für Joachim die Mitte und den Höhepunkt der Zeit.

So erklärt sich der merkwürdige Widerspruch der erneuten Verfolgung nach dem Wiederaufbau der beiden Jerusalem im sechsten Siegel und seiner Eröffnung, so der merkwürdig anmutende Schluß, dem zufolge Gog erst nach dem oder den endzeitlichen Antichristen

---

der menschlichen Sünde gemeint, die Christus in seinem Tod auf sich nahm und so überwand, vgl. *Expositio*, pars VIII, fol. 215ra.

  [2] *Expositio*, pars VII, fol. 211rb: Quocirca et si ab illo temporis articulo id quod scriptum est de incarceratione Sathane perfecte oporteat consumari, nichilominus tamen inchoatio mille annorum a resurrectione Domini initiata est, non quod mille anni simpliciter extimanda sint, sed quia millenarius numerus perfectissimus est et magnam plenitudinem designat annorum. Vgl. Augustinus, *De civitate Dei*, lib. XX, cap. 9, SL 48, S. 715f., PL 41, Sp. 672.

  [3] *Expositio*, pars VII, fol. 211ra–b. Den Vorwurf des Chiliasmus würde Joachim daher entschieden zurückweisen.

  [4] *Expositio*, pars VII, fol. 211rb.

auftritt, so als kehre Joachim die Tendenz der endzeitlichen Verfolgungen, daß eine jede schlimmer als die davor zu sein habe, um.
Mit der bloßen strikten Anwendung altbekannter exegetischer Regeln
auf die Apokalypse ließe sich diese fast mystische Überhöhung des
augustinischen Schemas, die gleichwohl kein vollkommener Abschied
von ihm ist, nicht erklären. Erst die Erkenntnis der trinitarischen
Geschichtsschau, der geheimnisvolle Beginn des dritten *status*, der seit
der Auferstehung des Sohnes in der Kirche und nur für die vom
Geist Erfüllten sichtbar bereits begonnen hat, ermöglicht dieses Modell.

c) *Vom Sinn und Ende der letzten Verfolger*

Welche Funktion hat innerhalb dieses Modells die erneute Verfolgung,
die nach der Loslösung des Satans die Kirche in der siebten Zeit
bedrängen wird? Ließe sich nicht ein verfolgungsfreier Übergang von
der Sabbatruhe der siebten Zeit zum finalen Abschnitt in der
Geschichte denken? Joachim gibt eine verblüffend einfache Antwort:
*At ne quis extimaret hoc dictum de pace illa eterna que erit in octava etate,
protinus adiunctum est: Et post hec oportet solvi modico tempore. Igitur post ruinam septimi capitis erit pax, et post pacem persecutio designata in cauda.*[5] Am
Ende der Eröffnung des sechsten Siegels wurden *bestia* und *pseudopropheta* ins Feuer geschickt, denen später am Ende der siebten
Eröffnung Satan selbst folgt,[6] dem nach dem Wirken und Verderben
dieser beiden Gog zum letzten Kampfe diente. Gog ist jedoch nicht
der von Paulus beschriebene Verfolger *supra omne quod dicitur Deus*,[7]
sondern derjenige, durch den Satan nach dem Verlust seiner anderen Werkzeuge einzig Übles tun kann. Weil er nur das Werkzeug
Satans ist, kann seine Wirksamkeit schlimmer sein als die des
Antichristen, den er gleichwohl selbst nicht überragt. *mors* und *infer-
nus*, *bestia* und *pseudopropheta*, das heißt der Antichrist und dessen
unmittelbarer Vorgänger, die letzten beiden Häupter des Drachen,
die sämtlich Antichristi genannt werden können, gehen ihm voraus
und werden vor ihm ins Feuer geworfen. Überwunden wird der
Antichrist durch den Hauch aus dem Mund Christi, das heißt für
Joachim, daß hier die Gefangenschaft des Satans beginnt. Wenn

---

[5] *Expositio*, pars VII, fol. 212ra.
[6] Vgl. Offb. 20,9.
[7] 2. Thess. 2,4.

Hieronymus davon spricht, daß es der Antichrist sei, den zu zerstören Christus herbeieilt,[8] so bezieht sich, meint Joachim, diese vollständige Zerstörung auf Gog, denn der Antichrist ist zu dieser Zeit
längst zerstört. Diese Infragestellung der Autorität des Hieronymus
scheint jedoch auch Joachim so gewagt, daß er zu all diesen schwierigen und vieldeutigen Problemen sich beeilt hinzuzufügen: *Quid aliud
fateri possumus, nisi id quod Dominus ait: De hora illa nemo scit, nisi solus
Pater?*[9]

Strittig bleibt so nur der exakte Beginn des Gerichts. In der Tradition der Väter, so Joachim, wird nach dem Fall des Antichristen
ein gewisser Zeitraum bis zum Beginn des Gerichts angenommen.
Wieder spricht Joachim nicht von 45 Tagen, sondern betont die
menschliche Unkenntnis dieser Dauer. Dieser Zeitraum ist, meint
Joachim, der von Augustinus so bezeichnete jüngste Tag.[10] Mit dem
Antichristen, so erklärt er, ist natürlich Gog gemeint,[11] denn alle
anderen Gegner der Kirche außer dem Satan sind ja schon in das
Feuer geschickt worden. So bleiben die beiden Alternativen, nämlich ob der Antichrist durch den Erzengel Michael gerichtet wird
oder durch Christus selbst, wie Hieronymus meint, den Joachim hier
zitiert, in welch letzterem Fall der Tag des Gerichts früher anbricht.
Gewiß aber ist, daß nach dem Fall des letzten Widersachers eine
vorbestimmte Zeit verstreichen wird, bevor das Gericht anbricht.

Raoul Manselli vertrat kühn die Meinung, daß der von Joachim
prophezeite dritte *status* in dieser Zeit mit dem Antichristen, das heißt
Gog, beginnt. Der dritte *status* stelle so eher den Anfang des Eschatons
als ein drittes Moment der Geschichte dar.[12] Dies ist falsch und doch

---

[8] *Expositio*, pars VIII, fol. 214rb: Quod si secundum Hieronymum ipse per seipsum Dominus veniet ad destruendum Antichristum, cum in igne eum venturum
scriptura commemorat, videtur quod ille ignis sit quem commemorat Petrus occi-
dendus esse dicitur Gog et exercitus eius. Die Tötung des Antichristen erwähnt
Hieronymus *Commentaria in Abacuc*, SL 76A, S. 635, Z. 636–640, PL 25, Sp. 1321C,
ders., *Epistola 121 ad Algasiam*, cap. 11, CSEL 56/1, S. 51–55, PL 22, Sp. 1037.
Wahrscheinlicher ist, daß sich Joachim hier auf einen anderen Autoren bezieht.
Wegen der Vielzahl der Beispiele, die für die Tötung des Antichristen ins Feld
geführt werden können, ist eine zweifelsfreie Identifizierung der Quelle Joachims
kaum möglich.
[9] *Expositio*, pars VIII, fol. 214rb, vgl. Matth. 24,36.
[10] *Expositio*, pars VIII, fol. 214ra–b, vgl. Augustinus, *De civitate Dei*, lib. XX, cap. 1,
SL 48, S. 699, Z. 1, PL 41, Sp. 659.
[11] Vgl. *Expositio*, ebd. (Text oben bei Anm. 8).
[12] Raoul Manselli, Il problema del doppio anticristo in Gioacchino da Fiore,
S. 431.

richtig, denn einerseits beginnt für Joachim das Eschaton nicht erst hier, und die Zeit des heiligen Geistes ist nicht bloß jener kurze Abschnitt zwischen Wiederkunft und Gericht, aber dennoch besteht ein Zusammenhang zwischen dem Anbruch des Eschaton und dem des dritten *status*. Beide verstehen sich vom Ziel der Heilsgeschichte her, beide sind noch verwoben in den gegenwärtigen Zustand der Kirche bzw. mit dem zweiten *status*, um zu ihrer Zeit klarer hervorzutreten, so daß alles andere hinter ihnen zurücktritt. Joachim verkündete im *Liber introductorius* der *Expositio*, daß der letzte Verfolger, derjenige Antichrist nämlich, mit dem eigentlich Gog gemeint sei, am Ende des dritten *status* kommen wird. Am Ende des zweiten *status* aber erscheint ein anderer Verfolger, der seine alttestamentliche Entsprechung in Antiochus hat.[13] Auch Gog ist ein Antichrist; derjenige, der von Paulus als Sohn des Verderbens vorgestellt wird, ist jedoch nicht Gog, sondern ein irdischer Herrscher, das siebte Haupt des roten Drachen. Bis zum sechsten Haupt werden die Häupter des Bösen mit Namen genannt, Glieder des *corpus diaboli*, deren Werk nach ihrer Vernichtung der Schwanz des Drachens fortsetzt. Es fehlt auch nicht an einer deutlichen Auskunft darüber, wann der dritte *status* anbrechen wird.

Nach den Verfolgungen der Sarazenen und des Pseudopropheten, das heißt der des Antichristen und seines unmittelbaren Vorgängers, bei dem es sich möglicherweise um Saladin handele,[14] die denen der Assyrer und Makedonier entsprechen, ist eine Zeit des Friedens zu erwarten, die der friedvollen Osterzeit entspricht, in der den Gläubigen vollere Erkenntnis geschenkt wird – das Kennzeichen des dritten *status* – und niemand mehr die Gottessohnschaft leugnet, die zu leugnen nach der Schrift das Charakteristikum der endzeitlichen Antichristen ist, außer den Völkern, die Satan am Ende der Welt

---

[13] *Expositio*, fol. 10rab: Ut autem in fine primi status ultimus rex Antiochus nomine ceteris inmanior fuit, ita in fine secundi, qui erit in proximo, septimus rex ille venturus est, de quo dicit Iohannes: Et unus nondum venit, et ipse deterior erit omnium qui fuerunt ante se, utpote qui supra quam credi potest universa vastabit. Sane in fine tertii venturus est alius, qui cognominatus est Gog, et ipse erit ultimus tirannus et ultimus Antichristus.

[14] *Expositio, Liber introductorius*, fol. 10rb und *Expositio*, pars VI, fol. 197ra. An beiden Stellen verweist Joachim unter Namensnennung Saladins auf den *nuper*, nämlich am 2. Oktober 1187, erfolgten Fall Jerusalems. Vgl. zum dritten Kreuzzug und zur Eroberung Jerusalems durch Saladin Hannes MÖHRING, Saladin und der dritte Kreuzzug, S. 29–32, und D. S. RICHARDS, Art. Salah al-Din, Encyclopaedia of Islam 9, S. 910–914, bes. S. 911f. Saladin starb 1193.

vorführen wird, und bis zu denen die Kunde von Gottes Sohn und seiner Gnade noch nicht gedrungen ist.[15]

Von einer scharfen Trennungslinie zwischen den *status* kann jedoch nicht die Rede sein. Die Ereignisse im siebten Teil der Apokalypse, wie das Wirken Gogs und das jüngste Gericht, gehören teilweise zum zweiten und teilweise zum dritten *status*, einiges gehört jedoch speziell zum zweiten, einiges nur zum dritten, etliches aber zu beiden *status*.[16] Ebenso wie nun Elisabeth und Maria beide zum zweiten *status* gehören, Maria allein aber zum dritten, ähnlich Petrus und Johannes, Lea und Rahel, so gehören einige Ereignisse zu beiden, andere aber nur zu jeweils einem *status*.[17]

Dem im *Liber introductorius* gezeichneten Bild entspricht, mit leichten Modifizierungen, die gedanklichem Fortschritt und weiterer Durchgestaltung des Stoffes zu verdanken sind, die Darstellung der entsprechenden Ereignisse in *De septem sigillis*. Die beiden letzten Häupter des Drachen, die in der Eröffnung des sechsten Siegels ihren Ort haben und Haman und Holofernes entsprechen, werden in *De septem sigillis* nicht genauer bezeichnet. Daß Saladin nicht einmal mehr vermutend genannt wird, mag seinen Grund in der zeitlichen Ferne von dem Ereignis des Falls Jerusalems haben, was durch die Annahme einer späten Abfassung von *De septem sigillis* begründet wäre.

Wenn in der *Expositio* Assyrer und Makedonier als die Verfolger der sechsten Zeit genannt werden, so entspricht dies den Herrschergestalten Nebukadnezars bzw. seines Heerführers Holofernes und Antiochus' IV. Epiphanes. An anderer Stelle[18] begegnen ebenso wie in *De septem sigillis* an ihrer Statt Holofernes und Haman, das heißt neben den babylonischen Heerführer, aus dem Joachim einen Assyrer macht, tritt der Hofbeamte des Königs der Meder und Perser, der das jüdische Volk zu verderben suchte. Antiochus dagegen hat seinen Platz erst im siebten Siegel, seine Entsprechung in Gog. Welchen Grund hat dieser Wechsel? Und falls es einen Grund gibt, was spricht für die Annahme, die Version in *De septem sigillis* sei die spätere von beiden?

In der exegetischen Tradition spielen Nebukadnezar ebenso wie Haman und Antiochus eine wichtige Rolle. Sie alle stehen für die

---

[15] *Expositio, Liber introductorius*, fol. 9vb.
[16] *Expositio, Liber introductorius*, fol. 11vb.
[17] *Expositio, Liber introductorius*, fol. 12rb–va.
[18] *Expositio, Liber introductorius*, fol. 4va.

in der Apokalypse genannten Feinde des Volkes Israel und seiner Erbin, der Kirche. Einen interessanten Bezug wagt Gerhoch von Reichersberg: *quinque ceciderunt, et unus est, alius nondum venit, quia tempore Joannis regna quinque, videlicet Aegyptiacum quod populum Dei afflixerat, Israeliticum a domo David scissum et regno Dei adversarium, Chaldaicum quod populum Dei captivaverat, Persicum sive Medicum quod in Aman hoste Judaeorum fuit infestum populo Dei, Graecum, quod Antiocho Epiphane Macchabaeos aliosque bonos Judaeos vexaverat. Ista quinque regna tempore Joannis ceciderant, et sextum, Romanorum, tunc stabat. Septimum, quod est Antichristi, nondum venerat, quamvis jam tunc antichristi multi fuerunt.*[19] Ähnlich hält auch Rupert von Deutz in seinem Apokalypsenkommentar Nebukadnezar für das dritte, Haman für das vierte und Antiochus für das fünfte Haupt des Drachens.[20]

Die Verwendung der alttestamentlichen Fremdherrscher zum Verständnis der Apokalypse ist nichts Neues. Nebukadnezar begegnete in *De septem sigillis* schon als Verfolger im fünften Siegel, ebenso wie er im sechsten Siegel genannt wird. Dabei ist Joachim nicht der einzige, der Nebukadnezar in *De septem sigillis* wie in der *Expositio* als König der Assyrer bezeichnen konnte;[21] die Gründe dafür sind bekannt. Häufig anzutreffen ist die Darstellung des teuflischen Charakters Nebukadnezars,[22] eine Überlieferung, die gut zu seiner Plazierung innerhalb des joachimischen Modells der Endzeit paßt, in dessen abschließender Gestalt er den ersten der beiden Verfolger der sechsten Siegels darstellt, in anderen Worten den unmittelbaren Vorläufer des paulinischen Sohn des Verderbens. Nicht minder verbreitet ist die Überzeugung vom widergöttlichen Charakter und Rollenfach des Antiochus, dessen Reich und Herrschaft bereits in der jüdischen Vorstellung die „Endphase des gegenwärtigen Weltlaufs" bedeutete.[23]

---

[19] Gerhoch von Reichersberg, *Commentarius aureus in Psalmos et cantica ferialis*, PL 193, Sp. 1433D–1434A.

[20] Rupert von Deutz, *Commentaria in Apocalypsim*, PL 169, Sp. 1066CD. Das erste Haupt ist das Reich der Ägypter, das zweite *carnalis Israel*, vgl. ebd. Sp. 1066C.

[21] Zum Bild Nebukadnezars vgl. S. 170–177, zu Nebukadnezar als Eponym Kambyses'. II. vgl. S. 172f. und ebd Anm. 28.

[22] Zum Vergleich Nebukadnezars mit dem Teufel vgl. S. 170f. und ebd. Anm. 25.

[23] Vgl. Martin Noth, Geschichte Israels, S. 355f., ders., Das Geschichtsverständnis der alttestamentlichen Apokalyptik, in: Walther Lammers (Hg.), Geschichtsdenken und Geschichtsbild im Mittelalter. Ausgewählte Aufsätze und Arbeiten aus den Jahren 1933 bis 1959 (Wege der Forschung 21, Darmstadt 1961) S. 30–54, ebd. S. 46.

Es steht fest, daß die Verfolgung des Antiochus im Geschichtsbild des Judentums wie des christlichen Mittelalters nicht nur die letzte in der Reihe der Verfolgungen des Volkes Israels ist, sondern auch, vor allem wegen der durch ihn erfolgten Entweihung des Tempels, als die schlimmste angesehen wird.[24] Notwendig muß so der Vergleich mit ihr der letzten der eschatologischen Verfolgungen vorbehalten werden. Nimmt man nun Nebukadnezar und Antiochus unter Auslassung Hamans als Protagonisten der Verfolgung der sechsten Zeit, so fehlt es an einer Entsprechung für die Verfolgung Gogs in der siebten, da ja die Unterdrückung des Antiochus die letzte war, die das Volk Israel im alten Testament erleiden mußte. Dies mag freilich erst bei einer tabellarisch-grafischen Darstellung der Verfolgungen und ihrer jeweiligen Entsprechung ins Auge fallen. Vollkommen ist auch diese Lösung nicht: folgt im siebten Siegel der Unterdrückung durch Antiochus die freudige Zeit der Geburt Christi, so wird in der Eröffnung desselben Siegels zuerst ein dieser Freudenzeit entsprechender *sabbatismus* gewährt und dann mit der Loslösung Satans der letzten Verfolgung ihr schlimmer Lauf gelassen, woran auch die Wiederholung der beiden Ereignisse in der Eröffnungssequenz nichts ändern kann. Relativiert wird diese Asymmetrie in Joachims Vorstellung durch das Miteinanderverwobensein der beiden *status*, zu denen die nicht ununterbrochene Gefangenschaft des Satans gehört, die er wiederholt und in Übereinstimmung mit Augustinus betont.[25]

Joachims Antichristbild weicht in der Tat von dem der Tradition ab, wenn auch diese Abweichung im wesentlichen darin besteht und dadurch bedingt ist, um wieviel umfassender als vergleichbare Entwürfe seine Darstellung des endzeitlichen Dramas ist. In der Tat folgt der Gestalt, die gemeinhin als Antichrist bekannt ist, bei ihm eine weitere,

---

[24] Martin NOTH, Das Geschichtsverständnis der alttestamentlichen Apokalyptik, S. 46, vermutet eher, daß nur seine Positionierung als sechste und letzte Verfolgerpersönlichkeit ihn über die Vorläufer hinausragen läßt, nicht aber die Intensität der Bedrückung durch die Seleukiden, wobei vor allem die Entweihung des Tempels auch im Vergleich mit den früheren Verfolgungen besonders unerhört scheinen mußte und die Naherwartung neu entfachte. Zu Antiochus vgl. S. 195–197.

[25] *Expositio, Liber introductorius*, fol. 15vb–16ra; Text S. 218 bei Anm. 83. Zum Fortschrittsgedanken bei Augustinus vgl. Theodor Ernst MOMMSEN, St. Augustine and the Christian Idea of Progress: The Background of *The City of God*, in: Eugene Franklin RICE Jr. (Hg.), Medieval and Renaissance Studies (Ithaca – New York 1959) S. 265–298, zuerst in: Journal of the History of Ideas 12 (1951) S. 346–374.

die diesen an Dramatik und Endzeitnähe übertrifft. Dies resultiert daraus, daß die Quellen seiner Darstellung dieser Ereignisse den Begriff Antichrist überhaupt nicht verwenden, wohingegen bei Paulus lediglich von einem endzeitlichen Sohn des Verderbens die Rede ist, in den Johannesbriefen aber dem einen mehrere endzeitliche Antichristen gegenübergestellt werden. Zu sagen, daß Joachim dem Antichristen Gog als den größeren und somit eigentlichen Antichristen folgen läßt, wie es Raoul Manselli formuliert, wäre ebenso vereinfachend wie die Feststellung Robert Lerners, daß der wahre und wirkliche Antichrist gar nicht so schlimm und nicht einmal der letzte Verfolger sei, sondern nur der vorletzte und zweitschlimmste. Dies entspricht nicht Joachims Vorstellung des Antichristen. Nicht ohne Grund verwendet er in *De septem sigillis* diesen Begriff nicht, sondern zählt stattdessen die Verfolger namentlich oder anhand ihrer alttestamentlichen Entsprechung auf, die aussagekräftig genug ist. Daß derjenige, der als der Antichrist zu bezeichnen ist und von dem in Gesprächen mit Joachim immer wieder die Rede war,[26] in naher Zukunft zu erwarten ist, daß Joachim ihn in einen inhaltlichen Zusammenhang mit den die Gottessohnschaft Ableugnenden stellt, rückt ihn näher an die Welt seiner Zeitgenossen heran als den eschatologischen Verfolger Gog, macht ihn aber zugleich unbedeutender als jenen, der die Völker der Enden der Erde in sich einschließt und so weltumspannende Bedeutung erhält. Beide jedoch sind menschlicher Natur, und dem Wirken des sie sendenden Teufels sind Grenzen gesetzt: seine Freiheit endete schon mit der Auferstehung Christi, und mit dessen Wiederkunft beginnt sein Ende. Die wiederholte Verfolgung der endzeitlichen Gegner bringt das Licht der Ewigkeit nur um so heller zur Geltung. Auch mit einer Vielzahl von Antichristen ist Joachim kein Prophet des Untergangs, sondern mit dem zeitlichen Anfang seines dritten *status* strahlt das Eschaton bis in die Anfänge der Kirche.

d) *Der Kreis schließt sich: Die Fülle der Zeit*

Noch auf ein Detail der Exegese und Eschatologie Joachims von Fiore, wie sie sich in *De septem sigillis* darstellt, soll aufmerksam gemacht

---

[26] Robert E. LERNER, Antichrists and Antichrist in Joachim of Fiore, S. 553.

werden, das seine Vorbilder in den Werken früherer Schriftsteller hat und an dem sich Joachims Umgang mit den Quellen und seine Verarbeitung und konsequente Umsetzung der Elemente der exegetischen Tradition exemplarisch beobachten läßt. Dieses Detail, das besondere Verhältnis des siebten Siegels zur Eröffnung des ersten, fällt erst bei Joachim deutlich ins Auge, weil offenbar erst Joachim eine Parallelisierung der Siebenerreihe der Siegel und ihrer Eröffnungen vornahm, Joachim zuerst seine Gedanken unter Zuhilfenahme durchaus unkonventioneller Mittel wie tabellarischer Anordnungen oder gar Zeichnungen zur Hermeneutik darlegte und darum die Züge seiner Interpretation leichter ins Auge fallen.[27] Da seine Vorgänger gewöhnlich nur eine Siebenerreihe zu interpretieren haben, so ist zunächst zu fragen, wie dieser vermeintliche Rückgriff zu verstehen sei, soll nicht die Geschichte mit Adam, Noah und den Patriarchen noch einmal ihren Anfang nehmen. Dies geschieht natürlich mit Hilfe der *recapitulatio*. Beda erklärte dies in seinem Apokalypsenkommentar so, daß nach dem Sichtbarwerden der Konflikte und Triumphe der Kirche in der Eröffnung der Siegel, *ubi iuxta consuetudinem libri istius usque ad sextum numerum ordinem custodit et praetermisso septimo recapitulat ac duas narrationes quasi ordinem secutus septimo concludit*.[28] Bei Berengaudus geschieht ähnliches durch die Mehrdimensionalität des siebten Siegels, die so Joachims Zweierreihe vereinfachend vorwegnimmt. Da das mystisch-eschatologische Element des *sabbatismus* im siebten (alttestamentlichen) Siegel Joachims nicht aus der konkreten Geschichte erhellt, könnte man versucht sein anzunehmen, daß es vielleicht nur um der Parallelität willen dort begegne, weil der Charakter der endzeitlichen Eröffnung des siebten Siegels es erfordert, daß auch in seiner zeitlichen Parallele etwas von dieser end-, ja überzeitlichen Qualität spürbar wird, tatsächlich jedoch ein grundsätzlicher qualitativer Unterschied zwischen der siebten Zeit des Volkes Israel, der letzten vor der Zeitenwende, und der siebten Zeit der Kirche, die schon überweltlichen Charakter besitzt, besteht.

Stärker noch drängt sich dieser Eindruck einer bloß äußeren Harmonie auf, betrachtet man die Fortsetzung dieses Siegels: Der finale achte Abschnitt am Ende der Siegel scheint seine Existenzberechtigung

---

[27] Über eine mögliche Funktion dieser Darstellungen vgl. S. 250, Anm. 3.
[28] Beda, *Expositio Apocalypseos*, Praefatio, SL 121A, S. 223, Z. 16–19, PL 93, Sp. 130D–131A, wiederholt in *Epistolae*, Epistola XII ad Eusebium, PL 94, Sp. 695A.

einzig Joachims Symmetriebedürfnis zu verdanken. Wenn es für Joachim am Ende der zweiten Siebenerreihe einen Zeitraum geben mußte, der nach dem Antichristen kam, wie schon Hieronymus und Beda wußten, wenn dem siebten also ein achter Tag folgte, der von so genuin anderer Qualität war, daß sich erst in ihm das vollkommenen Andere, Neue der Ewigkeit offenbaren konnte, nachdem alles Vorherige einen wirklichen Abschluß gefunden hat, wie ihn ein bloßer siebenter Schritt in der Reihe der Eröffnungen nie geben könnte, da er allzusehr zu den sechs übrigen dazugehört, die ohne ihn kein ganzes sind, die in ihm erst recht enden – wenn es diese achte Stufe am Ende der Siebenerreihe geben muß, dann muß es sie, zunächst schon um des Konkordanzgedankens willen, auch schon für die Reihe der Siegel geben und nicht erst am Ende ihrer Eröffnung.

Es ist bezeichnend für Joachim, daß keine seine Darstellungen sich als ein bloßes Postulat erweist, sondern daß die Strukturen der Heilsgeschichte unablässig vor seinem inneren Auge scheinbar von selbst Gestalt annahmen, sich dabei wie die Bilder eines Kaleidoskops wieder in ihre Elemente auflösten und zu neuen Mustern formierten, wie es in den Darstellungen der Patriarchen und ihrer Frauen, der Propheten und Tempelbauer als Bilder der Trinität und der drei *status* im *Psalterium decem chordarum* fortwährend geschieht.[29] Diese Symmetrie hat – ganz gewiß für Joachim – nichts Gewolltes, Künstliches, sondern sie entspricht der tieferen Einsicht in das Wesen Gottes und die Eigenart seiner Offenbarung in der Geschichte, wie sie sich in Personen, Zahlen und Ereignissen Joachim ganz organisch darstellt. So enthält die achte Stufe am Ende der ersten Siebenerreihe, die nur scheinbar mit der Eröffnung des ersten Siegels kollidiert,[30] tatsächlich eines der konstituierenden Elemente für Joachims Verständnis der sieben Siegel und ihrer Eröffnung.

---

[29] Joachim beschreibt dieses Verfahren, bei dem dieselben Figuren in unterschiedlichen Zusammenhängen mit durchaus unterschiedlichen Bedeutungen und Wertungen in Zusammenhang gebracht werden, *Expositio*, pars III, fol. 137va so: Quod enim in illo misterio Maria, hoc in isto Petrus designat, et quod in illo Petrus et Iohannes, hoc in isto Iacobus et Iohannes. Keine Figur hat eine feststehende Bedeutung, so als ob Maria immer die *vita contemplativa*, Rahel in jedem Zusammenhang den heiligen Geist versinnbildlichten, sondern sie müssen immer wieder aus dem jeweiligen Zusammenhang begriffen und erklärt werden.

[30] Das Verhältnis des achten Abschnitts am Ende der Siegel zur ersten Eröffnung und dem ersten Siegel stellt Joachim *Concordia*, lib. IIIb, fol. 38vb dar.

Die Geschichte scheint sich hier sogar zweifach zu überschneiden. Daß nicht lange nach der großen Verfolgung des Antiochus Christus in die Welt kommen sollte, *ut in terris videretur*, wird im siebten Siegel erwähnt, während im achten Absatz am Ende der Siegel vom bereits erfolgten Leiden, Sterben und Unter-das-Gesetz-getan-Sein Christi die Rede ist: Die Auferstehung wird hier schon vorausgesetzt. Die Rekapitulation erklärt, warum Ereignisse des sechsten Siegels in der ersten Eröffnung wiederholt werden. Sie erklärt jedoch nicht, warum dies ebenso noch für den Inhalt des siebten Siegels gilt, das doch bereits außerhalb der irdischen Zeitrechnung stattfindet, noch wieso zwischen dem Ende der Reihe der Siegel und dem Anfang ihrer Eröffnungen ein weiterer Absatz Platz findet.

An zwei Stellen in Joachims ausführlicheren Werken kann diese Architektur der Siegel und ihre Genese gezeigt werden. Zunächst ist von einer Siebenerreihe die Rede. Das Ende der leidvollen Zeiten ist bereits mit dem Ende des sechsten Abschnittes erreicht, Joachim kann die Formulierung *Consummatis . . .*, die er in *De septem sigillis* zu Beginn des finalen achten Satzes benutzt, hier noch zur Einleitung der siebten Zeit verwenden.[31] Schon die siebte Zeit ist frei von jeder Verfolgung und Trübsal, die Versuchung daher groß, die später erscheinende achte als bloßes Konstrukt, als Symbol der Vollkommenheit zu sehen, oder positiv formuliert als geschichtsmächtiges Fanal des Neuen am Ende des Alten Bundes.

Für den doppelten Charakter der Zeit der Eröffnungen, der das Überschneiden zwischen dem Ende der Siegel und dem Anfang der *apertiones* erklären könnte, gibt Joachim in der *Expositio* zwei Gründe an.[32] Dort thematisiert er das Verhältnis der beiden Testamente zu den drei *status*. Das Neue Testament wird als *duplex* bezeichnet, weil darin nicht nur die Sendung des Sohnes, sondern auch die des Geistes enthalten ist.[33] Dies ist die erste *assignatio* der *concordia* zwischen den beiden Testamenten. Die zweite bezieht sich auf die *concordia* der drei *status*.[34] Wie die beiden Scheffel Manna einmal für den sechsten,

---

[31] *Expositio, Liber introductorius*, fol. 9vb und *Expositio*, pars II, fol. 123ra.
[32] *Expositio, Liber introductorius*, fol. 6va.
[33] Ebd.: novum [sc. testamentum] geminum est et quasi duplex, pro eo quod non solus Filius in carne apparuit, verum etiam et Spiritus sanctus revelari dignatus est hominibus in columba et igne, et non solum Filius missus est ut redimeret mundum, verum etiam et Spiritus sanctus qui procedit ab ipso complere que Filius inchoaverat [. . .].
[34] *Expositio, Liber introductorius*, fol. 9rb.

einmal für den sechsten *und* siebten Tag zu verstehen sind,[35] so ist
das ganze sechste Zeitalter – der Terminologie nach handelt es sich
hier um den sechsten Zeitraum augustinischer Einteilung – zwar einmal nur als das des Sohnes, anders aber auch als das des Geistes
und des Sohnes zu verstehen. Denn wie in zwei Völker, so ist es
auch in zwei Zeiten geteilt. Doch auch dies bedingte noch nicht die
Notwendigkeit eines besonderen Abschnittes, um den doppelten
Charakter dieser Zeit zu verdeutlichen. Denn anders als bei Augustinus
ist für Joachim die Verheißung der tausendjährigen Friedenszeit in
der Gegenwart des Christen noch nicht voll erfüllt. Die Methode
der *recapitulatio* ermöglicht ihm die Erkenntnis, daß einerseits *secundum partem* das Millennium im ganzen Zeitalter des Sohnes stattfindet, das heißt von der Auferstehung an, während es in größerer Fülle
noch einmal stattfinden wird, wenn sich jener Teil der Apokalypse,
auf den es sich bezieht, in naher Zukunft (der Eröffnung des siebten Siegels) erfüllen wird. Mit der Ausgießung des Geistes aber, die
im Zusammenhang des Christusereignisses stattfindet, ist der verbor-
gene Anfang des dritten *status* ein für allemal gelegt worden.

Die Entwicklung hin zu einer achten Stufe ist an einer Stelle in
der *Expositio* bereits vorgezeichnet.[36] An einer anderen Stelle in der
Concordia ist sie ebenfalls angedeutet.[37] Dort wird der achte Tag der
Woche, an dem Christus auferstand, der Tag nach dem Sabbat,
einem achten Tag, an dem die Toten auferstehen werden, verglichen. Der achte Abschnitt, der nach den sieben Zeiten der Welt
folgt, hat hier seine Entsprechung. Der Schöpfungswoche, die vor
allem der Anfang der Geschichte Gottes mit der Welt steht, entspricht jene Woche, an deren Ende Leiden, Tod und Auferstehung
des Gottessohnes stehen. Hat Joachim früher das Leiden des Gottessohnes am sechsten, seine Auferstehung am achten Tag angesiedelt,
Leiden und Auferstehung der Gemeinde entsprechend in der Eröffnung
des vierten und sechsten, so wird im sechsten Siegel in *De septem
sigillis* die Passion nicht erwähnt.[38]

Daß der achte Tag des Weltalterschemas auch dem achten Tag
der Osterwoche entspricht, konnte Joachim der Tradition entneh-

---

[35] Vgl. S. 161–165.
[36] *Expositio, Liber introductorius*, fol. 12ra.
[37] *Concordia*, lib. IIIa, fol. 37rb.
[38] *Concordia*, lib. IIIa, fol. 37rab und öfter.

men.[39] In manchen Fällen scheint mit diesem achten Tag am Ende der Weltwoche eine zweite Woche ihren Anfang zu nehmen.[40] Dabei ist nicht etwa ein zyklisches Modell oder gar platonisches Gedankengut impliziert, sondern vielmehr eine lineare Abfolge der Zeiten, bei der nach dem Ende der Welt die Ewigkeit ihren Anfang nimmt.

Was beweist nun, daß dieser achte Tag von Joachim nicht aufgrund der vorfindlichen Tradition einer letzten Verfolgung nach dem *sabbatismus* behauptet wurde, sondern aufgrund der eschatologischen Rolle der Personen und besonders der zweiten Person der Trinität? In der *Concordia* findet sich ein Satz, in dem, nachdem über den doppelten Charakter der Verfolgung des sechsten Tages und der Ruhe des siebten die Rede ist, offenbar eine Zwischenform zwischen dem konventionellen Siebenerschema und der neuen Reihe der Acht vorliegt: *Consummatis operibus testamenti veteris pertinentibus ad sex signacula*

---

[39] Vgl. Ambrosius, *De Helia et ieiunio*, CSEL 32/3, S. 452, Z. 12–14, PL 14, Sp. 721CD: Idem autem dies primus atque octavus, quia dominica dies in se recurrit, vgl. Augustinus, *De civitate Dei*, lib. XVI, cap. 26, SL 48, S. 531, Z. 58–60, PL 41, Sp. 505: quid aliud quam Christum octavus dies, qui hebdomada completa, hoc est post sabbatum, resurrexit?, Gregor I, *Homiliae in Hiezechihelem prophetam*, lib. II, Homilia 8, cap. 2, SL 142, S. 337, Z. 76–81, Sources Chrétiennes 360, S. 382, Z. 38–44, PL 76, Sp. 1029A: Per illas enim septem gradibus ascendi dicitur, istarum vero octo graduum ascensus esse perhibetur, quia et in veneratione legis dies septimus fuit, et in novo testamento octavus dies in sacramento est, is videlicet qui Dominicus appellatur, qui tertius a passione, sed octavus a conditione est, quia et septimum sequitur, Isidor von Sevilla, *Quaestiones in veterum testamentum*, PL 83, Sp. 242C: Et quid est octavus dies, nisi Christus, qui hebdomada completa, hoc est, post Sabbatum resurrexit?, Ps.-Beda, *Commentaria in Pentateuchum, Expositio in Primum librum Mosis*, PL 91, Sp. 236D–237A: Et quid octavus dies, nisi Novum Testamentum, in quo per resurrectionem Salvatoris octava die, et post sabbatum factum renovamur, et circumcisi universis vitiis novi homines efficiamur, Christusque hebdomada completa post sabbatum resurrexerit? Zum Text, der wahrscheinlich einem anonymen Autor des 9. Jahrhunderts zuzuschreiben ist, vgl. Friedrich STEGMÜLLER, Repertorium biblicum medii aevi 2 (Madrid 1950) S. 186, Nº 1647, Johannes MACHIELSEN (Hg.), Clavis patristica pseudepigraphorum medii aevi II: theologica, exegetica, CCSL [ohne Bandzählung] (Turnhout 1994) S. 450–452, Nº 2026–2031: ps. Beda, Commentarii in Pentateuchum, bes. S. 451, Nº 2027, In Genesim. – Ähnlich Rabanus Maurus, *In honorem sanctae crucis*, lib. I, fig. 17, CM 100, S. 139, Z. 1–20, PL 107, Sp. 218A und Angelomus von Luxeuil, *Commentarius in Genesim*, PL 115, Sp. 125C.

[40] Bruno von Segni, *Expositio in Pentateuchum*, PL 164, Sp. 431A: Prima enim finita, secunda iterum hebdomada incipit, siquidem octava dies alterius septimanae principium est. Rupert von Deutz, *De divinis officiis*, CM 7, S. 248, PL 170, Sp. 193D–194A: Sequitur haec octavae aetatis, quae extra septem est, quia aeterna est gloriosa Christi resurrectione commendata festivitas, nobilis, admirabilis, decora et suavis, splendida et desiderabilis. Non enim parum est quod in illa nobis octava repositum est. Nam sicut octava dies eadem quae prima est, sic in illa aetate restituitur homo in hoc ipsum, ad quod conditus est, eritque corpore et anima immortaliter felix.

*libri sive ad sex tempora laboriosa . . . mox in distinctione septima . . . data est
a deo requies populo Israel, quatinus reedificata domo dei et muris civitatis requie-
sceret per annos aliquot a preliis nationum, et maxime a scribendis historiis et
faciendis libris, ut videretur advenisse quasi septimus annus, in quo non licebat
secundum legem seminare et congregare in horrea, quousque veniret octavus annus,
qui significat tempus novum incarnationis dominice.*[41] Trotz der Aussage, daß
nur *per annos aliquot a preliis nationum* Ruhe herrsche, enden die Verfolgungen auch hier noch mit dem sechsten Tag, wie bereits die
Eingangsformulierung zeigt, lediglich der Wiederaufbau der Mauern
Jerusalems findet sich am Anfang des siebten Tages, statt, wie in *De
septem sigillis*, am Ende des sechsten, doch ist hier der siebte Tag vom
Frieden durchdrungen bis an sein Ende, den Beginn des achten
Tages, der die neue Inkarnation des Herrn versinnbildlicht.

Es ist die Person des Sohnes, die den Beginn jener präsentischen
Zukunft markiert, in welcher der heilige Geist seine Wirkung entfaltet; seine doppelte, eschatologische und historische Rolle erfüllt und
bedingt den achten Tag.[42] Christus, der in die Welt kam, der in ihr
litt, niederfuhr und auferstand, ist die Mitte der Zeit und der Anfang
des Eschaton. Deshalb ist „Eschatologie . . . das Leiden und die
Leidenschaft, die am Messias entstehen",[43] die Sehnsucht nach dem
Friedensreich, ist begründete Hoffnung nach den Schrecken der Endzeit. Mit der Auferstehung des Gottessohnes und der Ausgießung des
Geistes greift die Eschatologie Raum in der Geschichte. Sie vermag
sich nicht in eine Aneinanderreihung der Ereignisse einzupassen, sondern sprengt den Rahmen der Zeit von innen heraus. Die Welt und
Geschichte umspannende Bedeutung Christi ist hier viel umfassender,
aber auch viel subtiler verstanden als es in einem eindimensionalen
Vergleich der Stationen seines Lebens mit den Siegeln zum Verständnis
der heiligen Schrift möglich wäre. Der achte Abschnitt am Ende der
Siegel ist darum in mehrfacher Hinsicht der Schlüssel des gesiegel-

---

[41] *Concordia*, lib. IIIa, fol. 38rb–va.
[42] Tatsächlich gibt es in Ruperts Frühwerk *De divinis officiis*, geschrieben vor 1111,
1126 Kuno von Regensburg gewidmet, eine für das Bild der achten Zeit äußerst
interessante Stelle, ebd. S. 246–248, PL 170, Sp. 199A–D. Dort stellt Rupert einen
Bezug her zwischen dem Sabbat, an dem Gott von seiner Schöpfung ausruhte, dem
Sabbat, an dem der menschgewordene Gottessohn von den Toten auferstand, welcher wichtiger ist als der erste, und dem *sabbatismus*, der die Gläubigen erwartet;
dieser ist möglich durch den Sabbat, an dem Christus auferstand, und darum wird
in Wahrheit der Auferstehungssabbat, nicht der Schöpfungssabbat, in einen achten
Tag hinein fortgeführt.
[43] Jürgen MOLTMANN, Theologie der Hoffnung, S. 12.

ten Buches, ohne den die Eröffnungen nicht möglich werden. Die
heilige Schrift wird verstehbar, wenn der Löwe von Juda seinen
Jüngern den Sinn eröffnet. Er tut dies nicht ohne eigene Pein, die
den Verfolgungen der Christen vor dem Ende entspricht, denn „mußte
nicht Christus solches leiden . . .?"[44] Der *intellectus spiritalis* ist dabei
der direkte Erbe dieses Sinnes, Joachim der späte Nachfahr der
Emmausjünger, denen Jesus am Abend des Auferstehungssonntags
begegnet.

In der Nacht der Auferstehung entfernte Christus den Stein vom
Eingang des Grabes, und in einer Osternacht zur selben Stunde
erfährt Joachim, wie er berichtet, die Fülle der Offenbarung, die ihn
den Zusammenhang zwischen dem Sonntag der ersten Auferstehung,
dem Kommen des Geistes und dem gesiegelten Buch der heiligen
Schrift, erkennen läßt. Der Stein, der Joachim den Zugang zum
Verständnis der Schrift versperrte, ist hinweggerollt, das Licht des
Ostermorgens läßt ihn nun nie wieder los. Mit den Ereignissen, die
als zeitliche, Ostern und Pfingsten genannt, in der Folge der Siegel
ihren Platz gefunden haben, hat die Ewigkeit schon begonnen.

---

[44] Vgl. Lk. 23,26.

SCHLUSS:
DE SEPTEM SIGILLIS – HEILSGESCHICHTE
AUS LETZTER HAND

Nachdem die neue Quellenlage überprüft, der Text von *De septem sigillis* auf breiterer Basis mit dem anderer Werke und vor allem der Hauptwerke Joachims verglichen, aber auch in Beziehung zu anderen, kürzeren Werken gesetzt werden konnte, als das Marjorie Reeves und Beatrice Hirsch-Reich in den fünfziger Jahren möglich war, kann das Urteil der beiden Forscherinnen bestätigt werden: *De septem sigillis* ist zweifellos ein authentisches Werk Joachims. Aufgrund seiner außerordentlichen Kürze bezeugt es, anders als die umfangreicheren Werke Joachims, inhaltlich einen einheitlichen Erkenntnisstand seines Verfassers.

Soweit inhaltliche Vergleiche mit anderen Werken des Abtes möglich sind, deren Themen sich auch in *De septem sigillis* wiederfinden, so läßt sich aufgrund solcher Vergleiche jedenfalls feststellen, daß sich hier jeweils um die späteste Fassung dieser Themen handelt und *De septem sigillis* darum als eines der letzten Werke Joachims von Fiore anzusehen ist. Auch hierin werden die Überzeugungen von Marjorie Reeves und Beatrice Hirsch-Reich bestätigt, die *De septem sigillis* als Spätwerk Joachims charakterisierten. Denn diejenigen Elemente der Geschichts- und Trinitätstheologie Joachims, die nachvollziehbaren Wandlungen und Entwicklungsprozessen unterlagen, präsentieren sich in *De septem sigillis* in einer Weise, die nahelegt, daß es sich hier um die letzte und höchste dieser Entwicklungsstufen handelt.

Auffallend ist die strenge Vermeidung konkreter Gegenwartsbezüge, wie sie für Joachims Nachfolger so kennzeichnend sind.[1] Auch Personalentscheidungen, die Joachim in seinen früheren Werken gelegentlich vermutend erwägt, wie die Identifizierung eines der Drachen-

---

[1] So enthalten die meisten der joachitischen prophetischen Texte, die in den Handschriften gemeinsam mit *De septem sigillis* begegnen, fiktive Widmungen „Joachims" an Kaiser Heinrich VI. oder Rainer von Ponza (bei gleichzeitiger Voraussetzung späterer Verhältnisse); sie spielen auf politische Gegebenheiten an oder lassen konkrete politische Umstände anklingen, auf die sie gemünzt sind.

häupter mit Saladin oder eine konkrete Lokalisierung des neuen Babylon in der Geographie der typologischen Welt, werden in *De septem sigillis* vermieden. Selbst wenn die Verfolgung der fünften Zeit mit dem Kaisertum und deutschen Königtum zumindest in Verbindung gebracht wird, so wird doch noch an gleicher Stelle betont, daß die Ursache dieser Verfolgung in der verfolgten Kirche selbst liegt. Denn nicht aufgrund eigener Schlechtigkeit willen oder um einem übergeordneten, Selbstzweck gewordenen Plan zu gehorchen, werden die Verfolger tätig. Es sind die Sünden der von ihnen Verfolgten, die sie ursächlich auf den Plan rufen.

Gleiches gilt für das Bild des Antichristen und letzten Verfolgers, dessen Züge hier mit größtmöglicher Deutlichkeit gezeigt werden. Weil Joachim hier den von seinen Nachfolgern so verschwenderisch gebrauchten Antichristbegriff als Ergebnis eines gedanklichen Fortentwicklung seiner Eschatologie aufgegeben hat, kann das Bild des letzten Verfolgers, befreit von zeitverhafteten Identifizierungen und apokalyptischer Verschwommenheit, in *De septem sigillis* umso klarer strukturiert hervortreten.

Ein anderes Beispiel solcher Prozesse ist die schrittweise Modifizierung des in *De vita sancti Benedicti* angesprochenen Modells der drei Zwölfergruppen, bestehend aus je fünf und zwölf Stämmen, Kirchen und (im Traktat über das Leben des großen Mönchsideals) Klöster. In *De septem sigillis* begegnen davon nur noch die ersten zwei Zwölfergruppen der Stämme und Kirchen, während Zwischenstufen in anderen Werken Joachims die dazwischen stattgehabte Entwicklung dokumentieren, in deren Verlauf Joachim die dritte Zwölfergruppe, die nur im Zusammenhang mit einer früheren Lebenssituation und -entscheidung Joachims ihre Berechtigung hatte, schließlich aufgab.

Auch in seiner betonten Nüchternheit und Zurückhaltung ist *De septem sigillis* als Joachims heilsgeschichtliches Vermächtnis zu betrachten, das auf der Schwelle zum 13. Jahrhundert oder vielleicht schon darüber hinaus entstanden sein wird. *De septem sigillis* ist nicht nur „the clearest synthesis ... of the elements of pessimism and optimism"[2] in Joachims Eschatologie, die deutlichste Ablaufschilderung der letzten Akte des Heils- und Weltgeschichte, vielmehr finden sich in dem kurzen Text sämtliche konstituiven Elemente dieser Geschichte, wie sie sich in Joachims Augen darstellte, in einer ebenso komplexen wie konzisen Schau des geschichts- und heilsmächtigen Wirkens

---

[2] Marjorie REEVES, The seven seals, S. 223.

der Trinität. Diese Elemente der Heilsgeschichte, wie sie Joachim in der exegetischen Tradition und vor allem in der Schrift selbst vorfand, werden verbunden und erhellt durch die Schöpfer- und Erlösermacht des dreieinigen Gottes, in dem ihre Erkenntnis liegt: Der Dreistufenplan der Heilsgeschichte wird erhellt durch das Licht der Osternacht.

Seine späte Entstehungszeit könnte, außer der Kürze des Textes und der Natur des darin behandelten Gegenstandes, ein zusätzlicher Grund dafür sein, daß *De septem sigillis* seltener im Zusammenhang mit den unbestritten authentischen Werken Joachims überliefert als vielmehr in einen prophetisch-apokalyptischen und meist joachitischen Zusammenhang hinein gestellt wurde. Die von Marjorie Reeves und Beatrice Hirsch-Reich vermutete Nähe zum *Liber figurarum* besteht jedenfalls in formaler Hinsicht. Dennoch besteht hinsichtlich des *Liber figurarum* trotz der gründlichen Einzeluntersuchungen von Marjorie Reeves und Beatrice Hirsch-Reich noch Klärungsbedarf. *De septem sigillis* jedenfalls ist als eigenständiges Werk begreif- und benutzbar. Formal stellt es gewissermaßen eine Synthese zwischen den Bildern des *Liber figurarum* und den ausführlicheren Werken Joachims dar. Da auch etwa im Falle des *Psalterium decem chordarum* und der *Expositio in Apocalypsin* figürliche Darstellungen ebenso authentische Bestandteile des Werkes wie der Wortlaut des Textes sind, ist auch *De septem sigillis* mit seiner graphischen Anordnung der Textteile kein Fremdkörper im literarischen Schaffen des Abtes.

Man kann davon ausgehen, daß Joachim sich nicht nur einer bildhaften Sprache, sondern auch figürlicher Darstellung bediente, um seine Gedanken an ihren Linien entlang darzustellen. Diese Methode hatte ihren Sitz im Leben nicht zuletzt auch in der theologischen Unterweisung im Kloster, der Joachim zweifellos, wie in seinen Werken mancherorts erkennbar und auch ohnedies selbstverständlich, als Abt oblag. *De septem sigillis*, von Joachim selbst im Text als eine *carta* bezeichnet, könnte sehr wohl solcher Lehrtätigkeit seine erste Entstehung verdanken.[3] Die knappe, schematische Art der Dar-

---

[3] Aus dem 12. Jahrhundert sind inzwischen beispielhaft zu nennen: Petrus von Poitiers, Kanzler der Universität von Paris und Zeitgenosse Joachims, über den Alberich von Trois Fontaines schrieb, daß Petrus für arme Scholaren große Pergamentblätter als Lehrbehelf verwendete. Ähnlich Hugo von St. Victor und (vermutlich) Petrus Alphonsi. Vgl. Barbara OBRIST, Image et prophétie au XIIᵉ siècle: Hugues de Saint-Victor et Joachim de Flore, Mélanges de l'École Française de Rome 98 (1986) S. 35–63, dies., La figure géométrique dans l'oeuvre de Joachim

stellung, aber auch ihr Charakter als übersichtsartige Zusammenfassung
der Heilsgeschichte, an deren Bild Joachim bis zuletzt zeichnete, ent-
sprächen diesem Sitz im Leben: In der Unterweisung ist der Lehrende,
anders als bei einer rein schriftstellerischen Tätigkeit, fortwährend
damit beschäftigt, sich seines Stoffes selbst neu zu vergewissern, ihn
zu durchdenken und möglichst konzis und lucid zu gestalten und
formulieren. *De septem sigillis* ist die Essenz dieses jahrzehntelangen
Prozesses, Joachims Roadmap zum Heil. Die drängende, bange oder
hoffnungsvolle Frage der bedrückten und sich dem Ende nahe füh-
lenden Christenheit nach Ziel und Ende der Geschichte, wie sie
Joachim oft gestellt worden sein mag, hat in *De septem sigillis* seine
letzte Antwort gefunden.

---

de Flore, Cahiers de Civilisation médiévale 31 (1988) S. 297–321. Zu Hugo vgl.
Patrice Sɪᴄᴀʀᴅ, Diagrammes médiévaux et exégèse visuelle. Le *Libellus de formatione
arche* de Hugues de Saint-Victor (Bibliotheca Victorina 4, Paris – Turnhout 1993),
zu Petrus von Poitiers vgl. ebd., S. 143, Anm. 6, und Philip Samuel Mᴏᴏʀᴇ, The
Works of Peter of Poitiers, master in Theology and Chancellor of Paris (1193–1205)
(Notre Dame/Indiana 1936) S. 168, zu Petrus Alphonsi vgl. John Tᴏʟᴀɴ, Petrus
Alfonsi and his Medieval Readers (Gainesville/Florida 1993), allgemein Anna C.
Esᴍᴇɪᴊᴇʀ, Diuina quaternitas. A preliminary Study in the Method and Application
of visual Exegesis (Amsterdam 1978).

1. Siegel 1.–2. *aetas*[4]	1. Eröffnung 6. *aetas* 1. Teil der Apokalypse
2. Siegel 3. *aetas*	2. Eröffnung 6. *aetas* 2. Teil der Apokalypse
3. Siegel 3. *aetas*	3. Eröffnung 6. *aetas* 3. Teil der Apokalypse
4. Siegel 4. *aetas*	4. Eröffnung 6. *aetas* 4. Teil der Apokalypse
5. Siegel 4. *aetas*	5. Eröffnung 6. *aetas* 5. Teil der Apokalypse
6. Siegel 5. *aetas*	6. Eröffnung 6. *aetas* 6. Teil der Apokalypse
7. Siegel 5. *aetas*	7. Eröffnung 7. *aetas* 7. Teil der Apokalypse
8. Abschnitt	8. Abschnitt 8. *aetas* 8. Teil der Apokalypse

Abb. I: DE SEPTEM SIGILLIS – Siegel und Eröffnung

[4] Zu Begriff und Inhalt der *aetates* vgl. Augustinus, *De civitate Dei*, lib. XXII, cap. 30, SL 48, S. 865f., PL 42, Sp. 804.

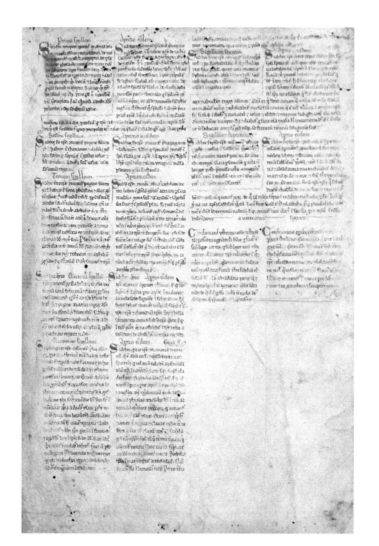

Abb. II: Joachim von Fiore, *De septem sigillis*, Corpus Christi College, Oxford, ms. 255A, fol. 4v.

By Permission of the President and the Fellows of Corpus Christi College, Oxford

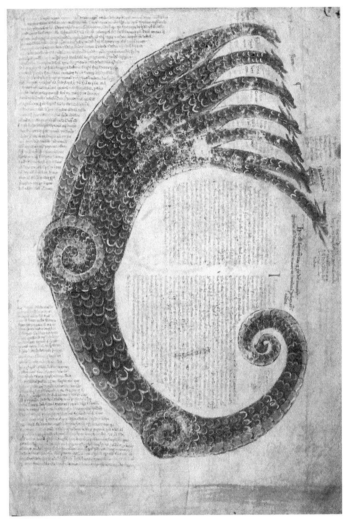

Abb. III: *Draco magnus et rufus*, aus: Joachim von Fiore, *Liber figurarum*, Corpus Christi College, Oxford, ms. 255A, fol. 7r.

By Permission of the President and the Fellows of Corpus Christi College, Oxford

TEIL II

EDITION

ZUR FRAGE DER ECHTHEIT VON
DE SEPTEM SIGILLIS

Die Frage nach der Authentizität von *De septem sigillis* kann heute als geklärt angesehen werden. Oswald Holder-Egger bezeichnete die Schrift 1908 als „natürlich pseudojoachitisch",[1] ohne allerdings dieses Urteil weiter zu begründen. Zum selben Schluß kam auch Jeanne Bignami Odier.[2] Diese Einschätzung, die beide Autoren anhand des Textes von Codex Vat. lat. 3822 vornehmen, einer Handschrift des späten 13. Jahrhunderts, resultiert vermutlich daraus, daß im Rahmen der Betrachtung des Codex von den *De septem sigillis* umgebenden Texten auf dasselbe rückgeschlossen wird.[3] In diesem Codex sind hauptsächlich joachitische[4] Texte prophetischen Charakters enthalten, die eher wenig an den Joachim der *opera authentica* erinnern. Da *De septem sigillis* durch die Kürze des Textes, die Knappheit seiner Sprache und die behandelten Themen eine gewisse Ähnlichkeit mit seiner Umgebung in Vat. lat. 3822 aufweist, geriet hier die inhaltliche Übereinstimmung mit den bekannt authentischen Schriften Joachims erst gar nicht ins Blickfeld, so daß der Schluß auf den pseudepigraphischen Charakter von *De septem sigillis* aus dieser Perspektive verständlich ist.

Marjorie Reeves machte zuerst 1950 in einem Aufsatz über den *Liber figurarum* auf *De septem sigillis* aufmerksam.[5] Sie behandelte den Text dort zunächst noch als Bestandteil des *Liber figurarum*, entsprechend dem Befund der zu dieser Zeit bekannten Handschriftenzeugen, die diese Vermutung nahelegten, zumal eine eigenständige Überschrift

---

[1] Oswald HOLDER-EGGER, Italienische Prophetieen des 13. Jahrhunderts 3, Neues Archiv der Gesellschaft für ältere deutsche Geschichte 33 (1908) S. 98.

[2] „d'après de Joachim de Flore", Jeanne BIGNAMI ODIER, Notes sur deux manuscrits de la Bibliothèque du Vatican contenant des traités inédits de Joachim de Flore, Mélanges d'Archéologie et d'Histoire [École Française de Rome] 54 (1937) S. 223.

[3] Unter Hinweis auf dieselbe vatikanische Handschrift zählt auch Friedrich STEGMÜLLER, Repertorium biblicum medii aevi 3 (Madrid 1951) S. 229, N° 4035 *De septem sigillis* zu den pseudepigraphischen Werken.

[4] Zur Definition der Begriffe „joachitisch" und „joachimisch" vgl. zuletzt stellvertretend Matthias KAUP, *De prophetia ignota*, S. 60f., Anm. 309.

[5] Marjorie REEVES, The *Liber Figurarum* of Joachim of Fiore, Medieval and Renaissance Studies 2 (1950) S. 57–81, dort S. 71 und S. 59, Anm. 2.

für *De septem sigillis* in allen bekannten Codices fehlte. Vier Jahre später bezeichneten Marjorie Reeves und Beatrice Hirsch-Reich den Text ausdrücklich als authentisch und nannten ihn erstmals mit dem seither verwendeten Namen *De septem sigillis*.[6] Zugleich wurde die baldige Publikation angekündigt, die noch im gleichen Jahr erfolgte.[7] Als Argument für die Echtheit des Textes wurden hier in erster Linie inhaltliche Vergleiche mit den Werken Joachims angeführt, zu denen *De septem sigillis* in der Tat gut paßt, dazu die breite Überlieferungstradition, die inzwischen mit zwölf statt der 1954 bekannten sechs Textzeugen noch stärker belegt ist.

Das oft wiederholte Argument von der Echtheit eines jeden Textes, der in Paduaner Codex Bibl. Ant. ms. 322 auftaucht, ist nur mit Einschränkungen zu verwenden. Zunächst war eine entsprechende Vermutung, bei der es um die Echtheit von *De prophetia ignota* ging, von Herbert Grundmann notiert[8] und von Bernard McGinn zum gleichen Thema sinngemäß wiederholt worden.[9] Noch 1995 wurde die unbedingte Echtheit des Inhalts von *A* durch Gian Luca Potestà in der Einleitung zu seiner Edition der *Dialogi de prescientia Dei et predestinatione electorum* behauptet.[10] Auch Marjorie Reeves hat sich mit der These der Echtheit aller in diesem Codex enthaltenen Text beschäftigt. Bei der Beschäftigung mit den beiden Hymnen, die dort zum Teil auf demselben Folium wie *De septem sigillis* geschrieben wurden, bedient sie sich ausschließlich inhaltlicher Argumente.[11] In jün-

---

[6] Marjorie Reeves, Beatrice Hirsch-Reich, The *Figurae* of Joachim of Fiore. Genuine and Spurious Collections, Medieval and Renaissance Studies 3 (1954) S. 178, Anm. 2. Zu den 1950 bekannten Textzeugen D, O, P₅ und V₄ (vgl. Siglenliste) war inzwischen (1954) A hinzugekommen, der zum ersten Mal das Figurenbuch als Begleiter von *De septem sigillis* vermissen läßt. Vermutlich war dies ein Grund mehr oder sogar der Anlaß für die Autorinnen, nunmehr die Vorstellung von *De septem sigillis* als Bestandteil des Figurenbuchs zugunsten der eines eigenständigen Werkes teilweise aufzugeben.

[7] Marjorie Reeves, Beatrice Hirsch-Reich, The seven seals.

[8] Herbert Grundmann, Joachim erklärt dem Papst eine Prophetie, Kleine Beiträge über Joachim von Fiore, in: Herbert Grundmann, Ausgewählte Aufsätze 2: Joachim von Fiore (MGH-Schriften 25, Stuttgart 1957) S. 75, Anm. 10; ähnlich im aus dem Nachlaß veröffentlichten: Aus der Einleitung zu den *Opera minora* Joachims von Fiore, Florensia 10 (1996) S. 120.

[9] Bernard McGinn: „Ms. 322 is unusual in containing almost exclusively works which modern scholarship has vindicated as actual products of the pen of the abbot", Joachim and the Sibyl. An Early Work of Joachim of Fiore [De prophetia ignota], Cîteaux 24 (1973) S. 99.

[10] *Dialogi de prescientia Dei et predestinatione electorum*, ed. Gian Luca Potestà, S. 27 und 37.

[11] Marjorie Reeves, Joachim of Fiore and the Prophetic Future (London ¹1976)

gerer Zeit sind Teile des im Paduaner Codex enthaltenen Textes *De prophetia ignota* als spätere Hinzufügungen erkannt worden,[12] so daß nun nicht mehr jeder in *A* enthaltene Text darum als authentisches Werk Joachims angesehen werden kann.

Eine ähnliche Argumentation führte Stephen Wessley zum Beweis der Authentizität der *Genealogia*[13] ins Feld,[14] einem Text, der wie *De septem sigillis* im Codex Paris Bibl. Nat. ms. lat. 11864 enthalten ist, einer Handschrift, die an Alter und Textqualität *A* vergleichbar ist.[15]

Als Argumente für die Echtheit von *De septem sigillis* gelten außer der breiten Bezeugung durch wertvolle Textzeugen in erster Linie inhaltliche Übereinstimmungen zwischen *De septem sigillis* und anderen authentischen Werken Joachims. Hingegen gibt es keinerlei Indizien joachitischer Provenienz in *De septem sigillis*.[16] Stichhaltige Gründe für weitere Zweifel an der Authentizität von *De septem sigillis* sind somit nicht bekannt.[17]

S. 17, Anm. 37 bezweifelte die Echtheit der beiden Hymnen unter Berufung auf Antonio CROCCO, Gioacchino da Fiore e il Gioachimismo (Napoli 1976) S. 28, Anm. 21; in der Neuausgabe (London ²1999) wird an gleicher Stelle auf eine in der Zwischenzeit erschienene Untersuchung der beiden mit *Patria celestis* und *Visio* bezeichneten Texte (Codex Patavinus ms. 322, fols. 165v–166r) verwiesen. Marjorie REEVES, John V. FLEMING, Two Poems Attributed to Joachim of Fiore (Princeton 1978) bezeichnet zumindest die *Visio* als zweifellos, *Patria celestis* als wahrscheinlich authentisches Werk Joachims.

[12] Matthias KAUP, *De prophetia ignota*, S. 60, Anm. 305.

[13] *Genealogia* [*Epistola subsequentium figurarum*], ed. Jeanne BIGNAMI ODIER, Notes sur deux manuscrits, S. 224–226, Gian Luca POTESTÀ, Die Genealogia.

[14] Stephen E. WESSLEY, A New Writing of Joachim of Fiore. Preliminary Observations, Florensia 7 (1993) S. 39–58, dort S. 46.

[15] Die Handschrift enthält nur an ihrem Ende wenige Seiten mit Werken Joachims von Fiore, von denen jedoch denkbar ist, daß sie wohl noch auf das 12. Jahrhundert zurückgehen könnten.

[16] Hierauf wies bereits Marjorie REEVES, The seven seals, S. 226, hin.

[17] Allerdings nehmen noch Delno C. WEST, Sandra ZIMDARS-SWARTZ, Joachim of Fiore. A Study in Spiritual Perception and History, S. 99f. an, daß es sich bei *De septem sigillis* ebenso wie bei dem *Liber figurarum* um „pseudo-Joachite works" handele, was umso unverständlicher ist, als beide „most accurate in their following of Joachim's ideas" genannt werden. Eine Begründung für dieses Urteil fehlt. *De septem sigillis* wird als Zusammenfassung der Behandlung des Motives der Siegel in Joachims authentischem Werk interpretiert, die lediglich historische Ereignisse auflistet. Die Autoren der ohnehin wenig gründlichen und fehlerreichen Arbeit übersehen dabei freilich, daß *De septem sigillis* keinesfalls nur vordergründig Geschehnisse aufzählt, ohne damit tiefere Bedeutungsebenen zu erreichen, zumal auch die einfache Erwähnung eines Ereignisses bei Joachim niemals nur auf sich selbst bezogen werden kann. Auch kann inzwischen gezeigt werden, daß trotz und gerade wegen der vorhandenen Parallelen zu Joachims bekannt authentischen Werken eine Entwicklungsstufe seines Denkens in *De septem sigillis* abgebildet wird, die in diesen so nicht enthalten ist, aber umso sicherer Joachim als ihren Urheber ausweist.

ZUR TEXTÜBERLIEFERUNG

Für ihre Edition von *De septem sigillis* konnten Marjorie Reeves und
Beatrice Hirsch-Reich 1954 sechs Handschriften benutzen.[1] 1971
publizierten Morton W. Bloomfield und Harold Lee den Text eines
weiteren Zeugen, der aufgrund seiner signifikanten Abweichungen vom
Text der bisher bekannten Handschriften eine eigene eingehende
Betrachtung zu rechtfertigen schien.[2]

Textgrundlage der vorliegenden Neuedition ist die handschriftliche Überlieferung der zwölf bekannten Textzeugen. Da für einige
dieser Manuskripte keine ausreichende Beschreibung existiert bzw.
in den bisher jüngsten Beschreibungen Editionen von Texten der
Handschriften noch nicht nachgewiesen werden konnten, soll dies
hier, soweit notwendig, nachgeholt werden.[3]

---

[1] Marjorie REEVES, Beatrice HIRSCH-REICH, The seven seals, S. 239–247.
[2] Morton W. BLOOMFIELD, Harold LEE, The Pierpont-Morgan Manuscript of „De
Septem Sigillis". Zur Edition vgl. Alexander PATSCHOVSKY, Der heilige Kaiser Heinrich
„der Erste" als Haupt des apokalyptischen Drachens, S. 40, Anm. 66.
[3] Für die meisten der Handschriften ist bisher keine auch nur annähernd vollständige Beschreibung veröffentlicht worden. Eine Ausnahme bildet lediglich der
Paduaer Codex. Darum wird neben einer kurzen kodikologischen Beschreibung der
Inhalt der Handschriften möglichst vollständig aufgeführt und, soweit möglich,
identifiziert. Gründliche kodikolische Untersuchungen konnten in dem gegebenen
Rahmen nicht geleistet werden. Im Fall der vatikanischen Handschrift etwa würde
bereits eine Übersicht über bisher Unveröffentlichtes viele Seiten füllen. Die Benutzung
der Handschriften in Padua und New York war mir bisher noch nicht möglich. –
Die Angaben zu Beginn der Beschreibungen über Enstehungszeit und -ort beziehen sich nur dann auf den ganzen Codex, wenn dieser von Anfang an eine Einheit
bildete, in anderen Fällen nur auf *De septem sigillis*. *Incipit* und *Explicit* werden außer
bei unedierten Texten oder bei solchen, die entweder in den Handschriften nur
fragmentarisch oder als Exzerpte enthalten sind, und solchen, die in verschiedenen
Varianten überliefert werden, in der Regel nicht angegeben.

DIE HANDSCHRIFTEN

A Padova, Biblioteca Antoniana, ms. 322, fol. 166

Pergament, 166 fol., 380 × 280mm, verschiedene Hände, 1. Viertel 13. Jh., Süditalien. Der Inhalt des Codex wird von Valeria de Fraja ausführlich beschrieben, kodikolische Aspekte beschreibt Matthias Kaup. Der Codex liegt in einer vom Centro Internazionale di Studi Gioachimiti veranstalteten Faksimileausgabe vor.

Inhalt:

fol. 1r–42r; fol. 163r–v Joachim von Fiore, *Psalterium decem chordarum*[1] (fol. 42v leer)

fol. 43r–55*bis*v Joachim von Fiore, *Dialogi de praescientia et predestinatione electorum*[2]

fol. 56r–71v Joachim von Fiore, *Adversus Iudaeos*[3]

fol. 71v–75r Joachim von Fiore, *Sermo in septuagesima „Super flumina Babylonis"*[4]

fol. 75r–76r Joachim von Fiore, *Sermo de Helisabeth et Maria et conceptionibus earum*

fol. 76r–77v Joachim von Fiore, *Sermo de velamine Moysi et de differentia inter littera et spiritum*

fol. 77v–81r Joachim von Fiore, *Sermo de diversitate seu multiplicitate Ierusalem et Babylonum*

fol. 81r–136r Joachim von Fiore, *Tractatus super quatuor evangelia*[5]

fol. 136v–139v Joachim von Fiore, *Intelligentia super calathis*[6]

fol. 139v–140*bis* Joachim von Fiore, *Quaestio de Maria Magdalena sorore Lazari et Marthe*[7]

---

[1] Ed. Venedig 1527, Nachdruck Frankfurt/Main 1965.

[2] Ed. Gian Luca Potestà, S. 3–101.

[3] Ed. Arsenio Frugoni (Fonti per la Storia d'Italia 95, Rom 1957).

[4] *Incipit, Explicit* sowie fast alle Editionen der in diesem Codex enthaltenen Texte nennt Valeria De Fraja, Un'antologia gioachimita, S. 235–240, so daß hier auf eine Wiederholung z. T. verzichtet werden kann.

[5] Ed. Francesco Santi, Ioachim Abbas Florensis Opera Omnia V (Fonti per la Storia dell'Italia Medievale. Antiquitates 17, Rom 2002).

[6] Ed. Pietro De Leo, Gioacchino da Fiore. Aspetti inediti della vita e delle opere (Biblioteca di storia e cultura meridionale. Studi e testi 1, Soveria Mannelli 1988) S. 135–148.

[7] Ed. Pietro De Leo, Gioacchino da Fiore, S. 157–163, ed. Valeria De Fraja,

fol. 141r–149r Joachim von Fiore, *Tractatus de vita S. Benedicti*[8]

fol. 149r–151v Joachim von Fiore, *Expositio prophetiae anonymi [De prophetia ignota]*[9]

fol. 151v–153v Joachim von Fiore, *De ultimis tribulationibus*[10]

fol. 153v–154r Joachim von Fiore, *Professio fidei*[11]

fol. 154r–156r Joachim von Fiore, *Soliloquium*[12]

fol. 156r–162r Joachim von Fiore, *De articulis fidei*[13]

fol. 162r–v Joachim von Fiore, *Sermo in natali Domini* „Sumam ego de medulla cedri" (Ez. 17,22)[14]

fol. 162v Joachim von Fiore, *Sermo in die cinerum*[15]

fol. 164v–165r Joachim von Fiore, *Sermo in dominica Palmarum*[16]

fol. 165r–v Joachim von Fiore, *Sermo in die paschali* „Lapidem quem reprobaverunt hedificantes" (Ps. 118,22)[17]

fol. 165va–165vb Joachim von Fiore, *Sermo* „Ne timeas Zacharias, quoniam exaudita est deprecatio tua" (Lk. 1,13)[18]

fol. 165v–166r Joachim von Fiore (Ps.), *Poemata duo (De patria celesti, Visio de gloria paradisi)*[19]

Un'antologia gioachimita: il ms. 322 della Biblioteca Antoniana di Padova, Studi Medievali, ser. 3a, 32,1 (1991) S. 251–258.

[8] Ed. Cipriano BARAUT, Un Tratado inédito de Joaquin de Flore, Analecta Sacra Tarraconensia 24 (1951) S. 42–122 (sep. 10–90).

[9] Ed. Matthias KAUP, *De prophetia ignota*, S. 174–225. Die *Prophetia ignota* findet sich unter den hier genannten Codices außerdem in den mss. M fol. 319ra–b, V₄ fol. 17ra–vb, fol. 100ra–b, *Wr* fol. 6ra; Transskription des Textes nach zwei anderen Handschriften bei Oswald HOLDER-EGGER, Italienische Prophetieen 1, S. 178, vgl. Italienische Prophetieen 3, S. 101. 104, ed. Matthias KAUP, *De prophetia ignota*, S. 174–179. Diese und vier weitere Handschriften nennt ders., S. Xf.

[10] Ed. Kurt-Victor SELGE, Ein Traktat Joachims von Fiore über die Drangsale der Endzeit: *De ultimis tribulationibus*, Florensia 7 (1993) S. 21–35, ed. E. Randolph DANIEL, Abbot Joachim of Fiore: The *De ultimis tribulationibus*, in: Ann WILLIAMS (Hg.), Prophecy and Millenarism. Essays in Honour of Marjorie Reeves (Harbour/Essex 1980) S. 165–189. Vgl. D fol. 235r–237r, V₄ fol. 15vb–17ra, *Wr* fol. 39ra–42vb.

[11] Ed. Axel MEHLMANN, De unitate trinitatis. Forschungen und Dokumente zur Trinitätstheologie Joachims von Fiore im Zusammenhang mit seinem verschollenen Traktat gegen Petrus Lombardus (Diss. masch. Freiburg 1991) S. 217–229, ed. Pietro DE LEO, Gioacchino da Fiore, S. 173–175.

[12] Ed. Pietro DE LEO, Una preghiera inedita di Gioacchino da Fiore, Rivista storica calabrese 9 (1988) S. 99–114.

[13] Ed. Ernesto BUONAIUTI (Fonti per la Storia d'Italia 78, Rom 1936) S. 3–80.

[14] Ed. Ernesto BUONAIUTI, De articulis fidei, S. 81–93.

[15] Ed. Ernesto BUONAIUTI, De articulis fidei, S. 94–101.

[16] Ed. Ernesto BUONAIUTI, De articulis fidei, S. 101–103.

[17] Ed. Ernesto BUONAIUTI, De articulis fidei, S. 103–106.

[18] Ed. Ernesto BUONAIUTI, De articulis fidei, S. 106–108.

[19] Ed. Marjorie REEVES, John V. FLEMING, Two Poems attributed to Joachim of Fiore (Princeton 1978).

fol. 166ra–vb Joachim von Fiore, *De septem sigillis*
fol. 166vb Joachim von Fiore, *Universis Christi fidelibus*[20]
Literatur: *Scriptorium Ioachim abatis Florensis. Opere di Gioacchino da Fiore nel Codice 322 della Biblioteca Antoniana di Padova* (Bari o. J.), Valeria DE FRAJA, *Un'antologia gioachimita: il ms. 322 della Biblioteca Antoniana di Padova*, Studi Medievali, ser. 3a, 32,1 (1991) S. 231–258, Kurt-Victor SELGE, *Redaktionsprozesse im Skriptorium Joachims von Fiore: Das Psalterium Decem Chordarum*, in: Stuart JENKS, Jürgen SARNOWSKY, Marie-Luise LAUDAGE (Hg.), Vera Lex Historiae. Studien zu mittelalterlichen Quellen. Festschrift für Dietrich Kurze (Köln – Wien – Weimar 1993) S. 223–245, ders., *Ein Traktat Joachims von Fiore über die Drangsale der Endzeit: De ultimis tribulationibus*, Florensia 7 (1993) S. 9,[21] Matthias KAUP, *De prophetia ignota. Eine frühe Schrift Joachims von Fiore* (Monumenta Germaniae Historica, Studien und Texte 19, Hannover 1998) S. 157f.

Br BRUGES, Stedelijke Openbare Bibliotheek, ms. 86, fol. 100ra–101rb. Pergament, 123 gezählte fol., 276 × 217mm, Zeilenspiegel unterschiedlich. Der Codex besteht aus vier Einheiten (1ra–74ra, 75ra–89vb, 90ra–99vb, 100ra–123va), von denen zumindest die ersten drei zur Zeit Charles de Vischs Mitte des 17. Jh. bereits verbunden waren. Die drei ersten Teile enstanden eher noch in der zweiten Hälfte des 13. Jahrhunderts, der vierte in der ersten des 14. Als Ort ihres Entstehens ist aufgrund von Schriftvergleichen jedenfalls Westeuropa anzunehmen, vermutlich Flandern.

Die Lagenformel lautet:
$[5 VI^{60} + (VI + 2)^{74}] + [VI^{86} + (1+1+1)^{89}] + [V^{99}] + [2 VI^{123}]$
Inhalt:
fol. 1ra–64vb Petrus Comestor (revera Vincent de Beauvais), *De laudibus Virginis* Inc.: Quoniam de gestis beatissime virginis dei genitricis Expl.: consummetur vita mea ut in eternum psallat tota substantia mea. Danach 10 Verse.

---

[20] Vgl. *Mi* fol. 47f., *P₅* fol. 19v–21v, *P₁₀* fol. 152va–b, *V₄* fol. 1ra–va, *W* fol. 101ra–102ra, *Wr* fol. 10rb–12va. Vgl. Jeanne BIGNAMI ODIER, Notes sur deux manuscrits, S. 220–223, N° 1; weitere Textzeugen nennt Friedrich STEGMÜLLER, Repertorium biblicum medii aevi 3, S. 234, N° 4062, und Marjorie REEVES, The Influence of Prophecy, S. 517.
[21] Ebd.: „Die Handschrift ist . . . im Jahr 1201 als Musterhandschrift des *Psalterium decem chordarum* begonnen worden und in den Folgejahren von etwa zehn Skriptoren zu einer Sammelhandschrift nahezu sämtlicher 'kleineren Schriften' Joachims (außer *Concordia* und *Expositio in Apocalypsim* sowie den weiteren Texten Joachims zur Apokalypse) ergänzt worden. Einer Randbemerkung des Scriptors von fol. 145ra zufolge ist dieser Teil (141–149 und auch die folgenden Blätter) erst nach dem 4. Laterankonzil 1215 geschrieben worden . . . Als Ort der Entstehung nehme ich das Skriptorium des Florenserordens an; es dürfte sich um eine Art Sicherheitskopie aus einem der Urexemplare handeln."

fol. 64vb–74ra Vincent de Beauvais (?), *Tractatus de Johanne evangelista* Inc.: Completo diligenter ex dictis sanctorum patrum pro modulo virum nostrorum Expl.: ad paterne glorie claritatem. Amen. (fol. 74rb–vb leer)

fol. 75ra–79vb Hugo de S. Victore, *In Canticum B. Virginis* Inc.: Hanc in scripturis divinis difficultatem invenio Expl.: et semini eius in secula.

fol. 79vb–85rb Hugo de S. Victore, *De virginitate B. Marie* Inc.: Sancto pontifici G. H. servus vestre beatitudinis Expl.: veritatem sciatur.

fol. 85rb–89vb Hugo de S. Victore, *De quinque septenis, de VII vitis et de VII petitionibus, et de VII donis Spiritus sancti* Inc.: Septem sunt vitia principalia que rationalem naturam inficiunt Expl.: Si sanum oculum habes.

fol. 90ra–99vb *Liber introductionum Junilii ad Primasium episcopum* Inc.: Scis ipse venerabilis pater Primasii Expl.: fideli prudentia confitemur.

fol. 100ra–101rb Joachim von Fiore, *De septem sigillis*

fol. 101rb–123va Joachim von Fiore, *Enchiridion super librum Apocalypsis*[22]

Literatur: Pierre Joseph Laude, *Catalogue méthodique, descriptif et analytique des manuscrits de la Bibliothèque publique de Bruges* (Bruges 1859) S. 63–66, Alphonse de Poorter, *Catalogue des manuscrits de la Bibliothèque Publique de la ville de Bruges* 2 (Gembloux/Paris 1934) S. 99–101.

D Dresden, Sächsische Landesbibliothek, ms. A 121, fol. 221va–222vb. Pergament, 240 gezählte fol., 214 × 173mm, mit 2 vorderen und 3 rückwärtigen Papierdeckblättern, einem neuzeitlichen Ledereinband mit dem Wappen Augusts des Starken in Goldprägung auf der Vorderseite, auf dem Rücken 5 Bünde und der Titel *VETERIS & NOV. TESTAM: CONCORDIA M. S. C.* Das Pergament ist von sehr unterschiedlicher Qualität, viele Blätter haben Löcher oder sind geflickt. Fast alle Teile der Handschrift, einschließlich der Illustrationen im Text, der Beschriftungen im *Liber figurarum* und möglicherweise auch die Bilder selbst, stammen von derselben Hand, wobei es sich jedenfalls um einen sehr routinierten, wahrscheinlich zügig arbeitenden Schreiber handelte. Lediglich fol. 143v–150v stammen von einem anderen Schreiber. Die Seiten enthalten zwischen 45 und 61 Zeilen und sind mit Ausnahme von *De septem sigillis* einspaltig beschrieben.

---

[22] Ed. Edward Kilian Burger (Pontifical Institute of Medieval Studies. Studies and Texts 78, Toronto 1986).

Rubriken sind vorgesehen, jedoch nicht ausgeführt. Die Handschrift enthält viele Schreiberergänzungen und andere Randnotizen verschiedener Hände, die teilweise beschnitten sind. Die durchgehende Zählung in arabischen Zahlen ist modern. Nach jüngsten Erkenntnissen entstammt die Handschrift, deren Herkunft lange umstritten war, vermutlich der Pariser Handschriftenproduktion um 1270. In die heutige Sächsische Landesbibliothek gelangte die Handschrift zur Zeit Augusts des Starken, möglicherweise aus Bologna.

Die Lagenformel lautet:

$$[(II+1)^5+2VI^{29}+(V+1)^{40}+3VI^{76}+(VI-2)^{86} + V^{96} + 2VI^{120}+(VI-1)^{131}] + [VI^{143}+(III+1)^{150}+VI^{162}+7IV^{218}+II^{222}+2IV^{238}+I^{240}]$$

Inhalt:

(fol. 1 Deckblatt) fol. 2–56r Joachim von Fiore, *Concordia veteris ac novi testamenti* (unvollständig)[23] Inc.: non agitur in moyse a quo accepit iosue Expl.: qui tunc erunt ad regna celestia pervenire. amen amen amen.

fol. 56v–83v Joachim von Fiore, *Psalterium decem chordarum* Inc.: [A]ntiqua patrum traditione perlatum est usque ad modernos Expl.: et effundam super domum david spiritum gratie et precum. (fol. 84r–86v bis auf eine unvollständige Adlerskizze auf fol. 85r leer)

fol. 87r–96v Joachim von Fiore, *Liber figurarum*[24] Inc.: alexander papa lucius papa Expl.: antichristus qui designatus est in cauda draconis.

fol. 97r–100r Joachim von Fiore, *Praephatio in Apocalypsim* (Explicit fol. 100v)[25] Inc.: [A]pocalipsis liber ultimus est librorum omnium qui prophetie spiritu scripti sunt Expl.: ex tunc in secula seculorum amen.

fol. 100v–131r Joachim von Fiore (Ps.), *Apocalypsis nova*[26] Inc.: [A]pocalipsis ihesu christi quam dedit illi deus Expl.: ut si qua indigna esse perspexerit dignetur obsecro emendare. explicit apocalipsis nova id est secundus liber evangelii spiritualis qui tamen non est intiger [*sic*] sed abreviatus. (fol. 131v leer)

---

[23] Ed. Venedig 1519, Nachdruck Frankfurt/Main 1964, ed. E. Randolph DANIEL (The American Philosophical Society, Philadelphia 1983). Der Text der Dresdner Handschrift beginnt lib. 3a, cap. 13.

[24] Ed. Leone TONDELLI, Marjorie REEVES, Beatrice HIRSCH-REICH, Il Libro delle Figure dell'abbate Gioacchino da Fiore 2 (Torino 1953).

[25] Ed. Kurt-Victor SELGE, Deutsches Archiv für Erforschung des Mittelalters 46 (1990) S. 85–131.

[26] Unediert. Vgl. Kurt-Victor SELGE, Elenco, S. 29.

fol. 132r–175v Joachim von Fiore (Ps.), *Postilla super Ieremiam*[27] Inc.: [V]erba yeremie filii helchie de sacerdotibus anathoth Expl.: vocabulo ex romano fastigio privabuntur.

fol. 176r–221v Joachim von Fiore, *Tractatus super quattuor evangelia*[28] Inc.: [L]iber generationum ihesu christi filii david Expl.: inde naufragaverunt circa fidem.

fol. 221va–222vb Joachim von Fiore, *De septem sigillis* Inc.: sigillum primum. [S]ub primo tempore Expl.: et erit in ea gaudium sempiternum.

fol. 222va–b Joachim von Fiore, *Sermones. In dominica palmarum. In die paschali* (Exzerpte)[29] Inc.: Cum appropinquasset ihesus iherosolimam Expl.: Interim nos fratres etc.; Inc.: lapidem quam reprobaverunt etc. Expl.: octave etatis quam promisit deus diligentibus se.

fol. 223r–235r Joachim von Fiore, *Exhortatorium Iudeorum*[30] Inc.: [C]ontra vetustam duritiam iudeorum Expl.: Gaudere autem et epulare oportebat quia frater tuus iste mortuus fuerat et revixit perierat et inventus est.

fol. 235r–237r Joachim von Fiore, *De ultimis tribulationibus*[31] Inc.: [D]e ultimis tribulationibus disputantes in opusculis nostris Expl.: neque angeli in celo neque filius nisi solus pater.

fol. 237r Über die Schriftsinne: Nota quod est littera absoluta et simplex et est littera comparata que dicitur concordia. Spiritalis intelligentia aut recipit activam aut contemplativam vitam. Si activam aut quantum ad exteriorem hominem et dicitur historica intelligentia aut quantum ad interiorem hominem et dicitur moralis. Si respicit contemplativam vitam aut respicit caput suum ecclesiam triumphantem

---

[27] Ed. Venedig 1515, 1525, Köln 1577. Vgl. *M* fol. 185ra–267va, *V₄* fol. 21ra–24rb, fol. 39ra–100ra, *Wr* fol. 13vb–18rb; weitere Textzeugen nennt Marjorie REEVES, The Influence of Prophecy, S. 519f. Der Schluß des Textes ist identisch mit dem der Langfassung in der vatikanischen Handschrift, nicht jedoch mit Madrid. Alle drei sind Textzeugen für die längere Version des *Super Ieremiam*, vgl. Robert MOYNIHAN, The development of the „Pseudo-Joachim" commentary „Super Hieremiam": New manuscript evidence, Mélanges de l'École française de Rome, Moyen Âge – Temps modernes 98 (1986) S. 109–142, ebd. S. 111, Anm. 7.

[28] Ed. Francesco SANTI, Ioachim Abbas Florensis Opera Omnia V (Fonti per la Storia dell'Italia Medievale, Rom 2002).

[29] Ed. Ernesto BUONAIUTI, De articulis fidei (Fonti per la Storia d'Italia 78, Rom 1936) S. 101–103, 103–106.

[30] Ed. Arsenio FRUGONI, Adversus Iudaeos (Fonti per la Storia d'Italia 95, Rom 1957).

[31] Ed. Kurt-Victor SELGE, Ein Traktat Joachims von Fiore über die Drangsale der Endzeit, ed. E. Randolph DANIEL, Abbot Joachim of Fiore: The *De ultimis tribulationibus*, vgl. *A* fol. 151v–153v, *V₄* fol. 15vb–17ra, *Wr* fol. 39ra–42vb.

et dicitur anagogica aut respicit modos loquendi in sacra scriptura et dicitur tropologica, aut est de donis datis a spiritu sancto et dicitur contemplativa.

fol. 237r–240v Joachim von Fiore, *Expositio in Apocalypsin, Liber introductorius* Ed. Venetiana fol. 2vb–10vb <u>Inc.</u>: Incipit introductorium angeli amicti nube in apocalipsis. [U]niversa hystoriarum nemora <u>Expl.</u>: missurus est regem illum vii^um de quo dicitur in hoc libro et unus nondum venit et cetera.

Literatur: Franz SCHNORR VON CAROLSFELD, *Katalog der Hss. der k. Bibliothek zu Dresden* I (Dresden 1882) S. 157, Leone TONDELLI, Marjorie REEVES, Beatrice HIRSCH-REICH, *Il Libro delle Figure dell'abbate Gioacchino da Fiore* 2 (Torino 1953) S. 16, Bernhard TÖPFER, *Eine Handschrift des Evangelium aeternum des Gerardino von Borgo San Donnino*, Zeitschrift für Geschichtswissenschaft 8/1 (1960) S. 156–163, Kurt-Victor SELGE, *Ein Traktat Joachims von Fiore über die Drangsale der Endzeit: De ultimis tribulationibus*, Florensia 7 (1993) S. 10f., Fabio TRONCARELLI, „*Ke la malonta ve don Dé". Herneis le Romanceeur, Bartolomeo Guiscolo e lo scandalo dell'„Evangelium Aeternum"*, Quaderni medievali 51 (2001) S. 6–34, Francesco SANTI, *Tractatus super quatuor Evangelia*, Introduzione, S. XVII–XX.

M MADRID, Biblioteca Nacional, ms. 9731 (olim Ee47), fol. 179ra–180rb Pergament, 323 gezählte und ein ungezähltes fol., 325 × 190mm, 2 Kolumnen à 50 Zeilen und 215 × 60mm, roter und blauer, teilweise auch violetter Fleuronnéschmuck, vermutlich 14. Jh., Südfrankreich/ Italien.

Der Codex war Bestandteil der päpstlichen Bibliothek in Avignon, wie durch den Katalog von 1369 eindeutig nachweisbar ist. Wahrscheinlich ist er auch im Katalog der Bibliothek von 1407, gewiß in demjenigen von 1411 noch enthalten.[32] Möglicherweise handelt es sich bei dem sehr professionell angelegten und durchkorrigierten Codex, der auf dem Nachsatzblatt eine Preisangabe *per scriptura* (in arabischen Zahlen) des Schreibers oder der Werkstatt enthält, um eine Auftragsarbeit der Bibliothek. Er gelangte später in den Besitz des Avignoneser Marquis du Cambis-Velleron, der ihn in seinem gedruckten Bibliothekskatalog beschreibt, und wurde zwischen 1772 (dem Todesjahr des Marquis) und 1878 an die spanische National-bibliothek in Madrid verkauft. Der Aufenthaltsort des Codex nach seinem Ausscheiden aus der päpstlichen Bibliothek und zwischen 1772 und 1878 ist ungewiß. Beatrice Hirsch-Reich erwähnt bereits

---

[32] Vgl. hierzu die Katalogangaben im Literaturnachweis zum Codex.

1960 die im Katalog des französischen Sammlers aufgeführte Hand-schrift,[33] bezeichnet sie jedoch noch als verloren. Die Identität des Avignoneser Codex aus dem Katalog von 1770 mit Madrid BN 9731 wird 1983 durch Raymond Étaix festgestellt;[34] daß es sich um eine Handschrift aus der päpstlichen Bibliothek handelt, wurde erst jetzt erkannt.

Der heutige Einband aus grünem Stoff geht auf den Marquis du Cambis-Velleron zurück. Noch mehrere der Codices des französi-schen Sammlers, die sich heute in Madrid befinden, könnten aus der päpstlichen Bibliothek stammen; bislang ist ms. 9731 der ein-zige, für den dies mit Gewißheit nachweisbar ist. Die Beschreibung der Handschrift im Katalog der Biblioteca Nacional ist ungenügend und fehlerreich.

Die Lagenformel lautet:[35]

12 $VI^{144} + (II+2)^{152} + VI^{164} + VII^{178} + 7$ $VI^{262} + III^{268} + VII^{282} + IV^{290} + 2$ $VI^{314} + V^{323a}$.

Inhalt:

fol. 1ra–152vb Joachim von Fiore, *Concordia veteris ac novi testamenti*[36] Inc.: Quia labentis ac perituri seculi Expl.: qui tunc erit ad regna celestia pervenire. amen.[37]

fol. 153ra–179ra Joachim von Fiore, *Enchiridion super Apocalipsim*[38] Inc.:

---

[33] Beatrice HIRSCH-REICH, Ein bisher unedierter Traktat Joachims von Fiore zur Bekehrung der Juden, Recherches de Théologie Ancienne et Médiévale 27 (1960) S. 141–148, Anm. 7. Joseph-Louis-Dominique DE CAMBIS Marquis de Velleron, Catalogue raisonné des principaux manuscrits du cabinet de M. Joseph-Louis-Dominique de Cambis, marquis de Velleron (Avignon 1770) S. 653 erwähnt einen „Traité: *De septem sigillis contra Iudeos*, qui'y est inserré" (sc. in *Concordia*). Tatsächlich enthält die Handschrift zwar *De septem sigillis*, nicht aber *Contra Iudeos*.

[34] Raymond ÉTAIX, Le cabinet des manuscrits du Marquis de Cambis-Velleron, Scriptorium 37 (1983) S. 66–91. Noch Juana Mary ARCELUS ULIBARRENA, Cristóbal Colón y los primeros evangelizadores del Nuevo Mundo. Lección de profetismos joaquinista, in: Il profetismo gioachimita tra Quattrocento e Cinquecento, Atti del III Congresso Internazionale di Studi Gioachimiti, San Giovanni in Fiore 1989, a cura di Gian Luca POTESTÀ (Genova 1991) S. 479f. (die Madrid 9731 kennt) nimmt irrtümlich an, daß es sich bei #749 des Katalogs von 1407 um eine verlorene Handschrift (statt um Madrid 9731) handelt. Für Hinweise zur Identifizierung der Handschrift danke ich Robert E. Lerner.

[35] Für die Erstellung der Lagenformel danke ich Christoph Egger.

[36] Ed. Venedig 1519, Nachdruck Frankfurt/Main 1964, ed. E. Randolph DANIEL (The American Philosophical Society, Philadelphia 1983).

[37] Danach ein Schreiberkolophon: *Explicit iste liber, scriptor sit crimine liber. Vinum scriptori traditor de meliori.*

[38] Ed. Edward Kilian BURGER (Pontifical Institute of Medieval Studies. Studies and Texts 78, Toronto 1986).

Quam propensioribus studiis a viris catholicis Expl.: magis autem extunc et usque in secula seculorum.

fol. 179ra–180rb Joachim von Fiore, *De septem sigillis* Inc.: De primo sigillo. Primum sigillum sub hoc continetur Expl.: et erit in ea gaudium domini sempiternum.

fol. 180rb–182va Methodius (Ps.), *Liber Methodii martyris de principio et fine seculi* (Fragment)[39] Inc.: Sciendum namque est nobis fratres karissimi quomodo in principio Expl.: Qui cum patre et filio vivit et regnat deus per infinita secula seculorum amen.

fol. 182va–184vb Joachim von Fiore (Ps.), *Expositio versuum extraneorum*[40] Inc.: Oppositum mentem conscendere cernis orontem arma tua dextra capies Expl.: Postulatis a parvulis nostris scandala que videmus in clero et ea sub quibus genuit ecclesie nobis scribi. nec non est viam remediis aperiri.

fol. 185ra–267va Joachim von Fiore (Ps.), *Expositio Ioachimi super Ieremiam*[41] Inc.: Verba Ieremie filie helchie de sacerdotibus anaroth

---

[39] Ed. Ernst SACKUR, Sibyllinische Texte und Forschungen (Halle 1898, Nachdruck Torino 1963) S. 80–96, vgl. Oswald HOLDER-EGGER, Italienische Prophetieen 3, S. 102. Es handelt sich um ein Fragment der als *Recensio 2* bezeichneten Textfassung der *Revelationes* des Pseudo-Methodius, vgl. Marc LAUREYS, Daniel VERHELST, Pseudo-Methodius, *Revelationes*: Textgeschichte und kritische Edition. Ein Leuven-Groninger Forschungsprojekt, in: Werner VERBEKE, Daniel VERHELST, Andreas WELKENHUYSEN (Hg.), The Use and Abuse of Eschatology in the Middle Ages (Leuven 1988) S. 112–136. Die Handschriften der *Recensio 2*, zu denen unter Nr. 125 auch *V₄* gehört, sind dort S. 119–129 aufgeführt. Vgl. *V4* fol. 26va–27vb, *Wr* fol. 37ra–39ra (die Handschriften in Madrid und Breslau tauchen in der Liste der Editoren noch nicht auf). Es handelt sich hier vermutlich um eine jüngere Version des Textes der *Recensio 2*; der Text einer älteren Version dieser zweiten Rezension der lateinischen Übersetzung, auf dessen Textzeugen Daniel VERHELST, La préhistoire des conceptions d'Adson concernant l'Antichrist, S. 96, Anm. 233, hinweist, ist ediert bei Otto PRINZ, Eine frühe abendländische Aktualisierung der lateinischen Übersetzung des Pseudo-Methodius, Deutsches Archiv für Erforschung des Mittelalters 41 (1985) S. 1–23, dort S. 6–17. Zu dieser Textfassung auch Hannes MÖHRING, Der Weltkaiser der Endzeit. Entstehung, Wandel und Wirkung einer tausendjährigen Weissagung (Mittelalter-Forschungen 3, Stuttgart 2000), Kap. Die lateinische Kurzfassung der Weissagung des Ps.-Methodius, S. 136–143.

[40] Vgl. Friedrich STEGMÜLLER, Repertorium biblicum medii aevi 3, S. 234, N° 4055,2.

[41] Ed. Venedig 1515, 1525, Köln 1577. Vgl. *D* fol. 132–175, *V₄* fol. 21ra–24rb, fol. 39ra–100ra, *Wr* fol. 13vb–18rb; weitere Textzeugen nennt Marjorie REEVES, The Influence of Prophecy, S. 519f. Der Text der Madrider Handschrift hat einen anderen Schluß als die Edition und die Dresdner Handschrift, ist jedoch zusammen mit Dresden und der vatikanischen Handschrift Zeuge der längeren Version des *Super Ieremiam*, vgl. Robert MOYNIHAN, The development of the "Pseudo-Joachim" commentary „Super Hieremiam", S. 111, Anm. 7.

[*sic*] quod fuit in terra beniamin Expl.: Sic ti aut faciliores ad casum.[42]
fol. 267vb–286ra *Testamenta patriarcharum*[43] Inc.: Testamenta xii patriarcharum filiorum iacob. Testamentum ruben de hiis que in mente
habeat Expl.: usque ad diem exitus eorum ex terra egipti.
fol. 286ra–290rb Jochim von Fiore (Ps., revera Guibert de Tournai),
Epistula ad dominam Ysabellam[44] Inc.: Illustrissime domine sue totis in
christo visceribus amplectende Expl.: karissima in domine iesu christo amen. (fol. 290v leer)
fol. 291ra–300va Joachim von Fiore (Ps.), *Super Sibillis et Merlino.* Ad
Henricum sextum Inc.: Interpretari tua Serenitas
fol. 300va–307vb Joachim von Fiore (Ps.), *De oneribus prophetarum*[45]
Prima distinctio ad henricum imperatorem sextum Joachim. Inc.: Pie
petis sed minus pie puto persequeris exponi tibi aliquid ex prophetis Expl.: arescentibus siti ceteris ipsi in vastitatis inedia [*sic*] interibunt. (fol. 308r leer)
fol. 308va Joachim von Fiore (Ps.), *Alius tractatus*[46] Quia in stipendiariis propriis vires suas hostis reparat violentus ut populus christia-

---

[42] Die untere Hälfte der Spalte ist nur mit einem weiteren Kolophon beschrieben: *Explicit iste liber, scriptor sit crimine liber.*
[43] In der Übersetzung des Robert Grosseteste, ed. Jean Paul MIGNE, Patrologia
Graeca 2 (Paris 1857, Nachdruck Turnhout 1977) Sp. 1038–1050, vgl. Friedrich
STEGMÜLLER, Repertorium biblicum Medii 1 (Madrid 1940) S. 49, N° 87,7, 5 (Madrid
1955) S. 129, N° 7398,2.
[44] Auf die Identität des Textes, als dessen Autor hier Joachim bezeichnet wird,
machte mich Robert E. Lerner aufmerksam; einer seiner Schüler, Sean Field, beschäftigt sich derzeit mit dem Text und seinem Verfasser (†1284). Bisher wurde der Text
nur nach einem anderen, unvollständigeren Textzeugen aus Brügge ediert durch
Alphonse DE POORTER, Lettre de Guibert de Tournai, O. F. M. a Isabelle, fille du
roi de France, Revue d'ascetique et de mystique 12 (1931) S. 116–127, dort
S. 119–127.
[45] Zu diesem und zum vorigen Text vgl. Marjorie REEVES, The Influence of
Prophecy, S. 521; zum vorigen außerdem Matthias KAUP, Merlin, ein politischer
Prophet, Cristianesimo nella storia 20 (1999) S. 563. Zu *Deonesibus prophetarum*, vgl.
Mi fol. 52vb–62vb, *P₅* fol. 1v–15r, *V₄* fol. 14ra–vb, fol. 28ra–33rb, *W* fol. 89vb–98va,
Wr fol. 21va–29rb. Umfang des Textes und Anordnung der einzelnen Textteile sind
dabei in den Handschriften unterschiedlich, ed. (u. a. nach *V₄*) Oswald HOLDER-
EGGER, Italienische Prophetieen 3, S. 139–187. Die Lesarten von *M* folgen meist
dem Text der Handschrift Biblioteca Vittorio Emmanuele 14, S. Pantaleone 31.
Während der Text von *Mi* S. 170 endet, weisen *M*, *P₅*, *V4* und *Wr* an dieser Stelle
eine längere Lücke auf, die in *M*, *V₄* und *Wr* einen Satz später beginnt als in *P₅*.
Zum Text vgl. Friedrich STEGMÜLLER, Repertorium biblicum medii aevi 3, S. 229,
N° 4036, Harold LEE, Marjorie REEVES, Giulio SILANO, Western Mediterranean
Prophecy, S. 7–9.
[46] Zum Text vgl. Friedrich STEGMÜLLER, Repertorium biblicum medii aevi 3,
S. 229, N° 4036 und S. 233, N° 4052. Vgl. *P₅* fol. 15r–17r, *V₄* fol. 14vb und *Wr*

nus qui contra eum indifferenter accingitur propria pugnaturus debilitetur et corruat, ac per hoc vide sui quod absit primi dispendia doleat unde versutis insidiis p. desroiamtionem [*sic*] repugnat. Veniet inquit exinde altera aquila etc.

fol. 308vb–309rb Joachim von Fiore (Ps.), *Super numerum hominis 666*[47] Inc.: Joachim: Tenebre erant super faciem abyssi donec de medio caliginis educeretur Moyses facturus tabulas utriusque testamenti literam diserturus Expl.: usque tenuit testate.

fol. 309rb–310rb *De decem plagis*[48] Inc.: Frater Raynerius Joachim[*o*]. Decem plagis quibus affligitur egyptus Expl.: sic et septem solis qui sub novo militant testamento conveniunt.

---

fol. 9ra–10ra. Der Text ist in der Handschriftenbeschreibung des vatikanischen Codex durch Oswald HOLDER-EGGER, Italienische Prophetieen 3, S. 99, enthalten, der als weiteren Zeugen dieses Exzerptes ms. Rom, Biblioteca Vittorio Emmanuele, 14. S. Pantaleone 31, fol. 47rb nennt, auch dort im Zusammenhang mit *De oneribus prophetarum*; er fehlt in der Handschriftenbeschreibung von *V₄* durch Jeanne Bignami Odier. Weitere Textzeugen in Paris und Rom nennt Marjorie REEVES, The Influence of Prophecy, S. 530 (merkwürdigerweise fehlt der von ihr sonst berücksichtigte Codex in Breslau). Anders als sie angibt, handelt es sich jedoch nicht um eine längere Fassung des Textes über die Zahl des Tieres 666, die in der mit *Tenebre erant super faciem abyssi* und mit *Super numerum hominis 666* überschrieben wird, vgl. folgende Anmerkung, sondern um einen Auszug aus einem joachitischen Kommentar zur erithräischen Sibylle, wie aus dem letzten Satz des Textes in den Handschriften in Madrid und Rom erkennbar ist (der Textauszug des Pariser und des Breslauer Codex ist umfangreicher). Die Textfassungen in *M* und *V₄*, beide mit *Alius tractatus* überschrieben, sind einander sehr ähnlich; *P₅* und *Wr* bieten eine (fast identische) längere Version.

[47] Vgl. Friedrich STEGMÜLLER, Repertorium biblicum medii aevi 3, S. 233, N° 4053. Es handelt sich hier um wohl denselben Text bzw. ein Fragment des Textes, den Oswald HOLDER-EGGER als Bestandteil der von ihm in der Edition der erithräischen Sibylle verwendeten Brüsseler Handschrift Bibl. Roy. ms. 11956–66, fol. 87–89 nennt, vgl. ders., Italienische Prophetieen 1, S. 152, der außerdem auch in mss. Biblioteca Apostolica Vaticana lat. 5732 und (ähnlich) Rom, Biblioteca Vittorio Emmanuele 14, S. Pantaleone 31, fol. 47r–49, vgl. Oswald HOLDER-EGGER, Italienische Prophetieen 1, S. 174, vorkommt; es handelt sich nicht (wie Marjorie REEVES, The Influence of Prophecy, S. 530 vermutet) um eine andere, verkürzte Fassung des Textes *Quia semper in stipendiariis propriis*, der in einer ebenfalls abbreviierten (oder in dieser Kombination vollständigen?) Form in der Madrider Handschrift (wie in der von HOLDER-EGGER verwendeten römischen Handschrift der Bibliothek Vittorio Emmanuele, vgl. a. a. O.) direkt davor aufgeführt ist. Zum Text vgl. Matthias KAUP, *De prophetia ignota*, S. 118–120, und ebd. Anm. 162f., ders., Friedrich II. und die Joachiten. Zur frühen joachitischen Antichristtheologie, Annali dell'Istituto storico italo-germanico in Trento 25 (1999) S. 401–416, S. 411–413, der ebd. S. 409, Anm. 33 von neun bekannten Textzeugen spricht, die er allerdings nicht nennt. Eine von ihm vorbereitete Edition wird darüber vermutlich Aufklärung bringen. – Ein weiterer, bisher in der Literatur ungenannter Zeuge dieses Textes ist Madrid, BN ms. 59, fol. 20r–v.

[48] Vgl. Friedrich STEGMÜLLER, Repertorium biblicum medii aevi 3, S. 241, N° 4093. Marjorie REEVES, The Influence of Prophecy, S. 530, die drei weitere

fol. 310va–317rb Joachim von Fiore (Ps.), *Expositiones prophetiarum erithee et merlini facte per Joachim abbatem florensem ad petitionem henrici sexti romanorum imperatoris*[49] Inc.: Interpretari tua serenitas imperat merlinum vatem britanicum et babylonicam pariter prophetissam quasi vero et alii viri prophete talia vel similia dicerent que precipue tuis tuorumque posterorum temporibus collatis undique vaticiniis convenirent. – Darin fol. 310va [*Verba Merlini*][50], fol. 310va–317rb Joachim von Fiore (Ps.), *Expositio super Sibillis et Merlino* (Expositio minor)[51] Inc.: Sibilla quoque Samia ait: Excitabitur romanus contra romanum Expl.: Conclusio. Hec exposita sunt secundum prophetis tres: Merlinum Samiam et Eritheam. Verum aliqua pretermittuntur que veri prophete referunt. Non tamen omnino dictis barbarorum fidem adhibeas ne domesticorum eloquia prostrata veritate confundas.

fol. 317rb–318ra *Verba erithee phitonisse excreta de libro qui dicitur visiliographus quem erithea babylonica prophetissa tempore priami ad petitionem grecorum edidit*[52] Inc.: Exquiritis a me illustrissima turba Danaum quatinus gayos [*sic*] eventus fugiasque ruinas inscripti referam. Expl.: in exitu suo frustrabuntur in eo omnes qui maledicerunt sibi.

Handschriften nennt. Zu diesem bisher unedierten Text vgl. Matthias KAUP, *De prophetia ignota*, S. 118, 120f., und ebd. Anm. 167–169, ders., Friedrich II. und die Joachiten, der ebd. S. 409, Anm. 5 von insgesamt fünf (hier ungenannten) Textzeugen spricht (die Identität des fünften ist unbekannt) und S. 410f. den Inhalt des Textes referiert. Eine von ihm vorbereitete Edition des Textes ist bald zu erwarten.

[49] Vgl. Marjorie REEVES, The Influence of Prophecy, S. 521, Matthias KAUP, *De prophetia ignota*, S. 115f., Anm. 151, ders., Merlin, ein politischer Prophet, S. 569. Es handelt sich um die *Expositio minor* des joachitischen Traktats *Super Sibillis et Merlino*, dessen beide Fassungen sich mit der eschatologischen Rolle Friedrichs II. befaßten, ebd. S. 572.

[50] Vgl. *V₄* fol. 17ra, *Wr* fol. 6ra–b. Unter diesem Titel gab Oswald HOLDER-EGGER, Italienische Prophetieen 1, S. 175–177, den Text nach zwei anderen Handschriften (Rom, Bibl. Vittorio Emmanuele 14 ms. S. Pantaleone 31, fol. 40r, und Paris, Bibliothèque Nationale ms. lat. 3319) sowie der Überlieferung nach Salimbene von Parma wieder. Einen weiteren Textzeugen nennt Friedrich STEGMÜLLER, Repertorium biblicum medii aevi 3, S. 238, N° 4077. Im dritten Teil seines Artikels Italienische Prophetieen S. 100f. verglich Oswald Holder-Egger den Text der vatikanischen Handschrift mit dem der früher bekannten Textzeugen. Über die *Verba Merlini* Matthias KAUP, *De prophetia ignota*, S. 114 und öfter.

[51] Dies ist (in fast wörtlicher Entsprechung) der Schluß der zweiten Fassung der joachitischen Expositio der Sibyllen und des Merlin an Heinrich VI., wie sie Oswald HOLDER-EGGER, Italienische Prophetieen 1, S. 174 (nach ms. Biblioteca Vittorio Emmanuele 14 S. Pantaleone 31, fol. 51–57) wiedergibt.

[52] Vgl. *V₄* fol. 24va–25rb, *Wr* fol. 18rb–19rb. Es handelt sich bei diesem und den beiden folgenden Texten um die vermutlich spätere, kürzere Rezension der erithräischen Sibylle, ed. (nach mss. Biblioteca Vittorio Emmanuele 14 S. Pantaleone 31 und Paris BN 3319) Oswald HOLDER-EGGER, Italienische Prophetieen des 13.

fol. 318ra–b *Excreta [sic] de libro secundo erithee*[53] Inc.: In ultima etate humiliabitur et humanabitur divina proles Expl.: In eadem sede agni principes eius rethe piscatores lucrabitur primus gallus erit etc.

fol. 318rb–319ra *Excerpta de libro tertio erithee*[54] Inc.: Erit in postremis temporibus psytacus Expl.: et abhominatio subsequetur.

fol. 319ra–b *Prophetia ignota [Sibilla Samia]*[55] Inc.: Excitabitur romanus contra romanum Expl.: Decus comitetur in dedecus et gaudium multorum erit luctus.

fol. 319rb–va *Merlinus* Inc.: Nascetur aquila super Expl.: et sola remanebit sine pluviis desolata et morietur in flore.

fol. 319va–321vb *De posteritate imperatoris frederici* Inc.: De qua remanebunt tres pulli et unus gallus strangulabitur quorum unus pullus veniet in regno Expl.: et erunt mulieres vidue.

fol. 321vb–322rb Joachim von Fiore (Ps.), *Ad memoriam eternorum [Sibilla delphica in templo Apollinis genita]*[56] Inc.: Ad memoriam eternorum premiam tribuenda Expl.: festina venit vocatio tua.

fol. 322rb–vb Joachim von Fiore (Ps.), *De regno Siculo*[57] Inc.: Cum ad me ruine miseriam predixit frater Raynerius tyranno polis inhabitantes linguam fari. Ego quidem abbas floris simplex sumens Expl.: lapis in angelo [sic] domus dei.

Jahrhunderts 2, Neues Archiv der Gesellschaft für ältere deutsche Geschichte 30 (1905) S. 328–335. Der hier zunächst genannte Text steht dort S. 328–330, wobei die Madrider Handschrift wie der dort genannte Codex Paris BN 3319 (und anders als V_4 und *Wr*) am Ende des ersten Buches und der *recapitulatio* die *Verba Merlini* wiederholt, weshalb das *Explicit* Madrids vom Ende des Editionstextes Holder-Eggers abweicht. (Überhaupt scheint der Text Madrids mehr Gemeinsamkeiten mit der Pariser als mit der römischen und der Breslauer Handschrift aufzuweisen. Das Verhältnis der Codices bzw. der verschiedenen Fassungen der Sibyllenkommentare müßte noch untersucht werden.)

[53] Text bei Oswald HOLDER-EGGER, Italienische Prophetieen 2, S. 330–332.

[54] Text bei Oswald HOLDER-EGGER, Italienische Prophetieen 2, S. 332–335.

[55] Vgl. mss. *A* fol. 149r, V_4 fol. 17ra–vb, fol. 100ra–b, *Wr* fol. 6ra. Transskription des Textes nach zwei weiteren Handschriften bei Oswald HOLDER-EGGER, Italienische Prophetieen 1, S. 178, vgl. 3, S. 101. 104, ed. Matthias KAUP, *De prophetia ignota*, S. 174–179. Diese und viele weitere Handschriften nennt ders., S. Xf.

[56] Ed. (i. w. nach Vat. lat. 3822) Matthias KAUP, Pseudo-Joachim Reads a Heavenly Letter: Extrabiblical Prophecy in the Early Joachite Literature, in: Gioacchino da Fiore tra Bernardo di Clairvaux e Innocenzo III. Atti del 5° Congresso internazionale di studi gioachimiti. S. Giovanni in Fiore, 16–21 settembre 1999, a cura di Roberto RUSCONI (Opere di Gioacchino da Fiore: testi e strumenti 13, Rom 2001) S. 301–308. Vgl. Friedrich STEGMÜLLER, Repertorium biblicum medii aevi 3, S. 241, N° 4094.

[57] Vgl. Friedrich STEGMÜLLER, Repertorium biblicum medii aevi 3, S. 243, N° 4106, und Marjorie REEVES, The Influence of Prophecy, S. 530f., die zwei weitere Textzeugen nennt, Matthias KAUP, *De prophetia ignota*, S. 121, Anm. 170.

fol. 322vb–323ra *De posteritate F.*[58] Inc.: Exurget rex C. et regnabit Expl.: et filius hominis non incolet eam. Et hec de regnum iterum de imperii finibus (fol. 323v–323av leer)

Literatur: Franz EHRLE, *Historia Bibliothecae Romanorum Pontificum tum Bonifatianae tum Avenionensis* 1 (Rom 1890) S. 314, #364, S. 512, #873, Pascual GALINDO ROMEO, *La Biblioteca de Benedicto XIII (Don Pedro de Luna), Universidad. Revista de cultura y vida universitaria* (Zaragoza 1929) S. 800, #749, Anneliese MAIER, *Der Katalog der päpstlichen Bibliothek in Avignon von 1411*, in: dies., Ausgehendes Mittelalter. Gesammelte Aufsätze zur Geistesgeschichte des 14. Jahrhunderts 3, ed. Agostino PARAVICINI BAGLIANI (Storia e letteratura 138, Rom 1977) S. 109, #157, Joseph-Louis-Dominique DE CAMBIS MARQUIS DE VELLERON, *Catalogue raisonné des principaux manuscrits du cabinet de M. Joseph-Louis-Dominique de Cambis, marquis de Velleron* (Avignon 1770) S. 651–669, #180, Raymond ÉTAIX, *Le cabinet des manuscrits du Marquis de Cambis-Velleron*, Scriptorium 37 (1983) S. 66–91, Juana Mary ARCELUS ULIBARRENA, *Cristóbal Colon y los primeros evangelizadores del Nuevo Mundo. Lección de profetismos joaquinista*, in: *Il profetismo gioachimita tra Quattrocento e Cinquecento*, Atti del III Congresso Internazionale di Studi Gioachimiti, San Giovanni in Fiore 1989, a cura di Gian Luca POTESTÀ (Genova 1991) S. 479, 488f., *Inventario general de manuscritos de la Biblioteca Nacional de Madrid 14: 9501 a 10200* (Madrid 2000) S. 140f.

Mi MILANO, Biblioteca Ambrosiana, H 15 inf. misc., fol. 64ra–vb Pergament, 160 fol., 290 × 210mm, 13./14. Jh., Italien oder Südfrankreich.

Der Codex ist nicht vollständig erhalten und weist verschiedene Schreiberhände auf. Er bestand ursprünglich aus zwei eigenständigen Codices (fol. 1–64, fol. 65–Schluß). Im frühen 17. Jahrhundert kam er aus Avignon nach Mailand in den Besitz der Biblioteca Ambrosiana, zu deren frühesten Beständen er zählt. Er enthält Auszüge aus Joachims Hauptwerken sowie verschiedene joachitische Texte.

Die Lagenformel lautet: [5 VI⁶⁰ + II⁶⁴] + 8 VI¹⁶⁰

Inhalt:

fol. 1ra–37rb Joachim von Fiore, *[E]xceptiones librorum viri eruditissimi venerabilis Ioachim primi florencium abbatis de pressuris seculi et mundi fine. De concordantia duorum testamentorum [Concordia veteris ac novi testamenti]* (Exzerpt)[59] Inc.: Quia labentis ac perituri seculi Expl.: clariora ad hec facere misteria sua.

---

[58] Nach Matthias KAUP, *De prophetia ignota*, S. 121, Anm. 170, handelt es sich hierbei um den zweiten Teil des voranstehenden Textes.

[59] Die Beschreibung der Handschrift im *Inventario* irrt hier offenbar, indem sie

fol. 37rb–45vb Joachim von Fiore, *Expositio Apocalypsis*, Prolog und *Liber introductorius* (Exzerpt)[60] <u>Inc.</u>: [Q]uam pro pensoribus studiis <u>Expl.</u>: et regnum eius non erit finis amen. hec succincte nimis etc.

fol. 45vb–47ra Joachim von Fiore, *Psalterium decem chordarum* (kurze Exzerptfassung)[61] <u>Inc.</u>: [A]rmonie genera et cetera. Liber secundus. Inter ceteros sollempnes et cetera <u>Expl.</u>: Et in minori divisione et cetera.

fol. 47ra–48rb Joachim von Fiore, *Universis Christi fidelibus*[62] <u>Inc.</u>: [U]niversis christi fidelibus ad quos littere pervenerunt <u>Expl.</u>: qui redimat neque qui salvum faciat (fol. 48v leer)

fol. 49ra–51va Joachim von Fiore (Ps.), Politische Prophetie[63] <u>Inc.</u>: [P]ostquam vero dissipatum fuerit regnum persarum et deletum <u>Expl.</u>: munera mittent. (fol. 52vb leer)

fol. 52ra–52vb Joachim von Fiore (Ps.), *Super Sibillis et Merlino*[64] (Fragment) <u>Inc.</u>: quia destructa sunt Rainerius dicit quod tercia fiet ei restauratio <u>Expl.</u>: labor anxius non adducat.

---

die Überschrift zu sämtlichen Exzerptfassungen der Hauptwerke Joachims fol. 1ra, die der im Weimarer Codex entspricht, und die ersten Teile der Exzerptfassung der *Concordia* unter dem Titel *Abbatis Joachimi de extremis temporibus* als ersten Punkt ihrer Inhaltsangabe der Handschrift zusammenfaßt, während sie die weiteren Teile des *Concordia*-Exzerpts fol. 5–37 mit dem *Incipit Statuentibus nobis hin inde* bis zum genannten *Explicit* (entspricht *Concordia*, Editio Venetiana fol. 24vb–135rb im zweiten bzw. fünften Buch) der Handschrift als eine neue Sinneinheit betrachtet. Tatsächlich dürfte es sich um dieselbe Exzerptfassung handeln, die auch im Weimarer Codex vorliegt. Dieser Gegenstand bedarf jedoch noch genauerer Untersuchung.

[60] Es handelt sich um einen Auszug aus dem *Liber introductorius* der *Expositio*. Der Text des Exzerpts endet *Expositio* Editio Venetiana fol. 24vb unten.

[61] Sie findet sich ebenso in *W* fol. 57ra–57vb. Weitere Zeugen sind mss. London, British Library Royal 8 F XVI, Paris, Bibliothèque Nationale lat. 16397, St. Petersburg, Russische Nationalbibliothek (früher Saltykov-Schtschedrin-Bibliothek) F. v. I, Nr. 37.

[62] Vgl. *A* fol. 166vb, *P₅* fol. 19v–21v, *P₁₀* fol. 152va–b, *V₄* fol. 1ra–va, *W* fol. 101ra–102ra, *Wr* fol. 10rb–12va. Text (nach *V₄*) bei Jeanne BIGNAMI ODIER, Notes sur deux manuscrits, S. 220–223, N° 1. Weitere Textzeugen nennt vgl. Friedrich STEGMÜLLER, Repertorium biblicum medii aevi 3, S. 234, N° 4062, und Marjorie REEVES, The Influence of Prophecy, S. 517.

[63] Derselbe Text steht *W* fol. 102ra–104rb, auch dort direkt hinter *Universis Christi fidelibus*. Eine genauere Untersuchung des bislang unedierten Textes und seines Kontextes in den Handschriften steht noch aus.

[64] Vgl. *W* fol. 89ra–vb. Dieser Text, der in der Weimarer Handschrift als *prima distinctio* bezeichnet wird, auf die als *secunda* der ebenfalls joachitische Traktat *De oneribus prophetarum* folgt, ist Teil eines joachitischen Kommentars aus dem 13. Jahrhundert über die erithräische und die samische Sibylle sowie die *Verba Merlini*, der in verschiedenen Varianten überliefert wird, in einigen Fällen, wie hier und in der Weimarer Handschrift, in Verbindung mit *De oneribus prophetarum*. Eine Edition des Textes wird vorbereitet von Matthias Kaup, dem ich auch diese Auskunft verdanke.

fol. 52vb–62vb Joachim von Fiore (Ps.), *De oneribus prophetarum* (Fragment)[65] Inc.: [P]ie petis sed minus puto pie prosequeris Expl.: cui addende sunt alie due.

fol. 63ra–vb Joachim von Fiore (Ps.?), *Liber figurarum* (Fragment)[66] Inc.: [A]pocalipsis. Signum magnum apparuit in celo. Expl.: illum esse mentiatur qui venturus est iudicare vivos et mortuos et seculum per ignem.

fol. 64ra–vb Joachim von Fiore, *De septem sigillis* Inc.: [S]ub hoc i° tempore continetur de abraham Expl.: et erit in ea gaudium sempiternum amen.

fol. 64vb Joachim von Fiore (Ps.), kurze Liste der Verfolgungen, der *ordines* und Verfolger der Kirche Inc.: Prima persecucio Iudeorum. Tempus apostolorum. Herodes. Expl.: supra quam credi potest universa vastabit.

fol. 65ra–160vb Joachim von Fiore, *Expositio super Apocalypsim* (unvollständig)[67] Inc.: [Q]uam propensioribus studiis Expl.: accidere hoc ex permissione.

Literatur: Heinrich DENIFLE, *Das Evangelium aeternum und die Commission zu Anagni*, Archiv für Literatur- und Kirchengeschichte des Mittelalters 1 (Berlin 1885) S. 94, *Inventario Cerruti dei Manoscritti della Biblioteca Ambrosiana* 2 (Trezzano 1975) S. 239f., Leone TONDELLI, Marjorie REEVES, Beatrice HIRSCH-REICH, *Il Libro delle Figure dell'abbate Gioacchino da Fiore* 2 (Torino 1953) S. 17, Achille RATTI, *Manoscritti di Provenienza Francese nella Biblioteca Ambrosiana di Milano*, Mélanges offerts à M. Emile Chatelain (Paris 1910) S. 588–597, bes. S. 591 und 595.

---

[65] Vgl. *M* fol. 300va–307vb, *P₅* fol. 1v–15r, *V₄* fol. 14ra–vb, fol. 28ra–33rb, *W* fol. 89vb–98va, *Wr* fol. 21va–29rb. Zum Text vgl. Friedrich STEGMÜLLER, Repertorium biblicum medii aevi 3, S. 229, N° 4036. Umfang des Textes und Anordnung der einzelnen Textteile sind dabei in den jeweiligen Handschriften unterschiedlich, ed. (u. a. nach *V₄*) Oswald HOLDER-EGGER, Italienische Prophetieen 3, S. 139–187. Dort endet der Text von *Mi* (wie in *W*) S. 170, während der Text von *M, P₅, V4* und *Wr* nach dieser Stelle eine längere Textlücke aufweist, die in *M, V⁴* und *Wr* einen Satz später beginnt als in *P₅*. N° 6 und 7 des Inhaltsverzeichnisses im *Inventario* geben dabei eine falsche Textabgrenzung an, da die für das erstere Stück angebenen Schlußworte dem *Incipit* des folgenden Stückes im Text des *Liber de oneribus* unmittelbar vorangehen, vgl. Oswald HOLDER-EGGER, ebd. S. 153f. Zum Text vgl. S. 272, Anm. 45.

[66] Vgl. *P5* fol. 31r–34r, *V₄* fol. 7va–8rb. Es handelt sich um die Beischrift zum Bild des roten Drachen, vgl. Leone TONDELLI, Marjorie REEVES, Beatrice HIRSCH-REICH, Il Libro delle Figure dell'abbate Gioacchino da Fiore 2 (Torino 1953) Tav. XIV.

[67] Ed. Venedig 1527, Nachdruck Frankfurt/Main 1964 fol. 1vb–196vb. Der Text dieses zweiten Teils der Mailänder Handschrift endet dabei im sechsten Teil des Kommentarwerks.

NY New York, Pierpont Morgan Library, ms. 631, fol. 47f.
Pergament, 48 fol., 230 × 160mm, Venezien, 11. und 14. Jh.
Es handelt sich um eine Apokalypsenhandschrift des (frühen?) 11.
Jahrhunderts, an deren Ende vermutlich im 14. Jahrhundert *De septem sigillis* angefügt wurde.

Inhalt:
fol. 1–47 *Apocalypsis*
fol. 47–48 Joachim von Fiore, *De septem sigillis*
Literatur: *Italian Manuscripts in the Pierpont-Morgan-Library, with an Introduction by Bernard Berenson* (New York 1953) S. 4, Seymour DeRicci, William Jerome Wilson, *Census of Medieval and Renaissance manuscripts in the United States and Canada* 2 (New York 1937) S. 1474.

O Oxford, Corpus Christi College, ms. 255A, fol. 4v
Pergament, 17 fol., Ende 12./Anfang 13. Jh., Süditalien.
Daß einer der ältesten Zeugen nicht nur für *De septem sigillis*, sondern auch den *Liber figurarum* sich verhältnismäßig früh in England nachweisen läßt, steht wahrscheinlich in Zusammenhang mit den englischen Beziehungen der Florenserklöster im Latium, die schon im frühen 13. Jahrhunder rege Kontakte mit der britischen Insel und dort besonders mit dem Kloster St. Augustine in Canterbury unterhielten,[68] dessen Bibliothek nach der Auflassung des Klosters im 16. Jahrhundert größtenteils nach Oxford kam. Der Codex gelangte, möglicherweise schon zusammen mit der heute von ihm getrennten Papierhandschrift ms. 255, im Jahr 1644 in den Besitz des Colleges

[68] Vgl. Filippo Caraffa, I monasteri florense del Lazio meridionale, in: Atti del I Congresso Internazionale di Studi Gioachimiti. San Giovanni in Fiore 19–23 Settembre 1979. Centro di Studi Gioachimiti (San Giovanni in Fiore 1980) S. 449–471, dort S. 457. So schenkte 1238 Robert, Abt von St. Augustine in Canterbury, das Patronatsrecht der Kirche von Lichburn (Diöz. Canterbury) an Santa Maria di Monte Mirteto (Latium), vgl. die Register Gregors IX., ed. Auvray (École Française de Rome) II, S. 735, Francesco Russo, Gioacchino da Fiore e le fondazioni florensi in Calabria (Napoli 1959) S. 201f. Im gleichen Jahr trat der Florensermönch Deodatus von Santa Maria della Gloria (bei Anagni) für sein Kloster und für Sant' Angelo e Santa Maria di Monte Mirteto (bei Ninfa) in England als Prokurator auf, vgl. Filippo Caraffa, Il monastero florense di S. Maria della Gloria presso Anagni con una introduzione sui monaci florensi e i loro Monasteri (Rom 1940) S. 43. Bereits 1231 sind jährliche Abgaben erwähnt, die Richard, Abt von Canterbury, für S. Maria della Gloria entrichtete, vgl. ebd. S. 109f. Die Gründung beider Florenserklöster geht auf Hugolin von Ostia, den späteren Gregor IX. (1227–1241), zurück, vgl. Regesta Honorii Papae III, ed. Petrus Pressutti (Hildesheim – New York 1978) Nº 5870, S. 411f., Nº 6150, S. 462, Monasticon Italiae 1: Roma e Lazio, a cura di Filippo Caraffa (Cesena 1981) S. 121f., Nº 25 bzw. S. 136, Nº 87.

aus dem Nachlaß Bryan Twynes,[69] der 1594 als Student nach Oxford gekommen war. Möglicherweise stammte der Codex aus der Bibliothek seines Vaters,[70] oder aus dem Besitz Dr. John Dees,[71] aus dessen Bibliothek viele der Manuskripte stammen, die heute in Oxford aufbewahrt werden.[72] In einer Handschrift, die so in England im 15. Jahrhundert üblich war, ist eine Inhaltsangabe des damals mit 236 fol. noch vollständigen Pergamentcodex notiert. In den 20er Jahren des 20. Jahrhunderts wurden der Pergament- und der Papiercodex

---

[69] Bryan Twyne hatte zunächst dem College, dessen Fellow er seit 1605 war, Codices aus seiner Bibliothek erfolglos zum Verkauf angeboten. Nach seinem Tode hat er ihm dieselben testamentarisch vermacht: „out of my studdy of bookes I doe give to Corpus Christi College all such bookes that they have not in their library," vgl. Andrew CLARK, Anthony WOOD, The Life and Times of Anthony Wood, antiquary of Oxford, 1632–1695, described by Himself 4, Oxford Historical Society 30 (1895) S. 203.

[70] Thomas Twyne, Lehrer in Canterbury (1543–1613). Viele der Handschriften des Klosters waren in den Besitz von Bryan Tywnes Großvater, John Twyne in Canterbury, gelangt, vgl. Andrew George WATSON, John Twyne of Canterbury (d. 1581) as a Collector of Medieval Manuscripts: a Preliminary Investigation, The Library 6. Ser. 8 (1986), S. 133–151.

[71] John Dee (1527–1608) erwarb eine große Zahl von Handschriften von John Twyne, vgl. Montague Rhodes JAMES, List of manuscripts formerly owned by Dr John Dee (Transactions of the Bibliographical Society, Supplement 1, Oxford 1921) S. 5. Doch erlitt seine Bibliothek bereits zu Lebzeiten Dees mehrfach herbe Verlsute und wurde nach seinem Tod vollkommen zerstreut. Manche dieser Handschriften gelangten später aus Dees Bibliothek in den Besitz Bryan Twynes, ebd. S. 6. Tatsächlich stammen alle nachweisbaren St. Augustine-Manuskripte, die sich später in Bryan Twynes Besitz befanden, aus der Bibliothek Dees, vgl. Julian R. ROBERTS, Andrew George WATSON (Hg.), John Dee's Library Catalogue (London Bibliographical Society, London 1990) S. 66. Da sich jedoch weder in den Katalogen des Klosters St. Augustine in Canterbury (vgl. Montague Rhodes JAMES, Ancient Libraries of Canterbury and Dover, London 1903) noch in den erhaltenen Katalogen der Bibliothek Dees ein sicherer Hinweis darauf findet, daß jener Codex, dessen Rest das heutige Manuskript Corpus Christi 255A ist, einst Bestandteil einer dieser Bibliothek war, gibt es keine eindeutigen Hinweise auf frühere Besitzer. Auch bei Neil Ripley KER, Books, Collectors and Libraries. Studies in the Medieval Heritage, Hg. Andrew G. WATSON (History Series 36, Literature Series 2, London – Ronceverte 1985), ders., Medieval Manuscripts in British Libraries 1–3, ders., Medieval Libraries of Great Britain. A List of Surviving Books (Royal Historical Society Guides and Handbooks 3, London ²1964), und ders., Medieval Libraries . . . Supplement to the 2nd edition, Hg. Andrew G. Watson (Royal Historical Society, London 1987) findet sich kein Hinweis auf Corpus Christi ms. 255A. Zu Dee vgl. The Private Diary of John Dee and the Catalogue of his library of manuscripts, ed. by James Orchard HALLIWELL (London 1842), Charlotte Fell SMITH, John Dee (1527–1608) (London 1909).

[72] Für einen Teil (fol. 135–143) des heutigen (Papier-)Codex 255 ist nachweisbar, daß er zu John Dees Bibliothek gehörte, vgl. Julian R. ROBERTS, Andrew George WATSON (Hg.), John Dee's Library Catalogue (London Bibliographical Society, London 1990) S. 181 [N° DM 155].

voneinander getrennt,[73] wobei ersterer die Signatur 255A erhielt und in veränderter Ordnung gebunden wurde, während der letztere als ms. 255 fortbesteht. Seit 1949 ist ms. 255A in der heutigen Anordnung gebunden.

Inhalt:

fol. 1r–3v Petrus Diaconus, *Widmungsbrief des Homiliars für Karl den Großen* (9./10. Jh., fol. 4r leer)

fol. 4v Joachim von Fiore, *De septem sigillis* Inc.: Primum sigillum. Sub hoc tempore continetur Expl.: et erit in ea gaudium sempiternum.

fol. 5r–17v Joachim von Fiore, *Liber figurarum*

Literatur: Henricus Octavius COXE, *Catalogus Codicum Mss qui in collegiis aliisque Oxoniensibus hodie adservantur* 2 (Oxford 1852) S. 105, Leone TONDELLI, Marjorie REEVES, Beatrice HIRSCH-REICH, *Il Libro delle Figure dell'abbate Gioacchino da Fiore* 2 (Torino 1953) S. 15f., 18–21, Fabio TRONCARELLI, Il *Liber figurarum*: osservazioni ed ipotesi, in: Jacqueline HAMESSE (Hg.), Roma magistra mundi. Itineraria culturae mediaevalis. Mélanges offerts au Père Leonard E. Boyle à l'occasion de son 75e anniversaire (Fédération Internationale des Institutes d'ètudes Médiévals. Textes et études du moyen âge 10, Louvain-la-Neuve 1998) vol. 2, S. 927–949.

P₅ PARIS, Bibliothèque Nationale, ms. lat. 3595, fol. 25v–28r

Papier mit Pergamentvorsatzblättern, I+63+I fol., 230 × 154mm, 14. Jh., Südfrankreich oder Italien. Auf fol. 1r ist oben neben der aktuellen noch die alte Signatur 6232 vermerkt, auf fol. 1r und 59v der Stempel der Biblioteca Regia.

Der Codex kam aus der Bibliothek Mazarins in die königliche Bibliothek. Sein Wasserzeichen ist identifizierbar bei BRIQUET, Les Filigranes, 6695. Der Einband stammt aus dem 18. Jahrhundert und trägt auf dem Rücken den in Goldschrift den Titel: *F. JOACH. ABBAT. FLORIS IN PROPH.*

Die Lagenformel lautet: 2 IX³⁶ + VIII⁵² + (VI–1)⁶³

---

[73] Beatrice HIRSCH-REICH, Il Libro delle Figure dell'abbate Gioacchino da Fiore, S. 20: „How the original Joachimist MS reached England, is still a complete mystery. Its presence there cannot be proved before the 15th century, in Oxford itself not before the 16th century.... In 1929 the 17 vellum fols. containing the *Homilia* and the *Liber Figurarum* were taken out and rebound separately as MS *Corpus Christi College 255 A* in the order (or rather disorder) of the 18th century numeration." Daß sich die Handschrift im 15. Jahrhundert in England befand, schließt Beatrice Hirsch-Reich vermutlich aus der aus dieser Zeit stammenden Inhaltsangabe des Codex; nähere Angaben fehlen. Nach Auskunft von Christine Butler, The Archives, Corpus-Christi-College, Oxford, wurde die Trennung der beiden Codices im August 1924 vorgenommen.

Inhalt:

fol. Ir–v Laurentiushymne in 21 Strophen (15./16 Jh.) <u>Inc.</u>: O tu Laurenti patryarcha <u>Expl.</u>: virtute plenum. amen.

fol. 1r–15r Joachim von Fiore (Ps.), *De oneribus prophetarum*[74] <u>Inc.</u>: Henrico sexto inclito romanorum augusto frater Joachim <u>Expl.</u>: vastitatis incendia interibunt.

fol. 15r–17r Joachim von Fiore (Ps.), Kommentar zu einem Teil der erithräischen Sibylle[75] <u>Inc.</u>: Quia semper in stipendiariis propriis <u>Expl.</u>: Principem capitis mosoc.

fol. 17r–19r Kommentar zum Evangelium des Epiphaniasfests <u>Inc.</u>: Iam habebant de Christo fidem <u>Expl.</u>: Ego sum via. Et de hoc dicit chrisostomus.

fol. 19v–21v Joachim von Fiore, *Universis Christi fidelibus*[76] <u>Inc.</u>: Universis christi fidelibus ad quos littere iste perveniant frater Joachim dictus abbas <u>Expl.</u>: neque qui salvum faciat. (Danach mit Absatz: Nota quod triplex est modus intelligendi vel intellectus, primo per investigationem sui ipsi, secundo per doctrina alterius, tertio per illustrationem divinam, de primo et secundo dicit filosofus de tertio dicit ysidorus.)

fol. 22r–25v Joachim von Fiore, *Liber figurarum* (Fragmente) <u>Inc.</u>: Sigillum 7. Helias iam venit <u>Expl.</u>: et liberata est.

fol. 25v–28r Joachim von Fiore, *De septem sigillis* <u>Inc.</u>: Sub hoc tempore continetur <u>Expl.</u>: usque ad statutum terminum solutionis sue.

fol. 28r–29r Joachim von Fiore, *Genealogia [Epistola subsequentium figurarum]*[77] <u>Inc.</u>: Genealogia sanctorum antiquorum patrum <u>Expl.</u>: sextum contra babilonem.

---

[74] Vgl. *M* fol. 300va–307vb, *Mi* fol. 52vb–62vb, *V₄* fol. 14ra–vb, fol. 28ra–33rb, *W* fol. 89vb–98va, *Wr* fol. 21va–29rb, ed. (u. a. nach *V₄*) Oswald HOLDER-EGGER, Italienische Prophetieen 3, S. 139–187. *P₅* folgt dabei in Auslassungen, Zusätzen und anderen Varianten meist *V₄*. Zum Text vgl. S. 272, Anm. 45 und Friedrich STEGMÜLLER, Repertorium biblicum medii aevi 3, S. 229, N° 4036.

[75] Zum Text vgl. Friedrich STEGMÜLLER, Repertorium biblicum medii aevi 3, S. 234, N° 4036 u. 4052. Vgl. *M* fol. 308va, *V₄* fol. 14vb und *Wr* fol. 9ra–10ra. Zum Text vgl. S. 272, Anm. 46. Die Codices *M* und *V₄* enthalten jeweils den einen ersten Absatz, der Breslauer Codex bietet den Text lediglich um die beiden letzten Sätze gekürzt.

[76] Vgl. *A* fol. 166vb, *Mi* fol. 47f., *P₁₀* fol. 152va–b, *V₄* fol. 1ra–va, *W* fol. 101ra–102ra, *Wr* fol. 10rb–12va. Text (nach *V₄*) bei Jeanne BIGNAMI ODIER, Notes sur deux manuscrits, S. 220–223, N° 1. Weitere Textzeugen nennt Friedrich STEGMÜLLER, Repertorium biblicum medii aevi 3, S. 234, N° 4062, und Marjorie REEVES, The Influence of Prophecy, S. 517.

[77] Ed. Jeanne BIGNAMI ODIER, Notes sur deux manuscrits, S. 224–226, ed. Gian Luca POTESTÀ, Die Genealogia, S. 91–101.

fol. 29v–30v Joachim von Fiore, *Liber figurarum* (Fragment)

fol. 31r–34r Joachim von Fiore, *Liber figurarum* (Fragment)[78] Inc.: Apocalipsis signum magnum apparuit in celo draco magnus et rufus Expl.: qui venturus est iudicare vivos et mortuos et seculum per ignem.

fol. 34r–35r Joachim von Fiore (Ps.), *Epistola domino valdonensi*[79] Inc.: Domino deo gracia veldonum monasterii abbati venerabili Expl.: Valete in domino et orate pro me.

fol. 35r Notiz und Merkvers über den vierfachen Schriftsinn Inc.: Quod sacra Scriptura exponitur quatuor modis Expl.: quid speras anagogia [*sic*].

fol. 35r–v Über Philippus und Jakobus Inc.: Nota quod philipus et Jacobus dicitur cherubin Expl.: dicit ignacius de Jacobo.

fol. 35v–36r *Prophetia quam prophetavit quaedam virgo Deo devota de teotonicis imperatoribus*[80] Inc.: Vidi ab aquilone bestias quinque Expl.: tempore celestini pape revellata est hec prophetia.

fol. 36r Über Cant. 5,7 und das Martyrium des Bartholomäus Inc.: Percusserunt me vulneraverunt me exuerunt Expl.: qui fecerunt eum decolari.

fol. 36r–v Über Joh. 15,14 und die Freundschaft Inc.: Vos amici mei estis Expl.: cum in fine dilexit eos idest usque in finem. Danach jeweils mit Absatzzeichen: Justus est qui peccata dimittit et virtutum comes efficitur. Augustinus a deo dicendum est quid de eo sit senciendum.

fol. 37r–53r *Sibilla Erithrea* (mit Glossen)[81] Inc.: Exquiritis a me o illustrissima turba danaum (Glosse Inc.: Extractum de libro qui dicitur vasilographi [*sic*]) Expl.: Hos autem in sortem demonum voret avernus.

fol. 53r Publius Ovidius Naso, *Metamorphosen* I, 256–261[82] Inc.: Ovidius in primo metamorphoseos: Esse tre quoque in Expl.: dimittere celo.

---

[78] Vgl. *Mi* fol. 63ra–vb, *V₄* fol. 7va–8rb. Es handelt sich um die Beischrift zum Bild des roten Drachen, vgl. Leone TONDELLI, Marjorie REEVES, Beatrice HIRSCH-REICH, Il Libro delle Figure dell'abbate Gioacchino da Fiore 2, Tav. XIV.

[79] Vgl. *V₄* fol. 4ra–b und *Wr* fol. 13ra–va, nach *V₄* transskribiert bei Jeanne BIGNAMI ODIER, Notes sur deux manuscrits, S. 226f., N° 5.

[80] Ed. (nach einem anderen Textzeugen) A. WERMINGHOFF, Neues Archiv 27 (1902) S. 600f.

[81] Es handelt sich um die längere und vermutlich ältere Rezension der erithräischen Sibylle, vgl. *V₄* fol. Iv und fol. 19va–20vb und *Wr* fol. 3ra–5ra und 8ra–9ra, ed. (nach anderen Handschriften) Oswald HOLDER-EGGER, Italienische Prophetieen 1, S. 155–173.

[82] Vgl. *Wr* fol. 9ra, wo dieselben Verse zitiert werden.

fol. 53va–b Origenes, *In Numeros Homiliae* (Fragent)[83] Inc.: Maliciam deus non fecit Expl.: Christi et passione.

fol. 53vb–54r Augustinus, *Enarrationes in Psalmos* (Fragment)[84] Inc.: Sex sunt in isto genere differentiae Expl.: pro eo ut me diligerent detrahebant michi.

fol. 54r Über die Gratien[85] Inc.: Hec figure dicuntur tres gratiae. dicitur enim gratia quasi gratis data. et sunt tres gratie scilicet pasithea, euriale et euprosime que ita pinguntur nude connexe ... Expl.: quod omne datum dupliciter redire debet. (am Rand der 6 Leerzeilen darüber: hic debet depingi tres figure quasi mulieres ut sequitur.)

fol. 54r Kommentar zu Raimundus Lullus, *Declaratio Raimundi*[86] Inc.: Non est pretermittendum error quorundam philosophorum Expl.: contra totam sanctam scripturam.

fol. 54v Notizen zu Ezechiel und Daniel über die leibliche Auferstehung Inc.: Ossa arida audire verbum dei Expl.: per individuorum multiplicationem. Darunter jeweils mit Absatzzeichen 2 Merksätze: Veritas cum non defenditur opprimitur. Pietati mensura preponderat.

fol. 55r–58v römische Königslisten Inc.: Reges latinorum. Janus Expl.: De moribus augusti et exempli clemencie eius (fol. 58vb leer)

fol. 59r–v politische Prophetie (15./16 Jh.?) Inc.: [A]d libitum aquile irascentis Expl.: Sed tu scilicet te considera quam denervaberis a tusco leone et virguibus (?) ursi (fol. 60r–v leer)

fol. 61r–v Laurentiushymne in 20 Strophen (15./16 Jh.?) Inc.: Exultet iam anglica/Turba celorum laudibus Expl.: deo dicamus gracias. Amen. (fol. 62r leer)

fol. 62v 2 1/2 griechische Zeilen (fol. 63r leer)

fol. 63v oben Schreibervermerk, unten drei auf dem Kopf stehende

---

[83] Origenes secundum translationem Rufini, *In Numeros Homiliae*, Hom. XIV (Item de Balaam), ed. W. A. Baehrens (GCS), neu Louis Doutreleau, Sources Chrétiennes 442/II (Paris 1999) S. 166, Z. 58–S. 168, Z. 102.

[84] Augustinus, *Enarrationes in Psalmos*, In Psalmum CVIII, SL 40, S. 1586, Z. 2–24, ed. Jean Paul Migne, PL 37 (Paris 1841, Nachdruck Turnhout 1978) Sp. 1432f.

[85] Dieser Text über die Musen ähnelt dem entsprechenden Abschnitt 47 des Mythographus Vaticanus II, ed. Péter Kulcsár, SL 91c (Turnhout 1987) S. 131, Z. 2–12.

[86] Der Text scheint sich auf Raimundus Lullus, *Declaratio Raimundi*, einen fiktiven Dialog zwischen Raimundus Lullus und Sokrates, zu beziehen, cap. 6: Quod redeuntibus coporibus caelestibus omnibus in idem punctum, quod fit in 36 millibus annorum, redibunt idem effectus, qui et modo, ed. M. Pereira, Th. Pindl-Büchel, CM 79 (Turnhout 1989) S. 270f., Z. 1–68.

Strophen <u>Inc.</u>: Tota divina Trinitas eterna <u>Expl.</u>: Primi plasmati, et de limo terre / [Domine presto?] (danach Pergamentnachsatzblatt)
Literatur: Leone TONDELLI, Marjorie REEVES, Beatrice HIRSCH-REICH, *Il Libro delle Figure dell'abbate Gioacchino da Fiore* 2 (Torino 1953) S. 17, Philippe LAUER, *Catalogue général des manuscrits latins 6: 3536 à 3775ᴮ* (Paris 1975) S. 324–327.

P₁₀ PARIS, Bibliothèque Nationale, ms. lat. 11864, fol. 152r
Pergament, 152 fol., 415 × 280mm, spätes 12./frühes 13. Jh.
Der Codex kam aus St. Germain-des-Prés und war davor in St. Peter und Paul in Corbie/Somme.
Inhalt:
fol. 1–151r Isidor von Sevilla, *Epistolae ad Braulionem Episcopum, Liber XX Etymologiarum*
fol. 151v Joachim von Fiore, Concordienlisten, Figurae
fol. 151v–152va Joachim von Fiore, *Genealogia [Epistola subsequentium figurarum]*⁸⁷
fol. 152r Joachim von Fiore, *De septem sigillis*
fol. 152va–b Joachim von Fiore, *Universis Christi fidelibus*⁸⁸
Literatur: Leone TONDELLI, Marjorie REEVES, Beatrice HIRSCH-REICH, *Il Libro delle Figure dell'abbate Gioacchino da Fiore* 2 (Torino 1953) S. 34, Marjorie REEVES, Beatrice HIRSCH-REICH, *The Figurae of Joachim of Fiore. Genuine and Spurious Collections*, Medieval and Renaissance Studies 3 (1954) S. 198, Leopold Victor DELISLE, *Inventaire des manuscrits latins, conservés à la Bibliothèque Nationale sous les numéros 8823–18613* (Hildesheim – New York 1974) S. 25.

V₄ ROMA/CITTÁ DEL VATICANO, Biblioteca Apostolica Vaticana, ms. lat. 3822,⁸⁹ fol. 1vb–2rb.
Pergament, II+112 fol., 240 × 175mm, Ende 13./Anfang 14. Jh., Italien.
　Es handelt sich um einen Miszellanencodex mit echten und unechten Werken Joachims, der vermutlich aus Spiritualenkreisen stammt. Verschiedene Schreiberhände sind nachweisbar. Der Codex besteht

---

⁸⁷ Transskription (nach *V₄*) Jeanne BIGNAMI ODIER, Notes sur deux manuscrits, S. 224–226, ed. Gian Luca POTESTÀ, Die Genealogia, S. 91–101.
⁸⁸ Vgl. *A* fol. 166vb, *Mi* fol. 47f., *P₅* fol. 19v–21v, *V₄* fol. 1ra–va, *W* fol. 101ra–102ra, *Wr* fol. 10rb–12va. Text (nach *V₄*) bei Jeanne BIGNAMI ODIER, Notes sur deux manuscrits, S. 220–223, Nº 1. Weitere Textzeugen nennt Friedrich STEGMÜLLER, Repertorium biblicum medii aevi 3, S. 234, Nº 4062, und Marjorie REEVES, The Influence of Prophecy, S. 517.
⁸⁹ Für Hilfe bei der Beschreibung des Codex danke ich Christoph Egger und Kurt-Victor Selge.

aus mehreren später zusammengesetzten Teilen, im wesentlichen fol. 1–20, fol. 21–38 und fol. 39–112. Auch fol. 5f. ist nachträglich eingefügt.[90] Außer zwei unterschiedlichen Zählungen, deren zweite fol. 39 einsetzt, enthält der Codex Randbemerkungen (vermutlich) des 15. Jahrhunderts. Mehrfach sind Gegenblätter zu vorhandenen Folien herausgetrennt oder Doppelblätter hinzugefügt worden, was die Lagenzählung erschwert.

Die Lagenformel lautet:[91]

$$[I^{II} + 3V^{30} + (V-2)^{38}] + [4VI^{86} + VIII^{100} + VI^{112}].$$

Daß der Codex sich, wie Jeanne Bignami Odier annimmt,[92] seit 1481 in der Vatikanischen Bibliothek befindet, ist zwar möglich, kann aber dennoch nicht mit Sicherheit behauptet werden.

Inhalt:

fol. Ira–Irb Liste diverser Häresien (Griechen, Jakobiten, Nestorianer etc.)

fol. Iv *Sibilla Erithea* (Fragment)[93] Inc.: Cui crescent tria capita Expl.: et modicum tempus erit.

fol. IIr Gebetsfragment Inc.: Ihesu Christe domine. qui pro redemptione mundi voluisti a iudeis superbari. iuda osculo tradi. vinculis alligari Expl.: quo perduxisti tecum latronem crucifixum tibi confitentem. qui vivis et regnas deus. per infinita secula seculorum. amen. hanc orationem docuit quidam mortuus cuidam vivo.

fol. IIr Prophetie[94] Inc.: C [?, danach ca. 1 cm frei] viennensis [*sic*] dixit in concilio lugduni. interogatus de terra sancta dixit quod regnum ierosolitani mutaret in proximo. Über der ersten Zeile des Textes rechts: M°.CC°.LXXIIII°. Expl.: Item dixit quod adhuc veniet

---

[90] Über den Codex, besonders aber die verschiedenen Schreiberhände und Schrifttypen vgl. Fabio TRONCARELLI, Il *Liber figurarum* tra „gioachimiti" e „gioachimisti", in: Gioacchino da Fiore tra Bernardo di Clairvaux e Innocenzo III. Atti del 5° Congresso internazionale di studi gioachimiti. S. Giovanni in Fiore, 16–21 settembre 1999, a cura di Roberto RUSCONI (Opere di Gioacchino da Fiore: testi e strumenti 13, Rom 2001) S. 273–277, bes. S. 273, Anm. 14.

[91] Die Lagenzählung danke ich Christoph Egger.

[92] Jeanne BIGNAMI ODIER, Notes sur deux manuscrits, S. 215.

[93] Zusammen mit fol. 19va–20vb handelt es sich um einen Teil der längeren und vermutlich älteren Rezension der erithräischen Sibylle, ed. (nach anderen Handschriften) Oswald HOLDER-EGGER, Italienische Prophetieen 1, S. 155–173. Die beiden Fragmente in V_4 finden sich dort S. 168–170 und 155–168, vgl. ders., Italienische Prophetieen 3, S. 97f. und 101. Der vollständige Text steht in P_5 fol. 37r–53r und *Wr* fol. 3ra–5ra und 8ra–9ra.

[94] Transskription bei Jeanne BIGNAMI ODIER, Notes sur deux manuscrits, S. 219f., Feuillets préliminaires N° 4. Vgl. *Wr* fol. 6rb–vb.

cerdo cathenatorum quorum comparatione cetere religioni secularis videbuntur.

fol. IIv Über die Erhebung der Gebeine Maria Magdalenas[95]

fol. 1ra–va Joachim von Fiore, *Universis christi fidelibus*[96] Inc.: Incipit epistula abbatis Joachim Expl.: neque qui salvum faciat.

fol. 1vb–2rb Joachim von Fiore, *Septem tempora veteris et novi testamenti (De septem sigillis)* Inc.: Sub hoc continetur de abraham. primum tempus continet de abraham. ysaac et cetera Expl.: usque ad statutum terminum solutionis sue.

fol. 2va–3rb Concordienlisten, Auszüge aus dem *Liber figurarum*

fol. 3va–4ra Joachim von Fiore, *Genealogia [Epistola subsequentium figurarum]*[97] Inc.: Genealogia sanctorum antiquorum patrum Expl.: contra secundi mundi conflictum. sextum contra babylonem.

fol. 4ra–b Joachim von Fiore (Ps.), *Epistola*[98] Inc.: Domino valdonen[si] dei gratia monasterii abbati venerabili Expl.: orate pro me qui scripsi. amen.

fol. 4va–b und 7ra–b Auszüge aus dem *Liber figurarum* (Figura arboris)

fol. 5r Abbildung des apokalyptischen Drachen[99] Inc.: primum caput draconis cepit ab herode proselito.

fol. 5v *Sibilla delphica*[100] Inc.: Ex dictis sibille delfice. Leo postquam revertitur ab insula

fol. 6ra–b Papstvaticinien[101] Inc.: Principium malorum secundum Merlinum. Genus nequam ursa catulos pascens Expl.: ursa cum iii[or] catulos et cum ymagine regis.

[95] Ed. Oswald HOLDER-EGGER, MGH Scriptorum 32 (Hannover, Leipzig 1905–13) S. 685.

[96] Vgl. *A* fol. 166vb, *Mi* fol. 47f., *P₅* fol. 19v–21v, *P₁₀* fol. 152va–b, *W* fol. 101ra–102ra, *Wr* fol. 10rb–12va. Weitere Textzeugen nennt Friedrich STEGMÜLLER, Repertorium biblicum medii aevi 3, S. 234, N° 4062, und Marjorie REEVES, The Influence of Prophecy, S. 517. Transskription bei Jeanne BIGNAMI ODIER, Notes sur deux manuscrits, S. 220–223, N° 1 (die Folienangabe S. 220 ist unzutreffend).

[97] Ed. Jeanne BIGNAMI ODIER, Notes sur deux manuscrits, S. 224–226, N° 4, ed. Gian Luca POTESTÀ, Die Genealogia, S. 91–101.

[98] Ed. Jeanne BIGNAMI ODIER, Notes sur deux manuscrits, S. 226f., N° 5. Vgl. *Wr* fol. 13ra–va. Vgl. *P₅* fol. 34r–35r und *Wr* fol. 13ra–va.

[99] Abgebildet bei Andrea SOMMERLECHNER, Stupor mundi? Kaiser Friedrich II. und die mittelalterliche Geschichtsschreibung (Wien 1999) Abb. 13.

[100] Vgl. *Wr* fol. 5rb–6ra. Zum Text vgl. Friedrich STEGMÜLLER, Repertorium biblicum medii aevi 3, S. 241, N° 4095.

[101] Herbert GRUNDMANN, Die Papstprophetien des Mittelalters, in: Herbert GRUNDMANN: Ausgewählte Aufsätze 2: Joachim von Fiore (MGH Schriften 25, Stuttgart 1977) S. 1–57, dort S. 24, zuerst in: Archiv für Kulturgeschichte 19 Heft 1 (1928) S. 77–138, dort S. 102f.

fol. 6va Fragmente prophetischer Texte[102]

fol. 6vb 5 Verse[103] Inc.: Terre motus erit quem non procul aguror.

fol. 6vb Inc.: Cedrus alta Libani succiditur[104]

fol. 7ra–b Joachim von Fiore, *Liber figurarum* (vgl. fol. 4va–b)

fol. 7va–8rb Joachim von Fiore (Ps.?), *Liber figurarum*[105] Inc.: Apocalipsis signum magnum apparuit in celo dracho magnus et ruffus Expl.: illum esse mentiatur qui venturus est iudicare vivos et mortuos et seculum per ignem.

fol. 8va–10rb und 11ra–12va Joachim von Fiore, *Expositio in Apocalypsin* (Auszüge)[106] Inc.: Ego sum alpha et omega, principium et finis Expl.: Non enim adhuc ingressi sumus ad ea que aggredi cepisse videmus. hucusque enim salutatio et exordium. amod quod sequitur totum est de corpore libro. Sequitur.

fol. 10va–b Tafel und Text zur Astrologie Inc.: Nota quod non debet fieri incisio.

fol. 12va Petrus Comestor, *Historia ecclesiastica, In Evangelia*[107] Inc.: Legitur in hystoria magistri petri lumbardi.

fol. 12va–b Petrus Comestor, *Historia scholastica, Liber Danielis*[108] Inc.: Legitur in ystoria dicti p. lumbardi. Similiter et quod sequitur: De natura et vita et morte antichristi. De antiocho Expl.: id est resurges in ordine tuo.

fol. 12vb–13ra Petrus Comestor, *Historia scholastica, Liber Danielis*[109] Inc.: Quarta bestia que in quarta visione danielis Expl.: dies ille non salva fieret omnis caro.

fol. 13ra–va Joachim von Fiore, *Expositio in Apocalypsin* (Auszüge)[110]

---

[102] Transskription bei Jeanne BIGNAMI ODIER, Notes sur deux manuscrits, S. 228f., N° 9.

[103] Ed. Oswald HOLDER-EGGER, Italienische Prophetieen 3, S. 126.

[104] Transskription bei Jeanne BIGNAMI ODIER, Notes sur deux manuscrits, S. 229, N° 11. Vgl. Friedrich STEGMÜLLER, Repertorium biblicum medii aevi 3, S. 243, N° 4104.

[105] Vgl. *Mi* fol. 63ra–vb, *P5* fol. 31r–34r.

[106] *Expositio in Apocalypsin* (Venedig 1527, Nachdruck Frankfurt/Main 1964) fol. 33vb–38vb, vgl. Jeanne BIGNAMI ODIER, Notes sur deux manuscrits, S. 229, N° 13.

[107] Identifiziert von Jeanne BIGNAMI ODIER, Notes sur deux manuscrits, S. 229, N° 15, ed. Jean Paul MIGNE, PL 198, Sp. 1567C.

[108] Identifiziert von Jeanne BIGNAMI ODIER, Notes sur deux manuscrits, S. 229, ed. Jean Paul MIGNE, PL 198, Sp. 1465B–1466B. Vgl. *Wr* fol. 53rb–vb, wo der Text mit *Joachim de antichristo* überschrieben wird.

[109] Identifiziert von Jeanne BIGNAMI ODIER, Notes sur deux manuscrits, S. 229, ed. Jean Paul MIGNE, PL 198, Sp. 1454B–1455C. Vgl. *Wr* fol. 53vb–54ra.

[110] *Expositio in Apocalypsin* (Venedig 1527, Nachdruck Frankfurt/Main 1964) fol. 25vb–26va, vgl. Jeanne BIGNAMI ODIER, Notes sur deux manuscrits, S. 230.

<u>Inc.</u>: Si angustimur in littera <u>Expl.</u>: modo diverse ad unam perveniant civitatem (fol. 13vb leer)

fol. 14ra–vb Joachim von Fiore (Ps.), *De oneribus prophetarum* (Fragment)[111] <u>Inc.</u>: Ecce dominus ascendit <u>Expl.</u>: vastitatis inedia interibunt.

fol. 14va (unterer Rand) einige Verse über den Antichristen[112] <u>Inc.</u>: Anni milleni transibunt atque ducenti.

fol. 14vb Joachim von Fiore (Ps.), *Alius tractatus*[113] Quia semper in stipendiariis propriis vires suas hostis reparat violentus ut populus christianus. qui contra indifferenter accingitur pro patria pugnaturus. debilitetur et corruat ac per hoc tamen sui quod absit premii dispendia doleat. Unde versutus insidiis pre desideria non repugnat. veniet inquit exinde altera aquila.

fol. 14vb Zwei weitere Fragmente über den Antichristen <u>Inc.</u>: Dicitur a quodam indubitanter quod antichristus natus sit. <u>Inc.</u>: De antichristo quod natus est. Dico tibi.

fol. 15ra–va *Revelatio mirabilis super statum tocius ecclesie*[114] <u>Inc.</u>: Sanctissimo patri ac domino <u>Expl.</u>: Acta est huius visionis revelatio anno ab incarnatione domini mcc.xxvi Amen.

---

[111] Vgl. *M* fol. 300va–307vb, *Mi* fol. 52vb–62vb, *P₅* fol. 1v–15r, *V₄* fol. 28ra–33rb, *W* fol. 89vb–98va, *Wr* fol. 21va–29rb, zum Text vgl. Friedrich STEGMÜLLER, Repertorium biblicum medii aevi 3, S. 229, N° 4036. Ed. (u. a. nach *V₄*) Oswald HOLDER-EGGER, Italienische Prophetieen 3, S. 174–187 (der in *V₄* später folgende Textteil dort S. 139–174). Zu diesem Textstück vgl. ebd. S. 99, Jeanne BIGNAMI ODIER, Notes sur deux manuscrits, S. 230, N° 19. Zum Text vgl. S. 272, Anm. 45.

[112] Jeanne BIGNAMI ODIER, Notes sur deux manuscrits, S. 230, N° 22, verweist auf die Edition dieser Verse bei Oswald HOLDER-EGGER, Italienische Prophetieen 1, S. 175, wo allerdings nur eine andere Form dieser Verse (aus einer anderen Handschrift) abgedruckt ist. Tatsächlich stehen sie bei Oswald HOLDER-EGGER, Italienische Prophetieen 3, S. 100.

[113] Zum Text vgl. Friedrich STEGMÜLLER, Repertorium biblicum medii aevi 3, S. 234, N° 4036 u. 4052. Dieser Text, ein joachitischer Kommentar zu einem Teil der erithräischen Sibylle, fehlt in der Handschriftenbeschreibung Jeanne Bignami Odiers und wird darum ganz wiedergegeben. Nach ihrer Zählung wäre dies N° 19*bis* des Inhaltsverzeichnisses. Nicht übersehen hat ihn Oswald HOLDER-EGGER, Italienische Prophetieen 3, S. 99, der ihn gleichfalls abdruckt und mitteilt, daß der nämliche Text, wieder in Zusammenhang mit dem *Liber de oneribus prophetarum*, auch in der Handschrift Rom, Biblioteca Vittorio Emmanuele, 14. S. Pantaleone 31, fol. 47rb begegnet. Es handelt sich um den nämlichen Text bzw. einen Teil desselben wie *M* fol. 308va, *P₅* fol. 15r–17r und *Wr* fol. 9ra–vb (die beiden letzten in einer längeren Form). Vgl. Marjorie REEVES, The Influence of Prophecy, S. 530, sowie S. 272, Anm. 46.

[114] Die Überschrift fehlt bei Jeanne BIGNAMI ODIER, Notes sur deux manuscrits, S. 230, N° 23.

fol. 15va–b *Ad memoriam eternorum*[115] Inc.: Sibilla delphica in templo apollinis genita Expl.: et nominatur monasterium sant galga.

fol. 15vb–17ra Joachim von Fiore, *De ultimis tribulationibus*[116] Inc.: De ultimis tribulationibus tractatus brevis.

fol. 17ra *[Verba Merlini]*[117] Inc.: Merlinus. Primus F. in pilis agnus.

fol. 17ra *Prophetia ignota [Sibilla Samia]*[118] (Fragment) Inc.: Excitabitur roma contra romanum.

fol. 17ra Inc.: Misterium quod[119] absconditum fuit a seculis et generationibus Expl.: dominatores celi insidiabutur [*sic*] ei.[120]

fol. 17ra–vb Fragmente astrologischer Texte (fol. 18r leer)

fol. 18v Figurae

fol. 19r Adler

fol. 19va–20vb *Sibilla Erithea* mit Glossen (Fragment)[121] Inc.: Excepta de libro qui dicitur vasiliographus qui interpretatur imperialis scriptura.

fol. 20va (unten) Abbildungen der drei *status* (Kreise)

fol. 21ra–24rb Joachim von Fiore (Ps.), Einleitungsbrief und *Super Ieremiam*[122] Inc.: Henrico sexto inclito romanorum augusto frater

---

[115] Ed. Matthias KAUP, Pseudo-Joachim Reads a Heavenly Letter, S. 301–308. Vgl. S. 275, Anm. 56.

[116] Ed. Kurt-Victor SELGE, Ein Traktat Joachims von Fiore über die Drangsale der Endzeit, ed. E. Randolph DANIEL, Abbot Joachim of Fiore: The *De ultimis tribulationibus*. Vgl. *A* fol. fol. 151v–153v, *D* fol. 235r–237r, *Wr* fol. 39ra–42vb.

[117] Unter diesem Titel gibt Oswald HOLDER-EGGER, Italienische Prophetieen 1, S. 175–177, den Text nach zwei anderen Handschriften (Rom, Bibl. Vittorio Emmanuele 14 ms. S. Pantaleone 31, fol. 40r, und Paris, Bibliothèque Nationale ms. lat. 3319) sowie der Überlieferung nach Salimbene von Parma wieder. Im dritten Teil seines Artikels Italienische Prophetieen S. 100f. vergleicht er den Text der vatikanischen Handschrift mit dem der früher bekannten Textzeugen. Er findet sich wieder in *M* fol. 310va und *Wr* fol. 6ra–b. Einen weiteren Textzeugen nennt Friedrich STEGMÜLLER, Repertorium biblicum medii aevi 3, S. 238, N° 4077. Über die *Verba Merlini* Matthias KAUP, *De prophetia ignota*, S. 114 und öfter.

[118] Vgl. mss. *A* fol. 149r, *M* fol. 319ra–b, *V₄* fol. 100ra–b, *Wr* fol. 6ra. Transskription des Textes nach zwei anderen Handschriften bei Oswald HOLDER-EGGER, Italienische Prophetieen 1, S. 178, vgl. 3, S. 101. 104, ed. Matthias KAUP, *De prophetia ignota*, S. 174–179. Diese und vier weitere Handschriften nennt ders., S. Xf.

[119] Jeanne BIGNAMI ODIER, Notes sur deux manuscrits, S. 231, N° 28 liest statt *misterium quod* (wie auch Oswald HOLDER-EGGER, Italienische Prophetieen 3, S. 101) *misteriumque*.

[120] Vgl. *Wr* fol. 8ra (auch dieser Text hat die richtige Lesart *misterium quod*).

[121] Zusammen mit dem Fragment fol. Iv handelt es sich um einen Teil der längeren und vermutlich älteren Rezension der erithräischen Sibylle, ed. (nach anderen Handschriften) Oswald HOLDER-EGGER, Italienische Prophetieen 1, S. 155–173. Die beiden Fragmente in *V₄* finden sich dort S. 168–170 und 155–168, vgl. ders., Italienische Prophetieen 3, S. 97f. und 101. Der Text steht vollständig *P₅* fol. 37r–53r und (fast vollständig) *Wr* fol. 3ra–5ra und 8ra–9ra.

[122] Ed. Venedig 1515, 1525, Köln 1577. Vgl. *D* fol. 132–175, *M* fol. 185ra–267va,

Ioachim dictus abbas floris humiliari sub divine potentia maiestatis licet mee simplicitatis <u>Expl.</u>: fluctuatione consurget.

fol. 24va–25rb *Sibilla Erithea (Excepta de libro qui dicitur Vasilographus)*[123] <u>Inc.</u>: Exquiritis a me, illustrissima turba danaum <u>Expl.</u>: in aquis adriaticis idest venetie ex desolatione.

fol. 25rb–26va Joachim von Fiore (Ps.), *Expositio super tercium heritree* (Fragment)[124] <u>Inc.</u>: Post hec id est post mortem tuam <u>Expl.</u>: in manu sit ecclesie confingendus.[125]

fol. 26va–27vb Methodius (Ps.), *Tractatus editus a Methodio de fine mundi* (Fragment)[126] <u>Inc.</u>: In novissimo miliario seu septimo <u>Expl.</u>: una cum spiritu sancto omnis honor et gloria in secula seculorum. Amen. Explicit tractatus quem composuit methodius episcopus et martir de fine mundi secundum quod revelatum fuit sibi a domino.

V₄ fol. 39ra–100ra, *Wr* fol. 13va–18rb. Weitere Textzeugen nennt Marjorie REEVES, The Influence of Prophecy, S. 519f. Zum Text vgl. Friedrich STEGMÜLLER, Repertorium biblicum medii aevi 3, S. 231, N° 4039. Es handelt sich hier um ein Exzerpt der kürzeren Version des *Super Ieremiam* (die Langfassung folgt fol. 39ra–10ra), vgl. Robert MOYNIHAN, The manuscript tradition of the *Super Hieremiam* and the Venetian editions of the early sixteenth century, in: Il profetismo gioachimita tra Quattrocento e Cinquecento, Atti del III Congresso internazionale di studi gioachimiti, San Giovanni in Fiore, 17–21 Settembre 1989. A cura di Gian Luca POTESTÀ (Genova 1991) S. 129–137, ebd. S. 130. Die vatikanische Handschrift enthält als einzige beide, die längere und (als Exzerpt) die kürzere Version.

[123] Vgl. *M* fol. 317rb–319ra, *Wr* fol. 18rb–19rb. Es handelt sich um eine (unvollständige) Fassung der kürzeren und vermutlich jüngeren Rezension der erithräischen Sibylle, ed. (nach mss. Biblioteca Vittorio Emmanuele 14 S. Pantaleone 31 und Paris BN 3319) Oswald HOLDER-EGGER, Italienische Prophetieen 2, S. 328–333 (der vollständige Text endet dort S. 335). Zum Text von *V₄* vgl. Jeanne BIGNAMI ODIER, Notes sur deux manuscrits, S. 232, N° 34.

[124] Vgl. *Wr* fol. 19va–21rb. Zum Text vgl. Oswald HOLDER-EGGER, Italienische Prophetieen 3, S. 102, und Jeanne BIGNAMI ODIER, Notes sur deux manuscrits, S. 232, N° 35. Es handelt sich um einen Ausschnitt aus der *Expositio Major super Sibillis et Merlino*, etwa am Beginn des zweiten Textdrittels, wahrscheinlich in einer bearbeiteten Fassung, bei dem die ursprüngliche Textanordnung verändert wurde, am Beginn des zweiten Drittels. Enthalten sind außerdem Teile des joachitischen Himmelsbriefs, ed. Matthias KAUP, Pseudo-Joachim Reads a Heavenly Letter: Extrabiblical Prophecy in the Early Joachite Literature.

[125] Jeanne BIGNAMI ODIER, Notes sur deux manuscrits, S. 232, N° 35 hat hier „confringendus", ebenso wie *Wr*.

[126] Ed. Ernst SACKUR, Sibyllinische Texte und Forschungen, S. 80–96, vgl. Oswald HOLDER-EGGER, Italienische Prophetieen 3, S. 102. Es handelt sich um ein Fragment der als *Recensio 2* bezeichneten Textfassung der *Revelationes* des Pseudo-Methodius, vgl. Marc LAUREYS, Daniel VERHELST, Pseudo-Methodius, *Revelationes*, bes. S. 127, N° 125. Vgl. *M* fol. 180rb–182va, *Wr* fol. 37ra–39ra (die Handschriften in Madrid und Breslau tauchen in der Liste der Editoren nicht auf), vgl. S. 271, Anm. 39. Zu dieser Textfassung vgl. auch Hannes MÖHRING, Der Weltkaiser der Endzeit, Kap. Die lateinische Kurzfassung der Weissagung des Ps.-Methodius, S. 136–143.

fol. 28ra–33rb Joachim von Fiore (Ps.), *De oneribus prophetarum* (Fragment)[127] Inc.: Henrico sexto inclito romanorum imperatore augusto frater Ioachim dictus abbas Expl.: arescentibus siti ceteris ipsi vastitatis in edia interibunt.

fol. 33rb–37vb Joachim von Fiore, *Exceptiones sunt de Apocalipsi*[128] Inc.: Concordat iusiurandum VI angeli per quem tempus istud intelligitur.

fol. 38ra *De ortu, vita et morte Antichristi*[129] Inc.: Nascetur antichristus de tribu dan Expl.: Explicit expositio Ieremie de nativitate, vita et morte antichristi.

fol. 38ra–vb *Liber Acham*[130] Inc.: Hec expositio est libri filii Acab Expl.: et dabitur dolor et miseria super Egyptum.

---

[127] Vgl. *M* fol. 300va–307vb, *Mi* fol. 52vb–62vb, *P₅* fol. 1v–15r, *V₄* fol. 14ra–vb, *W* fol. 89ra–98va, *Wr* fol. 21va–29rb, ed. (u. a. nach *V₄*) Oswald HOLDER-EGGER, Italienische Prophetieen 3, S. 139–174; der dort S. 174–187 folgende Textteil steht in *V₄* fol. 14ra–vb. Zum Text vgl. S. 272, Anm. 45 und Friedrich STEGMÜLLER, Repertorium biblicum medii aevi 3, S. 229, N° 4036.

[128] Vgl. Jeanne BIGNAMI ODIER, Notes sur deux manuscrits, S. 232f., N° 38, Friedrich STEGMÜLLER, Repertorium biblicum medii aevi 3, S. 233, N° 4051,1. Da *Wr* fol. 29rb–35vb die nämlichen Auszüge geboten werden (was Friedrich Stegmüller entging), wird für eine genauere Beschreibung und zur Identifizierung der einzelnen Texte, soweit sie nicht bereits durch Jeanne Bignami Odier vorgenommen wurde, auf die Beschreibung der Breslauer Handschrift verwiesen.

[129] Vgl. *Wr* fol. 36ra. Jeanne BIGNAMI ODIER, Notes sur deux manuscrits, S. 233, N° 39, verweist hier auf die bei Ernst SACKUR, Sibyllinische Texte und Forschungen, edierten Texte des Pseudo-Methodius, S. 94 und des Adso von Montier-en-Der, *De ortu et tempore Antichristi*, S. 106 (dasselbe CM 45, S. 23, Z. 19–24, PL 101, Sp. 1292B). Außer der dort wie bei vielen anderen Autoren wiederholten These von der Abstammung des Antichristen aus dem Stamm Dan ist keine Gemeinsamkeit mit dem vorliegenden Text bemerkbar, die für mehr als inhaltliche Verwandtschaft mit den genannten Texten sprechen. Vgl. Friedrich STEGMÜLLER, Repertorium biblicum medii aevi 3, S. 233, N° 4054,1.

[130] Vgl. *Wr* fol. 36ra–37ra. Zum Text vgl. Friedrich STEGMÜLLER, Repertorium biblicum medii aevi 3, S. 237, N° 4072 und Oswald HOLDER-EGGER, Italienische Prophetieen 3, S. 103. Nach Hannes MÖHRING, Der Weltkaiser der Endzeit, S. 188–191, wurde diese Weissagung während des fünften Kreuzzugs, angeblich aus dem Arabischen stammend, bekannt. Sie beschäftigt sich mit der Einnahme von Damiette am 5. November 1219. Die Prophetie existiert in zwei Versionen. Der als Verfasser der zweiten Version (in vielen Schreibweisen) genannte Achab ist kaum zu identifizieren, vgl. ebd. Anm. 31. Unter den bekannten Handschriften wird auch *V₄* aufgeführt ebd. Anm. 32, nicht jedoch *Wr*. Vgl. auch Agostino PERTUSI, Fine di Bizanzio e finde del mondo. Significato e ruolo storico delle profezie sulla caduta di Costantinopoli in oriente e in occidente (Edizione postuma a cura di Enrico MORINI, Istituto Storico Italiano per il Medio Evo, Nuovi studi storici 3, Rom 1988), S. 30f. Sie ist (nach einer anderen Handschrift) ediert von Reinhold RÖHRICHT, Quinti belli sacri scriptoris minores (Publications de la Société de l'Oriente Latin, Série historiographique 2, Genf 1879).

fol. 38vb Nota <u>Inc.</u>: Legitur in libro Clementis.

fol. 39ra–100ra *Verba Yeremie*[131] <u>Inc.</u>: Verba yeremie filii elchie de sacerdotibus . . . Si tempus regum sub quibus exorsus est predicare yermias attendimus <u>Expl.</u>: Sane imperium constantinopolitanum revertetur ad grecos. et ex britanis multi fient incole sicilie regionis. In ipso quoque finietur imperium. quia et si successores sibi fuerunt tamen imperiali vocabulo ex romano fastigio privabuntur.

fol. 100ra–b *Prophetia ignota [Sibilla Samia]*[132] <u>Inc.</u>: Exaltabitur roma contra romanum <u>Expl.</u>: Decor in dedecus convertetur et gaudium multorum erit lucens.

fol. 100rb *alii versus de eodem* (Johannes von Toledo)[133] <u>Inc.</u>: Rex novus eveniet toto ruiturus in orbe <u>Expl.</u>: Sic uni cause pastor et unus erit.

fol. 100rb Tempus erit sub quo Cremonam Crema cremabit. Flores Pipinorum teminabunt aquilamque leonem. Karolus orbis honor orbis et ipse dolor.[134]

fol. 100va–104rb <u>Inc.</u>: Ecce autem egressus est filius mulieris israhelite <u>Expl.</u>: quod a castris fidelium exclusus sit et alienus spiritu sancto.[135]

fol. 104rb *Testamentum opusculorum domini abbatis Ioachim de Flore*[136] <u>Inc.</u>: Universis quibus littere iste ostense fuerint <u>Expl.</u>: de talento scientie

[131] Ed. Venedig 1515, 1525, Köln 1577. Vgl. *D* fol. 132–175, *M* fol. 185ra–267va, *V₄* fol. 21ra–24rb, *Wr* fol. 13vb–18rb. Weitere Textzeugen nennt Marjorie REEVES, The Influence of Prophecy, S. 519f. Der Schluß des hier vorliegenden Textes ist mit dem der Dresdner Handschrift identisch. Es handelt sich hier um die längere Version des *Super Ieremiam*, vgl. Robert MOYNIHAN, The manuscript tradition of the *Super Hieremiam* and the Venetian editions of the early sixteenth century, S. 130. Die vatikanische Handschrift enthält als einzige beide, die längere und die kürzere Version.

[132] Vgl. mss. *A* fol. 149r, *M* fol. 319ra–b, *V₄* fol. 17ra, *Wr* fol. 6ra; Transskription des Textes nach zwei anderen Handschriften bei Oswald HOLDER-EGGER, Italienische Prophetieen 1, S. 178, vgl. 3, S. 101. 104, ed. Matthias KAUP, *De prophetia ignota*, S. 174–179. Diese und vier weitere Handschriften nennt ders., S. Xf.

[133] Vgl. *Wr* fol. 6va–b. Zu diesen Versen und ihrer Zuschreibung zu Johannes von Toledo Oswald HOLDER-EGGER, Italienische Prophetieen 2, S. 380–384. Sie sind transskribiert ebd. 3, S. 104. Vgl. Jeanne BIGNAMI ODIER, Notes sur deux manuscrits, S. 234, N° 44, und Hannes MÖHRING, Der Weltkaiser der Endzeit, S. 295.

[134] Dieselben Verse *Wr* fol. 6vb. Sie sind abgedruckt bei Oswald HOLDER-EGGER, Italienische Prophetieen 3, S. 105, und fehlerhaft transskribiert bei Jeanne BIGNAMI ODIER, Notes sur deux manuscrits, S. 234, N°ˢ 45–47.

[135] Jeanne BIGNAMI ODIER, Notes sur deux manuscrits, S. 234, N° 48, nimmt mit Heinrich Denifle an, daß es sich bei diesem Kommentar zu Lev. 24,10 um Auszüge aus einem Werk Joachims handeln könne. Dafür gibt es bis jetzt noch keinen Nachweis. Vgl. *Wr* fol. 42vb–47vb.

[136] Ed. in: Concordia novi ac veteris testamenti (Venedig 1519, Nachdruck Frankfurt/Main 1964) S. 1.

tibi commisso satisfactione placare. Datur lateran. vi^c idus Iunii pontificatus nostri anno primo.

fol. 104va–108va Joachim von Fiore, *Enchiridion* (Fragment)[137] Inc.: Nunc de concordia II testamentorum agendum est Expl.: Cum autem venerit quod perfectum est evacuabitur quod ex parte est.

fol. 108vb Joachim von Fiore, *Praephatio in Apocalypsin* (Fragment)[138] Inc.: Sexta pars libri in messione Expl.: ad quam nos perducat dominus. amen.

fol. 108vb–109ra Inc.: Bilibris tritici denario uno quatuor sunt sacre scripture intellectus Expl.: intellectu sanam fides serves[139] (fol. 109v–111v leer)

fol. 112r–v *Visio et prophetia Norsei viri Dei*[140] Inc.: Postquam Bap rex armenorum Expl.: Christi amen fiat.

Literatur: Oswald HOLDER-EGGER, *Italienische Prophetieen des 13. Jahrhunderts* 3, Neues Archiv 33 (1908) S. 97–105, Jeanne BIGNAMI ODIER, *Notes sur deux manuscrits de la Bibliothèque du Vatican contenant des traités inédits de Joachim de Flore*, Mélanges d'Archéologie et d'Histoire [École Francaise de Rome] 54 (1937) S. 219–235, Leone TONDELLI, Marjorie REEVES, Beatrice HIRSCH-REICH, *Il Libro delle Figure dell'abbate Gioacchino da Fiore* 2 (Torino 1953) S. 16f., Kurt-Victor SELGE, *Ein Traktat Joachims von Fiore über die Drangsale der Endzeit: De ultimis tribulationibus*, Florensia 7 (1993) S. 11, Gian Luca POTESTA, *Die*

---

[137] Ed. Edward Kilian BURGER (Pontifical Institute of Medieval Studies. Studies and Texts 78, Toronto 1986) S. 32–48. Vgl. *Wr* fol. 47vb–53rb.

[138] Jeanne BIGNAMI ODIER, Notes sur deux manuscrits, S. 234, N° 51, gibt an, daß es sich hierbei gleichfalls um einen Auszug aus dem *Enchiridion* handelt. Es handelt sich jedoch um den Schlußabschnitt einer anderen Einleitung Joachims in seinen Apokalypsenkommentar, nämlich der sogenannten *Praephatio super Apocalipsin*, ed. Kurt-Victor SELGE: Eine Einführung Joachims in die Johannesapokalypse, S. 130f. In dem der vatikanischen Handschrift eng verwandten Breslauer Codex findet sich der nämliche Textauszug fol. 54rb. Das Vorhandensein des kurzen Textauszugs in den beiden Handschriften wurde vom Editor der *Praephatio* bereits festgestellt.

[139] Transskription bei Jeanne BIGNAMI ODIER, Notes sur deux manuscrits, S. 232f., N° 52. Die Ähnlichkeit mit der genannten *Concordia*-Stelle fol. 40rb ist nicht überzeugend, während *Expositio* fol. 115ra–b (nicht, wie angegeben, 115v) zwar sinngemäß verwandt, aber doch unmöglich identisch mit dem Text ist. Daß der Text, der hier und in der Breslauer Handschrift fol. 54rb–va dem Schlußabschnitt der *Praephatio* folgt, in einem weiteren, jedoch vollständigen Textzeugen der *Praephatio* ebenfalls direkt auf diese folgt, nämlich in der Handschrift Zwettl, Stiftsbibliothek, ms. 326, fol. 10ra–b, erwähnt Gian Luca POTESTÀ, Die Genealogia, S. 61, Anm. 24.

[140] Vgl. *Wr* fol. 6vb–8ra, ed. nach *V₄* und einer weiteren vatikanischen Handschrift von Agostino PERTUSI, Fine di Bizanzio e finde del mondo, S. 130–135. Vgl. Friedrich STEGMÜLLER, Repertorium biblicum medii aevi 3, S. 240, N° 4088. Bei Norseus handelt es sich um Nersês, armenischer Patriarch, „vissuto sotto i re Aršak III (349–368) e Pap (369–374), che resse la sua chiesa dal 353 al 358 e dal 364 al 373, anno della sua morte", ebd. S. 135. Der Entstehungszeitraum der Prophetie liegt vermutlich in der ersten Hälfte des 12. Jahrhunderts, ebd. S. 148.

Genealogia. Ein frühes Werk Joachims von Fiore und die Anfänge seines Geschichtsbildes, Deutsches Archiv für Erforschung des Mittelalters 56 (2000) S. 55–101, Fabio Troncarelli, Il *Liber figurarum* tra „gioachimiti" e „gioachimisti", in: Gioacchino da Fiore tra Bernardo di Clairvaux e Innocenzo III. Atti del 5° Congresso internazionale di studi gioachimiti. S. Giovanni in Fiore, 16–21 settembre 1999, a cura di Roberto Rusconi (Opere di Gioacchino da Fiore: testi e strumenti 13, Rom 2001) S. 273–277.

W Weimar, Herzogin Anna Amalia Bibliothek, ms. Q 33, fol. 58va–59vb.

Pergament, 251+I fol., je 1 Papierdeckblatt vorn und hinten, 225 × 165–170mm, Halbledereinband um 1800, Deckel aus Pappe mit Marmorpapier überzogen, 2 Schließen, auf dem Rücken eingeritzter Titel *Ioachimi Proph. opuscula* und ein Signaturenschild der Weimarer Bibliothek.

Die einzelnen Teile des Codex stammen aus dem 13. und 14. Jh. und sind vermutlich in Italien und Flandern entstanden. Derjenige, zu dem *De septem sigillis* zählt, ist mit Fleuronné geschmückt und geht wohl auf die Mitte des 13. Jahrhunderts zurück. Ein Besitzvermerk des 15. Jahrhunderts am Anfang des *Breviloquium* fol. 114r weist nach Leest bei Mechelen im heutigen Belgien.[141] Mehrere seiner Teile sind unvollständig, einzelne, unterschiedlich große Lagen sind nachträglich hinzugefügt worden. Auch die Lagen sind vielfach Flickwerk und kaum regelmäßig.

Wie Johann Matthias Gesner (1691–1761, Bibliothekar 1723–1728) berichtet, stammt die Handschrift aus dem Besitz Conrad Samuel Schurzfleischs (1641–1708), Direktor der Bibliothek von 1706 bis zu seinem Tod. Sie befindet sich seit 1722 im Besitz der Weimarer Bibliothek.

Lagenformel:[142] 3 IV^{24} + (IV–1)^{31} + IV^{39} + (V–1)^{48} + IV^{56} + (I–1)^{57} + 2 VI^{81} + (IV–1)^{88} + VI^{100} + III^{106} + III^{112} + (I–1)^{113} + V^{123} + IV^{131} + III^{137} + 2 IV^{153} + II^{157} + (IV–1)^{164} + (IV–1)^{171} + 2 IV^{187} + V^{197} + IV^{205} + (II–1)^{208} + 5 IV^{248} + (II–1)^{251}

---

[141] Nach Herrmann Keussen, Die Matrikel der Universität Köln 3 (Bonn 1931) S. 34, immatrikulierte sich im Jahr 1438 ein Egidius aus Mechelen an der Universität Köln, wo er bis mindestens 1440 studierte. Er ist möglicherweise identisch mit dem im Besitzvermerk genannten Priester Egidius von Leest (bei Mechelen).
[142] Die Lagenformel und weitere Ergänzungen der Handschriftenbeschreibung verdanke ich Dr. Betty Bushey, Kassel, die die Handschriften der Herzogin Anna Amalia Bibliothek katalogisiert.

Inhalt:

fol. 1ra–48va Joachim von Fiore, *Exceptiones librorum viri eruditissimi venerabilis Ioachim primi florencium abbatis de pressuris seculi et mundi fine [Concordia veteris ac novi testamenti]* (Auszüge)[143] Inc.: Quia labentis ac perituri seculi Expl.: deus clariora adhuc facere misteria sua. explicit concordia.

fol. 48va–57ra Joachim von Fiore, *Liber introductorius in Apocalypsin* (Auszüge)[144] Inc.: Incipit prologus in exposicione apocalipsis. Quam propensoribus [*sic*] studiis etc. loquar ego Expl.: et regni eius non erit finis quomodo hec succincte nimis etc.

fol. 57ra–57vb Joachim von Fiore, *Psalterium decem chordarum* (kurze Exzerptfassung)[145] Inc.: Incipit Psalterium decem cordarum. Harmonie genera et cetera. Liber secundus. Inter ceteros sollempnes et cetera. Expl.: et in minori divisione etc. Explicit Psalterium decem cordarum.

fol. 58r Figur des Psalteriums

fol. 58va–59vb Joachim von Fiore, *De septem sigillis* Inc.: Primum sigillum sub hoc tempore Expl.: et erit in ea gaudium domini sempiternum.

fol. 59vb–88ra Joachim von Fiore, *Enchiridion*[146] Inc.: Quam propensioribus studiis a viris catholicis et orthodoxis Expl.: magis autem ex tunc et usque in secula seculorum amen. Expliciunt [sic] encheridion super librum apochalipsis. (fol. 88rb–vb leer)

fol. 89ra–vb Joachim von Fiore (Ps.), *Super Sibillis et Merlino*[147] (Fragment) Inc.: quia destructa sunt Expl.: anxius non adducat.

---

[143] Editio Venetiana fol. *2vb (Praefatio) – 135rb (lib. 5).

[144] Auszüge aus dem Prolog und dem *Liber introductorius* der *Expositio in Apocalypsin* zwischen fol. 1vb–24vb der Editio Venetiana.

[145] Sie findet sich ebenso in *Mi* fol. 45vb–47ra. Weitere Zeugen sind mss. London, British Library Royal 8 F XVI, Paris, Bibliothèque Nationale lat. 16397, St. Petersburg, Russische Nationalbibliothek (früher Saltykov-Schtschedrin-Bibliothek) F. v. I, Nr. 37.

[146] Ed. Edward Kilian BURGER (Pontifical Institute of Medieval Studies. Studies and Texts 78, Toronto 1986), ed. Andrea TAGLIAPETRA, Gioacchino da Fiore sull'Apocalisse (Rom 1994).

[147] Vgl. *Mi* fol. 52ra–52vb. Dieser Text, der in der Handschrift als *prima distinctio* bezeichnet wird, auf die als *secunda* der ebensfalls joachitische Traktat *De oneribus prophetarum* folgt, ist Teil eines joachitischen Kommentars aus dem 13. Jahrhundert über die erithräische und die samische Sibylle sowie die *Verba Merlini*, der in verschiedenen Varianten überliefert wird, in einigen Fällen, wie hier und in der Mailänder Handschrift, in Verbindung mit *De oneribus prophetarum*. Eine Edition des Textes wird vorbereitet von Matthias Kaup, dem ich auch diese Auskunft verdanke.

fol. 89vb–98va Joachim von Fiore (Ps.), *De oneribus prophetarum* (Fragment)[148] Inc.: Pie petis sed minus pie Expl.: addende sunt alie due.

fol. 98va–100rb Joachim von Fiore (Ps.), *In Iezechielem*[149] Inc.: Incipit prologus dompni abbatis Joachimi in expositione Iezechielis prophete. Post Jeremiam prophetam Expl.: potestatis in vento turbinis accipitur.

fol. 100v am unteren Rand *Hugo venetianus [?] mihi ex una parte xxvij solidos . . .*

fol. 101ra–102ra Joachim von Fiore, *Universis Christi fidelibus*[150] Inc.: Universis christi fidelibus ad quos littere iste Expl.: qui redimat neque qui salvum faciat.

fol. 102ra–104rb Joachim von Fiore (Ps.), Politische Prophetie[151] Inc.: Postquam vero dissipatum fuerit regnum persarum Expl.: sibi munera mittent.

fol. 104va–105ra Augustinus, *De civitate Dei* (Fragment)[152] Inc.: De die ultimi iudicii Expl.: esse quod lateat (fol. 105rb–106vb leer)

fol. 107ra–va Hildegard von Bingen, *Epistula 84 (CC cont. med.) bzw. 51 (PL), Responsum Hildegardis* (Exzerpt)[153] Inc.: Ego paupercula ac indocta feminea forma quidam bestiam vidi cuius facies et anteriores pedes Expl.: qui in semetipsis confidentes de celesti gloria corruerunt.

fol. 107va–112rb Hildegard von Bingen, Zur Apokalypse (Exzerpt)[154] Inc.: Sanctus iohannes in apokalipsi de lacrimabili tempore istorum

---

[148] Vgl. *M* fol. 300va–307vb, *Mi* fol. 52vb–62vb, *P₅* fol. 1v–15r, *V₄* fol. 14ra–vb, fol. 28ra–33rb, *Wr* fol. 21va–29rb, ed. (u. a. nach *V₄*) Oswald HOLDER-EGGER, Italienische Prophetieen 3, S. 139–187. *W* bietet hier einen Text im nämlichen Umfang wie *Mi*, vgl. S. 278, Anm. 65. Zum Text vgl. S. 272, Anm. 45 und Friedrich STEGMÜLLER, Repertorium biblicum medii aevi 3, S. 229, N° 4036.

[149] Unediert. Derselbe Text begegnet in mindestens zwei weiteren Handschriften authentischer und pseudepigraphischer Werke Joachims von Fiore, nämlich Paris, Bibliothèque Nationale ms. lat. 16397, fol. 136r–138v, und London, British Library, ms. Royal 8. F. 16, fol. 44va–45vb.

[150] Vgl. *A* fol. 166vb, *Mi* fol. 47f., *P₅* fol. 19v–21v, *P₁₀* fol. 152va–b, *V₄* fol. 1ra–va, *Wr* fol. 10rb–12va. Weitere Textzeugen nennt Friedrich STEGMÜLLER, Repertorium biblicum medii aevi 3, S. 234, N° 4062, und Marjorie REEVES, The Influence of Prophecy, S. 517. Vgl. Jeanne BIGNAMI ODIER, Notes sur deux manuscrits, S. 220–223, N° 1.

[151] Derselbe Text steht *Mi* fol. 49ra–52vb, auch dort direkt hinter *Universis Christi fidelibus*. Eine genauere Untersuchung des Textes und seines Kontextes in den Handschriften steht noch aus.

[152] Es handelt sich um *De civitate Dei*, lib. XX, cap. 1 und 2, SL 48, S. 699, Z. 1–S. 701, Z. 50, PL 41, Sp. 657–661.

[153] CM 91, S. 196, Z. 225–S. 198, Z. 284, PL 197, Sp. 264D–266A.

[154] Möglicherweise: *Analecta Sanctae Hildegardis Opera*, ed. Jean Baptiste PITRA (Analecta sacra [Spicilegio Solesmensi parata] 8, Paris 1883, Nachdruck 1966) S. 488.

<u>Expl.</u>: ipsi laus et imperium per immortalia secula seculorum. amen.
fol. 112rb–113va Hildegard von Bingen, *Liber divinorum operum simplicis hominis* (Exzerpt)[155] <u>Inc.</u>: Prophetia quippe ut prefatum est tunc aperta erit <u>Expl.</u>: diviserunt sibi vestimenta mea et super vestem meam et cetera; <u>Inc.</u>: Denique cum incredule et horribiles gentes <u>Expl.</u>: quibus divino nutu prius affecti sunt.
fol. 113va–vb Hildegard von Bingen, *Scivias* (Exzerpt)[156] <u>Inc.</u>: Vidi ab aquilone et ibi quinque bestie stabant. de v. bestiis quarum una <u>Expl.</u>: debilitatis incurrere. alia autem.
fol. 114 am unteren Rand *Iste liber est domini Egidii sacerdotis dicti de Leest.*
fol. 114ra–137ra Bonaventura, *Breviloquium pauperi in sacra scriptura*[157] <u>Inc.</u>: [F]lecto genua mea ad patrem domini nostri iesu christi <u>Expl.</u>: qui est trinus et unus deus benedictus in secula seculorum amen.
fol. 137ra–vb Evangelienkommentare verschiedener Autoren[158] <u>Inc.</u>: Igitur tractans illud verbum mathei xix ecce nos reliquimus etc. <u>Expl.</u>: vel saltem divini illius edulii reliquis saginavi.
fol. 138ra–157rb Alain de Lille, *De arte praedicatoria*[159] <u>Inc.</u>: Vidit iacob scalam <u>Expl.</u>: unam petii a domino etc. (fol. 157v leer)
fol. 157rb zwei Additiones zu Petrus Comestor, *Historia scholastica* über das fünfmalige Vergießen des Blutes Christi und die Fünfteilung der Messe, und über das viermalige Ablegen seines Gewandes (Exzerpte)[160] <u>Inc.</u>: Prima effusio sanguis [sic] <u>Expl.</u>: ad embolismum; <u>Inc.</u>: Nota iiii^{or} depositiones <u>Expl.</u>: vino et aqua resperguntur.
fol. 158ra–164rb Irrtümerliste des Bischofs von Paris, Étienne Tempier, aus dem Jahr 1277[161] <u>Inc.</u>: Universis presentes litteras inspecturis Stephanus <u>Expl.</u>: diluvium ignis naturaliter (fol. 164v leer)

---

[155] *Liber divinorum operum simplicis hominis*, pars III, visio 5, cap. 20–22, CM 92, S. 440, Z. 32–S. 443, Z. 2 und cap. 24–25, S. 444, Z. 33–S. 446, Z. 30, PL 197, Sp. 1022D–1024C, Sp. 1025C–1027A.
[156] *Scivias*, lib. III, visio 11, CM 43A, S. 576, Z. 75–S. 579, Z. 169, PL 197, Sp. 709A–711A.
[157] Ed. *Opera omnia* 5 (Quaracchi 1891) S. 201–291.
[158] Die lose zusammengefügten Zitate entstammen unterschiedlichen Werken, z. B. Cyprians von Karthago, Gregors I., aber auch der *Glossa ordinaria*.
[159] Ed. PL 210, Sp. 111A–191C (der hiesige Text weicht davon stark ab).
[160] Ed. PL 198, Sp. 1622BC und 1616D–1617A.
[161] Die Liste ist abgedruckt bei Roland HISSETTE, Enquête sur les 219 articles condamnés à Paris le mars 1277 (Philosophes médiévaux 22, Louvain – Paris 1977) und Kurt FLASCH, Aufklärung im Mittelalter? (Excerpta classica 6, Mainz 1989), allgemein über die Ereignisse von 1277: Fernand VAN STEENBERGHEN, Die Philosophie im 13. Jahrhundert (München – Paderborn – Wien 1977, zuerst als La philoso-

fol. 165r–171v Alexander Nequam, *De nominibus utensilium* (unvollständig)[162] Inc.: Qui bene vult disponere Expl.: clavillam habet ne ob
errorem.

fol. 172r *Prologus Hieronymi in epistolas canonicas*[163] mit Glossen[164] Inc.:
Non est ita aput grecos qui integre sapiunt Expl.: nec sancte scripturae veritatem poscentibus denegabo; Inc.: Canonice dicuntur iste
epistole vel ideo quia in canone ecclesiastice Expl.: antequam ultio
celestis invisibiliter vel etiam visibiliter irruens procellat.

fol. 172r–180r *Epistula Iacobi* mit *Glossa ordinaria*[165] Inc.: Jacobus dei
ac domini nostri ihesu christi servus Expl.: per hoc ampliora gaudia
vite celestis sibi conquirit.

fol. 180v–188r *Epistula Petri I* mit *Glossa ordinaria*[166] Inc.: Advene latine,
grece proseliti, sic appellabant iudei Expl.: et a pressura diaboli non
potest esse immunis.

fol. 188r–193r *Epistula Petri II* mit *Glossa ordinaria*[167] Inc.: Istam eisdem quibus et primam scribit epistolam Expl.: de ecclesia tolluntur.
unde ad suam ipsorum perditionem est.

fol. 193v–201r *Epistula Iohannis I* mit *Glossa ordinaria*[168] Inc.: Scripserat
iohannes evangelista adversus dogmata hereticorum qui de verbi eter-
nitate Expl.: qui etiam mundum deo praeponunt idolatre sunt.

fol. 201v–202r *Epistula Iohannis II* mit *Glossa ordinaria*[169] Inc.: Cum
quidam dubitent utrum he due epistole Expl.: ego ex parte mea dico:
Gratia tecum amen.

fol. 202v–203r *Epistula Iohannis III* mit *Glossa ordinaria*[170] Inc.: Gaius
fide christi suscepta bonis in actibus Expl.: ut veritatis inimicos a
salute monstret extraneos.

fol. 203v–205v *Epistula Iudae* mit *Glossa ordinaria*[171] Inc.: Judas qui et

phie au XIIIe siècle, Philosophes médiévaux 9, Louvain – Paris 1966) S. 353f.,
452–457.

[162] Ed. A. SCHELER, Trois traités de lexicographie latine du XIIe et du XIIIe
siècle, Jahrbuch für romanische und englische Literatur 7 (1866) S. 58–74 und
155–73, dort S. 60–74 und 155–168.

[163] *Glossa ordinaria*, ed. Adolph RUSCH (Straßburg 1480/81, Nachdruck Turnhout
1992) vol. 4, S. 511.

[164] *Glossa ordinaria*, ed. RUSCH, vol. 4, S. 511 in marg.

[165] *Glossa ordinaria*, ed. RUSCH, vol. 4, S. 512–519.

[166] *Glossa ordinaria*, ed. RUSCH, vol. 4, S. 520 in marg. – S. 528 in marg.

[167] *Glossa ordinaria*, ed. RUSCH, vol. 4, S. 528 in marg. – S. 533 in marg.

[168] *Glossa ordinaria*, ed. RUSCH, vol. 4, S. 534 in marg. – S. 543 in marg.

[169] *Glossa ordinaria*, ed. RUSCH, vol. 4, S. 543 in marg. – S. 544.

[170] *Glossa ordinaria*, ed. RUSCH, vol. 4, S. 544 in marg. – S. 545 in marg.

[171] *Glossa ordinaria*, ed. RUSCH, vol. 4, S. 545 in marg. – S. 547 in marg.

tadeus contra eosdem fidei corruptores Expl.: quam volentibus et potens cui nil resistit.

fol. 206ra–208va Kommentar zum Prolog des Hieronymus zu den katholischen Briefen Inc.: Qui integre quia in greco fuerat Expl.: corporis venialiter peccatur (fol. 208vb leer).

fol. 209ra–rb Prolog zur Apokalypse Inc.: Johannes apostolus et evangelista dum tenetur in captione et exilio Expl.: post ea sibi videlicet sermo dei per angelum.

fol. 209rb–va *Glossa ordinaria, Prologus in Apocalipsim Johannis*[172] Inc.: Johannes apostolus et evangelista a domino christo electus atque dilectus Expl.: et querentibus laboris fructus et deo magisterii doctrina servetur.

fol. 209va Richard von St. Victor, Prolog zur Apokalypse[173] Inc.: Asia minor maioris asie pars est continens Expl.: ad confirmandam fidem quam docuerat scripsit evangelium.

fol. 209va–210rb *Glossa ordinaria, Praefatio Gilberti Pictaviensis*[174] Inc.: Apocalipsis hec inter libros novi testamenti prophetia vocatur Expl.: qui legit et qui audit verba prophetie huius idest apocalipsis.

fol. 210rb Gregor I., *Registrum epistularum* (Exzerpt)[175] Inc.: Grave nimis et procul a sacerdotes officio precium Expl.: si ex cadaveribus stridetis quolibet modo querere compendium.

fol. 210v–250r Apokalypse mit *Glossa ordinaria*[176] Inc.: Preparat auditores benivolos et attentos sicut et ibi iohannes vii. ecclesias Expl.: Amen confirmatio apostoli in verba christi.

fol. 250va–251rb *Glossa ordinaria, In Apocalypsim Iohannis cap. XXI* (Exzerpt)[177] Inc.: [Iaspis vi]ridis u[igorem fidei imma]rcescentem [significat] vel iaspis Expl.: colorum uarietas uirtutum multiplicitas. Finit de duodecim lapidibus.

(fol. 251v leer)

Literatur: Johann Matthias GESNER, *Serenissimo principi ac domino Wilhelmo Ernesto, duci Saxoniae . . . natalem sexagesimum secundum . . . pie gratulatus de com-*

---

[172] *Glossa ordinaria*, ed. RUSCH, vol. 4, S. 547.
[173] Richard von St. Victor, *In Apocalypsim Iohannis*, PL 196, Sp. 684C–686A (lediglich der Anfang ist in der Weimarer Handschrift leicht verändert).
[174] Ähnlich *Glossa ordinaria*, ed. RUSCH, vol. 4, S. 548b–549a (in anderer Reihenfolge).
[175] *Registrum epistularum*, lib. VIII, ep. 35, ed. Dag NORBERG, CClat 140A (Turnhout 1982) S. 560, lin. 5–S. 561, lin. 27, nach anderer Zählung (lib. IX, ep. III) PL 77, Sp. 940C–941B.
[176] *Glossa ordinaria*, ed. RUSCH, vol. 4, S. 549 in marg.–S. 578 in marg.
[177] *Glossa ordinaria*, ed. RUSCH, vol. 4, S. 576 in marg., PL 114, Sp. 748f.

missa fidei suae bibliotheca ducali, praesertim qua fuit Schurzfleischiana . . . in appendice notitia bibliothecae Schurzfleischianae (Weimar 1723) S. 49–53.

Wr WROCŁAW, Biblioteka Universytecka, ms. Rehdiger 280, alte Signatur S IV. 4. p. 3, fol. 11va–13ra.

Papier, 60 fol., 290 × 215mm, ab fol. 3 in 2 Kolumnen à 190 × 58mm beschrieben, 15. Jh., Italien.

Im Hauptteil des Codex von fol. 3–60 ist die Schrift identisch, während fol. 2 und fol. 60rb–vb von jeweils anderer, späterer Hand stammen (letzteres vermutlich eine italienische Humanistenschrift, geschrieben lt. Text 1515 in Venedig). Manche Überschriften sind rot, der Platz für Initialen blieb regelmäßig leer. Vor allem auf den letzten Blättern des Codex (fol. 54–60), in geringerer Dichte auch davor, sind womöglich gleichzeitig oder doch nicht viel später reichhaltige Marginal- und Interlinearglossen hinzugefügt worden. Das Papier weist mehrere unterschiedliche Wasserzeichen auf, die jedoch aufgrund ihrer Position in der Mitte eines Doppelblattes nur beschreibbar, jedoch kaum meßbar sind und deren Identifizierung daher schwer fallen dürfte.

Im Jahr 1974 wurde der Codex restauriert. Er stammt aus der Sammlung des Breslauer Kaufmannssohns und Handschriftensammlers Thomas Rehdiger (1540–1576)[178] und befand sich zuletzt im Besitz der Breslauer Stadtbibliothek, deren Stempel er trägt. Das Wappen Thomas Rehdigers auf dem ledernen Einband, das seinen Namen und das Motto „*Avec le temps*" trägt, wurde bei der Restaurierung erhalten, der schon im handschriftlichen Katalog von 1914 als nur noch in Restbeständen vorhanden bezeichnete Buchrücken auf die hintere Einbandinnenseite geklebt.[179] Außer einer durchgehenden Blattzählung, die möglicherweise auf den Bibliothekar O. Frenzel zurückgeht, von dem gleichfalls eine Notiz (aus dem Jahr 1868) im hinteren Einbanddeckel befestigt ist, ist eine weitere Zählung für fol. 8–54 festzustellen, die jedoch mit der erstgenannten identisch ist. In der Zusammensetzung der in ihm enthaltenen Texte, aber auch Textvarianten innerhalb derselben, weist dieser Codex eine nahe Verwandtschaft mit dem älteren ms. Vat. lat. 3822 auf.

---

[178] Zu Thomas Rehdiger vgl. Albrecht W. J. WACHLER, Thomas Rehdiger und seine Büchersammlung in Breslau (Breslau 1828).

[179] Der Titel, soweit noch lesbar, lautet: De Siby/lar: dictis/quaedam/Joach/ Abb/Cyrili/de Oracu.

Die Lagenformel lautet:[180] $I^2 + V^{12} + IV^{20} + 4V^{60}$.

Inhalt:

fol. 1r Cronica babiloniae (am oberen Rand, sonst leer), Signatur R 280 (fol. 1v leer)

fol. 2r–v Übersicht über einige Sibyllen (mit einem Auszug aus der 4. Ekloge des Vergil) Inc.: Famossisime [*sic*] doctor Sibilarum (einspaltig, später als das folgende)

fol. 3ra–5ra *Excepta de libro qui dicitur vasiliographus qui interpretatur imperialis scriptura quem sibilla dicta babilonica prophetissa tempore priami regis troye ad petitionem grecorum edidit [Sibilla Erithrea]*[181] Inc.: (R)equiritis a me, o illustrissima turba danaum, quatinus graios Expl. Et modicum tempus erit.

fol. 5ra–b Erläuterung zum Sibyllenkommentar Inc.: Expositio precedentis prophetie Sibille heritee non per totum sed solummodo de aliquibus nominibus Expl.: Requies Aquile est Trinacris idest Scicilia [*sic*].

fol. 5rb–6ra *Ex dictis Sibille Delfice [Sibilla Delphica]*[182] Inc.: Leo postquam revertitur ab insula Expl.: Trahamus bubalum ad loca bubali lacerantes et macerantes illos.

fol. 6ra *Sibilla delfica [Prophetia ignota/Sibilla Samia]*[183] Inc.: Excitabitur roma contra romanum Expl.: Et gaudium multorum erat lucens.

fol. 6ra–b *[Verba Merlini]*[184] Inc.: Primus F in pilis. Agnus et velus leo erit depopulator urbium iniusto preposito terminabit inter cornuum et cornicem Expl.: frustrabitur in eo qui maledixerint sibi.

---

[180] Für die Erstellung der Lagenformel danke ich Christoph Egger.

[181] Es handelt sich um einen Teil der längeren und vermutlich älteren Rezension des Kommentars zur erithräischen Sibylle, ed. (nach anderen Handschriften) Oswald HOLDER-EGGER, Italienische Prophetieen 1, S. 155–173, mit einer Auslassung S. 160f. Der hier vorhandene Text endet dort S. 170. Der Rest des Kommentars folgt unten fol. 8ra–9ra. Vgl. *P₅* fol. 37r–53r (vollständige Fassung) und *V₄* fol. Iv und 19va–20vb (zwei kürzere Fragmente).

[182] Vgl. *V₄* fol. 5v. Zum Text vgl. Friedrich STEGMÜLLER, Repertorium biblicum medii aevi 3, S. 241, N° 4095.

[183] Vgl. *A* fol. 149r, *M* fol. 319ra–b, *V₄* fol. 17ra–vb, fol. 100ra–b, ed. Matthias KAUP, *De prophetia ignota*, S. 174–179. Weitere Handschriften nennt ders., S. Xf.

[184] Vgl. *M* fol. 310va und *V₄* fol. 17ra, ed. (nach zwei früher bekannten Textzeugen) Oswald HOLDER-EGGER, Italienische Prophetieen 1, S. 175–177, der im dritten Teil seines Artikels Italienische Prophetieen S. 100f. den Text des vatikanischen Textzeugen mit dem der früher bekannten Handschriften vergleicht. Vgl. Friedrich STEGMÜLLER, Repertorium biblicum medii aevi 3, S. 238, N° 4077, und Matthias KAUP, *De prophetia ignota*, S. 114.

fol. 6rb–vb *Prophetia Johannis viennensis* [185] Inc.: Johannis viennensis dixit
in consilio lugdunii interrogatus de terra sancta anno domini mcclxxi-
iii Expl.: quorum comperatione ceteri religiosi seculares videbuntur.
fol. 6va–b *Versus* [186] Inc.: Rex novus eveniet totus ruiturus in orbe
Expl.: Sic uni cause pastor et unus erit.
fol. 6v 3 Verse [187] Inc.: Tempus erit sub quo Cremona Expl.: Karolus
orbis honor orbis et ipse dolor.
fol. 6vb–8ra *Visio et prophetia Norsei viri dei* [188] Inc.: Postquam Bap Rex
armenorum dedit potionem mortis sancto viro Norseo Expl.: et imple-
bitur terra omni bono multis temporibus ad laudem dei omnipotentis domini nostri iesu christi amen fiat.
fol. 8ra Joachim von Fiore (Ps.), Politische Prophetie [189] Inc.: (M)is-
terium quod absconditum fuit Expl.: et dominatores celi insidiabun-
tur ei.
fol. 8ra–9ra *Sequentia Sibille erithee* [190] Inc.: (P)ost abhominationem et
examen signa precedent Expl.: forte demonium voret avernus.
fol. 9ra Publius Ovidius Naso, *Ovidius de iuditio in primo metamorphoseos [Metamorphosen I, 256–261]* [191] Inc.: Esse quoque infans tempus
reminiscetur illud Expl.: Perdere et ex omni membros dimittere celo.
fol. 9ra–10ra Joachim von Fiore (Ps.), Fragment eines Kommentars
zur erithräischen Sibylle: *Joachim super heriteam ubi dicit: Post hec autem
veniet altera aquila habens pedes xxiiii et capita duo* [192] Inc.: (Q)uia semper

---

[185] Vgl. *V₄* fol. IIr. Transskription des Textes dieser Handschrift bei Jeanne BIGNAMI
ODIER, Notes sur deux manuscrits, S. 219f., Feuillets préliminaires N° 4.
[186] Dieselben Verse, jedoch in anderer Reihenfolge, in *V₄* fol. 100rb, vgl. Jeanne
BIGNAMI ODIER, Notes sur deux manuscrits, S. 234, N° 44. Sie sind abgedruckt bei
Oswald HOLDER-EGGER, Italienische Prophetieen 3, S. 104, vgl. Italienische Prophetieen
2, S. 380–384, und werden Johannes von Toledo zugeschrieben, vgl. Hannes
MÖHRING, Der Weltkaiser der Endzeit, S. 295.
[187] Dieselben Verse folgen auch in *V₄* fol. 100rb auf die vorigen, vgl. Jeanne
BIGNAMI ODIER, Notes sur deux manuscrits, S. 234, Nᵒˢ 45–47. Sie sind abgedruckt
bei Oswald HOLDER-EGGER, Italienische Prophetieen 3, S. 105.
[188] Vgl. *V₄* fol. 112r–v, ed. (nach *V₄* und einer weiteren vatikanischen Handschrift)
von Agostino PERTUSI, Fine di Bizanzio e finde del mondo, S. 130–135. Zur Prophetie
vgl. S. 294, Anm. 140.
[189] Vgl. *V₄* fol. 17ra.
[190] Es handelt sich um den letzten Teil der längeren und vermutlich älteren
Rezension der erithräischen Sibylle, ed. (nach anderen Handschriften) Oswald
HOLDER-EGGER, Italienische Prophetieen 1, S. 170–173, der unmittelbar an den früheren Teil fol. 3ra–5ra anschließt.
[191] Vgl. *P₅* fol. 53r, wo dieselben Verse zitiert werden.
[192] Der Text findet sich (fragmentarisch) wieder *M* fol. 308va und *V₄* fol. 14vb,
er ist hier am Schluß um zwei Sätze kürzer als *P₅* fol. 15r–17r, vgl. Friedrich
STEGMÜLLER, Repertorium biblicum medii aevi 3, S. 234, Nᵒˢ 4036 u. 4052. In den

in stipendiariis propriis vires suas hostis reparat <u>Expl.</u>: longe aliter quod in prophetia subsequitur disseramus.

fol. 10rb–11va Joachim von Fiore, *Universis Christi fidelibus*[193] <u>Inc.</u>: Universis Christi fidelibus ad quas littere iste pervenerint <u>Expl.</u>: dum non est qui redimat neque qui salvum faciat.

fol. 11va–13ra Joachim von Fiore, *Septem tempora veteris et novi testamenti [De septem sigillis]* <u>Inc.</u>: Sub hoc continetur de Abraham, Ysaac et Iacob <u>Expl.</u>: et erit in ea gaudium sempiternum amen.

fol. 13ra–va Joachim von Fiore (Ps.), *Epistola abbatis Joachim domino Valdonensis*[194] <u>Inc.</u>: (D)omino valdonensi dei gratia monasterii abbatis venerabili frater Joachim habundare in virtute <u>Expl.</u>: Valete in domino et orate pro me. Amen.

fol. 13va–b Joachim von Fiore (Ps.), Brief an Heinrich VI. als Einleitung des folgenden *Super Ieremiam*[195] <u>Inc.</u>: (H)enrico sexto inclito romanorum Augusto fr. Joachim dictus abbas floris . . . humiliari sub divine potentia maiestatis licet mee simplicitas inherciam <u>Expl.</u>: vestris imposteris durius provocare.

fol. 13vb–18rb Joachim von Fiore (Ps.), *In Hieremiam prophetam ad Henricum VI*[196] <u>Inc.</u>: (J)eremias propheta idcirco solus ad presens prescriptus dirigeri non quia cunctis <u>Expl.</u>: vexatio sub ecclesie fluctuatione consurget.

fol. 18rb–19va Joachim von Fiore (Ps.), *Expositio prophetie Heritee secundum Ioachim [Sibilla Erithrea] Sibilla Erithea (Excepta de libro qui dicitur*

---

[193] Vgl. *A* fol. 166vb, *Mi* fol. 47f., *P₅* fol. 19v–21v, *P₁₀* fol. 152va–b, *V₄* fol. 1ra–va, *W* fol. 101ra–102ra. Weitere Textzeugen nennt Friedrich STEGMÜLLER, Repertorium biblicum medii aevi 3, S. 234, N° 4062, und Marjorie REEVES, The Influence of Prophecy, S. 517. Vgl. Jeanne BIGNAMI ODIER, Notes sur deux manuscrits, S. 220–223, N° 1.

[194] Vgl. *P₅* fol. 34r–35r und *V₄* fol. 4ra–b. Der Text ist nach *V₄* abgedruckt bei Jeanne BIGNAMI ODIER, Notes sur deux manuscrits, S. 226f., N° 5.

[195] Zum Text vgl. folgende Anmerkung.

[196] Ed. Venedig 1515, 1525, Köln 1577. Vgl. *D* fol. 132–175, *M* fol. 185ra–267va, *V₄* fol. 21ra–24rb, fol. 39ra–100ra. Zum Text vgl. Friedrich STEGMÜLLER, Repertorium biblicum medii aevi 3, S. 231, N° 4039. Weitere Textzeugen nennt Marjorie REEVES, The Influence of Prophecy, S. 519f. Der Text ist identisch mit dem Text der vatikanischen Handschrift fol. 21ra–24rb, nach Robert MOYNIHAN, The development of the „Pseudo-Joachim" commentary „Super Hieremiam", S. 112, Anm. 7, und ders., The manuscript tradition of the *Super Hieremiam* and the Venetian editions of the early sixteenth century, S. 130, ein Exzerpt der kürzeren Fassung von *Super Ieremiam* (die Breslauer Handschrift fehlt in der Handschriftenliste Moynihans).

Vasilographus)[197] Inc.: (E)xquiritis me illustrissima turba danaum Expl.: in aquis adriaticis idest venetie ex desolatione etc.

fol. 19va–21rb Joachim von Fiore (Ps.), [*Expositio Sibille Erithee et Merlini*] (Fragment)[198] Inc.: (P)ost hec id est post mortem tuam Expl.: baculus arundineus in manu sit ecclesie confringendus.

fol. 21va–29rb Joachim von Fiore (Ps.), *Liber de honeribus prophetarum editus ab Abbate Joachimo [De oneribus prophetarum]*[199] Inc.: Henrico sexto inclito Romanorum imperatore augusto frater Joachim dictus abbas flori humiliari sub divine potentia maiestatis pie petis exponi tibi aliquid ex profectis Expl.: propter aureum ydolum in quo confidunt arescentibus siti ceteris ipsi vastitatis inedia interibunt.

fol. 29rb–30rb Joachim von Fiore, *Expositio in Apocalypsin* (5 Auszüge)[200] (1) Inc.: (C)oncordat iusiurandum sexti angeli per quem tempus istud intelligitur cum rugitu clamoris ad quid enim clamat et rugit sicut leo is qui librum manibus fert Expl.: quod dies novissimus in scriptura vocatur? (2) Inc.: Quia vero hec ipsa que de fine mundi dicuntur Expl.: in mari littera novi; (3) Inc.: Sed quare qui sic iurat Expl.: nichil sit impar, nichil minus; (4) Inc.: postea que dixerat Expl.: veritatis assentiet; (5) Inc.: nec putandum Expl.: et regibus multis.

---

[197] Vgl. *M* fol. 317rb–319ra, *V₄* fol. 24va–25rb. Es handelt sich um eine (unvollständige) Fassung der kürzeren und vermutlich jüngeren Rezension der erithräischen Sibylle. (nach mss. Biblioteca Vittorio Emmanuele 14 S. Pantaleone 31 und Paris BN 3319) Oswald HOLDER-EGGER, Italienische Prophetieen 2, S. 328–333 (der vollständige Text endet dort S. 335). Zum Text von *V₄* vgl. Jeanne BIGNAMI ODIER, Notes sur deux manuscrits, S. 232, Nº 34.

[198] Vgl. *V₄* fol. 25rb–26va. Zum Text (nach *V₄*) vgl. Oswald HOLDER-EGGER, Italienische Prophetieen 3, S. 102, und Jeanne BIGNAMI ODIER, Notes sur deux manuscrits, S. 232, Nº 35. Es handelt sich um einen Ausschnitt aus der *Expositio Major super Sibillis et Merlino*, etwa am Beginn des zweiten Textdrittels, wahrscheinlich in einer bearbeiteten Fassung, bei dem die ursprüngliche Textanordnung verändert wurde, am Beginn des zweiten Drittels. Enthalten sind außerdem Teile des joachitischen Himmelsbriefs, ed. Matthias KAUP, Pseudo-Joachim Reads a Heavenly Letter: Extrabiblical Prophecy in the Early Joachite Literature.

[199] Vgl. *M* fol. 300va–307vb, *Mi* fol. 52vb–62vb, *P₅* fol. 1v–15r, *V₄* fol. 14ra–vb, fol. 28ra–33rb, *W* fol. 89ra–98ra, ed. (u. a. nach *V₄*) Oswald HOLDER-EGGER, Italienische Prophetieen 3, S. 139–187. Zum Text vgl. S. 272, Anm. 45 und Friedrich STEGMÜLLER, Repertorium biblicum medii aevi 3, S. 229, Nº 4036.

[200] Es handelt sich um leicht modifizierte Auszüge aus *Expositio*, pars III, die hier unmittelbar aneinander anschließen, (1) Editio Venetiana fol. 139va–b, (2) fol. 140rb–vb, (3) fol. 141ra–b, (4) fol. 141va–b, (5) fol. 142ra–b, ähnlich *V₄* fol. 33rb–34ra, vgl. Jeanne BIGNAMI ODIER, Notes sur deux manuscrits, S. 232, Nº 38, 1ᵉʳ extrait. Zum Text vgl. Friedrich STEGMÜLLER, Repertorium biblicum medii aevi 3, S. 233, Nº 4051,1, der die Breslauer Handschrift hier nicht erwähnt.

fol. 30rb–vb Joachim von Fiore, *Expositio in Apocalypsin* (3 Auszüge)[201]
(1) <u>Inc.</u>: (Q)uis similis bestie etc. Prius desperabunt de victoria quam
perveniant ad bella <u>Expl.</u>: donec transeat indignatio etc.; (2) <u>Inc.</u>: Et
faciet omnes pusillos <u>Expl.</u>: undecimum regnaturus est; (3) <u>Inc.</u>:
Tempus primi sigilli ab abraham <u>Expl.</u>: consummatis autem pressuris istis adveniet tempus beatum et tempus quod erit simile solem-
nitate paschali.

fol. 30vb–35rb Joachim von Fiore, *Expositio in Apocalypsin* (16 Auszüge)[202]
(1) <u>Inc.</u>: (I)n consummatione laboris recte mentio fit de mensibus
quadraginta duobus hoc est de annis tribus et dimidio <u>Expl.</u>: appa-
ritoribus occisi sunt etc.;[203] (2) <u>Inc.</u>: Ut autem in fine primi status
<u>Expl.</u>: venenum suum fuit herodes;[204] (3) <u>Inc.</u>: et cum multorum tenet
opinio <u>Expl.</u>: god et magod etc.;[205] (4) <u>Inc.</u>: De bestia que ascendet
<u>Expl.</u>: publice non timebunt etc.;[206] (5) Quod autem dicit angelus
<u>Expl.</u>: dispareat usque in finem;[207] (6) <u>Inc.</u>: Si vero queritur cur ita
deus sanctos suos trucidari <u>Expl.</u>: misericordie recordare;[208] (7) <u>Inc.</u>
Sequitur dabo duobus testibus <u>Expl.</u>: convenire probatur;[209] (8) <u>Inc.</u>:
Et quidam [*sic*] ut in six <u>Expl.</u>: hoc est in Romano imperio;[210] (9)
<u>Inc.</u>: Anno ut fertur m.x.v. incarnationis dominice <u>Expl.</u>: prevalente

[201] Es handelt sich um z. T. gekürzte Auszüge aus *Expositio*, pars IV, Editio
Venetiana fol. 165va, fol. 168va–169rb, und ebd. *Liber introductorius*, fol. 9vb, die
unmittelbar aufeinander folgen, ähnlich V_4 fol. 34ra–va, vgl. Jeanne Bignami Odier,
Notes sur deux manuscrits, S. 232, N° 38, 2ᶜ–4ᶜ extrait.

[202] Vgl. V_4 fol. 34va–37va, Jeanne Bignami-Odier, Notes sur deux manuscrits,
S. 232f., N° 38, 5ᶜ–17ᶜ extrait.

[203] *Expositio*, *Liber introductorius*, Editio Venetiana fol. 5ra. Dieser und die beiden
folgenden Auszüge aus dem *Liber introductorius* wurden von Jeanne Bignami Odier
für V_4 fol. 34va–b als 5ᶜ extrait zusammengefaßt, jedoch nicht identifiziert.

[204] *Expositio*, *Liber introductorius*, Editio Venetiana fol. 9vb–10ra.

[205] *Expositio*, *Liber introductorius*, Editio Venetiana fol. 10vb–11ra.

[206] *Expositio*, pars III, Editio Venetiana fol. 119va–b. Vgl. V_4 fol. 34vb, Jeanne
Bignami Odier, Notes sur deux manuscrits, S. 232, N° 38, 6ᶜ extrait.

[207] *Expositio*, pars VI, Editio Venetiana fol. 196ra–b. Vgl. V_4 fol. 34vb, Jeanne
Bignami Odier, Notes sur deux manuscrits, S. 232, N° 38, 7ᶜ extrait. Der textlich
leicht veränderte Auszug konnte dort noch nicht identifiziert werden.

[208] *Expositio*, pars IV, Editio Venetiana fol. 166ra–b. Vgl. V_4 fol. 34vb–35ra, Jeanne
Bignami Odier, Notes sur deux manuscrits, S. 232, N° 38, 8ᶜ extrait; der leicht
veränderte Text ist dort noch nicht identifiziert.

[209] *Expositio*, pars III, Editio Venetiana fol. 145vb–148vb (mit einer Lücke 147va–
148vb). Vgl. V_4 fol. 35ra–va, Jeanne Bignami Odier, Notes sur deux manuscrits,
S. 232, N° 38, 9ᶜ extrait.

[210] *Expositio*, pars III, Editio Venetiana fol. 134rb. Vgl. V_4 fol. 35va, Jeanne Bignami
Odier, Notes sur deux manuscrits, S. 232f., N° 38, 10ᶜ–11ᶜ extrait; die dort als
zwei Texte aufgefaßten Auszüge konnten von ihr noch nicht identifiziert werden.

redactam;[211] (10) Inc.: Quasi pater venit ad nos Expl.: pervenitur ad istud;[212] (11) Videtur ergo opus pertinere Expl.: iubilationis tripudium;[213] (12) Inc.: (N)ota quod finis in divina pagina Expl.: finis dici possunt;[214] (13) Inc.: Similiter dies ultimus largo et stricto modo Expl.: simul cum sexta inchoata est;[215] (14) Inc.: (S)ignum magnum apparuit in celo mulier amicta sole Expl.: et hoc quidem quantum ad singulos;[216] (15) Inc.: Quid est quod primo archa testamenti Expl.: Ipse manna absconditum diligentibus se;[217] (16) Inc.: Est igitur hec mulier virgo que filio dei parturivit. dicitur in evangelio iohannis Expl.: hoc plane misterium si intellexissent greci iam intrassent nobiscum in monumentum scientes quod non est deus dissensionis sed pacis.[218]

fol. 35rb–vb Joachim von Fiore, *Expositio in Apocalypsin* (Auszug)[219] Inc.: (I)n sampsonis capite Expl.: quod non parum est laboris assumere.

fol. 36ra *De nativitate, vita et morte antichristi*[220] Inc.: (N)ascetur antichristus in babilonia de tribu dan. Iuxta quod dicit Iacob fiat dan

---

[211] *Expositio*, pars IV, Editio Venetiana fol. 164v–165r. Vgl. *V₄* fol. 35vb, Jeanne BIGNAMI ODIER, Notes sur deux manuscrits, S. 233, N° 38, 12ᵉ extrait.

[212] *Expositio*, pars I, Editio Venetiana fol. 85vb–86ra. Vgl. *V₄* fol. 35vb–36ra, Jeanne BIGNAMI ODIER, Notes sur deux manuscrits, S. 233, N° 38, 13ᵉ extrait; dieser und der folgende Auszug, die von ihr als zusammengehörig aufgefaßt werden, konnten dort noch nicht identifiziert werden.

[213] *Expositio*, pars I, Editio Venetiana fol. 85ra, vgl. *V₄* fol. 36ra und die vorige Anmerkung.

[214] *Expositio, Liber introductorius*, Editio Venetiana fol. 9va. Der folgende Textauszug aus pars III der *Expositio* schließt sich inhaltlich unmittelbar an; er wird darum auch für *V₄* fol. 36ra–b von Jeanne BIGNAMI ODIER, Notes sur deux manuscrits, S. 233, N° 38, 14ᵉ extrait, mit diesem zusammen als eine Einheit betrachtet. Da beide Texte leicht verändert wurden, konnten sie von ihr noch nicht identifiziert werden.

[215] *Expositio*, pars III, Editio Venetiana fol. 139vb–140ra. Vgl. *V₄* fol. 36ra und die vorige Anmerkung.

[216] *Expositio*, pars IV, Editio Venetiana fol. 154ra–155vb (gekürzt), vgl. *V₄* fol. 36rb–37ra, Jeanne BIGNAMI ODIER, Notes sur deux manuscrits, S. 232, N° 38, 15ᵉ extrait.

[217] *Expositio*, pars IV, Editio Venetiana fol. 156ra–b. Vgl. *V₄* fol. 37ra, Jeanne BIGNAMI ODIER, Notes sur deux manuscrits, S. 232, N° 38, 16ᵉ extrait.

[218] *Expositio*, pars III, Editio Venetiana fol. 143rb–144ra (der Text ist durch seine Einleitung verändert). Vgl. *V₄* fol. 37ra–va, Jeanne BIGNAMI ODIER, Notes sur deux manuscrits, S. 233, N° 38, 17ᵉ extrait.

[219] *Expositio*, pars I, Editio Venetiana fol. 43ra–va. Die Abfolge der einzelnen Sätze entspricht zwar nicht der der *Expositio*, sie entstammen ihr jedoch alle. Vgl. *V₄* fol. 37va–b, Jeanne BIGNAMI ODIER, Notes sur deux manuscrits, S. 233, N° 38, 18ᵉ extrait.

[220] Vgl. *V₄* fol. 38ra und Jeanne BIGNAMI ODIER, Notes sur deux manuscrits, S. 233, N° 39. Zu ihrem Identifikationsvorschlag vgl. S. 292, Anm. 129, zum Text vgl. Friedrich STEGMÜLLER, Repertorium biblicum medii aevi 3, S. 233, N° 4054,1.

sicut coluber <u>Expl.</u>: Quando post dominus venturus sit ad iudicium penitus ignoratur. Explicit expositio Jeremie de nativitate vita et morte antichristi.

fol. 36ra–37ra *Expositio libri filii Asab* [*sic*][221] <u>Inc.</u>: (H)ec expositio est libri filii acab qui erat phisicus <u>Expl.</u>: Flete super eam omnes qui habitatis orbem et dabitur dolor et miseria super egyptum.

fol. 37ra–39ra Methodius (Ps.), *Tractatus Methodii de fine mundi* (Fragment)[222] <u>Inc.</u>: (I)n novissimo milenario seu septimo tunc agente in ipso eradicabitur regnum persarum <u>Expl.</u>: Ex quo eripiamur per gratiam et humilitatem domini nostri Jesu Christi cum quo est pater una cum spiritu sancto omnis honor et gloria in secula seculorum. Amen. Explicit tractatus quem composuit methodius episcopus et martir de fine mundi secundum quod revelata fuit sibi a domino deo salutari [*sic*] nostro.

fol. 39ra–42vb Joachim von Fiore, *De ultimis tribulationibus*[223] <u>Inc.</u>: (D)e ultimis tribulationibus disputantes in opusculis nostris <u>Expl.</u>: intellectus cum dicit dominus de hora autem illa nemo scit neque angeli celi neque filius nisi solus pater.

fol. 42vb–47vb <u>Inc.</u>: (E)cce autem egressus est filius mulieris ysraelite que peperit de viro egiptio inter filios ysrael et iurgatus est <u>Expl.</u>: quod a castris fidelium exclusus sit et alienus spiritu sancto.[224]

fol. 47vb–53rb Joachim von Fiore, *Enchiridion* (Fragment)[225] <u>Inc.</u>: (N)unc de concordia duorum testamentorum agendum est, ut qualiter testamento veteri novum respondeat videamus <u>Expl.</u>: Cum autem venerit quod perfectum est evacuabitur quod ex parte est.

---

[221] Vgl. *V₄* fol. 38ra–vb. Zum Text vgl. S. 292, Anm. 130.

[222] Ed. Ernst SACKUR, Sibyllinische Texte und Forschungen, S. 80–96, vgl. Oswald HOLDER-EGGER, Italienische Prophetieen 3, S. 102. Es handelt sich um ein Fragment der 2. Rezension der *Revelationes* Pseudo-Methodius', vgl. Marc LAUREYS, Daniel VERHELST, Pseudo-Methodius, *Revelationes*: Textgeschichte und kritische Edition. Ein Leuven-Groninger Forschungsprojekt, in: Werner VERBEKE, Daniel VERHELST, Andreas WELKENHUYSEN (Hg.), The Use and Abuse of Eschatology in the Middle Ages, bes. S. 127, Nr. 127. Vgl. *M* fol. 180rb–182va, *V₄* fol. 26va–27vb (*M* und *Wr* tauchen in der Liste der Editoren nicht auf) und S. 271, Anm. 39. Zu dieser Textfassung vgl. auch Hannes MÖHRING, Der Weltkaiser der Endzeit, S. 136–143.

[223] Ed. Kurt-Victor SELGE, Ein Traktat Joachims von Fiore über die Drangsale der Endzeit, ed. E. Randolph DANIEL, Abbot Joachim of Fiore: The *De ultimis tribulationibus*. Vgl. *A* fol. fol. 151v–153v, *D* fol. 235r–237r, *V₄* fol. 15vb–17ra.

[224] Vgl. *V₄* fol. 100va–104rb. Der Kommentar zu Lev. 24,10 ist vermutlich (entgegen Jeanne BIGNAMI ODIER, Notes sur deux manuscrits, S. 234, N° 48) eher kein Werk Joachims.

[225] Ed. Edward Kilian BURGER (Pontifical Institute of Medieval Studies. Studies and Texts 78, Toronto 1986) S. 32–48. Vgl. *V₄* fol. 104va–108va.

fol. 53rb–vb Petrus Comestor, *Historia scholastica, Liber Danielis* (Fragment)[226] Inc.: Joachim de antichristo. (D)e antiocho tantum intelligendum est et erit in concupiscentiis feminarum. Nam antichristus castus erit Expl.: et stabis in sorte tua in fine dierum id est resurges in ordine tuo.

fol. 53vb–54ra Petrus Comestor, *Historia scholastica, Liber Danielis* (Fragment)[227] Inc.: (Q)uarta bestia que in quarta visione danielis describitur Expl.: Sed nisi abbreviate essent dies illi non salva fieret omnis caro.

fol. 54rb Joachim von Fiore, *Praephatio in Apocalypsin* (Fragment)[228] Inc.: (S)exta pars libri in messione seculi deputata est Expl.: et tunc vel revelabitur gloria civitatis superne ad quam nos perducat dominus. Amen.

fol. 54rb–va Inc.: (B)ilibris tritici denario uno quatuor sunt sacre scripture intellectus Expl.: quod in anagogico intellectu sanam fidem serves.[229]

fol. 54vb–60ra *Oraculum Cyrilli cum expositio abbatis Ioachim*[230] Inc.: Frater gilbertus anglicus ille magnus.

fol. 60rb–vb Bericht über die Predigt eines Luccheser Regularkanonikers vom 18. März 1515 Inc.: Dominus frater Petrus de luca ordinis canonicorum regularum sancti Augustini

Literatur: Kurt-Victor SELGE, *Ein Traktat Joachims von Fiore über die Drangsale der Endzeit: De ultimis tribulationibus*, Florensia 7 (1993) S. 13, Friedrich STEGMÜLLER, *Repertorium Biblicum Medii Aevi* 3 (Madrid 1951) S. 231–233, 235f., 241f., Kurt ALAND, *Die Handschriftenbestände der polnischen Bibliotheken* (Berlin 1956) S. 37.[231]

---

[226] Identifiziert (für V_4, der diesen Text fol. 12va–b enthält) von Jeanne BIGNAMI ODIER, Notes sur deux manuscrits, S. 229, vgl. S. 288, Anm. 108, ed. Jean Paul MIGNE, PL 198, Sp. 1465B–1466B.

[227] Identifiziert (in V_4, der diesen Text fol. 12vb–13ra enthält, nicht wie bei Bignami Odier angegeben, 13v) von Jeanne BIGNAMI ODIER, Notes sur deux manuscrits, S. 229, ed. Jean Paul MIGNE, PL 198, Sp. 1454B–1455C.

[228] Ed. Kurt-Victor SELGE, Eine Einführung Joachims in die Johannesapokalypse, S. 130f. Vgl. V_4 fol. 108vb.

[229] Vgl. V_4 fol. 108vb–109ra. Transskription des Textes der vatikanischen Handschrift bei Jeanne BIGNAMI ODIER, Notes sur deux manuscrits, S. 232f., N° 52. Zu seiner Identität vgl. S. 294, Anm. 139.

[230] *Incipit* der einzelne Textteile, Editionen und weitere Textzeugen nennt Marjorie REEVES, The Influence of Prophecy in the Later Middle Ages, S. 523f. Vgl. Friedrich STEGMÜLLER, Repertorium biblicum medii aevi 3, S. 236, N° 4069f.

[231] Dort wird für die Codices Rehdigeriani ein „handschriftliches Inventar in Karteiform" erwähnt, in dem Codex 280 lediglich als erhalten aufgeführt ist. Darüberhinaus existiert ein ungedruckter Katalog der Stadtbibliothek Breslau aus dem Jahr 1914.

ZUR GESTALT DES TEXTES IN
DEN HANDSCHRIFTEN

a) *Graphische Gestaltung und Anordnung des Textes*

Anordnung und Umgebung von *De septem sigillis* sind in den zwölf Codices sehr unterschiedlich. Die wahrscheinlich ursprüngliche Anordnung, die einer tabellarischen Darstellung entspricht, belegt durch Joachims Bezeichnung des Textes als einer *carta* in der Eröffnung des fünften Siegels (nicht ohne Grund gibt der Paduaner Codex mit der tabellarischen Anordnung gleichzeitig die Bezeichnung *carta* auf und ersetzt sie durch *liber*), ordnet die sieben Siegel oder *tempora* und ihre Eröffnungen in zwei nebeneinanderstehenden Kolumnen an, gefolgt von den beiden abschließenden Passagen, die mit *Consummatis ystoriis veteris testamenti* und *Consummatis operibus novi testamenti* beginnen. Doch diese Anordnung ist offenbar schon so früh verloren gegangen, daß sie nur noch in wenigen Handschriften erhalten und in einigen nicht einmal mehr erahnbar ist. In manchen Codices sind mehr als nur die Horizontale und die Vertikale der von Joachim angelegten *carta* durcheinandergeraten, so daß mitunter ganze Absätze wie das vierte Siegel in *Br* oder das sechste Siegel in *M* fehlen. Die Anordnung des Textes von *De septem sigillis* in den Manuskripten ist wie folgt:

A bietet den Text der Siegel und Eröffnungen fortlaufend, in zwei nicht parallelen Kolumnen, mit Initialen, ohne Überschriften, in dieser Reihenfolge:
A166ra 1. Siegel
A166ra–b 1. Eröffnung
A166rb 2. Siegel
A166rb 2. Eröffnung
A166rb–166va 3. Siegel
A166va 3. Eröffnung
A166va 4. Siegel
A166va 4. Eröffnung
A166va 5. Siegel
A166va–b 5. Eröffnung

A166vb 6. Siegel
A166vb 6. Eröffnung
A166vb 7. Siegel
A166vb 7. Eröffnung
A166vb Schlußpassage AT
A166vb Schlußpassage NT

Eine ebensolche Textgestalt präsentiert *Br*, wobei als Überschrift nur vor dem Text des ersten Siegels *Primum sigillum*, vor seiner Eröffnung *apertitio [sic] primi sigilli* steht. Überschriften und Initialen (letztere sind vorgezeichnet) fehlen.

Br100ra 1. Siegel
Br100ra 1. Eröffnung
Br100ra 2. Siegel
Br100rb 2. Eröffnung
Br100rb 3. Siegel
Br100rb 3. Eröffnung
Br100rb–va 4. Eröffnung
Br100va 5. Siegel
Br100va–b 5. Eröffnung
Br100vb 6. Siegel
Br100vb 6. Eröffnung
Br101ra 7. Siegel
Br101ra 7. Eröffnung/Schlußpassage AT/Schlußpassage NT

Die (absatzlose) Anordnung der letzten drei Absätze sowie die Auslassung des 4. Siegels in *Br* zeigen, daß der Text nach einer ebenso linear angeordneten Vorlage kopiert sein muß.

D bewahrt die ursprüngliche Gestalt der Textanordnung, so daß die Siegel und ihre Eröffnung in zwei Kolumnen symmetrisch nebeneinander angeordnet sind, links die sieben Siegel, rechts daneben ihre Eröffnung, darauffolgend links die Schlußpassage des alten Testaments, rechts die Schlußpassage der Zeit der Kirche. Bei fehlender Überschrift des Traktats werden den einzelnen Passagen Überschriften vorangestellt (*sigillum primum*, *apertio primi sigilli* etc.). Absatzzeichen sind vorhanden, eine Überschrift und Initialen fehlen. *D* bietet zusammmen mit *O* und P_{10} die beste Textgestalt hinsichtlich der Anordnung des Textes.

M bietet einen fortlaufenden Text mit nur einer Überschrift *De primo sigillo*. *Primum sigillum* mit Initiale und *percio primi sigilli* vor dem absatzlosen Beginn der Eröffnung des ersten Siegels. Absätze und

Absatzzeichen sind teils vorhanden, fehlen aber vor der 1. Eröffnung, dem 2. und 4. Siegel, die dem Vorangehenden nahtlos folgen. Das 6. Siegel fehlt zur Gänze. Der Eröffnung des 7. Siegels folgen ebenso übergangslos wie in *Br* die Schlußpassagen des AT und des NT. In der Kopfzeile sind *Enchiridion Ioachim super apocalypsin* bzw. *De principio a fine seculi* genannt, der vorangehende bzw. folgende Text, *De septem sigillis* nicht.

Mi bietet ebenfalls einen fortlaufenden, jedoch vollständigen Text ohne jede Überschrift, in dem Platz für (nicht ausgeführte) Initialen gelassen wurde, in der gleichen Anordnung wie in *Br* und *M*, ohne Überschriften. Jedes Siegel wie auch die Schlußpassagen beginnen mit einem Absatz.

NY hat in vier (fol. 47v) bzw. drei (fol. 48r) Kolumnen je ein Siegel und seine Eröffnung in einer Kolumne untereinandergeschrieben, wobei auf der ersten Seite vier, auf der zweiten Seite drei Kolumnen Platz finden. Die Schlußpassagen fehlen in *NY*. Als Überschrift begegnet nur *Primum, Secundum* etc. *sigillum*, die *apertiones* sind ohne Überschrift mit Absatz angefügt.

O hat wie *D* und P_{10} die ursprüngliche Anordnung des Textes weitgehend bewahrt und bringt dank seiner kleinen Schrift den Text der sieben Siegel auf einer Seite unter. In zwei mal zwei parallelen Kolumnen stehen jeweils links die Siegel, rechts ihre *apertiones*, wobei der meist längere Text der Eröffnungen sich, um Platz zu sparen, nach links, also unter den Text der Siegel, erstreckt, danach beide Schlußpassagen. Initialen und Überschriften (*Primum* etc. *sigillum, apertio eiusdem*), vermutlich vom selben Skriptor, sowie zierliche rote Rahmen erleichtern die Übersicht. Eine Überschrift des Textes fehlt.

P_5 hat einen fortlaufenden Text. Er beginnt ohne Überschrift mit dem Text des ersten bis siebten Siegels und der Schlußpassage zum AT, danach folgt die Eröffnung des siebten Siegels, die Schlußpassage zum NT und die erste bis sechste Eröffnung, jeweils ohne Überschrift, aber mit Initialen, wobei der mit *Relinquetur [sic]* beginnende Satz der Eröffnung des siebten Siegels wie ein eigener Absatz behandelt wird.

P_{10} bietet zusammen mit *D* und *O* graphisch die beste Darstellung des Textes, was aufgrund der außergewöhnlichen Größe des Codex leicht und übersichtlich auf einem Blatt möglich ist. Der Text hat keine Überschrift. In vier Kolumnen finden in der ersten und dritten die Siegel, rechts daneben in der zweiten und vierten Kolumne ihre Eröffnungen Platz. Davon abweichend wird nur der letzte Absatz der Eröffnung des fünften Siegels über die dritte und vierte Kolumnen hinweg geschrieben, was sicher aus inhaltlichen Gründen geschieht. Den Siegeln und ihren Eröffnungen ist jeweils eine Überschrift beigefügt.

V₄ folgt ursprünglich in der Reihenfolge der Anordnung der Siegel und ihrer Eröffnungen genau *P₅*, endet also ebenso mit der Eröffnung des 6. Siegels, was jedoch durch Zeichen am Rand und einen Hinweis am Ende des Textes korrigiert wird. Die falsche Position der Schlußpassage zum NT jedoch bleibt. *V₄* besitzt farbig ausgeführte Initialen und einige offenbar später hinzugefügte Überschriften zwischen den Absätzen, über dem ersten Absatz (fol. 1vb) *De VII tempora [sic] veteris testamenti* und *De VII tempora [sic] novi testamenti* über fol. 2va.

W folgt der bereits bei *(A)BrMMi* beschriebenen Anordnung, wobei ebenfalls nur das erste Siegel und seine Eröffnung eine Überschrift tragen, die übrigen mit Absatz und Initialen kenntlich gemacht sind und die Schlußpassagen des AT und NT in der bekannten Reihenfolge ohne merklichen Übergang auf die Eröffnung des siebten Siegels folgen.

Wr ist in seiner Anordnung der Textbestandteile *P₅* und *V₄* verwandt, jedoch nicht mit ihnen identisch. Wie sie beschreibt *Wr* erst die sieben Siegel (mit der Überschrift *Septem tempora veteri testamenti. Primum tempus continet de Abraham ysaac.*), dann die Schlußpassage zum AT, um dann jedoch richtig, überschrieben mit *Septem tempora novi testamenti. Primum tempus Ecclesiasticum*, die Reihe der Eröffnungen von der ersten bis zur siebten fortzuführen und mit der Schlußpassage zum NT zu schließen. Jeder Absatz hat eine farbige Überschrift sowie Platz für eine nicht ausgeführte Initiale.

Es ist anzunehmen, daß die ursprüngliche Anordnung des Textes einer zweisträngigen Tabelle entsprach, wobei Siegel und Eröffnungen einander in zwei parallelen Kolumnen gegenüberstanden. Der achte Abschnitt am Ende der Siegel und der am Ende ihrer Eröffnungen sind dabei wie ein weiteres Siegel mit Eröffnung zu behandeln. So findet sich die Einteilung des Textes als einer Tabelle in drei der vier ältesten und wertvollsten Textzeugen gut erkennbar wieder (so in *D*, *O*, *P₁₀*, nicht aber in *A*). Die Reihenfolge, in der die einzelnen Abschnitte so zu betrachten sind, ist dabei horizontal, indem jedem Siegel seine Eröffnung zugehört und beide in engem, wechselseitigen Bezug zueinander stehen, und gleichzeitig vertikal, indem die Reihe der Siegel parallel zu der der Eröffnungen vom ersten bis zum

siebten voranschreitet. Die Sonderrolle des achten Abschnitts und
die innere Bezugnahme des Anfangs der Reihe der Eröffnungen zum
Ende der Reihe der Siegel, die zusammen die Entsprechung – *concordia* – der beiden Reihen erst ermöglichen, sind dabei stets im Blick
zu behalten. Denn Joachim beabsichtigte nicht einfach eine Aneinanderreihung von Personen und Ereignissen der Geschichte des Volkes
Israel und der Kirche, sondern er will die inneren Zusammenhänge
der Ereignisse verstehen und das Verständnis dessen vermitteln, was
Gott mit dieser Geschichte beabsichtigt, deren Ursprung und Ziel
er ist.

b) *Zur Frage der Überschrift(en)*

Zum Kern des ursprünglichen Textbestandes gehörten die Über-
schrift(en) der *carta* und ihrer einzelnen Teile möglicherweise nicht.
Dafür spricht der Handschriftenbefund. Zudem sind Überschriften
in einer klar strukturierten Tabelle, die die Anordnung der Siegel
und ihrer Eröffnungen leicht erkennen läßt, auch nicht unbedingt
nötig. Die Notwendigkeit von Zwischenüberschriften wird umso grös-
ser, je weniger die ursprüngliche tabellarische Gestaltung des Textes
in zwei parallelen Spalten erhalten ist.[1] Fehlt das Gerüst der Tabelle,
geht die ursprüngliche Anordnung der einzelnen Absätze zunehmend
verloren, werden die wechselseitigen Beziehungen der Siegel und
Eröffnungen ohne Überschriften undurchsichtig. Überlange Sätze,
Aufzählungen mit einer Vielzahl paralleler Glieder, schematische, oft
wiederholte Formulierungen machen den Wortbestand von *De septem sigillis* fließender als den eines gewöhnlichen Prosatextes. Darum
haben Zwischenüberschriften die Funktionen der verlorengegange-
nen Struktur der Tabelle übernommen.

Der Text beginnt in den Handschriften meistens ohne eine Überschrift. Nirgends wird der Text mit einem *Incipit* oder *Explicit* eingeführt oder beendet. Auch ein entsprechender Kolumnentitel fehlt in
den Handschriften, denn dafür ist *De septem sigillis* zu kurz und ging
zwischen längeren Werken wohl einfach unter. Lediglich V_4 trägt als

---

[1] Für den Text von P_{10}, dessen Schreiber einen starken Hang zu Verbesserungen
und Präzisierungen seiner Vorlage beweist, ist es dabei kennzeichnend, daß er zwar
die Tabellengestalt des Textes bewahrt, dennoch aber auf Zwischenüberschriften
innerhalb dieser Tabelle nicht verzichtet.

(spätere) Kolumnentitel *De septem tempora [sic] veteris* bzw. *novi testamenti*, *Wr* weist denselben Titel am Anfang der Siegel bzw. der Eröffnungen auf, die beide nacheinander aufgeführt werden. In mehreren Handschriften dagegen werden die einzelne Siegel und Eröffnungen mit einem Kolumnentitel oder einer Absatzüberschrift versehen, die das Siegel oder seine Eröffnung nennt.

Falls solche Bezeichnungen der einzelnen Siegel und ihrer Eröffnungen nicht zum ursprünglichen Textbestand gehören, so sind sie zumindest wohl sehr alt. Bei einer Verwendung der *carta* zu Lehrzwecken wurden sie mindestens immer mitgenannt. Darum, aber auch der größeren Übersichtlichkeit willen werden sie in den Editionstext übernommen.[2]

Auch diejenigen Texte, die *De septem sigillis* in den erhaltenen Textzeugen umgeben, wie der *Liber figurarum* oder Teile desselben oder andere, zumeist kürzere Texten ̇oft prophetischen Charakters joachitischer Provenienz, weisen gewöhnlich weder Überschriften noch *incipit* oder *explicit* auf.

Zwar ist *Septem tempora* der einzige Titel, der in den Handschriften überliefert ist.[3] Seine beide Zeugen, die eng verwandt sind, sind jedoch reich an Fehlern und sekundären Zusätzen. Zudem ist in einem Fall dieser Titel lediglich ein sekundär beigegebener Kolumnentitel, im anderen zweigeteilt vor bzw. anstatt eines *incipit* je zu Beginn der beiden Textteile. Von einer regelrechten Überschrift kann also nicht die Rede sein. Ein Titel wie etwa *De septem temporibus* wäre daher äußerst schwach belegt.

Auch aus inhaltlichen Gründen erscheint *De septem sigillis* als Texttitel passender: Die Siegel sind nicht nur das Leitmotiv des Textes; auch ist die Konkordanz des Alten und Neuen Testaments und der Kirchengeschichte und der Ausblick in die Zukunft des Gottesvolkes und das Ende der Geschichte weder möglich noch sinnvoll ohne das Ereignis, das Joachim als die Eröffnung der Siegel begreift. Die Siegel sind die exegetische Grundlage des Textes, eine Bezugnahme, die mit den häufigen Verweisen auf die Teile der Apokalypse ebenso deutlich wird wie mit der Fülle biblischer Gestalten und Erzählungen

---

[2] Im textkritischen Apparat werden sie dabei wie der eigentliche Textbestand behandelt, so daß erkennbar bleibt, ob und welche Handschriften eine wie auch immer geartete Überschrift aufweisen.

[3] Vgl. die Beschreibung der Anordnung des Textes in den Handschriften V_1 und *Wr*.

in *De septem sigillis*. Ein Titel *De septem temporibus* ließe die Rolle der Siegel für die Einteilung der Zeiten ebenso unerwähnt wie die Dualität und *concordia* zwischen Siegel und Eröffnung, so daß er sich als Titel weniger eignet als das zutreffendere *De septem sigillis*. So ist dieser Titel zwar möglicherweise nicht authentisch, aber jedenfalls zutreffend und hilfreich.[4]

---

[4] Hinzu kommt die frühneuzeitliche Tradition dieses Titels, auf die auch Marjorie REEVES, The seven seals, S. 226, Anm. 54, hinweist. Einen Text mit diesem Titel nennen auch Joseph-Louis-Dominique DE CAMBIS MARQUIS DE VELLERON, Catalogue raisonné des principaux manuscrits du cabinet de M. Joseph-Louis-Dominique de Cambis, S. 653 (vgl. S. 270, Anm. 33), und Francois Armand GERVAISE, Histoire de l'Abbé Joachim (Paris 1745) S. 591. Obwohl diese Tradition allein als Argument für einen Texttitel *De septem sigillis* nicht ausreichte, bestätigt sie doch die getroffene Entscheidung.

ZUM VERHÄLTNIS DER HANDSCHRIFTEN

a) *Der Text in den Handschriften*

In den Marjorie Reeves und Beatrice Hirsch-Reich vorliegenden Handschriften befindet sich der Text immer in der Nähe des *Liber figurarum* oder Teilen desselben und konnte darum von ihnen als Einleitung des Figurenbuchs interpretiert werden. Zweifellos liegt der literarische Charakter von *De septem sigillis* als einer *carta*, wie sich der Text selbst in der Eröffnung des fünften Siegels bezeichnet, zwischen Joachims Schriften und den Bildern des *Liber figurarum* und steht letzteren mehr als nur räumlich nahe, wie es in den Handschriften der Fall ist. Daß *De septem sigillis* Einleitung und damit Bestandteil des *Liber figurarum* sei, wird sowohl durch die Mehrzahl der heute bekannten Textzeugen als auch durch den eigenständigen Charakter des Textes ausgeschlossen. Schon vor Joachim ist das Motiv der sieben Siegel in ähnlicher, kurzer Form abgehandelt worden.[1] Die literarische Form von *De septem sigillis* muß darum weder als neuartige Erfindung Joachims von Fiore gelten noch als Kompilation späterer Bearbeiter des *Liber figurarum*, die eine größere Nähe zu Joachims schriftlich fixiertem Werk herstellen wollten, sondern kann für sich stehen und betrachtet werden.[2]

Die Kürze des Texts, der offenbar vielfach abgeschrieben wurde, der tabellenartige Charakter der *carta*, überlange, oft parallel strukturierte Sätze voller listenartiger Aufzählungen, aber auch häufige Wiederholungen von Namen und Zahlen im Text bieten ideale Bedingungen für das Entstehen zahlloser Abschreibefehler und Varianten. Möglicherweise war der Kreis, der sich für diesen Text interessierte, nicht nur größer als der, der für gewöhnlich Joachims Werke abschrieb und las,[3] sondern hatte auch ein genuin anderes

---

[1] Vgl. hierzu E. Ann MATTER, The Pseudo-Alcuinian „De septem sigillis" und S. 37–54.

[2] Zu einem möglichen Sitz im Leben von *De septem sigillis*, nämlich der Lehr- und Vermittlungstätigkeit seines Verfassers, vgl. S. 250f.

[3] Marjorie REEVES, The seven seals, S. 212 äußert entsprechende Vermutungen vom Kreis derer, „who sought impatiently to know what he really forecast for the

Interesse und schenkte so dem einzelnen Buchstaben vergleichsweise wenig Beachtung. Dafür spricht auch die überlieferungsgeschichtliche Nähe zu joachitischen Prophetien, die in ähnlicher Weise tradiert worden sind. Vielleicht hatten die Kopisten und Leser hier mehr den Propheten als den Theologen Joachim im Blick; sie wollten autoritative Information, nicht Predigt und Lehre. Daß in den seit 1954 bekannt gewordenen Textzeugen *De septem sigillis* gewöhnlich in einem rein prophetisch-apokalyptischen Kontext steht – oft in Codices, die vornehmlich prophetische Texte joachitischer Provenienz bieten – paßt zu dieser Vermutung und hat den Streit um die Echtheit von *De septem sigillis* lange andauern lassen.

Ohne die ursprüngliche Anordnung des Textes als *carta*, wodurch späteren Abschreibern ganze Absätze wie das vierte Siegel in *Br* oder das sechste in *M* verloren gingen, wurde das Verständnis des Texts und der Abfolge der in ihm beschriebenen Zeitläufte zusätzlich verdunkelt. So erklärt sich, daß in einem verhältnismäßig kurzen Text eine Vielzahl von Varianten begegnet, die meist austauschbar sind und nur selten frühere oder spätere Textformen oder Verwandtschaftsverhältnisse unter den Handschriften erkennen lassen.

Beatrice Hirsch-Reich, der nur sechs der zwölf Textzeugen vorlagen, hielt es aufgrund mangelnder Aufweise von Verwandtschaftsverhältnissen der Handschriften nicht für sinnvoll, ein Stemma zu erstellen.[4] Das Bild, das die nun vorliegenden zwölf Handschriften entstehen lassen, ist etwas klarer. Das Verhältnis der Handschriften untereinander, wie es sich Beatrice Hirsch-Reich darstellt, wird durch die inzwischen hinzugekommenen Textzeugen im wesentlichen bestätigt, wobei sich nun deutlicher einzelne Gruppierungen herauskristallisieren.

Der auch 1954 als Leithandschrift verwendete Codex *O*, ein sehr alter und in seiner textlichen Überlieferung hervorragender Textzeuge, weist nur wenige Übereinstimmungen mit den anderen Handschriften auf, die auf ein engeres Verwandtschaftsverhältnis deuten könnten. Er hat einige Gemeinsamkeiten mit *A*, wobei *A* jedoch stärkere Ähnlichkeit mit den übrigen Handschriften aufweist als *O*. *O* ist die fehlerärmste Handschrift. Sicher hat sie keiner der anderen als Vorlage gedient.

---

future" und verweist auf „more popular elements in Joachim's thought", die für ein entsprechendes Publikum aufbereitet werden wollten.
   [4] Beatrice HIRSCH-REICH, The seven seals, S. 239.

Die Handschrift *A* wird von Beatrice Hirsch-Reich, im wesentlichen wegen ihrer vielen Berührungspunkte mit dem Oxforder Codex, als zweitbester Zeuge eingeschätzt.[5] Möglicherweise fällte sie dieses Urteil zu einem Zeitpunkt, zu dem ihr der Codex P_{10} noch nicht vorgelegen hatte. Dieser ist jedenfalls nicht wesentlich geringer einzuschätzen als jene beiden und bietet mitunter sogar als einziger Zeuge, auch an wichtigen Stellen, den richtigen Text.

O und P_{10} sind wohl, wenn auch aus unterschiedlichen Gründen und nur geringfügig höherwertig als *D* oder *A*, die besten Zeugen. Beide sind sehr frühe Textzeugen, oft einzige Zeugen einer richtigen Überlieferung von Text und Anordnung.[6] P_{10} als einzige Handschrift stellt die richtige Reihenfolge der im ersten Siegel beschriebenen Ereignisse her, die in allen anderen Handschriften verschoben erscheint.[7] An einer anderen Stelle hat allein P_{10} eine Textanordnung, die sinnvoll und möglicherweise sogar ursprünglich ist.[8] Bei den meisten der Änderungen und Zusätze dieser Handschrift handelt es sich deutlich

---

[5] Beatrice HIRSCH-REICH, The seven seals, S. 235.

[6] An einer signifikanten Stelle bieten beide gemeinsam, auch gegen *A* und *D*, den richtigen Text, nämlich unter Nennung des Holofernes als Akteur der atl. Verfolgung in der Eröffnung des sechsten Siegels.

[7] Allerdings wird von Morton W. BLOOMFIELD und Harold LEE, The Pierpont-Morgan Manuscript, S. 140 behauptet, *NY* habe mit P_{10} zusammen die richtige Anordnung. Das ist falsch; *NY* hat eine andere Anordnung als die übrigen Codices, anders auch als P_{10}, die jedoch auch nicht die richtige ist. – Problematisch wird mit der Lesart von P_{10} die notwendige doppelte Nennung der Namen Mose und Aaron, eine Wiederholung, die wenig zu dem sehr knappen Text von *De septem sigillis* zu passen scheint. Hat P_{10} wirklich eine ursprüngliche Anordnung wiederhergestellt? Fast wollen Zweifel daran aufkommen. An dieser Stelle ist vermutlich nicht zu entscheiden, wie der Text ursprünglich ausgesehen haben mag. In der Edition ist hier P_{10} folgend der „historisch richtigen" Reihenfolge der Vorzug gegeben worden, die plausibler erscheint als die der anderen Zeugen; sie kann jedoch, mit Rücksicht auf den besonderen Charakter des Zeugen P_{10}, nicht unbedingt als authentisch angesehen werden, sondern eher als frühe Konjektur eines intelligenten Kopisten, für die sich bislang keine besseren Alternativen ergeben haben.

[8] Es handelt sich um den mit *Et sciendum* beginnenden Passus am Ende der fünften *apertio*, der sich tatsächlich, wie in P_{10} dargestellt, auf beide Spalten, Siegel und *apertio*, bezieht und darum in P_{10} nach Siegel und Eröffnung über beide Spalten hinweg geschrieben wurde, keinesfalls um Platz zu sparen, sondern aus inhaltlichen Gründen. Doch auch in Joachims Hauptwerken finden sich mitunter unvermittelt eingeschobene Erläuterungen zum besseren Verständnis des Gesagten, die zwar auf weitere Textbereiche anzuwenden sind, deren Notwendigkeit ihm jedoch an einer bestimmten Stelle besonders unmittelbar deutlich wird. Eine Einleitung wie *et sciendum* ist dabei überaus typisch. Hier erscheint es Joachim besonders wichtig, gerade in der fünften Eröffnung, in der die Grenzen der Zeiten immer unschärfer erscheinen, sein Schema vom ineinandergreifenden Verlauf der *intitiatio*, *fructificatio* und *clarificatio* zu erläutern, das natürlich, wie er sagt, auf alle Zeiten anzuwenden ist,

um erklärende Zusätze eines klugen Kopisten, der seine Vorlage nach seinem Dafürhalten ergänzt und verbessert. Die abweichenden Lesarten von P_{10} sind darum auch dort, wo sie besser zu sein scheinen als die der anderen Codices, eher mehr oder weniger sinnvolle Rückkorrekturen als ursprüngliche Lesarten.[9] Ihnen ist darum nur dann der Vorzug zu geben, wenn sie (wie bei der Anordnung der Ereignisse im ersten Siegel) unzweifelhaft richtiger sind als die der anderen Zeugen, nicht jedoch nur darum, weil sie sinnvoll erscheinen. Weil P_{10} jedoch unzweifelhaft auf eine alte und gute Vorlage zurückgeht, ist dennoch möglich, und vieles spricht dafür, daß nicht wenige seiner Lesarten ursprünglich sind.

Die Handschrift A, die nur geringfügig, wenngleich unverkennbar weniger wertvoll für die Texterstellung ist als die beiden vorher genannten, weist nur wenig mehr als O Anzeichen engerer Verwandtschaft mit den anderen Handschriften auf. Daß sie bereits nicht mehr die ursprüngliche Gestalt des Textes als einer *carta* erkennen läßt (was in dem großformatigen Codex gewiß nicht aus Platzmangel geschieht), läßt ein wenig an dem Wert der ihr zugrundeliegenden Tradition zweifeln. Allerdings hat einmal A zusammen mit O die richtige Lesart, so im ersten Siegel *sinagoga Iudeorum*,[10] an zwei Stellen allerdings auch signifikante Fehler mit O gemeinsam.[11] Auch unter den seit der ersten Edition hinzugekommenen Handschriften ist keine, die A nah verwandt sein könnte, doch weist der Paduaner Codex mehr Berührungspunkte oder Koinzidenzen mit anderen, bestimmten Handschriften(gruppen) als D oder P_{10} auf. Wenn A vom Haupttext und damit gewöhnlich auch von O abweicht, geht es sehr häufig mit Kombinationen aus Br, M, W, oft auch D und Mi, V_4 und Wr, P_5 und (seltener) P_{10}, gelegentlich sogar NY zusammen.

---

dessen besondere Bedeutung jedoch gerade hier deutlich wird und zum Verständnis der fünften Eröffnung, anders als früher, unabdingbar ist. Darum ist aus inhaltlichen Gründen eher zu vermuten, daß diese allgemeine Anmerkung tatsächlich mitten in den Text der fünften *apertio* hinein gehört. Wenn tatsächlich P_{10} die ursprüngliche Anordnung bewahrte, so müßte erklärt werden, warum dieser Absatz in den anderen Codices mitten in den Text der Siegel hineingeriet, ein jedenfalls unwahrscheinlicher Vorgang; die umgekehrte Annahme, daß der Kopist von P_{10} ihn um seiner allgemeinen Gültigkeit willen dort entfernte und an das Ende des Siegels und der Eröffnung plazierte, scheint wesentlich plausibler.

[9] Dazu paßt, daß Gian Luca POTESTÀ, Die Genealogia, S. 83, in P_{10} „eine Tendenz zur erklärenden Ausführlichkeit" feststellt.

[10] Vgl. Beatrice HIRSCH-REICH, The seven seals, S. 236.

[11] Im ersten Siegel lassen beide „acceperunt" aus, im vierten Siegel schreiben beide „Azaelis regis" statt „Azaelis et regum".

In wesentlichen Zügen unverändert bleibt dagegen das Bild der Handschrift *D*, die auch unter den neu hinzugekommenen Handschriften keine ihr näher verwandte hat. Die sehr hohe Qualität des Textes dieser Handschrift in Bezug auf die Richtigkeit des Textes ebenso wie auf die Anordnung der einzelnen Kolumnen wird durch (leicht zu entlarvende) flüchtige Fehler, wie sie auch aus der Textüberlieferung des *Psalterium decem chordarum* bekannt sind, nur unbeträchtlich gemindert. Beatrice Hirsch-Reich erkannte bereits, daß die Handschrift von den anderen damals bekannten Textzeugen unabhängig ist.[12] Dies gilt auch im Verhältnis zu den seither hinzugekommenen Manuskripten. Lediglich ihre Einschätzung des Verhältnisses von *D* zu der Gruppe $P_5P_{10}V_4$ ist inzwischen insofern korrekturbedürftig, als sich eine Verwandtschaft, oder vorsichtiger gesagt Koinzidenz, nur in sehr wenigen Fällen und tatsächlich nur mit P_{10} ausmachen läßt. Diese Fälle sind jedoch keine signifikanten Varianten. Zu ihrer Betrachtung muß man jedenfalls auch die besonderen Charakteristika von P_{10} als einer nicht nur alten, sondern auch sehr eigenständigen Textüberlieferung bedenken. Bestätigt wird durch diese Koinzidenz in jedem Fall, daß beide Handschriften einen sehr wertvollen, alten Text aufweisen, wie es ja auch gerade diese beiden sind, die die graphische Darbietung von Joachims *carta* nach *O* am besten bewahrt haben.

Problematisch ist die Plazierung von *D* im Stemma im Verhältnis zu *A* und *O* insofern, als die Frage, ob *D* oder diese beiden näher zur Mittelgruppe der Handschriften gehören, nämlich von *BrW* und *M, Mi, V₄Wr* und *P₅* bis *P₁₀*, ungeklärt bleibt. Einerseits nämlich bieten *A* und *O* viele richtige Lesarten, wenn *D* ebenso wie die genannte Gruppe, oft mit *NY*, fehlgehen, andererseits gehört namentlich *A* doch deutlich in deren Nähe, während *D* anders als alle anderen Zeugen (also auch *O*) Sonderlesarten aufweist, die manchmal richtig, noch öfter aber falsch sind. Betrachtet man diese Sonderlesarten von *D* genauer, so finden sich tatsächlich zunächst zahlreiche Flüchtigkeitsfehler und insignifikante Verschreibungen, die auf einen unkonzentrierten Schreiber oder eine schlecht leserliche Vorlage zurückgeführt werden könnten. Andererseits gibt es besonders im vierten Siegel eine Stelle, an der viele Codices eine mehr oder weniger falsche Lesart bieten, die sicher nicht im Urtext gestanden haben wird, nämlich die Bezeichnung Hasaels als König der Assyrer, der ja gerade

---

[12] Beatrice HIRSCH-REICH, The seven seals, S. 236.

von diesem Assyrerkönig, nämlich Salmanassar III., besiegt wurde.[13] Auch *A* und *O* gehen hier fehl, *D*, *Mi* und P_5 bieten den richtigen, P_{10} und *NY* jeweils einen zumindest sinngemäß richtigen Text. Die korrekte Lesart geht sicher auf den Urtext zurück. Koinzidenzen mit den falschen Lesarten der Codices der beiden Mittelgruppen sind also eher zufällig und im Vergleich nicht relevant für die Erstellung des Stemmas.

Die Handschriften in Brügge, Madrid, Mailand, Weimar und Breslau konnten von Reeves und Hirsch-Reich noch nicht berücksichtigt werden.[14] *B*, *M* und *W* bilden eine verwandte Gruppe; nach den Gemeinsamkeiten von V_4Wr ist *BrMW* die häufigste Konstellation des Variantenapparats, wobei *Br* und *W* einander am ähnlichsten sind und *M* diesen beiden sehr nahe steht.

Obwohl *Mi* die Anordnung der Textteile mit *ABrMW* teilt, stimmt der Text von *Mi* öfter mit der von Beatrice Hirsch-Reich bereits identifizierten Gruppe $P_5P_{10}V_4$ überein,[15] zu der ergänzend *Wr* hinzugekommen ist. In der Tat steht *Mi* P_5V_4Wr noch näher, als dies P_{10} tut, ja sogar V_4Wr ähnlich nahe wie P_5. Die enge Verwandtschaft von P_{10}, das erst kurz vor Fertigstellung der früheren Edition von Marjorie Reeves als Textzeuge für *De septem sigillis* identifiziert wurde, mit P_5 und V_4 ist allerdings angesichts vieler und sehr interessanter Sonderwege von P_{10} im Variantenapparat wohl zu relativieren. Der besonders alte und wertvolle Pariser Codex hat zwar gewisse Bezüge zu diesen beiden, weist jedoch beispielsweise auch Parallelen zu *D* auf, dem diese beiden – und mit ihnen der neu hinzugekommene Codex *Wr*, der dem vatikanischen eng verwandt ist – nirgendwo begegnen.[16] Solche Parallelen können jedoch auch dadurch erklärt

---

[13] Vgl. S. 115, Anm. 11.

[14] Warum dies auch für *Mi* zutrifft, ist nicht ganz erklärlich, denn bereits in ihrer ersten, grundlegenden Publikation über Joachims Figurenbuch hat Marjorie Reeves bereits Kenntnis von der Handschrift und des in ihr enthaltenen Teils des *Liber figurarum*, auf den der Text von *De septem sigillis* unmittelbar folgt, vgl. Marjorie REEVES, The *Liber Figurarum* of Joachim of Fiore, Medieval and Renaissance Studies 2 (1950) S. 59, Anm. 5. Dennoch findet der Codex in ihrer vier Jahre später in Zusammenarbeit mit Beatrice Hirsch-Reich entstandenen Edition des Textes keine Erwähnung. Möglicherweise konnte sie nur Reproduktionen der Folia mit den *figurae*, nicht aber den ganzen Codex in Augenschein nehmen.

[15] Beatrice HIRSCH-REICH, The seven seals, S. 239.

[16] Argumente der Editorin für Verwandtschaft der Codices untereinander sind allerdings auch der jeweilige Kontext von *De septem sigillis* in den einzelnen Handschriften, Fehler und Übereinstimmungen in den *De septem sigillis* umgebenden Texten und besonders im *Liber figurarum*, den sämtliche der damals vorliegenden Codices

werden, daß *D* wie auch *P₁₀* eine alte und gute Textgestalt repräsentieren, die die weiteren Entwicklungen ihrer jeweiligen Textfamilien nicht teilen.

Die Verwandtschaft von *V₄* und *Wr* ist die auffallendste, die unter den Codices begegnet. Dabei kann jedoch aufgrund genügend unterschiedlicher Varianten beider behauptet werden, daß eine unmittelbare Abhängigkeit jedenfalls nicht vorliegt, sondern lediglich eine gemeinsame Vorlage für *V₄* und *Wr* (oder dessen Vorlage) angenommen werden könnte.[17] Beider größte Besonderheit ist der Zusatz zur ersten *apertio*, der die Zeitdauer von der Auferstehung Christi bis zur Verfolgung des Antichristen auf 1260 Jahre, also das Jahr 1290, festsetzt und so dem Charakter beider Zeugen als einer späten Texttradition zugehörig entspricht.[18]

Diesen beiden sehr nahestehend ist jedenfalls der Text von *P₅* und, in viel geringerem Umfang, *P₁₀*, aber auch *Mi*.

Die Handschrift *NY*, deren Text verhältnismäßig spät zu datieren ist, weicht in vielen Punkten von den anderen Manuskripten stark ab und hat eine eigene Tradition. Ihre Plazierung im Stemma entspricht dem Befund, daß sie am wenigsten Ähnlichkeit mit *D, O* und *A* hat, am meisten jedoch mit *P₁₀*,[19] was jedoch vermutlich weniger

---

enthalten, vgl. Beatrice Hirsch-Reich, The seven seals, S. 237. Durch die nunmehrige Textbasis kann diese Argumentationsebene vernachlässigt werden, da der Kontext sich nun als zu divergierend erweist, um daraus so weitgehende Schlüsse ziehen zu können.

[17] Dies entspricht dem Überlieferungsbefund von *De ultimis tribulationibus*, vgl. in seiner Einleitung Kurt-Victor Selge, Ein Traktat Joachims von Fiore über die Drangsale der Endzeit, S. 11, aber auch dem der anonymen *Prophetia ignota* (früher *Sibilla Samia*), vgl. Matthias Kaup, De prophetia ignota, S. 150 und 152. Eine gemeinsame Vorlage von *P₅* und *V₄*, jedoch keine gegenseitige Abhängigkeit, nimmt Gian Luca Potestà, Die Genealogia, S. 84 auch für den Text der *Genealogia*.

[18] Beatrice Hirsch-Reich, The seven seals, S. 238, spricht zutreffend von „pseudo-Joachimist additions". Gian Luca Potestà, Die Genealogia, S. 84, erkennt im Fall der *Genealogia* eine „anpassend-aktualisierende Tendenz" für *P₅* und in besonderem Maß für *V₄*. Beide erweisen sich auch mit *De septem sigillis* als Vertreter einer jüngeren Überlieferungsschicht, bei der *V₄* ebenso wie im Fall der *Genealogia* 1290 als das Jahr der Erwartung nennt. Interessant ist, daß *P₅* in beiden Fällen diese Aktualisierung unterläßt. Nicht nur *V₄* und *Wr*, sondern auch *V₄* und *P₅* haben gemeinsame Vorlagen.

[19] „Affinity" mit *P₁₀* konstatierten bereits die Editoren, Morton W. Bloomfield, Harold Lee, The Pierpont-Morgan Manuscript of „De Septem Sigillis", Recherches de Théologie Ancienne et Médiévale 38 (1971) S. 140. Allgemein ist das Ergebnis der Editoren enttäuschend, indem nicht nur die Edition, auch und vor allem im Vergleich mit derjenigen von 1954, aufgrund ihrer zahlreichen Lesefehler und sonstigen Ungenauigkeiten weitgehend unbrauchbar ist, sondern auch die dazugehörige Untersuchung ohne wirkliche Aussage bleibt und auch nicht einmal versucht,

auf eine direkte Verwandtschaft beider zurückzuführen ist als vor allem darauf, daß sich, während P_{10} auf alte Texttradition zurückgreift, diejenige Überlieferung, auf die NY zurückgeht, so früh von der allgemeinen Überlieferung des Textes abgespalten hat, daß bereits die Vorlage von NY die Entwicklungen dieser Überlieferung nicht mehr rezipierte. Beider Vorlagen blieben also von den späteren Entwicklungen in der Textüberlieferung, wie sich in den anderen Codices niederschlagen, weitgehend unberührt, wobei P_{10} einen im Verhältnis zu dieser breiteren Überlieferung einen vergleichsweise alten und guten Text bietet, während die jüngere Texttradition von NY sich von beiden unabhängig entwickelte.

Der Versuch, ein Stemma trotz der genannten Schwierigkeiten zu erstellen, soll nicht von hypothetischen Postulaten belastet werden, sondern nur das, was durch die Evidenz der Handschriften belegbar ist, berücksichtigen und abbilden. Auf die Vergabe von zusätzlichen Siglen für Archetyp und Hyparchetypen sowie Handschriftengruppen wird im Interesse der Übersichtlichkeit verzichtet.

Ein Stemma könnte also folgendermaßen aussehen (unbeschadet der einmal vorhanden gewesen, hier nicht aufgezeichneten Zwischenglieder zwischen Urtext und Handschriften):

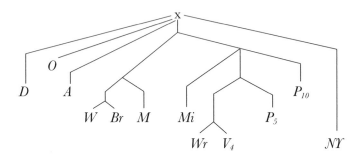

der Entstehung des Textes und seinem Verhältnis zur übrigen Überlieferung auf den Grund zu gehen. (Zu einem ähnlichen Urteil kommt auch Alexander Patschovsky, Der heilige Kaiser Heinrich „der Erste" als Haupt des apokalyptischen Drachens, S. 40, Anm. 66; daß er ebd. die Edition von 1954 als ebenso unzureichend bezeichnet wie die Textausgabe von NY, ist allerdings nach genauerem Textvergleich zu revidieren. Ein solches negatives Urteil ist für die beiden späteren Autoren durchaus gerechtfertigt, nicht jedoch für Reeves und Hirsch-Reich.) Lesenswert in der Einführung von Bloomfield und Lee sind lediglich die Zitate aus Marjorie Reeves, Beatrice Hirsch-Reich, The seven seals.

O, A, D und P_{10} sind dem vermuteten Urtext am ähnlichsten und enthalten zum Teil unterschiedliche alte Traditionen, was bei *O, A* und P_{10} schon aufgrund ihrer Entstehungszeit im ersten Viertel des 13. Jahrhunderts wahrscheinlich ist. Etliche Gemeinsamkeiten, die *D* und P_{10} aufweisen, können aber nicht auf nähere Verwandtschaft, sondern nur auf die Tatsache, daß beide besonders alte, wertvolle Traditionen enthalten, zurückgeführt werden. *A* weist bereits nicht mehr die ursprüngliche schematische Anordnung, dafür aber einen überdurchschnittlich guten und mitunter allein richtigen Text auf.[20] Keine der vier Handschriften hat einem anderen der bekannten Textzeugen als Vorlage gedient, das beweisen für jede einzelne ihre wertvollen Sonderlesarten, in *D* auch die für diese Handschrift typischen Fehler, in P_{10} häufige Umstellungen und Zusätze mit meist erläuterndem Charakter. Sowohl *A* als auch *O* und P_{10} beweisen ihre hohe Textqualität an Stellen, an denen sie allein den richtigen Text oder – wie P_{10} – die richtige Anordnung der Textteile aufweisen. Ebenso wie in *A* ist in *Br, W, M, Mi, W, V_4* und P_5 die ursprüngliche tabellarische Anordnung des Textes verloren gegangen, wobei die Textbestandteile in unterschiedlicher, teilweise sinnentleerter Reihenfolge und gelegentlich sogar unvollständig aufgeführt werden.[21]

Problematisch bleibt die Plazierung von *Mi*, das manchmal P_{10} näher zu stehen scheint als dies für die Gruppe aus V_4, *Wr* und P_5 gesagt werden kann, manchmal stimmen Lesarten des Codex und vor allem die Anordnung der Textteile eher mit denen der Gruppe *Br, W* und *M* zusammen. Für die Anordnung des Mailänder Codex links von V_4, *Wr* und P_5 spricht nur wenig mehr, als es für die umgekehrte Reihenfolge der Fall wäre.

Unter den Einschränkungen eines zweidimensionalen Stemmas leidet ebenso die Einordnung der Madrider Handschrift, die mit fast ebenso viel Recht links von *Br* und *W* und neben *A* plaziert werden könnte wie umgekehrt zwischen das Paar *Br* und *W* und dessen Nachbar im Stemma, die oben problematisierte Gruppe *Mi, V_4, Wr* und P_5. Dies zu ändern wäre nur in einem dreidimensionalen System möglich; so kann nur eben auf die entsprechenden Sachverhalte verwiesen werden.

---

[20] Auch nach Beatrice HIRSCH-REICH, The seven seals, S. 235f., ist der Paduaner Codex unter allen Handschriften die einzige, die gewisse Parallelen mit dem freilich ungleich korrekteren Oxforder Text aufweist.
[21] Vgl. S. 310–314.

b) *Zum Verhältnis von* NY *zu den übrigen Textzeugen
und ihrer Überlieferungstradition*

Von den Editoren des Textes von *De septem sigillis* nach der New
Yorker Handschrift, der außer dem Wegfall der beiden abschließenden Passagen zwei einleitende Absätze enthält, die sich mit der letzten Verfolgung, der sechsten Zeit und der Identifizierung der Köpfe
des Draches befassen, wird angenommen, daß es sich hier um eine
alternative (zeitgenössische?) Version von *De septem sigillis* handeln
könne, die von einer durchaus negativen Antizipation der Zukunft
bestimmt ist, da es in ihr keinen Hinweis auf den achten Tag und
die Erwartung der Seligkeit gebe, sondern nur Verfolgung und Gericht.
Weitere Erwägungen zum Verfasser und zur Entstehungszeit sowie
zum Verhältnis des Textes von *NY* zu den übrigen Handschriften
stellen die Editoren nicht an.

Ob der Wegfall der beiden abschließenden Passagen auf bewußte
Sinnänderung hindeutet, gar des Autoren selber, läßt sich nicht
begründet behaupten, aber es spricht nichts wirklich dafür, denn
auch wenn die Durchgestaltung des achten Abschnitts am Ende der
Reihe der Siegel nicht überall innerhalb Joachims Werk nachzuwei-
sen ist, so weist doch der gesamte Textbestand von *De septem sigillis*
Züge auf, die auf eine späte Phase innerhalb seiner literarischen Produktion hinweisen. Für den Text in seiner Gesamtheit gilt, daß er
aus dem Vergleich mit Joachims anerkannt authentischem Werk zwar
als ebenso unwiderlegbar authentisch hervorgeht, jedoch zweifellos
an solchen Punkten, an denen eine Entwicklung seiner Gedanken zu
bestimmten Fragen oder Motiven an Parallelstellen anderer Werke
nachweisbar ist, eindeutig als das letzte Moment und die ultimative
Äußerung Joachims zu diesen Fragestellungen anzusehen ist. Die vielen Varianten im Text von *NY*, die vom Text der anderen Zeugen
so auffallend abweichen, sind jedoch keine Anzeichen einer inhaltlichen Weiterentwicklung (oder einer früheren Stufe der Entwicklung)
des Themas im Denken Joachims, sondern ebenso wie die Anordnung
der Textteile in *NY*, die von derjenigen der anderen Zeugen stark
abweicht, der Beweis für die Existenz eines weiteren Astes einer sich
früh verzweigt habenden, breitgefächerten Überlieferungstradition des
kurzen, vielfach kopierten Textes.

Die Handschrift selbst gibt keinerlei Hinweis darauf, in welchem
Umfeld dies geschehen sein könnte, da sie außer *De septem sigillis*
einen Jahrhunderte früher geschriebenen Text enthält, an dessen

Ende die *carta* Joachims wie als Kommentar zum vorangehenden Apokalypsentext nachträglich angefügt wurde. Die Bedeutung des Wegfallens der Schlußpassagen im Text des Pierpont-Morgan Manuskripts ist zwar möglicherweise anders zu interpretieren als der Wegfall einzelner Absätze in den anderen Handschriften. Daß die beiden Passagen sich in elf anderen Textzeugen zwar an unterschiedlichen Stellen, aber immer innerhalb des Textumfangs, zum Teil sogar mitten darin, finden, läßt annehmen, daß sie jedenfalls zum festen Bestand des Textes gehörten, ihr Wegfall hingegen, falls kein Zufall, eine Textstufe im Entstehungsprozeß der *carta* repräsentiert, die ebenso auf bewußte Neuakzentuierung des Themas der Siegel wie auch auf einen (frühen?) Abschreibefehler zurückgehen könnte. Denn ein flüchtiger Kopist durch den Wechsel der vom ersten bis zum siebten Siegel steroetyp lautenden Wortfolge am Anfang eines jeden Absatzes konnte durchaus verleitet werden anzunehmen, daß hier ein tatsächlicher Neueinsatz und das Ende des bisherigen Textes vorlag. Von den Editoren des Textes der New Yorker Handschrift wird diese Möglichkeit nicht in Betracht gezogen. Doch für die Begründung einer bewußten Umgestaltung des Textes, von der sie offenbar ausgehen, fehlt jedes Argument.

Ein thematischer Zusammenhang zwischen den beiden in *NY* zusätzlichen Passagen, die sich beide (nach einer Zusammenfassung der Siegel und ihrer Eröffnungen, die dem *Liber introductorius* der *Expositio* fol. 6va–b entspricht) mit der siebten Zeit und ihrer neuerlichen Verfolgung beschäftigen, und dem Wegfallen des Schlußabschnitts ist nicht von der Hand zu weisen. Es ist jedoch kaum denkbar, daß Joachim zu irgendeinem Zeitpunkt die Geschichte ohne ihr Ziel und Ende zu betrachten in der Lage war, ebensowenig wie Joachim ohne Augustinus und das durch ihn vermittelte Schema der *aetates*, dessen unverzichtbarer Bestandteil der achte Tag der Weltwoche ist, denkbar wäre. Möglich, doch keinesfalls zwingend, ist die Annahme, daß es sich aufgrund der Namensnennung Saladins um einem noch zu Lebzeiten Saladins entstandenen Text handelt (denn Joachim hat sich nicht erst in seinen letzten Lebensjahren mit dem Bild der sieben Siegel beschäftigt). Es scheint jedenfalls voreilig, davon mit einer gewissen Selbstverständlichkeit auszugehen. Die Identifizierung des sechsten Drachenhauptes mit Saladin und die des Drachenschwanzes mit Gog, dem letzten Verfolger, begegnet zwar auch bei Joachim, sie ist jedoch ebenso Bestandteil anderer Konzepte der Endzeit.

Die Zuordnung der einzelnen Verfolger zu den Siegeln und hier besonders die Plazierung Gogs am Ende des siebten Siegels scheint auf Modelle Joachims zurückzugehen. Das für die Siegel und ihre Eröffnung konstituive Element, das Heilshandeln des Gottessohnes, das erst die Siegel eröffnet, den Sabbat des siebten Tages möglich macht und in der Erkenntnis, die mit Offb. 1,10 gegeben war, zur trinitätstheologischen Grundlage für Joachims Konzept der Heilsgeschichte wird, wie es sich in *De septem sigillis* darstellt, fehlt hier ganz. Die Beschreibung des siebten Siegels als Zeit einer erneuten und größten Verfolgung ist jedoch ohne diese Voraussetzung nicht möglich.

Selbst wenn es irgendwann einen Zeitpunkt gegeben hätte, zu dem Joachim von einer Verfolgung im siebten Siegel ausging, die imstande sein sollte, jede Erwartung der Ewigkeit auszulöschen, so könnte dennoch *De septem sigillis* nicht Ausdruck dieser Überzeugung sein, denn die darin enthaltenen Elemente einer späteren Entwicklungsphase deuten ganz klar auf eine Abfassungszeit, die jedenfalls auf das Oster- und Pfingsterlebnis bereits zurückblickt.

Aus demselben Grund ist es auch nicht denkbar, daß Joachims Schrift *De septem sigillis* ihre Entstehung einem ebenso langen Prozeß verdankt wie manche seiner Hauptwerke, mit denen er über Jahrzehnte hinweg befaßt war. Zwar hat ihn das Bild der Siegel und ihrer Öffnungen ebenso über lange Jahre begleitet und beschäftigt, doch *De septem sigillis* weist vom ersten bis zum letzten Siegel Merkmale auf, die eine späte Abfassung belegen.

Die Behauptung der Editoren, daß *De septem sigillis* in der Textgestalt der Pierpont-Morgan-Handschrift deshalb einen negativen Zug bekommt, weil es in der Zeit des siebten Siegels und seiner Eröffnung eine erneute Verfolgung enthielte, ist unsinnig. Dasselbe enthalten alle vergleichbaren Konzepte Joachims und eben auch *De septem sigillis* in allen übrigen Textzeugen. Daß Joachim zu irgendeinem Zeitpunkt über das Ende der Welt nicht hinaussah, ist äußerst unwahrscheinlich. Weder in frühen noch späten Phasen seiner literarischen Produktion ist der Text von *De septem sigillis* in der hier vorliegenden Gestalt als authentisch zu denken, sondern resultiert wenn nicht aus einem Versehen, so doch aus von einer bestimmten Interessenlage geleiteten – möglicherweise aus der Lektüre von authentischen Äußerungen Joachims über den letzten Verfolger schöpfenden – fremden, sekundären Bearbeitungen von *De septem sigillis* als eines bereits fertigen Textes.

ZUR TEXTGESTALTUNG (RATIO EDITIONIS)[1]

a) *Orthographie*

Die Orthographie des Textes wurde vereinheitlicht und behutsam der klassischen lateinischen Orthographie angeglichen, wobei versucht wird, charakteristische Merkmale der mittelalterlichen Schreibweise zu erhalten. So wird die unklassische c- statt t-Schreibung, die auch im Mittelalter nicht konsequent durchgeführt wurde und nicht unmißverständlich für den Leser sein kann, der leichteren Lesbarkeit halber angeglichen, die e-statt ae-Schreibung dagegen als typisch mittelalterliche Schreibweise beibehalten.[2] U und v werden entgegen der Vorlage im Interesse der Lesbarkeit unterschieden. Anders als bei einem längeren Text, bei dem für jedes einzelne Wort genügend Belegstellen zur Verfügung stehen, um aus den wertvollsten Zeugen die am häufigsten belegten Schreibweisen einzelner Worte herauszufiltern, falls es mehrere mögliche Schreibweisen gibt, erscheint es hier sinnvoll, der Orthographie einen Leittext zugrundezulegen. Dabei wird der Schreibweise des Oxforder Codex der Vorzug gegeben, die sich dadurch auszeichnet, daß in ihr eine im wesentlichen stringente Verfahrensweise beobachtet werden kann und ein und dasselbe Wort nicht in unterschiedlichen Schreibweisen begegnet. Dies gilt ebenso für die Schreibweise von Namen, die in der Edition allerdings groß geschrieben werden. Nominaladjektive wie *error arrianus, romana ecclesia* werden klein geschrieben. Kardinalzahlen werden in römischen Zahlzeichen wiedergegeben, weil dies dem Charakter einer *carta* sowie dem in den Handschriften begegnenden Modus am meisten entspricht.

---

[1] Im Allgemeinen ist versucht worden (soweit es für den vorliegenden Text sinnvoll erscheint. Durch die Eigenart des vorliegenden Textes begründete Abweichungen wie die Wiedergabe von Zahlen in arabischen Zahlzeichen sind angezeigt), den editorischen Richtlinien des Herausgebergremiums der *Opera Ioachimi* zu folgen, vgl. Florensia 10 (1996) S. 215–223.

[2] Die Verwendung von c statt t im Wortinnern (die ohnehin oft kaum voneinander zu unterscheiden sind) ist im Gegensatz zu e statt ae nicht allgemein verbreitet. Die Vereinheitlichung zum klassischen Latein nimmt von daher im ersteren Fall dem Text weniger von seinem mittelalterlichen Charakter als das bei letzterem der Fall wäre.

b) *Texteinrichtung und kritischer Apparat*

Bei einem Text, der mit zahlreichen und inhaltlich oft so wenig relevanten Varianten überliefert ist, so daß äußere (Majorität oder Wert
der Zeugen) wie innere (sachliche oder sprachliche Richtigkeit) Argumente allzuoft versagen, empfiehlt es sich, bei der Texterstellung die
Lesarten einer Leithandschrift zugrundezulegen. Grundlage des Editionstextes ist als Leithandschrift der Oxforder Codex.[3] Die (wenigen) Fehler dieses Manuskripts werden nach den Lesarten der übrigen
Textzeugen korrigiert, so daß Konjekturen an keiner Stelle erforder-
lich sind. Die Wahl einer Leithandschrift erweist sich für *De septem
sigillis* vor allem deshalb als sinnvoll, weil es für die Mehrheit der
Varianten keine inhaltlichen Gründe gibt, die alle außer einer Lesart
als eindeutig falsch ausscheiden ließen, und viele Varianten auftreten,
für die keine der bekannten textkritischen Regeln wie etwa die der
lectio difficilior sich als hilfreich erweisen könnte. So müssen äußere
Argumente als Richtschnur dienen, wobei das Vorhandensein eines
sehr alten und durchweg guten Textzeugen die Entscheidung für
eine Leithandschrift nahelegt. Wo keine inhaltlichen Gründe aus-
schlaggebend sein konnten, wurden die Lesarten des Oxforder Codex
bevorzugt.

Der Fußnotenapparat hat zwei Aufgaben zu erfüllen: er soll inhaltliche und sprachliche Varianten anderer als der im Haupttext geführten
Zeugen aufzeigen, aber auch die Traditionen und Wege der handschriftlichen Überlieferung anhand der in ihm dokumentierten Varianten deutlich machen. Jede Fußnote erfüllt mindestens eine dieser
Aufgaben.

Um den Fußnotenapparat möglichst zu entlasten, wurden offen-
kundige Fehler und Umstellungen, die nur in einer Handschrift belegt
sind, orthographische Varianten oder unterschiedliche Schreibweisen
eines unmißverständlich gebliebenen Eigennamens aus dem Apparat
entfernt. Einzelne signifikante Fehler der Handschriften wurden im
Fußnotentext belassen, um den Charakter der Codices durchscheinen
zu lassen. Abweichende Zahlenwerte sind im Apparat vermerkt, abweichende Schreibweisen von Zahlen nicht. Auslassungen und Hin-

---

[3] Eine Ausnahme ist die Schreibweise von *consummatio* im Text statt, wie in *O*
durchweg der Fall, *consumatio*. Dies geschieht aus inhaltlichen Gründen, da die
Schreibweise der Handschrift eine Verwandtschaft mit *consumare* statt *consummare*
nahelegen könnte.

zufügungen (außer kurzen Dittographien einer einzigen Handschrift) sind in jedem Fall notiert. Dabei sind zwei Arten von sinnvollen Ergänzungen zu unterscheiden, deren jeweiligem Charakter durch die Art der Verzeichnung Rechnung getragen werden soll. Ergänzungen der ersten Art werden vor allem von P_{10} geboten. Es handelt sich dabei wahrscheinlich um Ergänzungen eines (allerdings sehr sorgfältigen) Schreibers, die meistens erläuternden Charakter besitzen (wie die Hinzufügung von Ephraim und Manasse oder der Namen der Patriarchate im ersten Siegel), jedenfalls aber eher sekundäre Hinzufügungen als Reste eines Urtextes sind, die den Text erläutern und zu seiner Verständlichkeit beitragen wollen, nicht aber inhaltliche Veränderungen beabsichtigen. Da sie jedoch sowohl von ihrer eigenen Aussage her als auch für die Entwicklung des Textes von Interesse sind, werden sie im Fußnotenapparat fett hervorgehoben.[4]

Anders die Ergänzungen der zweiten Kategorie, die inhaltlicher Art sind. Sie werden von V_4 und *Wr*, vor allem aber von *NY* geboten und stellen offensichtlich unterschiedliche, wenn auch nicht weniger sekundäre Bearbeitungsstufen des Textes dar und werden deshalb im Apparat fett hervorgehoben.

c) *Sachapparat*

Bibelstellen, die im Text kursiv dargestellt sind, soweit es sich um wörtliche Zitate handelt, sind im Sachapparat nachgewiesen. Darüberhinaus beschränkt sich der Sachapparat auf einige, eng mit dem Text zusammenhängende Hinweise, da die Erläuterung des Textes zweckmäßigerweise von den an ihm entlanggehenden Kapiteln der Untersuchung geleistet werden soll. Hinweise auf Parallelstellen in Joachims Werk oder seine Quellen sind daher nicht im Sachapparat enthalten. Wörtliche Zitate sind, außer den aufgeführten Bibelstellen, wegen des besonderen Charakters der vorliegenden *carta* und ihrer telegrammartigen Kürze nicht nachweisbar. Ein Sachapparat als einziger Ort für Erläuterungen zu *De septem sigillis* wäre mit der Fülle dieser Informationen hoffnungslos überfrachtet. Auch aus diesem Grund ist die Neuedition des Textes sinnvoll nur im Rahmen einer

---

[4] Vgl. zum Charakter der Handschrift P_{10} S. 319f., bes. Anm. 6–9.

Untersuchung, die die notwendigen Schlüssel zum Verständnis und zur Einordnung des knappen, aber inhaltsreichen Textes bietet.

Um die Auffindbarkeit der Siegel und Eröffnungen von *De septem sigillis* in den Codices zu vereinfachen, sind die Folienangaben der Textzeugen im Editionstext aufgeführt, ergänzend zu der früheren Beschreibung der Gestalt des Textes in den Handschriften. Da die Handschriften den Text in höchst unterschiedlicher Gestalt bieten, werden die Folienangaben nach jedem Absatz aufgeführt, außer wenn der nächste Absatz dem vorigen Siegel oder der vorigen Eröffnung auch in der Handschrift unmittelbar nachfolgt. Der durch die Folienangaben erhöhte Textumfang erschwert zwar das rasche Über- fliegen des Textes, erleichtert jedoch die Beschäftigung mit Text und Codices, die eine Edition ja nicht ein für allemal ersetzen will.

JOACHIM VON FIORE:

DE SEPTEM SIGILLIS

SIGLEN

A   PADOVA, Biblioteca Antoniana, ms. 322

Br   BRUGES, Stedelijke Openbare Bibliotheek, ms. 86

D   DRESDEN, Sächsische Landesbibliothek, ms. A 121

M   MADRID, Biblioteca Nacional, ms. 9731 (olim Ee47)

Mi MILANO, Biblioteca Ambrosiana, H 15 inf.

NY NEW YORK, Pierpont Morgan Library, ms. 631

O   OXFORD, Corpus Christi College, ms. 255A

P_5 PARIS, Bibliothèque Nationale, ms. lat. 3595

P_{10} PARIS, Bibliothèque Nationale, ms. lat. 11864

V_4 ROMA/CITTÁ DEL VATICANO, Biblioteca Apostolica Vaticana, ms. lat. 3822

W   WEIMAR, Herzogin Anna Amalia-Bibliothek, ms. Q 33

Wr WROCŁAW, Biblioteka Universytecka, ms. Rehdiger 280

JOACHIM VON FIORE:
[DE[a] SEPTEM SIGILLIS]

A166ra Br100ra D221va M79ra Mi64ra NY47va O4va P$_5$25v P$_{10}$152ra V$_4$1vb W58va Wr11va

PRIMUM[b] SIGILLUM

Sub hoc[c] tempore[d] continetur[e] de Abraam,[f] Ysaac et[g] Iacob et[h] filiis et nepotibus eius[i],[1] de[j] mora eorundem[k] filiorum Israel in Egipto[l],[2] de[m] Moise et Aaron et exitu filiorum Israel de Egipto,[3] de persecutione[n] Pharaonis et transitu[o] maris rubri[p],[4] de donatione legis[q] in

---

[a] De septem sigillis] *om. ABrDMMiNYOP$_5$P$_{10}$W*, De septem tempora veteris testamenti *V$_4$*, Septem tempora veteri testamento *Wr.*   [b] Primum sigillum] *om. AMiP$_5$V$_4$*, sigillum primum *DP$_{10}$*, De primo sigillo. Primum sigillum *M*, Septem tempora veteri testamenti. Primum tempus continet de Abraham Ysaac *Wr.*   [c] *add.* primo *DMiP$_{10}$*.   [d] *om. V$_4$Wr.*   [e] continentur *M.*   [f] *add.* de *P$_{10}$*.   [g] *om.* W vor *Korr.*; et Iacob] *om. P$_5$ V$_4$ vor Korr.*   [h] et filiis] *om. D (Haplogr.?).*   [i] *add.* et *NY*; *add.* **effraym et manasse** *P$_{10}$*.   [j] de mora] demum *BrMW*; *add.* **ingressu et** *P$_{10}$*.   [k] eorunda *D, om. Wr.*   [l] *add.* et *NY.*   [m] de Moise et Aaron et exitu filiorum Israel de Egipto] *om. ABrDMMi-ONYP$_5$V$_4$WWr*; *cf. infra post* transitu maris rubri] et in monte Syna].   [n] persecutionibus *NY*; persecutione Pharaonis et] *om. P$_{10}$*.   [o] transitus *BrMW.*   [p] *add.* de exitu filiorum Israel *NY.*   [q] *add.* que facta est *MiP$_5$V$_4$*, *add.* que facta *Wr.*

---

[1] Vgl. Gen. 11–50.   [2] Vgl. Exod. 1.   [3] Vgl. Exod. 2–12. Die Darstellung der Ereignisse des ersten Siegels in der vorliegenden Reihenfolge ist in gewisser Weise ein Konstrukt, da mit *P$_{10}$* nur einer der Textzeugen eine den biblischen Berichten entsprechende Reihenfolge der Begebenheiten bewahrt, diese aber mit höchstwahrscheinlich sekundären Veränderungen (*de prelatione moysi* statt *Moise et Aaron*) bietet. Doch es gibt kein plausibles Argument dafür, daß die vertauschte Reihenfolge der Ereignisse bei den übrigen Textzeugen authentisch sein könnte. Daher muß angenommen werden, daß die ursprüngliche Textfassung hier nur (den alttestamentlichen Berichten folgend, die auch Joachim nachzeichnete) versuchsweise rekonstruiert werden kann. Die doppelte Namensnennung Moses und Aarons erscheint dabei allerdings merkwürdig. Falls sie dem ursprünglichen Textbestand angehörte, ist sie vielleicht der Grund für frühe Verschreibungen der ältesten Hyparchetypen. Da die Variante von *P$_{10}$* kaum authentisch sein wird, ist die doppelte Namensnennung die einzige Alternative zu einer hier jedenfalls nicht naheliegenden Konjektur. Vgl. zur Handschrift *P$_{10}$* S. 319f., dort bes. Anm. 7.   [4] Vgl. Exod. 14,5–31.

D221vb O4vb P₅26v P₁₀152rb V₄2ra Wr12ra

Apertio[mm] eiusdem

Sub hoc[nn] tempore[oo] continetur[pp] specialiter principium[qq] evangelii Luce, in quo[rr] ordine[ss] agitur de Zacharia sacerdote et Iohanne[tt] filio eius,[9] a[uu] quo[vv] baptizatus **P₅27r** est Christus,[10] de nativitate[ww] quoque[xx] Christi[11] et passione eiusdem[yy],[12] de[zz] *XII apostolis* primis[13] et[a] ceteris[b] discipulis[c] LXXII;[14] similiter et[d] liber actuum apostolorum editus[e] ab eodem Luca,[15] in quo et[f] scriptum est de separatione fidelium a[g] sinagoga Iudeorum[h], de adventu Spiritus[i] sancti super[j] fideles,[16] de duobus apostolis novissimis[k] Paulo et Barnaba, qui[l] in predicatione· gentium facti[m] sunt primi[n],[17] usque[o] ad dormitionem **Wr12rb** sancti[p] **A166rb** Iohannis evangeliste.[18]

[mm] Apertio eiusdem] *om. AMiNYP₅*, Apertitio primi sigilli *BrW*, Apertio primi sigilli *D*, percio primi sigilli *M*, Apertio sigilli primi *P₁₀*, Primum tempus eclesiasticum *V₄*, Partitio primi sigilli *W vor Korr.*, Septem tempora novi testamenti. Primum tempus Ecclesiasticum *Wr.*   [nn] *add.* primo *MiV₄Wr.*   [oo] *add.* primo *D, add.* ecclesiastico *V₄Wr.*   [pp] *add.* principaliter *M.*   [qq] principium evangelii] evangelium *MiP₅P₁₀V₄Wr.*   [rr] quo ordine] cuius exordio *MiP₅P₁₀V₄Wr.*   [ss] *om. DNY.*   [tt] *add.* baptista *P₁₀.*   [uu] a quo baptizatus est Christus] *om. P₁₀.*   [vv] *add.* et *MiP₅V₄Wr.*   [ww] nativitate quoque Christi] ortu eiusdem *MiP₅V₄Wr*; ortu Christi *P₁₀.*   [xx] *om. BrMW.*   [yy] eius *Mi*; ipsius *P₅V₄Wr.*   [zz] *add.* ipso quoque Christo et *Mi; add.* ipso quoque et *P₅; add.* quo ipso quoque et *V₄Wr.*   [a] et ceteris] ceterisque *MiP₅P₁₀V₄Wr.*   [b] ecclesie *NY.*   [c] discipulis LXXII] LXXII discipulis *NYP₁₀.*   [d] et liber] *om. NY.*   [e] editus ab eodem Luca] *om. P₁₀.*   [f] etiam *Mi; om. NYP₁₀.*   [g] et *D.*   [h] sathane *BrDMMiNYP₅V₄WWr, om. P₁₀.*   [i] Spiritus sancti] scilicet *D.*   [j] super fideles] *om. P₁₀.*   [k] *add.* scilicet *Mi.*   [l] quod *Br.*   [m] sancti *P₅*; facti sunt] sunt facti *MW.*   [n] primitivi *D.*   [o] usque ad dormitionem sancti Iohannis evangeliste] *om. NYP₁₀.*   [p] scilicet *MW.*

---

[9] Vgl. Lk. 1,5–80.   [10] Vgl. Lk. 3.   [11] Vgl. Lk. 2.   [12] Vgl. Lk. 22f.   [13] Lk. 9,1f. werden die Jünger zum ersten Mal als die zwölf Apostel bezeichnet.   [14] Lk. 10,1–12. 17–20.   [15] Apg. 1,1–3.   [16] Apg. 2,1–3.   [17] Apg. 13,1–3.   [18] Vom Tod des Apostels und Evangelisten ist in der Apostelgeschichte nicht die Rede. Joachim nennt *Expositio*, pars I, fol. 77ra die Überlieferung, nach welcher der Apostel Johannes, Autor des Evangeliums, der Johannesbriefe und -apokalypse mit Petrus zusammen in Rom leidet, doch nicht stirbt; der allgemeinen Tradition vom Greisenalter des Lieblingsjüngers in Kleinasien schließt sich Joachim aus verschiedenen Gründen an, vgl. hierzu die entsprechenden Kapitel der Untersuchung. Es ist anzunehmen, daß Joachim hier über die Apostelgeschichte hinaus die apostolische Zeit und deren Traditionen im Blick hat, die das Todesjahr des Apostels Johannes um das Jahr 100 vermutet.

monte Syna[r],[5] de Moise[s] et Aaron et[t] XII[u] principibus populi[6] necnon et LXXII[v] senioribus[w7] qui egressi fuerunt[x] ex[y] Egipto. Sub hoc
quoque[z] tempore acceperunt[aa] hereditatem[bb] XII tribus, primo[cc] quidem[dd] V, novissime[ee] VII.[8]

Completa sunt[ff] autem[gg] ista[hh] omnia[ii] a diebus Abrae[jj] patriarche
usque ad obitum[kk] Iosue.[ll]

.

[r] *add.* de exitu filiorum Israel de Egipto *ABrDMMiOP₅V₄WWr.* [s] **prelatione
Moysi** *P₁₀.* [t] de *P₁₀; add.* de *NY.* [u] X *V₄,* de *Wr.* [v] lxx *NY.* [w] *add.* illis *BrMW,*
add. israel *NYP₅P₁₀V₄Wr.* [x] sunt *BrMW,* fuerant *MiP₅P₁₀V₄Wr,* erant *NY.* [y] de
BrDMiP₅V₄Wr. [z] *om. Wr.* [aa] *om. AO,* acceperint *W.* [bb] hec *BrW,* hoc *M.* [cc]
prime *P₅.* [dd] *om. MiV₄Wr.* [ee] primo *NY; add.* vero *D,* autem *P₁₀.* [ff] sunt autem]
vero sunt *NY.* [gg] *om. V₄Wr.* [hh] ista omnia] hec *P₁₀.* [ii] *om. V₄Wr.* [jj] Abrae patri-
arche] patriarche abrae *P₅,* patriarche *V₄ vor Korr.,* patriarche Iacob *V₄Wr.* [kk] debi-
tum *P₅.* [ll] **Moysi et Iosue successoris eius** *P₁₀.*

[5] Vgl. Exod. 19–31. [6] Vgl. Num. 1,44. [7] Vgl. Num. 11,16. 24f. Es ist klar,
daß sich Joachim auf diese Stelle bezieht und nicht bereits auf die frühere Erwähnung
der Ältesten Exod. 24,9, da nur Num. 11,26–30 die eigenartige Erzählung über die
beiden überzähligen Ältesten berichtet wird, denen Moses trotz ihres scheinbaren
Ungehorsams positiv begegnet. Vgl. dazu die Sonderlesart der Paduaner Handschrift
des *Psalterium decem chordarum,* fol. 38vb: *Noli autem mirum ducere si, cum loquimur de
quadragenario numero generationum in conpletione sex ebdomadarum, due superaddite inveniuntur,
quia usus est scripturarum sanctarum, ut id quod superadditum esse videtur ad conpletionem misterii sub cardinali numero intelligatur, secundum quod intelligitur septuaginta duo seniores sub numero
septuagesimo et quadraginta duo dies in quadragesimali misterio.* [8] Vgl. Jos. 13–19.

Continetur^q quoque^r specialiter^s sub ipso prima pars libri^t Apocalipsis, in qua^u dicit^v Iohannes factam sibi revelationem misteriorum^w *in dominica^x die*,[19] pro eo^y scilicet quod tempore resurrectionis dominice sacra^z misteria revelari ceperunt^{aa}.[20]

---

^{q} Continetur quoque] Contineturque *Br.* ^{r} *add.* sub hoc P_5. ^{s} specialiter sub ipso] sub ipso specialiter *NY*, specialiter P_{10}. ^{t} *om. MiV$_4$Wr.* ^{u} quo *D, om. M.* ^{v} *add.* idem *Mi, add.* sanctus $P_5P_{10}V_4Wr$. ^{w} misteriorum in] etiam P_5. ^{x} certa *D.* ^{y} *om. Wr.* ^{z} acta *NY*; sacra misteria] sacro misterio *D.* ^{aa} *add.* **a quo tempore usque ad persequutionem antichristi computandi sunt anni mcclx et hic incipit tabula concordantie** V_4Wr.

---

[19] Offb. 1,10.   [20] Diesen Zusammenhang zwischen der sonntäglichen Offenbarung des Johannes und der Auferstehung Christi als Beginn der Offenbarung an einem Sonntag nennt Joachim in der Schilderung seiner Ostervision als eines weiteren sonntäglichen Offenbarungsereignisses *Expositio*, pars I, fol. 39va; vgl. S. 91–94.

D221va NY47vb O4va P₅25v P₁₀152ra V₄1vb Wr11va

SECUNDUM^{bb} SIGILLUM

Sub^{cc} hoc secundo^{dd} tempore continentur pugne^{ee} filiorum Israel habite^{ff} cum Chananeis^{gg} et diversis gentibus^{hh}, secundum quod **W58vb** scriptum est in gestisⁱⁱ Iosue **M79rb** et^{jj} libro^{kk} iudicum a diebus **Br100rb** scilicet^{ll} Iosue usque ad David regem.^{mm}

---

^{bb} Secundum sigillum] *om.* ABrMMiP₅W, sigillum secundum DP₁₀, Secundum tempus moysiacum V₄, Secundum tempus mosaycum Wr. ^{cc} Secundum Wr. ^{dd} quoque Mi, *om.* NY. ^{ee} bella NY. ^{ff} habito M, habita Wr, habite cum Chananeis et] *om.* NY. ^{gg} machabeis BrMW. ^{hh} *om.* P₅. ⁱⁱ *om.* NY. ^{jj} *add.* in NYV₄Wr. ^{kk} libris BrDMiP₅V₄Wr; libro iudicum] libris iudicis MW. ^{ll} eiusdem Mi, *om.* V₄Wr. ^{mm} *add.* sub quo civitas sancta ierusalem devictis undique inimicis sublimata est in gloriam regni, et facta est caput in terra iuda et mater ac domina in tribus israel NY.

D221vb O4vb P₅27r P₁₀152rb V₄2ra Wr12rb

Apertio[nn] eiusdem

Sub hoc secundo[oo] tempore continentur[pp] prelia[qq] paganorum[rr] et sanctorum[ss] martirum, secundum quod specialiter[tt] continetur[uu] in[vv] spiritu in[ww] secunda parte Apocalipsis,[21] in qua apertis VII[xx] signaculis[yy] in specie equitum et equorum et[zz] aliarum[a] ymaginum diversa[b] persecutorum[c] genera sunt[d] ostensa.[e]

[nn] Apertio eiusdem] *om.* *ABrMMiNYP₅W*, apertio secundi sigilli *D*, Apertio sigilli secundi *P₁₀*, Secundum tempus *V₄Wr*. [oo] quoque *P₅*. [pp] continetur *NY*. [qq] scilicet rabies *NY*. [rr] paganorum et sanctorum martirum] sanctorum martirum habita cum paganis *MiP₅P₁₀V₄Wr*. [ss] *add.* cedes *NY*. [tt] *om. NYP₅*; specialiter continetur] continetur specialiter *V₄Wr*. [uu] *om. A.* [vv] in spiritu] *om. P₅V₄Wr*. [ww] *om. NY.* [xx] *om. P₅.* [yy] sigillis *ANYV₄Wr*. [zz] *om. NY.* [a] aliorum *V₄Wr*. [b] universa *D*. [c] persecutionum *V₄*. [d] sunt ostensa] ostensa sunt *BrDMMiNYP₅V₄WWr*. [e] *om. P₁₀; add.* **Fuit autem speciale tempus martirum a dormitione sancti ioannis evangeliste usque ad tempora constantini augusti, sub quo sancto romana ecclesia in gloriam regni est sublimata et facta est princeps et mater provinciarum et domina in ecclesiis christi** *NY*.

---

[21] Nach Joachims Einteilung Offb. 4,1–8,1.

D221va NY47vc O4va P₅25v P₁₀152ra V₄1vb Wr11va

Tertium[f] sigillum

Sub hoc tertio tempore[g] continentur[h] pugne filiorum Israel habite[i] cum Syris[j], Philisteis[k] et[l] aliis[m] gentibus, sive etiam[n] inter Iudam et Israel propter scisma, quod accidit in diebus Roboam filii **A166va** Salomonis, quando[o] Ieroboam filius Nabath abstulit sibi X tribus quas[p] et fornicari faciens a Deo suo docuit colere duos vitulos aureos[22] et recedere a[q] domo Domini; nequando[r] interfecto[s] eo redirent **Wr11vb** ad Ierusalem **Mi64rb** et ad[t] David regem[u] suum. Perseveravit[v] autem concertatio[w] ista inter domum David[x] et domum Ioseph ab exordio regni Roboam usque ad Heliam prophetam, secundum[y] quod scriptum est[z] in libris[aa] Samuelis et regum.

---

[f] Tertium sigillum] *om.* *ABrMMiP₅W*, Sigillum tertium *DP₁₀*, Tertium tempus *V₄Wr*. [g] *om. NY.* [h] continetur *W.* [i] *om. M*, habita *NY.* [j] *add.* et *DP₁₀.* [k] propriis *NY.* [l] *add.* cum *BrMNYW.* [m] aliquibus *P₁₀.* [n] *om. D.* [o] *om. NY.* [p] quos *D*, *om. P₅V₄Wr.* [q] a domo Domini] Dei *post spatium NY.* [r] nec non *NY.* [s] interfecto eo] eo interfecto *NYP₅P₁₀*, interfecto *V₄*, interfacto *Wr.* [t] ad David] *om. NY.* [u] patrem *V₄Wr.* [v] perseverant *M.* [w] consecratio *BrM*, conceptio *NY*, consecrario *W*; concertatio ista] ista conturbatio *P₅*, ista conversatio *V₄*, ista contraversia *Wr.* [x] domini *NY.* [y] secundum quod scriptum est in libris Samuelis et regum] *om. NY.* [z] *om. D.* [aa] libris Samuelis et regum] libro Samuelis et regum *BrDMW*, libro Samuelis *P₅V₄Wr.*

[22] Vgl. Hos. 8,5f.

D221vb O4vb P₅27r P₁₀152rb V₄2ra Wr12rb

APERTIO^{bb} EIUSDEM

Sub hoc^{cc} tempore continentur^{dd} conflictus^{ee} catholicorum doctorum^{ff} habiti^{gg} cum quibusdam gentibus^{hh} arrianaⁱⁱ perfidia maculatis, Gotis^{jj} scilicet,^{kk} Wandalis^{ll} et^{mm} Longobardis, siveⁿⁿ etiam^{oo} cum gentibus^{pp} Persarum.

Sed^{qq} et^{rr} inter ecclesias Latinorum^{ss} et^{tt} Grecorum ac si inter Ierusalem et Samariam dissensio facta est, et perseveravit error arrianus^{uu} **V₄2rb** et^{vv} alii^{ww} multi in ecclesiis Grecorum usque in^{xx} finem, sicut quondam in Israel usque ad tempora^{yy} transmigrationis^{zz} sue,^a etsi^b non defuerunt^c in^d eis reliquie sicut^e et^f in tribubus^g Israel.^h

Continetur autemⁱ conflictus iste, quem habuerunt catholici^j cum^k hereticis,^l in tertia parte Apocalipsis[23] in tipo^m angelorumⁿ VII canentium **W59ra** tubis^o et diversarum rerum ymaginibus, quod^p per singulos angelos^q ostensum^r est.

---

^{bb} Apertio eiusdem] *om. ABrMMiNYP₅W,* apertio tertii sigilli *D;* Apertio sigilli tertii *P₁₀,* Tertium tempus *V₄Wr.* ^{cc} *add.* tertio *DMiNYP₅V₄Wr.* ^{dd} continetur *BrMNYV₄WWr.* ^{ee} afflictus *BrMW.* ^{ff} *om. BrDMMiNYP₅P₁₀V₄WWr.* ^{gg} habitus *BrMV₄WWr,* habenti *NY.* ^{hh} *om. DNY.* ⁱⁱ arrianis *MP₅W,* arriani *ONY;* arriana perfidia] arriona perfida *D.* ^{jj} Gotis scilicet] *om. NY,* scilicet Gotis *P₁₀.* ^{kk} et *DV₄Wr.* ^{ll} genera *D.* ^{mm} atque *BrDMNYW, om. MiP₅P₁₀V₄Wr.* ⁿⁿ sive etiam cum gentibus] **et gente** *P₁₀.* ^{oo} *om. NY.* ^{pp} gente *MiP₅V₄Wr.* ^{qq} idest *NY.* ^{rr} *om. Br Mi vor Korr. NY W vor Korr. V₄Wr,* etiam *D.* ^{ss} latinas *NY;* Latinorum et Grecorum] Grecorum ac Latinorum *V₄,* Grecorum et Latinorum *Wr.* ^{tt} et Grecorum] *om. P₅.* ^{uu} arriani *NY,* arrianorum *P₅V₄Wr.* ^{vv} *om. V₄Wr.* ^{ww} alii multi] alie multe hereses *P₁₀.* ^{xx} ad *V₄Wr.* ^{yy} tempus *BrMW;* tempora transmigrationis sue] transmigrationis sue tempora *V₄,* transmigrationis tempus *Wr.* ^{zz} captivitatis *P₁₀.* ^a *add.* tempora *P₅.* ^b et *D,* et sic *V₄Wr.* ^c defuerint *BrMW.* ^d *om. DMi.* ^e sicut et] sicuti *P₁₀.* ^f nec *NY, om. P₅.* ^g tribus *NYP₅Wr.* ^h *add.* usque ad tempus transmigrationis sue, etsi non defuerint in eis reliquie sicut et in tribubus Israel *M vor Korr. (Dittogr.).* ⁱ quidem *D,* et *NY.* ^j catholicis *NY;* catholici cum] catholicum *M.* ^k contra *A.* ^l *add.* in terra *M.* ^m *add.* quidem *D.* ⁿ angelorum VII] VII angelorum *MiNYP₅P₁₀V₄Wr,* IIIIor angelorum *P₁₀.* ^o tribus *P₅.* ^p que *BrDMMiP₅P₁₀V₄WWr.* ^q *om. NYV₄Wr.* ^r ostensum est] ostensa sunt *BrDNYW; om. M;* ostense sunt *MiP₅P₁₀V₄Wr.*

---

[23] Nach Joachims Einteilung Offb. 8,2–11,18.

D221va NY47vd O4va P₅25v P₁₀152ra V₄1vb Wr11vb

QUARTUM[s] SIGILLUM

Sub[t] hoc quarto tempore continentur gesta[u] Helie et Helisei ducentium vitam solitariam et filiorum prophetarum ducentium[v] vitam[w] communem, **M79va** quibus etiam ad[x] tempus prefuit Heliseus; sed[y] et[z] pugne Azaelis[aa] et **P₅26r** regum Assiriorum[24] prevalentium contra filios Israel,[25] secundum quod continetur in quarto[bb] regum[cc] volumine a diebus[dd] Helie et Helisei usque ad Ysaiam prophetam[ee] et Ezechiam regem Iuda.[26]

---

[s] Quartum sigillum] *om. ABrMMiP₅W*, Sigillum quartum *DP₁₀*, Quartum tempus *V₄Wr*. [t] *super M*; Sub hoc quarto tempore ... et Ezechiam regem Iuda] *om. Br (Haplogr.)*. [u] *om. D*. [v] *om. AMW*; ducentium vitam communem] vitam communem ducentium *Mi*, vitam communem ducentium in *NY*. [w] vita *D*. [x] ad tempus] ab ipso *V₄Wr*. [y] *om. NY*. [z] *om. MW*. [aa] azael *DP₅*; Azaelis et regum] Azaelis regis *AO*, azaeli regum *MW*, azachael et regni *NY*, azaeris et regni *P₁₀*, asael regum *V₄Wr*. [bb] *om. NY vor Korr*. [cc] regum volumine] libro regum *Wr*. [dd] *add. scilicet MiP₅P₁₀*. [ee] *om. NY*.

---

[24] Die Lesarten der Codices *A* und *O*, die im allgemeinen einen sehr guten Text bieten, gehen hier fehl, indem sie Hasael von Damaskus, der zwischen 845 und 841 v. Chr. zeitgleich mit der Thronbesteigung Jehus in Samaria den syrischen Thron usurpierte, als König der Assyrer bezeichnen, deren (unterlegener) Gegner er tatsächlich war. Dem Sachverhalt noch entsprechend sind die Varianten der Handschriften *NY* und *P₁₀*, während die Varianten in *M*, *V₄*, *W* und *Wr* keinen Sinn ergeben. Da Joachim an anderer Stelle in seinem Werk die genannten Ereignisse mehrfach darstellt, ist davon auszugehen, daß es sich in *A* und *O* um einen sekundär aufgetretenen Fehler handelt. Marjorie Reeves und Beatrice Hirsch-Reich haben den Text der Handschriften zwar im Text korrigiert, ohne jedoch im Fußnotenapparat die anderslautenden Varianten zu vermerken. Vgl. S. 114f. [25] Vgl. 2. Kön. 8,28; 10,32f.; 12,17f.; 13,3–5. 22–25. [26] Vgl. 2. Kön. 16,20; 18,1–20; 21.

D221vb O4vb P₅27r P₁₀152rb V₄2rb Wr12rb

APERTIO[ff] EIUSDEM

Wr12va Sub hoc[gg] quarto tempore claruerunt virgines et heremite, **Br100va** secundum **P₅27v** quod designatum[hh] est in quarta parte[ii] Apocalipsis[27] in muliere *amicta*[jj] *sole*[kk28] fugiente[ll] in solitudine[mm] sicut fugit Helias[29] manens uterque[nn] absconditus *in tempus et tempora*[oo] *et*[pp] *dimidium temporis*;[30] sed[qq] et bella Saracenorum orta[rr] sunt sub hoc tempore[ss] quarto,[tt] secundum quod in eadem parte[uu] quarta ostenditur in specie bestie ascendentis de abisso habentis *capita VII et cornua X*.[31]

[ff] Apertio eiusdem] *om.* ABrMMiNYP₅W, apertio quarti sigilli D, Apertio sigilli quarti P₁₀, iiiim tempus V₄, Quartum tempus Wr. [gg] *om.* P₅. [hh] significatum V₄Wr; designatum est] continetur NY. [ii] *add.* libri BrDM. [jj] adiuncta NY. [kk] *add.* et luna sub pedibus eius V₄Wr. [ll] que fugit BrMMiNYP₁₀V₄WWr; que fugiit DP₅. [mm] solitudinem MiP₁₀V₄, solicitudine Wr. [nn] utique D; *add.* in solitudine Br *vor Korr.* [oo] temporum BrMW. [pp] *om.* NY. [qq] sed et] *sic* P₅V₄Wr. [rr] orta sunt] orta NY *vor Korr.*, sunt orta NY. [ss] tempore quarto] quarto tempore MiP₁₀Wr. [tt] quarta M. [uu] parte quarta] quarta parte P₅P₁₀V₄Wr.

---

[27] Nach Joachims Einteilung Offb. 11,19–14,20. [28] Vgl. Offb. 12,1. 6. [29] Elia und die mit der Sonne bekleidete Frau werden *Expositio*, pars IV, fol. 153ra gemeinsam als den vierten Teil der Apokalypse bezeichnend dargestellt. Der parallele Wüstenaufenthalt der beiden, die in die Einsamkeit fliehen, wird hier allein betont; die Bedeutung der Aufenthaltsdauer der beiden an ihrem Zufluchtsort als Hinweis auf das Jahr 1260 wird *Concordia*, lib. IIa, fol. 12va hervorgehoben. [30] Vgl. Dan. 7,25; 12,7; Offb. 12,14. [31] Vgl. Offb. 13,1. 22.

D221va NY48ra O4va P₅26r P₁₀152rc V₄1vb Wr11vb

QUINTUM[vv] SIGILLUM

Sub hoc quinto tempore cessaverunt[ww] prelia[xx] Assiriorum datis X[yy] tribubus in manibus eorum,[32] et[zz] confirmatum[a] est regnum **D222ra** Iude[b] in[c] manu Ezechie,[33] qui[d] et[e] fecit mundari[f] domum Domini et restauravit[g] officia levitarum[h] ut quererent[i] Dominum Deum suum[j],[34] prophetantibus Ysaia[k], Osee, Michea[l], Sophonia[m] et[n] Ieremia et aliis[o] viris[p] sanctis, qui effuderunt[q] *phialas* iracundie *Dei*[35] sui[r] super immundicias populorum, a[s] diebus Ysaie prophete usque ad transmigrationem[t] Babilonis, annunciantes mala ventura super Iudam et Egiptum et Babilonem[u] et super multos[v] populos qui erant in finitimis regionibus, licet[w] in[x] spiritu[y] non[z] de illis, sed de aliis populis[aa] eisdem[bb] similibus loqueretur.[cc]

[vv] Quintum sigillum] *om. ABrMMiP₅W,* Sigillum quintum *DP₁₀,* Quintum tempus *V₄Wr.* [ww] cessaverit *Wr.* [xx] *add.* regum *V₄Wr.* [yy] vel *NY.* [zz] *om. BrM.* [a] confortatum *V₄,* confortatam *Wr.* [b] Iuda *MiP₅P₁₀V₄Wr, om. NY.* [c] in manu] *om. BrMW.* [d] *om. NY.* [e] *om. P₅P₁₀.* [f] mundari domum] mandata *V₄Wr.* [g] restaurar *NY.* [h] evitarum *NY,* levitorum *O.* [i] querent *M,* querentes *Wr.* [j] *om. NY.* [k] *add.* et *M.* [l] Iezechia *NY.* [m] Sopheum *NY;* Sophonia et] *om. P₁₀.* [n] *om. MiNYP₅V₄Wr.* [o] *add.* multis *V₄Wr.* [p] viris sanctis] sanctissimis viris *NY.* [q] effunderunt *Wr.* [r] *om. P₅.* [s] a diebus Ysaie prophete] *om. P₁₀.* [t] transmigrationes *D.* [u] Babiloniam *NYWr.* [v] multos populos qui erant in finitimis regionibus] finitimas regiones *P₁₀.* [w] verolicet *P₅.* [x] in spiritu] ipse *NY.* [y] *add.* sancto *M.* [z] non de illis, sed] *om. P₁₀.* [aa] proprius *Br,* prophetis *V₄Wr.* [bb] eiusdem *V₄Wr.* [cc] loquerentur *DMiP₁₀.*

[32] Vgl. 2. Kön. 17,1–6.   [33] Vgl. 2. Kön. 18,1–20,21.   [34] Vgl. 2. Chr. 29,5.   [35] Vgl. Offb. 16,1.

D222rb Mi64va O4vb P₅27v P₁₀152rd V₄2rb Wr12va

APERTIO^{mm} EIUSDEM

Sub hocⁿⁿ quinto tempore confirmata est latina ecclesia, que est altera Ierusalem, et^{oo} egressi sunt ex^{pp} ea viri spiritales qui^{qq} zelati^{rr} sunt zelo Dei ad *faciendam*^{ss} *vindictam in nationibus*^{tt} et *increpationes*^{uu} *in populis*,[38] non^{vv} quidem gladio ferri sed gladio^{ww} verbi spiritalis,[39] secundum quod continetur in quinta^{xx} parte^{yy} **M79vb** Apocalipsis in^{zz} tipo^a templi Domini et angelorum^b VII^c egredientium ex^d eo et^e effundentium phialas iracundie **Br100vb** Dei in terram^f[40] ad^g excecandas^h mentes peccatorum qui morantur in ea iuxta illud Ysaie:ⁱ *Exceca cor populi huius, et aures eius*^j *aggrava*^k *et claude oculos eius, ne forte* convertantur^l *et sanem* eos^m.[41]

P₁₀152rcd Etⁿ sciendum,^o quod^p in **A166vb** omnibus temporibus^q istis non sunt^r idem termini qui^s videntur notati^t in hac^u carta^v[42]

---

^{mm} Apertio eiusdem] *om. ABrMMiNYP₅WWr*, apertio quinti sigilli *D*, Apertio sigilli quinti *P₁₀*, Quintum tempus *V₄*.   ⁿⁿ *om. P₅*.   ^{oo} *om. M*, cum *P₅*; et egressi] congressi *V₄Wr*.   ^{pp} in *NY*.   ^{qq} *add.* et *BrDMP₅V₄WWr*.   ^{rr} ezelati *NY*.   ^{ss} faciendam vindictam] faciendas vindictas *BrDMMiNYP₅VWWr*, faciendas *P₁₀*.   ^{tt} noctibus *D*.   ^{uu} increpandum *Wr*.   ^{vv} non quidem] numquid *M*.   ^{ww} *om. BrDMMiNYP₁₀V₄WWr*; gladio verbi spiritalis] verbis spiritualibus *P₅*.   ^{xx} iiiia *V₄*, quarta *Wr*.   ^{yy} *add.* libri *BrMNYW*.   ^{zz} in tipo] *om. D*.   ^a tipo templi] templo *P₅V₄Wr*.   ^b angelorum VII] VII angelorum *NY*.   ^c sex *P₁₀*.   ^d de *P₁₀*.   ^e idest *NY*.   ^f terras *BrMW*.   ^g ab *P₅*.   ^h obcecandas *MiNYP₁₀V₄*, ocecandas *P₅*, obsecandas *Wr*.   ⁱ ysa *D*.   ^j *om.* NY.   ^k aggrava et claude oculos eius] et oculos eius aggrava claude *Br vor Korr. MW*, aggrava et oculos eius claude *BrDMiP₅P₁₀V₄Wr*, aggrava et claude oculos eius, ne forte convertantur et sanem eos] et cetera *NY*.   ^l convertatur *MiP₅V₄Wr*.   ^m eum *MiP₅V₄Wr*.   ⁿ Et sciendum quod in omnibus temporibus istis non sunt idem termini qui videntur notati in hac carta simpliciter attendenti, sed a medietate precedentis temporis initiatio sequentis attendenda est, clarificatio vero in limitibus suis] *P₁₀* *posteriore loco infra* ecclesiam afflixerunt].   ^o sciens *Mi*, domino *NY; add.* est *P₅V₄Wr*.   ^p quia *Mi*.   ^q temporibus istis non] his temporibus *NY*.   ^r *om. M*.   ^s *add.* superati *D*.   ^t notari *D*, vocata *M*; notati in hac carta] in hac carta notati *V₄Wr*.   ^u hac carta] **hoc libro** *A*.   ^v quarta *BrMW*.

---

[38] Ps. 149,7.   [39] Vgl. Eph. 6,17.   [40] Vgl. Offb. 16,1f.   [41] Jes. 6,10.   [42] Diese Wendung zeigt an, daß vermutlich bereits die Vorlage von *A* die tabellarische Anordnung des Textes nicht mehr aufwies; die Bezeichnung des Textes als einer *carta* hat mit dem Verlust dieser Anordnung ihren Sinn verloren und wird von *A* oder seiner Vorlage durch eine andere, sinnvolle Bezeichnung ersetzt, während andere Handschriften, die gleichfalls die tabellarische Anordnung nicht aufweisen, teilweise weiterhin *carta* schreiben; für einige Textzeugen ist die Bezeichnung offenbar unverständlich geworden und wird deshalb zu *quarta* verlesen. Gäbe es von *A* abhängige Textzeugen, so würden sie wohl eher *A* folgen; daß *A* keiner der anderen Handschriften als Vorlage gedient hat, wird hier bestätigt.

Fuit[dd] **W59rb** autem[ee] persecutio quinta[ff] contra filios Iuda Nechao[gg] regis[hh] Egipti[36] et[ii] Nabuchodonosor regis[jj] Babilonis[kk] usque ad transmigrationem[ll] Babilonis.[37]

[dd] sunt *W vor Korr.*   [ee] vero *NY.*   [ff] quinta contra filios Iuda] ista durans per *NY; cf. supra post* regis Babilonis].   [gg] mehanor *Br*, nechaos *MW*, nechat *NY.*   [hh] regem *NY.*   [ii] *om. P₅P₁₀V₄Wr.*   [jj] regem *NY.*   [kk] caldeorum *MiP₅P₁₀V₄Wr; add.* contra filios iuda a tempore ysaie *NY.*   [ll] transmigrationes *D.*

[36] Vgl. 2. Chr. 35,20–24.   [37] Vgl. 2. Kön. 24,1–25,21; 2. Chr. 36,5–21.

simpliciter attendendi,[w] sed[x] a medietate precedentis[y] temporis initiatio[z] sequentis attendenda[aa] est,[bb] clarificatio vero[cc] in limitibus suis.[43]

P₁₀152rd Porro[dd] tribulatio **O4vcd** huius[ee] temporis contra[ff] roma-
nam ecclesiam acsi[gg] civilis fuit aliquorum[hh] principum mundi[ii] et[jj]
precipue Teothonicorum,[kk] qui nimis[ll] pro peccatis **Wr12vb** ipsius[mm]
ecclesiam[nn] afflixerunt.

---

[w] *add.* sunt *V₄Wr.*   [x] sed a medietate precedentis temporis initiatio sequentis
attendenda est, clarificatio vero] idest clarificate omnino *NT.*   [y] presentis *P₁₀.*   [z] in
inicio *P₅.*   [aa] attendendi sed a medietate precedentis temporis iniciaci sequentis
attendendi *D;* attendenda est] est attendenda *Mi.*   [bb] et *M.*   [cc] *om. M.*   [dd] Porro
tribulatio] secundum propria attributio *NT;* Porro tribulatio huius . . . ipsius ecclesiam afflixerunt] *P₁₀* **priore loco super** Et sciendum].   [ee] *add.* fit *NT.*   [ff] circa
BrNT.   [gg] acsi civilis] **que sicut altera ierusalem vexata** *NT.*   [hh] *add.* scilicet
P₅P₁₀.   [ii] *om. P₁₀.*   [jj] rabie *NT.*   [kk] *add.* **et normannorum** *P₁₀;* Teothonicorum qui
nimis] theotonii quorum quidam *V₄Wr.*   [ll] graviter eam *P₁₀.*   [mm] ipsi *ABrMW,* suis
NTP₅P₁₀V₄Wr.   [nn] *om. P₁₀;* ecclesiam afflixerunt] afflixerunt ecclesiam *ABrDMMiNTW,*
aflicxerunt eam *P₅,* afflixerant eam *V₄,* afflixerunt eam *Wr.*

---

[43] Zur abweichenden Plazierung dieses Passus in *P₁₀* vgl. S. 319, Anm. 8.

D222ra NY48rb O4vc P₅26r P₁₀152rc V₄1vb Wr11vb

SIGILLUM[oo] SEXTUM

Sub hoc sexto tempore continentur[pp] transmigratio Ierusalem[qq][44] et percussio[rr] Babilonis, necnon[ss] et tribulationes[tt] due filiorum Israel, quarum[uu] una continetur[vv] **Wr12ra** in ystoria Iudith, altera[ww] in libro[xx] Hester. Verumtamen templum Dei[yy] et muri[zz] civitatis reedificati[a] sunt[45] *in angustia temporum*[b].[46]

[oo] Sigillum sextum] *om. ABrMiP₅W*, Sextum sigillum *NY*, Sextum tempus *V₄Wr*; Sigillum sextum. Sub hoc sexto tempore . . . Iudith, altera in libro] *om. M (Haplogr.)*.
[pp] continetur *MiNYP₅V₄Wr*.   [qq] *om. M*.   [rr] persecutio *BrP₅V₄WWr*, percucio *P₁₀*.
[ss] nec *Wr*.   [tt] tribulationes due] due transitiones *NY*.   [uu] quorum *P₁₀ W vor Korr*.
[vv] commemoratur *NY*.   [ww] alia *Wr*.   [xx] librum *Mi*.   [yy] domini *D*.   [zz] murus *Br*.
[a] edificati *ABrDMMi O vor Korr. P₅V₄WWr*; reedificati sunt] edificatis *NY*.   [b] tempus et *NY*; *add.* in diebus zorababel hesdre Ihesu et yeemye sub quibus illa vetus iherusalem consolationem accepit *P₁₀*; *cf. infra post* Zorobabel et].

---

[44] Vgl. Esr. 1,1–2,67.   [45] Esr. 3–5.   [46] Dan. 9,25.

D222rb O4vd P₅27v P₁₀152rd V₄2rb Wr12vb

APERTIOᶜ EIUSDEM

Sub hoc temporeᵈ sexto cepit transmigrareᵉ inᶠ spiritu spiritalisᵍ Ierusalemʰ quousque percuciatur novaⁱ Babilon, sicutʲ scriptum est in **W59va** sextaᵏ parteˡ Apocalipsis.⁴⁷

Revera etenimᵐ percucieturⁿ Babilonᵒ, populusᵖ scilicet qui dicitur christianus et non est sed est sinagoga sathane, et qui veriۛۛ sunt Christiani in duabus tribulationibus liberandiʳ sunt, quarumˢ unaᵗ similisᵘ ei quam fecit Olofernesᵛ princeps Nabuchodonosor, regis Assiriorum, altera eiʷ quam fecit Amanˣ. Intereaʸ tamenᶻ multi fideliumᵃᵃ coronabuntur martirio et edificabitur rursumᵇᵇ sanctaᶜᶜ civitas, que est ecclesia electorumᵈᵈ, in angustia temporum, sicut factum est in diebus Zorobabelᵉᵉ etᶠᶠ Iosueᵍᵍ etʰʰ Esdre et Neemieⁱⁱ, sub quibus vetusʲʲ illa Ierusalem consolationemᵏᵏ accepit.

Sedˡˡ etᵐᵐ diabolus qui facitⁿⁿ **P₅28r** omnia mala hicᵒᵒ incarcerandus estᵖᵖ in abisso, *ut nonۛۛۛۛ seducat amplius gentes*⁴⁸ usque ad statutum terminum solutionisʳʳ sue.ˢˢ

ᶜ Apertio eiusdem] *om. ABrMiNYP₅W*, Apertio sigilli sexti *DP₁₀*, VIm tempus *V₄*, Sextum tempus *W in marg.* ᵈ tempore sexto] sexto tempore *BrMMiNYP₅P₁₀V₄WWr.* ᵉ transmigrari *O.* ᶠ in spiritu] ipsa *NY, om. V₄Wr.* ᵍ spiritalis Ierusalem] Ierusalem spiritalis *P₅V₄Wr.* ʰ *add.* eritque in transmigratione *MiP₅V₄Wr*, et erit in transmigratione *P₁₀.* ⁱ nova Babilon] Babilon nova *ABrDMNYP₅P₁₀W*, Babilon *V₄Wr.* ʲ quod *NY*; sicut scriptum est] secundum quod continetur *MiP₅P₁₀V₄Wr.* ᵏ secunda *V₄Wr.* ˡ *add.* libri *ABrDMNYW.* ᵐ enim *NY.* ⁿ percucientur *BrW.* ᵒ *add.* nova *P₅.* ᵖ populus scilicet] scilicet populus *NYP₁₀.* ۛۛ maceria *Br*, mala *M*, materia *W.* ʳ liberandi sunt] liberabunur *Mi.* ˢ quorum *V₄Wr.* ᵗ *add.* erit *V₄Wr.* ᵘ *add.* est *DM, add.* erit *MiP₅P₁₀.* ᵛ Olofernes princeps Nabuchodonosor regis] Nabuchodonosor rex *ABrDMiNYP₅V₄WWr*, Olofernes princeps Nabuchodonosor regis Assiriorum] Olofernes **sicut legitur in libro iudith** *P₁₀*; Olofernes princeps Nabuchodonosor regis Assiriorum altera ei quam fecit] *om. M (Haplogr.).* ʷ *om. BrMW*; ei quam fecit] quam fecit ei *P₅.* ˣ Naaman *BrMW*, amon *V₄Wr; add.* **que legitur in libro hester** *P₁₀.* ʸ In tertia *ABrDMW.* ᶻ *om. NYP₁₀.* ᵃᵃ *om. BrNY.* ᵇᵇ rursus *NYV₄Wr.* ᶜᶜ sancta civitas] civitas sancta *V₄Wr.* ᵈᵈ clericorum *D; add.* Dei *MiP₅P₁₀V₄Wr.* ᵉᵉ ezehabel *NY.* ᶠᶠ *om. NY*; et Iosue et Esdre et Neemie sub quibus vetus illa Ierusalem consolationem accepit] *om. P₁₀; cf. supra post* angustia temporum]. ᵍᵍ ihesu *Mi*, Iesu *NY.* ʰʰ *om. NYP₅V₄Wr.* ⁱⁱ Noemie *Wr.* ʲʲ vetus illa Ierusalem] illa vetus Ierusalem *Mi*, Ierusalem illa vetus *V₄Wr.* ᵏᵏ consumationem *O vor Korr.* ˡˡ *om. NY.* ᵐᵐ *om. AP₅V₄Wr.* ⁿⁿ *om. D.* ᵒᵒ hec *MiP₅P₁₀.* ᵖᵖ erit *P₅.* ۛۛۛۛ om. NY. ʳʳ solutionis sue] sue solutionis *BrMNYW.* ˢˢ *add.* Quere de viiᵒ tempore supra proximo ad hoc signum +. Septimum supra in primo alterius columpne precedentis *V₄ al. man.*

---

⁴⁷ Vgl. Offb. 16,18–19,21; bes. 18,1–24. ⁴⁸ Offb. 20,3.

Br101ra D222ra NY48rc O4vc P₅26r P₁₀152rc V₄1vb Wr12ra

<small>SIGILLUM^{tt} SEPTIMUM</small>

Sub hoc septimo tempore cessaverunt^{uu} ystorie et^{vv} prophetie^{ww}, et^{xx} concessus est^{yy} *sabbatismus^{zz} populo Dei*,⁴⁹ **M80ra** sed^a et reliquis Iudeorum data est pax usque ad Antiochum regem^b.

Qua^c persecutione peracta^d non longe post premisso^e Iohanne^f unigenitus^g Dei Filius *venit in mundum*,⁵⁰ ita^h ut *inⁱ terris* videretur **Mi64vb** *et cum hominibus* conversaretur.⁵¹

---

^{tt} Sigillum septimum] *om. ABrMMiP₅W*, Septimum sigillum *NY*, Septimum tempus *V₄Wr*. ^{uu} cessaverit *AW*. ^{vv} *om. NY*. ^{ww} prophete *ABrDM O vor Korr. W*. ^{xx} et concessus est sabbatismus populo Dei] *om. NY*. ^{yy} *om. DWr*. ^{zz} sabbatissimus *M*, baptismus *Wr*. ^a *om. MiP₅P₁₀V₄Wr*. ^b regem. Qua persecutione peracta non longe post premisso Iohanne unigenitus Dei Filius] *om. Wr*. ^c Qua persecutione peracta] **cuius persecutio quam gravissima fuit cunctas aliorum temporum persecutiones excellens que in hystoria machabeorum contine[n]tur qua finita** *P₁₀*. ^d *om. V₄*. ^e premisso Iohanne] *om. NY*. ^f *add.* baptista *DP₁₀*. ^g unigenitus Dei Filius venit in mundum] venit in mundum Christus Filius Dei *P₁₀*. ^h *om. P₅V₄Wr*. ⁱ in terris videretur] videretur in terris *O nach Korr*.

---

⁴⁹ Hebr. 4,9.   ⁵⁰ Joh. 3,19.   ⁵¹ Bar. 3,38.

D222rb O4vd P$_{526v}$ P$_{10}$152rd V$_4$2ra[52] Wr12vb

APERTIO[j] EIUSDEM

Sub hoc septimo[k] tempore quod futurum est in proximo cessabunt apertiones[l] signaculorum[m] et labor exponendorum librorum testamenti[n] veteris, dabiturque[o] revera *sabbatismus populo Dei*,[53] et erit *in diebus illius*[p] *iustitia et abundantia pacis, et*[q] *dominabitur*[r] Dominus[s] *a mari usque ad mare*,[54] et sancti eius[t] regnabunt cum eo usque[u] ad occultum[v] finem ipsius[w] temporis[x], quo solvendus est[y] diabolus de carcere suo[z] et regnaturus[aa] homo[bb] ille pessimus[cc] qui[dd] vocatur[ee] Gog, de quo tam[ff] multa scripta **Wr13ra** sunt in libro[gg] Iezechielis prophete.

Relinquitur[hh] ergo[ii], ut[jj] ait Apostolus, *sabbatismus populo **W59vb** Dei*,[55] in[kk] cuius fine futura est tribulatio ista, post[ll] quam – premisso[mm] Helia – venturus est Dominus ad extremum iudicium, secundum quod continetur luce clarius in septima parte Apocalipsis in nullo discordans a[nn] veteribus signis.

---

[j] Apertio eiusdem] *om. ABrMMiNYP$_5$*, Apertio sigilli septimi *DP$_{10}$*, Septimum tempus *V$_4$ Wr in marg.* [k] *om. Br.* [l] apertiones signaculorum] signaculorum apertiones *P$_5$V$_4$*, signaculum seu signaculorum apertiones *Wr.* [m] signorum *P$_{10}$.* [n] testamenti veteris] *om. MiNYP$_5$P$_{10}$Wr.* [o] et dabitur *NY*, dabitur *V$_4$Wr.* [p] illis *ABrMMiP$_5$P$_{10}$V$_4$WWr*, eius *DNY.* [q] *om. BrV$_4$WWr.* [r] dominabitur Dominus] d. *D*, do. *Mi*, dabitur *NY.* [s] *om. P$_5$V$_4$Wr.* [t] *om. NY.* [u] *om. P$_5$V$_4$*; usque ad occultum finem ipsius temporis] in *P$_{10}$.* [v] occultam *D*, occasum *P$_5$V$_4$Wr*; occultum finem ipsius temporis] finem illius temporis occultum *NY.* [w] illius *NY.* [x] *add.* in *MiP$_5$P$_{10}$V$_4$Wr.* [y] *om. A.* [z] *om. V$_4$Wr.* [aa] *add.* est *DP$_5$P$_{10}$V$_4$Wr.* [bb] homo ille] ille homo *MNY.* [cc] pessimus qui vocatur Gog] antichristus *P$_{10}$.* [dd] qui vocatur] *om. D.* [ee] dicitur *V$_4$Wr.* [ff] *om. NYV$_4$*; tam multa scripta sunt] legitur *P$_{10}$.* [gg] librum *Mi.* [hh] Relinquetur *MMiP$_5$V$_4$Wr*; Relinquitur ergo ut ait Apostolus sabbatismus populo Dei in cuius fine futura est tribulatione ista post quam] **sub persona gog et magog postquam persecutionem** *P$_{10}$.* [ii] *om. NYWr.* [jj] ut ait Apostolus] *posteriore loco post* populo Dei] *P$_5$.* [kk] *om. Wr.* [ll] per *BrMW.* [mm] premissa *Wr*; premisso Helia] **premissis Helya et Enoch** *P$_{10}$.* [nn] *con D, om. M vor Korr.*

---

[52] Eine Korrekturanmerkung am Schluß des Textes in *V$_4$* sowie Randzeichen verweisen auf die korrekte Position des folgenden Absatzes, nämlich nach der Eröffnung des sechsten Siegels. [53] Hebr. 4,9. [54] Ps. 71,7f. [55] Hebr. 4,9.

D222va O4vc P₅26r P₁₀152rc Wr12ra

Consummatis^{oo} ystoriis^{pp} veteris^{qq} testamenti et passo^{rr} unigenito Dei^{ss} Filio, qui factus est *sub lege, ut*^{tt} *eos qui sub lege* **P₅26v** *erant redimeret*,[56] advenit^{uu} tempus resurrectionis^{vv}, in quo et^{ww} *multa corpora sanctorum qui*^{xx} *dormierant*[57] suscitata^{yy} sunt, et collecta in unum^{zz} turba fidelium, effusa est^{a} super illam^{b} *abundantia pacis*[58] que et repleta^{c} Spiritu sancto agnovit, que sit^{d} beatitudo de qua^{e} dicit propheta: *Oculus non vidit*,^{f} *Deus, absque te que preparasti*^{g} diligentibus *te*.[59]

---

^{oo} Consummatis ystoriis veteris testamenti . . . et erit in ea gaudium sempiternum] *om. NY; add.* De VII temporibus novi testamenti *V₄ supra col. in marg.* ^{pp} misteriis *MiP₅P₁₀V₄,* ministeriis *Wr.* ^{qq} veteri *Wr.* ^{rr} *add.* in carne *Mi.* ^{ss} Dei Filio] Filio Dei *BrMMiW.* ^{tt} ut eos qui sub lege] *om. Wr (Haplogr.).* ^{uu} venit *P₅V₄Wr.* ^{vv} refectionis *D; add.* ipsius *MiP₁₀V₄Wr, add.* eius *P₅.* ^{ww} *om. BrMW;* etiam *Mi.* ^{xx} qui dormierant] surrexerunt ut *P₅.* ^{yy} suscitati *BrMW;* suscitata sunt] sunt suscitata *Mi,* surrexerunt vel suscitata sunt *V₄Wr.* ^{zz} unum turba fidelium] una fidelium turba *V₄Wr.* ^{a} *om. P₅V₄Wr.* ^{b} illa *V₄Wr.* ^{c} *add.* cum *P₁₀.* ^{d} *add.* illa *MiP₁₀.* ^{e} quo *D.* ^{f} videt *MW.* ^{g} *add.* deus *Wr.*

[56] Gal. 4,4f.   [57] Matth. 27,52.   [58] Vgl. Ps. 71,7.   [59] Jes. 64,4.

D222vb P$_{10}$152rd O4vd Wr13ra

Consummatis^h operibus testamenti^i novi et peracta^j tribulatione illa maxima^k que erit in diebus Gog, similis quidem^l illi^m que^n facta est sub Antiocho, significata vero^o in passione Domini^p, adveniet tempus resurrectionis mortuorum et^q consolationis superne Ierusalem, quam influet^r ex eo tempore **Br101rb M80rb** fluvius *aque vive*,^{60} secundum quod continetur in octava^s parte libri^t Apocalipsis, et erit in ea gaudium^u sempiternum.^{v}

---

^{h} Consumatisque *P$_5$*. ^{i} testamenti novi] novi testamenti *MiP$_5$Wr*, novi scilicet *V$_4$*. ^{j} parata *Wr;* *add.* tribulatio *W.* ^{k} magna *BrMW*, maxime *Wr.* ^{l} *om. V$_4$Wr.* ^{m} illa *Br.* ^{n} *om. D.* ^{o} necessario *V$_4$Wr.* ^{p} dei *D*, dominice *Wr.* ^{q} *om. P$_{10}$.* ^{r} influit *ABrMW*, influebat *Mi.* ^{s} octa *Wr.* ^{t} *om. MiP$_5$P$_{10}$V$_4$*; libri Apocalipsis] *om. Wr.* ^{u} *add.* domini *BrMW.* ^{v} *add.* amen *MiP$_5$P$_{10}$V$_4$Wr.*

^{60} Sach. 14,8.

LITERATUR

I. *Quellen*

Adso von Montier-en-Der: De ortu et tempore antichristi, ed. Daniel VERHELST, CM 45 (Turnhout 1976), ed. Jean Paul MIGNE, PL 101 (Paris 1851, Nachdruck Turnhout 1976) Sp. 1291–1293

Alain de Lille: Distinctiones dictionum theologicalium, ed. Jean Paul MIGNE, PL 210 (Paris 1855, Nachdruck Turnhout 1976) Sp. 687–1012

Alkuin: Commentaria in Apocalypsin, ed. Jean Paul MIGNE, PL 100 (Paris 1851, Nachdruck Turnhout 1979) Sp. 1085–1156

Alkuin (Ps.): De septem sigillis, ed. Jean Paul MIGNE, PL 101, (Paris 1851, Nachdruck Turnhout 1976) Sp. 1169A–1170B

Alulf von Tournai: Expositio Novi Testamenti, ed. Jean Paul MIGNE, PL 79 (Paris 1849, Nachdruck Turnhout 1977) Sp. 1137–1424

Ambrosiaster: Commentaria in Epistolam ad Corinthios Primam, ed. Heinrich Joseph VOGELS, CSEL 81,2 (Wien 1968), ed. Jean Paul MIGNE, PL 17 (Paris o. J., Nachdruck Turnhout o. J.) Sp. 183–276

Ambrosius Autpertus: Expositio in Apocalypsin, lib. 1–5, ed. Robert WEBER, CM 27 (Turnhout 1975), lib. 6–10, ed. Robert WEBER, CM 27A (Turnhout 1975)

Ambrosius von Mailand: De benedictionibus patriarcharum, ed. Jean Paul MIGNE, PL 14 (Paris o. J., Nachdruck Turnhout o. J.) Sp. 673–698

—— De Helia et ieiunio, ed. Karl SCHENKEL, CSEL 32/3 (Prag – Wien – Leipzig 1897) S. 409–465, ed. Jean Paul MIGNE, PL 14, Sp. 697–728

—— Expositio Evangelii secundum Lucam, ed. Marc ADRIAEN, SL 14 (Turnhout 1957), ed. Karl SCHENKEL, CSEL 32,4 (Prag – Wien – Leipzig 1902), ed. Jean Paul MIGNE, PL 15 (Paris ¹1845, ²1887, Nachdruck Turnhout o. J.) Sp. 1527–1850

—— De fide [ad Gratianum Augustum], ed. Otto FALLER, CSEL 78 (Wien 1962), ed. Jean Paul MIGNE, PL 16 (Paris 1845, Nachdruck Turnhout 1979) Sp. 527–698

Andreas von St. Victor: Expositio super Danielem, ed. Mark ZIER, CM 53F (Turnhout 1990)

Angelomus von Luxeuil: Commentarius in Genesim, ed. Jean Paul MIGNE, PL 115 (Paris o. J., Nachdruck Turnhout o. J.) Sp. 107–241

—— Enarrationes in libros Regum, ed. Jean Paul MIGNE, PL 115 (Paris o. J., Nachdruck Turnhout o. J.) Sp. 241–552

Anselm von Havelberg: Dialogi, lib. 1, ed. Gaston SALET, Sources Chrétiennes 118 (Paris 1966), lib. 1–3, ed. Jean Paul MIGNE, PL 188 (Paris o. J., Nachdruck Turnhout o. J.) Sp. 1139–1248

Augustinus: De civitate Dei, ed. Bernhard DOMBART, Alfons KALB, SL 47, 48 (Turnhout 1955), ed. Jean Paul MIGNE, PL 41 (Paris 1861)

—— De doctrina christiana, ed. Joseph MARTIN, SL 32 (Turnhout 1962) S. 1–167, ed. Jean Paul MIGNE, PL 34 (Paris 1887) Sp. 15–122

—— Enarrationes in Psalmos LI–C, ed. Eligius DEKKERS, Johannes FRAIPONT, SL 39 (Turnhout 1956), ed. Jean Paul MIGNE, Patrologia Latina 36–37 (Paris 1841)

—— Enarrationes in Psalmos CI–CL, ed. Eligius DEKKERS, Johannes FRAIPONT, SL 40 (Turnhout 1956), ed. Jean Paul MIGNE, Patrologia Latina 36–37 (Paris 1841)

—— Sermones, ed. Jean Paul MIGNE, PL 38 (Paris 1841, Nachdruck Turnhout 1978) Sp. 23–1484

Augustinus (Ps.): Expositio in Apocalypsim B. Joannis oder Homilien (Caesarius von Arles?), ed. Jean Paul MIGNE, PL 35 (Paris 1841) Sp. 2417–2452

Balduin von Ford: Tractatus de sacramento altaris 1, 2, ed. J. MORSON, Sources Chrétiennes 93, 94 (Paris 1963)

Beatus von Liébana: Commentaria in Apocalypsim, ed. Henry A. SANDERS: Beati in Apocalipsim libri duodecim (Rom 1930)

Beatus von Liébana, Etherius von Osma: Epistolae ad Elipandum, ed. Bengt LÖFSTEDT, CCcont. med. 59 (Turnhout 1984), ed. Jean Paul MIGNE, PL 96 (Paris 1862) Sp. 893–1030

Beda Venerabilis: De temporum ratione, ed. Ch. W. JONES, SL 123B (Turnhout 1977), ed. Jean Paul MIGNE, PL 90 (Paris 1850, Nachdruck Turnhout 1980) Sp. 293–578

—— Hexaemeron, ed. Jean Paul MIGNE, PL 91 (Paris o. J., Nachdruck Turnhout o. J.) Sp. 9–190

—— In Ezram et Neemiam, ed. Damien HURST, SL 119 (Turnhout 1969) S. 233–392, ed. Jean Paul MIGNE, PL 91 , Sp. 807–924

—— Expositio in Evangelium S. Matthaei, ed. Jean Paul MIGNE, PL 92 (Paris o. J., Nachdruck Turnhout o. J.) Sp. 9–132

—— Explanatio in Apocalipsin, ed. Jean Paul MIGNE, PL 93 (Paris 1850) Sp. 129–206

—— Epistolae, ed. Jean Paul MIGNE, PL 94 (Paris o. J., Nachdruck Turnhout o. J.) Sp. 655–710

Beda (Ps.): Commentaria in Pentateuchum, ed. Jean Paul MIGNE, PL 91, Sp. 189–394

Benedict of Peterborough: Gesta Henrici II. et Ricardi I., ed. W. STUBBS, Rolls Series 49/1–2 (London 1867), Monumenta Germaniae Historica (SS 27, Hannover 1885)

Berengaudus (?): Expositio in Apocalipsin, ed. Jean Paul MIGNE, PL 17 (Paris o. J., Nachdruck Turnhout o. J.) Sp. 841–1058

Bernhard von Clairvaux: Sermones super Cantica canticorum, S. Bernardi Opera 1, 2, ed. Jean LECLERCQ, C. H. TALBOT, Henri M. ROCHAIS (Rom 1957, 1958), ed. Jean Paul MIGNE, PL 183 (Paris 1854, Nachdruck Turnhout 1976) Sp. 785–1198

—— Sermones de diversis, S. Bernardi Opera 6/1, ed. Jean LECLERCQ, Henri M. ROCHAIS (Rom 1972), ed. Jean Paul MIGNE, PL 183 (Paris 1854, Nachdruck Turnhout 1976) Sp. 537–748

—— Sententiae, S. Bernardi Opera 6/2, ed. Jean LECLERCQ, Henri M. ROCHAIS (Rom 1972), ed. Jean Paul MIGNE [Sermo in Canticum B. Virginis Marie], PL 184 (Paris 1854, Nachdruck Turnhout 1976) Sp. 1121–1128

Bruno von Segni: Expositio in Pentateuchum, ed. Jean Paul MIGNE, PL 164 (Paris 1854, Nachdruck Turnhout 1977) Sp. 147–550

—— Commentaria in Matthaeum, ed. Jean Paul MIGNE, PL 165 (Paris o. J., Nachdruck Turnhout o. J.) Sp. 63–314

—— Expositio in Apocalypsim, ed. Jean Paul MIGNE, PL 165 (Paris o. J., Nachdruck Turnhout o. J.) Sp. 603–736

Cassiodorus, Flavius Magnus Aurelius: Expositio Psalmorum, ed. Marc ADRIAEN, Ps. 1–70, SL 97 (Turnhout 1958), Ps. 71–150, SL 98 (Turnhout 1958), ed. Jean Paul MIGNE, PL 70 (Paris 1847, Nachdruck Turnhout 1980) Sp. 9–1056

—— Complexiones in Apocalypsin, ed. Jean Paul MIGNE, PL 70 Sp. 1405–1418

Cassiodorus, Flavius Magnus Aurelius, und Epiphanius: Historia tripartita, ed. Rudolph HANSLIK, CSEL 71 (Wien 1952), ed. Jean Paul MIGNE, PL 67, Sp. 879–1214

Christian von Stablo [Druthmarus]: Expositio in Matthaeum, ed. Jean Paul MIGNE, PL 106 (Paris o. J., Nachdruck Turnhout o. J.) Sp. 1261–1504

Constitutum Constantini, ed. Horst FUHRMANN (Monumenta Germaniae Historica, Fontes iuris 10, München 1968)

Cyprian von Karthago: Epistola ad Jovinianum, ed. Jean Paul MIGNE, PL 3 (Paris o. J., Nachdruck Turnhout o. J.) Sp. 1081–1085

—— Epistola ad Fortunatum de exhortatione martyrii, ed. Robert WEBER, SL 3 (Turnhout 1972) S. 181–216, ed. Jean Paul MIGNE, PL 4 (Paris o. J., Nachdruck Turnhout o. J.) Sp. 651–676

Eusebius von Caesarea: Die Chronik des Hieronymus, ed. Rudolf HELM (Die Griechischen Schriftsteller der ersten Jahrhunderte 47, Eusebius, Siebenter Band, Berlin 1956)

Gerhoch von Reichersberg: Commentarius aureus in Psalmos et cantica ferialia, Psalm 1–63, ed. Jean Paul MIGNE, PL 193 (Paris 1854, Nachdruck Turnhout 1979) Sp. 619–1814

—— Expositionis in Psalmos Continuatio, Psalm 64–150, ed. Jean Paul MIGNE, PL 194 (Paris 1855, Nachdruck Turnhout 1979) Sp. 9–998

Glossa ordinaria, ed. Adolph RUSCH (Straßburg 1480/81, Nachdruck Turnhout 1992) vol. 1–4, ed. Jean Paul MIGNE, in: Walafridi Strabi Fuldensis monachi opera omnia, PL 113/114 (Paris 1852)

Gottfried von Admont: Homiliae in diversos scripturae locos, ed. Jean Paul MIGNE, PL 174 (Paris 1854, Nachdruck Turnhout 1976) Sp. 1059–1134

Gregor I: Dialogi lib. 1, ed. Adalbert DE VOGÜÉ, Sources Chrétiennes 260 Paris 1979) S. 10–119, ed. Jean Paul MIGNE, PL 77 (Paris o. J., Nachdruck Turnhout o. J.) Sp. 149–216

—— Dialogi lib. 2 [Vita Sancti Benedicti], ed. Adalbert DE VOGÜÉ, Sources Chrétiennes 260, S. 120–249, ed. Jean Paul MIGNE, PL 66 (Paris 1847, Nachdruck Turnhout 1979) Sp. 125–214

—— Dialogi lib. 3, ed. Adalbert DE VOGÜÉ, Sources Chrétiennes 260, S. 250–433, ed. Jean Paul MIGNE, PL 77, Sp. 215–318

—— Dialogi lib. 4, ed. Adalbert DE VOGÜÉ, Sources Chrétiennes 265, ed. Jean Paul MIGNE, PL 77, Sp. 317–430

—— Moralia in Iob, lib. 1–10, ed. Marc ADRIAEN, SL 143 (Turnhout 1979), ed. Jean Paul MIGNE, PL 75 (Paris 1849, Nachdruck Turnhout 1977) Sp. 509–952

—— Moralia in Iob, lib. 11–22, ed. Marc ADRIAEN, SL 143A (Turnhout 1979), ed. Jean Paul MIGNE, PL 75, Sp. 953–1162 (lib. 11–16), PL 76 (Paris o. J., Nachdruck Turnhout o. J.) Sp. 9–250 (lib. 17–22)

—— Moralia in Iob, lib. 23–35, ed. Marc ADRIAEN, SL 143B (Turnhout 1985), ed. Jean Paul MIGNE, PL 76, Sp. 249–782

—— Homiliae in Evangelia, ed. Raymond ÉTAIX, SL 141 (Turnhout 1999), ed. Jean Paul MIGNE, PL 76, Sp. 1075–1312

—— Homiliae in Hiezechihelem prophetam, lib. 1–2, ed. Marc ADRIAEN, SL 142 (Turnhout 1971), ed. Charles MOREL, lib. 1, Sources Chrétiennes 327 (Paris 1986), lib. 2, Sources Chrétiennes 360 (Paris 1986), ed. Jean Paul MIGNE, PL 76, Sp. 785–1072

Haimo [von Halberstadt]: Commentaria in Isaiam, ed. Jean Paul MIGNE, PL 116 (Paris o. J., Nachdruck Turnhout 1977) Sp. 715–1086

—— Enarratio in duodecim prophetas minores, ed. Jean Paul MIGNE, PL 117 (Paris 1852, Nachdruck Turnhout 1977) Sp. 9–294

—— Expositio in Apocalipsin B. Johannis, ed. Jean Paul MIGNE, PL 117, Sp. 937–1220

Hieronymus: Epistolae, ed. Isidor HILBERG, CSEL 54, 55, 56/1 (Wien ²1996), ed. Jean Paul MIGNE, PL 22 (Paris o. J., Nachdruck Turnhout o. J.) Sp. 325–1224

—— Liber interpretationis Hebraicorum nominum [De nominibus hebraicis], ed. Paul DE LAGARDE, SL 72 (Turnhout 1964) S. 57–161, ed. Jean Paul MIGNE, PL

23 (Paris ¹1845, ²1883, Nachdruck Turnhout o. J.) Sp. 815–904 *(Die von den Herausgebern der CD-ROM Fassung verwendete Ausgabe ist hier die ältere von 1845, in der der Text des Liber Int. Sp. 771–858 zu finden ist; zitiert wird im Text nach der jüngeren)*
—— Hebraicae quaestiones in Genesim, ed. Paul DE LAGARDE, SL 72, S. 1–56, ed. Jean Paul MIGNE, PL 23, Sp. 985–1062 (Die von den Herausgebern der CD-ROM Fassung verwendete Ausgabe ist hier die ältere von 1845, in der der Text Sp. 771–858 zu finden ist; zitiert wird im Text nach der jüngeren)
—— Commentaria in Esaiam, ed. Marc ADRIAEN, SL 73 (Turnhout 1963), ed. Jean Paul MIGNE, PL 24 (Paris 1845) Sp. 17–678
—— Commentaria in Danielem, ed. Franciscus GLORIE, SL 75A (Turnhout 1964), ed. Jean Paul MIGNE, PL 25 (Paris 1845, Nachdruck Turnhout o. J.) Sp. 491–584
—— Commentaria in Abacuc, ed. Marc ADRIAEN, SL 76A (Turnhout 1970) S. 579–654, ed. Jean Paul MIGNE, PL 25, Sp. 1273–1338
—— Commentaria in Sophoniam, ed. Jean Paul MIGNE, PL 25, Sp. 1337–1388
—— Commentaria in Matthaeum, ed. Émile BONNARD, Sources Chrétiennes 242 und 259 (Paris 1977 und 1979), ed. Damien HURST, Marc ADRIAEN, SL 77 (Turnhout 1969), ed. Jean Paul MIGNE, PL 26 (Paris o. J., Nachdruck Turnhout o. J.) Sp. 15–228
—— Adversus Iovinianum, ed. Jean Paul MIGNE, PL 23 (Paris o. J., Nachdruck Turnhout o. J.) Sp. 222–354
—— Liber Esther, ed. Jean Paul MIGNE, PL 28, (Paris 1846, Nachdruck Turnhout 1978) Sp. 1507–1522
Hilarius von Poitiers: De Trinitate, ed. Pieter SMULDERS, SL 62, 62A (Turnhout 1979, 1980), ed. Jean Paul MIGNE, PL 10 (Paris 1845, Nachdruck Turnhout 1979) Sp. 9–472
Hinkmar von Reims: De praedestinatione, ed. Jean Paul MIGNE, PL 125 (Paris o. J., Nachdruck Turnhout o. J.) Sp. 49–474
—— Explanatio in ferculum Salomonis, ed. Jean Paul MIGNE, PL 125, Sp. 817–834
Honorius Augustodunensis: De imagine mundi, ed. Jean Paul MIGNE, PL 172 (Paris o. J., Nachdruck Turnhout o. J.) Sp. 119–188
—— Expositio in Cantica Canticorum, ed. Jean Paul MIGNE, PL 172, Sp. 347–542
—— Gemma animae, ed. Jean Paul MIGNE, PL 172, Sp. 541–738
—— Speculum ecclesiae, ed. Jean Paul MIGNE, PL 172, Sp. 807–1108
Hugo von St. Victor: Eruditio didascalia, ed. Jean Paul MIGNE, PL 176 (Paris 1854, Nachdruck Turnhout 1976) Sp. 739–838
Ildefons von Toledo: De cognitione baptismisi, ed. Jean Paul MIGNE, PL 96 (Paris 1851, Nachdruck Turnhout 1979) Sp. 111–172
Isidor von Sevilla: Etymologiae, ed. Jean Paul MIGNE, PL 82 (Paris 1850, Nachdruck Turnhout 1979) Sp. 9–728
—— Allegoriae sacrae Scripturae, ed. Jean Paul MIGNE, PL 83 (Paris 1850, Nachdruck Turnhout 1979) Sp. 97–130
—— Prooemia in libros veteri ac novi testamenti, ed. Jean Paul MIGNE, PL 83, Sp. 155–180
—— Quaestiones in veterum testamentum, ed. Jean Paul MIGNE, PL 83, Sp. 201–424
—— Historia de regibus Gothorum, Wandalorum et Suevorum, ed. Jean Paul MIGNE, PL 83, Sp. Sp. 1057–1082
Joachim von Fiore: Adversus Iudaeos, ed. Arsenio FRUGONI (Fonti per la Storia d'Italia 95, Rom 1957)
—— Concordia novi ac veteris testamenti (Venedig 1519, Nachdruck Frankfurt/Main 1964); ed. E. Randolph DANIEL (The American Philosophical Society, Philadelphia 1983)
—— De articulis fidei, ed. Ernesto BUONAIUTI (Fonti per la Storia d'Italia 78, Rom 1936)

—— De prophetia ignota, ed. Bernard McGinn: Joachim and the Sibyl; ed. Matthias
Kaup: De prophetia ignota
—— De septem sigillis, ed. Marjorie Reeves, Beatrice Hirsch-Reich: The seven
seals, S. 239–247; ed. Morton W. Bloomfield, Harold Lee: The Pierpont-Morgan
Manuscript of „De Septem Sigillis“, S. 143–148
—— De ultimis tribulationibus, ed. Kurt-Victor Selge, Florensia 7 (1993) S. 21–35;
ed. E. Randolph Daniel, in: Ann Williams (Hg.): Prophecy and Millenarism.
Essays in Honour of Marjorie Reeves, (Harbour/Essex 1980) S. 165–189
—— De vita Sancti Benedicti et de officio divino secundum eius doctrinam, ed.
Cipriano Baraut, Un Tratado inédito de Joaquin de Flore, Analecta Sacra
Tarraconensia 24 (1951) S. 42–122 (sep. 10–90)
—— Dialogi de prescientia Dei et predestinatione electorum, ed. Gian Luca Potestà
Opera omnia IV (Opere minori), 1 (Fonti per la Storia dell'Italia Medievale.
Antiquitates 4, Rom 1995)
—— Enchiridion super Apocalypsim, ed. Edward Kilian Burger (Pontifical Institute
of Medieval Studies. Studies and Texts 78, Toronto 1986); ed. Andrea Tagliapetra,
Gioacchino da Fiore sull'Apocalisse (Rom 1994)
—— Expositio super Apocalypsim (Venedig 1527, Nachdruck Frankfurt/Main 1964)
—— Genealogia [Epistula subsequentium figurarum], ed. Jeanne Bignami Odier:
Notes sur deux Manuscrits de la Bibliothèque du Vatican contenant des Traités
inèdits de Joachim de Flore, S. 224–226; ed. Gian Luca Potestà: Die Genealogia.
Ein frühes Werk Joachims von Fiore und die Anfänge seines Geschichtsbildes,
Deutsches Archiv für Erforschung des Mittelalters 56 (2000) S. 91–101
—— Intelligentia super calathis, ed. Pietro De Leo, Gioacchino da Fiore. Aspetti
inediti della vita e delle opere (Biblioteca di storia e cultura meridionale. Studi
e testi 1, Soveria Mannelli 1988) S. 135–148
—— Liber Figurarum, ed. Leone Tondelli, Marjorie Reeves, Beatrice Hirsch-
Reich, Il Libro delle Figure dell'abbate Gioacchino da Fiore 2 (Torino 1953)
—— O felix regnum patrie superne, ed. Marjorie Reeves, John V. Fleming, Two
Poems attributed to Joachim of Fiore (Princeton 1978)
—— Praephatio super Apocalipsin, ed. Kurt-Victor Selge: Eine Einführung Joachims
in die Johannesapokalypse, Deutsches Archiv für Erforschung des Mittelalters 46
(1990) S. 85–131
—— Professio fidei, ed. Axel Mehlmann, De unitate trinitatis. Forschungen und
Dokumente zur Trinitätstheologie Joachims von Fiore im Zusammenhang mit sei-
nem verschollenen Traktat gegen Petrus Lombardus (Diss. masch. Freiburg 1991)
S. 217–229; ed. Pietro De Leo, Gioacchino da Fiore. Aspetti inediti della vita e
delle opere (Biblioteca di storia e cultura meridionale. Studi e testi 1, Soveria
Mannelli 1988) S. 173–175
—— Psalterium decem chordarum (Venedig 1527, Nachdruck Frankfurt/Main 1965)
—— Quaestio de Maria Magdalena, ed. Pietro De Leo, Gioacchino da Fiore.
Aspetti inediti della vita e delle opere (Biblioteca di storia e cultura meridionale.
Studi e testi 1, Soveria Mannelli 1988) S. 157–163, ed. Valeria De Fraja, Un'an-
tologia gioachimita: il ms. 322 della Biblioteca Antoniana di Padova, Studi
Medievali, ser. 3a, 32,1 (1991) S. 251–258.
—— Sermo in die paschali, ed. Ernesto Buonaiuti (Scritti minori di Gioacchino
da Fiore (Fonti per la Storia d'Italia 78, Rom 1936) S. 103–106
—— Tractatus super quattuor evangelia, ed. Ernesto Buonaiuti (Fonti per la Storia
d'Italia 67, Rom 1930), ed. Francesco Santi, Ioachim Abbas Florensis Opera
Omnia V (Fonti per la Storia dell'Italia Medievale. Antiquitates 17, Rom
2002)
—— Universis christi fidelibus, ed. Jeanne Bignami Odier, Notes sur deux Manuscrits
de la Bibliothèque du Vatican contenant des Traités inèdits de Joachim de Flore,
S. 220–223

—— Visio, ed. Marjorie Reeves, John V. Fleming, Two Poems attributed to Joachim of Fiore (Princeton 1978)

Johannes von Salisbury: Polycraticus, ed. K. S. B. Keats-Rohan, CM 118 (Turnhout 1993), ed. Jean Paul Migne, PL 199 (Paris 1855) Sp. 379–822

Johannes von Würzburg: Descriptio terrae sanctae, ed. Jean Paul Migne, PL 155 (Paris 1854, Nachdruck Turnhout 1975) Sp. 1055–1090

Lucas von Cosenza: Vita des Joachim von Fiore, ed. Herbert Grundmann, Zur Biographie Joachims von Fiore und Rainers von Ponza, Ausgewählte Aufsätze, Teil 2: Joachim von Fiore (Stuttgart 1977) S. 346–360

Otto von Freising: Ottonis episcopi Frisingensis Chronica sive Historia de duabus civitatibus VI, 28, ed. A. Hofmeister (Monumenta Germaniae Historica, SS rer. Germ., München 1912), ed. Walther Lammers (Ausgewählte Quellen zur deutschen Geschichte des Mittelalters. Freiherr-vom-Stein-Gedächtnisausgabe 16, Darmstadt 1961)

Paschasius Radbertus: Expositio in Matheo, ed. Beda Paulus, (lib. 1–4) CM 56, (lib. 5–8) CM 56A, (lib. 9–12) CM 56B (Turnhout 1984), ed. Jean Paul Migne, PL 120 (Paris 1852, Nachdruck Turnhout 1976) Sp. 31–994

—— In lamentationes Jeremiae, ed. Beda Paulus, CM 85 (Turnhout 1988), ed. Jean Paul Migne, PL 120, Sp. 1059–1256

Paterius: Expositio veteris ac novi Testamenti, ed. Jean Paul Migne, PL 79 (Paris 1849, Nachdruck Turnhout 1977) Sp. 683–1136

Petrus Abaelardus: Commentaria in Epistolam Pauli ad Romanos, ed. Eligius Buytaert, CM 11 (Turnhout 1969) S. 1–340, ed. Jean Paul Migne, PL 178 (Paris 1855, Nachdruck Turnhout 1979) Sp. 783–978

Petrus von Blois: Sermones, ed. Jean Paul Migne, PL 207 (Paris o. J., Nachdruck Turnhout o. J.) Sp. 559–776

—— De divisione et scriptoribus sacrorum librorum, ed. Jean Paul Migne, PL 207, Sp. 1051–1056

Petrus Comestor: Historia scholastica, ed. Jean Paul Migne, PL 198 (Paris 1855, Nachdruck Turnhout 1976) Sp. 1045–1722

Petrus Damiani: Epistolae, ed. Kurt Reindel: Die Briefe des Petrus Damiani 4 Nr. 151–180 (Monumenta Germaniae Historica, Epistolae 2: Die Briefe der deutschen Kaiserzeit 4, München 1993), ed. Jean Paul Migne, PL 144 (Paris 1853) Sp. 205–498

—— Sermones, ed. Jean Paul Migne, PL 144, Sp. 505–924

Petrus Venerabilis: Adversus Iudeorum inveteratam duritiem, ed. Yvonne Friedman, CM 58 (Turnhout 1985), ed. Jean Paul Migne, PL 189 (Paris 1854, Nachdruck Turnhout 1980)

Primasius von Hadrumetum: Commentarius in Apocalypsin, ed. A. W. Adams, SL 92 (Turnhout 1985), ed. Jean Paul Migne, PL 68 (Paris 1866, Nachdruck Turnhout 1977) Sp. 793–936

Prudentius von Troyes: De praedestinatione, ed. Jean Paul Migne, PL 115 (Paris o. J., Nachdruck Turnhout o. J.) Sp. 1009–1366

Rabanus Maurus: In honorem sanctae crucis, ed. Michel Perrin, CM 100 (Turnhout 1997), ed. Jean Paul Migne, PL 107 (Paris 1851, Nachdruck Turnhout 1977) Sp. 133–294

—— Commentaria in Genesim, ed. Jean Paul Migne, PL 107, Sp. 439–670

—— Commentaria in Matthaeum, ed. Jean Paul Migne, PL 107, Sp. 727–1156

—— Expositio in librum Judith, ed. Jean Paul Migne, PL 109 (Paris 1852, Nachdruck Turnhout 1977) Sp. 539–592

—— Expositio in librum Esther, ed. Jean Paul Migne, PL 109, Sp. 635–670

—— Commentaria in Ezechielem, ed. Jean Paul Migne, PL 110 (Paris o. J., Nachdruck Turnhout o. J.) Sp. 493–1088

—— De universo, ed. Jean Paul MIGNE, PL 111 (Paris o. J., Nachdruck Turnhout o. J.) Sp. 9–614

Radulph de Coggeshall: Chronicon Anglicanum, ed. Joseph STEVENSON, Rolls Series 66 (London 1975)

Richard von St. Victor: In Apocalypsim Joannis, ed. Jean Paul MIGNE, PL 196 (Paris 1855, Nachdruck Turnhout 1979) Sp. 683–888

Roger de Hoveden: Chronica, ed. W. STUBBS, Rolls Series 51/1–4 (London 1875), Monumenta Germaniae Historica (SS 27, Hannover 1885)

Rupert von Deutz: De divinis officiis, ed. Helmut und Ilse DEUTZ, Fontes Christiani 33 (Freiburg 1999), ed. Rhaban HAACKE, CM 7 (Turnhout 1967), ed. Jean Paul MIGNE, PL 170 (Paris 1854, Nachdruck Turnhout 1978) Sp. 1–332

—— De sancta Trinitate et operibus eius, ed. Rhaban HAACKE, CM 21 (Turnhout 1971), CM 22 (Turnhout 1972) CM 23 (Turnhout 1972), CM 24 (Turnhout 1972); [De operibus Spiritus sancti, ed. Jean GRIBOMONT, Elisabeth de SOLMS, Sources Chrétiennes 131 (lib. 1–2) und 165 (lib. 3–4) (Paris 1967 und 1970)]; ed. Jean Paul MIGNE, PL 167 (Paris 1854, Nachdruck Turnhout 1978) Sp. 198–1828

—— Commentaria in Apocalypsim, ed. Jean Paul MIGNE, PL 169 (Paris 1854, Nachdruck Turnhout 1978) Sp. 827–1214

—— Commentaria in duodecim prophetas minores, ed. Jean Paul MIGNE, PL 168 (Paris 1854, Nachdruck Turnhout 1978) Sp. 9–836

—— De victoria verbi Dei, ed. Rhaban HAACKE, Monumenta Germaniae Historica, Quellen zur Geistesgeschichte des Mittelalters 5 (Leipzig 1970), ed. Jean Paul MIGNE, PL 169 (Paris 1854, Nachdruck Turnhout 1978) Sp. 1215–1502

—— Commentaria in Cantica canticorum, ed. Rhaban HAACKE, CM 26 (Turnhout 1974), ed. Jean Paul MIGNE, PL 168, Sp. 839–1240

—— De gloria et honore Filii hominis super Matthaeum, ed. Rhaban HAACKE, CM 29 (Turnhout 1979), ed. Jean Paul MIGNE, PL 168, Sp. 1307–1634

—— De glorificatione Trinitatis et processione sancti Spiritus, PL 169, ed. Jean Paul MIGNE (Paris 1854, Nachdruck Turnhout 1978) Sp. 13–202

Sulpicius Severus: Chronica, Sources Chrétiennes 441, ed. Ghislaine de SENNEVILLE-GRAVE (Paris 1999), ed. Karl HALM, CSEL 1 (Wien 1866), ed. Jean Paul MIGNE, PL 20 (Paris 1845, Nachdruck Turnhout 1975) Sp. 95–160

Taio von Saragossa: Sententiae, ed. Jean Paul MIGNE, PL 80 (Paris 1863) Sp. 727–999

Tertullian, Quintus Septimius Florens: De praescriptione haereticorum [De praescriptionibus adversus haereticos], ed. R. F. REFOULÉ, Sources Chrétiennes 46 (Paris 1957), ed. R. F. REFOULÉ, SL 1 (Turnhout 1954), S. 185–224, ed. Emil KROYMANN, CSEL 70 (Wien – Leipzig 1942) S. 1–58, ed. Jean Paul MIGNE, PL 2 (Paris 1844, Nachdruck Turnhout 1956) Sp. 10–74

—— De resurrectione carnis, ed. J. G. Ph. BORLEFFS [De resurrectione mortuorum], SL 2 (Turnhout 1954) S. 919–1012, ed. Emil KROYMANN, CSEL 47 (Wien – Leipzig 1906) S. 25–125, ed. Jean Paul MIGNE, PL 2 (Paris 1844, Nachdruck Turnhout 1956) Sp. 791–886

Ticonius: Liber de septem regulis, ed. Jean Paul MIGNE, PL 18 (Paris 1848, Nachdruck Turnhout 1975) Sp. 15–66; ed. William S. BABCOCK: Ticonius: The book of rules, translated, with an introduction and notes (Society of Biblical Literature, Texts and Translations 31, Atlanta/Georgia 1989)

Victor von Capua: Catena in quatuor evangelia, ed. Jean Paul MIGNE, PL 68 (Paris 1866, Nachdruck Turnhout 1977) Sp. 359f.

Victorin von Pettau: Commentarius in Apocalypsim, ed. Martine DULAEY, Sources Chrétiennes 423 (Paris 1997) S. 46–131, ed. Johannes HAUSSLEITER, CSEL 49 (Leipzig 1916), ed. Jean Paul MIGNE, PLS 1 (Paris 1958) Sp. 102–172

—— Scholia in Apocalypsim Johannis, ed. Jean Paul MIGNE, PL 5 (Paris 1844) Sp. 317–344

II. *Sekundärliteratur*

ALAND, Kurt: Die Handschriftenbestände der polnischen Bibliotheken (Berlin 1956)

ARCELUS ULIBARRENA, Juana Mary: Cristóbal Colon y los primeros evangelizadores del Nuevo Mundo. Lección de profetismos joaquinista, in: Il profetismo gioachimita tra Quattrocento e Cinquecento, Atti del III Congresso Internazionale di Studi Gioachimiti, a cura di Gian Luca POTESTÀ (Genova 1991) S. 475–504

ARDUINI, Maria Lodovica: Rupert von Deutz (1976–1129) und der „Status Christianitatis" seiner Zeit (Beiheft zum Archiv für Kulturgeschichte 25, Köln – Wien 1987)

BÄCHLI, Otto: Amphiktyonie im Alten Testament. Forschungsgeschichtliche Studie zur Hypothese von Martin Noth (Theologische Zeitschrift, Sonderband 6, Basel 1977)

BARAUT, Cipriano: Un Tratado inédito de Joaquin de Flore. De vita sancti Benedicti et de officio divini secundum eius doctrinam, Analecta Sacra Tarraconensia 24 (1951) S. 33–122

BARRÉ, Henri: Art. Haymon d'Auxerre, Dictionnaire de Spiritualité ascétique et mystique 7 (Paris 1969) Sp. 91–97

BERGES, Wilhelm: Anselm von Havelberg in der Geistesgeschichte des 12. Jahrhunderts, Jahrbuch für die Geschichte Mittel- und Ostdeutschlands 5 (1956) S. 39–57

BIGNAMI ODIER, Jeanne: Notes sur deux manuscrits de la Bibliothèque du Vatican contenant des traités inédits de Joachim de Flore, Mélanges d'Archéologie et d'Histoire [École Francaise de Rome] 54 (1937) S. 211–241

—— Travaux récents sur Joachim de Flore, Le Moyen Âge 58 (1950) S. 145–161

BLOOMFIELD, Morton W.: Joachim of Flora. A Critical Survey of His Canon, Teachings, Sources, Biography and Influence, Traditio 13 (1957) S. 249–311, neu in: Delno C. WEST (Hg.): Joachim of Fiore in Christian Thought. Essays on the Influence of the Calabrian Prophet 2 (New York 1975) S. 29–91

—— Recent Scholarship on Joachim of Fiore and His Influence, in: Ann WILLIAMS (Hg.): Prophecy and Millenarism. Essays in Honour of Marjorie Reeves (Harbour/ Essex 1980) S. 21–52

BLOOMFIELD, Morton W., Harold LEE: The Pierpont-Morgan Manuscript of „De Septem Sigillis", Recherches de Théologie Ancienne et Médiévale 38 (1971) S. 137–148

BLUMENTHAL, Uta-Renate: Gregor VII. Papst zwischen Canossa und Kirchenreform (Darmstadt 2001)

BONNER, Gerald: Saint Bede in the tradition of western apocalyptic commentary, in: Gerald BONNER, Church and Faith in the Patristic tradition (Aldershot 1996) XII, zuerst in: Jarrow Lectures 1966 (Jarrow 1967) S. 1–29

BORST, Arno: Computus – Zeit und Zahl im Mittelalter, Deutsches Archiv für Erforschung des Mittelalters 44 (1988) S. 1–82

BOSHOF, Egon: Die Salier (Stuttgart ¹1987, ⁴2000)

BOSWORTH, C. E.: Art. Saracens, Encyclopaedia of Islam 9 (Leiden 1997) S. 27f.

BOUSSET, Wilhelm: Der Antichrist in der Überlieferung des Judentums, des neuen Testaments und der alten Kirche. Ein Beitrag zur Auslegung der Apokalypse (Göttingen 1895)

—— Die Offenbarung Johannis. Kritisch-exegetischer Kommentar über das Neue Testament begr. von Heinrich August Wilhelm MEYER (Göttingen ⁵1896, ⁶1906)

BRAUN, Johann Wilhelm: Art. Gottfried von Admont, in: Kurt RUH (Hg.): Die deutsche Literatur des Mittelalters. Verfasserlexikon 3 (Berlin – New York ²1981) Sp. 118–123

BRENTJES, Burchard: Der Mythos vom dritten Reich. Drei Jahrtausende Sehnsucht nach Erlösung (Hannover 1997)

BROWN, Peter: Saint Augustine, in: Beryl SMALLEY (Hg.): Trends in Medieval Political Thought (Oxford 1965) S. 1–21

BRÜHL, Carlrichard: Deutschland und Frankreich. Die Geburt zweier Völker (Köln – Wien ¹1990, ²1995)

BRUNHÖLZL, Franz: Geschichte der lateinischen Literatur des Mittelalters 1. Von Cassiodor bis zum Ausklang der karolingischen Erneuerung (München 1975), 2: Die Zwischenzeit vom Ausgang des karolingischen Zeitalters bis zur Mitte des elften Jahrhunderts (München 1992)

BUONAIUTI, Ernesto: Gioacchino da Fiore. I tempi – la vita – il messaggio (Rom 1931)

DE CAMBIS Marquis de Velleron, Joseph-Louis-Dominique: Catalogue raisonné des principaux manuscrits du cabinet de M. Joseph-Louis-Dominique de Cambis, marquis de Velleron (Avignon 1770)

DU CANGE, Charles Du Fresne Sieur: Glossarium Mediae et infimae Latinitatis 1–4 (Paris 1883, Nachdruck Graz 1954)

CAPELLI, Adriano: Dizionario di Abbreviature latine ed italiane (Modena ¹1929, Milano ⁶1990)

CAPUTANO, Claudio: Gioacchino da Fiore: bibliografia 1988–1993, Florensia 8/9 (1994/1995) S. 45–110

CARAFFA, Filippo: Il monastero florense di S. Maria della Gloria presso Anagni con una introduzione sui monaci florensi e i loro Monasteri (Rom 1940)

—— I monasteri florense del Lazio meridionale, in: Storia e messaggio in Gioacchino da Fiore. Atti del I Congresso Internazionale di Studi Gioachimiti. San Giovanni in Fiore 19–23 Settembre 1979. Centro di Studi Gioachimiti (San Giovanni in Fiore 1980) S. 449–471

CASPAR, Erich: Roger II. (1101–1154) und die Gründung der normannisch-sicilischen Monarchie (Innsbruck 1904, Nachdruck Darmstadt 1963)

—— Pippin und die römische Kirche. Kritische Untersuchungen zum fränkisch-päpstlichen Bunde im VIII. Jahrhundert (Berlin 1914)

—— Geschichte des Papsttums 1–2 (Tübingen 1930–1933)

Catalogue général des manuscrits latins VI: 3536 à 3775ᵇ (Paris 1975)

CLASSEN, Peter: Gerhoch von Reichersberg. Eine Biographie. Mit Anhang über die Quellen, ihre handschriftliche Überlieferung und ihre Chronologie (Wiesbaden 1960)

—— Zur kritischen Edition der Schriften Ruperts von Deutz, Deutsches Archiv für Erforschung des Mittelalters 26 (1970) S. 513–527

—— Die geistesgeschichtliche Lage im 12. Jahrhundert. Anstöße und Möglichkeiten, in: Josef FLECKENSTEIN (Hg.): Peter Classen. Ausgewählte Aufsätze (Vorträge und Forschungen 28, Sigmaringen 1993) S. 327–346, zuerst in: Peter WEIMAR (Hg.): Die Renaissance der Wissenschaften im 12. Jahrhundert (Zürcher Hochschulforum 2, Zürich 1981) S. 11–32

—— Karl der Große, das Papsttum und Byzanz. Die Begründung des karolingischen Kaisertums (Beiträge zur Geschichte und Quellenkunde des Mittelalters 9, Sigmaringen 1985)

Clavis patristica pseudepigraphorum medii aevi II: theologica, exegetica, Hg. Johannes MACHIELSEN, CCSL [ohne Bandzählung] (Turnhout 1994)

COHN, Norman: Das Ringen um das Tausendjährige Reich (Bern 1961) [original: The pursuit of the Millenium, London 1957]

COLLINS, Roger J. H.: Art. Caesarius von Arles, TRE 7 (1981) S. 551–536

COXE, Henricus Octavius: Catalogus Codicum Mss qui in collegiis aliis que Oxoniensibus hodie adservantur II (Oxford 1852)

CROCCO, Antonio: Gioacchino da Fiore e il Gioachimismo (Napoli 1976)

CSENDES, Peter: Heinrich VI. (Darmstadt 1993)

Delisle, Leopold Victor: Inventaire des Manuscrits Latins, conservés à la Bibliothèque Nationale sous les numéros 8823–18613 (Hildesheim – New York 1974)
—— Recherches sur la Libraire de Charles V, Partie II: Inventaire des Livres ayant appartenu aux rois Charles V et Charles VI et a Jean, Duc de Berry (Paris 1907)
Dempf, Alois: Sacrum Imperium (München – Berlin ¹1929, Darmstadt ²1954)
Denifle, Heinrich: Das Evangelium aeternum und die Commission zu Anagni, Archiv für Litteratur- und Kirchengeschichte des Mittelalters I (Berlin 1885) S. 49–102
DeRicci, Seymour: English Collectors of Books and Manuscripts 1530–1930 (London 1960)
DeRicci, Seymour, William Jerome Wilson: Census of Medieval and Renaissance manuscripts in the United States and Canada 2 (New York 1937)
Diekamp, Franz: Das Zeitalter des Erzbischofs Andreas von Caesarea, Historisches Jahrbuch 18 (1897) S. 1–36
Dinzelbacher, Peter: Bernhard von Clairvaux (Darmstadt 1998)
—— Die letzten Dinge. Himmel, Hölle, Fegefeuer im Mittelalter (Freiburg 1999)
Donner, Herbert: Geschichte des Volkes Israel und seiner Nachbarn in Grundzügen 2. Von der Königszeit bis zu Alexander dem Großen (Göttingen 1986)
Dulaey, Martine: Victorin de Poetovio. Premier exégète latin (Collection des Études Augustiennes, Série Antiquité 39 und 40, Paris 1993)
Dvornik, Friedrich: The Idea of Apostolicity in Byzantium and the Legend of the Apostle Andrew (Cambridge/Mass. 1958)
Editorische Richtlinien für die Opera omnia Joachims von Fiore, Florensia 10 (1996) S. 215–223
Edyvean, Walter: Anselm of Havelberg and the Theology of History (Rom 1972)
Egger, Christoph: Papst Innocenz als Theologe. Beiträge zur Kenntnis seines Denkens im Rahmen der Frühscholastik, Archivum Historiae Pontificiae 30 (1992) S. 55–123
—— Joachim von Fiore, Rainer von Ponza und die römische Kurie, in: Gioacchino da Fiore tra Bernardo di Clairvaux e Innocenzo III. Atti del 5° Congresso internazionale di studi gioachimiti. S. Giovanni in Fiore, 16–21 settembre 1999, a cura di Roberto Rusconi (Opere di Gioacchino da Fiore: testi e strumenti 13, Rom 2001) S. 129–162
Ehrle, Franz: Historia Bibliothecae Romanorum Pontificum tum Bonifatianae tum Avenionensis 1 (Rom 1890)
Eissfeldt, Otto: Einleitung in das Alte Testament (Tübingen ³1964)
Emmerson, Richard K., Ronald B. Herzman: The Apocalyptic Imagination in Medieval Literature (Philadelphia 1992)
Engels, Odilo: Zum päpstlich-fränkischen Bündnis im 8. Jahrhundert, in: Dieter Berg, Hans-Werner Goetz (Hg.): Ecclesia et regnum. Beiträge zur Geschichte von Kirche, Recht und Staat im Mittelalter. Festschrift für Franz-Josef Schmale (Bochum 1989) S. 21–38
van Engen, John H.: Rupert of Deutz (Publications of the UCLA Center for Medieval and Renaissance Studies 18, Berkeley – Los Angeles – London 1983)
Esmeijer, Anna C.: Diuina quaternitas. A preliminary Study in the Method and Application of visual Exegesis (Amsterdam 1978)
Étaix, Raymond: Le cabinet des manuscrits du marquis de Cambis-Velleron, Scriptorium 37-1 (1983) S. 66–91
Faucon, Maurice: La Libraire des Papes d'Avignon. Sa Formation, sa composition, ses catalogues (1316–1420) I (Paris 1886), II (Paris 1887)
Felten, Joseph: Papst Gregor IX. (Freiburg 1886)
Flasch, Kurt: Augustin. Einführung in sein Denken (Stuttgart ¹1980, ²1994)
Fonseca, Cosimo Damiano: Gioacchino da Fiore tra riforma del monachesimo e attesa della fine, in: Gioacchino da Fiore tra Bernardo di Clairvaux e Innocenzo

III. Atti del 5° Congresso internazionale di studi gioachimiti. S. Giovanni in Fiore, 16–21 settembre 1999, a cura di Roberto Rusconi (Opere di Gioacchino da Fiore: testi e strumenti 13, Rom 2001) S. 13–26

Forcellini, Egidio: Lexikon totius Latinitatis 1–6 (Padua 1940)

Fowler, Thomas: The History of Corpus Christi College (Oxford Historical Society vol. 25, Clarendon Press, Oxford 1893)

De Fraja, Valeria: Gioacchino da Fiore: Bibliografia 1969–1988, Florensia 2 (1988) S. 9–59

—— Un'antologia gioachimita: il ms. 322 della Biblioteca Antoniana di Padova, Studi Medievali, ser. 3a, 32,1 (1991) S. 231–258

—— Le prime fondazioni florensi, in: Gioacchino da Fiore tra Bernardo di Clair-vaux e Innocenzo III. Atti del 5° Congresso internazionale di studi gioachimiti. S. Giovanni in Fiore, 16–21 settembre 1999, a cura di Roberto Rusconi (Opere di Gioacchino da Fiore: testi e strumenti 13, Rom 2001) S. 105–128

Fried, Johannes: Aufstieg aus dem Untergang. Apokalyptisches Denken und die Entstehung der modernen Naturwissenschaft im Mittelalter (München 2001)

Fuhrmann, Horst: Konstantinische Schenkung und Silvesterlegende in neuer Sicht, Deutsches Archiv für Erforschung des Mittelalters 15 (1959) S. 352–540

—— Konstantinische Schenkung und abendländisches Kaisertum. Ein Beitrag zur Überlieferungsgeschichte des Constitutum Constantini, Deutsches Archiv für Erforschung des Mittelalters 22 (1966) S. 63–178

—— Einfluß und Verbreitung der pseudoisidorischen Fälschungen (Monumenta Germaniae Historica, Schriften 24, 1–3, Stuttgart 1972, 1973, 1974)

—— Art. Konstantinische Schenkung, Lexikon des Mittelalters 5 (München – Zürich 1991) Sp. 1385–1387

Gahbauer, Ferdinand R.: Die Pentarchietheorie. Ein Modell der Kirchenleitung von den Anfängen bis zur Gegenwart (Frankfurter theologische Studien 42, Frankfurt 1993)

—— Art. Patriarchat I, in: Gerhard Müller (Hg.): Theologische Realenzyklopädie 26 (Berlin – New York 1996) S. 85–91

Galindo Romeo, Pascual: La Biblioteca de Benedicto XIII (Don Pedro de Luna), Universidad. Revista de cultura y vida universitaria (Zaragoza 1929)

Gatz, Bodo: Weltalter, goldene Zeit und sinnverwandte Vorstellungen (Hildesheim 1967)

Geerlings, Wilhelm: Art. Ambrosiaster, in: Siegmar Döpp, Wilhelm Geerlings (Hg.): Lexikon der antiken christlichen Literatur (Freiburg 1998) S. 12–13

Gervaise, Francois Armand: Histoire de l'Abbé Joachim (Paris 1745)

Gesner, Johann Matthias: Serenissimo principi ac domino Wilhelmo Ernesto, duci Saxoniae . . . natalem sexagesimum secundum . . . pie gratulatus de commissa fidei suae bibliotheca ducali, praesertim qua fuit Schurzfleischiana . . . in appendice notitia bibliothecae Schurzfleischianae (Weimar 1723)

Gillingham, John: The Life and Times of Richard I (London 1973)

Gössmann, Elisabeth: Antiqui und Moderni im Mittelalter. Eine geschichtliche Standortbestimmung (Münchner Universitätsschriften NF 23, München 1974)

—— „Antiqui" und „Moderni" im 12. Jahrhundert, in: Albert Zimmermann (Hg.): Antiqui und Moderni (Miscellanea Mediavalea 9, Berlin 1974) S. 41–57

Goetz, Hans-Werner: Endzeiterwartung und Endzeitvorstellung im Rahmen des Geschichtsbildes des früheren 12. Jahrhunderts, in: Werner Verbeke, Daniel Verhelst, Andreas Welkenhuysen (Hg.): The Use and Abuse of Eschatology in the Middle Ages (Leuven 1988) S. 306–332

Grundmann, Herbert: Studien über Joachim von Fiore (Beiträge zur Kulturgeschichte des Mittelalters und der Renaissance 32, Leipzig – Berlin 1927, Nachdruck Darmstadt 1975)

—— Kleine Beiträge über Joachim von Fiore, in: Herbert Grundmann: Ausgewählte

Aufsätze 2: Joachim von Fiore (Monumenta Germaniae Historica, Schriften 25, Stuttgart 1977) S. 70–100, zuerst in: Zeitschrift für Kirchengeschichte 48 (1929) S. 137–1651

—— Neue Forschungen über Joachim von Fiore (Marburg 1950)

—— Dante und Joachim von Fiore. Zu Paradiso X–XII, in: Herbert GRUNDMANN: Ausgewählte Aufsätze 2: Joachim von Fiore (MGH Schriften 25, Stuttgart 1957) S. 166–210, zuerst in: Deutsches Dante-Jahrbuch 14 (1932) S. 210–256

—— Zur Biographie Joachims von Fiore und Rainers von Ponza, in: Herbert GRUNDMANN: Ausgewählte Aufsätze 2: Joachim von Fiore (Monumenta Germaniae Historica, Schriften 25, Stuttgart 1977) S. 255–360, zuerst in: Deutsches Archiv für Erforschung des Mittelalters 16 (1960) S. 437–546

—— Kirchenfreiheit und Kaisermacht um 1190 in der Sicht Joachims von Fiore, in: Herbert GRUNDMANN: Ausgewählte Aufsätze 2: Joachim von Fiore (Monumenta Germaniae Historica, Schriften 25, Stuttgart 1977) S. 361–402, zuerst in: Deutsches Archiv für Erforschung des Mittelalters 19 (1963) S. 353–396

HAACKE, Rhaban: Die Überlieferung der Schriften Ruperts von Deutz, Deutsches Archiv für Erforschung des Mittelalters 16 (1960) S. 397–436

—— Nachlese zur Überlieferung Ruperts von Deutz, Deutsches Archiv für Erforschung des Mittelalters 26 (1970) S. 528–540

HAHN, Christoph Ulrich: Geschichte der Ketzer im Mittelalter 3 (Stuttgart 1850, Nachdruck Stuttgart 1968)

HAHN, Traugott: Tichonius-Studien (Leipzig 1900)

HALLER, Johannes: Das Papsttum. Idee und Wirklichkeit 1–5 (Esslingen ¹1950, ²1962)

HALLIWELL, James Orchard (Hg.): The Private Diary of John Dee and the Catalogue of his library of manuscripts (London 1842)

HAMM, Berndt: Normative Zentrierung im 15. und 16. Jahrhundert, Zeitschrift für historische Forschung 26 (1999) S. 163–202

HASKINS, Charles Homer: The Renaissance of the 12th Century (Cambridge 1927)

HAUSSLEITER, Johannes: Die Kommentare des Victorinus, Tichonius und Hieronymus zur Apokalypse, Zeitschrift für kirchliche Wissenschaft und kirchliches Leben 7 (1886) S. 239–257

—— Leben und Werke des Bischofs Primasius von Hadrumetum (Schulschriften aus Bayern, Erlangen 1887)

—— Die lateinische Apokalypse der alten afrikanischen Kirche (Forschungen zur Geschichte des neutestamentlichen Kanons und der altkirchlichen Literatur 4, Erlangen und Leipzig 1891)

—— Art. Ambrosius Autpertus, in: Albert HAUCK (Hg.): Realenzyklopädie für protestantische Theologie und Kirche 2 (Leipzig ³1897) S. 308f.

—— Beiträge zur Würdigung der Offenbarung des Johannes und ihres ältesten lateinischen Auslegers, Victorinus von Pettau. Rede zum Antritt des Rektorats der Universität Greifswald, in: Festreden der Universität Greifswald (1900)

—— Drei Editiones principes des Apokalypsekommentars des Primasius, Theologisches Literaturblatt 25,1 (1904) Sp. 1–4

—— Art. Victorinus, in: Albert HAUCK (Hg.): Realenzyklopädie für protestantische Theologie und Kirche 20 (Leipzig ³1908) S. 614–619

HAWKING, Stephen W.: Eine kurze Geschichte der Zeit. Die Suche nach der Urkraft des Universums (Hamburg 1991, original London 1988)

HERBERS, Klaus: Papst Nikolaus I. und Patriarch Photios. Das Bild des byzantinischen Gegners in den lateinischen Quellen, in: Odilo ENGELS, Peter SCHREINER (Hg.): Die Begegnung des Westens mit dem Osten. Kongreßakten des 4. Symposions des Mediävistenverbandes in Köln 1991 aus Anlaß des 1000. Todesjahres der Kaiserin Theophanu (Sigmaringen 1993) S. 51–74

HIRSCH-REICH, Beatrice: Ein bisher unedierter Traktat Joachims von Fiore zur Bekehrung der Juden, Recherches de Théologie Ancienne et Médiévale 27 (1960) S. 141–148

HISSETTE, Roland: Enquête sur les 219 articles condamnés à Paris le mars 1277 (Philosophes médiévaux 22, Louvain – Paris 1977)

HOFFMANN, Hartmut: Mönchskönig und *rex idiota*. Studien zur Kirchenpolitik Heinrichs II. und Konrad II. (Monumenta Germaniae Historica, Studien und Texte 8, Hannover 1993)

HOLDER-EGGER, Oswald: Italienische Prophetieen des 13. Jahrhunderts, Neues Archiv der Gesellschaft für ältere deutsche Geschichte 15 (1890) S. 143–178 (I); 30 (1905) S. 321–386 (II); 33 (1908) S. 95–187 (III)

HONÉE, Eugène: The radical German reformer Thomas Müntzer (c. 1489–1525): The impact of mystical and apocalyptic traditions on his theological thought, in: Michael WILKS (Hg.): Prophecy and Eschatology (Studies in church history, Subsidia 10, Oxford 1994) S. 65–74

HOPKINS, J. F. P.: Art. Ibn Tumart, Encyclopedia of Islam 3 (Leiden – London 1971) S. 958–960

HOUBEN, Hubert: Roger II. von Sizilien: Herrscher zwischen Orient und Okzident (Darmstadt 1997)

Inventario Cerruti dei Manoscritti della Biblioteca Ambrosiana II (Trezzano 1975)

Italian Manuscripts in the Pierpont-Morgan-Library, with an Introduction by Bernard BERENSON (New York 1953)

JAMES, Montague Rhodes: Ancient Libraries of Canterbury and Dover (London 1903)

—— List of manuscripts formerly owned by Dr John Dee (Oxford, The Bibliographical Society, 1921, 4to, Transactions of the Bibliographical Society Supplement 1)

JULLIEN DE POMMEROL, Marie-Henriette, Jacques MONFRIN: La bibliothèque pontificale à Avignon et à Peniscola pendant le Grand Schisme d'Occident et sa Dispersion 2 Bde. (Collection de l'École Francaise de Rome 141, Rom 1991)

KAMLAH, Wilhelm: Apokalypse und Geschichtstheologie. Die mittelalterliche Auslegung der Apokalypse vor Joachim von Fiore (Eberings Historische Studien 285, Berlin 1935)

—— Ecclesia und regnum Dei bei Augustin, Philologus 93 (1938) S. 248–264

KAUP, Matthias: De prophetia ignota. Eine frühe Schrift Joachims von Fiore (Monumenta Germaniae Historica, Studien und Texte 19, Hannover 1998)

—— Friedrich II. und die Joachiten. Zur frühen joachitischen Antichristtheologie, Annali dell'Istituto storico italo-germanico in Trento 25 (1999) S. 401–416

—— Merlin, ein politischer Prophet. Genese, Funktion und Auslegung merlinischer Prophetie im Spiegel zweier unedierter Kommentare des 12. und 13. Jahrhunderts, Cristianesimo nella storia 20 (1999) S. 545–578

—— Pseudo-Joachim Reads a Heavenly Letter: Extrabiblical Prophecy in the Early Joachite Literature, in: Gioacchino da Fiore tra Bernardo di Clairvaux e Innocenzo III. Atti del 5° Congresso internazionale di studi gioachimiti. S. Giovanni in Fiore, 16–21 settembre 1999, a cura di Roberto RUSCONI (Opere di Gioacchino da Fiore: testi e strumenti 13, Rom 2001) S. 287–314

KER, Neil Ripley: Books, Collectors and Libraries. Studies in the Medieval Heritage, Hg. Andrew G. WATSON (History Series 36, Literature Series 2, London – Ronceverte 1985)

—— Medieval Libraries of Great Britain. A List of Surviving Books (Royal Historical Society, Guides and Handbooks 3, London ²1964)

—— Medieval Libraries of Great Britain. Supplement to the 2nd edition, Hg. Andrew G. WATSON (Royal Historical Society, London 1987)

KESTENBERG-GLADSTEIN, Ruth: The *Third Reich*: A Fifteenth-Century Polemic against Joachism, and its Background, in: Delno C. WEST (Hg.): Joachim of Fiore in Christian Thought. Essays on the Influence of the Calabrian Prophet 2 (New York 1975) S. 559–609, zuerst in: Journal of the Warburg and Courtald Institute 18 (1955) S. 245–295

KMOSKO, Michael: Das Rätsel des Pseudomethodius, Byzantion 6 (1931) S. 273–296

Koch, Gottfried: Sacrum Imperium. Bemerkungen zur Heranbildung der staufischen Herrschaftsideologie, Zeitschrift für Geschichtswissenschaft 16 (1968) S. 596–614

Könneker, Barbara: Der Antichrist, in: Ulrich Müller, Werner Wunderlich (Hg.): Dämonen, Monster, Fabelwesen (Mittelalter Mythen 2, St. Gallen 1999) S. 544–531

Kretschmar, Georg: Die Offenbarung des Johannes. Die Geschichte ihrer Auslegung im 1. Jahrtausend (Calwer Theologische Monographien 9, Stuttgart 1985)

Laehr, Gerhard: Die Konstantinische Schenkung in der abendländischen Literatur des Mittelalters bis zur Mitte des 14. Jahrhunderts (Eberings Historische Studien 166, Berlin 1926, Nachdruck Vaduz 1965)

Laudage, Johannes: Gregorianische Reform und Investiturstreit (Erträge der Forschung 282, Darmstadt 1993)

Laude, Pierre Joseph: Catalogue méthodique, descriptif et analytique des manuscrits de la Bibliothèque publique de Bruges (Bruges 1859)

Laureys, Marc, Daniel Verhelst: Pseudo-Methodius, *Revelationes*: Textgeschichte und kritische Edition. Ein Leuven-Groninger Forschungsprojekt, in: Werner Verbeke, Daniel Verhelst, Andreas Welkenhuysen (Hg.): The Use and Abuse of Eschatology in the Middle Ages (Leuven 1988) S. 112–136

Leclercq, Jean: Wissenschaft und Gottverlangen. Zur Mönchstheologie des Mittelalters (Düsseldorf 1963)

—— The Renewal of Theology, in: Robert L. Benson, Giles Constable (Hg.): Renaissance and renewal in the twelfth century (Harvard 1982) S. 68–87

Lee, Harold, Marjorie Reeves, Giulio Silano: Western Mediterranean Prophecy. The School of Joachim of Fiore and the Fourteenth-Century Breviloquium (Pontifical Institute of Medieval Studies. Studies and Texts 88, Toronto 1989)

Lees, Jay T.: Anselm of Havelberg. Deeds into words in the twelfth century (Studies in the history of christian thought 79, Leiden – New York – Köln 1998)

Le Goff, Jacques: Der Mensch des Mittelalters, in: Jacques Le Goff (Hg.): Der Mensch des Mittelalters (Frankfurt/Main 1996) S. 7–45

De Leo, Pietro: Gioacchino da Fiore. Aspetti inediti della vita e delle opere (Biblioteca di storia e cultura meridionale. Studi e testi 1, Soveria Mannelli 1988) S. 135–148

Lerner, Robert E.: Refreshment of the Saints. The Time after Antichrist as a Station for Earthly Progress in Medieval Thought, Traditio 32 (1976) S. 97–144

—— Antichrists and Antichrist in Joachim of Fiore, Speculum 60 (1985) S. 553–570

—— Joachim of Fiore's Breakthrough to Chiliasm, Cristianesimo nella storia 6 (1985) S. 489–512

—— Joachim and the Scholastics, in: Gioacchino da Fiore tra Bernardo di Clairvaux e Innocenzo III. Atti del 5° Congresso internazionale di studi gioachimiti. S. Giovanni in Fiore, 16–21 settembre 1999, a cura di Roberto Rusconi (Opere di Gioacchino da Fiore: testi e strumenti 13, Rom 2001) S. 251–264

Levin, Christoph: Joschija im deuteronomistischen Geschichtswerk, Zeitschrift für die alttestamentliche Wissenschaft 96 (1984) S. 351–371

Levison, Wilhelm: Konstantinische Schenkung und Silvester-Legende, in: Wilhelm Levison, Ausgewählte Aufsätze. Aus rheinischer und fränkischer Frühzeit (Düsseldorf 1948) S. 390–465, zuerst in: Miscellanea Francesco Ehrle 2 (Roma 1924) S. 159–247

—— Kirchenrechtliches in den Actus Silvestri, in: Wilhelm Levison, Ausgewählte Aufsätze. Aus rheinischer und fränkischer Frühzeit (Düsseldorf 1948) S. 466–473, zuerst in: Zeitschrift der Savigny-Stiftung für Rechtsgeschichte 46, Kanonistische Abteilung 15 (1926) S. 501–511

Lipsius, Richard Adelbert: Die apokryphen Apostelakten und Apostellegenden. Ein Beitrag zur altchristlichen Literaturgeschichte 1 (Braunschweig 1883)

Lobrichon, Guy: Conserver, réformer, transformer le monde? Les manipulations de l'Apocalypse au Moyen Âge Central, in: Peter Ganz (Hg.): The Role of the Book in Medieval Culture 2 (Turnhout 1986) S. 75–94

—— L'ordre de ce temps et les désordres de la fin: apocalypse et société, du IXᵉ à la fin du XIᵉ siècle, in: Werner Verbeke, Daniel Verhelst, Andreas Welkenhuysen (Hg.): The Use and Abuse of Eschatology in the Middle Ages (Leuven 1988) S. 221–241

—— La femme d'Apocalypse 12 dans l'exégèse du haut Moyen Âge latin (760–1200), in: Dominique Iogna-Prat, Éric Palasso, Daniel Russo (Hg.): Marie. Le culte de la vierge dans la société médiévale (Paris 1996) S. 407–439

Löwith, Karl: Weltgeschichte und Heilsgeschehen: die theologischen Voraussetzungen der Geschichtsphilosophie (Stuttgart ¹1953, ⁸1990) [original: Meaning in History, Chicago 1949]

Lohfink, Norbert: Bilanz nach der Katastrophe. Das deuteronomistische Geschichtswerk, in: Josef Schreiner (Hg.): Wort und Botschaft. Eine theologische und kritische Einführung in die Probleme des Alten Testaments (Würzburg 1967) S. 196–208

de Lubac, Henri: Exégèse médiévale. Les quatres sens de l'Écriture 1, 2/1, 2/2 (Paris 1959, 1961, 1964)

—— La postérité spirituelle de Joachim de Flore 1: De Joachim à Schelling (Paris 1978), 2: De Saint-Simon à nos jours (Paris 1981)

Maier, Anneliese: Der Katalog der päpstlichen Bibliothek in Avignon von 1411, in: dies., Ausgehendes Mittelalter. Gesammelte Aufsätze zur Geistesgeschichte des 14. Jahrhunderts 3, ed. Agostino Paravicini Bagliani (Storia e letteratura 138, Rom 1977) S. 77–157

Maier, Gerhard: Die Johannesoffenbarung und die Kirche (Tübingen 1981)

Malvenda, Thomas: De Antichristo libri XI (Rom 1604)

Manitius, Max: Geschichte der lateinischen Literatur des Mittelalters 1–3 (München 1911, 1923 und 1931)

Manselli, Raoul: Il problema del doppio Anticristo in Gioacchino da Fiore, in: Karl Hauck, Hubert Mordek (Hg.): Geschichtsschreibung und geistliches Leben im Mittelalter. Festschrift für Heinz Löwe (Köln – Wien 1978) S. 427–449

Matter, E. Ann: The Pseudo-Alcuinian „De Septem Sigillis": an early Latin Apocalypse Exegesis, Traditio 36 (1980) S. 111–137

Mayer, Hans-Eberhard: Geschichte der Kreuzzüge (Stuttgart – Berlin – Köln ¹1965, ⁹2000)

McGinn, Bernard: The Abbot and the Doctors: scholastic reactions to the radical eschatology of Joachim of Fiore, in: Delno C. West (Hg.), Joachim of Fiore in Christian Thought. Essays on the Influence of the Calabrian Prophet 2 (New York 1975) S. 453–471, zuerst in: Church History 40 (1971) S. 30–47, neu in: Bernard McGinn, Apocalypticism in the Western Tradition (Variorum Collected Studies, Aldershot 1994) IX

—— Joachim and the Sibyl. An Early Work of Joachim of Fiore from Ms. 322 of the Biblioteca Antoniana in Padua, Cîteaux – Commentarii Cistercienses 24 (1973) S. 97–138

—— Apocalypticism in the Middle Ages: an Historiographical Sketch, Medieval Studies 37 (1975) S. 252–286, neu in: Bernard McGinn: Apocalypticism in the Western Tradition (Variorum Collected Studies, Aldershot 1994) II

—— Apocalyptic Spirituality (New York – Toronto 1979)

—— Visions of the End. Apocalyptic Traditions in the Middle Ages (Records of Civilisation. Sources and Studies 96, New York ¹1979, ²1998)

—— Awaiting an End. Research in Medieval Apocalyticism 1974–1981, Medievalia et Humanistica New Series 11 (1982) S. 263–289

—— The Calabrian Abbot. Joachim of Fiore in the History of Western Thought (New York – London 1985)

—— Joachim of Fiore's *Tertius Status*: some theological appraisals, in: L'età dello Spirito e la fine dei tempi in Gioacchino da Fiore e nel Gioachimismo medievale. Atti del II Congresso Internazionale di Studi Gioachimiti. San Giovanni in

Fiore – Luzzi – Celico. 6–9 Settembre 1984. A cura di Antonio Crocco (San Giovanni in Fiore 1986) S. 217–236, neu in: Bernard McGinn: Apocalypticism in the Western Tradition (Variorum Collected Studies, Aldershot 1994) X
—— Portraying Antichrist in the Middle Ages, in: Werner Verbeke, Daniel Verhelst, Andreas Welkenhuysen (Hg.): The Use and Abuse of Eschatology in the Middle Ages (Leuven 1988) S. 1–48
—— Alter Moyses: the role of Bernard of Clairvaux in the thought of Joachim of Fiore, in: John R. Sommerfeldt (Hg.): Bernardus Magister. Papers presented at the Nonacentenary Celebration of the Birth of Saint Bernard of Clairvaux (Kalamazoo, Michigan 1990) S. 429–448, neu in: Bernard McGinn: Apocalypticism in the Western Tradition (Variorum Collected Studies, Aldershot 1994) XI
—— Ratio and Visio: Reflections on Joachim of Fiore's Place in Twelfth-Century Theology, in: Gioacchino da Fiore tra Bernardo di Clairvaux e Innocenzo III. Atti del 5° Congresso internazionale di studi gioachimiti. S. Giovanni in Fiore, 16–21 settembre 1999, a cura di Roberto Rusconi (Opere di Gioacchino da Fiore: testi e strumenti 13, Rom 2001) S. 27–46
Mehlmann, Axel: De unitate trinitatis. Forschungen und Dokumente zur Trinitäts-theologie Joachims von Fiore im Zusammenhang mit seinem verschollenen Traktat gegen Petrus Lombardus (Diss. masch. Freiburg 1991)
—— Confessio trinitatis. Zur trinitätstheologischen Hermeneutik Joachims von Fiore, in: Margot Schmidt, Fernando Domínguez Reboiras (Hg.): Von der Suche nach Gott. Helmut Riedlinger zum 75. Geburtstag (Mystik in Geschichte und Gegenwart. Texte und Untersuchungen 15, Stuttgart – Bad Cannstatt 1998) S. 83–108
Mertens, Dieter: Vom Rhein zur Rems. Aspekte salisch-schwäbischer Geschichte, in: Stefan Weinfurter (Hg.): Die Salier und das Reich 1: Salier, Adel und Reichsverfassung (Sigmaringen 1991) S. 221–252
Meyer, Heinz, Rudolf Suntrup: Lexikon der mittelalterlichen Zahlenbedeutungen (Münstersche Mittelalter-Schriften 56, München 1987)
Mikkers, Edmund: Neuere Literatur über Joachim von Fiore, Citeaux 9 (1958) S. 286–293
Minois, Georges: Histoire de l'avenir (Paris 1996), deutsch: Geschichte der Zukunft. Orakel, Prophezeiungen, Utopien, Prognosen (Düsseldorf – Zürich 1998)
Möhring, Hannes: Saladin und der dritte Kreuzzug, Frankfurter Historische Abhand-lungen 21 (Wiesbaden 1980)
—— Der Weltkaiser der Endzeit. Entstehung, Wandel und Wirkung einer tausend-jährigen Weissagung (Mittelalter-Forschungen 3, Stuttgart 2000)
Moltmann, Jürgen: Theologie der Hoffnung. Untersuchungen zur Begründung und zu den Konsequenzen einer christlichen Eschatologie (München 1964)
Mommsen, Theodor Ernst: St. Augustine and the Christian Idea of Progress: The Background of The City of God, in: Eugene Franklin Rice Jr. (Hg.): Medieval and Renaissance Studies (Ithaca – New York 1959) S. 265–298, zuerst in: Journal of the History of Ideas 12 (1951) S. 346–374
Moore, Philip Samuel: The Works of Peter of Poitiers, master in Theology and Chancellor of Paris (1193–1205) (Notre Dame/Indiana 1936)
Morin, Germain: Le commentaire homilétique de S. Cesaire sur l'Apocalypse, Revue Bénédictine 45 (1933) S. 43–61
Morony, M.: Art. Sasanids, Encyclopaedia of Islam 9 (Leiden 1997) S. 70–83
Moynihan, Robert: The development of the "Pseudo-Joachim" commentary "Super Hieremiam": New manuscript evidence, Mélanges de l'École française de Rome, Moyen Âge – Temps modernes 98 (1986) S. 109–142
—— The manuscript tradition of the Super Hieremiam and the Venetian editions of the early sixteenth century, in: Il profetismo gioachimita tra Quattrocento e Cinquecento, Atti del III Congresso internazionale di studi gioachimiti, San Giovanni in Fiore, 17–21 Settembre 1989. A cura di Gian Luca Potestà (Genova 1991) S. 129–137

Di NAPOLI, Giovanni: Gioacchino da Fiore: Teologia e cristologia, Aquinas 23 (1980) S. 1–51

NORELLI, Enrico: Profezia e politica nella ricezione antica dell'Apocalisse: Ippolito e Vittorio di Petovio, Annali dell'Istituto storico italo-germanico in Trento 25 (1999) S. 315–346

NOTH, Martin: Das System der Zwölf Stämme Israels, Beiträge zur Wissenschaft vom Alten und Neuen Testament 4/1 (Stuttgart 1930, Nachdruck Darmstadt 1966)

—— Überlieferungsgeschichtliche Studien 1 (Tübingen ¹1943, ³1967)

—— Geschichte Israels (Göttingen ¹1950, ⁹1981)

—— Das Geschichtsverständnis der alttestamentlichen Apokalyptik, in: Walther LAMMERS (Hg.): Geschichtsdenken und Geschichtsbild im Mittelalter. Ausgewählte Aufsätze und Arbeiten aus den Jahren 1933 bis 1959 (Wege der Forschung 21, Darmstadt 1961) S. 30–54, zuerst in: Martin NOTH: Gesammelte Studien zum Alten Testament (München 1957) S. 248–273

NOYON, A.: Inventaire des écrits théologiques du XIIᵉ siècle non insérés dans la Patrologie latine de Migne, Revue des Bibliothèques 22 (1912) S. 277–333

OBRIST, Barbara: Image et prophétie au XIIᵉ siècle: Hugues de Saint-Victor et Joachim de Flore, Mélanges de l'École Française de Rome 98 (1986) S. 35–63

—— La figure géométrique dans l'oeuvre de Joachim de Flore, Cahiers de Civilisation médiévale 31 (1988) S. 297–321

PAPEBROCH, Daniel: Acta Sanctorum Maii VII (Antwerpen ¹1680–1688, ³1866)

PATSCHOVSKY, Alexander, Gian Luca POTESTÀ: L'Introduzione di Herbert Grundmann a un volume mai pubblicato di Scritti minori di Gioacchino, Florensia 10 (1996) S. 111–116

PATSCHOVSKY, Alexander: Der heilige Kaiser Heinrich „der Erste" als Haupt des apokalyptischen Drachens: über das Bild des römisch-deutschen Reiches in der Tradition Joachims von Fiore, Florensia 12 (1998) S. 19–52

PERI, Vittorio: La Pentarchia: Istituzione ecclesiale, in: Bizanzio, Roma e l'Italia nell'alto Medioevo, Settimane di Studio del Centro Italiano di Studi sull'alto Medioevo 3–9 Aprile 1986 (Spoleto 1988) S. 209–311

PERTUSI, Agostino: Fine di Bizanzio e finde del mondo. Significato e ruolo storico delle profezie sulla caduta di Costantinopoli in oriente e in occidente (Edizione postuma a cura di Enrico MORINI, Istituto Storico Italiano per il Medio Evo, Nuovi studi storici 3, Rom 1988)

DE POORTER, Alphonse: Lettre de Guibert de Tournai, O. F. M. a Isabelle, fille du roi de France, Revue d'ascetique et de mystique 12 (1931) S. 116–127

—— Catalogue des manuscrits de la Bibliothèque Publique de la ville de Bruges II (Gembloux – Paris 1934)

POTESTÀ, Gian Luca: Gioacchino riformatore monastico nel Tractatus de vita sancti Benedicti e nella coscienza dei primi florensi, Florensia 6 (1992) S. 73–93

—— „Intelligentia scripturarum" und Kritik des Prophetismus bei Joachim von Fiore, in: Robert E. LERNER (Hg.): Neue Richtungen in der hoch- und spätmittelalterlichen Bibelexegese (Schriften des historischen Kollegs, Kolloquien 32, München 1996) S. 95–119

—— Die Genealogia. Ein frühes Werk Joachims von Fiore und die Anfänge seines Geschichtsbildes, Deutsches Archiv für Erforschung des Mittelalters 56 (2000) S. 55–101

PREUSS, Hans: Der Antichrist (Berlin 1909)

PRINZ, Otto: Eine frühe abendländische Aktualisierung der lateinischen Übersetzung des Pseudo-Methodius, Deutsches Archiv für Erforschung des Mittelalters 41 (1985) S. 1–23

VON RAD, Gerhard: Theologie des Alten Testaments 2: Die Theologie der prophetischen Überlieferungen Israels (München ¹1960, ²1961)

RAININI, Marco: Gioacchino da Fiore: bibliografia 1994–2001, Florensia 16/17 (2002/2003) S. 105–165

RATTI, Achille: Manoscritti di Provenienza Francese nella Biblioteca Ambrosiana di Milano, in: Mélanges offerts à M. Emile Chatelain (Paris 1910) S. 588–597

RATZINGER, Joseph: Die Geschichtstheologie des heiligen Bonaventura (Munchen 1959)

—— Herkunft und Sinn der Civitas-Lehre Augustins. Begegnung und Auseinandersetzung mit Wilhelm Kamlah, in: Walther LAMMERS (Hg.): Geschichtsdenken und Geschichtsbild im Mittelalter. Ausgewählte Aufsätze und Arbeiten aus den Jahren 1033 bis 1959 (Wege der Forschung 21, Darmstadt 1961) S. 55–75, zuerst in: Institut des Études Augustiniennes (Hg.): „Augustinus Magister". Congrès International Augustinien, Paris, 21–24 Septembre 1954 Band 2 (Paris 1954) S. 965–979

RAUH, Horst Dieter: Das Bild des Antichrist im Mittelalter: Von Tyconius bis zum Deutschen Symbolismus (Beiträge zur Geschichte der Philosophie und Theologie des Mittelalters. Texte und Untersuchungen. Neue Folge 9, Münster ¹1973, ²1998)

—— Eschatologie und Geschichte im 12. Jahrhundert: Antichrist-Typologie als Medium der Gegenwartskritik, in: Werner VERBEKE, Daniel VERHELST, Andreas WELKENHUYSEN (Hg.): The Use and Abuse of Eschatology in the Middle Ages (Leuven 1988) S. 333–358

REEVES, Marjorie: The *Liber Figurarum* of Joachim of Fiore, Medieval and Renaissance Studies 2 (1950) S. 57–81

—— The Influence of Prophecy in the Later Middle Ages. A Study in Joachimism (Oxford 1969, Nachdruck London 1993)

—— Joachim of Fiore and the Prophetic Future (London ¹1976, Stroud ²1999)

—— How Original was Joachim of Fiore's Theology of History?, in: Storia e messaggio in Gioacchino da Fiore. Atti del I Congresso Internazionale di Studi Gioachimiti. San Giovanni in Fiore 19–23 Settembre 1979. Centro di Studi Gioachimiti (San Giovanni in Fiore 1980) S. 25–41

—— The Originality and Influence of Joachim of Fiore, Traditio 36 (1980) S. 269–316

REEVES, Marjorie, John V. FLEMING: Two Poems attributed to Joachim of Fiore (Princeton 1978)

REEVES, Marjorie, Beatrice HIRSCH-REICH: The *Figurae* of Joachim of Fiore. Genuine and Spurious Collections, Medieval and Renaissance Studies 3 (1954) S. 170–199

—— The Seven Seals in the Writings of Joachim of Fiore. With Special Reference to the Tract De septem sigillis, Recherches de Théologie Ancienne et Médiévale 21 (1954) S. 211–247

—— The *Figurae* of Joachim of Fiore (Oxford 1972)

REEVES, Marjorie, Warwick GOULD: Joachim of Fiore and the Myth of the Eternal Evangelium in the 19th Century (Oxford ¹1987, ²2001)

REICHERT, Eckard: Art. Apringius, in: Siegmar DÖPP, Wilhelm GEERLINGS (Hg.): Lexikon der antiken christlichen Literatur (Freiburg 1998) S. 48

RENDTORFF, Rolf: Esra und das „Gesetz", Zeitschrift für die alttestamentliche Wissenschaft 96 (1984) S. 165–184

RICHARDS, D. S.: Art. Salah al-Din, Encyclopaedia of Islam 9 (Leiden 1997) S. 910–914

RIEDL, Matthias: Säkularisierung als Heilsgeschehen: Gianni Vattimos postmoderne Eschatologie, in: Mathias HILDEBRANDT, Manfred BROCKER, Hartmut BEHR (Hg.): Säkularisierung und Resakralisierung in westlichen Gesellschaften. Ideengeschichtliche und theroretische Perspektiven (Wiesbaden 2001) S. 171–183

ROBERTS, Julian, Andrew WATSON (Hg.): John Dee's Library Catalogue (The Bibliographical Society, London 1990)

RÖHRICHT, Reinhold: Quinti belli sacri scriptoris minores (Publications de la Société de l'Orient Latin, Série historiographique 2, Genf 1879)

ROTH, Wolfgang: Art. Deuteronomistisches Geschichtswerk/Deuteronomistische Schule, Theologische Realenzyklopädie 8 (1981) S. 543–552

RUSSO, Francesco: Bibliografia gioachimita (Biblioteca di Bibliografia Italiana 58, Firenze 1954)

—— Gioacchino da Fiore e le fondazioni florensi in Calabria (Napoli 1959)

—— Rassegna bibliografica gioachimita (1958–1967), Cîteaux. Commentarii Cistercienses 19 (1968) S. 206–214

SACKUR, Ernst: Sibyllinische Texte und Forschungen (Halle 1898, Nachdruck Torino 1963)

SCHALLER, Hans Martin: Endzeit-Erwartung und Antichrist-Vorstellungen in der Politik des 13. Jahrhunderts, in: Festschrift für Hermann Heimpel zum 70. Geburtstag am 19. September 1971, Zweiter Band (1972) S. 924–947, neu in: Stauferzeit. Ausgewählte Aufsätze (Monumenta Germaniae Historica, Schriften 38, Hannover 1993) S. 25–52

SCHIMMELPFENNIG, Bernhard: Das Papsttum (Darmstadt 1996)

SCHIRRMACHER, Friedrich: Kaiser Friedrich II. 4 Bde. (Göttingen 1859–1865)

SCHLEIERMACHER, Friedrich Daniel Ernst: Über die Religion. Reden an die Gebildeten unter ihren Verächtern. Fünfte Rede (Berlin 1799), ed. Günter MECKENSTOCK, Kritische Gesamtausgabe, Erste Abteilung: Schriften und Entwürfe, 2: Schriften aus der Berliner Zeit 1796–1799 (Berlin – New York 1984)

SCHMIDT, Roderich: Aetates mundi. Die Weltalter als Gliederungsprinzip der Geschichte, Zeitschrift für Kirchengeschichte 67 (1955–56) S. 288–317

SCHMITHALS, Walter: Die Apokalyptik. Einführung und Deutung (Göttingen 1973)

SCHMOLINSKY, Sabine: Der Apokalypsenkommentar des Alexander Minorita. Zur frühen Rezeption Joachims von Fiore in Deutschland (Monumenta Germaniae Historica, Studien und Texte 3, Hannover 1991)

SCHNORR VON CAROLSFELD, Franz: Katalog der Handschriften der königlichen Bibliothek zu Dresden 1 (1882)

SCHULTHESS, Peter, Ruedi IMBACH: Die Philosophie im lateinischen Mittelalter (Zürich 1996)

SCHWARZ, Reinhard: Die apokalyptische Theologie Thomas Müntzers und die Taboriten (Beiträge zur historischen Theologie 55, Tübingen 1977)

SELGE, Kurt-Victor: Elenco delle opere di Gioacchino da Fiore, Florensia 3/4 (1989/1990) S. 25–35; dasselbe: Repertorium fontium historiae medii aevi 6 (Rom 1990) S. 261–266

—— Eine Einführung Joachims in die Johannesapokalypse, Deutsches Archiv für Erforschung des Mittelalters 46 (1990) S. 85–131

—— L'origine delle opere di Gioacchino da Fiore, in: Ovidio CAPITANI, Jürgen MIETHKE (Hg.): L'attesa della fine dei tempi nel medioevo (Annali dell'Istituto Storico Italo-Germanico in Trento, Quaderno 28, Trient 1990) S. 87–130

—— Redaktionsprozesse im Skriptorium Joachims von Fiore: Das *Psalterium Decem Chordarum*, in: Stuart JENKS, Jürgen SARNOWSKY, Marie-Luise LAUDAGE (Hg.): Vera Lex Historiae. Studien zu mittelalterlichen Quellen. Festschrift für Dietrich Kurze (Köln – Wien – Weimar 1993) S. 223–245

—— Ein Traktat Joachims von Fiore über die Drangsale der Endzeit: De ultimis tribulationibus, Florensia 7 (1993) S. 7–35

—— Trinität, Millennium, Apokalypse im Denken Joachims von Fiore, in: Gioacchino da Fiore tra Bernardo di Clairvaux e Innocenzo III. Atti del 5° Congresso internazionale di studi gioachimiti. S. Giovanni in Fiore, 16–21 settembre 1999, a cura di Roberto RUSCONI (Opere di Gioacchino da Fiore: testi e strumenti 13, Rom 2001) S. 47–69

—— Die Stellung Joachims von Fiore in seiner Zeit. Trinitätsverständnis und Gegenwartsbestimmung, in: Jan A. AERTSEN, Martin PICKAVÉ (Hg.): Ende und Vollendung.

Eschatologische Perspektiven im Mittelalter (Miscellanea Medievalia 29, Berlin – New York 2002) S. 481–503

SICARD, Patrice: Diagrammes médiévaux et exégèse visuelle. Le *Libellus de formatione arche* de Hugues de Saint-Victor (Biblioteca Victorina 4, Paris – Turnhout 1993)

SMALLEY, Beryl: The Study of the Bible in the Middle Ages (Oxford ¹1940, ³1983)

―――― Ralph of Flaix on Leviticus, in: dies., Studies in medieval thought and learning. From Abaelard to Wyclif (London 1981) S. 49–96, zuerst in: Recherches de théologie ancienne et médiévale 35 (1968) S. 35–82

SMEND, Rudolf: Das Gesetz und die Völker. Ein Beitrag zur deuteronmistischen Redaktionsgeschichte, in: Hans Walter WOLFF (Hg.): Probleme biblischer Theologie. Gerhard von Rad zum 70. Geburtstag (München 1971) S. 494–509

SMIRIN, M. M.: Die Volksreformation des Thomas Münzer und der grosse Bauernkrieg (Berlin ¹1951, ²1956) [original Moskau 1947]

SMITH, Charlotte Fell: John Dee (1527–1608) (London 1909)

SOGGIN, J. Alberto: Der Entstehungsort des Deuteronomistischen Geschichtswerkes. Ein Beitrag zur Geschichte desselben, Theologische Literaturzeitung 100 (1975) Sp. 3–8

VAN STEENBERGHEN, Fernand: Die Philosophie im 13. Jahrhundert (München – Paderborn – Wien 1977 (La philosophie au XIIIᵉ siècle, Philosophes médiévaux 9, Louvain – Paris 1966)

STEGMÜLLER, Friedrich: Repertorium biblicum Medii Aevi 1–11 (Madrid 1950–61)

STEINHAUSER, Kenneth B.: The Apocalypse Commentary of Tyconius: A History of its Reception and Influence (Frankfurt – Bern – New York 1987)

STELZER, Winfried: Gelehrtes Recht in Österreich. Von den Anfängen bis zum frühen 14. Jahrhundert (Mitteilungen des Instituts für Österreichische Geschichtsforschung, Ergänzungsband 26, Wien – Köln – Graz 1982)

STEUERNAGEL, Carl: Die Einwanderung der israelitischen Stämme in Kanaan (Berlin 1901)

STRUVE, Tilman: Die Salier und das römische Recht (Stuttgart 1999)

STÜRNER, Wolfgang: Friedrich II., Teil 1: Die Königsherrschaft in Sizilien und Deutschland 1194–1220 (Darmstadt 1992)

―――― Friedrich II., Teil 2: Der Kaiser 1220–1250 (Darmstadt 2000)

TAGLIAPETRA, Andrea: Gioacchino da Fiore sull'Apocalisse (Rom 1994)

TELLENBACH, Gerd: Libertas. Kirche und Weltordnung im Zeitalter des Investiturstreits (Forschungen zur Kirchen- und Geistesgeschichte 7, Stuttgart 1936)

―――― Die abendländische Kirche des zehnten und elften Jahrhunderts im Ganzen der Kirchengeschichte, in: Hubert MORDEK (Hg.): Aus Reich und Kirche. Studien zu Theologie, Politik und Recht im Mittelalter. Festschrift für Friedrich Kempf zu seinem fünfundsiebzigsten Geburtstag und fünfzigjährigen Doktorjubiläum (Sigmaringen 1983) S. 124–130

TÖPFER, Bernhard: Das kommende Reich des Friedens. Zur Entwicklung chiliastischer Zukunftshoffnungen im Hochmittelalter (Berlin 1964)

―――― Eine Handschrift des Evangelium aeternum des Gerardino von Borgo San Donnino, Zeitschrift für Geschichtswissenschaft 7 (1960) S. 156–161

TOLAN, John: Petrus Alfonsi and his Medieval Readers (Gainesville/Florida 1993);

TRONCARELLI, Fabio: Il *Liber figurarum*: osservazioni ed ipotesi, in: Jacqueline HAMESSE (Hg.): Roma magistra mundi. Itineraria culturae mediaevalis. Mélanges offerts au Père Leonard E. Boyle à l'occasion de son 75e anniversaire (Fédération Internationale des Instituzs d'ètudes Médiévals. Textes et études du moyen âge 10, Louvain-la-Neuve 1998) vol. 2, S. 927–949

―――― Il *Liber figurarum* tra „gioachimiti" e „gioachimisti", in: Gioacchino da Fiore tra Bernardo di Clairvaux e Innocenzo III. Atti del 5° Congresso internazionale di studi gioachimiti. S. Giovanni in Fiore, 16–21 settembre 1999, a cura di

Roberto Rusconi (Opere di Gioacchino da Fiore: testi e strumenti 13, Rom 2001) S. 273–277

—— „Ke la malonta ve don Dé". Herneis le Romanceeur, Bartolomeo Guiscolo e lo scandalo dell',,Evangelium Aeternum", Quaderni medievali 51 (2001) S. 6–34

VAESEN, Jos: Sulpice Sévère et la fin des temps, in: Werner VERBEKE, Daniel VERHELST, Andreas WELKENHUYSEN (Hg.): The Use and Abuse of Eschatology in the Middle Ages (Leuven 1988) S. 49–71

VERHELST, Daniel: La préhistoire des conceptions d'Adson concernant l'Antichrist, Recherches de Théologie ancienne et médiévale 40 (1973) S. 52–103

VISSER, Derk: Apocalypse as Utopian Expectation (800–1500). The Apocalypse Commentary of Berengaudus of Ferrières and the Relationship between Exegesis, Liturgy and Iconography (Studies in the history of christian thought 73, Leiden – New York – Köln 1996)

DE VRIES, Wilhelm: Die Entstehung der Patriarchate des Ostens, Scholastik 37 (1962) S. 341–369

WACHLER, Albrecht W. J.: Thomas Rehdiger und seine Büchersammlung. Ein biographisch-literarischer Versuch (Breslau 1828)

WACHTEL, Alois: Beiträge zur Geschichtstheologie des Aurelius Augustinus (Bonner historische Studien 17, Bonn 1960)

WASSELYNCK, René: La présence des *Moralia* de S. Grégoire le Grand dans les ouvrages de morale du XIIe siècle (à suivre), Recherches de théologie ancienne et médiévale 35 (1968) S. 197–240

—— La présence des *Moralia* de S. Grégoire le Grand dans les ouvrages de morale du XIIe siècle (fin), Recherches de théologie ancienne et médiévale 36 (1969) S. 31–45

WEINFELD, Moshe: Deuteronomy and Deuteronomic School (Oxford 1972)

WEINFURTER, Stefan: Herrschaftslegitimationen und Königsautorität im Wandel: Die Salier und ihr Dom zu Speyer, in: Stefan WEINFURTER (Hg.): Die Salier und das Reich 1: Salier, Adel und Reichsverfassung (Sigmaringen 1991) S. 55–96

—— Heinrich II. (1002–1024), Herrscher am Ende der Zeiten (Regensburg 1999)

WENCK, Karl: Die römischen Päpste zwischen Alexander III. und Innozenz III. und der Designationsversuch Weihnachten 1197, in: Papsttum und Kaisertum. Festschrift Paul Kehr (München 1926, Neudruck Aalen 1973) S. 415–474

WESSLEY, Stephen E.: „Bonum est Benedicto mutare locum": The Role of the „Life of Saint Benedict" in Joachim of Fiore's Monastic Reform, Revue Bénédictine 90 (1980) S. 314–328

—— Female Imagery: A Clue to the Role of Joachim's Order of Fiore, in: Julius KIRSHNER, Suzanne F. WEMPLE (Hg.): Women of the Medieval World. Essays in Honor of John H. Mundy (Oxford 1985) S. 161–178

—— Joachim of Fiore and Monastic Reform (American University Studies Series VII: Theology and Religion 72, New York 1990)

—— A New Writing of Joachim of Fiore. Preliminary Observations, Florensia 7 (1993) S. 39–58

WEST, Delno C.: Bibliography of Joachim Studies since 1954, in: Delno C. WEST (Hg.): Joachim of Fiore in Christian Thought. Essays on the Influence of the Calabrian Prophet 1 (New York 1975) S. xix–xxiv

WEST, Delno C., Sandra ZIMDARS-SWARTZ: Joachim of Fiore. A Study in Spiritual Perception and History (Bloomington 1983)

WHALEN, Brett Edward: Joachim of Fiore and the division of Christendom, Viator 34 (2003) S. 89–108

WILLMES, Ansgar: Bedas Bibelauslegung, Archiv für Kulturgeschichte 44 (1962) S. 281–314

WITTE, Maria Magdalena: Elias und Henoch als Exempel, typologische Figuren und apokalyptische Zeugen. Zu Verbindungen von Literatur und Theologie im Mittelalter (Frankfurt/Main 1987)

Wood, Anthony: The Life and Times of Anthony Wood, Antiquary, of Oxford, 1632–1695, described by Himself. Collected from his Diaries and other Papers by Andrew Clark, Vols. 1–5 (Oxford Historical Society 19. 21. 26. 30. 40, Oxford 1891. 1892. 1894. 1895. 1900)

Zahlten, Johannes: Creatio mundi. Darstellungen der sechs Schöpfungstage und naturwissenschaftliches Weltbild (Stuttgarter Beiträge zur Geschichte und Politik 13, Stuttgart 1979)

Zenger, Erich: Art. Judith/Judithbuch, TRE 17 (Berlin – New York 1993) S. 404–408

Zimdars-Swartz, Sandra: The Third *Status* in *De Vita Sancti Benedicti* and Other Minor Writings Attributed to Joachim of Fiore, in: L'età dello Spirito e la fine dei tempi in Gioacchino da Fiore e nel Gioachimismo medievale. Atti del 2° Congresso Internazionale di Studi Gioachimiti. San Giovanni in Fiore – Luzzi – Celico. 6–9 Settembre 1984. A cura di Antonio Crocco (San Giovanni in Fiore 1986) S. 345–355

REGISTER

Mk. 13,22	229 Anm. 119	Offb. 2,9	187
Mk. 16,3	23 Anm. 46, 92 Anm. 94	Offb. 3,9	187
		Offb. 4,1–8,1	98 Anm. 2
Mk. 20,16	80 Anm. 65	Offb. 4,6–8	48, 55, 136, **136 Anm. 26**, 155
Lk. 1,10	96 Anm. 110	Offb. 4,7	124 Anm. 40
Lk. 10,1–24	96	Offb. 5,5	18 Anm. 34
Lk. 13,30	80 Anm. 65	Offb. 6,1f.	62
Lk. 23,26	247 Anm. 44	Offb. 6,7f.	112 Anm. 2
Lk. 24,2	23 Anm. 46, 92 Anm. 94	Offb. 6,8	114 Anm. 7
		Offb. 8,2–11,18	98 Anm. 2
Lk. 24,45	23 Anm. 46, 92 Anm. 94	Offb. 10,9	205 Anm. 41
		Offb. 11,2	173
		Offb. 11,3f.	123 Anm. 34
Joh. 8,44	173	Offb. 11,19–14,20	98 Anm. 2, 112 Anm. 2, 345 Anm. 27
Joh. 20,1	23 Anm. 46, 92 Anm. 94	Offb. 12	180
Joh. 20,2–4	80, 80 Anm. 66	Offb. 12,1.3f.	204
Joh. 20,4–6	77	Offb. 12,1–6	112 Anm. 1, 204
Joh. 20,22	55	Offb. 12,14	124 Anm. 40
		Offb. 13	181
Apg. 2,9	174 Anm. 36	Offb. 13,1	113, 113 Anm. 4
Apg. 19,5f.	84 Anm. 70	Offb. 13,1–9	112
		Offb. 13,3	121
2. Kor. 3,6	23 Anm. 47	Offb. 13,5	196
Eph. 6,17	130 Anm. 7	Offb. 15,1–16,17	98 Anm. 2, 129 Anm. 5
Kol. 2,2f.	18 Anm. 35	Offb. 15,7	138
		Offb. 16,1–17	138
2. Thess. 2,3–4	201	Offb. 16,18–19,21	98 Anm. 2
2. Thess. 2,4	234 Anm. 7	Offb. 17	173f.
2. Thess. 2,7	176 Anm. 39	Offb. 17,1–19,10	185
2. Thess. 2,8	205 Anm. 40	Offb. 17,9	109, 116 Anm. 12, 171 Anm. 26, 176
1. Petr. 2	186	Offb. 17,10	181, 183 Anm. 74, 184, 197, 197 Anm. 17
1. Joh. 2,18	201	Offb. 17,15	185, Anm. 81
1. Joh. 2,22	201	Offb. 18,1–20,15	164
2. Joh. 1,7	201	Offb. 19,11–21	185
Hebr. 4,9	191, 216, 353 Anm. 53	Offb. 19,21	164
		Offb. 20,1	164
Jak. 1,5	18 Anm. 35	Offb. 20,1–10	98 Anm. 2, 191 Anm. 1
Off. 1,1–3,22	98 Anm. 2	Offb. 20,2	160
Offb. 1,1–14,20	155	Offb. 20,2–6	207
Offb. 1,10	18 Anm. 33, 23 Anm. 46, 91 Anm. 92, 93 Anm. 93, 110 Anm. 20	Offb. 20,3–7	208 Anm. 50
		Offb. 20,7	213
		Offb. 20,9	234 Anm. 6
		Offb. 20,11–22,21	98 Anm. 2, 231
		Offb. 21,6	231

Handschriften